Datenbanksysteme

Heide Faeskorn-Woyke
Birgit Bertelsmeier
Petra Riemer
Elena Bauer

Datenbanksysteme

**Theorie und Praxis mit
SQL2003, Oracle und MySQL**

PEARSON

Studium

ein Imprint von Pearson Education
München • Boston • San Francisco • Harlow, England
Don Mills, Ontario • Sydney • Mexico City
Madrid • Amsterdam

Bibliografische Information Der Deutschen Bibliothek

Die Deutsche Bibliothek verzeichnet diese Publikation in der Deutschen Nationalbibliografie;
detaillierte bibliografische Daten sind im Internet über *http://dnb.ddb.de* abrufbar.

10 9 8 7 6 5 4 3 2 1

09 08 07

ISBN 978-3-8273-7266-6

© 2007 Pearson Studium
ein Imprint der Pearson Education Deutschland GmbH,
Martin-Kollar-Straße 10-12, D-81829 München/Germany
Alle Rechte vorbehalten
www.pearson-studium.de
Lektorat: Birger Peil, bpeil@pearson.de
Korrektorat: Petra Kienle, pakienle@aol.com
Einbandgestaltung: Thomas Arlt, tarlt@adesso21.net
Herstellung: Monika Weiher, mweiher@pearson.de
Satz: mediaService, Siegen (www.media-service.tv)
Druck und Verarbeitung: Kösel, Krugzell (www.KoeselBuch.de)

Printed in Germany

Inhaltsverzeichnis

Einleitung

Das Buch Datenbanksysteme betont die praktischen Aspekte dieser Thematik, ohne die theoretischen Aspekte zu vernachlässigen – und dies basierend auf zwei Datenbanksystemen, die auf dem Markt große Bedeutung haben: Oracle als etablierter Datenbankhersteller und MySQL aus dem Open-Source-Bereich. Gerade im Vergleich der beiden Systeme werden Unterschiede, aber auch erstaunliche Parallelen sichtbar.

Das Buch richtet sich an Studierende und Praktiker, die sich grundlegend und fundiert in das Thema Datenbanken einarbeiten wollen. Es entspricht im Umfang der zweisemestrigen Datenbankvorlesung mit Praktikum an der Fachhochschule Köln, Campus Gummersbach. Zentral ist eine strukturierte, mit vielen Abbildungen illustrierte und praxisrelevante Darstellung des Stoffs, der an zwei durchgängigen Beispielen dargestellt wird und mit E-Learning-Modulen (z. B. ein Multiple-Choice-Test mit über 600 Online-Fragen) unter *www.pearson-studium.de*[1] überprüft und eingeübt werden kann. Die Autorinnen stellen dabei die vorgestellten Inhalte nach Möglichkeit herstellerneutral dar. Im Anschluss werden die Beispiele anhand der Datenbanksysteme Oracle und MySQL verifiziert. Der rote Faden ist ein Phasenmodell der Datenbankentwicklung: Von der Analyse über das Design bis zur Implementierung wird der Projektablauf verdeutlicht, wie er sich innerhalb eines professionellen geordneten Softwareerstellungsprozesses ereignet. Dabei wird nicht nur theoretisches Wissen, sondern auch ein Gespür für die Abläufe in der Praxis vermittelt.

Der Leser erhält zunächst eine kompakte Einführung in die unterschiedlichen Datenbankmodelle in der historischen Entwicklung (Kapitel 1 und Kapitel 2) und lernt daraufhin in Kapitel 3 detailliert das relationale Datenbankmodell sowie die ER-Modellierung und den Normalisierungsprozess kennen. Die relationale Algebra (Kapitel 4) wird eingehend als Grundlage der Anfrageoptimierung und von SQL behandelt. Nach der Darstellung der Datenbankentwicklung auf konzeptioneller Ebene erfolgt die Umsetzung des Datenbankmodells mittels SQL2003 in Kapitel 5. Die Datendefinitionssprache, die Datenmanipulationssprache und die Datenabfragesprache von SQL werden ausführlich und mit zahlreichen Beispielen versehen beschrieben. Zum Einüben von SELECT-Anweisungen stellen wir bei unseren E-Learning Tools einen SQL-Trainer zur Verfügung, mit dem sich die Abfragen des Buches online nachvollziehen und als Besonderheit auch als Operatorbaum grafisch ausgeben lassen.

Da wir uns derzeit in einer Übergangsphase befinden, in der die relationalen Modelle zwar immer noch mit Abstand am weitesten verbreitet sind, die objektrelationalen Modelle jedoch immer öfter Anwendung finden, sollte ein Informatiker sich mit beiden Paradigmen auskennen. Dem entspricht das Kapitel 6 mit den objektrelationalen Erweiterungen von SQL2003. Objektrelationale Konzepte und ihre Umsetzung in SQL2003, insbesondere auch Multimediadatentypen und XML-Datentypen, stehen ebenso im Vordergrund wie ihre Implementierung unter Oracle, da MySQL hier noch wenig zu bieten hat. Im Anschluss folgt eine Beschreibung der objektrelationale Anwendungsprogrammierung mit JDBC und SQLJ als Standardschnittstelle von Datenbanken und Java sowie der Grundzüge der objektrelationalen Abbildung, also

---

1   Geben Sie dazu in das Feld „Schnellsuche" die Buchnummer 7266 ein.

der Abbildung eines objektrelationalen konzeptionellen Modells auf ein relationales Datenbankmodell.

Vor dem Hintergrund, dass bei einer Datenbankanwendung nicht nur das Modell und seine Daten, sondern auch Programmlogik in der Datenbank gespeichert werden können, befasst sich Kapitel 7 mit aktiven Datenbanken und in der Datenbank gespeicherten Prozeduren und Triggern. Es enthält einen längeren Abschnitt über Oracle-PL/SQL als Beispiel für eine Datenbankprogrammiersprache und einen Vergleich mit den unter MySQL 5.1. neu eingeführten gespeicherten Routinen, über die es bislang noch wenig deutschsprachige Literatur und Erfahrungswerte gibt, sowie einen längeren Abschnitt über aktive Datenbanken und ECMA-Regeln. Auch hier ist das umfangreiche Beispielmaterial hervorzuheben, das in den meisten Fällen sowohl unter Oracle als auch unter MySQL lauffähig ist.

Bislang stand in den Kapiteln die Erstellung einer Datenbankapplikation im Mittelpunkt. Ein solches Projekt kann jedoch nur erfolgreich durchgeführt werden, wenn zudem einige grundlegende Eigenschaften von Datenbanksystemen bekannt sind. Zu diesen besonderen Konzepten, die ein Datenbanksystem zu bieten hat, gehören Transaktionen und Methoden zur Handhabung konkurrierender Zugriffe, die in Kapitel 8 behandelt werden. Wir stellen dies wieder im Vergleich der beiden Systeme Oracle und MySQL dar und erarbeiten die jeweiligen Besonderheiten, aber auch Gemeinsamkeiten im Vergleich mit dem SQL-Standard.

Da in der Praxis die Grenzen zwischen Datenbankanwendung und -administration häufig fließend sind, bildet das Kapitel 9 über Speicherstrukturen und ihre Umsetzung in relationalen Datenbanksystemen, insbesondere Oracle und MySQL, den Abschluss.

Ein Schwerpunkt des Buchs liegt auf SQL2003 (1999 & 2003), wobei wir Wert darauf gelegt haben, eine praxisrelevante Auswahl aus diesem umfangreichen Standard vorzunehmen und diesen mit den vorhandenen Implementierungen zu vergleichen. Dies schließt neuere Entwicklungen in SQL2003 wie objektrelationale Aspekte, Multimediadaten und XML-Datentypen mit ein. Auch das Kapitel über aktive Datenbanken, Datenbanktrigger und in der Datenbank gespeicherte Prozeduren ist verhältnismäßig umfangreich und in vergleichbaren Datenbankbüchern in der hier dargestellten Art nicht zu finden. Dies gilt in besonderer Weise für die unter MySQL (5.1.11-beta) neu eingeführten gespeicherten Routinen. Vervollständigt wird das Buch durch den Aspekt „Anbindung von Java und Datenbanken mit JDBC und SQLJ". So findet der Leser in unserem Datenbankbuch wesentliche Facetten der Datenbanktechnik, die ansonsten nur in unterschiedlichen Büchern enthalten sind.

Das Buch bietet insgesamt einen sehr praxisbezogenen Einstieg in das Thema der (objekt-)relationalen Datenbanken und ist im Gegensatz zu anderer Datenbankliteratur deutlich mehr an der Arbeit und dem Umgang mit Datenbanken orientiert als an der theoretischen Arbeit mit einer solchen. Der Leser lernt anhand eingängiger Beispiele, nicht nur Daten in Datenbanken zu speichern und abzufragen, sondern auch diverse, manipulative Speicher- und Abfragemöglichkeiten einzusetzen, um eine Datenbank nicht nur als Instrument für die Sammlung von Daten zu benutzen, sondern diese als echtes Hilfsmittel für die tägliche Arbeit mit Daten einzusetzen. Manche Aspekte werden erst dadurch deutlich, dass die Unterschiede der beiden Referenzimplementierungen Oracle und MySQL im Vergleich mit dem SQL-Standard herausgearbeitet werden.

Was das Buch wertvoll macht

- Grundlegende, umfassende und praxisnahe Einführung in Datenbank- und Informationssysteme anhand eines Phasenmodells der Datenbankentwicklung
- Oracle und MySQL werden beide und im Vergleich zueinander behandelt
- Neue Themen aus SQL2003 wurden aufgenommen (objektrelationale Datenbanken, JDBC, SQLJ)
- Ausführliche Behandlung von aktiven Datenbanken und Datenbanktriggern
- Wir stellen detailliert neue Features bei MySQL 5.1.11-beta vor: gespeicherte Routinen und Trigger
- Das Buch enthält viele Beispiele sowie Aufgaben. Die Musterlösungen stehen online unter *www.Pearson-Studium.de* zur Verfügung. Zusätzlich stehen bereit:
  - Online-Test mit über 600 Fragen, auf einzelne Kapitel abgestellt
  - SQL-Trainer für SELECT-Ausdrücke
  - Relationale Algebra als Java-Tool: Umformung von SELECT-Anweisungen in einen Operatorbaum aus der relationalen Algebra
  - B-Baum-Applet zum interaktiven Erzeugen von B-Bäumen

Wir bedanken uns bei unseren Studierenden Juri Bauer, Alex Maier, Alexander Peters, Hava Ilkay, Derya Filiz, Alexander Fischer, Roman Feller, Konstantin Weiss, Sergej Wall, Eugen Plischeke, Reiner Hoppe, Jan Kuznik, Bernd Prizkau, Björn Rockstroh, Michael Seel, Markus Anders, Stefan Mühlinghaus, Dennis Scheffler, Hakan Basar, Ivan Ljuban und Marcel Stratmann, die die oben genannten Werkzeuge im Rahmen ihres Studiums bzw. Praktikums erstellt haben, sowie bei denjenigen, die uns durch ihre Fragen und Anregungen überhaupt erst auf den Gedanken gebracht haben, unser Vorlesungsskript als Grundlage für diese Veröffentlichung zu nehmen.

Darüber hinaus bedanken wir uns bei unseren Familien mit Kindern zwischen 0 und 20 Jahren, die im letzten halben Jahr eine Menge Geduld aufgebracht und uns jederzeit unterstützt haben.

Um den Umfang des Buchs nicht zu sprengen, reden wir im Folgenden oft von Benutzern, Anwendern, Mitarbeitern, Studenten etc. Wir wollen aber deutlich machen, dass damit selbstverständlich immer auch Benutzerinnen, Anwenderinnen, Mitarbeiterinnen sowie Studentinnen etc. gemeint sind (immerhin haben vier Frauen dieses Buch geschrieben).

Prof. Dr. Heide Faeskorn-Woyke
Prof. Dr. Birgit Bertelsmeier
Dipl. Inform. Petra Riemer
Dipl. Inform. Elena Bauer

Einführung in die Grundbegriffe der Datenbanken

1

ÜBERBLICK

>> In diesem Kapitel erfolgt eine erste Annäherung an das Thema Datenbanksysteme. Es wird begründet, warum Datenbanksysteme in der EDV-Welt eine so wichtige Rolle spielen, welche Gründe es für ihre Einführung gab und wie sie sich im historischen Kontext entwickelt haben. Im gesamten Buch verwendete Begriffe wie Datenbanksystem, Datenbasis, Datenmodell und andere werden eingeführt und Datenbanken werden nach verschiedenen Kriterien klassifiziert. Eine mögliche Einteilung der Datenbanken basiert auf der Art der Anwendung. Datenbanken werden in kommerzielle, betriebswirtschaftlich/administrativ ausgerichtete Standardsysteme und neuartige Systeme unterschieden. Kommerzielle Datenbanken sind durch gut formatierte Datenbestände und die Verwendung von Standardsystemen gekennzeichnet. Neben diesen Datenverwaltungssystemen gehören auch noch Recherchesysteme zur Suche in großen, unformatierten Datenbeständen zu den kommerziellen Datenbanksystemen. Neuartige Anwendungen sind durch komplexe Datentypen, Multimediadatentypen und die Anforderungen, die sich aus einer objektorientierten Analyse ergeben (z.B. Vererbung, Kapselung von Methoden), gekennzeichnet. Typische Anwendungsfelder sind Geoinformationssysteme, Multimediadatenbanken oder die Unterstützung technischer Anwendungen.

Eine andere Einteilung ist die Typisierung von Datenbanksystemen über das Datenmodell. Ein Datenmodell ist eine festgelegte Struktur mit eigenen Begriffen, nach der Daten und ihre Beziehungen untereinander gespeichert werden. Man unterscheidet historisch gesehen zwischen hierarchischen Datenmodellen, Netzwerkdatenmodellen, relationalen Datenmodellen und objektorientierten Datenmodellen. Im Zentrum des Buchs steht wegen des großen Verbreitungsgrads das relationale Modell, welches um objektorientierte Aspekte zum objektrelationalen Modell erweitert wurde. Dies spiegelt sich auch in der geschichtlichen Entwicklung von Datenbanksystemen wider, die kurz skizziert wird. Wichtige Impulse setzte hier Codd in seiner grundlegenden Arbeit [Codd 1972], die zwölf Regeln und Eigenschaften nennt, die ein (relationales) Datenbanksystem erfüllen soll.

Im Anschluss wird noch beschrieben, welche funktionalen Anforderungen die verschiedenen Benutzergruppen (Datenbankadministratoren, Datenbankentwickler und Datenbankendbenutzer) an ein Datenbanksystem stellen. Zudem wird die Architektur von Datenbanksystemen aus technischer Sicht auf ein Datenbanksystem in Anlehnung an [Vossen 2000] und [Härder et al. 1999] und aus konzeptioneller Sicht (ANSI-3-Ebenen-Modell) skizziert.

Zum Abschluss des ersten Kapitels werden die Datenbanksysteme Oracle und MySQL, die in den übrigen Kapiteln aus verschiedenen Perspektiven betrachtet werden, kurz vorgestellt und anhand allgemeiner Vergleichskriterien für Datenbanken miteinander verglichen. <<

Ziele

Nach dem Lesen des ersten Kapitels und dem Lösen der Übungsaufgaben werden Sie:

- grundlegende Begriffe wie Datenbanksystem, Datenbasis, Data Dictionary, Datenunabhängigkeit und Datenmodell genau spezifizieren können,
- verschiedene Anwendungsfelder und Grundfunktionalitäten von Datenbanken bestimmen können,
- wissen, welche Architekturkomponenten Datenbanksysteme im Allgemeinen besitzen,
- wissen, was das ANSI-3-Ebenen-Modell bedeutet und wie man es anwendet und
- kommerzielle Datenbanksysteme, insbesondere Oracle und MySQL, anhand von allgemeinen Vergleichskriterien miteinander vergleichen können.

1.1 Weshalb brauchen wir Datenbanken?

Datenbanken sind das Geheimnis, das hinter vielen Computeranwendungen steckt, die heute jedermann benutzt. Ob es sich um dynamische Internetanwendungen wie Foren, Gästebücher oder Auktionen handelt oder um Anwendungen des täglichen Lebens wie eine Banküberweisung, ein Aufenthalt im Krankenhaus oder eine Urlaubsreise mit dem Flugzeug – immer arbeitet eine Datenbank im Hintergrund, die sich um die Korrektheit der Daten und die Anwendungsfreundlichkeit kümmert. Sie bietet Mechanismen zum Speichern, Verwalten und Anfragen von Daten, ohne dass sich Anwendungsprogrammierer um die Speicherdetails kümmern müssen. Daher gehören Datenbanken zu den Grundlagen eines Informatikstudiums. In diesem Kapitel erfahren Sie, welche Überlegungen historisch gesehen zur Entwicklung und zum Einsatz von Datenbanksystemen geführt haben. Ihre Entstehung ist eng mit den Nachteilen verbunden, die eine Speicherung von Daten in Dateien hat. Außerdem spielt das extreme Wachstum von Informationen weltweit eine entscheidende Rolle.

Informationsflut

Informationen und die damit verbundene Speicherung von Daten spielen in vielen Bereichen der Gesellschaft eine zunehmend wichtige Rolle. Wissenschaft, Industrie, Verwaltungen, um nur einige Beispiele zu nennen, sind ohne Informationssysteme nicht mehr denkbar. Es gibt Schätzungen, denen zufolge sich die Informationsmenge derzeit alle fünf Jahre verdoppelt. Datenbanksysteme versuchen, in die zunehmende Informationsflut Ordnung und Struktur zu bringen. Sie dienen als Grundlage dieser Informationssysteme.

Künftige Entwicklung

Heute konzentriert man sich z.B. bei den „digitalen Bibliotheken" überwiegend auf das Scannen und Komprimieren von Informationen. Morgen wird statt der Eingabe die „relevante Auswahl" die wesentliche Rolle spielen, also Selektion, Suche und Qualitätsbewertung von Informationen. Was haben diese globalen Entwicklungen mit dem Thema Datenbanken zu tun?

Von der Datei zur Datenbank

Die von einem Programm zur Laufzeit verwendeten und erzeugten Daten sind ohne spezielle Vorkehrungen nach dem Beenden des Programms verloren. Für die meisten Anwendungen ist diese Tatsache sicherlich unerwünscht. Daten, die man unabhängig vom aktuellen Programmablauf in einer Anwendung braucht, müssen entsprechend auf Speichermedien ausgelagert werden, um dem Programm sekundäre oder historische Daten zur Verfügung stellen zu können. Ein in diesem Zusammenhang verbreitetes Vorgehen sieht vor, erzeugte Daten in einer „Datei" abzuspeichern. Der Aufbau der Daten in einer Datei hängt meistens von dem jeweiligen Programm ab, wenn es sich nicht um einen Standarddateityp handelt. Das hat zur Folge, dass die Daten dann auch nur vom ursprünglichen Programm genutzt werden können.

Komplexere Ansprüche an die Datenspeicherung

Besonders in der unternehmerischen Praxis oder in anderen komplexen Systemen ergibt sich aber oft ein sehr viel komplexerer Anspruch an Daten. Sie sollen zum Beispiel nicht nur einem Programm zur Verfügung stehen, sondern mehreren. Zentrale Daten werden von einem Programm verwaltet und gepflegt, aber von vielen Programmen genutzt. Wesentliche Kriterien in diesem Zusammenhang sind die Ansprüche zur Vermeidung von Redundanzen und zur Einhaltung der Konsistenz eines Datenbestands.

Konsistente und redundanzfreie Daten

Unter **Konsistenz** einer Datenbank versteht man die widerspruchsfreie und semantisch korrekte Speicherung der Daten. Zu einem inkonsistenten Zustand kann es z.B. kommen, wenn aufgrund zweier Änderungen ein Attribut in verschiedenen Dateien unterschiedliche Werte hat. Unter **Redundanz** versteht man die Mehrfachspeicherung von Daten in unterschiedlichen Dateien. Werden an unterschiedlichen Stellen in einem Unternehmen entsprechende Daten dezentral erfasst und verarbeitet, lassen sich diese Ansprüche ohne zusätzliche Logistik kaum realisieren.

Integrierte Datenverwaltung

Bei großen Datenmengen eines komplexen Systems, wie es ein Unternehmen darstellt, ergibt sich die Notwendigkeit für eine integrierte Verwaltung der zentralen Daten. Ein wesentliches Merkmal dieser integrierten Verwaltung ist, dass nicht jedes Programm autonom seine Datenelemente und -strukturen festlegt, sondern dass diese unabhängig vom Programm vorhanden sind. Dies kann nur ein Datenbanksystem leisten. Es bietet Raum für persistente Daten, die unabhängig, flexibel und geschützt abgelegt werden können. Daten heißen **persistent**, wenn sie auch nach Beendigung eines Programms weiterhin zur Verfügung stehen. Ebenfalls enthaltene „Regeln" gewähren mehreren Benutzern gleichzeitig gezielten Zugriff auf die Daten, für die sie Berechtigungen erhalten haben.

1.2 Datenbankgrundbegriffe

Ende der 60er Jahre fand ein Wandel im Einsatz von Rechnern statt. Während vorher Rechner hauptsächlich Instrumente zur Lösung von numerischen Rechenaufgaben in Algorithmen waren, wurden Rechner nun als Systeme zur Verarbeitung von Informationen genutzt. Große Datenbestände mussten verarbeitet, Strukturen, Abläufe und Zusammenhänge eines Anwendungsbereichs abgebildet werden.

Anfänge der Datenverarbeitung

Die Anfänge der Datenverarbeitung bis in die 60er Jahre waren gekennzeichnet durch:

- Noch fehlende Datenbanksysteme
- Die Selbstverwaltung der Dateien innerhalb jedes Programmes
- Redundante Daten, wenn mehrere Programme die gleichen Daten brauchten

Hauptgründe für die Einführung von Datenbanksystemen

- Die Struktur der Daten wurde immer komplexer.
- Der Bestand der Daten musste immer kurzfristiger aktualisiert werden.
- Die Daten sollten unabhängig von einem bestimmten Programm verwaltet werden können.

Diese Gründe führten schließlich zur Entstehung der Datenbank:

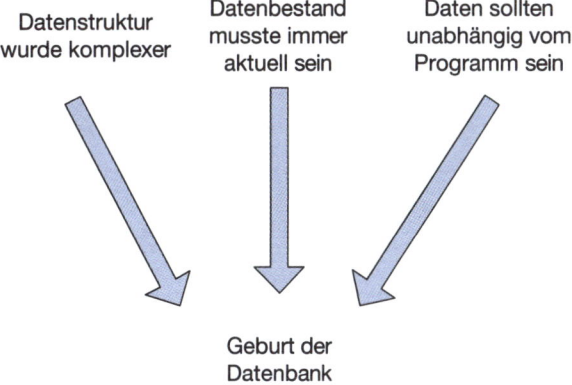

Abbildung 1.1: Geburt der Datenbank

Was versteht man nun genau unter einer Datenbank?

Datenbanksystem/Datenbank

Ein **Datenbanksystem (DBS)** ist eine Ansammlung von Daten, die allen Benutzern bzw. Anwendungen zur Verfügung steht und in der die Daten nach einheitlichen Regeln abgespeichert werden. Ein Datenbanksystem besteht aus einer Datenbasis und einem Datenbankmanagementsystem. Der Begriff der **Datenbank** wird synonym verwendet.

Datenbasis

Unter **Datenbasis** versteht man die eigentlichen Daten der Datenbank, die im Dateisystem gespeichert werden, also eine gewisse Anzahl von physikalischen Dateien, in denen die Anwendungsdaten und das Data Dictionary (s.u.) gespeichert sind.

Data Dictionary

Das **Data Dictionary** enthält Daten (sogenannte Metadaten), die die Datenbasis, z.B. Tabellenstrukturen, definieren. Es umfasst außerdem Daten über die Verwendung und Bedeutung des Datenmodells, die Beziehungen der Daten untereinander und Integritätsbedingungen.

Datenbankmanagementsystem

Das **Datenbankmanagementsystem (Data Base Management System, DBMS)** ist ein Softwaresystem zur Verwaltung der Datenbasis. Alle Prozesse der Datenbank werden gesteuert und verschiedene Dienstleistungen zur Verfügung gestellt. Durch eigene Parametrisierung wird das System an spezielle Bedürfnisse angepasst. Dazu gehören z.B. Funktionen zum Speichern der Daten, zur Verwaltung der Ressourcen und Maßnahmen zur Sicherung der Datenkonsistenz. Ein DBMS liegt bezüglich der Funktionalität zwischen Anwendungsprogramm und Betriebssystem.

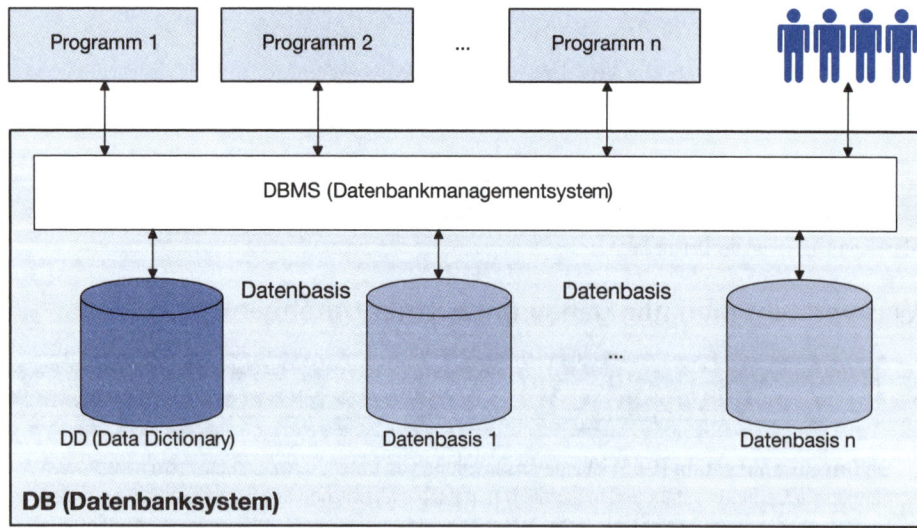

Abbildung 1.2: Bestandteile einer Datenbank

1.3 Datenbankbeispiele

Typische Anwendungsbeispiele werden hier zunächst zusammengestellt, um einen Überblick über das Anwendungsspektrum von Datenbanken zu gewinnen. Die Beschreibungen können als Aufgabenbeschreibungen für den Entwurf eines Datenbankschemas in den späteren Kapiteln genommen werden.

Produktionsbetriebe

Alle Daten, die in einem Produktionsbetrieb anfallen, wie Daten über Produkte, Angestellte der Firma, Fertigungsverfahren, Kunden und Lieferanten, werden vorgehalten. Kunden erteilen Aufträge, die von Vertriebsangestellten bearbeitet werden. Dazu gehören Daten über die verschiedenen Abteilungen mit ihren Angestellten und Berufen sowie Daten über Verkaufsartikel, Baugruppen und Materialien, die hinzugekauft werden. Diese Teile werden mitsamt ihrer Zusammensetzung in Stücklisten abgelegt. Jedes Teil kann von mehreren Lieferanten bezogen werden, die bestimmte Lieferprogramme haben. Die Produkte liegen als Lagerbestand in verschiedenen Lagern. Die Fertigung findet in unterschiedlichen Werken statt, denen die Produkte zugeordnet sind.

Typische Abläufe in einem Produktionsbetrieb sind:

- Verwaltung von Artikeln und Bauteilen
- Stücklistenauflösung
- Einstellung und Entlassung von Personal
- Lohn- und Gehaltsabrechnung
- Bestellung und Lieferung von Einzelteilen
- Verkauf von Fertigprodukten
- Lagerhaltung
- Bedarfsplanung

Ein Schlagwort der letzten Jahre ist **CIM** (Computer Integrated Manufactoring) mit seinen verschiedenen Komponenten, die heutzutage in Standardsystemen abgebildet werden.

Ein CIM-System beinhaltet ein unternehmensweites, einheitliches Datenmodell, auf dem die oben angeführten Komponenten gemeinsam arbeiten und Daten austauschen. Die Komponenten werden, je nach Funktion, der Planungsebene oder der Realisierungsebene zugeordnet.

Auf der linken Seite der folgenden ▶ Abbildung findet man die Funktionen der Planungsebene, auf der rechten Seite die der Realisierungsebene. Hier bedeuten die Abkürzungen Folgendes:

CAD   Computer Aided Design
CIM   Computer Integrated Manufactoring
PPS   Produktionsplanung und Steuerung
CAP   Computer Aided Planing
CAQ   Computer Aided Qualification

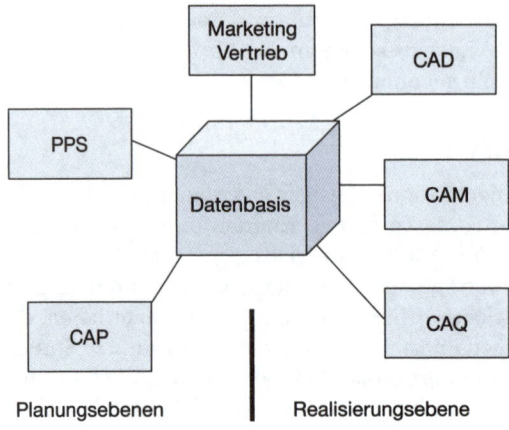

Die wichtigsten CIM-Komponenten

Abbildung 1.3: CIM

Produktionsbetrieb Fahrradhersteller „Byce & Co."

Dieses Beispiel ist ein stark vereinfachtes CIM-Datenmodell, bei dem sowohl wesentliche Gegebenheiten aus der Realität abgebildet sind sowie auch Modellierungsgrundsätze deutlich werden. Es wird uns durch das gesamte Buch begleiten und aus unterschiedlichen Sichten dargestellt. Textstellen, die dieses Beispiel behandeln, sind mit dem Fahrradsymbol gekennzeichnet.

Abbildung 1.4: Symbol des Produktionsbetriebs Byce & Co.

Fußballdatenbank „Rollo"

Die Fußballdatenbank besteht aus den Daten, die für ein öffentliches Fußballgroßereignis wie die Fußballweltmeisterschaft im Internet abrufbar sind. Das umfasst die Daten der beteiligten Nationen mit den Trainern, die Spieler, Daten über die einzelnen Spiele und die Spielergebnisse (geschossenen Tore). Außerdem soll es über das Internet möglich sein, Bestellungen für einzelne Karten aufzugeben.

Typische Abläufe sind:

- Verwaltung der Daten für die einzelnen Spiele, also die beteiligten Nationen, die Trainer, die Spielergebnisse, die Spieler und die von ihnen geschossenen Tore
- Ausgabe von Punkteständen und Torlisten
- Automatische Berechnung von Punkteständen
- Ausführliche Lebensläufe der einzelnen Spieler
- Anzeige von freien Karten

- Reservierung von Karten
- Zuordnung von Karten zu konkreten Personen
- Bezahlung von Karten und Rechnungsstellung
- Versand von Karten

Die Fußballdatenbank Rollo wird uns durch viele Aufgaben dieses Buchs weiter begleiten. Textstellen hierzu sind mit dem Rollo-Symbol gekennzeichnet.

Abbildung 1.5: Fußballsymbol Rollo

Auch hier – wie bei allen übrigen Beispielen – gehen wir der Übersichtlichkeit halber von einem vereinfachten Datenmodell aus, das sicherlich noch einige Fragestellungen aus der Realität offen lässt. Es vermittelt aber einen guten Eindruck von der möglichen Komplexität solcher Modelle „im Ernstfall".

Hochschuldatenbank

Die Hochschuldatenbank besteht aus den Daten, die für die Abwicklung der an einer Hochschule anfallenden Verwaltungsaufgaben und die Lehre benötigt werden. Eine Hochschule gliedert sich in mehrere Fachbereiche, denen sowohl Studierende, Mitarbeiter als auch Professoren angehören. In einem Fachbereich werden mehrere Studiengänge angeboten, für die sich die Studierenden einschreiben können. Die Studierenden belegen Vorlesungen und legen Prüfungen ab. Einige Studierende sind als studentische Hilfskräfte beschäftigt. Die Professoren unterrichten bestimmte Fächer in Vorlesungen, Übungen, Praktika und Seminaren. Einige Mitarbeiter sind als Mitarbeiter in Forschung und Lehre beschäftigt und betreuen in dieser Funktion auch Praktika, die zu Vorlesungen gehören.

Typische Abläufe in einer Hochschule sind:
- Immatrikulation und Exmatrikulation der Studierenden
- Rückmeldung am Ende des Semesters
- Ausfertigen von Studierendenausweisen und Bescheinigungen
- Stundenplanerstellung und Raumbelegung
- Statistiken über Hörerzahlen anfertigen
- Verwalten der Prüfungsergebnisse
- Ausstellen von Zeugnissen

Krankenhausverwaltungssystem

Ein Krankenhausverwaltungssystem soll die Patienten, die Stationen und Zimmer sowie die behandelnden Ärzte und Pfleger darstellen. Ein Krankenhaus gliedert sich gewöhnlich in mehrere Stationen auf, die wiederum aus einer Anzahl von Zimmern und Betten bestehen. Es werden Patienten aufgenommen, die bestimmte Krankheiten haben und von Ärzten und Pflegepersonal versorgt werden.

Typische Abläufe in einem Krankenhaus sind:

- Einlieferung und Entlassung von Patienten
- Verwaltung der Patientenunterlagen und Krankheitsbilder
- Erstellung von Zimmerbelegungsplänen
- Erstellung von Einsatzplänen für Ärzte und Pflegepersonal
- Erstellung von Behandlungsplänen
- Alle Vorgänge der Personalverwaltung wie z.B. die Gehaltsabrechnung

Datenbank einer Fluggesellschaft

Eine Fluggesellschaft fliegt unterschiedliche Flughäfen an. Dafür werden Flugzeuge bestimmter Typen mit dafür ausgebildetem Personal eingesetzt. Insbesondere die Piloten haben Flugscheine jeweils nur für einige wenige Flugzeugtypen. Außer den Piloten gibt es noch anderes Bord- sowie Bodenpersonal. Die Flugbuchungen der Passagiere sowie das Anfertigen der Passagierlisten werden automatisiert durchgeführt.

Typische Abläufe bei einer Fluggesellschaft sind:

- Flugbuchungen von Passagieren
- Personaleinsatzplanung
- Flugplanerstellung
- Überwachung der Wartelisten
- Alle Vorgänge der Personalverwaltung wie z.B. die Gehaltsabrechnung

Datenbank einer Bank

Eine Bank gliedert sich gewöhnlich in mehrere Bankfilialen auf. Zu den Bankfilialen gehören jeweils bestimmte Angestellte. Auch die Bankkunden lassen sich einer Bankfiliale zuordnen. Es sind Daten über die verschiedenen Konten der Bankkunden bereitzustellen. Dabei existieren unterschiedliche Arten von Konten: z.B. Girokonten, Sparkonten, Hypothekenkonten, Kleinkreditkonten und Wertpapierkonten. Die Buchungen und Überweisungen der Kunden werden elektronisch durchgeführt.

Typische Abläufe in einer Bank sind:

- Buchung von Zahlungsvorgängen
- Einrichten und Auflösen von Konten
- Kreditgewährung
- Bereitstellen von Daten über die Kreditwürdigkeit eines Kunden
- Zinsberechnung und -verbuchung
- Alle Vorgänge der Personalverwaltung wie z.B. die Gehaltsabrechnung

1.4 Klassifizierung von Datenbanksystemen

Datenbanksysteme kann man klassifizieren nach Art der Anwendung oder nach dem Typ des Datenmodells. Die im Abschnitt 1.3 beschriebenen Beispiele gehören zu den kommerziellen Anwendungen mit gut strukturierten Datenbeständen.

1.4.1 Klassifizierung nach Art der Anwendung

Die Anwendung der Datenbanksysteme kann im kommerziellen Bereich oder im Bereich neuartiger Anwendungen liegen. Kommerzielle Anwendungen lassen sich noch weiter in Datenverarbeitungssysteme und Recherchesysteme unterscheiden.

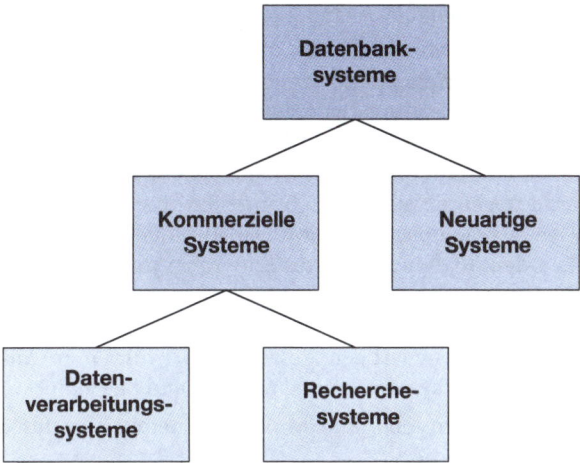

Abbildung 1.6: Klassifizierung der DBS nach Art der Anwendung

Kommerzielle Systeme im administrativen/betriebswirtschaftlichen Bereich

In diese Kategorie gehören Standardsysteme, die sich schon in der Praxis über viele Jahre bewährt haben, wie die im Abschnitt 1.3 eingeführten Beispiele.

Bei den **Datenverarbeitungssystemen** handelt es sich hauptsächlich um Standardsysteme mit administrativem oder betriebswirtschaftlichem Anwendungsbereich, die in Produktionsbetrieben bzw. in Handel, Banken, Verwaltungen und Versicherungen eingesetzt werden. Die Daten liegen in gut formatierter Form vor. Es werden Standardfunktionen wie Produktionssteuerung, Auftragsverwaltung oder Gehaltsabrechnung unterstützt. Auch Bibliotheken oder die öffentliche Verwaltung wie das Einwohnermeldewesen sind ohne solche Datenverarbeitungssysteme auf Datenbankbasis heutzutage nicht mehr denkbar.

Recherchesysteme bestehen vorwiegend aus unstrukturierten, schlecht formatierten Daten. Die Suche in solchen Datenbeständen ist Inhalt einer eigenen wissenschaftlichen Fachrichtung, des Information Retrieval. Im Rahmen dieses Buchs sollen Sie nur eine allgemeine Vorstellung davon erhalten, was sich hinter diesem Begriff verbirgt. Recherchesysteme erlauben die effiziente Suche in unformatierten Datenbeständen, z.B. zum Zwecke der Erstellung wissenschaftlicher Arbeiten, und die Literaturrecherche. Typischerweise werden im Mehrbenutzerbetrieb nur Recherchefunktionen, also keine Änderungsfunktionen, zugelassen. Ihr Einsatz erstreckt sich über die Bereiche Information und Dokumentation, umfasst aber auch Personalarbeit, Marketing, Patentwesen oder Umweltdatenbanken.

Neuartige Anwendungen

Neben diesen traditionellen Anwendungen gibt es neuartige Anwendungsgebiete, die zum Teil andere Typen von Datenbanksystemen erfordern. Neuartige Anforderungen entstehen zum Beispiel im Multimediabereich. Bilder, Filme, Musik oder Videos sollen auch in Datenbanken vorgehalten werden. Dies erfordert die Einführung neuer Datentypen, die nicht nur formatierte Datenbestände, sondern auch Multimediadaten verwalten können. Es reicht aber nicht aus, diese Datenbestände einfach nur bereitzustellen, es sollen auch Funktionen auf ihnen möglich sein, wie z.B. Bildbearbeitungsfunktionen, die mit diesen Multimediadatentypen arbeiten. Es gibt z.B. Radiosender, die ihre gesamten gesendeten Beiträge in Datenbanksystemen speichern und so für Recherchezwecke der Öffentlichkeit zur Verfügung stellen.

Neuartige Anforderungen entstehen auch in technischen/wissenschaftlichen Bereichen. Versuchsdaten aus chemischen oder physikalischen Experimenten sollen erfasst und ausgewertet werden. Rechnergestütztes Entwerfen und die Konstruktion in CAD-Systemen haben heutzutage das Entwerfen am Zeichenbrett abgelöst. Neben der reinen Datenspeicherung sind auch die Wissensverarbeitung und die Speicherung in Expertensystemen angesagt. Diese neuartigen Anwendungen führen zu Anforderungen, die von traditionellen Datenbanksystemen nicht ausreichend befriedigt werden können:

- Neben den Standarddatentypen sind Multimediadatentypen für die Speicherung von Bild, Ton etc. notwendig.

- Objekte besitzen – z.B. in technischen/wissenschaftlichen Anwendungen – eine komplexe Struktur, die sich am besten mit objektorientierten Ansätzen darstellen lässt. Diese Ansätze ermöglichen auch die Definition eigener Datentypen. Ein Teilbereich ist die Modellierung räumlicher Daten in Geoinformationssystemen.

- Semantische Bedingungen, die die Integrität der Datenbank sichern, sollen in der Datenbank selbst abgespeichert werden.

- Systeme sollen auf Ereignisse reagieren und Realzeitanwendungen erlauben.

Beispiele neuartiger Datenbankanwendungen:

- Geoinformationssysteme
- Multimediaanwendungen und Bildverarbeitung
- Steuerung technischer Prozesse und Prozessdatenverarbeitung
- Wissensverarbeitung, insbesondere Expertensysteme
- Rechnergestütztes Entwerfen und Konstruktion (CAD)
- Rechnergestützte Komposition und Wiedergabe in der Musik
- Medizinische Informationssysteme
- Informationssysteme zur Entscheidungsunterstützung in Unternehmen und anderen großen Einheiten (Decision Support System, DSS)
- Suchmaschinen im Internet
- Internetenzyklopädien, wie z.B. Wikipedia

Geoinformationssysteme (GIS) sind Computersysteme zur Verarbeitung räumlicher Daten mit räumlichen und topologischen Eigenschaften. Die Daten haben eine an die Systeme angepasste Struktur, die geometrische Grundelemente wie Punkt, Linie und Fläche verarbeiten kann und geometrische Berechnungen erlaubt. Geoinformationssysteme kommen in Kartografie, Katasterwesen, Umweltinformationssystemen, Straßeninformationssystemen, in der Raumordnung oder der kommunalen Entwicklungsplanung zum Einsatz.

Multimediadatenbanken speichern außer Textinformationen auch Bild-, Grafik-, Ton-, Audio- und Videodokumente. Diese neuen Datentypen kennzeichnen sich durch große Datenmengen, die eine Kompression unabdingbar machen. Typisch sind auch zeitabhängige Anforderungen, wie die zeitliche Synchronisation und die Koordinierung von Ton und Bild bei Video. Anwendungsklassen sind Archivsysteme bei Zeitung, Radio oder Patentämtern, Publikationen in der Werbung, Überwachung in der Prozesssteuerung und beim Militär oder Animationen im Unterricht.

Decision Support Systems (DSS) gehören zum Bereich der sich in letzter Zeit rasch entwickelnden Technologien des **Data Warehouse** und des **Data Mining**. Aus dem operativen Datenbestand werden Daten zusammengezogen und aufbereitet, damit sie in übersichtlicher Form als Grundlage der Entscheidungsfindung dienen können. Dies geschieht in einer eigenen Datenwelt, dem Data Warehouse. Typische Fragestellungen sind die Entwicklung des Umsatzes nach Zeit, Produkt oder Region. Das Data Mining umfasst Techniken, die in einem großen dynamischen Datenbestand nach Trends und Informationsmustern suchen.

Die Trennung zwischen einem neuartigen und einem kommerziellen DBMS ist nicht immer eindeutig zu ziehen. So haben auch die traditionellen Anwendungen ihre Anforderungen deutlich verändert. Mittlerweile will man bei Personalinformationssystemen auch Bilder und Zeugnisse im Datenbanksystem speichern. Entscheidungen, wie z.B. der Ort für den Bau eines neuen Supermarkts, werden auf der Basis von GIS-Informationen getroffen, z.B. die Einwohnerdichte, demographische Struktur und Einkommensverteilung in einem geografischen Gebiet. Ein Krankenhauspatient wurde bislang im Datenbanksystem nur aus einer abrechnungstechnischen Perspektive abgebildet. Heute dagegen versucht man, auch seine Krankheiten abzubilden. Dies erfordert, dass z.B. Laborergebnisse, Röntgenbilder und Tomografieaufnahmen in der Datenbank speicherbar und vor allem auch abfragbar sind. Diesen erweiterten Anforderungen haben sich die „klassischen" DBS-Hersteller alle gestellt und die Funktionalität ihrer Systeme entsprechend erweitert. Wir werden im Rahmen dieses Buchs auch einige dieser neuen Funktionen vorstellen.

1.4.2 Klassifizierung nach Art des Datenmodells

Neben der Klassifizierung der Datenbanksysteme nach Art der Anwendung bietet sich auch die Einteilung dieser Systeme nach der Art ihres Datenmodells an. Der Begriff des Datenmodells wird zunächst in Anlehnung an [Vossen 2000] und [Türker et al. 2006] festgelegt.

Datenmodell

Ein **Datenmodell** stellt einen allgemeinen Begriffsapparat zur Verfügung, der es gestattet, Realitätsausschnitte ohne Eingrenzung auf ein bestimmtes Sachgebiet zu modellieren. Mit dem Datenmodell werden die Datenobjekte und die Operatoren auf diesen Objekten festgelegt, ähnlich wie bei einer Programmiersprache, in der auch Ausdrücke und Regeln festgelegt sind, die in der Programmiersprache benutzt werden dürfen.

Ein Datenmodell hat **Basisdatentypen** und **Typkonstruktoren**, um aus den einfachen Datentypen komplexere Daten sowie Typkonstruktionsregeln zu konstruieren.

Die Typkonstruktionsregeln legen fest, in welcher Form sich Basisdatentypen und Typkonstruktoren miteinander kombinieren lassen.[1]

Datenbankschema

Ein **Datenbankschema** ist die konkrete Ausprägung eines bestimmten Datenmodells mit Daten, die einen Ausschnitt aus der Wirklichkeit modellieren.

Das einfachste Datenmodell, welches wir kennen, sind flache Dateien:

Flache Dateien

Bei flachen Dateien werden die Daten in Dateien gespeichert, die nur von einem Programm genutzt werden.

Während ein Datenmodell die grundlegende Organisation und zur Verfügung stehende Typen eines DBMS beschreibt, gibt das Datenbankschema die **konkreten Typen** wieder, die eine bestimmte Miniwelt abbilden. Eine Datenbankinstanz ist dann die Ausprägung des Datenbankschemas mit **konkreten Daten**.

Historisch gesehen waren die ersten Datenmodelle, die Datenbanken im eigentlichen Sinn ermöglichten, das hierarchische Datenmodell und das Netzwerkdatenmodell:

Hierarchisches Datenmodell und Datenbank

Hierarchische Datenbanken haben ein Datenmodell in der Art eines Baums. Die Adressverknüpfungen werden mit den Daten gespeichert. Ein Datensatz kann höchstens mit einem übergeordneten sowie mehreren untergeordneten Datensätzen in Beziehung stehen.

---

1   vgl. [Türker et al. 2006, S. 45]

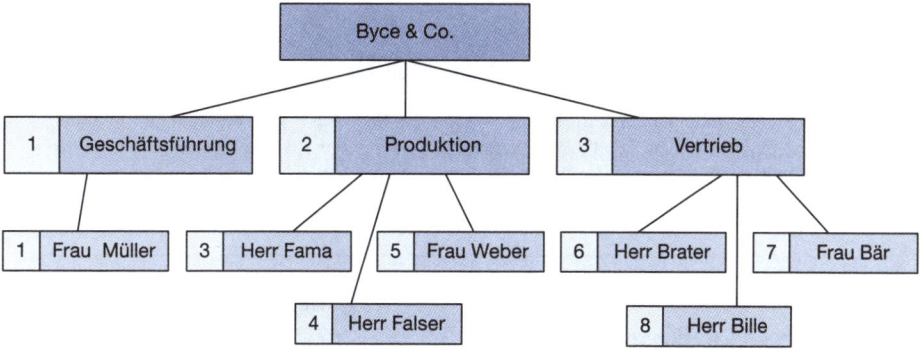

Abbildung 1.7: Beispiel einer hierarchischen Datenbank

In den Netzwerkdatenbanken können zwischen den Knoten mehrere Beziehungen existieren, vom Prinzip der Baumstruktur wird damit abgewichen.

Netzwerkdatenmodell

Die Adressverweise sind wie im hierarchischen Datenmodell in der Datenbank gespeichert. Eine Datenbank kann im Unterschied hierzu mit mehreren Sätzen in Beziehung stehen, die nicht in einer Baumstruktur angeordnet sein müssen.

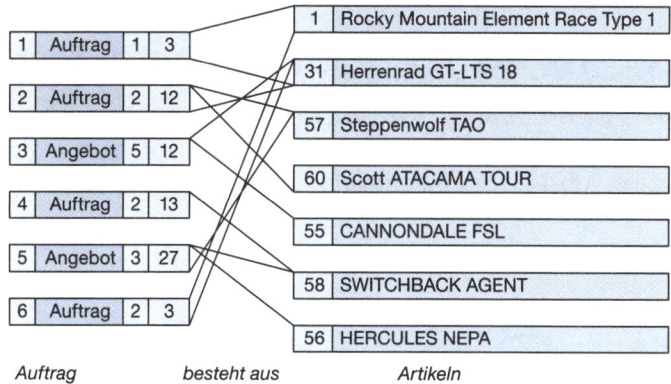

Abbildung 1.8: Beispiel Netzwerkdatenmodell

Nach den hierarchischen und den Netzwerkdatenbanken wurden in den 1990er Jahren die relationalen Datenbanken, die seit Anfang der 1970er Jahre entwickelt wurden, mehr und mehr zum Standard für betriebliche und administrative Anwendungen. Neuartig gegenüber den beiden Vorgängermodellen, bei denen die Daten bereits zum Zeitpunkt der Speicherung mittels Adressverweisen für spätere Anfragen verknüpft werden, ist beim relationalen Modell die Idee, Anfragen und Verknüpfungen der Daten aus unterschiedlichen Tabellen ausschließlich über Wertevergleiche auszuführen. Das relationale Datenmodell ist die relationale Algebra, die in Kapitel 4 dieses Buchs ausführlich behandelt wird.

Relationales Datenmodell und Datenbank

Beim relationalen Datenbanksystem (RDBS) werden die Daten und ihre Beziehungen in Tabellen (Relationen) abgebildet. Eine Tabelle ist horizontal in Zeilen und vertikal in Spalten aufgeteilt. Jeder Datensatz wird als Zeile dargestellt. Die Zeilen heißen Tupel und die Spaltenüberschriften sind die Namen der Attribute.

Aufträge

Auftrags_Nr	Autrags_Typ	Kun_Nr	...
1	Auftrag	1	...
2	Auftrag	2	...
3	Angebot	5	...
4	Auftrag	2	...
5	Angebot	3	...

Auftragspositionen

TNR	Auftrags_Nr	Menge
1	1	1
31	1	2
31	2	2
60	2	1
57	2	1

Artikel

TNr	Bezeichnung	Artikel_Typ	Verkaufspreis	...
1	Rocky Mountain Element Race Typ 1	Mountainbike	3500	...
31	Herrenrad GT-LTS 18	Rennrad	3500	...
54	Klapprad Prompton P3	Klapprad	1600	...
55	CANNONDALE FSL	Mountainbike	3700	...
56	HERCULES NEPA	Trekkingrad	1700	...
57	Steppenwolf TAO	Mountainbike	1900	...
58	SWITCHBACK AGENT	Jugendrad	899	...

Abbildung 1.9: Relationales Datenmodell

Objektorientiertes Datenmodell und Datenbank

Beim objektorientierten Datenbanksystem (OODBS) werden die Daten als Objekte mit ihren Methoden und Attributen in der Datenbank gespeichert. Die Definition eigener Objekte ist sehr eng an eine objektorientierte Programmiersprache angelehnt.

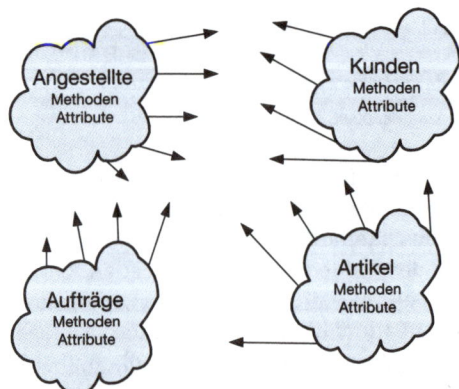

Abbildung 1.10: Objektorientiertes Datenmodell

Objektrelationales Datenmodell und Datenbank

Beim objektrelationalen Datenbanksystem (ORDBS) werden zusätzlich zum RDBS Konzepte der Objektorientierung übernommen. Die Festlegung eigener Datentypen ist möglich, auch die Definition von Methoden. Allerdings ist das Ganze noch sehr eng an den relationalen Standard angelehnt und erfüllt nicht alle Anforderungen der Objektorientierung, wie z.B. die der Vererbung.

In den letzten Jahren hat die Verbreitung der Netzwerkdatenbanken und der hierarchischen Datenbanken stark abgenommen, auch wenn sie gerade in sehr großen Unternehmen und Verwaltungen immer noch vorhanden sind. Daher beschränken wir uns in diesem Buch auf die relationalen und objektrelationalen Datenbanksysteme und ihre Theorie. Die Bedeutung der rein objektorientierten Datenbanken wird sicher in den nächsten Jahren noch wachsen, auch wenn die anfänglichen Erwartungen sich noch nicht erfüllt haben. Allerdings würde eine ausführliche Darstellung der objektorientierten Datenbanksysteme (OODBS) den Umfang dieses Lehrbuchs sprengen, da es sich um ein eigenes Themengebiet handelt. Stonebraker beschreibt in [Stonebraker et al. 1999], welche Datenbanktypen für welche Aufgaben geeignet sind:

- Für einfache strukturierte Daten ohne Abfragen eignen sich flache Dateien.
- Für einfach strukturierte Daten mit komplexen Anfragen eignen sich relationale Datenbanksysteme.
- Für komplexe Daten mit komplexen Anfragen eignen sich objektrelationale Datenbanksysteme.
- Für komplexe Daten ohne Anfragen eignen sich objektorientierte Datenbanksysteme.

1.5 Phasen in der Geschichte der Datenbanken

Der Begriff des Datenmodells wurde schon in den 1950er Jahren geprägt, das Netzwerkdatenmodell und das hierarchische Datenmodell entstanden in den 1960er Jahren. Hier sind in erster Linie die verschiedenen CODASYL-Konferenzen (Conference on Data Systems Languages) zu nennen, deren erste 1959 stattfand. Neben der gemeinsamen Programmiersprache COBOL wurde der Begriff des Datenmodells eingeführt und das Netzwerkdatenmodell (1969) veröffentlicht. Nach Vorläufern (z.B. Flugreservierungssystem SABRE) gab es dann die ersten kommerziellen Datenbanksysteme in den 1960er Jahren. Hier ist insbesondere das System IDS zu nennen, entwickelt von Charles Bachmann, dem Begründer der Netzwerkdatenbanken. Parallel dazu entstand das hierarchische Datenmodell und das System IMS/VS (IBM), das seit 1968 auf dem Markt war und große Verbreitung fand. Grundlagen des relationalen Datenmodells wurden vor allem mit den klassischen Arbeiten von E.F. Codd (1970 und 1972) gelegt. Dafür wurde er 1999 mit dem Turing-Award[2] ausgezeichnet. Das Entity-Relationship-Modell basiert auf einer Arbeit von P.P. Chen aus dem Jahre 1976. Die heute als B-Bäume relevanten Speicherstrukturen wurden von Bayer 1972 eingeführt. Das Trans-

---

2 *http://www.acm.org/awards/turing_citations/codd.html*, 21.12.2006

aktionskonzept ist erstmals in Arbeiten zum System R[3], einem Vorläufer von SQL (1976), beschrieben. Eine erste Analyse und systematische Darstellung von Transaktionen findet man in der Arbeit von Gray von 1981[4]. Die 1970er Jahre kann man daher als eine Phase der wissenschaftlichen Formulierung der relationalen Datenbanktheorie bezeichnen, deren Umsetzung in die breite Anwendung erst in den 1980er Jahren erfolgte. Die 1990er Jahre waren geprägt von Client/Server-Konzepten mit einer Verbreitung von Datenbanken auch auf PCs und einer Anbindung von Datenbanken an das Internet. Es entstanden spezielle Ausprägungen von Datenbanken, wie z.B. Wissens- und Bilddatenbanken und geografische oder medizinische Informationssysteme.

Einige wichtige Ereignisse und Veröffentlichungen, die Datenbanken betreffen, sind in der nachfolgenden Tabelle aufgeführt:

Tabelle 1.1

Wichtige Ereignisse und Veröffentlichungen	
Jahr	**Ereignisse**
1960	Flugreservierungssystem (SABRE)
1968	Hierarchisches Datenmodell und IMS/VS (IBM)
1969	Netzwerkdatenmodell und CODASYL DBTG (Computer Data Systems Language Data Base Task Group)
1971	CODASYL-Empfehlungen zur DDL (Data Description Language) und 3-Schichten-Architektur
1975	Sequel als Abfragesprache des Systems R von IBM wird als nicht kommerzielles System erstmals erstellt.
1975	ANSI/SPARC-Modell
1976	SYSTEM R-Projekt mit SEQUEL als Vorläufer von SQL und erste Transaktionskonzepte Entity-Relationship-Modellierung (Chen)
1977	Datenbankmodell-Diskussionen (hierarchisches Modell, Netzwerkmodell, relationales Modell)
1978	CODASYL – Empfehlungen zum internen Schema und Speicherstrukturen
1980	Oracle, INFORMIX und andere Hersteller bieten erstmals relationale Datenbanken mit SQL an.
1981	SQL/DS von IBM unter DOS/VSE
1982	Relationale Standards SQL 1
1983	SQL/DS wird von IBM mit DB2 unter MVS angeboten. ACID-Transaktionen (Härder)
1986	ANSI-SQL1- Standard
1987	Internationale ANSI-SQL-Übernahme (ISO 9075), SQL entwickelt sich zum Industriestandard.

---

3   *http://www.informatik.uni-trier.de/~ley/db/systems/r.html, 21.12.2006*
4   *http://research.microsoft.com/~Gray/papers/theTransactionConcept.pdf, 21.12.2006*

Wichtige Ereignisse und Veröffentlichungen *(Fortsetzung)*

Jahr	Ereignisse
ab 1987	Viele neue Datenbankanbieter sind auf dem Markt: INGRES, SYBASE etc.
1989	SQL2-Standard mit referentieller Integrität
1991	SQL2 (Domänen, Schlüsseldefinitionen)
1993	Objektorientiertes Datenmodell
1995	Vorläufiges SQL 3 (SUB-Tables, Rekursion, gespeicherte Prozeduren, Datenbanktrigger)
1996	Objektorientierte Datenbanken
1999	SQL3-Standard erster Teil wird verabschiedet.
2000	Datenbanken im Internet werden immer populärer.
2003	SQL2003-Standard mit objektrelationalen Erweiterungen wird verabschiedet.

Wer sich näher mit dem Thema „Geschichte von Datenbanken" befassen möchte, wird hier auf die umfangreiche Sammlung der Universität Trier zum Thema Datenbanken verwiesen.[5]

1.6 Grundlegende Eigenschaften von Datenbanken

E. F. Codd, einer der Begründer der relationalen Datenbanken, beschreibt in einer Veröffentlichung [Codd 1982] zwölf Basisregeln, die eine relationale Datenbank auszeichnen, sich aber auch auf andere Datenbanktypen verallgemeinern lassen.

Regel 1: Informationsregel

Jede Information einer relationalen Datenbank wird in genau einer Weise durch Werte in Relationen dargestellt und damit redundanzfrei und einheitlich verwaltet. Dazu gehören die Anwendungsdaten und die Metadaten, also Daten über den Aufbau der Datenbank.

Regel 2: Garantierter Zugriff

Jedes einzelne Feld der Datenbank ist durch eine Kombination von Relationsname, Primärschlüssel und Spaltenname erreichbar.

Regel 3: Systematische Behandlung fehlender Information

In einer relationalen Datenbank müssen Spalten mit fehlender Information (Nullwerte) einheitlich darstellbar sein. Diese Nullwerte werden systematisch als fehlende

---

5   *http://www.informatik.uni-trier.de/~ley/db/*, 21.12.2006

Information von den Standardwerten (z.B. Strings mit Leerzeichen) unterschieden. Spalten können auch so eingerichtet werden, dass Nullwerte nicht erlaubt sind.

Regel 4: Dynamischer Online-Katalog (Data Dictionary)

Ein Datenbankschema wird in derselben Weise wie die gespeicherten Daten selbst beschrieben – nämlich in Tabellen, dem sogenannten Data Dictionary. Autorisierte Benutzer können das Data Dictionary in gleicher Weise abfragen wie die eigentliche Datenbasis.

Regel 5: Allumfassende Sprache

Ein (relationales) Datenbanksystem muss eine Sprache unterstützen, die allumfassend im folgenden Sinne ist. Diese Sprache erfüllt die folgenden Aufgaben:

- Definition der Benutzerdaten
- Definition von Sichten als virtuelle Tabellen
- Manipulation von Benutzerdaten
- Überprüfung von Integritätsregeln
- Vergabe von Benutzerrechten und Autorisierung
- Transaktionskontrolle und Transaktionshandling (eine Transaktion ist eine Folge von Datenänderungen, die immer ganz oder gar nicht durchgeführt werden muss)

Regel 6: Benutzersichten und Datenänderungen

Für unterschiedliche Benutzergruppen und Anwendungen sind unterschiedliche Sichten (Views) auf die Datenbank notwendig. In einfachen Views, z.B. Teilansichten einer Tabelle, sollen auch Datenänderungen möglich sein.

Regel 7: HIGH-LEVEL INSERT, UPDATE und DELETE

In der Datenbank muss das Einfügen, Ändern und Löschen von Daten möglich sein. Dabei soll das System sich den optimalen Zugriffspfad zur schnellen Durchführung der Transaktion selbst suchen.

Regel 8: Physische Datenunabhängigkeit

Anwendungsprogramme und Anwenderoberflächen bleiben unverändert, wenn Veränderungen an der Speicherstruktur oder der Zugriffsmethode in der Datenbank vorgenommen werden.

Regel 9: Logische Datenunabhängigkeit

Anwendungsprogramme und Anwenderoberflächen bleiben unverändert, wenn sich Basisrelationen verändern, die nicht direkt die Anwendungsprogramme betreffen. Es können z.B. Spalten in Relationen ergänzt oder neue Relationen hinzugefügt werden.

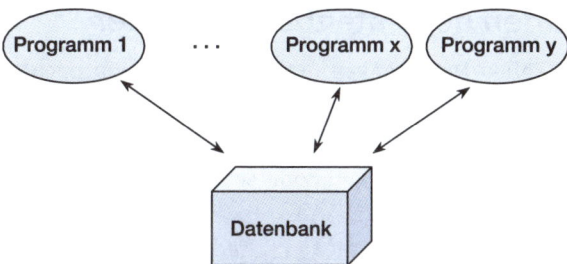

Abbildung 1.11: Datenunabhängigkeit

Man unterscheidet verschiedene Typen der logischen Datenunabhängigkeit. Bei der **vertikalen (logischen) Datenunabhängigkeit** sind die Anwenderprogramme nicht von den Daten abhängig. Programme sollen also anwendungsstabil gegenüber der Änderung der Datenstrukturen sein. Bei der **horizontalen (logischen) Datenunabhängigkeit** sollen die Anwenderprogramme untereinander unabhängig sein. Programme sind also stabil gegenüber Änderungen in anderen Programmen.

Vorteile der Datenunabhängigkeit:

- Daten werden mehrfach genutzt, eine Doppelspeicherung entfällt.
- Minimale Redundanz führt zu einer hohen Integrität der Daten.
- Maßnahmen zur Sicherung der Datenintegrität, der Datensicherheit und des Datenschutzes können zentral verwaltet werden.

Regel 10: Integritätsunabhängigkeit

Integritätsbedingungen, die von der Datenbank erfüllt werden müssen, werden mithilfe der relationalen Datenbanksprache definiert, im Data Dictionary abgelegt und vom DBMS ausgeführt. Diese Integritätsbedingungen gehören nicht ins Anwenderprogramm.

Regel 11: Verteilungsunabhängigkeit

Eine relationale Datenbank besitzt die Verteilungsunabhängigkeit. Das heißt, die Anwendungsprogramme bleiben unverändert, wenn die verteilte Datenhaltung auf mehreren Rechnern eingeführt oder wieder zurückgenommen wird und mehrere Datenbanken zu einer Datenbank zusammengelegt werden.

Regel 12: Unterwanderungsverbot

Falls das DBMS eine andere 3GL-Sprache wie C oder Java zulässt, darf diese Sprache nicht die aufgestellten Regeln 1 bis 11 verletzen oder außer Kraft setzen.

In den nachfolgenden Jahren hat sich Codd noch in einer Vielzahl von Arbeiten mit den Erweiterungen dieser Regeln auseinandergesetzt. Allerdings kann man sagen, dass selbst diese zwölf, auch als „goldene Regeln" von Datenbanken bezeichneten Regeln bis heute noch nicht von allen Datenbanksystemen umgesetzt werden. Inwieweit die Umsetzung schon gelungen ist, werden wir in den nachfolgenden Kapiteln, insbesondere in Kapitel 5 über SQL, detaillierter beschreiben.

1.7 Kategorien der Datenbankbenutzer

In diesem Kapitel sollen Datenbanken und ihre Funktionen noch aus einer anderen Sicht charakterisiert werden, nämlich aus der Sicht des Datenbankbenutzers, der verschiedene Aufgaben zu erfüllen hat.

Man unterscheidet drei Kategorien von Benutzern:

- Datenbankadministrator (DBA)
- Datenbankentwickler
- Datenbankendbenutzer

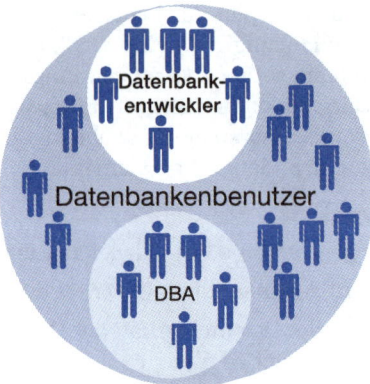

Abbildung 1.12: Datenbankbenutzer

1.7.1 Datenbankadministrator

Der Begriff Datenbankadministrator ist eine eigene Berufsbezeichnung geworden, Fachleute auf diesem Gebiet haben sehr gute Berufschancen.

Hauptaufgaben des Datenbankadministrators sind:

- Datenbankdesign, Anlegen der Datenbank
- Softwareinstallation und -wartung
- Speicherplatzverwaltung
- Implementierung von Sicherheitsmechanismen
- Laden von Daten
- Backup und Recovery
- Reorganisation von Datenbeständen
- Systembeobachtung und -Tuning

Datenbankdesign

Unter dem Datenbankdesign versteht man das Anlegen von Tabellen, Indizes, Views usw., also die Planung des logischen und physischen Designs der Datenbank. Wegen der geforderten Datenunabhängigkeit geschieht diese Aufgabe zentral und möglichst anwendungsneutral.

Softwareinstallation und -wartung

Zu diesem Bereich gehören die Auswahl und Einspielung der benötigten Software-Komponenten sowie die Festlegung der Systemarchitektur (verteilte Datenbanken, Netzwerkkomponenten, Betriebssystemvarianten).

Speicherplatzverwaltung

Die Bereitstellung und Verwaltung des für die Datenbank benötigten Plattenbedarfs ist eine wichtige Aufgabe, die bei der Planung und im laufenden Betrieb einer Datenbank eine große Rolle spielt.

Implementierung von Sicherheitsmechanismen

Zu den Grundaufgaben eines Datenbankadministrators gehören auch die Benutzereinrichtung, die Vergabe von Benutzerrechten und die Einrichtung von Rollen und Privilegien.

Laden von Daten

Das Laden von Daten aus Altbeständen, das Einspielen von Daten in die Datenbank, die Bereitstellung von Daten für andere Systeme sind Aufgaben, die bei der heutigen Vielfalt der Systeme eine große Bedeutung haben. Standardisierte Schnittstellen wie ODBC oder JDBC sind hier wünschenswert.

Backup und Recovery

Bei den sicherheitsrelevanten Daten, wie man sie vielfach in unternehmerischen Bereichen und auch in den Verwaltungen findet, sind Backup und Recovery unabdingbar. Regelmäßige Datensicherungen (Backup), online oder im Batch-Betrieb, und Parallelrechnerbetrieb gehören zu den Maßnahmen einer Backup-Strategie. Recovery, also die Wiederherstellung von Datenbeständen nach einem Systemausfall, ist heutzutage selbstverständlich. Recovery basiert auf den Backup- und Logging-Systemen, die Bestandteile der Systemprogramme einer Datenbank sind.

Reorganisation von Datenbeständen

Durch Datenänderungen verteilen sich die Bestände auf den Platten und die Zugriffe werden immer langsamer. Die Entwicklung von Gegenmaßnahmen ist erforderlich und sollte vom Datenbanksystem unterstützt werden.

Systembeobachtung und Tuning

Ein DBA muss das Datenbanksystem permanent überwachen, um Probleme, Engpässe und Konflikte zu erkennen. Hier können verschiedene Tuning-Maßnahmen ergriffen werden, um Zugriffe zu beschleunigen oder Engpässe aufzuheben.

1.7.2 Datenbankentwickler

Neben dem Datenbankadministrator, dessen Wirken für den Endanwender im Allgemeinen unsichtbar bleibt (zumindest, solange er seine Aufgaben gut erfüllt), gibt es noch die große Gruppe der Datenbankentwickler.

Aufgaben des Datenbankentwicklers sind:

- Systemanalyse
- Beantwortung von Ad-hoc-Abfragen
- Anwendungsentwicklung

Systemanalyse

Unter Systemanalyse versteht man den Entwurf des konzeptionellen Datenbankmodells, z.B. die Erstellung eines ER-Modells, die Erstellung einer kompletten Aufgabenbeschreibung und die Abstimmung von Lasten- und Pflichtenheften, sowie die Abstimmung mit bestehenden Applikationen und die Einbindung in ein komplexes Datenmodell.

Ad-hoc-Abfragen

Systementwickler haben die Aufgabe, den Datenbestand zu beobachten, zu analysieren und Benutzeranfragen, die nicht fest programmiert werden müssen, auszuwerten. Dazu werden verschiedene SQL-Werkzeuge, die für den Endanwender nicht geeignet sind, eingesetzt.

Anwendungsentwicklung

Hierzu gehören die Entwicklung von Masken und Reports und die Programmierung von schriftlichen Dokumenten. Zum Einsatz kommen Programmiersprachen der 4. Generation, wie PL/SQL von Oracle, Java oder C, auch um die Datenbank an das Internet anzubinden. Daneben ist eine Hauptaufgabe die Erstellung von Datenbankprozeduren und Datenbanktriggern, die in der Datenbank selbst abgespeichert werden.

1.7.3 Datenbankendbenutzer

Die Datenbankendbenutzer stellen zwar zahlenmäßig gesehen die größte Klasse von Benutzern dar, vom Aufgabenumfang her sind sie jedoch stark eingeschränkt.

Aufgaben des Datenbankendbenutzers:

- Benutzung der vom Datenbankentwickler erstellten Programme
- Benutzung von QBE-Werkzeugen (Query By Example) zur Befriedigung von Ad-hoc-Abfragen ohne SQL-Kenntnisse

In vielen Fällen ist dem Endbenutzer nicht bewusst, dass es sich bei einer Applikation um eine Datenbank handelt, die im Hintergrund arbeitet. Dennoch ist er in seiner täglichen Arbeit auf Datenbanksysteme angewiesen.

1.8 Datenbankarchitektur

Die Datenbankarchitektur kann zum einen aus Sicht der Systemarchitektur, als grundsätzlicher Aufbau von Datenbanksystemen, und zum anderen aus Sicht der Anwendungsentwicklung im ANSI-3-Ebenen-Modell betrachtet werden.

1.8.1 Datenbankarchitektur aus Systemsicht

Die folgende Darstellung der Datenbankarchitektur richtet sich nach [Vossen 2000] und [Härder et al. 1999].

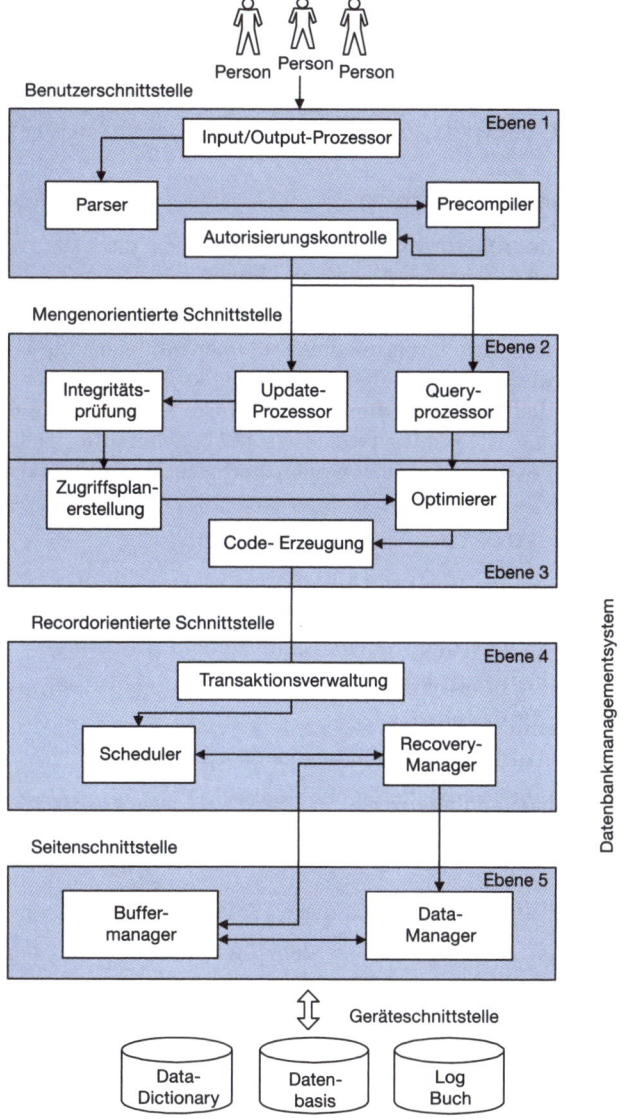

Abbildung 1.13: Datenbankarchitektur

1. Ebene: Verarbeitung der Benutzereingaben

Benutzerkommandos werden vom DBMS in verschiedenen Ebenen verarbeitet. Jede Ebene übernimmt Ergebnisse ihres Vorgängers, verarbeitet sie weiter und gibt sie an die nächst tieferliegende Ebene weiter. Anschließend werden die Ergebnisse entsprechend von unten nach oben an den Benutzer zurückgegeben.

Input/Output-Prozessor Benutzerkommandos werden entgegengenommen und Resultate in Form von Ergebnissen oder Fehlermeldungen ausgegeben.

Parser Der Parser analysiert die Syntax, z.B. Verwendung von Schlüsselwörtern. „SLECT" anstelle von „SELECT" wird zum Beispiel zurückgewiesen.

Precompiler Ein Programm, welches in einer höheren Programmiersprache wie z.B. C++ geschrieben ist, ruft den Precompiler auf. Der Precompiler erzeugt ausführbaren Code für diese Programmteile.

Autorisierungskontrolle Es wird geprüft, ob der Benutzer für die abgesetzten Kommandos Zugriffsrechte besitzt. Das Ergebnis dieser Ebene ist ein interner Zwischencode.

2. Ebene: Anfrageverarbeitung

Update-Prozessor, Integritätsprüfung Sind Änderungen der Daten aus der Datenbank vorgesehen, wird geprüft, ob diese Änderungen mit den Integritätsbedingungen vereinbar sind. Dieses Thema wird in den Abschnitten 5.3.2 und 5.3.3 vertieft.

Query-Prozessor Wenn es sich nur um eine Datenbankabfrage ohne Veränderung von Daten handelt, wird diese Abfrage mit dem Datenbankschema verglichen, z.B. werden die Spalten der Tabellen ermittelt, die für die Abfrage notwendig sind. Das Ergebnis der Anfragebearbeitung ist modifizierter Zwischencode für die nächste Ebene. Die Programmierung von SQL-Anfragen ist Gegenstand von Abschnitt 5.5.

3. Ebene: Zugriffsstrukturen und Codeerzeugung

Optimierer Der Optimierer überprüft, ob das Ergebnis auf einem anderen Weg effizienter abgeleitet werden kann, und modifiziert gegebenenfalls den Zugriffscode. Anfrageverarbeitung und Optimierung werden ausführlich im Abschnitt 4.5 behandelt.

Zugriffsplanerstellung Im nächsten Schritt untersucht das DBMS, welche Möglichkeiten des Datenzugriffs bestehen, z.B.

- welche Strukturen zur Datenspeicherung verwendet wurden,
- welche Zugriffsmethoden existieren (z.B. Indexe),
- wie die Speicherverwaltung mit der Dateiorganisation des Betriebssystems zusammenarbeitet.

Der effizienteste Zugriffspfad wird nach diesen Kriterien festgelegt.

Codeerzeugung Das DBMS erzeugt aus dem Zwischencode und dem Zugriffsplan ausführbaren Code, der im Hauptspeicher des Datenbankservers abgelegt wird.

4. Ebene: Synchronisation paralleler Zugriffe

Eine Folge von Lese- und Schreibzugriffen, die als Einheit ausgeführt werden müssen, wird als Transaktion bezeichnet.

Transaktionsverwaltung und Scheduler Wenn mehrere Personen gleichzeitig mit dem Datenbanksystem arbeiten, müssen ein Multiuser-Betrieb und die Synchronisation paralleler Transaktionen ermöglicht werden. Diese Aufgabe übernimmt der Scheduler. Eine systematische Behandlung von Transaktionen finden Sie in Kapitel 8.

Recovery-Manager Kann ein DBMS eine laufende Transaktion nicht zu Ende führen, versetzt der Recovery-Manager die Datenbank aufgrund der im Log-Buch gespeicherten Informationen in den Zustand, den die Datenbank vor Beginn der letzten Transaktion hatte. Informationen hierzu finden Sie in Kapitel 8.

5. Ebene: Speicherverwaltung

Buffer-Manager Im Hauptspeicher des Datenbankservers werden der erzeugte und der ausführbare Code zusammen mit den benötigten Daten zur Weiterverarbeitung gespeichert. Der Buffer-Manager verwaltet den verfügbaren Platz und die notwendigen Auslagerungen.

Data-Manager Der Data-Manager verwaltet die dem DBMS zur Verfügung stehende Hardware (externe Platten etc.) und schreibt den Inhalt des Buffers physikalisch in die Datenbank.

Verschiedene Schnittstellen zwischen den Ebenen

Zwischen den einzelnen Ebenen existieren typische Schnittstellen, die Resultate an die nächste Ebene weitergeben.

Benutzerschnittstelle Die Benutzerschnittstelle wird meist in Form von Bildschirmmasken gestaltet, die Anfragen entgegennehmen und Ergebnisse ausgeben.

Mengenorientierte Schnittstelle Die vom Anwender gewünschten Daten werden zusammengestellt und auf das Datenbankschema abgebildet. Es werden Mengen von Daten verarbeitet und die dafür benötigten Tupel gelesen.

Recordorientierte Schnittstelle Die Daten aus der vorigen Schnittstelle werden weiterverarbeitet, aber nicht als Menge, sondern einzeln, d.h. tupelweise. Die Datenblöcke, die für die geplanten Operationen notwendig sind, werden ermittelt.

Seitenschnittstelle Die Seitenschnittstelle ermittelt die Adresse der Datenblöcke auf dem externen Speicher und fordert sie an.

Geräteschnittstelle Diese Schnittstelle sorgt für den physischen Transfer der Seiten zwischen Hauptspeicher und externem Speicher.

1.8.2 ANSI-3-Ebenen-Modell

Schon 1975 verabschiedete ANSI/SPARC[6] einen Standard, nach dem sich die Architektur von Datenbanken richtet. Das Architekturmodell unterscheidet drei Abstraktionsebenen oder Sichten (siehe folgende Tabelle):

---

6 ANSI – American National Standards Institut; SPARC – Standards Planning and Requirements Computing

	Tabelle 1.2
Physische Sicht auf die Daten	Interne Ebene
Logische Gesamtsicht der Daten	Konzeptionelle Ebene
Benutzersicht auf die Daten	Externe Ebene

Den Zusammenhang der verschiedenen Sichten verdeutlicht die folgende Abbildung:

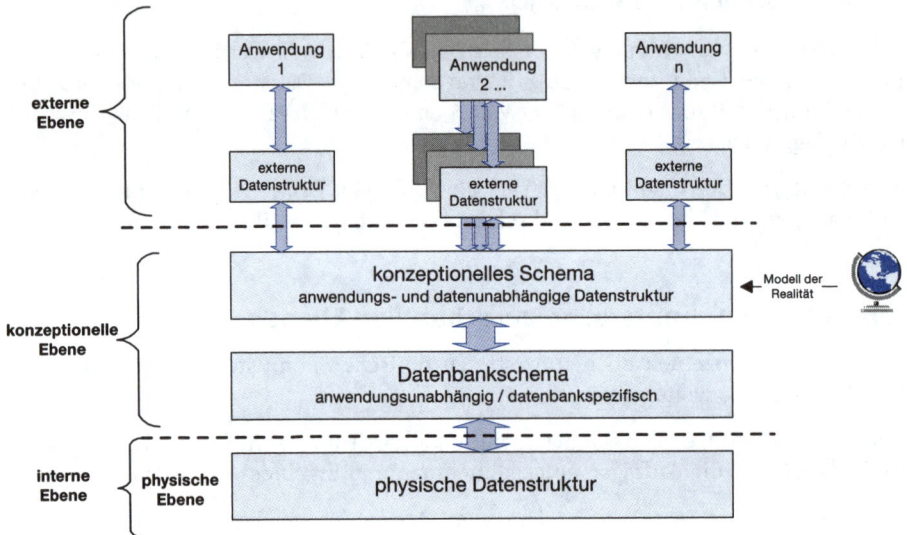

Abbildung 1.14: ANSI-3-Ebenen-Modell

Externe Ebene

Die externe Ebene enthält die Benutzersichten auf die Daten bzw. den Ausschnitt aus den Gesamtdaten, den spezielle Benutzergruppen benötigen. Diese Ebene wird vom Datenbankentwickler verwaltet.

Konzeptionelle Ebene

Diese Ebene hat die logische Darstellung der Gesamtsicht der Daten in einem speziellen Datenmodell, z.B. dem relationalen Datenmodell zum Inhalt. Man differenziert hier zwischen dem konzeptionellen Schema, wie dem ER-Modell (vgl. Kapitel 3), welches noch unabhängig vom konkret eingesetzten Datenmodell ist, und dem logischen Datenbankschema, welches schon auf das Modell eines bestimmten Datenbanktyps angepasst ist. Diese Ebene wird primär vom Datenbankentwickler verwaltet.

Interne Ebene

Information über die Art und den Aufbau der Datenstrukturen auf dem physikalischen Speicher und Zugriffsmechanismen sind Bestandteil der internen Ebene. Diese Ebene wird vom Datenbankadministrator verwaltet.

Bis zum heutigen Tag ist dieses Modell Basis verschiedener Vorgehensweisen zur Entwicklung von Datenbanksystemen. Das gilt auch für das in diesem Buch verwendete Vorgehensmodell in Kapitel 2.

Beispiel Flughafen

Das folgende Beispiel aus einem Flughafenbetrieb veranschaulicht die verschiedenen Ebenen.

Externe Ebene Die externe Ebene umfasst die Benutzersicht auf den Flugbetrieb, also z.B. Unterstützung bei der Buchung, Auswahl der Reservierung oder die Ausgabe der Flugscheine. Heutzutage gehört dazu auch die Bedienung der Datenbank über das Internet.

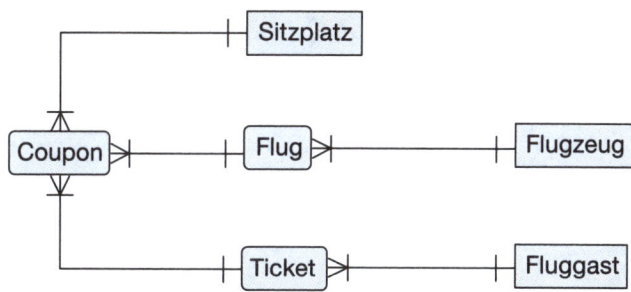

Abbildung 1.15: ER-Modell

Die Kästen bezeichnen Mengen von Objekten, die Krähenfüße Beziehungen zwischen den Objektmengen. Die genauere Notation wird in Kapitel 3 behandelt.

Datenbankschema Das Datenbankschema besteht bei einer relationalen Datenbank aus dem Relationenschema, also den Tabellen, die in der Datenbank abgelegt werden sollen. Die für die Erstellung solcher Datenbankobjekte notwendigen Befehle werden in Kapitel 5 vorgestellt. Ein Ausschnitt eines Datenbankschemas im Beispiel:

Sitzplatz

Nr.	Position	Raucherkennzeichen
1	Rechts	Nein
2	Rechts	Nein
23	Links	Ja

Flug

Nr.	Von	Nach	Uhrzeit	Datum
LH1263	Köln	München	06.45	02.12.06
LH1253	Frankfurt	Paris	12.05	02.12.06
LH714	München	Tokio	15.30	02.12.06

Interne Ebene Hierzu gehören die physische Speicherstruktur der Daten, also z.B. B-Baum, Hash-Zugriff oder HEAP. Diese Themen werden in Kapitel 9 behandelt. Auch die Beschleunigung des Datenzugriffs durch Indizes gehört zu diesem Themenkreis. Ein Index ist eine interne Liste zur Unterstützung des effizienten Zugriffs auf eine Relation über eine bestimmte Spalte.

1.8.3 Sprachebenen und Sprachklassen

Schon in der Veröffentlichung der ANSI/SPARC-Gruppe aus dem Jahre 1975 [ANSI 1975] erfolgt die Einteilung einer Datenbanksprache in verschiedene Sprachklassen, die mit dem ANSI-3-Ebenen-Modell in Verbindung stehen. Die ▶ Abbildung 1.16 zeigt die Bestandteile eines DBMS.

DML (Data Manipulation Language)

Die DML stellt Sprachelemente zum Anlegen, Ändern und Löschen von Daten zur Verfügung. Einsatzgebiet ist die externe Ebene.

DQL (Data Query Language)

Die DQL stellt Sprachelemente für Abfragen von Daten zur Verfügung. Einsatzgebiet ist die externe Ebene.

DDL (Data Definition Language)

Die DDL stellt Sprachelemente zur Verfügung, mit denen die Datenbankobjekte definiert, modifiziert und gelöscht werden. Einsatzgebiet ist die konzeptionelle Ebene.

DCL (Data Control Language)

Die DCL stellt Sprachelemente zur Definition der Speicherstrukturen und Zugriffsmechanismen zur Verfügung. Dazu gehören:

- Festlegung von Speicherstrukturen
- Festlegung von Zugriffs- und Integritätskontrollen
- Festlegung der Sicherungsstrategie
- Überwachung der Systemauslastung und des Laufzeitverhaltens (Performance)
- Tuning des Systems zur optimalen Anpassung an laufende oder neue Aufgabenstellungen

Einsatzgebiet ist die interne Ebene im ANSI-3-Ebenen-Modell.

Die verschiedenen Sprachklassen und ihre Behandlung in SQL sind Inhalt von Kapitel 5.

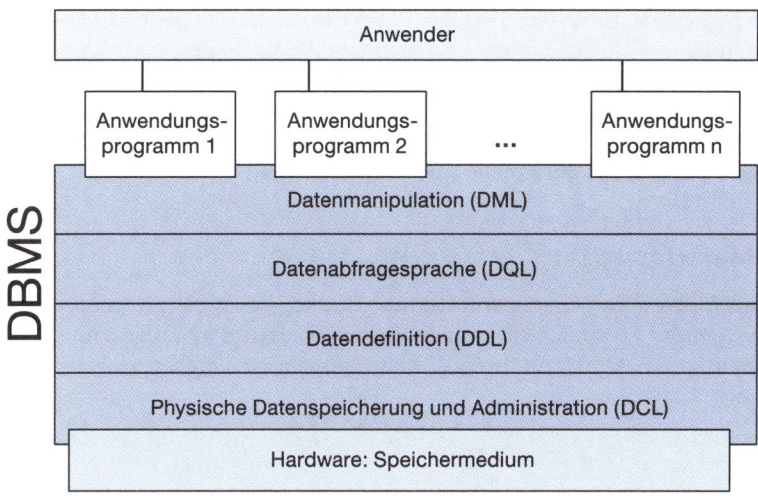

Abbildung 1.16: Bestandteile eines DBMS

1.9 Vergleich der Datenbanksysteme Oracle und MySQL

1.9.1 Historische Entwicklung

Während noch vor 16 Jahren VSAM[7], DB2[8] und Adabas[9] die am meisten genutzten Datenbankserver waren, hat sich das Bild des Verbreitungsgrads seit der Entwicklung von MySQL deutlich geändert.

Mit der Entwicklung der Software UNIREG von MySQL im Jahr 1979 durch Michael (Monty) Widenus [Buchmann et al. 2005] für die Firma TcX hat sich auf dem Servermarkt einiges getan. Da diese Software zu schnell für die auf dem Markt vorhandenen Datenbanken war und dringend benötigte Funktionen fehlten, begann Monty Widenus mit der Entwicklung eines neuen Servers, der später dann MySQL genannt wurde. Die Veröffentlichung von MySQL 3.11.1 für die Betriebssysteme Linux und Solaris sowie die Gründung der Firma MySQL AB erfolgte im Jahr 1996. Seitdem sind noch viele Betriebssysteme hinzugekommen und es ist eine Quellcodedistribution von MySQL erhältlich, die eine Anpassung der Datenbank an individuelle Bedürfnisse ermöglicht.

Parallel dazu wurde 1977 von Lawrence J. Ellison (Larry Ellison) das Unternehmen Software Development Laboratories gegründet.[10] Mitbegründer waren damals Bob Minder und Ed Oates. Im Jahr 1979 wurde das erste kommerzielle SQL Relational

---

7   VSAM (Virtual Storage Access Method) beschreibt eine Zugriffsmethode auf Dateien, die auf IBM-Großrechnersystemen unter dem Betriebssystem z/OS angelegt wurden.
http://www. computerbase.de/lexikon/VSAM, 16.10.06

8   DB2 ist die kommerzielle relationale Datenbank der Firma IBM.
http://www.computerbase.de/suche/?q=db2&bereich=lexikon, 16.10.06

9   Adabas (Adaptable Database System) ist ein leistungsstarkes relationales Datenbanksystem der Darmstädter Software AG (SAG).
http://www.computerbase.de/suche/?q=adabas&bereich=lexikon, 16.10.06

10   siehe *http://de.wikipedia.org/wiki/Oracle_Corporation*, 09.01.07

Database Management System (RDBMS) angeboten. Erst im Jahre 1983 erfolgte eine Umbenennung des Unternehmens selbst in Oracle. Es folgten viele weitere Entwicklungen im Bereich der Datenbanken. So wurde z.B. 1985 eine Parallel Server Database angeboten, zehn Jahre später, 1995, das erste 64-bit Relational Database Management System (RDBMS). 2005 bot Oracle seine erste freie Datenbank, die Oracle Database 10g Express Edition, für Entwickler und Studierende an.

1.9.2 Marktübersicht

Im Jahr 2005 übernahm Oracle von IBM die Marktführerschaft. Gegenüber den anderen Bereichen der IT-Branche ist der Markt für Basiskomponenten von Datenbanken sehr beständig. Die Marktanteile in diesem Bereich verschieben sich seit Jahren nur geringfügig.

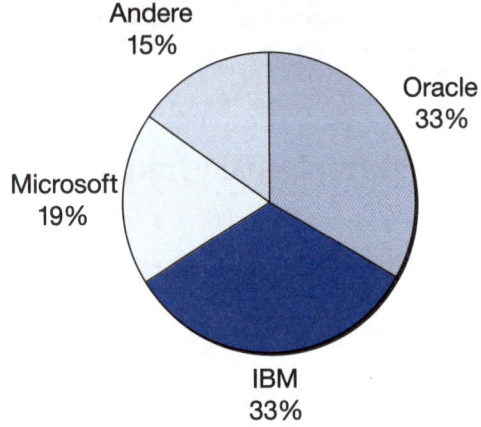

Abbildung 1.17: Datenbankmarkt Deutschland 2005 (Quelle: Gartner)

Das Massengeschäft wird hierbei klar von drei Unternehmen bestimmt: IBM, Oracle und Microsoft zeichnen für den größten Teil der Lizenzen verantwortlich. An dieser Rangordnung konnten bisher auch nicht die mittlerweile stark nachgefragten Open-Source-Datenbank-Management-Systeme etwas ändern. Der Grund dafür, dass sich nun Oracle auf Platz 1 der Datenbankanbieter gesetzt hat, ist nicht bei IBM oder Oracle zu suchen. Diese Platzierung erklärt sich vielmehr dadurch, dass Gartner Dataquest den Markt im vergangenen Jahr nicht auf das Geschäft mit neuen Lizenzen reduziert, sondern auch die Umsätze aus Wartungsverträgen mit berücksichtigt.[11]

Aber trotz der geringen Marktanteile der quelloffenen Alternativen reagieren die großen Anbieter nervös auf die neuen Konkurrenz. Rund 90% des weltweiten Datenbankmarkts werden von den fünf größten Anbietern kontrolliert, wobei die Konzentration in kaum einem anderen IT-Segment derart ausgeprägt ist. Das könnte sich jedoch bald ändern: Anbieter quelloffener Datenbanken, allen voran MySQL, versuchen mit niedrigen Kosten und Enterprise-Funktionen, die professionellen Anbieter für sich zu gewinnen.

---

11 siehe Artikel von Jan Schulze,
   http://www.computerwoche.de/top_100/software/581913/index.html, 30.10.06

Wenn es allerdings um reine Open-Source-Datenbanken geht, sind nach Aussage von Gartner-Analyst Donald Feinberg die Marktanteile nur schwer messbar. Traditionell messen die Branchenbeobachter die Lizenzumsätze – eine Kenngröße, die bei quelloffenen Programmen aber nicht greifen kann.[12]

MySQL ist vor allem bei Studierenden sehr beliebt. Und sind nicht die Studierenden von heute die IT-Verantwortlichen von morgen? In ihrem beruflichen Umfeld machen sich ehemalige Studierende vielfach für die Produkte stark, mit denen sie während ihres Studiums bereits Erfahrungen sammeln konnten. Zwar sind alle namhaften Datenbank-Management-Systeme ausgereift, der Wechsel eines Datenbanksystems stellt aber grundsätzlich ein sehr hohes Risiko hinsichtlich Kosten, Zeit und Erfolg dar, das meist gescheut wird. Mit zunehmendem Kostendruck kann aber auch diese Hürde fallen, vor allem wenn die Open-Source-Produkte ihre Stabilität und Enterprise-Funktionen weiter ausbauen und preislich den Kunden weiterhin so entgegenkommen. Quelloffene Datenbanken könnten einen ungeahnten Aufschwung erleben.

Carlo Velten vom Beratungshaus Experton Group schätzt, dass im Bereich der webbasierenden Datenbankanwendungen quelloffene Software hierzulande bereits einen Anteil von zehn bis 15 Prozent erreicht haben könnte, Tendenz steigend. Aus Kostengründen migrierten bereits Unternehmen auf Oracle-Systeme unter Linux und diese sähen jetzt kurzfristig keine Notwendigkeit, auf eine alternative Datenbank zu wechseln. Auch der Gartner-Analyst Donald Feinberg beurteilt die Perspektiven der Open-Source-Systeme zurückhaltend: „Bis zum Jahr 2008 werden Open-Source-Datenbanken lediglich für nicht geschäftskritische Applikationen eingesetzt", lautet seine Prognose. Jedoch bilde die aktuelle Version 5 von MySQL eine Ausnahme. Er gehe davon aus, dass SAP diese Software für den Einsatz mit seinen ERP-Systemen zertifizieren werde.[13] Vor diesem Hintergrund ist es interessant zu wissen, dass umgekehrt die MySQL AB die SAPeigene MaxDB-Datenbank im Jahre 2004 übernommen hat.

Die Open-Source-Datenbanken haben in Sachen Funktionalität gegenüber den kommerziellen Rivalen aufgeholt. So kam MySQL lange Zeit nur in Universitäten und Kleinstunternehmen zum Einsatz, weil das System keine echten Transaktionen unterstützte. Zusammen mit Row Level Locking (Datensatzsperren) ist dieses Feature schon seit der Version 3.23 in der InnoDB Speichermaschine von MySQL implementiert. MySQL 5 verfügt inzwischen auch über Features wie gespeicherte Routinen, Trigger und Sichten, die über einen langen Zeitraum nur kommerziellen Produkten vorbehalten waren. Die etablierten Datenbanken gelten aber immer noch als überlegen, wenn es um Hochverfügbarkeit, Systemadiministration oder Backup und Recovery geht. MySQL 5 wird von Experten deshalb nur für bestimmte Bereiche empfohlen, beispielsweise für leseintensive Anwendungen oder als Subsystem für eine „Master"-Datenbank. Häufig werden diese Subsysteme für Webanwendungen mit Datenbankzugriff verwendet[14].

Laut eines Artikels der ZDNet vom 26.05.06 gehen die Analysten von Gartner und IDC davon aus, dass Oracle zwar auch weiterhin den Markt für relationale Datenbanksysteme anführen wird, quelloffene Systeme wie MySQL jedoch den Datenbankriesen zunehmend Konkurrenz machen könnten. Anbieter wie MySQL und Ingres hätten zwar weniger als ein Prozent Marktanteil, zeigten aber ein starkes Wachstum von

---

12 Computerwoche.de: „Datenbankriesen fürchten Open Source" vom 14.12.05 von Wolfgang Hermann unter *http://www.computerwoche.de/produkte_technik/open_Source/569961/*, 18.10.06
13 Ebenda
14 Ebenda

47%. Im Moment seien sie im Datenbankmarkt noch sehr kleine Player, aber zehn Jahre zuvor habe das Gleiche auch für Linux gegolten, so Graham, ein Gartner-Analyst. „Open Source fängt im Allgemeinen klein an, hat am Ende aber große Auswirkungen. Oracle weiß das. Sie haben selbst einen Open-Source-Anbieter übernommen[15], weil sie auf diesen Zug aufspringen wollen", so Graham, womit der Analyst auf die Aquisition von Sleepycat Software anspielt.[16]

1.9.3 Vergleichskriterien für Datenbanken

Ist der Einsatz eines Datenbanksystems von Vorteil? Mit dieser Fragestellung muss sich ein Unternehmen beschäftigen, wenn es den Einsatz eines Datenbanksystems in Betracht zieht. Die Antwort ist allerdings nicht ganz so einfach, denn für ein Unternehmen ist dies mittlerweile eine strategische Frage geworden [Kunhardt 2006]. Außerdem wirft diese Frage vielfältige, weitere Fragestellungen wie z.B. folgende auf:

- Wie hoch dürfen die Anschaffungskosten, Umstellungskosten und vor allem die laufenden Lizenzkosten für ein Datenbanksystem sein?
- Welcher Art und wie hoch ist der Umfang der zu verwaltenden Daten?
- Ist eine Übernahme evtl. bereits vorhandener Daten in das neue System überhaupt möglich?
- Wie wird das Wachstum der Daten eingeschätzt?
- Ist die im Unternehmen vorhandene Infrastruktur bzw. die geplante EDV-Struktur (bereits vorhandene Datenbanksysteme, Netzwerk, vorhandene Server, Betriebssysteme) überhaupt auf ein Datenbanksystem übertragbar?
- Hat das Unternehmen Mitarbeiter, die das neue System einführen und administrieren können, oder müssen diese neu eingestellt werden (Kosten!)?
- Wie hoch ist die erwartete Anzahl von gleichzeitigen Benutzern und wie wird die Anzahl der Benutzer steigen?

Da wir aber in diesem Buch nicht auf die Fragestellungen für einzelne Unternehmen eingehen können, möchten und können wir auf die oben genannten Fragen keine allgemeinen Antworten geben. Diese müssen im Einzelfall von den jeweiligen Unternehmen beantwortet werden, was auch einen ersten Vergleich zwischen verschiedenen Anbietern ermöglicht. Wir beschäftigen uns hier mit weiteren grundsätzlichen Entscheidungskriterien für den Einsatz eines Datenbanksystems.

Skalierbarkeit

Ein wesentliches Merkmal für ein DBMS ist die Skalierbarkeit. Diese beinhaltet, in welcher Form ein Datenbanksystem an neue Anforderungen angepasst werden kann. In diesem Zusammenhang können unter anderem folgende Fragen gestellt werden:

- Kann das System an eine wachsende Zahl von Benutzern angepasst werden?
- Wie wird die Anzahl der Zugriffe/Transaktionen steigen?

---

15 Pikanterweise hat Oracle ausgerechnet InnoDB aufgekauft, eine Firma, deren Software ein Basissystem von MySQL ist. *http://www.pro-linux.de/berichte/interview-mickos.html, 30.10.2006*

16 ZDNet: „Analysten: Open-Source macht Oracle zunehmend Konkurrenz" vom 26.05.06 von Candace Lombardi und Joachim Kaufmann.
    http://www.zdnet.de/news/software/0,39023144,391 43847,00.htm, 30.03.07

- Wie viele Datenbankserver sollen die Daten des Systems verwalten und wie viele werden es zukünftig sein?
- Wie groß ist die Komplexität der Anwendungen?
- Wie wird sich die Netzwerklast in Zukunft verändern bzw. wachsen?
- Können steigende Anforderungen in Bezug auf Anwendungen durch neue Programmiertechniken berücksichtigt werden?

Die Beantwortung dieser Fragen lässt eine weitere Vergleichsmöglichkeit zwischen möglichen Datenbanksystemen zu. Kommt man nach Beantwortung dieser Fragen zu dem Schluss, dass ein anpassungsfähiges, also skalierbares System benötigt wird, muss man sich sehr konkret und detailliert mit den einzelnen Datenbanksystemen beschäftigen, um wirklich realistisch abschätzen zu können, ob die Ansprüche von dem System auch erfüllt werden. Wir beschäftigen uns im Rahmen dieses Buchs allerdings nur mit einem Vergleich zwischen Oracle und MySQL. Auf weitere Anbieter, die eventuell ähnliche Möglichkeiten anbieten, wie die beiden genannten Systeme, gehen wir nicht weiter ein.

Skalierbare Systeme bieten die Möglichkeit, das Netzwerk, die Serversysteme, die Datenbank und die Anwendungen durch das Hinzufügen zusätzlicher Hardware zu erweitern.

Um die oben genannten Anforderungen berücksichtigen zu können, kann man bei MySQL verschiedene Speichermaschinen (Storage Engines) verwenden, die eine hohe Skalierbarkeit gewährleisten. Wir verweisen in diesem Zusammenhang auf den Absatz zur Systemarchitektur. Das Thema der Systemarchitekturen wird zudem in den Kapiteln 8 und 9 wieder aufgegriffen.

Die Oracle RDBMS gilt als äußerst skalierbares Datenbanksystem. Es kann sowohl auf kostengünstigen Ein-Prozessor-Systemen als auch auf Hochleistungs- Multiprozessorsystemen eingesetzt werden. Hierbei kommen die verschiedensten Betriebssysteme zum Einsatz (von Windows über Linux bis hin zu den verschiedenen Unix-Derivaten wie AIX, Solaris oder HP-UX). Bei der Erweiterung der Leistungsfähigkeit innerhalb eines Servers spricht man von der vertikalen Skalierbarkeit. Zusätzlich zur vertikalen Skalierbarkeit bietet Oracle mit der Option Real Application Cluster (mit der Standard Edition kostenlos, mit der Enterprise Edition kostenpflichtig) eine Möglichkeit zur horizontalen Skalierung. Hiermit können über weitere Server zusätzliche Instanzen bereitgestellt werden.

Schnittstellen

Die Forderung nach einer einheitlichen Schnittstelle für den Datenzugriff von einer Anwendung auf eine Datenbank stellt ein weiteres zu beachtendes Entscheidungskriterium zwischen beiden Systemen dar. Dieser Mechanismus wird über die standardisierte Datenbankschnittstelle JDBC (Java DataBase Connectivity) bereitgestellt. Weiterhin steht dafür zusätzlich der ODBC (Open DataBase Connectivity)-Treiber zur Verfügung.

Der Zugriff auf relationale Datenbanken und tabellenartige Strukturen aus Anwendungen heraus ist bei Oracle über mitgelieferte ODBC-Treiber möglich. Ebenso können bei Oracle aber auch JDBC-Treiber eingesetzt werden.

Nach Angaben im MySQL-Online-Referenzhandbuch müsste jede Programmiersprache und Umgebung, die ODBC unterstützt, über MyODBX mit einer MySQL-Datenbank Verbindung aufnehmen können. Voraussetzung dafür ist, dass ein geeigneter

ODBC-Manager und der My-ODBC-Treiber installiert sind. Hierzu zählen auch (aber natürlich nicht nur) die Microsoft-Sprachen (Visual Basic, C# und Schnittstellen wie ODBC.NET) und Perl (über das DBI-Modul und den DBD::ODBC-Treiber).[17] Auch ein JDBC-Treiber steht bei MySQL natürlich zur Verfügung.

Migration

Ein weiteres Entscheidungskriterium für den Einsatz eines bestimmten Systems ist die Migration, d.h., der Wechsel von Datenbanken auf leistungsfähigere Versionen oder andere DBMS sollte möglich sein.

Oracle bietet grundsätzlich die Möglichkeit, ältere Versionen auf Oracle 10g upzugraden [Loney 2005]. Jedoch hängt eine erfolgreiche Installation von einer korrekt konfigurierten Umgebung ab, inklusive der Patch-Levels für das Betriebssystem und den Einstellungen für die Systemparameter.

Auch mit MySQL ist eine Migration von Schemata und Daten aus anderen Datenbanksystemen möglich.[18] Hierzu bietet MySQL das MySQL Migration Toolkit an. Jedoch weist ein Artikel im Online-Referenzhandbuch von MySQL 5.1 darauf hin, dass es besser ist, keine MySQL-Versionen zu überspringen, sondern die Zwischenversionen zu installieren.[19]

Da sich eigentlich alle relationalen Datenbanksysteme mehr oder minder am SQL-Standard orientieren bzw. ihn auch umsetzen, funktionieren Migrationen zwischen verschiedenen Datenbanksystemen im Großen und Ganzen recht gut. Die Probleme liegen im Detail. So heißen Datentypen zum Beispiel unterschiedlich, MySQL hat als String-Datentyp VARCHAR implementiert, Oracle favorisiert VARCHAR2, oder sie haben unterschiedliche Inhalte, wie z.B. der DATE-Datentyp, der bei MySQL das Datum enthält und bei Oracle Datum und Uhrzeit. Der korrespondierende Datentyp bei MySQL heißt hingegen DATETIME. Eine andere Hürde kann die Länge von Datentypen sein. Bei Oracle ist ein BLOB < 4 Gbyte groß. Bei MySQL ist ein BLOB nur maximal 64 Kbyte groß. Der entsprechende MySQL-Datentyp mit einer Größe von 4 Gbyte heißt hingegen LONGBLOB. Diese Liste der Stolpersteine und Hürden ließe sich noch sehr, sehr lang fortsetzen. Zusammenfassend kann man sagen, dass eine Migration zwischen verschiedenen Datenbanksystemen umso problemloser klappt, je besser sich die Hersteller an den SQL-Standard halten und je weniger die Entwickler herstellerspezifische Funktionen verwenden, was oft schwer fällt. Nachdem Sie dieses Buch durchgearbeitet haben, werden Sie einen recht guten Eindruck davon haben, wie gut eine Migration zwischen Oracle und MySQL klappen könnte. Wir stellen zunächst den SQL-Standard vor und zeigen anschließend, wo die Abweichungen sowohl bei MySQL als auch bei Oracle liegen.

Wie gut ein Hersteller den gerade aktuellen oder einen früheren SQL-Standard umsetzt, ist nur sehr schwer nachprüfbar. Allein das Buch mit der Syntaxbeschreibung der DDL-, DAL- und DML-Anweisungen hat mehr als 1100 Seiten[20] und da fehlen

---

17   siehe MySQL Online-Referenzhandbuch unter
     http://dev.mysql.com/doc/refman/5.1/de/myodbc-examples-programming.html, 13.10.06
18   MySQL 5.1-Referenzhandbuch,
     http://dev.mysql.com/doc/refman/5.1/de/using-mysql-programs.html, 27.02.07
19   siehe unter: MIG 1. How do you migrate from MySQL 4.x to 5.0? auf folgender Seite
     http://dev.mysql.com/tech-resources/faq.html#mig1, 11.10.06
20   vgl. [ANSI SQL 2003b]

noch die Bücher zu den Spezialthemen. Sich auf die Herstellerangaben zu verlassen, kann auch Überraschungen bedeuten. Wir werden im Buch einige Punkte aufdecken, bei denen die Datenbanksysteme Oracle und MySQL die SQL-Funktionalität entweder gar nicht oder nur teilweise bieten (vgl. u.a. Integritätsprüfung in Kapitel 5) bzw. anders realisiert haben (vgl. u.a. Trigger im Abschnitt 7.3 oder PL/SQL im Abschnitt 7.1). MySQL hat die Philosophie, den SQL-Standard zu implementieren[21], ist aber auch bereit, zusätzliche Funktionalität zu bieten, wenn sie als sinnvoll erachtet wird.

Da aber einige Funktionalitäten erst recht spät im Standard aufgenommen wurden, ergibt sich bei MySQL das Problem, dass sie natürlich auch erst recht spät diese Funktionalität im Datenbanksystem realisieren können. Anwender müssen dann schon mal warten. Als Beispiel sind hier die gespeicherten Routinen (vgl. Abschnitt 7.2) und Trigger (vgl. Abschnitt 7.3) zu nennen, die im Standard erst 1999 eingeführt wurden und in MySQL erst in der Version 5.1 realisiert wurden. Bei Oracle taucht da an einigen Stellen schon mal das umgekehrte Problem auf. Da werden Funktionen wie zum Beispiel die prozedurale Erweiterung von SQL PL/SQL (seit 1991) oder die Trigger bereits Jahre vor einer entsprechenden SQL-Konvention im Jahre 1999 den Anwendern zur Verfügung gestellt – mit der Konsequenz, dass man nicht oder nur teilweise SQL-konform ist. Grundsätzlich kann man aber sagen, dass sowohl MySQL, Oracle wie auch die meisten anderen Hersteller sich sehr bemühen, den SQL-Standard zu implementieren, was zeigt, wie akzeptiert der Standard ist. Gänzlich klappt es jedoch bei keinem Hersteller, dafür bietet aber auch jeder Hersteller Zusatzfunktionalität, bei der man sich fragt, warum die im Standard fehlt. Dazu zeigen wir auch ein Beispiel, die Integritätsprüfung im Abschnitt 5.3.3.

Administration eines DBMS

Die Administration stellt ein weiteres und bedeutsames Entscheidungskriterium bei der Auswahl einer Datenbank dar. So sind für den Datenbankadministrator andere Kriterien wichtig, die für den Anwendungsentwickler eine Rolle spielen. Die Administration des Systems ist ein wesentliches Kriterium für die Verfügbarkeit und Erweiterbarkeit eines DBMS. Hier stellt sich vor allem die Frage nach der Einfachheit der Administration und der Unterstützung durch komfortable Administrationstools. Sowohl Oracle als auch MySQL stellen Standardinstallationen zur Verfügung, die auch ohne große administrative Kenntnisse zu einem lauffähigen Datenbanksystem führen. Inwieweit diese Standardeinstellungen (Defaults) dann den Anforderungen der Praxis genügen, muss geprüft werden. Beide Hersteller bemühen sich um eine Realisierung der administrativen Befehle derart, dass ihre Ausführung den täglichen Ablauf so wenig wie möglich beeinträchtigt, indem zum Beispiel das Herunterfahren der Datenbank erforderlich wird etc.

Ein Datenbankadministrator hat unter anderem die im Abschnitt 1.7.1 angegebenen Aufgaben. Um diese Tätigkeiten ausüben zu können, benötigt ein Datenbankadministrator Unterstützung durch entsprechende Hilfsmittel des DBMS.

---

21 Nach Aussage von [Buchmann et al. 2005, S. 2] versteht MySQL diese in ihrem Standard Entry-Level-SQL92. Der Ansi-SQL99-Standard soll zukünftig voll unterstützt werden, ohne dass dies zu Lasten der Geschwindigkeit des Datenbankservers oder der Codequalität geht.

Administrationswerkzeuge für MySQL

MySQL bietet verschiedene Administrationswerkzeuge an, die in Kommandozeilen- und grafische Werkzeuge unterschieden werden.

Die Kommandozeilenwerkzeuge dienen bei einer MySQL-Datenbank zu deren Administration. Die Kommandozeilenwerkzeuge werden unter Unix/Linux über die Shell, im anderen Fall über die DOS Eingabeaufforderung bedient. Bei den Kommandozeilenwerkzeugen unterscheidet man wiederum zwischen Server-Werkzeugen, die den Server direkt beeinflussen, und Client-Werkzeugen, die eine Verbindung zum Server aufbauen müssen, damit sie ihren Dienst ausüben können.

MySQL Control Center   Dieses Administrationswerkzeug befindet sich noch im Entwicklungsstadium, ist aber stabil genug, um damit zu arbeiten. Zurzeit ist es aber nur für die Systeme Linux und Windows verfügbar.

MySQL Administrator   Ein junges und mächtiges Werkzeug, welches die Administration erleichtern soll. Auch dieses steht zurzeit nur für die Systeme Linux und Windows zur Verfügung.

phpMyAdmin   Ein weiteres Administrationstool. Es ist plattformunabhängig und läuft auf allen Betriebssystemen, auf denen PHP mit MySQL-Unterstützung installiert ist.

CocoaMySQL (Mac OS X)   Muss man MySQL unter Mac administrieren, bietet sich hierfür CocoaMySQL (Mac OS X) an. Es handelt sich um eine native Mac-OS-X-Applikation, die einen ähnlichen Umfang wie das MySQL-Control-Center hat.

DB Designer   Last but not least kann man unter MySQL auch mit dem DB Designer arbeiten. Dieser arbeitet in zwei Modi: im Entwurfsmodus und im Abfragemodus. Der DB Designer bietet eine ähnliche Funktionalität wie das Tool ERWIN der Firm CA[22], allerdings mit eingeschränktem Funktionsumfang.

Administrationswerkzeuge für Oracle

Oracle Enterprise Manager   Zu den Standardwerkzeugen von Oracle gehört der Oracle Enterprise Manager (OEM). Dieser ist eine grafische Benuteroberfläche und ermöglicht dem Datenbankadministrator die Verwaltung der Datenbank über einen Personalcomputer. Mit dem OEM-Toolset stellt Oracle eine robuste Schnittstelle zur Remote-Administration von Datenbanken zur Verfügung.

Die genannten Werkzeuge erlauben es dem Datenbankadministrator Datenbanken bzw. Instanzen zu erzeugen und zu bearbeiten. Weiterhin können hiermit Benutzer angelegt und bestimmten Rollen zugeordnet werden. Ebenfalls sollten Dienstprogramme für das Starten und Anhalten oder für die Sicherung und Restaurierung von Datenbanken sowie Tools zur Darstellung der Systemauslastung vorhanden sein. Auf die Einzelheiten der unterstützenden Administrationstools kann im Rahmen dieses Buchs allerdings nicht eingegangen werden.

Systemarchitektur

Eine Oracle-Datenbank beinhaltet folgende Architektur:

- Oracle-Datenbankprozesse und Pufferbereiche (Instanzen)
- System-Tablespace als Default

---

22   AllFusion® ERwin® Data Modeler, vgl.
   http://www3.ca.com/solutions/Product.aspx?ID= 260, 30.10.2006

- Tablespaces, die vom Datenbankadministrator definiert wurden
- Redo-Log-Dateien
- Andere System-Dateien (Control Files, init.ora etc.)

Oracle-Datenbanken bestehen u.a. aus externen Dateien, die physikalischen Platten-platz belegen und als Dateien auf Betriebssystemebene sichtbar sind. Hierbei ist ein Tablespace einer oder mehreren Dateien fest zugeordnet.

MySQL unterstützt verschiedene Speichermaschinen, die Storage Engines, die im Wesentlichen die Funktionalität der Daten- und Indexverwaltung bereitstellen und über ein wohldefiniertes API (Application Programming Interface) mit dem MySQL Server zusammenarbeiten. Ein Entwickler kann so für jede Tabelle festlegen, mit welcher Engine sie gespeichert werden soll. Die Wahl entscheidet über so wichtige Eigenschaften wie Transaktionssicherheit, Schnelligkeit, Funktionalitäten wie Trigger, gespeicherte Routi-nen, Cluster, Speicherplatzverbrauch und Ähnliches. Mit der Version 5.1 wird die erfor-derliche Integrationsaufgabe mit der so genannten „Plugable Storage Engine Architec-ture" realisiert, die es ermöglicht, ohne erneute Kompilierung des MySQL Servers eine neue Speichermaschine während des laufenden Betriebs einzufügen.

Die am häufigsten verwendeten Speichermaschinen sind die MyISAM, wegen ihrer Schnelligkeit und platzsparenden Speicherung, und die InnoDB, wegen ihrer Trans-aktionssicherheit und ihrer umfangreichen Funktionalität. Wir werden uns daher nur diese beiden näher anschauen. Für einen Einblick sind hier noch einige andere, zum Teil sehr spezielle Speichermaschinen kurz charakterisiert.[23]

	Tabelle 1.3

Charakteristika von Speichermaschinen

Storage Engine	Charakteristika
MyISAM	Nicht transaktionssicher, sehr schnell, Volltextsuche, Default-Engine
InnoDB	Transaktionssicher
MEMORY (HEAP)	Für temporäre Daten, die für einen sehr schnellen Zugriff in Dateien aus-schließlich im Hauptspeicher vorgehalten werden. Beim Serverabsturz gehen die Daten allerdings verloren. Es sind sowohl HASH- als auch B-Baum-Indizes definierbar.
NDB Cluster	Mehrere MySQL Server werden in einem NDB Cluster auf der Basis einer Share-Nothing-Archtektur betrieben, um hohe Verfügbarkeit und hohe Redundanz zu gewährleisten.
CSV	Daten durch Komma getrennt in Dateien speichern (Comma Seperated Values)
ARCHIVE	Platzsparende Speicherung von Daten ohne Indizes
FEDERATED	Daten werden auf einer Remote-Datenbank, derzeit noch eine MySQL-DB, gespeichert.

---

23 Eine vollständige Liste aller Storage-Engines finden Sie bei [MySQL 2006, S. 835 ff.]

Die Systemarchitektur von MySQL hängt unmittelbar von der verwendeten Speichermaschine ab. Die MyISAM speichert die Daten in drei Dateien ab, jeweils eine für die Tabellenbeschreibung, die Daten und die Indizes. Schon aufgrund der Transaktionssicherheit, die bei MyISAM fehlt, braucht die InnoDB eine andere Architektur. Die verwendete Architektur ähnelt der von Oracle und basiert ebenfalls auf Tablespaces, Log-Dateien und weiteren Systemdateien.

Sicherheit

Der Begriff der Datensicherheit ist sehr vielschichtig und man sollte den „Acht Geboten der Datensicherheit" Beachtung schenken:

1   Zutrittskontrolle (räumlich)

2   Zugangskontrolle (keine unberechtigte Nutzung von Systemen)

3   Zugriffskontrolle (keine unberechtigte Nutzung von Funktionen innerhalb eines Systems)

4   Weitergabekontrolle (keine unberechtigte Veröffentlichung und Weitergabe)

5   Eingabekontrolle (Nachvollziehbarkeit bei der Datenpflege)

6   Auftragskontrolle (Kontrolle der Auftragserteilung, Durchführung und Beendigung)

7   Verfügbarkeitskontrolle (Schutz vor Verlust und Zerstörung)

8   Trennungsgebot (Daten für unterschiedliche Zwecke auch getrennt zu verarbeiten)

Die **Zutrittskontrolle** kann nicht von einem Datenbanksystem geleistet werden. Für die **Zugangskontrolle** zum Datenbanksystem besitzt auch MySQL ein sehr flexibles und sicheres Berechtigungs- und Kennwortsystem, das eine host-basierte Überprüfung unterstützt. Weil jegliche Übermittlung beim Verbinden mit dem Server verschlüsselt erfolgt, sind die Kennwörter sicher. Auch Oracle arbeitet mit einer sicheren Übermittlung seiner Passwörter an den Server.

Bei der **Zugriffskontrolle** bieten sowohl MySQL als auch Oracle ein SQL-konformes Rechtesystem an, bei dem jedem Benutzer explizit Rechte an DB-Objekten wie Tabellen, Prozeduren etc. vergeben werden können, aber auch Rechte, bestimmte Funktionen, wie Tabellen erzeugen, ändern oder löschen, ausüben zu dürfen. Oracle unterstützt zudem noch das ebenfalls SQL-konforme Rollenkonzept, was es ermöglicht, Benutzer zu Rollen zusammenzufassen und dann diesen Rollen Rechte zu vergeben, was die Zuweisung und auch Pflege von Rechten deutlich vereinfacht.

Was die **Weitergabekontrolle** betrifft, so kann bei Oracle mittels des Auditing protokolliert werden, wer was im System gemacht hat.

Die **Eingabekontrolle** kann bei Oracle wie auch MySQL mit der Speichermaschine InnoDB zum Beispiel triggerbasiert mittels Benutzerstempeln oder Änderungshistorien erfolgen (vgl. Abschnitt 7.3).

Eine wirkungsvolle **Auftragskontrolle** kann von einem Datenbanksystem insoweit unterstützt werden, als dass die dafür erforderlichen Daten in der Datenbasis gespeichert werden.

Aufgrund der zentralen Bedeutung, die in heutiger Zeit Datenbanksysteme als Informationslieferant im gesamten betrieblichen oder behördlichen Ablauf haben, messen die Hersteller der **Verfügbarkeit** ihrer Systeme eine entsprechend große Bedeutung zu. Immer mehr administrative Aufgaben können während des laufenden Betriebs durchgeführt werden. Sperrungen für Datenänderungen betreffen derzeit vielfach nur noch Datensätze (Oracle und MySQL mit InnoDB). Von entscheidender Bedeutung sind die Möglichkeiten des „Backup" und „Recovery" (Datensicherung und Wiederherstellung). Auch da bieten sowohl MySQL wie auch Oracle zwar unterschiedliche, aber doch jeweils ausgefeilte Konzepte an.

Zur Einhaltung des **Trennungsgebots** gehört es auch, nicht zusammengehörende Daten nicht zusammen zu speichern. Diesbezüglich kann die Datenmodellierung einen wichtigen Beitrag leisten.

Wie man sieht, sind für Datenbanksysteme grundsätzlich viele Funktionalitäten für die Datensicherheit entwickelt worden, die zwar unterschiedlich, aber insgesamt gut von MySQL und Oracle unterstützt werden.

Leistungstests

Eine große Rolle spielt die Leistungsfähigkeit oder auch Performance bei den Vergleichen. Das Transaction Processing Performance Council (TPC)[24], eine amerikanische Institution, beschäftigt sich mit der Definition von Leistungstests, sogenannten Benchmarks, die einen Vergleich verschiedener Systeme erlauben. Alle führenden Datenbankhersteller sind Mitglieder des TPC. Das TPC bietet verschiedene Benchmarks an, die sich der interessierte Leser unter der genannten Adresse ansehen kann.

---

24 *http://www.tcp.org*, 15.01.2007

ZUSAMMENFASSUNG

Sie haben in diesem Kapitel grundlegende Begriffe, Eigenschaften und Typen von Datenbanksystemen sowie die Architektur von Datenbanksystemen kennengelernt. Das ANSI-3-Ebenen-Modell wurde ebenso vorgestellt wie die verschiedenen Kategorien von Datenbankbenutzern, die mit einer Datenbank arbeiten. Um konkret ein Datenbanksystem auszuwählen, wurden Vergleichskriterien erarbeitet und auf die beiden im Buch benutzten Systeme Oracle und MySQL angewendet. Damit steht Ihnen ein einheitlicher Begriffsapparat zur Verfügung, der in den weiteren Kapiteln des Buchs benutzt wird.

Weiterführende Literatur

Wer sich mehr für die Details von Datenbankimplementierungen und die Architektur von Datenbanksystemen interessiert, findet entsprechende Informationen in den Büchern von Kemper[25], Vossen[26] und Härder[27].

Als weiterführende Literatur zu Oracle ist die Oracle Dokumentation [Oracle SQL 2005] oder [Loney 2005] zu empfehlen. Für MySQL gilt dies in ähnlicher Weise mit [MySQL 2006] oder [Buchmann et al. 2005].

---

25 vgl. [Kemper 2004]
26 vgl. [Vossen 2000]
27 vgl. [Härder et al. 1999]

Übungsaufgaben

1 In einem Einzelhandelsunternehmen ist ein System XENO entwickelt worden, welches alle wichtigen kaufmännischen Funktionen abbildet. XENO enthält eine Angestelltenverwaltung mit den zugehörigen Abteilungen, eine Kundenverwaltung, die Auftragsbearbeitung, eine Artikelverwaltung und die Artikel, die vom jeweiligen Lieferanten geliefert werden können. Nach einer Einführungszeit von einigen Monaten ergeben sich die ersten Änderungswünsche. **Kreuzen Sie bitte an**, welche Ebene **primär** von dem angegebenen Änderungswunsch betroffen ist: Es ist auch möglich, in einer Zeile **mehrere** Spalten anzukreuzen!

	Konzeptionelle Ebene	Interne Ebene	Externe Ebene	Keine Ebene
In jeder Abteilung wird ein stellvertretender Abteilungsleiter ernannt.				
In der Abteilung „Süßwaren" wird Herr Schmidt eingestellt.				
In der Angebotsliste sollen zu den Preisen noch die Rabatte aufgenommen werden.				
Aufgrund eines neuen Tarifvertrags wird der Stundenlohn aller Angestellten um 5% erhöht.				
Die Kundenlisten sollen zukünftig nicht mehr alphabetisch, sondern nach Postleitzahlen sortiert ausgegeben werden.				
Es wird eine neue Abteilung „Musik" aufgemacht, die sich mit dem Verkauf von CDs beschäftigt.				
Die Abteilung „Musik" bekommt ein Startbudget von 10.000 € für Werbeausgaben.				
Um den Wettbewerb zwischen den Abteilungen zu fördern, wird monatlich eine Umsatzstatistik pro Abteilung herausgegeben.				
Die Abteilungen „Süßwaren" und „Zeitschriften" werden zu einer Abteilung zusammengefasst.				
Die Bestellungen an die Lieferanten werden nicht mehr zentral abgewickelt, sondern von den Abteilungen selbst.				

2 Bei welchen der unten genannten Vorgänge sind Änderungen in der konzeptionellen Ebene (k), der externen Ebene (e) bzw. der internen Ebene (i) erforderlich?
Begründen Sie Ihre Entscheidung!

1. Ein Anwendungsprogramm benutzt eine geänderte Darstellung existierender Daten (z.B. ein anderes Datumsformat).

2. Ein neues Anwendungsprogramm wird entwickelt, das neue, zusätzliche Datenstrukturen benötigt.

3. Es werden neue Daten gespeichert oder bestehende gelöscht.

4. Die globale logische Datenbeschreibung wird geändert und neue Beziehungen zwischen Datenobjekten werden eingeführt.

5. Zwei existierende Datenbanken werden zu einer zusammengefasst.

6. Die Organisation der physischen Speicherung wird geändert.

7. Die Daten werden auf einem anderen physischen Speichermedium gespeichert.

8. Die Hardware wird ausgetauscht, ein anderer Rechnertyp wird installiert.

Weitere Kontrollfragen zum ersten Kapitel finden Sie unter der Companion-Webseite des Pearson-Verlages *http://www.pearson-studium.de/* auf der Begleitseite unseres Buches. Wählen Sie dort bitte im Multiple-Choice-Test das Fach „DBS" und den Punkt „Kapitel1/Einführung in die Grundbegriffe der Datenbanken" aus. Dazu ist beim erstmaligen Aufruf eine gesonderte Anmeldung erforderlich.

Ein Phasenmodell der Datenbankentwicklung

ÜBERBLICK

2

>> In diesem Kapitel lernen Sie ein Vorgehensmodell kennen, das wir als Basis für die Erstellung einer Datenbankanwendung benutzt haben. Es handelt sich um ein traditionelles Wasserfallmodell der Softwaretechnik und des Projektmanagements, auf die Bedürfnisse einer Datenbankanwendung spezifiziert. Anhand dieses Verfahrens erstellen Sie in diesem und den nächsten Kapiteln schrittweise eine eigene Datenbank-anwendung – ein (Fußball-)Sportinformationssystem Rollo. Das Lastenheft gehört zur ersten Phase, der Analysephase, in der die Funktionen und Daten des Systems nach einem festen Gliederungsschema, aber noch in verbaler Form festgehalten werden. Das Lastenheft wird ausführlich, auch anhand unseres Fahrradherstellers Byce & Co., vorge-stellt. Aus dem Lastenheft wird ein konzeptionelles Schema in der grafischen Form eines ER-Modells abgeleitet. Die nächsten Schritte bestehen in der Normalisierung und der Implementierung dieses Datenbankschemas. Diese Schritte werden in Kapitel 3 und 4 vorgestellt. <<

Ziele

Nach Durcharbeiten dieses Kapitels sollten Sie wissen:

- aus welchen Phasen unser Vorgehensmodell zur Datenbankentwicklung besteht,
- was konkret in der Analysephase geschieht,
- was ein Lastenheft ist und wie es sich von einem Pflichtenheft unterscheidet,
- wie man ein Lastenheft erstellt und
- aus welchen konkreten Schritten der weitere Datenbankentwurf besteht.

2.1 Einführung in das Phasenmodell

Die Datenbankentwicklung kann wie andere Softwareentwicklungen auch (hier in Anlehnung an [Balzert 2000]) in bestimmte Phasen eingeteilt werden:

In der **Analysephase** werden die Systemfunktionen und Daten in groben Zügen geplant und festgelegt. Es wird eine explizite Systemdefinition in Form eines Pflichtenhefts vorgenommen. Dies geschieht umgangssprachlich in einer auch für Laien lesbaren Form. Außerdem werden die Daten mit Mitteln der Softwaretechnik, hier mit dem Entity-Relationship-Modell (kurz: ERM oder ER-Modell), genau beschrieben. Das ERM (vgl. Kapitel 3) entspricht dem konzeptionellen Modell aus dem ANSI-3-Ebenen-Modell. Alternativ ist hier auch der Einsatz von UML[1] (Unified Modelling Language) denkbar, allerdings hat sich diese Methode in der Datenbankwelt noch nicht vollständig durchgesetzt, so dass wir uns entschieden haben, bei der traditionellen Entity-Relationship-Modellierung zu bleiben.

In der **Entwurfsphase** wird das konzeptionelle Schema auf ein relationales Datenbankschema abgebildet und eine Normalisierung durchgeführt (vgl. Kapitel 4). Außerdem wird bei einer geplanten Anwendungsentwicklung ein objektorientiertes Klassenmodell erstellt, das die für die Datensicht erforderlichen Methoden und Funktionen enthält.

In der **Implementierungsphase** werden SQL-Skripte aus dem ER-Modell erzeugt und das Datenbankschema wird angelegt (vgl. Kapitel 5 und 6). In diese Phase gehört natürlich auch die Anwendungsentwicklung, z.B. in der Programmiersprache Java oder in einer der vielen herstellerspezifischen Spracherweiterungen von SQL wie PL/SQL von Oracle und den gespeicherten Routinen von MySQL (vgl. Kapitel 7).

In der **Abnahme- und Einführungsphase** werden häufig Daten aus Altsystemen übernommen und das fertige System wird auf den Ernstfall vorbereitet und dann auch gestartet. [1]

In der **Wartungs- und Pflegephase** fallen oft zusätzliche Erweiterungen an oder es werden noch Fehler, die sich erst zur Laufzeit eines Systems herausstellten, behoben. Die Wartungs- und Pflegephase wird mit Ausnahme der ALTER TABLE-Anfrage in Kapitel 5 in diesem Buch nicht vertiefend behandelt.

---

1 Eine gute Einführung in UML bietet z.B. [Balzert 2004] oder [Booch 1999].

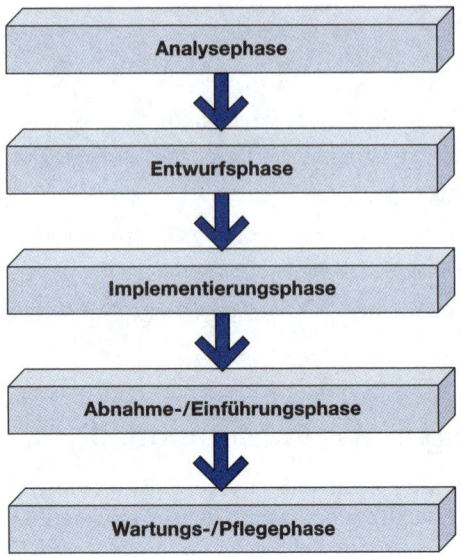

Abbildung 2.1: Ein Vorgehensmodell der Datenbankentwicklung

Inhalt des nachfolgenden Kapitels ist die Analysephase der Datenbankentwicklung, durchgeführt am Beispiel der Datenbankanwendung Byce & Co.

2.2 Die Analysephase und der Datenbankentwurf

Wir machen einen kurzen Ausflug in die Softwaretechnik und das Projektmanagement, wie er für unsere Zwecke erforderlich ist.

Nach DIN 69905[2] wird grundsätzlich zwischen Lastenheft und Pflichtenheft unterschieden. Das **Lastenheft** wird vom Auftraggeber erstellt. Es enthält die „Gesamtheit der Forderungen an die Lieferungen und Leistungen eines Auftragnehmers" und umfasst technische und inhaltliche Vorgaben in Bezug auf die Software. Das **Pflichtenheft** wird dann auf Grundlage des Lastenhefts vom IT-Dienstleister, dem Auftragnehmer, erstellt, der das geplante Softwareprodukt realisieren möchte. Es enthält die vom „Auftragnehmer erarbeiteten Realisierungsvorgaben" und beschreibt die „Umsetzung des vom Auftraggeber vorgegebenen Lastenhefts". Im Rahmen dieses Buchs beschränken wir uns auf die Erstellung eines Lastenhefts.

Das **Lastenheft** enthält alle fachlichen Anforderungen an das Software-Produkt aus Sicht des Auftraggebers. Es handelt sich um den Funktions-, Daten-, Leistungs- und Qualitätsumfang des Produkts. Grundsätzlich soll darin immer nur das „Was" behandelt werden und nicht das „Wie". Es gibt verschiedene Vorlagen für Pflichtenhefte. Das hier vorgestellte Lastenheft richtet sich nach [Balzert 2000]. Das Lastenheft wird nach einem standardisierten Gliederungsschema aufgebaut, um es gut lesbar und vergleichbar zu machen. Es wird eine detaillierte verbale Form verwendet und die verschiedenen Abschnitte werden zur Bezugnahme durchnummeriert. Nach der Planungsphase sollte das Lastenheft als eines der ersten Dokumente erstellt werden. Es kann später mit Einverständnis der Beteiligten an geänderte Bedingungen angepasst werden.

---

2 vgl. *http://www.quality.de/lexikon/din_69905.htm*, 01.09.2006

Wenn Sie als IT-Dienstleister und Auftragnehmer ein **Pflichtenheft** erstellen, sollten Sie sich der Tragweite der dort vorgenommenen Formulierungen bewusst sein. In der Regel ist ein Pflichtenheft Gegenstand eines Vertrags und damit sind alle dort beschriebenen Leistungen einklagbar. Sie sollten nur das versprechen, was Sie auch realisieren können. Insbesondere bei Festpreisprojekten sollten Sie in Ihrem eigenen Interesse auf den Umfang an Leistungen achten, den Sie festlegen. Achten Sie auf das Preis-Leistungs-Verhältnis, um nicht am Hungertuch nagen zu müssen.

Da dies hier kein Fachbuch über Softwaretechnik ist, können wir dieses Thema nicht so intensiv behandeln, wie es ihm aufgrund seiner zentralen Bedeutung als Kommunikationsmedium zwischen Fachabteilung bzw. Kunden und IT-Dienstleister eigentlich zukommt. Wir können uns zu den einzelnen Gliederungspunkten leider nur kurz und beispielhaft äußern. Verstehen Sie die folgenden Ausführungen und Beispiele daher als Anregung und nicht als vollständige Funktionsbeschreibung.

2.2.1 Analysephase: Aufbau eines Lastenhefts

Zielbestimmung

Musskriterien Die hier aufgeführten Kriterien sind für den Einsatz der Software unbedingt notwendig. Sie müssen für das fertige Produkt erfüllt werden.

Wunschkriterien Wunschkriterien sollten in die Überlegungen für eine Software einbezogen und so gut wie möglich oder zu einem späteren Zeitpunkt implementiert werden.

Abgrenzungskriterien Diese Kriterien sollen verdeutlichen, was das Produkt **nicht** leisten kann. Sie spielen eine wichtige Rolle, um Missverständnisse zwischen den Vertragsparteien über den Leistungsumfang zu reduzieren.

Produkteinsatz

Anwendungsbereiche In diesem Abschnitt wird festgehalten, in welchen grundsätzlichen Bereichen die Software benötigt wird.

Zielgruppen Hier werden die Personen oder Personengruppen aufgeführt, für die das Produkt bestimmt ist. Sinnvoll sind hier Informationen über die relevanten fachlichen bzw. informationstechnischen Vorkenntnisse. Das sind wichtige Informationen für spätere Dokumentationen, Handbücher oder Schulungsunterlagen.

Betriebsbedingungen Die Betriebsbedingungen (physikalische Umgebung, tägliche Betriebszeit etc.) können einen wesentlichen Einfluss auf die Anforderungen an ein System haben.

Produktumgebung

Software An dieser Stelle wird angegeben, welche Software auf dem Zielsystem zur Verfügung stehen muss, damit das Produkt lauffähig ist.

Hardware Im Abschnitt „Hardware" wird die minimal erforderliche Konfiguration für das Zielsystem zusammengestellt.

Produktschnittstellen Hierunter fallen Beschreibungen der Schnittstellen zu anderen Softwareprodukten.

Produktfunktionen

Unter dieser Überschrift werden alle Produktfunktionen aus der Benutzersicht beschrieben. Die technischen Aspekte stehen ausdrücklich im Hintergrund, was Ihnen bei späteren Implementierungsproblemen mehr Spielraum gibt für alternative Techniken.

Produktdaten

Bei den Produktdaten sollen alle persistent zu speichernden Daten, die im direkten Zusammenhang mit der neuen Software stehen, aufgeführt werden. Nach Möglichkeit sollte auch abgeschätzt werden, wie viele Daten im späteren System zu verwalten sind.

Produktleistungen

Produktleistungen sind Anforderungen an die Software, die zeit- oder umfangsbezogen sind. Sie werden gesondert erfasst und gekennzeichnet. Dazu gehören beispielsweise die Anzahl der Benutzer, die gleichzeitig mit dem System arbeiten können oder die Zeitspanne (rund um die Uhr, nur während der Arbeitszeiten), zu der die Software verfügbar ist, oder das geplante Mengengerüst der zu speichernden Daten.

Benutzeroberfläche

Hier werden besondere Bedürfnisse an die Benutzeroberfläche formuliert, die nicht selbstverständlich aus den Anforderungen der Ergonomie hervorgehen.

Qualitätsbestimmung

Qualitätsbestimmungen richten sich an verschiedene Aspekte eines Produkts. Sie werden je nach Einsatzgebiet unterschiedlich gewichtet.

Globale Testfälle und Fertigstellung

Die hier definierten Testfälle sind für einen späteren Abnahmetest zu verwenden. Sie zielen auf zentrale und übergreifende Funktionalitäten. Zumindest sind hier verbindliche Abgabetermine mit dem Auftraggeber zu vereinbaren, an denen er das Softwaresystem einsetzen kann.

Entwicklungsumgebung

Es wird aufgeführt, welche Werkzeuge zur Entwicklung verwendet werden.

Ergänzungen

Unter Ergänzungen können Zusätze zu den vorherigen Punkten oder spezielle Anforderungen eingetragen werden.

2.2.2 Lastenheft zur Modellierung der Daten der Firma Byce & Co.

 Als Beispiel wird das Lastenheft des Fahrradherstellers Byce & Co. aufgeführt. Ziel des neuen Softwaresystems ist es, den Fertigungsprozess neben der Vertriebsunterstützung und dem Einkauf in ein integriertes System abzubilden.

Zielbestimmung

Das Programm soll das Unternehmen in die Lage versetzen, seine Kundenverwaltung, Auftragsverwaltung, Personalverwaltung und Grundfunktionen eines PPS-Systems (Materialverwaltung, Warenwirtschaftsfunktionen des Einkaufs, Stücklisteninformationen, Lagerbestandsverwaltung) in einem integrierten System abzubilden.

Folgende Funktionen sind zentral und unverzichtbar:

- Verwaltung der Stammdaten von Kunden, Angestellte, Artikel und Bauteile
- Verwaltung von Lieferanten mit Lieferprogramm und Lieferungen
- Verwaltung der Bewegungsdaten aus der Auftragsverwaltung, dem Lagerbestand und der Warenwirtschaft
- Ausgabe von Stücklisten, Lagerbestandslisten, Rechnung, Lieferschein und Bestellungen
- Die Software ist netzwerkfähig und multiuserfähig zu erstellen.

Wunschkriterien Mögliche Erweiterungen für die Zukunft, die nicht in der ersten Version erstellt werden, sind:

- Ausdrucken von Arbeitszeugnissen
- Entwicklung eines E-Commerce-Systems, in dem die Firma und ihre Produkte vorgestellt und der Einkauf für bestimmte Kunden auch über das Internet möglich ist

Abgrenzungskriterien Die Software verwaltet keine historischen, sondern nur aktuelle Daten. Die Fertigungsdaten mit den Arbeitsgängen und Produktionsbeschreibungen, die zur Fertigung eines Teils notwendig sind, sollen nicht im System erfasst werden. Die Software enthält kein Management-Informationssystem für Ad-hoc-Abfragen und Entscheidungsunterstützung.

Produkteinsatz

Anwendungsbereich Das Produkt wird in den Abteilungen Einkauf, Vertrieb, Konstruktion sowie Fertigung eingesetzt.

Zielgruppe Alle Mitarbeiter(innen) der oben genannten Abteilungen, die einen PC-Arbeitsplatz besitzen, gehören zur Zielgruppe. Sie verfügen über fachliche fundierte Kenntnisse hinsichtlich ihres Aufgabengebiets sowie über langjährige Erfahrungen in der Bedienung von Windows-Oberflächen.

Betriebsbedingungen Büroumgebung, zum Teil auch Fertigung, die jedoch keiner besonderen Staub-/Hitzeentwicklung oder Feuchtigkeit ausgesetzt sind.

Produktumgebung

Das Produkt läuft auf Arbeitsplatzrechnern mit grafischer Benutzungsoberfläche.

Software Betriebssystem: Windows XP, Datenbanksystem Oracle, TCP/IP-Netzwerk

Hardware Windows 2003-Server, Windows XP Workstation als Client, LAN-Netz im Haus, Drucker im Netz

Produktschnittstellen Der Vertrieb kann aus dem System Word-Serienbriefe zur Angebotserstellung erzeugen. Die Übergabe an Excel für bestimmte Berechnungen ist vorgesehen. Die Altdaten aus der MySQL-Datenbank werden, soweit sie weiterhin verwendet werden, in das neue Datenbankschema importiert. Nicht mehr benötigte Daten, wie bezahlte Rechnungen, ausgeschiedene Angestellte, Gehaltszahlungen vor dem 1.1. dieses Jahres, Kunden, die seit mehr als drei Jahren nichts mehr gekauft haben, werden in einer Form archiviert, die auch vom neuen System gelesen werden kann.

Produktfunktionen

- Ersterfassung, Änderung und Löschung von Kunden
- Ersterfassung, Änderung und Löschung von Aufträgen
- Ersterfassung, Änderung und Löschung von Angestellten
- Ersterfassung, Änderung und Löschung von Artikeln, Baugruppen und Materialien
- Ersterfassung, Änderung und Löschung von Stücklisten
- Ersterfassung, Änderung und Löschung von Lieferanten mit Lieferungen und Lieferprogrammen
- Ersterfassung, Änderung und Löschung von Lagerbeständen
- Ausgabe des Lagerbestands, des Gesamtbestands und des kumulierten Bestands eines Teils
- Der kumulierte Bestand wird automatisch bei Lagerabbuchungen über alle Lager berechnet.
- Ausdruck von Bestellungen, Angeboten, Lieferscheinen
- Ausgabe von Stücklisten und Verwendungsnachweisen
- Ausdruck von Arbeitszeugnissen
- Suchoperationen auf allen Datenfeldern
- Vergleichslisten der Lieferoptionen unterschiedlicher Lieferanten und Lieferantenlisten
- Bei Unterschreiten des Mindestbestands soll eine Bestellung ausgelöst werden.
- Bei Auslieferung sollen die Bestände angepasst werden.

Produktdaten

- Kundendaten: Name, Vorname, Adresse, Telefonnummer
- Angestellte: Name, Vorname, Adresse, Telefonnummer, Eintrittsdatum, Gehalt, Abzüge, Beruf, Aufgabenbeschreibung, zugehörige Abteilung, Gehaltsklasse, zu der der Mitarbeiter gehört
- Abteilung: Name der Abteilung, Leiter, Ort
- Auftragsdaten: Kundennummer, Angestellter, der den Auftrag betreut, Bestelldatum, Lieferdatum, Rechnungsdatum, bereits bezahlter Betrag, Auftragstyp (Anfrage, Angebot, Auftrag), Auftragspositionen
- Lieferantendaten: Name, Vorname, Adresse, Telefonnummer
- Das Lieferprogramm der Lieferanten mit Einkaufspreis, Bestellnummer des Lieferanten und lieferbarer Gesamtmenge pro Monat

- Die tatsächlichen Lieferungen der Lieferanten mit Artikeln, Menge und Lieferdatum
- Artikeldaten: Bezeichnung, Verkaufspreis, Jahresumsatz, Umsatzsteuersatz, Artikeltyp
- Baugruppen und Materialien (Teile, Artikel), Mengeneinheit, Typ (Material, Baugruppe, Artikel), Herstellkosten, Einkaufspreis, Mindestbestand, Bestand, Lieferzeit, Herstelldauer, Gewicht, Grafik, reservierter Bestand, verfügbarer Bestand und Werk, in dem ein Teil hergestellt wird
- Stücklisteninformationen mit Position, Menge, Ausschuss und Arbeitsgangnummer und den Baugruppen, die bei der Fertigung ineinander übergehen
- Werke, die das Unternehmen besitzt, mit Adresse, Bezeichnung
- Lagerorte des Unternehmens mit Bezeichnung, Adresse
- Lagerbestand je Lager mit Schlüssel, Bestand
- Orte: PLZ, Straße, Ortsnamen

Produktleistungen

- Alle Funktionen dürfen nicht mehr als zwei Sekunden Antwortzeit benötigen.
- Es müssen maximal 100.000 Artikel, 1.000 Kunden und 10.000 Lieferanten verwaltet werden.

Benutzungsoberfläche

- Standardmäßig ist eine menüorientierte Bedienung vorzusehen.
- Die Bedienungsoberfläche ist auf Mausbedienung auszulegen; eine Bedienung ohne Maus muss aber auch möglich sein.
- Sämtliche Daten sind passwortgeschützt und dürfen nur von autorisierten Mitarbeitern bearbeitet werden.
- Eine umfangreiche Online-Hilfe ist vorzusehen.

Qualitätszielbestimmung

Die Qualitätsanforderungen aus der Norm ISO 9001:2000[3] sollen erfüllt sein.

Globale Testfälle

Alle oben beschriebenen Funktionen sind zu testen. Für die Tests stellt der Auftraggeber drei Monate nach Projektstart die Testfälle für die Kundenverwaltung zur Verfügung, vier Monate nach Projektstart die Testfälle für die Teileverwaltung und sechs Monate nach Projektstart die Testfälle für die restlichen Anwendungen.

Entwicklungsumgebung

Oracle-Datenbank mit den zugehörigen Werkzeugen

---

3   vgl. *http://www.quality.de/lexikon/iso_9001_2000.htm*, 08.08.2006 und [Gietl 2004]

Ergänzungen

Dieser Punkt fehlt in unserem Lastenheft.

Zusätzlich gehört zur Analysephase noch die Erstellung eines ER-Modells zur Strukturierung der Datenbank. Das ER-Modell ist Inhalt des dritten Kapitels dieses Buchs.

2.2.3 Vom Entwurf zur Implementierung: Wie erstellt man eine Datenbank?

Nach Abschluss der Analysephase, in der sowohl Daten- als auch Funktionsumfang fest-gelegt wurden, erfolgen der Entwurf des Datenbankschemas aus Datensicht (vgl. Kapitel 3 und Kapitel 4) und anschließend seine Implementierung in SQL (vgl. Kapitel 5). Die für die Implementierung notwendigen Sprachen lernen Sie in den Kapiteln 5 bis 7 kennen. Die Trennung in Daten- und Funktionssicht ist typisch für die strukturierte Analyse [DeMarco 1979], die im relationalen Datenbankentwurf oft angewandt wird. Diese Tren-nung ist allerdings nicht immer natürlich, oft hängen Daten- und Funktionssicht eng zusammen. Die objektorientierte Analyse hat unter anderem das Ziel, diese (künstliche) Trennung zu überwinden [Booch et al. 1999]. In diesem Buch wird allerdings nicht der ausschließlich objektorientierte Weg gewählt, da relationale Datenbanken und die zuge-hörige Datenmodellierung zurzeit noch weiter verbreitet sind. Wir werden uns daher ausführlich mit den einzelnen Schritten des Datenbankentwurfs aus relationaler Sicht beschäftigen.

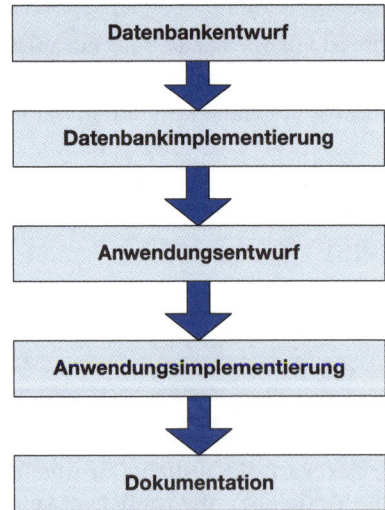

Abbildung 2.2: Datenbankentwurf 1

Der Entwurf einer relationalen Datenbank aus Datensicht besteht aus dem Erstellen verschiedener Schemata (vgl. [Balzert 2000]), die nacheinander ineinander überführt werden. Diese Entwurfsmethode ist eine Verfeinerung des ANSI-3-Ebenen-Modells aus Kapitel 1 und wird in den Kapiteln 3 bis 7 am Beispiel des Produktionsbetriebs Byce & Co. durchgeführt.

1. Schritt: Entwurf des konzeptionellen Schemas

Auf Grundlage des Pflichtenhefts wird ein konzeptionelles Schema gebildet. Es ist noch unabhängig vom konkret eingesetzten Datenbanksystem und orientiert sich allein an den Erfordernissen der abzubildenden realen Welt. Es definiert möglichst genau alle Objekte, Gegenstände und Beziehungen in einer standardisierten Weise, z.B. mittels der Erstellung eines Entity-Relationship-Modells, und ist damit das Kommunikationsmedium mit der Fachabteilung bzw. dem Kunden. Außerdem werden die Wertebereiche der Attribute und die Integritätsbeziehungen festgelegt. Diesen Entwurfsschritt haben wir der Analysephase zugeordnet.

2. Schritt: Entwurf des Datenbankschemas

Aus dem konzeptionellen Schema wird das konkrete Datenbankschema abgeleitet. Das Datenbankschema ist ein auf den Datenbanktyp abgestimmtes Datenmodell, im relationalen Fall also ein relationales Schema, bestehend aus miteinander verknüpften Relationen. Dieser Transformationsvorgang kann weitgehend automatisiert werden, Entity-Mengen und Beziehungen werden nach einem Verfahren, das in Kapitel 4 behandelt wird, auf Relationen abgebildet. Das entstandene Schema wird normalisiert und zum Datenbankschema vervollständigt (siehe ebenfalls Kapitel 4). Ferner wird das Modell ergänzt um einzelne Benutzersichten, Indexangaben zur Zugriffsoptimierung und Speicherstrukturen, wie B-Baum, oder HASH- Verfahren sowie die Zugriffsrechte der Benutzer im Multiuser-System. Da diese Punkte abhängig sind vom verwendeten Datenbanksystem, werden sie erst jetzt in der Entwurfsphase durchgeführt. Wurden die Wertebereiche der Attribute und Integritätsbeziehungen nicht bereits während der Analysephase festgelegt, so sind auch diese jetzt zu definieren.

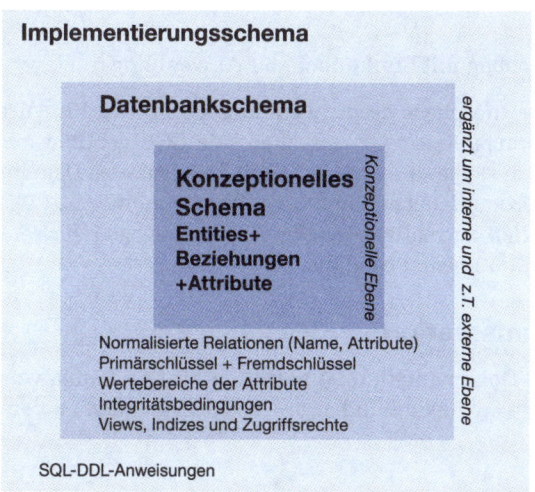

Abbildung 2.3: Datenbankentwurf 2

Das konzeptionelle Schema und das Datenbankschema sind Verfeinerungen der konzeptionellen Ebene des ANSI-3-Ebenen-Modells. Darüber hinaus enthält das Datenbankschema Teile der externen und der internen Ebene. Zur externen Ebene zählen die Benutzersichten (englisch: Views) als Grundlage späterer Masken, zur internen Ebene gehören die Speicherstrukturen und Indizes.

3. Schritt: Implementierung mittels SQL-DDL

Das Datenbankschema wird mit der Datenbanksprache SQL-DDL (Data Definition Language) beschrieben und implementiert. Auch dieser Transformationsschritt sollte automatisiert durchgeführt werden. Oft werden in dieser Phase auch schon Testdaten oder Produktivdaten aus dem eventuell bereits existierenden Altsystem eingespielt (vgl. Kapitel 5).

Die beiden oben aufgeführten vollautomatischen Transformationsschritte, einmal vom konzeptionellen Schema zum Datenbankschema und zum anderen vom Datenbankschema hin zum Implementierungsschema, beschleunigen den Entwicklungsprozess ungemein und entlasten den Entwickler vom Schreiben einfachen (SQL-)Sourcecodes. Somit bleibt mehr Zeit für die konzeptionellen Tätigkeiten und auch die Fehleranfälligkeit reduziert sich. Zudem zeigen die beiden Transformationsschritte, wie wichtig es ist, bereits zu Beginn bei der Erstellung des konzeptionellen Schemas (ERM) möglichst exakt zu arbeiten. Dann erledigen sich die anderen Aufgaben (fast) von selbst. Fehler in frühen Stadien pflanzen sich natürlich fort und bereiten in späteren Phasen mehr Mühe bei der Korrektur. Da Fehler und Erweiterungen nie ganz auszuschließen sind, können aber auch während jeder späteren Phase noch Änderungen am konzeptionellen Schema durchgeführt werden.

4. Schritt: Anwendungsentwurf und Implementierung

Das Datenbankschema ist im Allgemeinen für den Endbenutzer unsichtbar. Die benutzerrelevante Sicht der Daten wird durch die Anwendungsentwicklung festgelegt.

Wichtige Punkte sind:

- Eine genaue Beschreibung der vom Endbenutzer benötigten Funktionen auf den Datenobjekten
- Konkrete Oberflächen mit Funktionen der Anwendung

In der Implementierungsphase der Anwendung wird dieser Entwurf mittels einer Programmiersprache umgesetzt. 4-GL-Sprachen wie SQL gehören zum Leistungsspektrum der Datenbanksysteme, die auf ein schon konstruiertes Datenbankschema aufsetzen. Verwendet werden daneben auch 3-GL-Sprachen[4] wie C, COBOL oder Java, um Benutzerschnittstellen zu realisieren. Der Anwendungsentwurf entspricht der externen Ebene des ANSI-3-Ebenen-Modells.

5. Schritt: Dokumentation

Eine umfangreiche Dokumentation ist natürlich für den Endanwender oder den Auftraggeber einer Software unverzichtbar und sollte begleitend zu den anderen Schritten erfolgen.

---

4   Programmiersprachen werden generationsweise eingestuft:
    1. Generation: Maschinencode
    2. Generation: Assembler
    3. Generation: Problemorientierte Sprachen (Fortran, Cobol, C, Java ...)
    4. Generation: Anwendersprachen (SQL, NPL, Natural ...)
    5. Generation: Logische und funktionale Sprachen (Prolog, Lisp ...)

ZUSAMMENFASSUNG

In diesem Kapitel wurde ein Vorgehensmodell für die Entwicklung eines Datenbanksystems eingeführt, das uns durch viele Kapitel dieses Buchs begleiten wird. Es besteht traditionell aus der Analysephase, der Entwurfsphase, der Implementierungsphase, der Abnahme-/Einführungsphase und
der Wartungs-/ und Pflegephase. Ausführlich wird das Lastenheft als Ergebnis der Analysephase
beschrieben. Für den Datenbankentwurf sind dabei spezielle Aspekte und Methoden zu berücksichtigen. Es handelt sich um die Überführung verschiedener Schemata ineinander (vom konzeptionellen Schema über das Datenbankschema bis hin zum Implementierungsschema).

Weiterführende Literatur

Auch wenn dieser Abschnitt eher der Softwaretechnik zuzurechnen ist, leistet gerade
ein Lastenheft bei der Datenbankentwicklung in der Praxis wertvolle Dienste. Dementsprechend lesen Sie hier eine nähere Beschreibung dazu. Ausführlichere Informationen zu diesem Themenkreis findet der Leser in [Balzert 2000]. Dort ist auch ein
Vorhehensmodell enthalten, an das wir uns hier anlehnen.

Übungsaufgaben

1   Erstellen Sie ein Lastenheft für das Hochschulinformationssystem HOMIX! Für eine Hochschule soll ein Stundenplansystem erstellt werden, das die Daten verwaltet, die zur Stundenplanerstellung benötigt werden.

- Eine Hochschule gliedert sich in mehrere Fachbereiche, denen Dozenten zugeordnet sind. Ein Dozent kann nur einem Fachbereich angehören.

- Ein Dozent kann ein Professor oder ein Lehrbeauftragter sein. Ein Dozent wird durch seine Adresse und weitere persönliche Daten beschrieben.

- Ein Fachbereich bietet mehrere Studiengänge an, die in verschiedene Semester eingeteilt sind.

- Je Semester und Studiengang wird eingetragen, wie viele Studenten zugeordnet sind.

- Ein Dozent unterrichtet mehrere Fächer. Es ist auch möglich, dass ein Fach von mehr als einem Dozenten unterrichtet wird.

- Die Fächer werden durch die Bezeichnung, die Kurzbezeichnung, den Inhalt, den Fachtyp (Vorlesung, Praktikum, Seminar oder Übung), den Prüfungstyp (Fachprüfung oder Leistungsnachweis) und die Anzahl der Wochenstunden beschrieben. Bei den Praktika wird auch die Anzahl der parallelen Gruppen benötigt.

- Ein Fach kann einem oder mehreren Semestern in unterschiedlichen Studiengängen zugeordnet sein.

- Im Stundenplan selbst wird ersichtlich, in welchem Raum zur welchen Zeit (Wochentag, Uhrzeit), welches Fach von welchem Dozenten veranstaltet wird.

- Es sollen die Räume, die für Veranstaltungen bereitstehen, mit Größe, Typ und Ausstattung beschrieben werden.

- Funktionen und Abläufe, die das System unterstützen soll, sind:
  - Verwaltung aller Daten, die für den Stundenplan benötigt werden
  - Stundenplanerstellung
  - Anzeige der Raumbelegung
  - Anzeigen des Stundenplans nach verschiedenen Kriterien (Studiengang, Dozent, Raum)
  - Erstellen einer Telefonliste der Dozenten

2   Schreiben Sie ein Lastenheft für die Internetdarstellung eines Sportinformationssystems, in dem die Ergebnisse eines großen sportlichen Ereignisses, wie beispielsweise die Fußballweltmeisterschaft, archiviert und für die Öffentlichkeit aufgearbeitet werden können. Die Daten der beteiligten Nationen mit ihren Trainern, die Spieler und die Tore, die sie geschossen haben, sind abzuspeichern. Außerdem sollen Personen über das Internet in der Lage sein, Bestellungen für einzelne Karten aufzugeben.

Ihre Datenbank sollte unter anderem enthalten:

- Die Spieler mit Nach- und Vorname, Adresse, Nation, Alter, Gehalt in Euro, Spielposition und Geburtsort

- Die Nationen mit ihren Nationaltrainern und der Spielgruppe (A-H), der sie zugeordnet sind

- Welche Spiele in welcher Gruppe mit welchen Mannschaften und welchem Ergebnis stattgefunden haben

- Außerdem werden die Spiele beschrieben durch: Ausführungsort, Spieltag, Termin, Anzahl roter Karten, Anzahl gelber Karten, Anzahl Zuschauer und den Spieltyp. Bei dem Typ handelt es sich um die Information, ob es sich um ein Vorrunden-, Achtelfinal-, Viertelfinal-, Halbfinal- oder Finalspiel oder ein Spiel um Platz 3 handelt.

- Welche Spieler in welchem Spiel und in welcher Minute ein Tor geschossen haben

- Für jede Person, die Karten bestellt bzw. die eine Karte bekommen soll, werden folgende Informationen erfasst: Personen_ID, Nach- und Vorname, Adresse, Geb_Datum, Ausweisnummer, Kreditkartennummer, BLZ, Kontonummer.

- Für jede Karte werden folgende Informationen gespeichert: Karten_ID, welches Spiel stattfindet, Sitzplatznummer, Preiskategorie. Die Karten_ID ist ein künstlicher Primärschlüssel, wie alle anderen ID´s auch.

- Um im Vorfeld flexibler bei der Preisgestaltung zu sein, wird mit Preiskategorien für die Karten gearbeitet. Zu jeder Preiskategorie gehört genau ein Preis.

- Wenn eine Person eine Kartenbestellung aufgibt, so muss diese zuerst ihre eigenen Personendaten im System erfassen sowie das Spiel, die Anzahl der gewünschten Karten und die maximale Preiskategorie angeben. Für jede Bestellung wird eine eindeutige ID vom System generiert. Je nach Verfügbarkeit der Karten weist das System einer Bestellung die Anzahl reservierter Karten sowie die tatsächliche Preiskategorie der Karten zu.

- Anschließend muss der Besteller für jede reservierte Karte seiner Bestellung die Person erfassen, die auf dem Platz sitzen soll. Außer dem Besteller selbst können natürlich auch noch andere Personendaten erfasst werden, denen Karten zugeordnet werden, falls eine Bestellung mehr als eine Karte enthält.

Weitere Kontrollfragen zu diesem Kapitel finden Sie unter der Companion-Webseite des Pearson-Verlages *http://www.pearson-studium.de/* auf der Begleitseite unseres Buches. Wählen Sie dort bitte im Multiple-Choice-Test das Fach „DBS" und den Punkt „Kapitel2/Phasenmodel" aus.

Das ER-Modell (Analysephase)

3

ÜBERBLICK

》 Kapitel 3 bildet den Abschluss der Analysephase unseres Vorgehensmodells und beschreibt die ER-Modellierung. Ausgehend vom Lastenheft aus Kapitel 2 legen wir das ER-Modell als Datenmodell und zentrales Dokument einer Datenbankanwendung fest. Das ER-Modell entspricht dem konzeptionellen Schema aus dem ANSI-3-Ebenen-Modell. Gute Datenmodellierung verlangt einiges an Erfahrung, die sich erst durch häufige Übung aufbauen lässt. Jeder Informatiker sollte die Fähigkeit besitzen, gut strukturierte Datenmodelle erstellen zu können. Daher enthält dieses Kapitel eine umfangreiche Sammlung an Übungsaufgaben. Anfänger machen häufig Fehler bei der Spezifikation von Beziehungen oder der Zuordnung von Attributen zu Entity-Mengen. Daher finden Sie neben zahlreichen Beispielen im Text, unter anderem das ER-Diagamm unseres durchgängigen Beispiels (Fahrradhersteller Byce & Co.) sowie auf der Begleitwebseite die Musterlösungen der Übungsaufgaben, die Sie zur Kontrolle mit den von Ihnen erstellten Lösungen vergleichen sollten. Neben der traditionellen ER-Modellierung behandeln wir objektrelationale Erweiterungen, nämlich IS-A-Beziehungen, Vererbung, Aggregation und mehrwertige bzw. zusammengesetzte Attribute im EERM (Erweitertes Entity-Relationship-Model), die für komplexe Datenstrukturen heute Stand der Technik sind. 《

Ziele

Nach dem Lesen dieses Kapitels und dem Lösen der Aufgaben werden Sie

- die ER-Modellierung verstehen und anwenden können,
- verschiedene Beziehungstypen im ERM und EERM unterscheiden und benutzen können,
- wissen, wo die Beschränkungen des ER-Modells im Vergleich zu objektorientierter Modellierung liegen,
- eine Vererbungshierarchie mittels Spezialisierung oder Aggregation im EERM aufbauen können,
- wissen, wann ein System von Subtypen und Supertypen vollständig oder disjunkt ist,
- ein grundlegendes Verständnis für die Probleme der Datenmodellierung erlangt haben und
- zu einer Problembeschreibung ein geeignetes Datenmodell erstellen können.

3.1 Grundlegende Begriffe des ER-Modells

Entity-Relationship-Modelle (kurz: ER-Modelle oder ERM) wurden von E.F. Codd [Codd 1970] eingeführt und dienen dazu, im Rahmen der Datenmodellierung einen Ausschnitt der Realität mit festgelegten Werkzeugen und Methoden zu beschreiben. ER-Modelle bestehen aus einer Grafik, dem ER-Diagramm (kurz: ERD) sowie einer Beschreibung der einzelnen Elemente. ER-Modelle konnten sich in der Praxis durchsetzen und sind dort weit verbreitet. Sie dienen zum Entwurf des konzeptionellen Schemas aus dem ANSI-3-Ebenen-Modell und zur Vervollständigung der Analysephase in unserem Vorgehensmodell der Datenbankentwicklung. Es gibt zahlreiche Varianten und Erweiterungen des Grundmodells. In diesem Buch kommt die Krähenfußnotation nach Martin [Martin 1990], auch als IE-Notation oder Information Engineering-Notation bezeichnet, zum Einsatz. Der Grund ist vor allem die kompakte Schreibweise. Alle Beispiele sind mit dem Case-Tool ERWIN[1] dargestellt, können jedoch auch mit anderen Zeichenwerkzeugen wie z.B. dem DB-Designer[2] oder einfach mit Papier und Bleistift nachvollzogen werden.

Bei komplexen Problemen mit strukturierten Datenstrukturen weist die relationale Modellierung einige Beschränkungen auf, beispielsweise das Fehlen eines Vererbungsmechanismus (vgl. Abschnitt 3.4.1). Eine Alternative zum ER-Modell bietet hier die UML[3], die in der objektorientierten Modellierung inzwischen zum Standard gereift ist. Wegen der Nähe zu den relationalen Datenbanken und in Anlehnung an die ER-Notation wurde allerdings statt der UML das EERM als erweitertes Entity-Relationship-Modell ausgewählt. Wichtige Konzepte der Objektorientierung wie Vererbung, Generalisierung und Aggregation sind im EERM realisiert.

---

1   ERWIN kann als Testversion von der Internetseite *http://ww.ca.com/de, 20.09.2006* geladen werden.
2   Der DB-Designer kann unter der URL *http://fabforce.net/downloads.php, 20.09.2006* geladen werden.
3   UML bedeutet Unified Modeling Language. Es gibt inzwischen eine Vielzahl von Lehrbüchern zur UML, von denen hier die Bücher von Heide Balzert [Balzert 2004] oder [Hitz et al. 2005] empfohlen werden. Eingeführt wurde die UML in [Booch et al. 1999].

Zwei Ideen sind beim Entity-Relationship-Modell zentral. Einmal werden Ausschnitte der realen Welt mittels Mengen von Objekten[4], den sogenannten Entity-Mengen, und den Beziehungen, die zwischen diesen Objektmengen bestehen, abgebildet. Zum anderen erfolgt die Identifizierung einzelner Objekte nur über Attributwerte. Es werden keine physikalischen Adressen, wie dies im hierarchischen und Netzwerkdatenmodell[5] der Fall ist, gespeichert, sondern die Entitäten werden nur durch ihre Attributwerte selbst beschrieben.

Begriffsdefinitionen im ER-Modell

Entität und Entity-Menge
Eine Entität (entity) ist ein Objekt der realen Welt, ein individuelles und eindeutig identifizierbares Exemplar von Dingen, Begriffen oder Personen, die beschrieben werden sollen. Gleichartige Entitäten werden zu Entity-Mengen (entity set) zusammengefasst.

Attribut
Ein Attribut ist eine Eigenschaft, die allen Entitäten einer Entity-Menge gemeinsam ist. Eine Entität wird durch ihre Attributwerte beschrieben. Attribute können als optional oder als obligatorisch vereinbart werden. Obligatorische Attribute müssen mit Werten versorgt sein, optionale sind auch mit NULL-Werten, also ohne Wert, zugelassen.

Schlüssel
Ein Schlüssel (key) ist eine minimale Menge von Attributen, die die zugeordnete Entität eindeutig identifizieren. Diese Menge kann sich aus einem oder mehreren Attributen zusammensetzen. Minimal bedeutet hier, dass bei einem zusammengesetzten Schlüssel kein Attribut wegfallen kann, um die Eindeutigkeit aller Entitäten zu gewährleisten. Schlüsselattribute sind immer obligatorisch.

Eine Entity-Menge kann mehrere Schlüssel haben. Einer dieser Schlüssel wird als Primärschlüssel ausgewählt. Je Entity-Menge gibt es maximal einen Primärschlüssel. Die übrigen Schlüssel werden als Zweitschlüssel oder alternative Schlüssel bezeichnet. Ein Attribut einer Entity-Menge, welches Primärschlüssel einer anderer Entity-Menge ist, bezeichnet man als Fremdschlüssel.

Beziehungen
Zwischen Entitäten gibt es Beziehungen (relationships), die auch Attribute haben können. Beziehungen beschreiben einen Zusammenhang zwischen Entitäten, der im Allgemeinen durch ein Verb ausdrückt wird. Gleichartige Beziehungen zwischen Entitäten der gleichen Entity-Menge werden zu Beziehungsmengen zusammengefasst.

ER-Modell
Ein Schema von Entity-Mengen und Beziehungsmengen bezeichnet man als ER-Modell.

---

4   Bitte beachten Sie, dass es sich hier im Entity-Relationship-Modell um einen anderen Objektbegriff handelt, als er im Rahmen der Objektorientierung verwendet wird. Hier ist der umgangssprachliche Objektbegriff gemeint, mit dem man ganz einfach unterschiedliche Dinge, Personen etc. zusammenfassend bezeichnet.

5   vgl. Kapitel 1

Die nachfolgende Grafik verdeutlicht die wesentlichen Begriffe des ER-Modells:

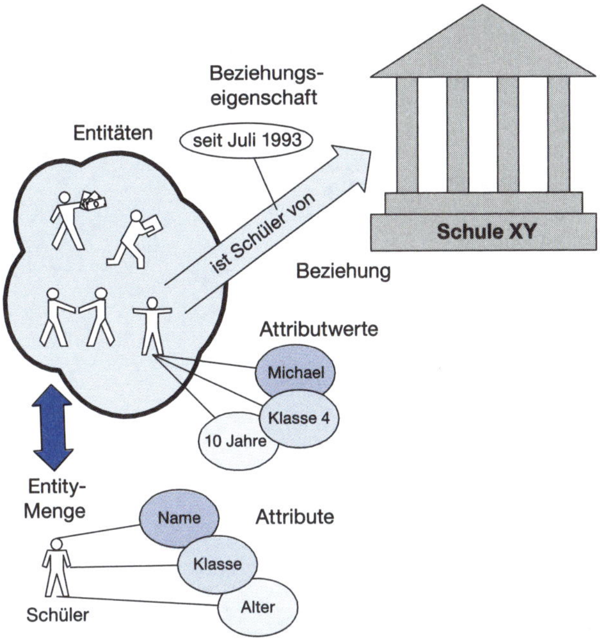

Abbildung 3.1: ER-Modell 1

Die Stärke des ER-Modells besteht darin, komplexe Datenstrukturen in übersichtlicher grafischer Weise darzustellen, wie wir an den nächsten Beispielen sehen werden. Die Datenstrukturen ganzer Unternehmen oder anderer komplexer Systeme werden in dieser Weise kompakt zusammengefasst. Und es ist gerade diese Einfachheit und Übersichtlichkeit, die zu der schnellen und überaus hohen Akzeptanz dieses Analysewerkzeugs bei Nichtinformatikern führt. Es hat sich als ein Kommunikationsmedium zwischen Fachabteilung respektive Kunden und EDV-Abteilung in der Praxis vielfach bewährt. Das ER-Modell verwendet eine grafische Darstellung, deren Bestandteile in der nächsten Abbildung erklärt werden.

3.1.1 Die grafischen Elemente des ER-Modells in der Krähenfußnotation

Die Entity-Mengen werden durch Rechtecke beschrieben, die die Attribute und Schlüsselattribute enthalten. Die Ecken der Entity-Menge sind abgerundet, falls die Entity-Menge einen Fremdschlüssel als Teil des Primärschlüssels enthält. Fremdschlüssel sind Attribute, die in einer anderen Entity-Menge zum Primärschlüssel gehören. Es gibt noch mehr Beziehungstypen als in der folgenden ▶ Abbildung 3.2, die im nächsten Kapitel (vgl. Abschnitt 3.2) behandelt werden.

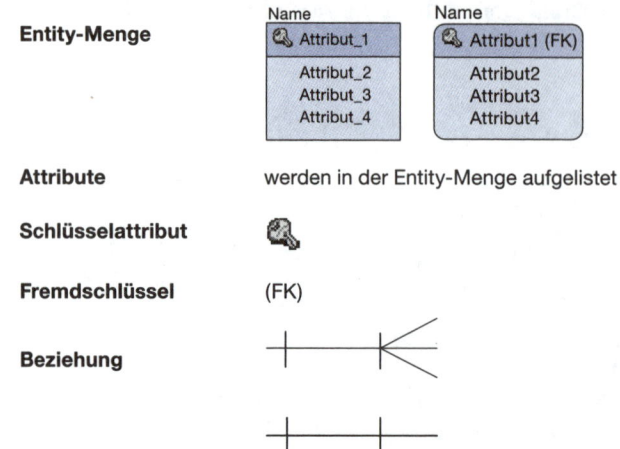

Abbildung 3.2: ER-Modell 2

Ein Beispiel mit einer nicht identifizierenden Beziehung ist das folgende (identifizierende Beziehungen siehe Abschnitt 3.2.6):

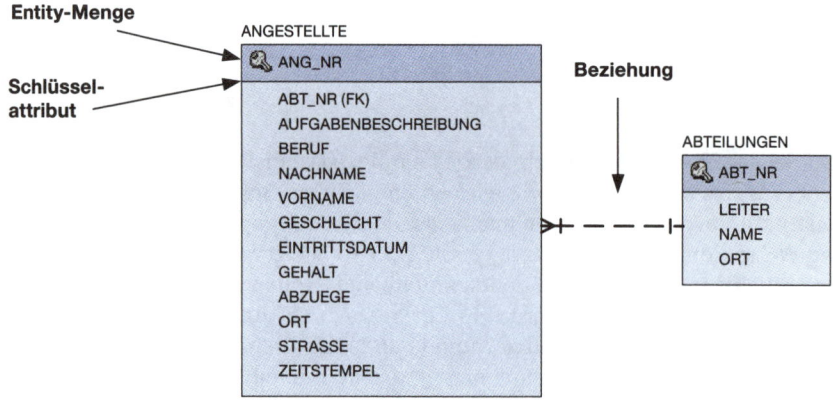

Abbildung 3.3: ER-Modell 3

Die Beispiele dieses Kapitels wurden mit dem CASE-Tool ERWIN erstellt. Eine ausführliche Anleitung für dieses Werkzeug finden Sie auf der Begleit-Webseite dieses Buchs. Eine vollständige Übersicht aller Beziehungsarten ist im Abschnitt 3.2 enthalten.

3.1.2 Künstliche Schlüssel

Schlüssel sind definiert als Menge von Attributen einer Entity-Menge, die eine Entität eindeutig identifizieren. Eine Entity-Menge kann auch mehrere Schlüssel haben. Ein Angestellter z.B. lässt sich über seine Personalnummer wie auch über die Attributkombination Name, Vorname, Adresse, Geburtsdatum identifizieren. Der letztgenannte Schlüssel ist ein Beispiel für einen zusammengesetzten Schlüssel. Bei der Modellierung wird ein Schlüssel als Primärschlüssel ausgezeichnet.

Zusammengesetzte Primärschlüssel sind in der Praxis schwer zu handhaben. Sobald sie als Fremdschlüssel in anderen Entity-Mengen auftreten, müssen bei lesendem Zugriff über diese Tabelle und die Master-Tabelle (vgl. Abschnitt 3.2.2) immer alle Schlüsselattribute aufgeführt werden. Werden Teile des Schlüssels bei der Programmierung vergessen, kann das schwerwiegende Folgen für die Korrektheit der Lösung haben. Ein Index über mehrere Attribute hat außerdem den Nachteil, dass der Zugriff bei alternativen Attributreihenfolgen, die nicht dem Index entsprechen, langsamer ist.

Daher werden in der Praxis häufig sogenannte künstliche Schlüssel (surrogate keys) verwendet. Ein künstlicher Schlüssel ist ein zusätzliches Attribut einer Entity-Menge, das keine Entsprechung in der realen Welt hat. Es ist in der Regel ein einfacher Zähler vom Datentyp Integer (vgl. Kapitel 5), der systemintern verwaltet wird, nach außen nicht sichtbar ist und ausschließlich für die Primär- und Fremdschlüsselbeziehungen gebraucht wird. Er ist somit von einer Kundennummer, einer Artikelnummer und Ähnlichem zu unterscheiden, die nach außen sichtbar sind und im Schriftverkehr verwendet oder zur Identifikation beim Kunden erfragt werden. Wenn man sich für die Verwendung von künstlichen Primärschlüsseln entscheidet, dann trifft man aufgrund der Einheitlichkeit die Entscheidung im Allgemeinen für das gesamte Modell, unabhängig von den sonstigen Schlüsseln der Entity-Mengen. Eine Entity-Menge „Kunden" hat dann neben der Kundennummer zusätzlich auch noch eine Kunden-ID („ID" für Identifikator). In unseren Beispielen Byce & Co. und Rollo zur Fußballweltmeisterschaft wird das Konzept der „Surrogate Keys" nicht umgesetzt.

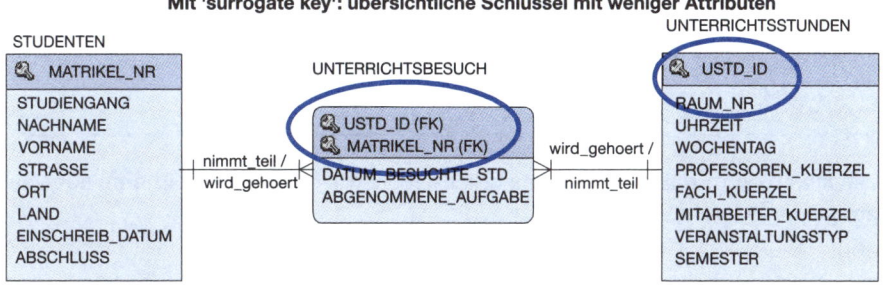

Abbildung 3.4: Surrogate Key

Bei der vorherigen Abbildung sieht man leicht, wie sich der künstliche Schlüssel USTD_ID auf die Entity-Menge „Unterrichtsbesuch" auswirkt: Die Anzahl der Attribute reduziert sich um zwei Felder.

3.1.3   Checkliste zur Festlegung von Entity-Mengen

Zum Identifizieren von Entity-Mengen gehört Übung und ein detailliertes Verständnis der zu modellierenden Aufgabenstellung. Hier ist der intensive Informationsaustausch mit dem Sachbearbeiter unerlässlich für eine qualitativ hochwertige Lösung. Als Ausgangspunkt kann das Lastenheft dienen. Aber auch die folgende Checkliste zur Festlegung von Entity-Mengen ist sicher hilfreich.

Checkliste zur Festlegung von Entity-Mengen

1   Lassen sich konkrete Objekte identifizieren?
- Bei technischen Systemen: Reale Objekte sind Ausgangspunkte.
- Bei kommerziellen Systemen: Personen und Formulare dienen als Vorlage für Entity-Mengen.

2   Zu welchen Kategorien gehören die Entity-Mengen?
- Konkrete Objekte
- Personen und deren Rollen
- Informationen über Aktionen, wie z.B. eine Banküberweisung
- Organisationen
- Schnittstellen des Systems
- Allgemeine fachbezogene Informationen

3   Liegt ein aussagefähiger Entity-Mengen-Name vor?

4   Wann liegt keine Entity-Menge vor?
- Es lassen sich weder Attribute noch Beziehungen identifizieren.
- Die Entity-Menge enthält dieselben Attribute wie eine andere Entity-Menge.

Entitäten werden durch ihre Attribute beschrieben, die auch nach bestimmten Regeln festgelegt werden sollten.

Checkliste zur Festlegung von Attributen

1 Ist ein Attribut problemrelevant?

2 Gehört ein Attribut zu einer Entity-Menge oder zu einer Beziehung?

3 Welche Attribute können als Schlüsselattribute dienen?

Falls keine Schlüsselattribute vorliegen oder die Schlüssel zu sehr aufgebläht sind, können auch künstliche Schlüssel (vgl. Abschnitt 3.1.2) verwendet werden.

4 Ist der Attributname geeignet?

- Verwenden Sie sprechende Namen!
- Attributnamen müssen nur innerhalb einer Entity-Menge, nicht im gesamten ER-Modell, eindeutig sein.
- Attributnamen und Entity-Mengen-Namen sollten keine Leerzeichen oder Ziffern zu Beginn des Attributnamens enthalten und auch keine Umlaute und keine Sonderzeichen außer dem Unterstrich „_".

5 Welche Datentypen liegen vor?

Standarddatentypen sind Text, Integer, Number oder Numeric (für numerische Werte mit Nachkommazahlen) und Datum.

6 Liegen für Attribute bestimmte Domänen vor, das heißt festgelegte Wertebereiche?

Ein Beispiel ist ein Attribut „Wochentag" mit dem Wertebereich {Montag, ..., Freitag}.

3.2 Beziehungen im ER-Modell

Beziehungen bezeichnen im Allgemeinen eine Aktivität zwischen Entity-Mengen. Sie lassen sich allerdings auch mathematisch darstellen.

Mathematische Beschreibung einer Beziehung

Eine Beziehung R ist eine Relation im mathematischen Sinne, also eine Teilmenge des kartesischen Produkts der Entity-Mengen $E_1, E_2, ... E_n$:

$$R \subseteq E_1 \times E_2 \times .... \times E_n.$$

n heißt der Grad der Beziehung. R ist unär, falls $n = 1$ ist, binär, falls $n = 2$ ist, und ternär, wenn $n = 3$ ist.

In diesem Buch werden neben einigen ternären Beziehungen (vgl. Abschnitt 3.2.6) hauptsächlich binäre Beziehungen behandelt. Den Begriff Kartesisches Produkt erklären wir näher im Abschnitt 4.1.3 im Zusammenhang mit der relationalen Algebra.

Beziehungen lassen sich weiter klassifizieren durch:

- die Kardinalität einer Beziehung,
- Rekursivität,
- Optionalität, d.h., ob es sich um eine Kann- oder eine Mussbeziehung handelt.

Beziehungen werden grafisch als Linie zwischen zwei Entity-Mengen dargestellt. Sie werden grundsätzlich in zwei Richtungen gelesen und auch in beiden Richtungen beschriftet. Oft werden Verben zur Beschriftung verwendet.

3.2.1 1:1-Beziehung als Beziehungsart

Zu jeder Entität der Entity-Menge 1 gehört genau eine Entität der Entity-Menge 2.

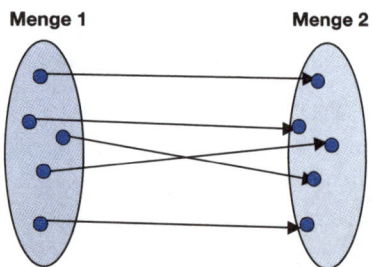

Abbildung 3.5: Beispiel 1:1-Beziehung

Abbildung 3.6: Beispiel einer 1:1-Beziehung

1:1-Beziehungen sind in der Praxis eher die Ausnahme. In der Regel werden zwei über eine 1:1-Beziehung verbundene Entity-Mengen zu einer Entity-Menge mit den Attributen aus den beiden Einzelmengen zusammengefasst. Im Wesentlichen sprechen zwei Gründe für die Modellierung von 1:1-Beziehungen. Zum einen kann es Sachverhalte in der Realität geben, die eine solche Beziehung mit zwei eigenständigen Entity-Mengen motivieren. Ein anderes Motiv kann sein, dass aus Performance-Gründen oder aus Gründen der Rechtevergabe und des Zugriffsschutzes eine Entity-Menge in zwei 1:1-verknüpfte Entity-Mengen aufgespalten wird. In Abhängigkeit von der Datenbasis und der Attributstruktur kann die Anfrage-Performance auch eine Motivation dafür sein, zwei Entity-Mengen zusammenzufassen.

Wird bei Anfragen in der Regel auf viele Attribute der Entitäten zugegriffen, so ist die Anfrage an eine Entity-Menge schneller als eine Verknüpfung über zwei Entitäten (vgl. Abschnitt 5.5.12). Wird jedoch in der Regel nur auf einige wenige Attribute einer Entity-Menge zugegriffen und handelt es sich um große Datensätze mit langen Attributen, womöglich auch noch um „large object"-Attribute, so kann eine Aufteilung in zwei Entity-Mengen bei Anfragen von Vorteil sein.

3.2.2 1:n-Beziehung als Beziehungsart

Zu jeder Entität der Entity-Menge 1 können mehrere Entitäten der Entity-Menge 2 gehören, zu jeder Entität der Entity-Menge 2 lässt sich höchstens eine Entität der Entity-Menge 1 finden. Die Menge1 wird in diesem Zusammenhang „Master" genannt und die Menge 2 „Detail".

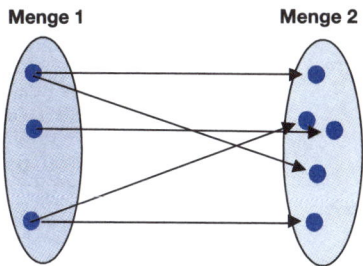

Abbildung 3.7: Beispiel 1:n-Beziehung

Die folgende Abbildung aus einer Hochschuldatenbank liest sich wie folgt: Ein Fachbereich umfasst mehrere (Krähenfuß) Professoren und ein Professor gehört genau einem (kein Krähenfuß) Fachbereich an.

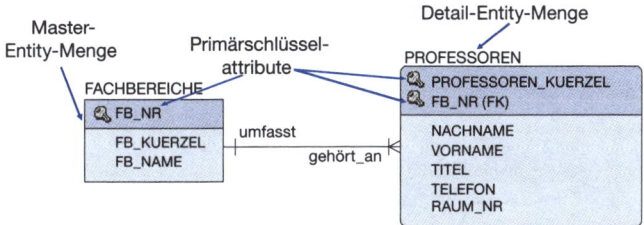

Abbildung 3.8: Beispiel 1:n-Beziehung

3.2.3 n:m-Beziehung als Beziehungsart

Zu n Entitäten der Entity-Menge 1 gehören bei dieser Beziehungsart m Entitäten der Entity-Menge 2, wobei n und m natürliche Zahlen sind.

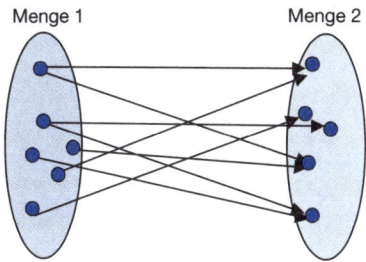

Abbildung 3.9: n:m-Beziehung

Die Beziehung der nachfolgenden Abbildung liest sich wie folgt: Ein Student nimmt an einer oder mehreren Unterrichtsstunden teil. Eine Unterrichtsstunde wird von einem oder mehreren Studenten gehört.

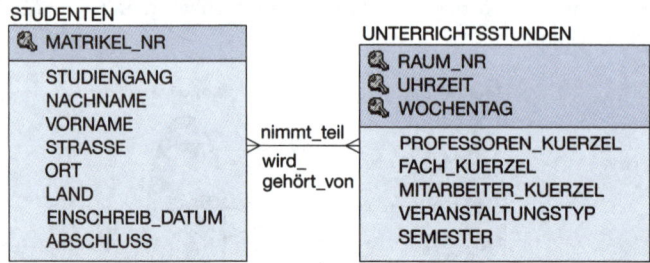

Abbildung 3.10: Beispiel n:m-Beziehung

Das nachfolgende Beispiel zeigt, wie eine m:n-Beziehung modelliert werden muss, die über eigene Attribute verfügt. Die beiden Attribute „Datum_besuchte_Std" und „Abgenommene_Aufgabe" sind weder Attribute der „Studenten" noch der „Unterrichtsstunden", sondern beschreiben den Besuch einer Unterrichtstunde durch einen Studenten, also die Beziehung zwischen beiden Entity-Mengen. Verfügt eine m:n-Beziehung über eigene Attribute, dann wird sie aufgelöst in eine Zuordnungs-Entity-Menge („Unterrichtsbesuch") und zwei 1:n-Beziehungen, wobei die Zuordnungs-Entity-Menge die so genannte Detail-Entity-Menge ist und die beiden anderen die Master-Entity-Mengen. Damit der Primärschlüssel der Zuordnungs-Entity-Menge nicht zu umfangreich wird, führen wir in den Unterrichtsstunden den künstlichen Primärschlüssel USTD_ID ein.

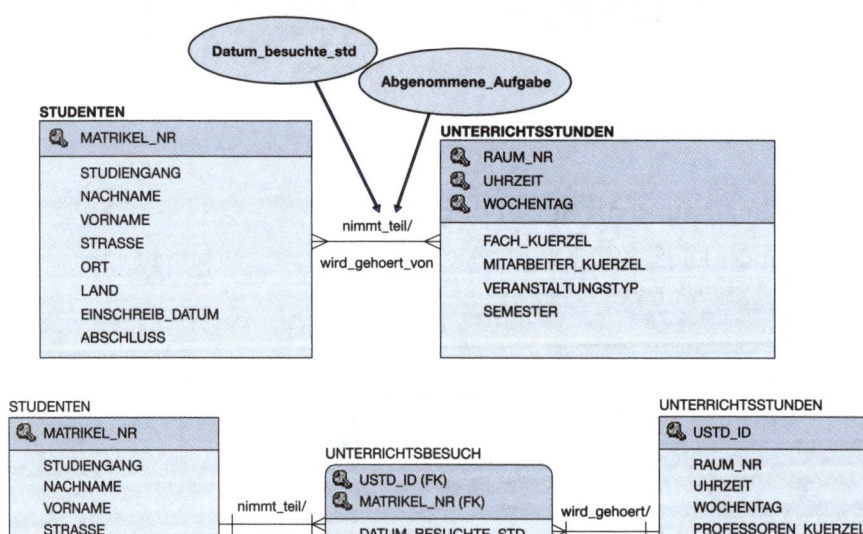

Abbildung 3.11: Beispiel n:m-Beziehung mit Attributen

3.2.4 Rekursive Beziehungen

Im ER-Modell sind auch rekursive Beziehungen erlaubt, d.h. Beziehungen einer Entity-Menge auf sich selbst. Rekursive Beziehungen sind also immer unär. Mittels der Rekursion lassen sich Vorgesetzte, Stücklisten oder Stammbäume mit unbekannter Tiefe modellieren.

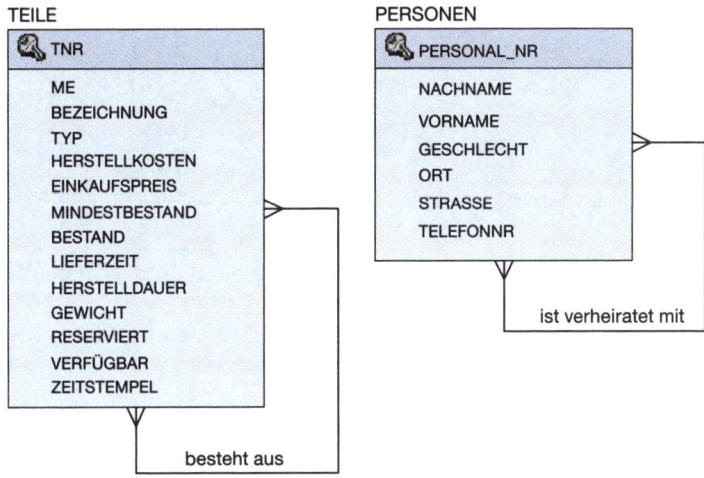

Abbildung 3.12: Rekursive Beziehung

3.2.5 Erweiterungen der Beziehungsarten durch Optionalität

Neben den bisher dargestellten Beziehungsarten werden weitere Beziehungsarten eingeführt. Diese unterscheiden sich von den oben genannten nur dadurch, dass sie auch solche Beziehungen zulassen, bei denen eine Entität A bzw. eine Entität B mit keiner anderen Entität verknüpft ist. Sie werden im Allgemeinen durch ein C (conditional, choice, optional) gekennzeichnet.

Tabelle 3.1

Weitere Beziehungsarten

	1 genau ein	C ein oder kein	M ein oder mehrere	CM kein, ein oder mehrere
1	(1:1)	(1:C)	(1:M)	(1:CM)
C	(C:1)	(C:C)	(C:M)	(C:CM)
N	(N:1)	(N:C)	(N:M)	(N:CM)
CN	(CN:1)	(CN:C)	(CN:M)	(CN :CM)

Wegen der Symmetrie der obigen Tabelle sind nur die folgenden Beziehungen relevant:

Tabelle 3.2

Relevante Beziehungen

	1 genau ein	C ein oder kein	M ein oder mehrere	CM kein, ein oder mehrere
1	(1:1)	(1:C)	(1:M)	(1:CM)
C		(C:C)	(C:M)	(C:CM)
N			(N:M)	(N:CM)
CN				(CN :CM)

Die folgende Abbildung zeigt, wie diese Beziehungsarten in der Krähenfußnotation grafisch dargestellt werden.

c steht für choice, also eine Kann-Beziehung, m steht für many oder multiple. Insgesamt gibt es damit zehn unterschiedliche Beziehungstypen, wie bereits in der obigen Tabelle dargestellt wurde.

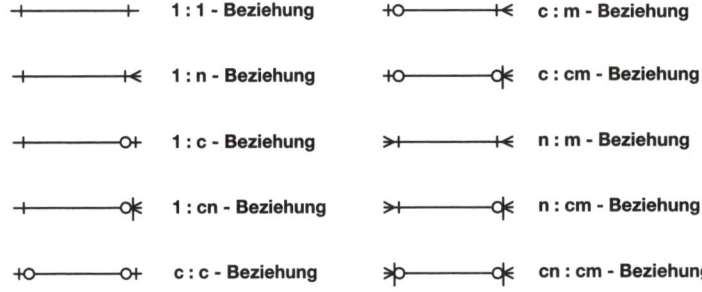

Abbildung 3.13: Grafische Beziehungstypen

Je nach Typ der rechten Seite der Beziehung liest sich damit eine Beziehung wie in der folgenden Grafik angegeben:

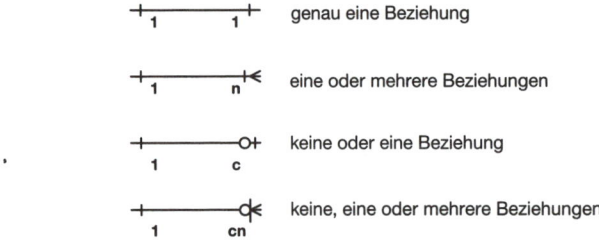

Abbildung 3.14: Lesen der Beziehungstypen

Leider gibt es einen gravierenden Unterschied zu der in der numerischen Notation[6] von UML eingesetzten Min-Max-Notation der in der folgenden Abbildung gezeigt wird:

---

6   vgl. z.B. [Balzert 1998]

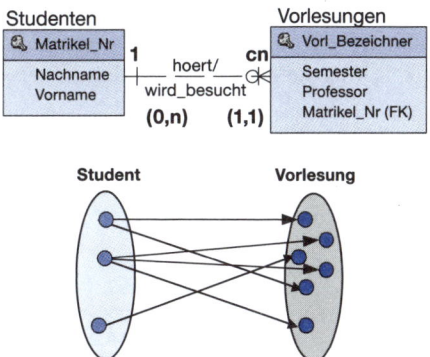

Abbildung 3.15: Vergleich Krähenfuß zu numerischer UML-Notation

In der numerischen Notation wird angegeben, wie viele Beziehungen eine Entität minimal oder maximal genau eingehen kann. n kann eine natürliche Zahl sein, z.B. können genau zwei oder vier Beziehungen eingegangen werden, was in manchen Beispielen nützlich ist. Im obigen Beispiel kann ein Student keine, eine oder mehrere Vorlesungen besuchen, was der 0:n-Notation entspricht. Zu einer Vorlesung gehört dagegen genau ein, also minimal einer und maximal ein Student. Es handelt sich um eine 1:1-Beziehung. Damit liest sich leider die numerische Notation genau umgekehrt wie die von uns verwendete Krähenfußnotation.

3.2.6 Identifizierende und nicht identifizierende Beziehungen

Eine weitere Möglichkeit der Beschreibung von Beziehungen besteht darin, Schlüssel aus Beziehungen in Entity-Mengen einzusetzen. Bei identifizierenden Beziehungen wird in der Detailtabelle der Fremdschlüssel zum Primärschlüssel hinzugenommen, bei nicht identifizierenden Beziehungen wird der Fremdschlüssel nur als Attribut eingetragen, welches nicht zum Primärschlüssel der Relation gehört. Das grafische Symbol für eine nicht identifizierende Beziehung ist eine gestrichelte Linie. Bei einer identifizierenden Beziehung ist die Linie durchgezogen.

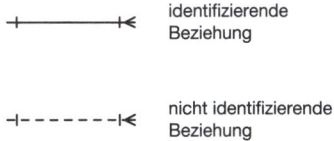

Abbildung 3.16: Nicht identifizierende Beziehung

Die Möglichkeit, Schlüssel über die Beziehung weiterzugeben, gibt es natürlich nicht nur bei 1:n-Beziehungen, sondern auch bei den anderen Beziehungsarten.

Beispiele

Wenn die Beziehung gestrichelt ist wie in der folgenden Abbildung, es sich also um eine nicht identifizierende Beziehung handelt, hat der Angestellte nur die Ang_Nr als Primärschlüsselattribut. Die Abt_Nr gehört nicht zum Primärschlüssel. Angestellte und Abteilungen sind Entity-Mengen, die völlig unabhängig voneinander existieren.

Die Abteilungszugehörigkeit ist ein „ganz normales" Fremdschlüsselattribut der Angestellten. In diesem Fall wird die Angestelltennummer Ang_Nr unabhängig von der Abteilungszugehörigkeit unternehmensweit eindeutig vergeben.

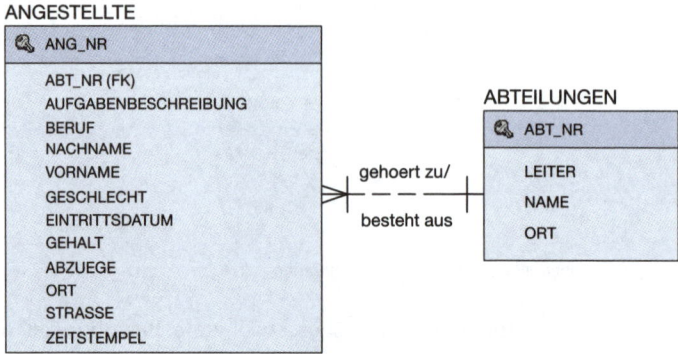

Abbildung 3.17: Eine weitere nicht identifizierende Beziehung

Bei einer identifizierenden Beziehung wird der Fremdschlüssel in den Primärschlüssel aufgenommen. Damit wird erreicht, dass der Angestellte den zusammengesetzten Primärschlüssel (Ang_Nr, Abt_Nr) hat. Angestellte identifizieren sich damit auch durch ihre Abteilungszugehörigkeit.

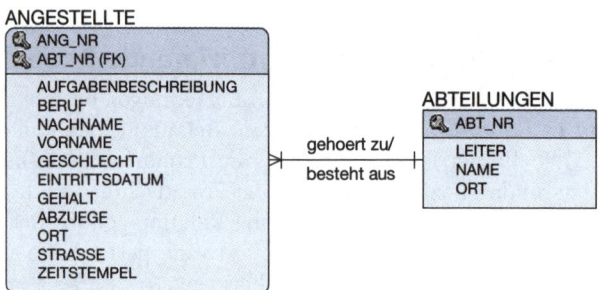

Abbildung 3.18: Identifizierende Beziehung

Dies ist aber zugleich ein Beispiel dafür, dass eine identifizierende Beziehung keinen Sinn macht bzw. eine der Normalformen, die wir im Abschnitt 4.3 behandeln, verletzt ist. Um genau zu sein, ist die zweite Normalform verletzt – beispielsweise sind die Attribute Geburtsdatum und Geschlecht nicht vom gesamten Primärschlüssel, sondern nur von Teilen des Primärschlüssels, nämlich der Ang_Nr, abhängig. Das Geburtsdatum und das Geschlecht ändern sich natürlich nicht bei einem Wechsel der Abteilung.

Eine weitere Konsequenz dieser Modellierung ist der Umstand, dass die Angestelltennummern abteilungsweit vergeben werden können, denn ein Angestellter wird ja durch den zusammengesetzten Primärschlüssel (Ang_Nr, Abt_Nr) eindeutig identifiziert. Wechselt aber ein Angestellter bei einer abteilungsweit vergebenen Angestelltennummer die Abteilung, so kann es ihm passieren, dass er eine neue Angestelltennummer bekommen muss, weil seine Nummer bereits an einen Kollegen vergeben ist. Dieses kleine Beispiel zeigt recht deutlich, welche Auswirkungen die Datenmodellierung auf den betrieblichen Alltag haben kann.

3.2.7 Ternäre Beziehungen

Neben den binären Beziehungen vom Grad zwei sind in manchen Fällen Beziehungen vom Grad drei erforderlich, wenn also drei Entity-Mengen eine gemeinsame Beziehung eingehen.

Wie die beiden nachfolgenden Abbildungen aus unserem Beispiel der Firma Byce & Co. zeigen, könnte z.B. eine Beziehung „liefert an" zwischen Lieferanten, Teilen und Kunden bestehen. Diese sagen aus, dass ein bestimmtes Teil von einem bestimmten Lieferanten bezogen und ohne weitere Fertigungsschritte an einen oder mehrere Kunden ausgeliefert wird. In der Mengennotation sieht diese ternäre Beziehung folgendermaßen aus:

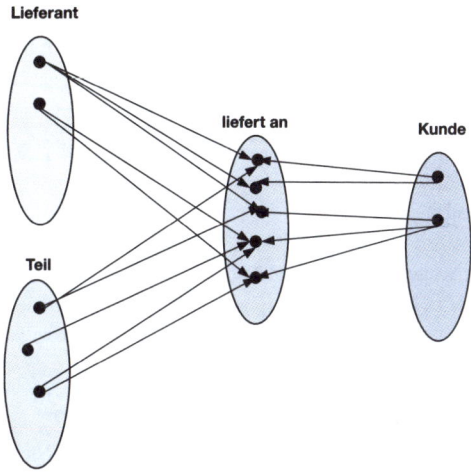

Abbildung 3.19: Ternäre Beziehung in der Mengennotation

Ternäre Beziehungen lassen sich in ER-Zeichentools wie ERWIN oft nicht unmittelbar darstellen. Als Ausweg bietet sich an, eine ternäre Beziehung in binäre Beziehungen zu einer zusätzlichen Entity-Menge „liefert_an" aufzulösen:

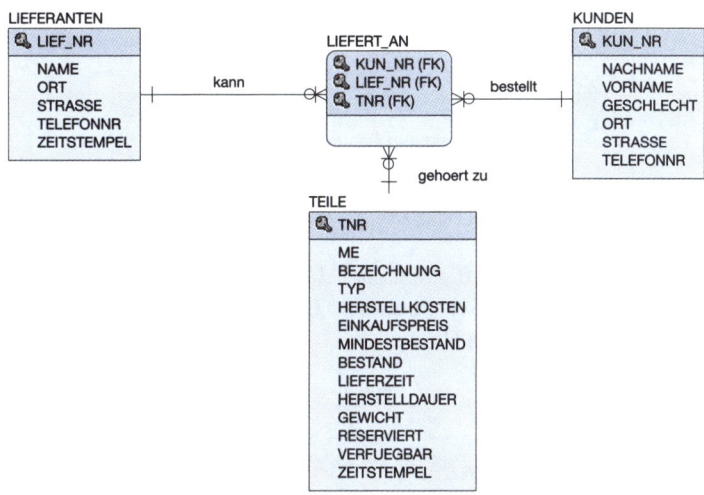

Abbildung 3.20: Ternäre Beziehung als binäre Beziehungen in einem ER-Modell

Ternäre Beziehungen lassen sich zwar wie oben beschrieben immer in binäre Beziehungen und eine zusätzliche Entity-Menge auflösen (vgl. Abschnitt 4.4.3), allerdings nicht immer in **ausschließlich** binäre Beziehungen **ohne** zusätzliche Entity-Menge, wie z.B. in [Kemper et al. 2004] oder [Elmasri et al. 2004] beschrieben[7] ist.

3.2.8 Semantik von Beziehungen

Nachfolgend wird zur weiteren Übung die Bedeutung der drei Beziehungstypen c:c, 1:n und m:cn anhand der Beispiele „Vorlesungsbesuch von Studenten" und der „Schließung von Eheverträgen" näher erläutert.

c:c: Ein Student hört keine oder eine Vorlesung und eine Vorlesung wird von einem oder keinem Studenten besucht.

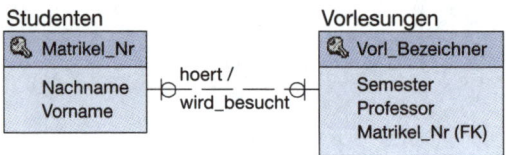

Abbildung 3.21: Fallbeispiel 1: Semantik von ERMs, c:c-Beziehung

1:n: Ein Student hört eine oder mehrere Vorlesungen und eine Vorlesung wird von genau einem Studenten besucht.

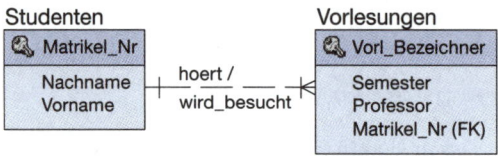

Abbildung 3.22: Fallbeispiel 2: Semantik von ERMs, 1:n-Beziehung

n:cm: Ein Student kann keine, eine oder mehrere Vorlesungen hören und eine Vorlesung wird von einem oder mehreren Studenten besucht.

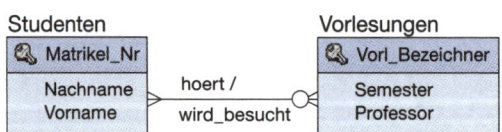

Abbildung 3.23: Fallbeispiel 3: Semantik von ERMs, n:cm-Beziehung

Die nachfolgenden Modelle sind Versuche, den Tatbestand der Ehe zwischen zwei Menschen in einem ER-Modell abzubilden. Dabei wird die Bedeutung (Semantik) jeweils umgangssprachlich angegeben.

---

7   vgl. [Kemper et al. 2004, S. 39 ff.] oder [Elmasri et al. 2004, S. 119 ff.]

c:c: Ein Mann kann nur eine oder keine Frau heiraten und umgekehrt kann eine Frau nur einen oder keinen Mann heiraten.

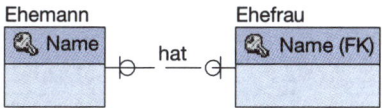

Abbildung 3.24: Fallbeispiel 4: Semantik von ERMs, c:c-Beziehung

In dem Modell aus ▶ Abbildung 3.24 ist eine erneute Heirat nach einer Scheidung oder dem Tod eines Ehepartners nicht mehr möglich.

n:m: Ein Mann muss eine oder mehrere Frauen heiraten und eine Frau muss einen oder mehrere Männer heiraten.

Abbildung 3.25: Fallbeispiel 5: Semantik von ERMs, n:m-Beziehung

In der ▶ Abbildung 3.25 sind jetzt erneute Hochzeiten möglich, allerdings keine unverheirateten Personen. Dazu benötigt man eine cn:cm-Beziehung. Außerdem lässt sich noch nicht feststellen, welche Ehe vor oder nach einer anderen Ehe geschlossen wurde oder in welchen Zeitraum diese Ehe existierte.

Bisher haben wir damit folgende Information mittels der ER-Beziehung „hat" modelliert:

Beispiel zur ER-Beziehung „hat"	
Ehemann	**Ehefrau**
Hugo Müller	Erna Müller-Meier
Hugo Müller	Anna Müller
Anton Bäcker	Frieda Bäcker-Schmitz

cn:cm: Bei der Auflösung einer cn:cm-Beziehung in eine zusätzliche Entity-Menge „Ehe" mit eigenen Attributen, ergibt sich folgender Sachverhalt:

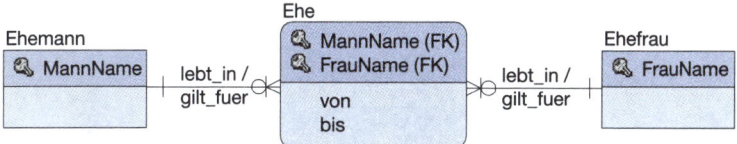

Abbildung 3.26: Fallbeispiel 6: Semantik von ERMs, cn:cm-Beziehung

Die obige Tabelle erweitert sich dann zu folgendem Beispiel:

Fortsetzung des vorherigen Beispiels			
MannName	**FrauName**	**von**	**bis**
Hugo Müller	Erna Müller-Meier	01.02.1980	18.09.1997
Hugo Müller	Anna Müller	13.05.2000	
Anton Bäcker	Frieda Bäcker-Schmitz	07.07.1998	

Das letzte Modell kommt der Realität nun schon sehr nahe. Folgender Fall kann jedoch auch mit diesem Modell nicht abgebildet werden: „Dieselben beiden Menschen heiraten nach einer oder mehreren Scheidungen erneut." Da im obigen Modell der Primärschlüssel nur die beiden Attribute „MannName" und „FrauName" umfasst, kann für dieses Paar kein neuer Datensatz bei erneuter Eheschließung eingefügt werden. Eine Lösung stellt das nachfolgende Modell dar.

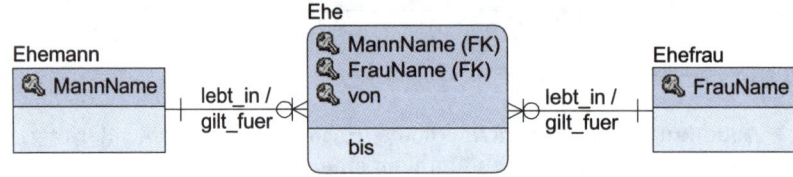

Abbildung 3.27: Fallbeispiel 7: Semantik von ERMs, Ehen

Weitere Fortführung des vorherigen Beispiels			
MannName	**FrauName**	**von**	**bis**
Hugo Müller	Erna Müller-Meier	01.02.1980	18.09.1997
Hugo Müller	Anna Müller	13.05.2000	
Anton Bäcker	Frieda Bäcker Schmitz	07.07.1998	31.01.2001
Anton Bäcker	Frieda Bäcker Schmitz	06.02.2002	
Liz Taylor	Richard Burton	20.01.1964	16.06.1974
Liz Taylor	Richard Burton	17.12.1975	22.09.1976

Je nach Hintergrund der Anwendung kann auch das obige Modell die Wirklichkeit noch nicht korrekt wiedergeben. Wird das deutsche Grundgesetz zugrunde gelegt, dann ist der oben modellierte Tatbestand nicht verfassungskonform. Die seit 2002 vom Verfassungsgericht bestätigten Lebenspartnerschaften können nämlich nicht abgebildet werden. Dazu bedarf es eines anderen Modells, wie etwa das folgende:

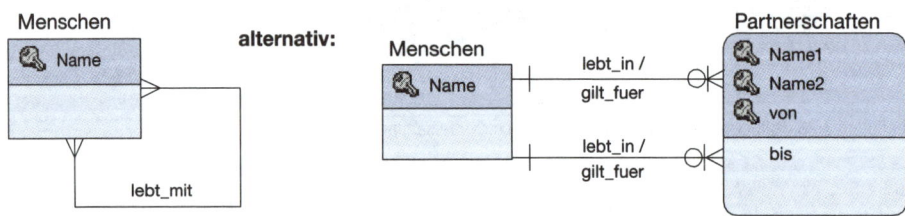

Abbildung 3.28: Fallbeispiel 8: Semantik von ERMs, Lebenspartnerschaften

Um bei der deutschen Gesetzgebung zu bleiben: Vielehen sind in Deutschland verboten. Bei dieser Restriktion (Integritätsbedingung, Constraint) stoßen die Modellierungskonzepte der ER-Modelle an ihre Grenzen. Eine solche Integritätsbedingung lässt sich nicht grafisch modellieren und muss in einem Zusatzdokument (z.B. Feinkonzept, Lasten- oder Pflichtenheft, Erläuterungen zum ER-Modell …) formuliert werden. Für das obige Beispiel könnte eine entsprechende Integritätsbedingung wie folgt lauten: „Die Partnerschaftszeiträume eines Menschen dürfen sich zeitlich nicht überschneiden."

3.2.9 Checkliste zum Finden von Beziehungen

Wie auch bei Entity-Mengen und Attributen lassen sich bei Beziehungen bestimmte Regeln aufstellen, nach denen man Beziehungen festlegt:

Checkliste zur Festlegung von Beziehungen

1 Liegen zwischen Entity-Mengen permanente Beziehungen vor?

2 Welche Benennung der Beziehung ist sinnvoll?

3 Existieren zwischen Entity-Mengen mehrere Beziehungen?

Prüfen Sie, ob die Beziehungen

- eine unterschiedliche Bedeutung besitzen,
- unterschiedliche Kardinalitäten haben,
- unterschiedliche Optionalität aufweisen und
- ob es sich um eine Kann- oder eine Muss-Beziehung handelt.

4 Gehören Attribute zu einer Beziehung?

- In diesem Fall eventuell Umformung der Beziehung in eine Entity-Menge

5 Lässt sich die Beziehung in eine Kategorie einordnen? Einige Kategorien sind:

- Das Ganze und seine Teile
- Der Behälter und sein Inhalt (z.B. Flugzeug und Pilot)
- Kollektion und ihre Mitglieder (z.B. Firma, Angestellte)
- Konfiguration von Teilen zu einem Ganzen (z.B. Szenen zu einem Film)
- Teile können nicht vom Ganzen getrennt werden (München ist Teil von Bayern).

3.3 Ergänzungen zum ER-Modell

3.3.1 Aufbauschritte eines ER-Modells

Der Aufbau eines ER-Modells erfolgt in mehreren Schritten, die in der Praxis normalerweise wiederholt durchlaufen werden:

1.   Schritt: Festlegung der Entity-Mengen

Abbildung 3.29: Aufbau ER-Modell 1

2.   Schritt: Festlegung der Beziehungen und Beziehungsarten

KUNDEN ⊢— — erteilen — — ⊰ AUFTRAEGE

Abbildung 3.30: Aufbau ER-Modell 2

3.   Schritt: Festlegung der Attribute und Schlüssel der Entity-Mengen

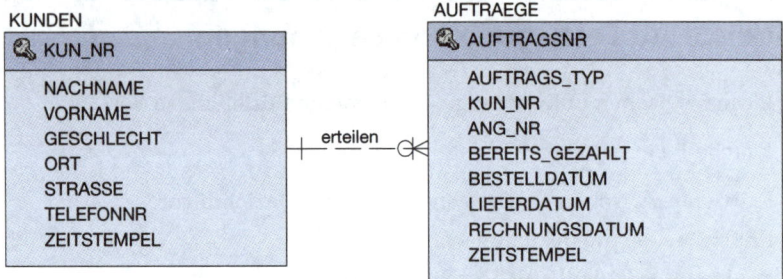

Abbildung 3.31: Aufbau eines ER-Modells in 3 Schritten

Wünschenswert sind für die Praxis:

- Zeichnerische Unterstützung beim Erstellen des ER-Modells
- Automatische Umsetzung des ER-Modells in ein relationales Datenmodell und in ein Implementierungsskript
- Die Anpassung des ER-Modells bei Veränderungen des Datenbankschemas, so genanntes Reengineering, sollte auch vom System unterstützt werden.

3.3.2   ER-Modell des Fahrradherstellers Byce & Co.

Das ER-Modell des Fahrradherstellers Byce & Co. wurde aus dem Lastenheft aus Abschnitt 2.2.2 abgeleitet. [Scheer 1999] enthält ein ähnliches Referenzmodell, welches für unsere Zwecke stark vereinfacht wurde.

In der folgenden Abbildung 3.32 sind die Entity-Mengen Auftragspositionen, Struktur, Lieferprogramme und Lieferungen sowie der Lagerbestand eigentlich n:m-Beziehungen, die in Entity-Mengen uminterpretiert wurden. Im ursprünglichen ER-Modell war vorgesehen, dass Beziehungen auch Attribute haben können. Dies wird in vielen ER-Zeichentools leider nicht unterstützt. Daher wurden in unserem Beispiel diejenigen n:m-Beziehungen, die Attribute haben, direkt aufgelöst und als Entity-Mengen aufgenommen. Dieses Modell wird in allen folgenden Kapiteln dieses Buchs als durchgehendes Beispiel verwendet.

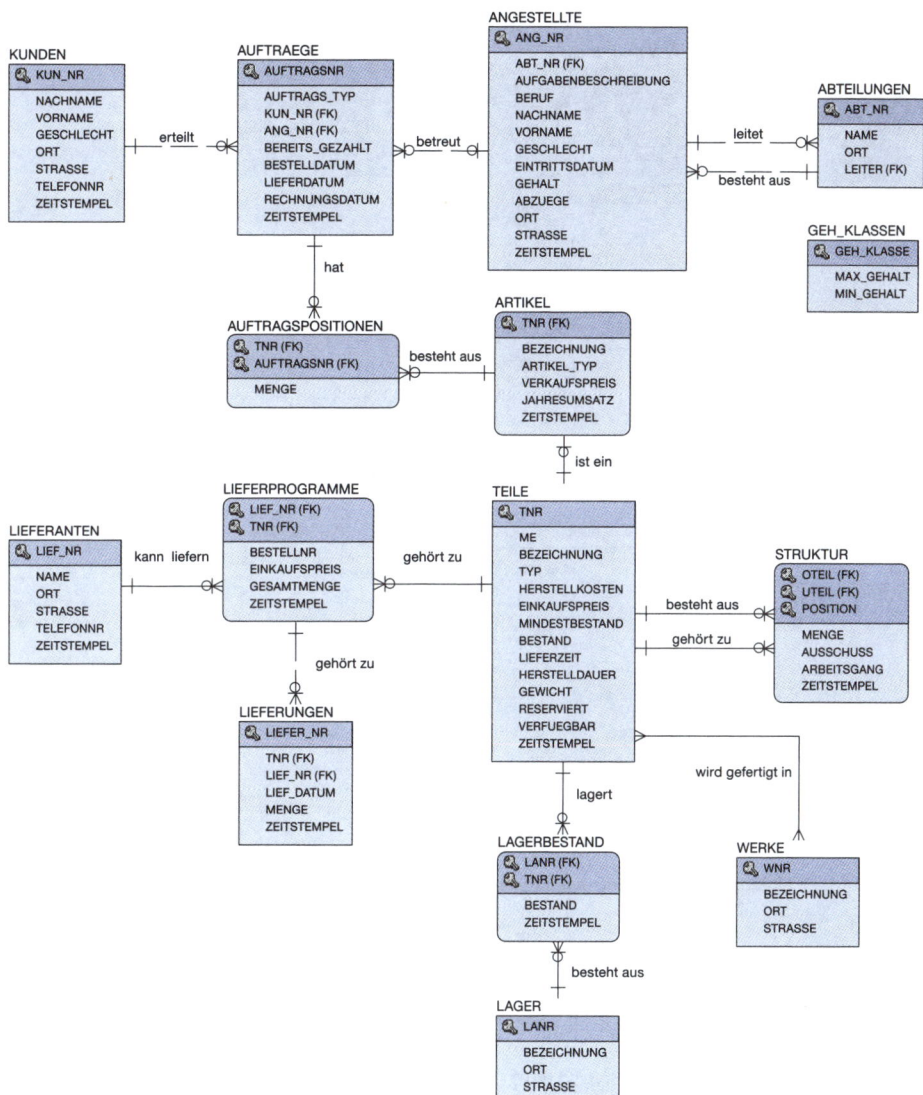

Abbildung 3.32: ER-Modell Byce & Co.

Eine Alternative ist das nachfolgende ER-Diagramm in Abbildung 3.33. Hier wurden alle n:m-Beziehungen gezeichnet. Diese Beziehungen werden dann im nächsten Schritt aufgelöst und mit den erforderlichen Attributen versehen. Das Verfahren hierzu lernen Sie im Abschnitt 4.3 kennen. Das endgültige Datenbankschema ist bei beiden Vorgehensweisen das gleiche.

Zur Vervollständigung des ER-Diagramms zum ER-Modell wird nun die Bedeutung der einzelnen Entity-Mengen, soweit nicht aus dem Diagramm ersichtlich, näher beschrieben.

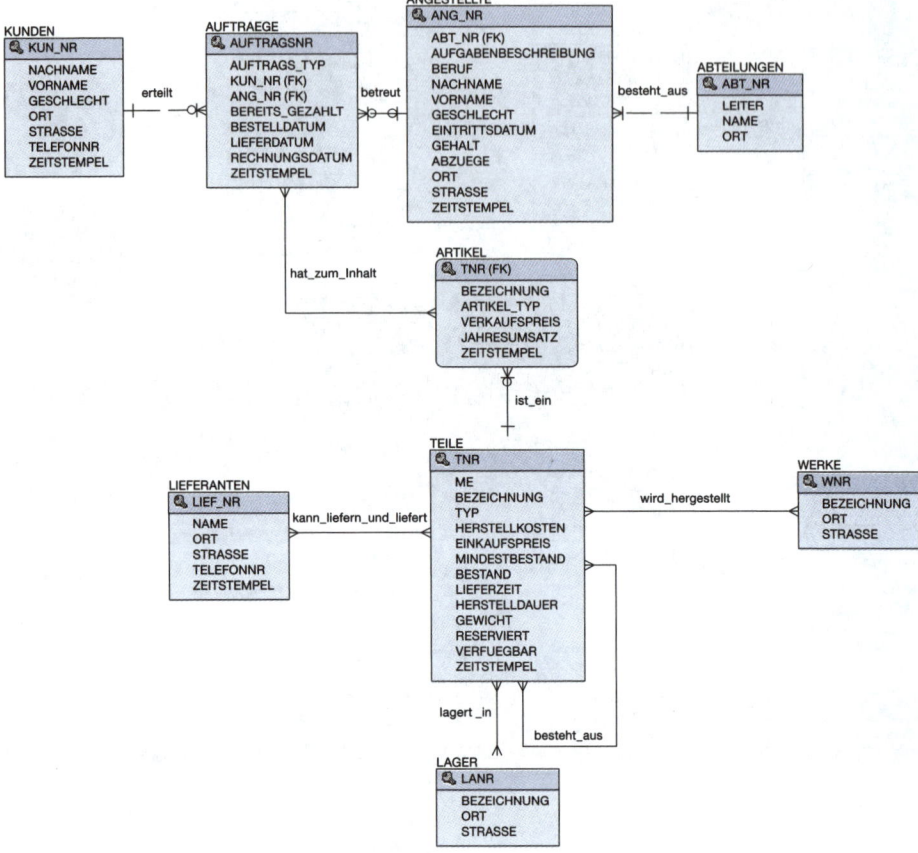

Abbildung 3.33: ER-Modell Byce & Co. mit n:m-Beziehungen (wird nicht weiter verwendet)

Teile

Teile sind alle Artikel, Baugruppen oder Materialien, die im Unternehmen benötigt werden. Man unterscheidet nach dem Attribut „Typ": Materialien (Typ = „Material") sind Teile, die von Lieferanten hinzugekauft werden. Materialien werden nicht selbst gefertigt und haben keine Stückliste. Baugruppen (Typ = „Baugruppe") sind Zwischenprodukte, die gefertigt, aber nicht an Kunden verkauft werden. Artikel (Typ = „Artikel") sind schließlich Endprodukte, die an Kunden verkauft werden und außerdem eine Stückliste haben.

Struktur

Die Struktur-Entity-Menge stellt die Stücklisten dar. Sie beinhaltet, welches Teil in welcher Menge bei der Herstellung eines anderen Teils verwendet wird. Eine andere Sichtweise ist, die Struktur-Entity-Menge als Auflösung der rekursiven Beziehung „besteht aus" zu betrachten.

Attribut „Zeitstempel"

Allen Bewegungsdaten, d.h. Entitäten, deren Daten häufigen Änderungen unterliegen, ist der Zeitstempel gemeinsam. In diesem Attribut wird das letzte Änderungsdatum eines Datensatzes gespeichert. Dies stellt die Kurzversion eines in der Praxis häufig verwendeten Konzepts dar, des sogenannten Benutzerstempels. Um aus Sicherheitsgründen nachvollziehen zu können, wer wann welchen Datensatz eingefügt hat und wer wann die letzte Änderung vorgenommen hat, werden systemintern vier Attribute gepflegt: „eingefügt_am", „eingefügt_von", „geaendert_am", „geaendert_von".

3.3.3 Andere Notationen von ER-Modellen

In der Originalarbeit von [Chen 1976] wird statt der Krähenfußnotation eine andere Notation gewählt, die hier nur kurz verdeutlicht werden soll:

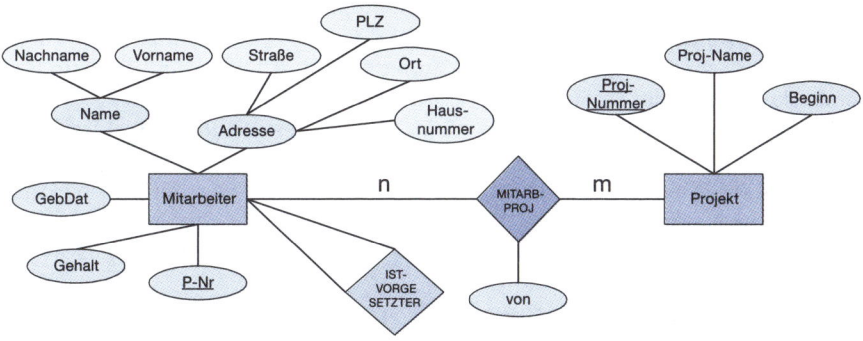

Abbildung 3.37: Andere Notation eines ERM

Die Attribute werden als eigene zeichnerische Elemente in Ovalen an die Entity-Mengen angehängt. Schlüsselattribute sind unterstrichen. Die Beziehungen können Attribute haben und werden durch eine Raute dargestellt.

In diesem Kapitel wird diese weitverbreitete Notation nicht verwendet, weil die Attribute als eigenständiges zeichnerisches Element für größere ER-Diagramme zu unübersichtlich werden und die Rauten in der Beziehung schwer zu zeichnen sind.

Es gibt eine Vielzahl von Arbeiten, die sich mit Erweiterungen des Standard-ER-Modells beschäftigen. im Abschnitt 3.4.1 werden z.B. mehrwertige und zusammengesetzte Attribute sowie schwache Entity-Mengen behandelt.

3.4 Erweitertes Entity-Relationship-Modell (EERM) mit objektrelationaler Modellierung

3.4.1 Unterschiede zwischen relationaler und objektorientierter Modellierung

Gründe für Objektorientierung

Für viele Standardanwendungen in administrativen oder betriebswirtschaftlichen Bereichen reichen die traditionellen ER-Modelle vollkommen aus. Allerdings werden auch mehr und mehr Nicht-Standard-Anwendungen auf Datenbanken umgestellt, die einer differenzierten Objektmodellierung bedürfen. Dies sind z.B. technische Anwendungen zur Modellierung umfangreicher Strukturen mit Subtypen und Supertypen oder zusammengesetzten Typen. Softwaresysteme, gerade in den oben angesprochenen Bereichen, sind in der Regel so groß, dass sie nicht von einzelnen Personen entwickelt werden können. Aus diesem Grund müssen Mittel gefunden werden, die eine Beherrschung der Komplexität und eine Wiederverwendbarkeit vorhandener Software ermöglichen. Der objektorientierte Ansatz ist ein solches Mittel. Mit der Einführung von Objekten werden Daten und die auf die Daten einwirkenden Operationen zusammengefasst.

Beschränkungen des klassischen ER-Modells

Beim klassischen ER-Modell sind nur einfach strukturiere Datenobjekte mit Standarddatentypen vorgesehen. Auch die Beziehungstypen sind weniger ausdifferenziert, Subtypbildung und Vererbung werden nicht unterstützt, die Kardinalität einer Beziehung kann nur mit ein, kein oder mehrere und nicht durch die genaue Anzahl der einzugehenden Beziehungen dargestellt werden. Außerdem sind Daten- und Funktionssicht nicht direkt miteinander verbunden.

Objektorientierte Datenbanken sind **nicht** Thema dieses Buchs, **objektrelationale** Datenbanken als Erweiterungen von relationalen Datenbanken dagegen schon und daher Inhalt von Kapitel 6. Daher wird hier das EERM[8] als zugehöriger objektorientierter Analysetyp eingeführt. Eine Alternative dazu ist UML; allerdings weicht UML stärker von der bisherigen ER-Modellierung ab und wurde deshalb nicht ausgewählt.

Erweiterungen des klassischen ER-Modells zum EERM

Die Erweiterungen betreffen folgende Punkte:
- Präzisierung der Beziehungsarten
- Existenzabhängigkeit von Entity-Mengen
- Kapselung von Operationen und Attributen zu Objekten
- Modellierung von zeitabhängigen Systemen (temporale Datenbanken)
- Mehrwertige und zusammengesetzte Attribute

Präzisierung von Beziehungsarten

Hier sind einmal die numerischen (Min-Max-)Beziehungen zu nennen, die auch Eingang in UML gefunden haben. Es wird also präzisiert, wie viele Beziehungen genau eine Entität mit einer anderen eingehen kann. Da diese Beziehungsarten relational nicht ohne weiteres abbildbar sind (vgl. Kapitel 5), wird auf diese Typen im vorliegenden Buch verzichtet.

Anders ist dies bei den Beziehungsarten „IS-A" und „Ist Teil von", die beide oft angewendet und im Abschnitt 3.4.2 und 3.4.3 näher beschrieben werden.

Existenzabhängige Entity-Mengen sind von der Existenz anderer Entity-Mengen abhängig und nur zusammen mit dem Schlüssel der übergeordneten Entity-Menge identifizierbar. Sie wurden schon von [Chen 1976] in einer ersten Version eingeführt und in das EERM übernommen.

---

8   wird z.B. in [Elmasri 2002, S. 137 ff.] näher beschrieben

Existenzabhängige Entity-Mengen

Existenzabhängige (schwache) Entity-Mengen hängen in ihrer Existenz von einer übergeordneten Entity-Menge ab und haben einen zusammengesetzten Schlüssel, der den Primärschlüssel der übergeordneten Entity-Menge als Teilschlüssel hat. Grafisch werden sie durch ein doppelt gezeichnetes Rechteck dargestellt [9].

Beispiel

Ein Standardbeispiel für eine schwache Entity-Menge „Räume" ist das folgende:

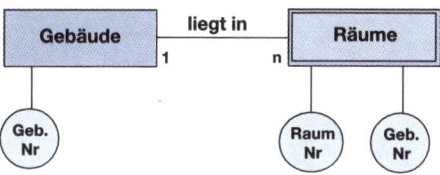

Abbildung 3.38: Schwache Entity-Menge in Chen-Notation

„Räume" ist eine schwache Entity-Menge, deren Existenz von der Existenz einer Entity-Menge „Gebäude" abhängt. Bei schwachen Entity-Mengen ist die Beziehung zur Master-Entität immer identifizierend.

Kapselung von Methoden und Attributen zu Objekten

Nicht alle Forderungen aus der Objektorientierung sind schon in den objektrelationalen Standard und die Praxis aufgenommen worden. Das gilt leider auch für die direkte Zuordnung der Methoden und Operationen zum Objekt. Sie können zwar modelliert werden und gehören sogar schon zum SQL-Standard. Die Implementierung der einzelnen Datenbankhersteller ist aber sehr uneinheitlich oder auch nur teilweise vorhanden (vgl. Kapitel 6). In diesem Kapitel wird daher auf die Abbildung der zu einem Objekt gehörenden Operationen verzichtet.

Modellierung zeitabhängiger Systeme

Temporale Datenbanken berücksichtigen die Entwicklung ihrer Objekte im Verlauf der Zeit und beinhalten immer eine Versionsverwaltung. Diese Datenbanken mit der zugehörigen Modellierung sind ein eigener Forschungszweig[10], der hier nicht weiter berücksichtigt wird. Zumindest verfügen relationale Datenbanksysteme über ein oder zwei Datentypen, die Datum und Uhrzeit speichern können, so dass man gegebenenfalls seine eigene Versionsverwaltung programmieren kann.

---

9   vgl. [Kemper et al. 2004, S. 46]
10 vgl. [Elmasri et al. 2004, S. 799-812], [Bisseck 2000]

Mehrwertige und zusammengesetzte Attribute

Mehrwertige Attribute in ER-Modellen sind Attribute, die eine Menge von Werten mit unterschiedlichen Ausprägungen haben. Zusammengesetzte Attribute sind Attribute, die sich in Einzelattribute aufteilen lassen. Diese erweiterte Struktur von Attributen wurde schon von [Chen 1976] eingeführt, hat aber in relationalen Systemen lange Zeit keine ausreichende Berücksichtigung gefunden. Erst mit der Einführung des objektrelationalen Standards in SQL2003 ist dies in weiten Teilen gelungen. Wir behandeln diese Attribute in Zusammenhang mit den objektrelationalen Erweiterungen in Kapitel 6.

Beispiel

„Verlag" ist ein aus den Komponenten „Name" und „Ort" zusammengesetztes Attribut. „Autor" ist ein mehrwertiges Attribut, da ein Buch mehrere Autoren haben kann.

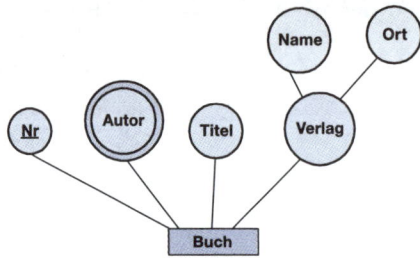

Abbildung 3.39: Mehrwertige Attribute in Chen-Notation

3.4.2   IS-A-Beziehungen und Vererbung

Im erweiterten ER-Modell (EERM) werden Entity-Mengen als Typen im Sinne der Objektorientierung verstanden, auch wenn ihnen zur vollen Objektorientierung noch die zum Typ gehörenden Methoden fehlen. Damit kann eine Vererbungshierarchie definiert werden, in der Attribute aus dem Supertyp an die Subtypen weitergegeben werden. Der Supertyp hat eine „IS-A-Beziehung" zum Subtyp. Somit ist die „IS-A-Beziehung" ein Spezialfall einer 1:c-Beziehung mit besonderer Semantik.

> ### IS-A-Beziehung mit Vererbung
>
> Eine „IS-A-Beziehung" ist eine Beziehung zwischen einem Supertyp und einem Subtyp, wobei der Subtyp alle Attribute des Supertyps erbt, die um eigene Attribute und Beziehungen ergänzt werden können. Supertyp und Subtyp besitzen den gleichen Primärschlüssel.

Subtypen und Supertypen lassen sich durch Spezialisierung oder Generalisierung aus gegebenen Typen gewinnen.

Spezialisierung

Unter einer Spezialisierung[11] versteht man den Prozess der Gewinnung von Subtypen aus einem gegebenen Supertyp. Die abgeleiteten Typen haben dann neben den vom Supertyp ererbten Attributen eigene Attribute, die nur den Subtyp beschreiben.

Unter Generalisierung versteht man genau den Umkehrprozess zur Spezialisierung.

Generalisierung

Unter **Generalisierung** versteht man den Prozess der Gewinnung eines Supertyps aus mehreren ähnlichen Subtypen. Der neue Supertyp wird dann durch diejenigen Attribute beschrieben, die den ähnlichen Subtypen gemeinsam sind.

Das System von Subtypen und Supertypen, welches bei einem dieser Prozesse entsteht, kann vollständig oder disjunkt sein.

Vollständige und disjunkte Spezialisierung und Generalisierung

Ein System von Subtypen und Supertypen heißt **disjunkt**, wenn die einzelnen Subtypen keine gemeinsamen Elemente haben.

Ein System von Subtypen und Supertypen nennt man **vollständig**, wenn der Supertyp keine eigenen Elemente enthält, also jedes Element in einem der Subtypen enthalten ist.

Mit diesen beiden Begriffen erhält man vier unterschiedliche Typen von Systemen mit Subtypen und Supertypen.

1. Typ: Das System von Subtypen und Supertypen ist **vollständig** und **disjunkt**.

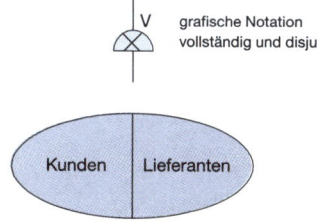

Abbildung 3.40: Vollständig und disjunkt

Im Beispiel der Fahrraddatenbank betrachten wir für diesen Typ nur Geschäftspartner, die entweder Kunden oder Lieferanten sind. Es gibt keine weiteren Geschäftspartner und keine Personen, die sowohl Kunden als auch Lieferanten sind.

---

11 vgl. [Kemper et al. 2004, S. 48]

2. Typ: Das System von Subtypen und Supertypen ist **vollständig** und **nicht disjunkt**.

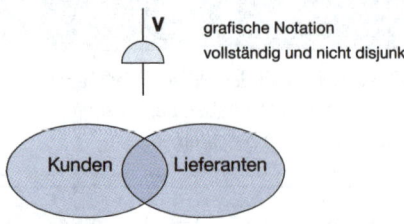

Abbildung 3.41: Vollständig und nicht disjunkt

Im Beispiel der Fahrraddatenbank betrachten wir für diesen Typ nur Geschäftspartner, die Kunden oder Lieferanten sind. Das „oder" ist im mathematischen Sinne gemeint: Es gibt keine weiteren Geschäftspartner, aber durchaus Personen, die sowohl Kunden als auch Lieferanten sind.

3. Typ: Das System von Subtypen und Supertypen ist **nicht vollständig** und **disjunkt**.

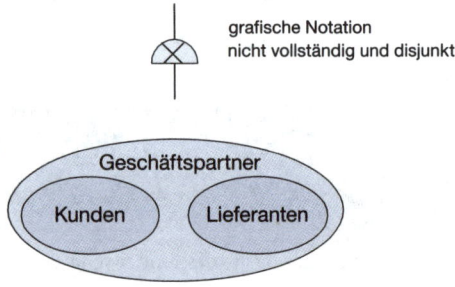

Abbildung 3.42: Nicht vollständig und disjunkt

Neben Kunden und Lieferanten gibt es noch weitere Geschäftspartner, aber keine Personen, die sowohl Kunden als auch Lieferanten sind.

4.Typ: Das System von Subtypen und Supertypen ist **nicht vollständig** und **nicht disjunkt**.

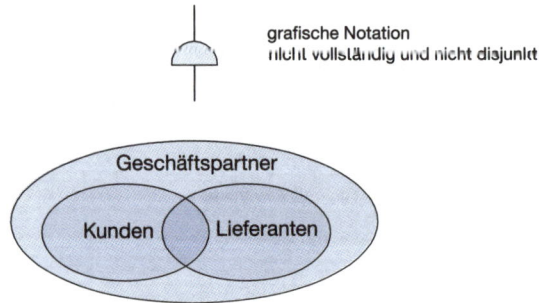

Abbildung 3.43: Nicht vollständig und nicht disjunkt

Im obigen Beispiel gibt es Geschäftpartner, die weder Kunden noch Lieferanten sind, und ebenso Personen, die zu beiden Kategorien gehören.

Als Anwendung betrachten wir zwei Beispiele aus der Fahrrad-Welt Byce & Co.:

Durch Generalisierung entsteht aus den Entity-Mengen „Kunden", „Angestellte" und „Lieferanten" ein Supertyp „Personen" ein vollständiges und disjunktes System von Suptypen und Supertyp.

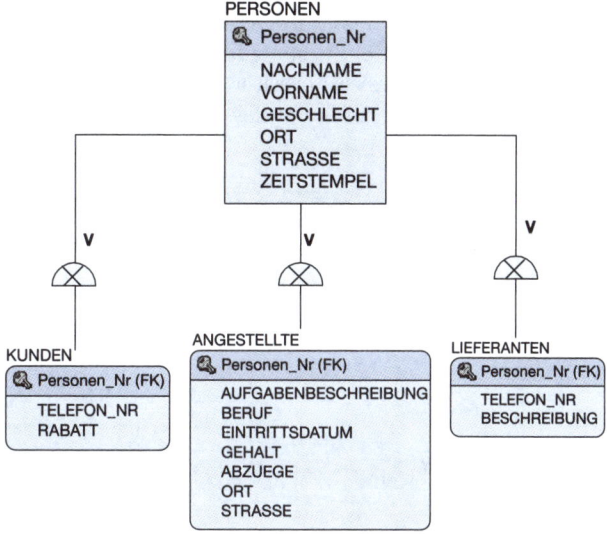

Abbildung 3.44: Beispiel Spezialisierung

Umgekehrt kann man aus der Teile-Entity-Menge durch Spezialisierung die Subtypen Artikel, Baugruppe und Material ableiten, die durch das Attribut „Typ" dargestellt sind. Das Attribut „Typ" kann dann wegfallen.

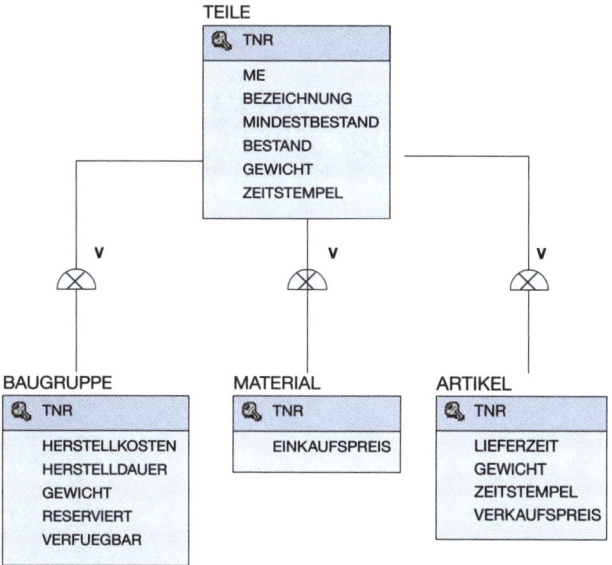

Abbildung 3.45: Beispiel Generalisierung

Auch dieses Beispiel beschreibt ein System von vollständigen und disjunkten Sub-typen des Supertyps „Teile".

3.4.3 Aggregation

Ein weiterer wichtiger Beziehungstyp ist die Aggregation, die die „Ist Teil von" Bezie-hung beschreibt. Mithilfe dieses Beziehungstyps lassen sich komplexe Objekte model-lieren. Beispielsweise ist es möglich, in der ER-Modellierung von Byce & Co. auf die Struktur-Entity-Menge zu verzichten und stattdessen die Bestandteile eines Fahrrads explizit aufzulisten.

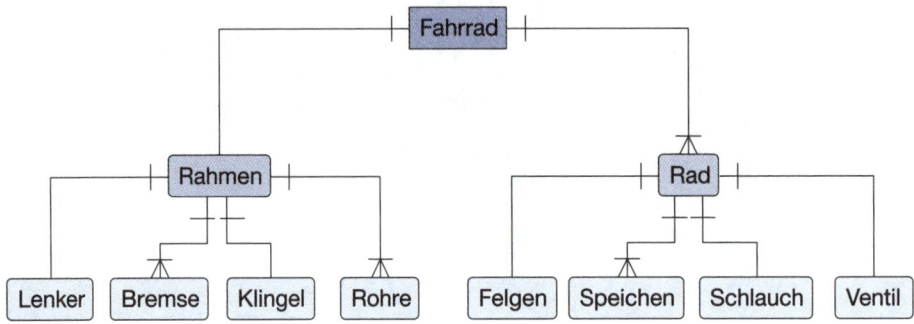

Abbildung 3.46: Aggregation

Allerdings ist diese Modellierung weniger flexibel als die Modellierung mit den Teile/Struktur-Entity-Mengen, da eine neue Baugruppe bedeuten kann, dass das bestehende ER-Diagramm erweitert werden muss. Die Aggregation ist als „Ist Teil von"-Beziehung ein Spezialfall einer 1:n-Modellierung mit eigener Semantik. Auf ein eigenes Symbol für diesen Beziehungstyp wurde im Gegensatz zu UML verzichtet, da die Beziehung als 1:n-Beziehung für die spätere Verwendung in SQL hinreichend genau modelliert ist. Zusammengefasst ergibt sich folgende Definition:

Erweitertes Entity-Relationship-Modell (EERM)

Ein ER-Modell, das zusätzlich zu den klassischen Beziehungsarten IS-A-Beziehungen und Aggrega-tion sowie mehrwertige und zusammengesetzte Attribute vorsieht, bezeichnen wir als EERM (Erweitertes Entity-Relationship-Modell).

ZUSAMMENFASSUNG

In diesem Kapitel befassten wir uns intensiv mit relationaler Datenmodellierung mittels eines ER-Modells. Es wurden Entity-Mengen und unterschiedliche Beziehungsarten (1:1, 1:n, n:m, identifizierende, unäre, binäre und ternäre Beziehungen) und Schlüssel behandelt. Weiterhin haben wir schrittweise dargestellt, wie man ein komplettes ER-Modell entwickelt. In den Ergänzungen zum ER-Modell wurde insbesondere das EERM (Erweitertes Entity-Relationship-Modell) mit objektrelationalen Erweiterungen diskutiert, also IS:A-Beziehungen und Vererbung sowie schwache Entity-Mengen. Am Beispiel der Firma Byce & Co. haben wir die Entwicklung eines ER-Modells dargestellt.

Weiterführende Literatur

Datenmodellierung mittels ER-Modellierung findet sich in so gut wie jedem Datenbankbuch wieder, allerdings häufig in Chen-Notation. Das Buch von Theorey[12] befasst sich schwerpunktmäßig mit dem Thema Datenmodellierung. Zender beschreibt in [Zender 1998][13] eine etwas anders aufgebaute iterative Entwurfsmethode für Datenbankschemata. [Balzert 1998] bietet neben der objektorientierten Modellierung eine sehr umfangreiche Beispielsammlung und ist als Vertiefung des UML-Themas[14] zu empfehlen.

---

12 vgl. [Theorey 1990]
13 vgl. [Zender 1998, Kapitel 3]
14 oder auch [Hitz et al. 1999]

Übungsaufgaben

1 Betrachten Sie Ihr Lastenheft des Hochschulinformationssystems HOMIX aus Aufgabe 1 der Übungsaufgaben in Kapitel 2. Legen Sie die Entity-Mengen dieses Systems mit den zugehörigen Attributen und Schlüsseln fest.

2 Betrachten Sie Ihr Lastenheft des Sportinformationssystems Rollo aus Aufgabe 2 der Übungsaufgaben in Kapitel 2. Legen Sie die Entity-Mengen dieses Systems mit den zugehörigen Attributen und Schlüsseln fest.

3 Vervollständigen Sie das nachfolgende ER-Modell um die Beziehungsarten und Schlüsselattribute unter Berücksichtigung von Optionalität, Kardinalität und der identifizierenden bzw. nicht identifizierenden Beziehungen!

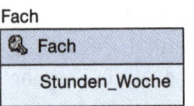

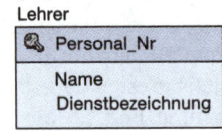

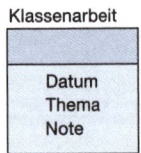

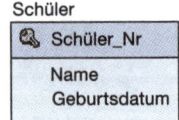

Abbildung 3.47: Aufgabe 3

4 Zeichnen Sie Beziehungen zwischen den nachfolgenden Entity-Mengen unter Berücksichtigung der verschiedenen Beziehungsarten. Begründen Sie, warum Sie welche Beziehungsart gewählt haben!

Student	Veranstaltung
Kind	Mutter
Kunde	Artikel
Mitarbeiter	Vorgesetzter
Patient	Blinddarm
Schüler	Klasse
Ehemann	Ehefrau
Mitarbeiter	Fähigkeiten

Abbildung 3.48: Aufgabe 4

5 Bitte tragen Sie in die rechte Spalte die jeweils passende Beziehungsart oder mehrere Arten ein! Berücksichtigen Sie dabei die Kardinalitäten und ob es sich um eine Kann- oder Muss-Beziehung handelt!

Entity-Menge1	Entity-Menge2	Beziehung	Beziehungsart
Rechter Schuh	Linker Schuh	Sind ein Paar	
Personal	Abteilungen	Ist Abteilungsleiter	
Personal	Abteilungen	Gehört zur Abteilung	
Kinder	Ehepaare	Gehört zur Familie	
Frauen	Männer	Ist zur Zeit verheiratet mit	
Personen	Parteien	Ist derzeit Mitglied bei	
Projekte	Projekte	Ist Unterprojekt	
Standorte	Standorte	Distanz	
Vorlesungen	Studenten	Nehmen teil	
Personen	Personen	Sind befreundet	

Aufgabe 5

6 Ternäre Beziehung

Für die Fußballbundesliga sollen sämtliche Spieleinsätze der Bundesliga, also die Spiele mit den jeweiligen Spielergebnissen, die Spieler und die zugeordneten Schiedsrichter, verwaltet werden. Modellieren Sie diesen Sachverhalt als ternäre Beziehung.

7 Rekursive Beziehung

Modellieren Sie den Stammbaum einer Familie als Entity-Menge mit mindestens einer rekursiven Beziehung.

8 Modellieren Sie ein ER-Modell für ein Zuginformationssystem, in dem die Bahnhöfe, Städte, Züge und die Zugverbindungen dargestellt werden.

- Für die einzelnen Züge werden die Zugnummer, eine Bezeichnung und die Anzahl der Waggons abgelegt.

- Die Bahnhöfe sind durch Namen, Anzahl der Gleise und die Stadt, in der der Bahnhof liegt, gekennzeichnet.

- Für die einzelnen Zugverbindungen soll Folgendes beschrieben werden: welcher Zug **von** welchem Bahnhof kommt, an welchem Bahnhof er **ankommt**, die Ankunftszeit, die Abfahrtszeit, die Wochentage, an denen die Verbindung besteht (täglich, werktags, feiertags, Samstag/Sonntag), sowie die Gleisnummer.

- Die Städte werden durch ihren Namen und das Bundesland, in dem sie liegen, beschrieben.

a. Modellieren Sie das ER-Modell mit den Entity-Mengen, den notwendigen Attributen, dem Primärschlüssel und den Fremdschlüsseln sowie die Beziehungen zwischen den Entity-Mengen. Beschriften Sie die Beziehungen und achten Sie darauf, ob es sich um identifizierende oder nicht identifizierende Beziehungen handelt! Verwenden Sie dabei mindestens eine ternäre Beziehung.

b. Lösen Sie die ternären Beziehungen auf!

c. Modifizieren Sie Ihr ER-Modell so, dass es keine identifizierenden Beziehungen mehr enthält!

9 Vervollständigen Sie Ihr ER-Diagramm HOMIX aus Aufgabe 1 zu einem kompletten ER-Modell, einschließlich Entity-Mengen, Attributen, Schlüsselattributen und Beziehungen!

Berücksichtigen Sie die Kardinalität, die Optionalität und ob es sich um identifizierende oder nicht identifizierende Beziehungen handelt.

10 Vervollständigen Sie Ihr ER-Diagramm Rollo aus Aufgabe 2 zu einem kompletten ER-Modell, einschließlich Entity-Mengen, Attributen, Schlüsselattributen und Beziehungen!

Berücksichtigen Sie die Kardinalität, die Optionalität und ob es sich um identifizierende oder nicht identifizierende Beziehungen handelt.

11 Betrachten Sie folgende Anforderungen des Krankenhausverwaltungssystems:

Für jeden Patienten (Nachname, Vorname, Geburtsdatum, Adresse, Geschlecht) werden die Daten der verschiedenen Krankenhausaufenthalte und die Daten der Einlieferung (von, Einlieferungsdiagnose, einliefernder Arzt) in der Datenbank abgelegt. Für den einliefernden Arzt werden entsprechende Stammdaten (Nachname, Vorname, Adresse, Fachgebiet) gespeichert.

Für jede Einlieferung werden die Stationen festgehalten, auf denen der Patient jeweils gelegen hat, sowie die zugehörigen Zeiträume und Zimmernummern. Ein Patient kann auf mehreren Stationen zu unterschiedlichen Zeitpunkten nach seiner Einlieferung gelegen haben. Zu den Stationen wird neben der Stationsnummer die Stationsbezeichnung benötigt.

Erstellen Sie ein ER-Modell mit den obigen Anforderungen. Legen Sie die Primärschlüssel und Fremdschlüssel fest! Beschriften Sie die Beziehungen mit Namen und definieren Sie die Kardinalitäten! Berücksichtigen Sie auch, ob es sich um identifizierende oder nicht identifizierende Beziehungen handelt!

12 Die Hamburger Privatbank „Habe-nix" möchte aufgrund ihres gewachsenen Geschäftsvolumens ihre Kunden- und Kontendaten in einer Datenbank verwalten. Es stehen nachfolgende Informationen zur Verfügung:

- Ein Kunde wird u.a. durch die Eigenschaften Kundennummer (KDNR), Name, Vorname, Adressen, Geburtsdatum, Partner ... beschrieben. Jeder Kunde hat die Möglichkeit, eine Privatadresse oder eine Geschäftsadresse anzugeben. (Ehe-)Partner werden mit einem eigenen Kundendatensatz erfasst. Im Attribut „Partner" wird dann jeweils nur die KDNR des aktuell zugehörigen Partners gespeichert. Eine Historie vergangener Partnerschaften wird nicht geführt.

- Jedem Kunden wird ein Mitarbeiter (Mitarbeiternummer, Name, Adresse) zugeteilt, der sein persönlicher Berater in einem bestimmten Zeitraum ist. Da Gewährleistungsansprüche bei Beratungen bestehen, muss eine genaue Historie geführt werden, wer über welchem Zeitraum der persönliche Berater eines Kunden gewesen ist.

- Ebenso wird für jeden Kundenkontakt ein Protokolldatensatz mit den Informationen Kunde, Berater, Termin (Datum + Uhrzeit), Gesprächsende (Termin + Uhrzeit), Kontaktart (persönliche Beratung, schriftliche Information, Telefon ...) und ein Gesprächsprotokoll erfasst.

- Ein Konto wird eindeutig identifiziert durch seine Kontonummer. Weitere Attribute sind der Kontostand und die zulässigen Kreditrahmen wie Dispo- und Überziehungskredit.

- Ein Kunde kann mehrere Konten besitzen und ein Konto gehört zu genau einem Kunden.

- Erstellen Sie ein ER-Modell mit den obigen Anforderungen. Legen Sie die Primärschlüssel und Fremdschlüssel fest! Beschriften Sie die Beziehungen mit Namen und definieren Sie die Kardinalitäten! Berücksichtigen Sie auch, ob es sich um identifizierende oder nicht identifizierende Beziehungen handelt!

13 Eine Supermarktkette mit mehreren Filialen möchte ihre Waren bewerben und die zugehörigen Informationen in ihrer Datenbank speichern. Es gibt folgende Datenvereinbarungen:

- Für jedes Produkt werden eine Produkt_ID, die Bezeichnung, Größe sowie die Einheit (z.B. Liter, Kilogramm, Gramm ...) und der reguläre Preis gespeichert.

- Die Einheiten sollen als Stammdaten modelliert werden, mit den Informationen Einheiten_ID, Bezeichner und Abkürzung.
- Für jede Filiale werden die Filial_ID, die Adresse, der Filialleiter mit Telefonnummer sowie alle aktuell angebotenen Produkte gespeichert.
- Eine Werbeaktion umfasst die Informationen Werbeaktions_ID, Titel der Aktion, teilnehmende Filialen, beworbene Produkte und den Zeitraum, von wann bis wann die Aktion gilt. Produkte werden in mehreren Filialen angeboten und eine Filiale bietet natürlich mehrere Produkte an. Werbeaktionen beziehen sich auf eine oder mehrere Filialen und eine Filiale veranstaltet eine oder mehrere Werbeaktionen. Das gleiche Verhalten bestimmt die Beziehung zwischen Werbeaktion und Produkt.

Modellieren Sie die Entity-Mengen mit den notwendigen Attributen, die Primärschlüssel, die Fremdschlüssel und die Beziehungen zwischen den Entity-Mengen! Beschriften Sie die Beziehungen und achten Sie insbesondere darauf, ob es sich um identifizierende oder nicht identifizierende Beziehungen handelt!

14 Entwickeln Sie ein EERM mit Subtypen/Supertypen Ihres Rollo-ER-Modells aus Aufgabe 10.

15 Betrachten Sie Ihr ER-Modell aus Aufgabe 9 (HOMIX) dieses Kapitels und geben Sie je ein Beispiel für die vier Spezialisierungstypen:

- vollständig und disjunkt
- vollständig und nicht disjunkt
- nicht vollständig und disjunkt
- nicht vollständig und nicht disjunkt

Dabei können Sie auch ein oder mehrere Entity-Mengen zum ER-Modell aus Aufgabe 9 hinzufügen.

16 Das politische System der Bundesrepublik Deutschland soll objektrelational modelliert werden. Bilden Sie die Bundesländer, Städte, Kreise, Gemeinden und Bezirksvorstände mittels einer Aggregation ab.

17 Eine wissenschaftliche Forschungsgruppe verfügt über eine Datenbank, in der alle veröffentlichten Aufsätze, die sich mit bestimmten Arten von Viren befassen, abgelegt sind. Die Informationen, die über ein Virus gespeichert sind, umfassen dessen wissenschaftlichen Namen und eine formlose Textbeschreibung. Jeder Aufsatz ist in einer bestimmten Ausgabe einer Zeitschrift veröffentlicht worden, die über den Namen, den Jahrgang und die Heftnummer identifiziert werden kann. Ein Aufsatz kann von einem oder mehreren Autoren geschrieben worden sein und thematisch ein oder mehrere Viren behandeln. Die Zusammenfassung des Aufsatzes wird zusammen mit dem oder den Autorennamen und dem Institutsnamen, an dem die Arbeit durchgeführt wird, in der Datenbank gespeichert. Zu jedem Aufsatz gehört eine Literaturliste, die in der Datenbank abgelegt wird. Von der Forschungsgruppe intern veröffentlichte Aufsätze werden ebenfalls gespeichert. Diese internen Aufsätze werden von einem oder mehreren Forschungsaufträgen (gekennzeichnet durch Vertragsnummer, Betrag, Anfangsdatum und Enddatum) ausgelöst. Entwickeln Sie zu dieser Beschreibung ein EERM mit Subtypen/Supertypen.

18 Eine Forschungsgruppe verfügt über eine Datenbank, in der alle veröffentlichten Aufsätze, die sich auf bestimmte Arten von Stammzellentypen beziehen, abgelegt sind. Die Informationen, die über einen Stammzellentyp gespeichert sind, umfassen dessen wissenschaftlichen Namen und eine formlose Textbeschreibung. Es gibt externe und interne Aufsätze. Jeder externe Aufsatz ist in einer bestimmten Ausgabe einer Zeitschrift veröffentlicht, die über den Namen, den Jahrgang und die Heftnummer identifiziert werden kann. Ein Aufsatz kann von einem oder mehreren Autoren geschrieben worden sein und thematisch ein oder mehrere Stammzellentypen behandeln. Die Zusammenfassung des Aufsatzes wird mit dem Institutsnamen, an dem die Arbeit durchgeführt wird, in der Datenbank gespeichert. Von der Forschungsgruppe intern veröffentlichte Aufsätze werden ebenfalls gespeichert. Diese internen Aufsätze werden von einem oder mehreren Drittmittelanträgen (gekennzeichnet durch Vertragsnummer, Betrag, Anfangsdatum und Enddatum) finanziert. Natürlich können sich auch mehrere interne Aufsätze auf einen Drittmittelantrag beziehen. Jeder Aufsatz (extern oder intern) hat eine Literaturliste, die aus ein oder mehreren Aufsätzen aus der Datenbank besteht.

Entwickeln Sie eine ER-Model zu dieser Beschreibung! Entwickeln Sie ein EERM mit Subtypen/ Supertypen zu dieser Beschreibung.

19 Erstellen Sie ein EERM, das den Stammbaum einer Familie beschreibt. Väter haben zu den für eine Person üblichen Attributen ein Attribut „war_soldat", in dem abgelegt wurde, ob der Mann einen Wehrdienst abgeleistet hat. Mütter haben zusätzlich das Attribut „Geburtsname".

Weitere Kontrollfragen zu diesem Kapitel finden Sie unter der Companion-Webseite des Pearson-Verlages *http://www.pearson-studium.de/* auf der Begleitseite unseres Buches. Wählen Sie dort bitte im Multiple-Choice-Test das Fach „DBS" und den Punkt „Kapitel3/ER-Modell" aus. Dort finden Sie auch ein E-Learning Modul, mit dem sich Beziehungstypen zwischen Entity-Mengen bestimmen lassen.

Grundlagen des relationalen Modells (Entwurfsphase)

4

ÜBERBLICK

》》 In unserem Vorgehensmodell aus Kapitel 2 zum Entwurf eines relationalen Datenbanksystems bewegen wir uns von der Analyse zum Entwurf und damit zur Abbildung auf ein relationales Datenbankschema. Relationale Datenbanken unterscheiden
sich von ihren Vorgängermodellen durch die mengenorientierte Verarbeitung von Daten
anstelle der satzorientierten Vorgehensweise. Die Informationen werden, vereinfacht
dargestellt, in flachen Tabellen (= Relationen) untergebracht. Das relationale Modell ist
also sehr einfach strukturiert, worin wahrscheinlich auch sein Erfolg begründet ist.

Dieses Kapitel behandelt theoretische Grundlagen des relationalen Modells, die in
den nachfolgenden Kapiteln in der Implementierungsphase (insbesondere in SQL)
direkt verwendet werden. Als Einstieg präzisieren wir den Begriff des Datenmodells in
Anlehnung an [Türker et al. 2006], damit auch die Unterschiede zum objektrelationalen
Modell später besser herausgearbeitet werden können. Die relationale Algebra mit ihren
Operationen, die das relationale Datenmodell ausmachen, gehört ebenso zum relationalen Modell wie die funktionalen Abhängigkeiten und die Normalformen sowie verschiedene Konzepte der Datenintegrität. Aufbauend auf der relationalen Algebra wird
die Anfrageoptimierung im Abschnitt 4.5 behandelt. Es werden Heuristiken definiert,
nach denen man einen Operatorbaum laufzeitoptimieren kann.

Grundlegend für das Verständnis der Normalformen sind das Konzept der funktionalen Abhängigkeiten und verschiedene Schlüsselbegriffe. Normalformen dienen dazu,
unerwünschte Redundanzen zu entfernen und ein besser durchdachtes Datenmodell zu
konzipieren. Damit werden Einfüge-, Änderungs- und Löschanomalien vermieden, die
durch redundante Speicherung von Daten entstehen können.

Der Normalisierungsprozess gehört zur Analysephase in unserem Vorgehensmodell
des Datenbankentwurfs. Normalisierte Relationen weisen weniger Redundanzen auf
und sind daher in der Datenpflege weniger fehleranfällig. Nachdem das konzeptionelle
ER-Modell erstellt wurde, wird es auf ein relationales Datenmodell abgebildet und eine
Normalisierung der Relationen bis zur dritten Normalform wird durchgeführt. Dieser
Prozess wird im Abschnitt 4.3 und 4.4 beschrieben und auch am Beispiel des Fahrrad-
herstellers Byce & Co. demonstriert. Darin enthalten ist die Transformation eines 《《
EERM auf ein relationales Datenmodell.

Ziele

Nach dem Lesen dieses Kapitels und dem Lösen der Übungsaufgaben werden Sie

■ wissen, was ein Datenmodell und insbesondere ein relationales Datenmodell genau ist,

■ Anfragen in der relationalen Algebra formulieren und als Operatorbaum darstellen können,

■ einen Operatorbaum nach bestimmten Heuristiken optimieren können,

■ das Konzept der funktionalen Abhängigkeit und damit zusammenhängende Schlüsselbegriffe verstanden haben,

■ wissen, warum man einen Normalisierungsprozess überhaupt durchführt und was sich hinter der ersten, zweiten und dritten Normalform verbirgt,

■ ein konzeptionelles Datenmodell auf ein relationales Datenmodell in der dritten Normalform abbilden können,

■ wissen, wie Datenintegrität in einem relationalen Modell gewährleistet wird und was man insbesondere unter referentieller Integrität versteht.

4.1 Das relationale Datenmodell und die relationale Algebra

4.1.1 Das Konzept des Datenmodells

In Kapitel 1 haben wir neben einigen Grundbegriffen von Datenbanken auch den des Datenmodells eingeführt:

Datenmodell

Ein Datenmodell besteht aus Basisdatentypen, Typkonstruktoren, um aus den einfachen Datentypen komplexere Datentypen zu konstruieren, und Typkonstruktionsregeln. Die Typkonstruktionsregeln legen fest, in welcher Form sich Basisdatentypen und Typkonstruktoren miteinander kombinieren lassen[1].

Im Folgenden wird nun präzisiert, was unter diesen Begriffen zu verstehen ist:

■ **Basisdatentypen**: Hierunter versteht man elementare, nicht zusammengesetzte Wertebereiche, wie z.B. INTEGER für ganze Zahlen oder DECIMAL für Zahlen mit Nachkommastellen.

■ **Typkonstruktoren** ermöglichen die Konstruktion von neuen Datentypen aus bereits vorhandenen Basisdatentypen oder komplexen Typen, wie z.B. SET[2].

■ **Typkonstruktionsregeln** geben an, welche Datentypen sich mit welchen Typkonstruktoren kombinieren lassen, um neue Typen zu gewinnen.

---

1   vgl. [Türker et. al. 2004, S. 45]
2   Unter dem Typkonstruktor SET versteht man eine Menge gleichartiger Elemente im Sinne der Mathematik, also ohne Duplikate.

[Türker et al. 2004] unterscheiden Typkonstruktoren in solche, die nur homogene Elemente, also Elemente des gleichen Typs, zulassen, und solche, die auch inhomogene Elemente vorsehen.

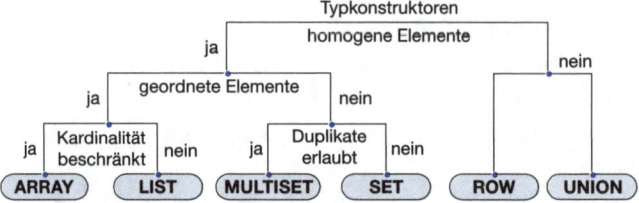

Abbildung 4.1: Typkonstruktoren

Dabei haben die einzelnen Typkonstruktoren folgende Bedeutung:

- Der ARRAY-Typkonstruktor ist eine geordnete Menge von gleichartigen Elementen, deren Anzahl feststeht.
- Der LIST-Typkonstruktor ist eine geordnete Menge von gleichartigen Elementen, deren Anzahl nicht feststeht.
- Der SET-Typkonstruktor ist eine mathematische Menge von gleichartigen Elementen ohne Reihenfolge, wobei Duplikate nicht erlaubt sind.
- Der MULTISET-Typkonstruktor unterscheidet sich vom Typkonstruktohr SET nur dadurch, dass Duplikate erlaubt sind.
- Der ROW-Typkonstruktor lässt auch Elemente unterschiedlichen Typs zu. Er fasst eine feste Anzahl unterschiedlicher Typen zu einem neuen Typ zusammen.
- Der UNION-Typkonstruktor umfasst mehrere Datentypen mit unterschiedlichen Formaten, aber der gleichen Bedeutung, die zu einem Datentyp zusammengefasst werden.

In [Türker et al. 2004][3] werden noch Operationen auf diesen Typkonstruktoren festgelegt, die in unserem Zusammenhang keine Berücksichtigung finden. Wir benutzen diesen Datenmodellbegriff zunächst, um die relationale Algebra festzulegen. Später verwenden wir diese Definition eines Datenmodells auch bei der Definition des Datenmodells von SQL (Kapitel 5) und bei den objektrelationalen Erweiterungen von SQL (Kapitel 6).

4.1.2 Das relationale Datenmodell

Wir nähern uns dem grundlegenden relationalen Modell auf zwei Wegen: zum einen als Teilmenge eines kartesischen Produkts im mathematischen Sinn und zum anderen als Datenmodell, welches als Typkonstruktoren nur SET und ROW benutzt.

Relationen, Attribute und Domänen

Eine Relation wird mathematisch gesehen als Teilmenge eines kartesischen Produkts definiert: Wir betrachten n als natürliche Zahl und $M_1,...,M_n$ als beliebige Mengen und definieren das kartesische Produkt.

---

3   [Türker et al. 2004, S. 46 ff.]

Kartesisches Produkt

Das kartesische Produkt ist definiert durch:

$$M_1 \times \cdots \times M_n := \left\{ (a_1, ..., a_n) \mid a_i \in M_i \ \text{für} \ \text{alle} \ 1 <= i <= n \right\}.$$

Dabei sind die a_i Elemente der Mengen M_i.

Die Anzahl der Elemente in einem kartesischen Produkt ist gleich dem Produkt der Anzahl der Elemente der beteiligten Mengen M_i:

$$\left| M_1 \times \cdots \times M_n \right| = \left| M_1 \right| \times \cdots \times \left| M_n \right|.$$

Die Elemente der Mengen M_i werden in der relationalen Algebra aus Basisdatentypen gebildet:

Basisdatentypen der relationalen Algebra

Basisdatentypen der relationalen Algebra sind die elementaren Wertebereiche ganze Zahlen, Festkommazahlen, Fließkommazahlen, Datumswerte und alphanumerische Zeichenkette sowie eine festgelegte Teilmenge dieser elementaren Wertebereiche.

Relationen und Domänen

Sei $(A_1, ..., A_n)$ eine Menge von Attributen mit den Wertebereichen M_i. Die Elemente der M_i sind Basisdatentypen und beschreiben die Werte, die die Attribute annehmen können.

Eine **n-stellige Relation R**[4] ist eine Teilmenge des kartesischen Produkts $M_1 \times ... \times M_n$. R_n bezeichne die Menge aller n-stelligen Relationen.

Man schreibt auch: $R(A_1, ..., A_n)$. Eine Relation entspricht dabei einer Tabelle mit den Attributen als Spaltenüberschriften. Der **Degree** ist die Anzahl der Attribute oder Spalten der Tabelle.

Die Wertebereiche M_i heißen **Domänen**. Domänen sind atomar, d.h. keine zusammengesetzten Datentypen. Bei der Definition von Domänen muss angegeben werden, ob NULL-Werte, also einzelne Attribute ohne Werteintrag, zugelassen sind. Eine Domäne kann auch eine festgelegte Menge von Werten aus den obigen Basisdatentypen sein.

Die Tupel $(a_1, ..., a_n) \in R$ entsprechen in der Tabellenform den Zeilen und beschreiben einzelne Datensätze.

---

4   vgl. [Kemper et. al. 2004, S. 69]

Kundentabelle aus der Fahrraddatenbank Byce & Co.						
Kun_Nr	**Nachname**	**Vorname**	**G.**	**Ort**	**Strasse**	**TelefonNr**
1	Tholler	Andreas	M	Köln	Belaweg	0221/956788
2	Falk	Bernhardt	M	Köln	Auf dem Hügel	0221/2345690
3	Müller	Tobias	M	Köln	Bennstr	0221/5566123
4	Franz	Helga	W	Köln	Bahnhofstr.	0221/5566901
5	Sündbald	Hannelore	W	Gummersbach	Luisenstr	02261/4588
6	Wal	Birgit	W	Gummersbach	Löh	02261/4471
7	Tisch	Hartmut	M	Gladbeck	Agathastr.	02271/75613

$M_1 = \{1,2,3,4,5,6,7\}$

$M_2 = \{$Tholler, Falk, Müller, Franz, Sündbald, Wal, Tisch$\}$

$M_3 = \{$Andreas, Bernhardt, Tobias, Helga, Hannelore, Birgit, Hartmut$\}$

$M_4 = \{$w, m$\}$

$M_5 = \{$Köln, Gummersbach, Gladbeck$\}$

$M_6 = \{$Belaweg, Auf dem Hügel, Bennstr, Bahnhofstr Luisenstr, Löh, Agathastr.$\}$

$M_7 = \{$0221/956788,   0221/2345690,   0221/5566123,   0221/5566901,   02261/4588, 02261/4471, 02271/75613$\}$

Die Relation „Kunden" wird also beschrieben durch:
   KUNDEN (Kun_Nr, Nachname, Vorname, Geschlecht, Ort, Strasse, TelefonNr)

Die Attribute sind die Spaltennamen. Ein Tupel ist eine Zeile der Tabelle. Der Degree ist die Anzahl der Spalten, in unserem Beispiel sieben. Das kartesische Produkt $M_1 x...x M_7$ hat $\mid M_1 x...x M_7 \mid$ $= 7^5 x 3\ x \cdot 2$ Elemente.

Eigenschaften von Relationen:

- Eine Relation hat keine doppelten Tupel, d.h., Zeilen mit exakt den gleichen Werten werden unterdrückt. Damit ist eine Relation eine Menge im mathematischen Sinne, d.h., die Tupelreihenfolge ist nicht definiert.

- Informationen werden ausschließlich durch Werte dargestellt.

- Die Attribute sind atomar, d.h. einfache Basisdatentypen. Zusammengesetzte oder mengenwertige Datentypen sind nicht zugelassen.

- Für die Attribute sind NULL-Werte erlaubt (z.B. ein unbekannter Wohnort). NULL-Werte können aber auch explizit ausgeschlossen werden. Dann handelt es sich um Pflichteingabefelder, die obligatorisch genannt werden. Sind NULL-Werte zugelassen, so heißen die Attribute optional.

Das relationale Datenmodell und die zugehörigen Relationen lassen sich nach [Türker et al. 2006][5] auch über die Art der Typkonstruktoren und Typkonstruktionsregeln definieren:

Die Relationen ergeben sich hier als SET(ROW(Basisdatentyp)). Die einzigen Typkonstruktoren sind also ROW und SET.

Die Typkonstruktionsregel SET(ROW(Basisdatentyp)) gibt an, dass man SET auf ROW anwenden kann und ROW auf die Basisdatentypen. Andere Typkonstruktionsregeln sind nicht zulässig. Der Einstiegspunkt in die Datenbank ist die gestrichelte Linie.

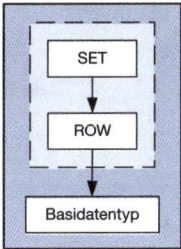

Abbildung 4.2: Relationenmodell als Datenmodell[6]

Diese Definition stimmt mit der vorigen in diesem Kapitel überein, da sich eine Relation als eine Menge von Tupeln (ROW), d.h. als Felder unterschiedlichen Basisdatentyps, auffassen lässt.

4.1.3 Relationale Algebra

Die relationale Algebra ist eine theoretische Grundlage relationaler Datenbanken. Mithilfe der relationalen Algebra kann man Anfragen an die Datenbank formulieren und Informationen zusammenstellen. Man spricht bei der relationalen Algebra von einer Algebra[7] im mathematischen Sinne, da eine Menge (die Relationen) und eine Familie von Operationen Bestandteile der Algebra sind. Mithilfe der Operationen der relationalen Algebra werden aus einer vorhandenen Menge von Elementen, den Relationen, neue Relationen erzeugt. Dies ist auch der einzige Weg, um neue Relationen zu erzeugen, d.h., die relationale Algebra ist abgeschlossen.

Bei den Operationen der relationalen Algebra unterscheidet man die klassischen Mengenoperationen von den Relationenoperationen, die speziell für die relationale Algebra definiert wurden:

---

5   vgl. [Türker et al. 2006, S. 55]
6   vgl. [Türker et al. 2006, S. 55]
7   Eine Algebra im mathematischen Sinne sind zum Beispiel die rationalen Zahlen (Brüche) mit den Operationen Addition und Multiplikation. Beide Operationen führen nicht aus der Menge der rationalen Zahlen heraus, d.h., die Algebra ist abgeschlossen gegenüber der Addition und der Multiplikation. In der relationalen Algebra arbeiten die Operationen auf einer oder mehreren Relationen als Eingabe und erzeugen eine neue Relation, die wieder zur relationalen Algebra gehört. Insofern ist die relationale Algebra auch abgeschlossen gegenüber ihren Operationen.

Tabelle 4.1

Klassische Mengenoperationen

Englische Bezeichnung	Deutsche Bezeichnung	Abkürzung
Product	Kartesisches Produkt	×
Union	Vereinigung	∪
Intersection	Durchschnitt	∩
Difference	Differenz	−

Tabelle 4.2

Spezielle Mengenoperationen

Englische Bezeichnung	Deutsche Bezeichnung	Abkürzung
Selection	Selektion	σ
Projection	Projektion	π
Natural Join	Verbund (ableitbar)	⋈ oder ∗
Division	Division (ableitbar)	÷

Durch Anwendung einer dieser Operationen entsteht aus einer oder zwei Relationen wieder eine neue Relation. Es handelt sich also um Abbildungen vom Typ

$$F_1 \quad : R_n \rightarrow R_m \qquad mit \; n \, , \, m \in N \qquad \text{(unär) oder}$$

$$F_2 \quad : R_n \times R_m \rightarrow R_k \quad mit \; n \, , \, m \, , \, k \in N \qquad \text{(binär)}$$

Unäre Operatoren vom Typ F_1 sind die Selektion und die Projektion. Binäre Operatoren vom Typ F_2 sind das kartesische Produkt, die Vereinigung, der Durchschnitt, die Differenz, Join-Operatoren und die Division.

Selektion

Die erste grundlegende Operation, die wir betrachten, ist die Selektion, mit der man Zeilen aus einer bestehenden Relation auswählen kann.

Selektion

Auf $R(A_1,...,A_n)$ sei das Selektionsprädikat B als Abbildung
$B: R \rightarrow \{$ wahr, falsch $\}$, also $B(a_1,...,a_n) \in \{$ wahr, falsch $\}$, erklärt.
Dann heißt

$$Selektion_B(R) := \left\{\left(a_1,...,a_n\right) \in R \mid B\left(a_1,...,a_n\right) = wahr\right\}$$ die Selektion von R aufgrund

der Bedingung B.
Die Selektion wird mit dem Zeichen „σ" abgekürzt.

Selektion

Die Selektion ist also eine Abbildung.

Selektion: $R_n \rightarrow R_n$

$$R \rightarrow Selektion_{B(R)}$$

Eine n-stellige Relation wird mittels der Selektion auf eine n-stellige Relation abgebildet.

Beispiel: Kunden Relation

Kun_Nr	Nachname	Vorname	G.	Ort	Strasse	TelefonNr
1	Tholler	Andreas	m	Köln	Belaweg	0221/956788
2	Falk	Bernhardt	m	Köln	Auf dem Hügel	0221/2345690
3	Müller	Tobias	m	Köln	Bennstr.	0221/5566123
4	Franz	Helga	w	Köln	Bahnhofstr.	0221/5566901
5	Sündbald	Hannelore	w	Gummersbach	Luisenstr.	02261/4588
6	Wal	Birgit	w	Gummersbach	Löh	02261/4471
7	Tisch	Hartmut	m	Gladbeck	Agathastr.	02271/75613

Ein Selektionsprädikat **B** wird z.B. definiert durch

$$B\left(a_1,...,a_n\right) = \begin{cases} \text{wahr, falls Kun\_Nr} <= 5 \text{ UND Geschlecht} = \text{w} \\ \text{falsch, falls Kun\_Nr} > 5 \text{ ODER Geschlecht} = \text{m} \end{cases}$$

Dann entspricht die σ Selektion$_{Kun\_Nr \leq 5 \text{ und Geschlecht}=w}$(Kunden) der folgenden Tabelle:

Beispiel: Selektion						
KunNr	**Nachname**	**Vorname**	**G.**	**Ort**	**Strasse**	**TelefonNr**
4	Franz	Helga	w	Köln	Bahnhofstr.	0221/5566901
5	Sündbald	Hannelore	w	Gummersbach	Luisenstr.	02261/4588

Die Selektion erzeugt also wieder eine n-stellige Relation mit der gleichen Spalten-anzahl, aber mit weniger oder gleich viel Zeilen als die ursprüngliche Relation. Sie extrahiert aufgrund des Selektionsprädikats **B** Tupel aus einer vorgegebenen Relation. Die Ergebnismenge ist daher eine Teilmenge der ursprünglichen Datensatzmenge. Bestandteile eines Selektionsprädikats sind:

1 Attribute einer Relation und Konstanten als Operanden,

2 Vergleichsoperatoren = <, ≤, >, ≥ , <> und != (ungleich),

3 die logischen Operatoren UND, ODER und NICHT und

4 eine beliebige Kombination aus den oben genannten Möglichkeiten, die durch Klammerung (..) erzeugt wird.

In einem Vergleich können insbesondere zwei Attribute einer oder zweier Relationen miteinander verglichen werden oder ein Attribut mit einer Konstanten gleichen Daten-typs. Komplexere Vergleiche entstehen durch Verschachtelung dieser Vergleiche mit den logischen Operatoren UND, ODER und NICHT und durch Klammerung.

Projektion

Die zweite grundlegende Operation aus der relationalen Algebra ist die Projektion. Die Projektion extrahiert bestimmte Attribute (Spalten) aus einer Relation und vertauscht eventuell die Reihenfolge:

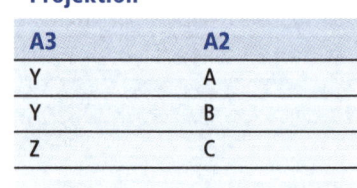

Tabelle		
A1	**A2**	**A3**
1	A	Y
2	B	Y
3	C	Z
4	C	Z

→

Projektion	
A3	**A2**
Y	A
Y	B
Z	C

Projektion

Sei $R(A_1,...,A_n)$ eine Relation und $L = (B_1,...,B_j)$ mit $1 \leq j \leq n$ eine Attributkombination, d.h. eine geordnete Teilmenge von $(A_1,...,A_n)$.

B_1 entspricht hier dem Attribut A_{i1} und B_j entspricht dem Attribut A_{ij}.

Die Projektion ist definiert durch:

$$\text{Projektion}_L(R) = \text{Projektion}_{B_1 \cdots B_j}(R) := \left\{ (a_{i1},...,a_{ij}) \mid (a_1,...,a_n) \in R \right\}.$$

Die Projektion wird mit dem Zeichen „π" abgekürzt. Entstehen bei einer Projektion identische Tupel, werden sie automatisch eliminiert.

Projektion

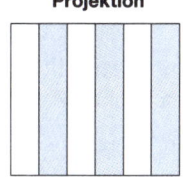

Sei **R** wieder die Kundenrelation $R(A_1,...,A_7)$, also

Kunden (Kun_Nr, Nachname, Vorname, Geschlecht, Ort, Strasse, TelefonNr) und
L = (A_2,A_3,A_1) eine Attributkombination. Wir betrachten die
π Projektion (A_2,A_3,A_1)(Kunden) = π (Nachname, Vorname, Kun_Nr.)
$R(A_1,...,A_7)$ war gleich der Relation:

Kun_Nr	Nachname	Vorname	G.	Ort	Strasse	TelefonNr
1	Tholler	Andreas	m	Köln	Belaweg	0221/956788
2	Falk	Bernhardt	m	Köln	Auf dem Hügel	0221/2345690
3	Müller	Tobias	m	Köln	Bennstr.	0221/5566123
4	Franz	Helga	w	Köln	Bahnhofstr.	0221/5566901
5	Sündbald	Hannelore	w	Gummersbach	Luisenstr.	02261/4588
6	Wal	Birgit	w	Gummersbach	Löh	02261/4471
7	Tisch	Hartmut	m	Gladbeck	Agathastr.	02271/75613

Die Projektion π_L (R) bezüglich der Attributkombination L ist gleich der Relation Relation(Vorname, Nachname, Kun_Nr):

Vorname	Nachname	Kun_Nr
Andreas	Tholler	1
Bernhardt	Falk	2
Tobias	Müller	3
Helga	Franz	4
Hannelore	Sündbald	5
Birgit	Wal	6
Hartmut	Tisch	7

Die Projektion unterdrückt Spalten, vertauscht gegebenenfalls ihre Reihenfolge und kann Attributnamen ändern. Bei identischen Zeilen wird nur eine Zeile ausgegeben.

Kartesisches Produkt

Kartesisches Produkt

Seien zwei Relationen $R_1(A_1,...,A_n)$ und $R_2(B_1,...,B_m)$ gegeben. Das kartesische Produkt ist die Menge aller Paare aus Tupeln der ersten Relation verknüpft mit Tupeln der zweiten Relation:

$$R_1 \times R_2 := \left\{ (a_1,...,a_n,b_1,...,b_m) \mid (a_1,...,a_n) \in R_1 \text{ und } (b_1,...,b_m) \in R_2 \right\}$$

Das kartesische Produkt[8] wird mit dem Zeichen „$\times$" abgekürzt.

Wenn |**R**| die Anzahl der Tupel in einer Relation **R** beschreibt, dann ist

$$\left| R_1 \times R_2 \right| = \left| R_1 \right| \times \left| R_2 \right|.$$

Kartesisches Produkt

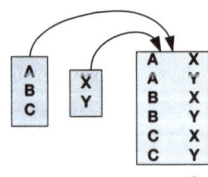

---

8   Das kartesische Produkt wird manchmal auch als CROSS-Join bezeichnet.

> **Beispiel**

Seien die Relationen $R_1(A_1,A_2)$ und $R_2(B_1,B_2,B_3)$ gegeben:

$R_1(A_1,A_2)$	
A_1	A_2
1	A
2	B
3	C

und

$R_2(B_1,B_2,B_3)$		
B_1	B_2	B_3
1	X	V
2	Y	W

Dann ist $R_1 \times R_2$ gleich der Tabelle:

A_1	A_2	B_1	B_2	B_3
1	A	1	X	V
1	A	2	Y	W
2	B	1	X	V
2	B	2	Y	W
3	C	1	X	V
3	C	2	Y	W

Join-Operationen

Die Join-Operationen verbinden zwei Relationen ähnlich wie das kartesische Produkt. Allerdings werden nur solche Tupel ausgewählt, die in einer Beziehung zueinander stehen, indem sie ein Selektionsprädikat erfüllen:

Der *Theta-Join*$(R_1,R_2,A_1 = B_1)$ ist z.B. gleich der Tabelle:

A_1	A_2	B_1	B_2	B_3
1	A	1	X	V
2	B	2	Y	W

Der *Theta-Join*$(R_1,R_2,A_1 > B_1)$ ist gleich der Tabelle:

A_1	A_2	B_1	B_2	B_3
3	C	1	X	V
3	C	2	Y	W
2	B	1	X	V

> ## Theta-Join
>
> Seien zwei Relationen $R_1 \in R_n$ und $R_2 \in R_m$ sowie ein Selektionsprädikat
> $B: R_1 x R_2 \rightarrow \{wahr, falsch\}$ gegeben, also: $B\left(a_1, ..., a_n, b_1, ..., b_m\right) \in \{wahr, falsch\}$.
> Dann heißt die Relation
> Theta-Join $(R_1, R_2, B) := \left\{(a_1, ..., a_n, b_1, ..., b_m) \in R_1 x R_2 \mid B(a_1, ..., a_n, b_1, ..., b_m) = wahr\right\}$
> **Theta-Join** von R_1 und R_2 aufgrund des Selektionsprädikats B.

Der Theta-Join ist damit seiner Definition gemäß eine Operation, die sich aus Selektion und kartesischem Produkt ableiten lässt. Wird zuerst das kartesische Produkt $R_1 \times R_2$ ausgeführt und auf diese Zwischenergebnismenge die Selektion der Bedingung B, dann erhält man das gleiche Ergebnis wie beim Theta-Join (R_1, R_2, B).

Beispiel

Geben Sie alle Angestellten (vgl. ER-Modell des Byce & Co.-Beispiels aus Kapitel 3) mit den zugehörigen Gehaltsklassen aus!

Theta-Join (Angestellte, Geh_Klassen,
  Gehalt ≤ Max_Gehalt UND Gehalt ≥ Min_Gehalt)

Ergebnis[9]:

Ang_Nr	Vorname	Nachname	...	Geh_Klasse	...
1	Josefine	Müller		1	
2	Hans	Fama		1	
3	Iris	Heck		2	
4	Otto	Schmidt		2	
5	Anna	Weber		2	
6	Paul	Frisch		3	
7	Paula	Frisch		3	
8	Anna	Weber		4	
9	Jonas	Falser		4	
10	Erna	Wanne		6	
11	Ilse	Brunn		4	
12	Willi	Brater		3	
...	...	...	...	...	...
27		Hermann Budar		4	

---

9 Leider konnten nicht alle Spalten und Zeilen in der Tabelle aufgeführt werden, da der Platz nicht ausreicht. Die fehlenden Spalten und Zeilen sollen durch die „..." dargestellt werden. Dies gilt für alle folgenden Tabellen.

Falls in der Bedingung B nur das Gleichheitszeichen vorkommt, spricht man auch von einem **Equi-Join**. Der Equi-Join ist damit ein Spezialfall des Theta-Join.

Beispiel

Der *Theta-Join* $(R_1,R_2,A_1 = B_1)$ ist auch ein Beispiel für einen Equi-Join.

A_1	A_2	B_1	B_2	B_3
1	A	1	X	V
2	B	2	Y	W

Equi-Join und Natural-Join

Ein **Equi-Join** ist ein Theta-Join, der im Selektionsprädikat nur den Vergleichsoperator „=" zulässt.

Bei einem **Natural Join** werden automatisch alle Spalten der beiden Relationen, die gleich heißen, auf Gleichheit verglichen und im Ergebnis werden diese Spalten nur einmal aufgelistet. Heißen mehrere Spalten gleich, so werden die einzelnen Gleichheitsvergleiche mit AND wird mit dem Zeichen „⋈" (oder „*") abgekürzt.

Natural Join

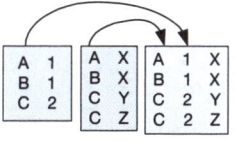

Alle Join-Operationen sind aus kartesischem Produkt, Selektion und ggf. Projektion ableitbar.

Beispiel

Es seien wieder zwei Relationen gegeben durch:

$R_1(A_1,A_2)$	
A_1	A_2
1	A
2	B
3	C

und

$R_2(A_1,B_2,B_3)$		
A_1	B_2	B_3
1	X	V
2	Y	W

Dann ist das kartesische Produkt $R_1 \times R_2$ gleich der Tabelle:

A_1	A_2	A_1	B_2	B_3
1	A	1	X	V
1	A	2	Y	W
2	B	2	Y	W
3	C	1	X	V
3	C	2	Y	W
2	B	1	X	V

und der Natural Join $R_1 \bowtie R_2$ entspricht der Tabelle:

A_1	A_2	B_2	B_3
1	A	X	V
2	B	Y	W

Beispiel

Wir betrachten die Relationen **Angestellte** und **Abteilungen** aus der Fahrraddatenbank.

Abteilungen

Abt_Nr	Leiter	Name	Ort
1	1	Geschäftsführung	Köln
2	2	Produktion	Lindlar
3	3	Vertrieb	Dortmund
4	4	Einkauf	Lindlar
5	5	Arbeitsvorbereitung	Lindlar
6	6	Datenverarbeitung	Köln

Angestellte

Ang_Nr	Abt_Nr	Beruf	Nachname	Vorname	...
1	1	Betriebswirt	Müller	Josefine	
2	2	Mathematiker	Fama	Hans	
3	3	Betriebswirt	Heck	Iris	
4	4	Kaufmann	Schmidt	Otto	
5	5	Informatiker	Weber	Anna	
6	6	Informatiker	Frisch	Paul	

(Fortsetzung)

Ang_Nr	Abt_Nr	Beruf	Nachname	Vorname	...
7	6	Informatiker	Frisch	Paula	
8	2	Elektriker	Weber	Anna	
9	2	Elektriker	Falser	Jonas	
10	2	Schreibkraft	Wanne	Erna	
11	2	Elektriker	Brunn	Ilse	
12	3	Ingenieur	Brater	Willi	
...	...	...	...	...	...
27	3	Sekretär	Budar	Hermann	

Das kartesische Produkt der beiden Relationen „Angestellte" und „Abteilungen" verknüpft jeden Angestellten mit jeder Abteilung und hat daher

| Angestellte × Abteilungen | = | Angestellte | × | Abteilungen | = 27 × 6 Elemente.

Sinnvoller ist es da schon, den Angestellten nur mit der Abteilung zu verbinden, zu der er gehört, also die Angestelltendaten mit den Daten der Abteilungen anzureichern. Das Problem kann mit der Natural-Join-Operation beschrieben werden.

Stellen Sie sich folgende Aufgabe vor: Sie müssen eine Liste erstellen, in der alle Angestellten mit den zugehörigen Abteilungen enthalten sind. Dieses Problem kann mit der Natural-Join-Operation beschrieben werden.

Angestellte ⋈ Abteilungen =

Abt_Nr	Nachname	Vorname	...	Ang_Nr	Name	...
1	Müller	Josefine		1	Geschäftsführung	
2	Fama	Hans		2	Produktion	
2	Weber	Anna		8	Produktion	
2	Falser	Jonas		9	Produktion	
2	Wanne	Erna		10	Produktion	
2	Brunn	Ilse		11	Produktion	
2	Schmidt	Hugo		24	Produktion	
2	Barthels	Isabel		25	Produktion	
2	Schneider	Ernst		26	Produktion	
3	Heck	Iris		3	Vertrieb	
3	Brater	Willi		12	Vertrieb	
3	Bär	Susanne		13	Vertrieb	
3	Bille	Max		14	Vertrieb	
3	Budar	Hermann		27	Vertrieb	
4	Schmidt	Otto		4	Einkauf	

(Fortsetzung)

Abt_Nr	Nachname	Vorname	...	Ang_Nr	Name	...
4	Wahn	Thorsten		15	Einkauf	
4	Wuton	Petra		16	Einkauf	
5	Weber	Anna		5	Arbeitsvorbereitung	
5	Glatt	Lucas		17	Arbeitsvorbereitung	
5	Gotte	Barbara		18	Arbeitsvorbereitung	
5	Kall	Holger		19	Arbeitsvorbereitung	
6	Frisch	Paul		6	Datenverarbeitung	
6	Frisch	Paula		7	Datenverarbeitung	
6	Käse	Franz		20	Datenverarbeitung	
6	Kussmann	Anna		21	Datenverarbeitung	
6	Bold	Leo		22	Datenverarbeitung	
6	Butz	Max		23	Datenverarbeitung	

Beim natürlichen Join besteht die Ergebnismenge aus allen 27 Mitarbeitern und jedem Mitarbeitertupel werden die Informationen seiner Abteilung, der Abteilungsname (Name), der Leiter und der Ort hinzugefügt. Da es sich hier um einen natürlichen Join handelt, taucht in der Attributstruktur der Ergebnismenge die Spalte Abt_Nr nicht doppelt auf. Da diese verknüpfende Spalte in beiden Relationen gleich lautet, wird das zweite Auftreten eliminiert. Wäre die Operation ein Theta-Join oder ein Equi-Join gewesen, dann wäre die Spalte Abt_Nr doppelt im Ergebnis aufgetaucht.

Mithilfe der verschiedenen Join-Operationen lassen sich auf verschiedene Weise Informationen aus unterschiedlichen Tabellen kombinieren. Allerdings können auch Informationen verloren gehen.

Verlustfreie Join-Operationen

Eine Join-Operation (Theta-Join, Equi-Join oder Natural-Join) zwischen R und S heißt **verlustfrei**, wenn alle Tupel von R und S am Verbund teilnehmen. Die inverse Operation Projektion erzeugt dann wieder R und S aus dem Join-Ergebnis.

Die obige Join-Operation Angestellte ⋈ Abteilungen ist verlustfrei, da jeder Angestellte zu einer Abteilung gehört und jede Abteilung mindestens einen Mitarbeiter hat.

Die Join-Operation Kunden ⋈ Auftraege =

Kun_Nr	Nachname	Vorname	...	AuftragsNr	Typ	Bestelldatum	...
1	Tholler	Andreas		1	Auftrag	07.10.06	
2	Falk	Bernhardt		2	Auftrag	07.10.06	
5	Sündbald	Hannelore		3	Angebot	07.10.06	
2	Falk	Bernhardt		4	Auftrag	07.10.06	
3	Müller	Tobias		5	Angebot	07.10.06	
2	Falk	Bernhardt		6	Auftrag	07.10.06	

ist dagegen nicht verlustfrei, da es Kunden gibt, die keine Aufträge erteilt haben. Die Auslassungszeichen stehen jeweils stellvertretend für die Attribute der beiden Relationen, die hier der Übersicht halber nicht aufgeführt sind. Da aber keine Projektion definiert ist, gehören sie regulär zur Attributstruktur der Ergebnismenge des Natural-Join.

In manchen Fällen ist es in der Praxis wichtig, auch diejenigen Tupel, die bei einem Natural-Join herausfallen, im Ergebnis der Join-Operation aufzunehmen. Diesen Zweck erfüllt der sogenannte **Outer-Join**. Beim natürlichen Join werden diejenigen Tupel, die nur in einer Relation vorkommen, unterdrückt. Diese Datensätze bezeichnet man auch als „**Dangeling**"-Datensätze. Beim Outer-Join werden daher diejenigen Tupel, die nur in einer Relation vorkommen, aufgeführt und die fehlenden Attributwerte mit NULL-Werten belegt.

Outer-Join

Der **linke Outer-Join** (linker äußerer Join) zweier Relationen R_1 und R_2 ist ein Join-Operator, bei dem alle Tupel der linken Relation, hier R_1, die im Natural-Join unterdrückt werden, als Tupel mit aufgeführt und in den Spalten, die zu R_2 gehören, mit NULL-Werten aufgefüllt werden. Der linke Outer-Join wird mit $R_1 ⋉ R_2$ abgekürzt.

Der **rechte Outer-Join** (rechter äußerer Join) zweier Relationen R_1 und R_2 ist ein Join-Operator, bei dem alle Tupel der rechten Relation, hier R_2, die im Natural-Join unterdrückt werden, als Tupel mit aufgeführt und in den Spalten, die zu R_1 gehören, mit NULL-Werten aufgefüllt werden. Der rechte Outer-Join wird mit $R_1 ⋊ R_2$ abgekürzt.

Der **Outer-Join** (beidseitiger, vollständiger äußerer Join) zweier Relationen R_1 und R_2 ist ein Join-Operator, bei dem alle Tupel der rechten Relation **und** der linken Operation mit NULL-Werten aufgefüllt werden, die beim natürlichen Join herausfallen würden. Der Outer-Join wird mit $R_1 ⚹ R_2$ abgekürzt.

Wir betrachten wieder zwei Relationen R1 und R2 (? steht hier für einen NULL-Wert, **R1.S1** steht für Relation.Attribut).

Linker Outer-Join über $R_1.S1 = R_2.S3$ (abgekürzt: $R_1 \bowtie R_2$)

R_1			R_2			$R_1 \bowtie R_2$			
S1	S2		S3	S4		S1	S2	S3	S4
A	W		C	Y		A	W	?	?
B	X		D	Z		B	X	?	?
C	Y					C	Y	C	Y

Rechter Outer-Join über $R1.S1 = R2.S3$ (abgekürzt: $R_1 \bowtie R_2$)

R_1			R_2			$R_1 \bowtie R_2$			
S1	S2		S3	S4		S1	S2	S3	S4
A	W		C	Y		C	Y	C	Y
B	X		D	Z		?	?	D	Z
C	Y								

Outer-Join über $R1.S1 = R2.S3$ (abgekürzt: $R_1 * R_2$)

R_1			R_2			$R_1 * R_2$			
S1	S2		S3	S4		S1	S2	S3	S4
A	W		C	Y		A	W	?	?
B	X		D	Z		B	X	?	?
C	Y					C	Y	C	Y
						?	?	D	Z

Es folgt ein weiteres Beispiel aus der Fahrrad-Welt Byce & Co.

Die linke Outer-Join-Operation Kunden $\bowtie$ Auftraege hat das Ergebnis:

Kun_Nr	Nachname	Vorname	...	AuftragsNr	Typ	Bestelldatum	...
1	Tholler	Andreas		1	Auftrag	07.10.06	
?	Falk	Bernhardt		2	Auftrag	07.10.06	
5	Sündbald	Hannelore		3	Angebot	07.10.06	
2	Falk	Bernhardt		4	Auftrag	07.10.06	
3	Müller	Tobias		5	Angebot	07.10.06	
2	Falk	Bernhardt		6	Auftrag	07.10.06	
4	Franz	Helga		NULL	NULL	NULL	
6	Birgit	Wal		NULL	NULL	NULL	
7	Harmut	Tisch		NULL	NULL	NULL	

Hier macht der Outer-Join Sinn, da ja durchaus alle Kunden interessant sein können, auch wenn einige von ihnen noch keinen Auftrag erteilt haben. Ein beidseitiger, vollständiger Outer-Join ist immer verlustfrei.

Eigenschaften der Join-Operationen (Theta-, Equi-, Outer- und Natural-Join):

- ■ Die Attribute, über die der Join ausgeführt wird, müssen keine Schlüsselattribute sein.
- ■ Die Join-Attribute der beiden betroffenen Relationen müssen nicht den gleichen Namen haben, außer beim Natural-Join: In diesem Fall müssen die Join-Attribute den gleichen Namen haben.
- ■ Jede Relation kann mit einer anderen Relation gejoint werden (auch mit sich selbst).
- ■ Die den Join-Attributen zugrunde liegenden Domänen müssen gleich sein.
- ■ Alle Join-Operationen lassen sich aus Selektion, Projektion und kartesischem Produkt ableiten.

Die in der nachfolgenden Definition enthaltenen Operationen Union (= Vereinigung), Durchschnitt und Differenz stimmen mit den klassischen Operationen der Mengenlehre überein.

Union, Durchschnitt und Differenz

Seien $R_1(A_1,...,A_n)$ und $R_2(A_1,...,A_n)$ zwei Relationen mit dem gleichen Schema, d.h., die Anzahl der Attribute ist gleich und die beteiligten Attribute haben die gleichen Tupel-Typen in der gleichen Reihenfolge.

Die **Union-Operation** ist definiert durch:

$$\textbf{Union}(R_1, R_2) := \left\{ (x_1,...,x_n) \mid (x_1,...,x_n) \in R_1 \ \text{oder} \ (x_1,...,x_n) \in R_2 \right\}$$

Die Union-Operation entspricht der Vereinigung von zwei Mengen, also allen Elementen, die in der einen oder der anderen Menge enthalten sind, wobei Duplikate eliminiert werden. Union wird mit „∪" abgekürzt.

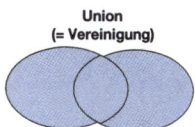

Union (= Vereinigung)

Die **Durchschnitt-Operation** ist definiert durch:

$$\textbf{Durchschnitt}(R_1, R_2) := \left\{ (x_1,...,x_n) \mid (x_1,...,x_n) \in R_1 \ \text{und} \ (x_1,...,x_n) \in R_2 \right\}$$

Die Durchschnitt-Operation entspricht dem Durchschnitt von zwei Mengen, also allen Elementen, die sowohl in der einen als auch in der anderen Menge enthalten sind, und wird mit „∩" abgekürzt.

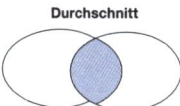

Durchschnitt

Die **Differenz-Operation** ist definiert durch:

$$\textbf{Differenz}(R_1, R_2) := \left\{ (x_1,...,x_n) \mid (x_1,...,x_n) \in R_1 \ \text{und} \ (x_1,...,x_n) \notin R_2 \right\}$$

Die Differenz-Operation besteht aus allen Elementen, die in der ersten Menge enthalten sind, aber nicht in der zweiten Menge, und wird mit „-" abgekürzt.

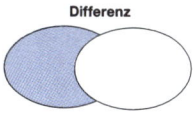

Differenz

Während die beiden Mengenoperationen Vereinigung und Durchschnitt kommutativ sind, ist es die Differenz nicht, weil das Ergebnis davon abhängt, welche Relation von der anderen abgezogen wird.

Beispiele

Seien zwei Relationen R1 und R2 gegeben. Dann gilt:

R1
A_1
A
B
C
D

R2
S_1
C
D
E

Union (R1,R2)
A_1
A
B
C
D
E

Durchschnitt (R1,R2)
A_1
C
D

Differenz (R1,R2)
A_1
A
B

Eine andere Operation, die in der Praxis eine Rolle spielt, ist die Division. Mit der Division wird der All-Quantor dargestellt, zum Beispiel werden Anfragen der Gestalt „Welche Lieferanten liefern **alle** Materialien?" beantwortet.

Division

Wir betrachten zwei Relationen R und S. Die Attribute von S sollen in den Attributen von R enthalten sein. Die Attribute der Ergebnismenge der Division entsprechen der Differenzmenge X der Attribute von R und S:

Die **Division** R ÷ S besteht aus allen Tupeln x aus X, so dass die folgenden beiden Bedingungen für jedes x aus X gelten:

1 Zu jedem s aus S gibt es eine Fortsetzung r aus R, so dass die Projektion von r auf S gleich s ist.

2 Die Projektion von r auf X stimmt mit x überein.

Die Division wird mit „ ÷ " abgekürzt.

Division

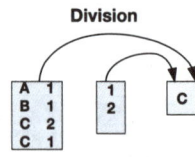

In [Kemper et.al. 2004][10] wird die Ableitungsformel für die Division beschrieben und damit gezeigt, dass sich die Division aus den relationalen Grundoperationen Selektion, Projektion, kartesisches Produkt und Differenz ableiten lässt.

---

10 [Kemper et.al. 2004, S. 92]

Beispiel

Division

R			S		Division R : S
A_1	A_2		A_2		A_1
A	A		A		A
A	B		B		
A	C				
B	C				
B	A				

Anschaulich bedeutet die Division, dass die Tupel in der Division übrig bleiben, die mit allen Tupeln von S in R verknüpft sind. Die Frage „Welche Lieferanten können alle Materialien liefern?" ist damit eine Division.

DIVISION (PROJEKTION$_{Lief\_Nr, TNr}$ (Lieferprogramm),
         (PROJEKTION$_{TNr}$ (SELEKTION$_{Typ = 'Material'}$(Teile))))[11]

oder in Kurzschreibweise

$(\pi_{Lief\_Nr, TNr}$ (Lieferprogramm)) $\div$ $(\pi_{TNr}$ $(\sigma_{Typ = 'Material'}$(Teile)))

Um die Division anwenden zu können, müssen obige Restriktionen bezüglich S und R gelten, d.h., die Attribute von S müssen insbesondere in denen von R enthalten sein. Damit das der Fall ist, müssen gegebenenfalls einige Selektionen und Projektionen zuvor durchgeführt werden. Da es in der Anfrage nur um die Materialien geht, in der Teilerelation aber auch noch andere Teiletypen vorliegen, muss die Menge S erst einmal auf die Materialien beschränkt werden, daher die SELEKTION$_{Typ='Material'}$. Da alle Attribute von S in R vorkommen müssen, aber lediglich die Teilenummer in beiden Relationen auftritt, muss die Menge S auf die Teilenummer beschränkt werden mit der PROJEKTION$_{TNr}$. Da als Ergebnis lediglich der Lieferant interessiert, wird die PROJEKTION$_{Lief\_Nr, TNr}$ auf R durchgeführt. Sie ist aus syntaktischen Gründen für die Division nicht notwendig, sondern ergibt sich aus der Anfrage. Die TNr muss in R als Attribut enthalten sein, denn sonst würde das für die Division verbindende Attribut aus R und S fehlen.

Weitere Beispiele für die Verwendung der Divisionsoperation finden Sie in den Übungsaufgaben am Schluss dieses Kapitels.

Operatorbäume

Um Anfragen an einen Datenbestand zu formulieren, können Operationen der relationalen Algebra beliebig ineinander geschachtelt werden. Bei komplexen Anfragen ist daher die oben verwendete sogenannte „Inline-Notation" schwer lesbar. Für diesen Zweck verwendet man Operatorbäume statt der Inline-Notation. Bei dieser grafischen Darstellung liest man die Abfrage von **unten nach oben**. Operationen, die miteinander verknüpft sind, sind durch Kanten im Graphen miteinander verbunden. Hier wird jetzt auch die Unterscheidung zwischen unären und binären Operatoren deutlich. Unäre Operatoren haben eine Eingangsmenge (eine Kante von unten), binäre haben zwei Eingangsmengen (zwei Kanten von unten) und alle Operatoren haben nur eine Ergebnismenge (also eine Kante nach oben), außer dem letzten Operator. Dort verzich-

---

11 Hier handelt es sich um eine Anfrage an die relationale Algebra in der Inline-Notation.

tet man auf eine abgehende Kante. Da es für eine Anfrage in der Regel mehrere Ausdrücke der relationalen Algebra gibt, sind die nachfolgenden Operatorbäume nur als eine mögliche Musterlösung zu betrachten.

Beispiel 1

Welche Kunden werden von Herrn Faber betreut? Bestimmen Sie die Kundennummern (Kun_Nr) dieser Kunden!

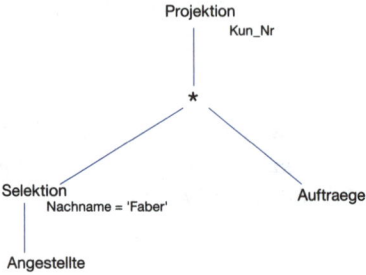

Abbildung 4.3: Operatorbaum 1

Von unten nach oben liest man den Baum folgendermaßen: Es wird aus der Angestelltenrelation der Datensatz von Herrn Faber selektiert. Der natürliche Join-Operator liefert als Ergebnis alle Aufträge von Herrn Faber. Da in der Anfrage nur die Kundennummer gewünscht wird, wird nur auf diese Spalte projiziert.

Beispiel 2

Welche Teile (Anzeige: TNr und Bezeichnung) haben einen Bestand > 0 (Attribut aus der Relation Lagerbestand) und sind im Hauptlager vorhanden?

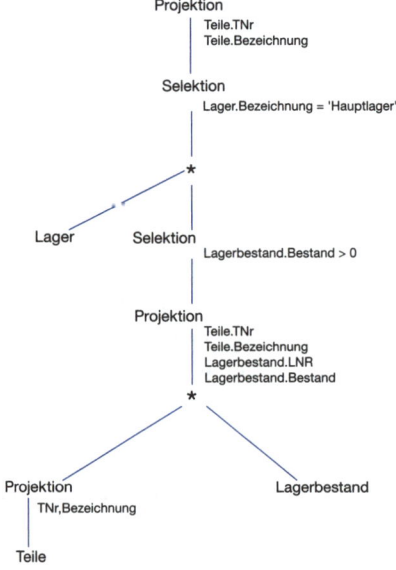

Abbildung 4.4: Operatorbaum 2 für den Bestand im Hauptlager

> [!NOTE] Beispiel 3

Welche Lieferanten können **alle** Materialien liefern? Geben Sie die Lief_Nr aus!

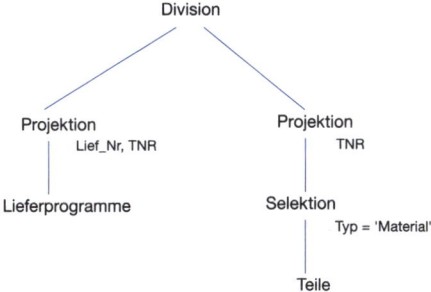

Abbildung 4.5: Operatorbaum mit einer Division

Dieser Operatorbaum stimmt mit der zuvor präsentierten Inline-Notation der gleichen Anfrage hinter der Definition der Division überein, liest sich aber erheblich besser.

> [!NOTE] Beispiel 4

Welche Kunden haben Artikel bestellt, die nicht auf Lager sind?

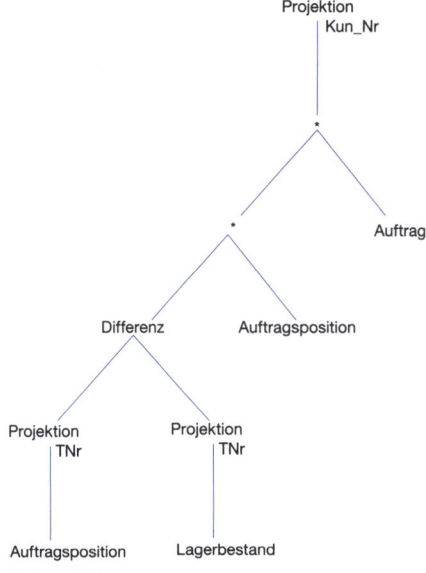

Abbildung 4.6: Operatorbaum mit einer Differenz

Die Differenz ermittelt die Teilenummern der Teile, die nicht auf Lager sind. Damit die Differenz syntaktisch angewendet werden kann, müssen die beiden Eingangsmengen als Auftragspositionen und Lagerbestand die gleiche Anzahl an Attributen haben und die Attribute müssen in der gleichen Reihenfolge stehen. Da das einzige gemeinsame Attribut in beiden Relationen die TNr ist, wird für beide Eingangsmengen auf sie projiziert. Dass die TNr in beiden Mengen gleich lautet, ist Zufall und nicht notwendig für den Differenzoperator. Ergebnis ist die Menge aller TNr, die keinen Datensatz im Lager haben. Diese Lösungsidee setzt also voraus, dass in der Lagerbestandstabelle Teile ohne Bestand nicht vorkommen, sondern gelöscht werden, anstatt mit Bestand = 0 aufzutreten. Der zweite Zweig zu den Auftragspositionen über der Differenz ist notwendig, da eine Kundeninformation in der Anfrage gewünscht wird, die Differenz aber lediglich die TNr liefern konnte. Um von der TNr zur Kun_Nr in den Aufträgen zu kommen, müssen die Auftragspositionen mittels Natural-Join verknüpft werden. Dies ist ein Beispiel dafür, dass auf einzelne Relationen beliebig oft zugegriffen werden kann. Die Definition der relationalen Algebra ist damit abgeschlossen, da alle Operationen bekannt sind.

Relationale Algebra

Die relationale Algebra ist eine Menge von Relationen mit folgenden Eigenschaften:
Gehören zwei Relationen zur relationalen Algebra, dann sind auch alle Relationen, die sich aus den Operationen

- Selektion,
- Projektion,
- Kartesisches Produkt,
- Union,
- Vereinigung,
- Durchschnitt und
- Differenz

bilden lassen, wieder Elemente der relationalen Algebra. Die relationale Algebra ist abgeschlossen gegenüber ihren Operationen, d.h., nur die so erzeugten Ausdrücke gehören zur relationalen Algebra.

Die Join-Operationen (Theta-Join, Equi-Join, Natural-Join und Outer-Join) und die Division lassen sich aus den oben genannten Grundoperationen ableiten.

Die Operationen der relationalen Algebra sind in der unteren Grafik noch einmal anschaulich zusammengestellt:

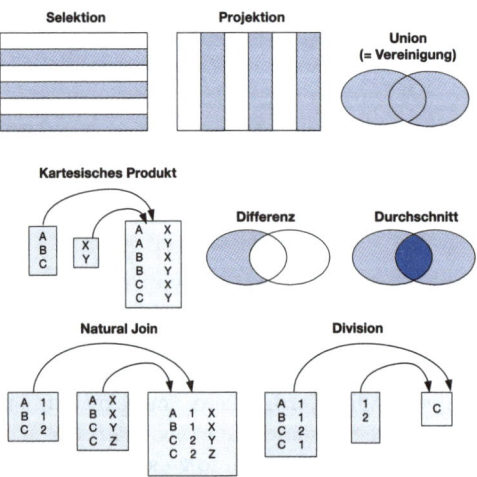

Abbildung 4.7: Relationale Algebra

4.2 Funktionale Abhängigkeiten, Schlüssel und Datenintegrität

Ein weiteres grundlegendes Konzept des relationalen Datenmodells ist die funktionale Abhängigkeit. Funktionale Abhängigkeiten beschreiben, wie Attribute in einer Relation zusammenhängen und wie man Schlüssel definiert. Aus ihnen lassen sich auch Eigenschaften ableiten, die die Datenintegrität einer relationalen Algebra betreffen. Mithilfe der funktionalen Abhängigkeiten werden die Normalformen im Abschnitt 4.3 erzeugt.

4.2.1 Funktionale Abhängigkeit

> ## Funktionale Abhängigkeit
>
> X und Y seien zwei Teilmengen von Attributen einer Relation R.
>
> Y heißt funktional abhängig von X, wenn Folgendes gilt:
>
> Für alle Tupel r, s aus R gilt:
>
> Aus $Proj_X(s) = Proj_X(r)$ folgt stets: $Proj_Y(s) = Proj_Y(r)$.
>
> Die funktionale Abhängigkeit wird mit $X \to Y$ abgekürzt geschrieben, was man auch „X bestimmt Y" (bzw. Y hängt von X ab) lesen kann. $Proj_X(s)$ bezeichnet die Projektion von s auf X.
>
> Eine funktionale Abhängigkeit $X \to Y$ wird als **volle funktionale Abhängigkeit** bezeichnet, wenn jedes Element aus Y von der kompletten Menge X, nicht von einer echten Teilmenge von X, funktional abhängig ist.
>
> Eine **partielle funktionale Abhängigkeit** besteht, wenn es ein Element y aus Y gibt, das nur von einer echten Teilmenge der Attribute aus X funktional abhängt.

Anschaulich beschrieben ist Y funktional abhängig von X, wenn zwei Tupel einer Relation, die auf X übereinstimmen, auch auf Y übereinstimmen. Die volle funktionale Abhängigkeit bedeutet, dass man aus der Attributmenge X kein Attribut entfernen kann, ohne die funktionale Abhängigkeit $X \to Y$ zu verletzen. Die volle funktionale Abhängigkeit (bzw. die partielle funktionale Abhängigkeit) wird zur Beschreibung der zweiten Normalform (vgl. Abschnitt 4.3) verwendet. Im Abschnitt 4.3.3 wird noch der Begriff der transitiven Abhängigkeit eingeführt, der für die dritte Normalform benötigt wird.

Beispiel

Relation Kunden

Kun_Nr	Nachname	Vorname	G.	Ort	Strasse	TelefonNr
1	Tholler	Andreas	m	Köln	Belaweg	0221/956788
2	Falk	Bernhardt	m	Köln	Auf dem Hügel	0221/2345690
3	Müller	Tobias	m	Köln	Bennstr	0221/5566123
4	Franz	Helga	w	Köln	Bahnhofstr.	0221/5566901
5	Sündbald	Hannelore	w	Gummersbach	Luisenstr	02261/4588
6	Wal	Birgit	w	Gummersbach	Löh	02261/4471
7	Tisch	Hartmut	m	Gladbeck	Agathastr.	02271/75613

Funktionale Abhängigkeiten in der Kundenrelation sind (ohne Anspruch auf Vollständigkeit):

(K_Nr)	→(Nachname, Vorname, Geschlecht, Ort, Straße, Telefonnr)
(Nachname, Vorname, Ort, Straße)	→(K_Nr, Geschlecht, Telefonnr)
(TelefonNr)	→(K_Nr, Nachname, Vorname, Geschlecht, Ort, Straße)

Eine funktionale Abhängigkeit von der Telefonnummer „TelefonNr → (Kun_Nr, Nachname, Vorname, Geschlecht, Ort, Straße)" besteht nur dann, wenn man davon ausgeht, dass zwei Kunden nie die gleiche Telefonnummer haben können. Das hängt damit zusammen, dass die funktionale Abhängigkeit eine semantische Eigenschaft einer Relation ist[12], die auch unabhängig vom konkreten Datenbestand bei veränderten Daten Bestand haben sollte. Sie wird als semantische Bedingung, die durch das Anwendungsszenario vorgeben ist, bestimmt. Und Kunden mit der gleichen Telefonnummer sind ja durchaus denkbar. In diesem Fall bleibt nur die funktionale Abhängigkeit von der K_Nr bestehen.

Funktionale Abhängigkeiten in der Auftragspositionenrelation sind:

(TNr, AuftragsNr)	→ Menge

In einer Relation können Attribute oder Attributkombinationen existieren, von denen die übrigen Attribute funktional abhängig sind. Solche Attributkombinationen nennt man eindeutige Schlüssel.

4.2.2 Verschiedene Schlüsselbegriffe

Eindeutige Schlüssel

Eine Attributkombination L wird eindeutiger Schlüssel der Relation $R_1(A_1,...A_n)$ genannt, wenn

1 $L \to (A_1,...,A_n)$ und

2 $(A_1,...,A_n)$ von keiner echten Teilmenge von L funktional abhängig ist.

Die Attribute $(A_1,...,A_n)$ aus der obigen Definition sind voll funktional abhängig von L und es existieren keine Tupel mit gleichen Werten in den Spalten eines eindeutigen Schlüssels. Über die Schlüsselwerte kann man daher immer die Tupel eindeutig identifizieren.

Beispiel

Relation Kunden

Die Attributmengen

a {K_Nr}

b {Vorname, Nachname, Ort, Straße}

c {TelefonNr}

---

12 vgl. [Elmasri et al. 2002, S. 511]

sind eindeutige Schlüssel, wenn man davon ausgeht, dass es auch zukünftig keine Kunden gibt, die die gleiche Telefonnummer besitzen. Die Relation „Kunden" besitzt damit **drei** eindeutige Schlüssel.

Kun_Nr	Nachname	Vorname	G.	Ort	Strasse	TelefonNr
1	Tholler	Andreas	m	Köln	Belaweg	0221/956788
2	Falk	Bernhardt	m	Köln	Auf dem Hügel	0221/2345690
3	Müller	Tobias	m	Köln	Bennstr.	0221/5566123
4	Franz	Helga	w	Köln	Bahnhofstr.	0221/5566901
5	Sündbald	Hannelore	w	Gummersbach	Luisenstr.	02261/4588
6	Wal	Birgit	w	Gummersbach	Löh	02261/4471
7	Tisch	Hartmut	m	Gladbeck	Agathastr.	02271/75613

Eindeutiger Schlüssel   Eindeutiger Schlüssel   Eindeutiger Schlüssel

Abbildung 4.8: Kundenrelation mit Schlüsseln

Beispiel

Relation Auftragspositionen

TNr	AuftragsNr	Menge
1	1	1
31	1	2
31	2	2
57	2	1
60	2	1
31	3	10
55	3	1
58	4	1
56	5	1
57	5	12
58	5	18
1	6	120
31	6	130

Das Attribut „Menge" ist funktional abhängig vom Schlüssel L = (AuftragsNr, TNr)[13] der Relation.

In einer Relation wird ein eindeutiger Schlüssel zum Primärschlüssel erklärt oder eine zusätzliche künstliche Spalte (surrogate key) eingeführt, falls kein eindeutiger Schlüssel existiert.

Primärschlüssel, Zweitschlüssel und Fremdschlüssel

In jeder Relation wird genau ein eindeutiger Schlüssel zum **Primärschlüssel** (primary key, Hauptschlüssel) erklärt, über den die Tupel der Relation eindeutig identifiziert werden können. Ein Primärschlüssel ist immer obligatorisch und darf keine NULL-Werte haben.

Eine Attributkombination einer Relation heißt **Fremdschlüssel** (foreign key), wenn diese Kombination Primärschlüssel in einer anderen Relation ist. Ein Fremdschlüssel darf Null-Werte besitzen.

Zusätzlich können in einer Relation zur Beschleunigung des Zugriffs bestimmte Attribute zu **Zweitschlüsseln** ernannt werden. Anders als beim Primärschlüssel müssen die Zweitschlüssel weder eindeutig sein noch sind NULL-Werte verboten. Es werden Indizes in Hilfstabellen erstellt, über die der schnellere Zugriff auf die Spalten des Zweitschlüssels möglich ist[14].

Formell hängt die Wahl des Primärschlüssels von den Daten ab, die in der Relation (auch zukünftig) gespeichert werden sollen. Nach den jetzigen Daten wären z. B. in der Kundenrelation die Schlüssel {Kun_Nr}, {Vorname, Nachname, Ort, Straße} oder sogar die {Telefonnummer} Kandidaten für einen Primärschlüssel. In der Praxis wählt man natürlich diejenigen Attribute, für die auch in Zukunft Eindeutigkeit zu erwarten ist und die nicht zu viele Elemente enthalten. Aus diesem Grund wurde der künstliche Schlüssel {Kun_Nr} als Primärschlüssel festgelegt, um immer Eindeutigkeit zu erzwingen.

Beispiel

AuftragsNr	Typ	Kun_Nr	Ang_Nr	Bereits gezahlt	Bestell-datum	Liefer-datum	...
1	Auftrag	1	3	30.11.06	07.10.06	06.11.06	
2	Auftrag	2	12	30.11.06	07.10.06	27.10.06	
3	Angebot	5	12	30.11.06	07.10.06	27.10.06	
4	Auftrag	2	13	30.11.06	07.10.06	27.10.06	
5	Angebot	3	27	30.11.06	07.10.06	27.10.06	
6	Auftrag	2	3	30.11.06	07.10.06	27.10.06	

Primärschlüssel   Zweitschlüssel   Fremdschlüssel

Abbildung 4.9: Auftragsrelation mit Schlüsseln

---

13 Die Primärschlüsselattribute sind in der Tabellennotation unterstrichen.
14 vgl. Kapitel 5 und Kapitel 9

Erläuterungen zu den verschiedenen Schlüsselarten anhand des obigen Beispiels:

- Als Primärschlüssel wird ein eindeutiger Schlüssel, hier die AuftragsNr festgelegt. Die AuftragsNr ist ein künstlicher Schlüssel, der fortlaufend vergeben wird und die Eindeutigkeit der Datensätze erzwingt.

- Als Zweitschlüssel sind grundsätzlich alle Attributkombinationen möglich. Sinnvoll sind solche Attribute, bei denen oft Werte in Suchbedingungen vorgegeben sind und die eine große Anzahl unterschiedlicher Attribute aufweisen.

- Der Typ des Auftrags könnte zum Zweitschlüssel erklärt werden, um z.B. in einer umfangreichen Auftragstabelle alle Angebote oder Aufträge schnell zusammenzufassen. Dem widerspricht allerdings die geringe Anzahl von unterschiedlichen Werten in dieser Spalte.

- Während die Zugriffe beim Lesen von Daten beschleunigt werden, verursachen Zweitschlüssel beim Einfügen oder Ändern von Daten Performanceverluste, da zusätzlich die Daten in den zugehörigen Indizes zu pflegen sind. Daher sind Zweitschlüssel nur auf wenigen Spalten sinnvoll, auf denen man tatsächlich lesende Zugriffe beschleunigen möchte.

- Fremdschlüssel sind grundsätzlich alle Attribute, die Primärschlüssel in anderen Tabellen sind. In unserem Beispiel sind das die Attribute Kun_Nr aus der Kundenrelation und Ang_Nr aus der Angestelltenrelation.

- Fremdschlüssel werden auch oft zu Zweitschlüsseln erklärt, da Datenzugriffe häufig über diese Spalten erfolgen, wenn Daten aus unterschiedlichen Relationen miteinander verknüpft werden.

4.2.3 Datenintegrität

Ein relationales Datenbanksystem soll nicht nur die Daten verwalten, sondern auch für ihre Korrektheit sorgen, also für die Integrität, auch Konsistenz genannt. An dieser Stelle werden wir die Datenintegritätsarten, die sich aus der funktionalen Abhängigkeit ableiten lassen, behandeln wie die referentielle Integrität und die Entity-Integrität sowie die semantische Integrität der Daten. Die Gewährleistung der Datenintegrität bei Mehrbenutzerbetrieb und bei einer Transaktionsverwaltung sind Inhalt von Kapitel 8.

> ## Datenintegrität
>
> Eine Menge von Relationen $R_1,...,R_k$ besitzt die **referentielle Integrität**, wenn jeder Wert eines Fremdschlüssels einer Relation R_i Wert eines Primärschlüssels in einer anderen Relation R_j ist. Handelt es sich bei den Relationen R_i und R_j um die gleiche Relation, so wird diese Form der Referenz Selbstreferenz oder auch rekursive Referenz genannt.
>
> Eine Menge von Relationen $R_1,...,R_k$ besitzt die **Entity-Integrität**, wenn jede Relation einen Primärschlüssel besitzt.
>
> Eine Menge von Relationen $R_1,...,R_k$ besitzt die **semantische Integrität**, wenn die Korrektheit der Eingaben der Benutzer gewährleistet ist.

Ein Beispiel für eine semantische Integritätsbedingung wäre, dass in einem Attribut „Wochentag" nur die Werte „ Montag, Dienstag etc." eingetragen werden können.

Beispiel 1

Lieferanten und Lieferprogramm

Lieferanten		
Lief_Nr	**Name**	**...**
1	West-Ost-Handel	
2	IMPORT-Wendel	
NULL	NULL	Köln

Die Relation „Lieferanten" besitzt keine **Entity-Integrität**, da der Primärschlüssel Lief_Nr einen NULL-Wert hat.

Beispiel 2

Lieferprogramme					
Lief_Nr	**TNr**	**Bestellnr**	**Einkaufspreis**	**Gesamtmenge**	**Zeitstempel**
1	33	297	- 2,2	59	08.12.06
3	34	306	8,8	61	08.12.06
3	35	315	33	63	08.12.06
3	36	324	19,8	65	08.12.06
3	37	333	20,9	67	08.12.06
3	38	342	277,2	69	08.12.06
3	39	351	9,9	71	08.12.06

Beide Relationen zusammen besitzen keine referentielle Integrität, da in der Relation „Lieferprogramme" Lieferanten (Lief_Nr = 3) stehen, die in der Lieferantenrelation nicht auftauchen. In der Relation „Lieferprogramm" ist für das Attribut „Einkaufspreis" die semantische Integrität nicht gegeben, da im ersten Datensatz ein negativer Preis eingetragen ist.

Eine Aufgabe eines DBMS ist die automatische Sicherung der Datenintegrität, wie sie oben definiert wurde. Dies geschieht für die referentielle Integrität und die Entity-Integrität mit Konzepten des SQL-Standards. Bei der semantischen Integrität ist die Sachlage komplizierter. Einfache Bedingungen wie die Definition von endlichen Wertbereichen lassen sich mit SQL-CONSTRAINTS (vgl. Abschnitt 5.1) überprüfen. Bei komplizierteren Bedingungen braucht man aktive Datenbanken und Trigger, die in Kapitel 7 beschrieben werden und erst seit SQL1999 zum Standard gehören.

Bei der Integrität lassen sich die folgenden Arten unterscheiden:

- statische Bedingungen und
- dynamische Bedingungen:
  - transitionale Bedingungen und
  - temporale Bedingungen.

Die Integritätsbedingungen können statisch oder dynamisch sein, wobei der Begriff der dynamischen Bedingungen sich nochmals unterteilt in transitionale und temporale Bedingungen.

Statische Integritätsbedingungen beschreiben einen Zustand, der von einer Datenbasis immer erfüllt sein muss. Dazu gehören die Entity-Integrität und die referentielle Integrität.

Transitionale dynamische Integritätsbedingungen beschreiben, welche Bedingungen beim Übergang eines Zustands in einen anderen erfüllt sein müssen. Ein Beispiel aus der Fahrrad-Welt Byce & Co. wäre, dass das Gehalt eines Angestellten nur erhöht, aber nicht gesenkt werden kann. Solche Bedingungen lassen sich bislang nur über die schon erwähnten Datenbanktrigger (vgl. Abschnitt 5.3, 7.3) realisieren.

Temporale dynamische Integritätsbedingungen sind Anforderungen, die an eine Folge von Zustandsübergängen gestellt werden. Eine solche Bedingung könnte für die obige Relation sein, dass der Einkaufspreis innerhalb eines Jahres um nicht mehr als 10% insgesamt steigen darf. Solche Bedingungen werden derzeit nicht von den gängigen SQL-Konzepten unterstützt. Die Lösung dieses Problems müsste ein Programmierer mit Hilfe von Triggern angehen.

4.3 Normalformen

Unter **Normalisieren** versteht man das Aufteilen der Daten eines Datenbankschemas derart, dass sie am Ende den Normalisierungsregeln entsprechen. Ziel der Normalisierung ist in erster Linie eine Eliminierung von Redundanzen und damit ein verständliches und pflegeleichtes Datenmodell. Eine systematische Untersuchung der Datenstruktur soll unerwünschte Abhängigkeiten beseitigen und die Lebensdauer des Datenbankschemas verlängern sowie Einfüge- und Löschanomalien beseitigen. Verringert wird so auch der Anpassungsaufwand der auf das Datenmodell aufsetzenden Programme.

Es soll insgesamt ein „gutes" Datenbankschema entstehen, wobei sich die Güte misst in

- leichterer Handhabbarkeit,
- möglichst wenig Redundanzen und
- Übersichtlichkeit.

Demgegenüber kennzeichnen sich schlechte Datenbankschemata durch:

- Redundanzen, die zu unnötigem Speicherplatzverbrauch führen.
- Änderungsanomalien: Bei Änderungen muss der gleiche Wert an mehreren Stellen aktualisiert werden.
- Einfügeanomalien: Bereits vorhandene Daten werden an anderer Stelle wiederholt eingefügt.
- Löschanomalien: Die Daten müssen an mehreren Stellen gelöscht werden.
- Hohe Fehleranfälligkeit: Die Fehlerhäufigkeit ist erhöht, da bei diesen Änderungen Daten anfallen können, die nicht alle auf den gleichen Stand gebracht wurden.

Insgesamt existieren fünf Normalisierungsregeln, die aufeinander aufbauen. Im Folgenden werden die ersten drei Normalformen und die Möglichkeiten einer Überführung einer Relation in diese Normalformen anhand eines Beispiels vorgestellt. Die vierte und die fünfte Normalform sowie die Boyce-Codd-Normalform werden wegen mangelnder Praxisrelevanz nicht behandelt.

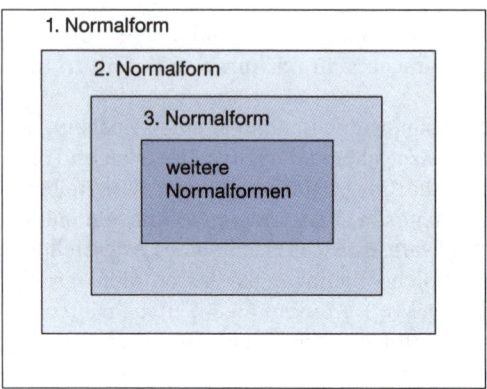

Abbildung 4.10: Normalformen

Die Normalisierung ist ein Teil der Überführung des konzeptionellen Schemas in das endgültige Datenbankschema (vgl. Abschnitt 4.4).

4.3.1 Die erste Normalform

Die erste Normalform ist einfach nur die Forderung, für einzelne Attribute keine zusammengesetzten Datentypen zu erlauben.

Erste Normalform

Eine Relation R ist in der ersten Normalform (1NF), wenn alle Attribute nur atomare Werte (keine zusammengesetzten Datentypen) enthalten.

Beispiel

Es sei folgende Tabelle gegeben:

TNr	Bezeichnung	Artikel_Typ	VP	Jahres-umsatz	LiefNr	Zeit-stempel
1	Rocky Mountain Element Rac	Mountainbike	3500	200	1, 2	06.10.06
31	Herrenrad GT-LTS 18	Rennrad	3500	400	1, 2, 3	06.10.06
54	Klapprad Prompton P3	Klapprad	1600	180	2	06.10.06
55	CANNONDALE FSL	Mountainbike	3700	80	3	06.10.06

(Fortsetzung)

TNr	Bezeichnung	Artikel_Typ	VP	Jahres-umsatz	LiefNr	Zeit-stempel
56	HERCULES NEPA	Trekkingrad	1700	80	1	06.10.06
57	Steppenwolf TAO	Mountainbike	1900	80	2	06.10.06
58	SWITCHBACK AGENT	Jugendrad	899	80	2, 3	06.10.06
59	STEVENS R.P.R.2 RX100 8FACH	Rennmaschine	1800	80	1,3	06.10.06
60	Scott ATACAMA TOUR	Crossrad	2399	80	1	06.10.06
61	ROTWILD RCC-03	Mountainbike	3499	80	2	06.10.06

In unserem Beispiel ist VP die Abkürzung für Verkaufspreis. Diese Relation ist nicht in der ersten Normalform, da Wiederholungsgruppen in der Lief_Nr. auftreten. Bei einer Überführung in die erste Normalform werden alle nichteinfachen Attribute in neue Tupel aufgelöst und es entstehen teilweise redundante Tupel, wie die folgende Tabelle zeigt:

TNr	Bezeichnung	Artikel_Typ	VP	Jahres-umsatz	Lief_Nr	Zeit-stempel
1	Rocky Mountain Element Rac	Mountainbike	3500	200	1	06.10.06
1	Rocky Mountain Element Rac	Mountainbike	3500	200	2	06.10.06
31	Herrenrad GT-LTS 18	Rennrad	3500	400	1	06.10.06
31	Herrenrad GT-LTS 18	Rennrad	3500	400	2	06.10.06
31	Herrenrad GT-LTS 18	Rennrad	3500	400	3	06.10.06
54	Klapprad Prompton P3	Klapprad	1600	180	2	06.10.06
55	CANNONDALE FSL	Mountainbike	3700	80	3	06.10.06
56	HERCULES NEPA	Trekkingrad	1700	80	1	06.10.06
57	Steppenwolf TAO	Mountainbike	1900	80	2	06.10.06
58	SWITCHBACK AGENT	Jugendrad	899	80	2	06.10.06
58	SWITCHBACK AGENT	Jugendrad	899	80	3	06.10.06
59	STEVENS R.P.R.2 RX100 8FACH	Rennmaschine	1800	80	1	06.10.06
59	STEVENS R.P.R.2 RX100 8FACH	Rennmaschine	1800	80	3	06.10.06
60	Scott ATACAMA TOUR	Crossrad	2399	80	1	06.10.06
61	ROTWILD RCC-03	Mountainbike	3499	80	2	06.10.06

Die Verletzung der ersten Normalform tritt in unserem Datenbankschema der Firma Byce & Co. (im Abschnitt 4.4.3) nicht auf, da die Lief_Nr in den Tabellen „Lieferprogramm" bzw. „Lieferungen" aufgenommen wurde. Das entspricht schon der ersten Normalform.

Bei objektrelationalen Datenmodellen ist die Verletzung der ersten Normalform gewollt und wird daher in Kauf genommen. Dazu wird ein eigener Typkonstruktor, der LIST-Konstruktor, eingeführt (vgl. Kapitel 6).

4.3.2 Die zweite Normalform

Bei der zweiten Normalform geht es um die Beseitigung unerwünschter Abhängigkeiten und die Vermeidung von Redundanzen. Dabei spielen funktionale Abhängigkeiten (vgl. Abschnitt 4.2) von Teilbereichen eines zusammengesetzten Schlüssels die zentrale Rolle.

Zweite Normalform

Eine Relation R mit Primärschlüssel S befindet sich in der zweiten Normalform (2NF), wenn sie (1NF) ist und jedes Nichtschlüsselattribut voll funktional abhängig vom Primärschlüssel S ist.

Die volle funktionale Abhängigkeit bedeutet, dass keine funktionale Abhängigkeit einer Attributmenge der Nichtschlüsselattribute von einer Teilmenge der Schlüsselattribute besteht. Eine partielle funktionale Abhängigkeit bedeutet dagegen, dass Nicht-Schlüsselattribute von einem Teil des Primärschlüssels funktional abhängig sind. Die 2NF beseitigt daher alle partiellen funktionalen Abhängigkeiten.

Bei der Überführung einer Relation in die 2NF geht man folgendermaßen vor: Wenn der Primärschlüssel nur aus einem Attribut besteht, ist die Relation immer in der zweiten Normalform. Hat der Primärschlüssel mehr als ein Attribut, spaltet man alle Attribute als neue Relationen ab, die nur von einer Teilmenge[15] des Primärschlüssels voll funktional abhängen. Dieses Vorgehen wird in Abbildung 4.11 veranschaulicht, wobei die dünnen schwarzen Pfeile auf partielle abhängige Attribute weisen. Für die beiden partiellen Abhängigkeiten entstehen neue Relationen und in der ursprünglichen Relation verbleibt der vollständige (ursprüngliche) Primärschlüssel mit allen von ihm voll funktional abhängigen Nichtschlüsselattributen.

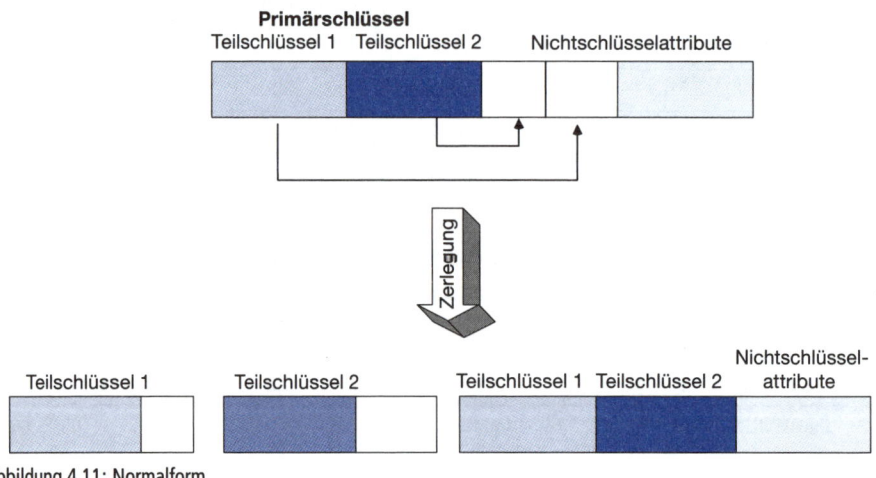

Abbildung 4.11: Normalform

---

15 Die Anzahl der Teilmengen einer Menge mit n Elementen berechnet sich zu 2^n, wobei die leere Menge mitzählt. Eine leere Menge kann nicht aus Schlüsselattributen bestehen. Daher kann eine Zerlegung eines Schlüssels mit zwei Attributen höchstens $3 = (2^2) - 1$ Relationen ergeben, eine Relation mit drei Schlüsselattributen $7 = (2^3 - 1)$ Relationen etc. vgl. *http://de.wikipedia.org/wiki/Teilmenge*, 6.10.2006

Beispiel

Produktion							
Ang_Nr	**Name**	**Ort**	**Abt_Nr**	**Abt_Name**	**TNr**	**Bezeichnung**	**Zeit**
101	Paul	Bonn	1	Chemie	11	Kali	60
101	Paul	Bonn	1	Chemie	12	Farbe	40
102	Hugo	Köln	2	Kunststoff	13	PVC	20

Die Relation „Produktion" mit dem Primärschlüssel Ang_Nr und TNr soll ein stark vereinfachtes Produktionsgeschehen abbilden. Personen, identifiziert über die Personalnummer (Ang_Nr), gehören zu Abteilungen, wohnen in einem Ort und produzieren Produkte, die durch die TNr als Primärschlüssel identifiziert werden. Die Zeit, die eine bestimmte Person zur Fertigung eines Produkts benötigt, ist in der Spalte „Zeit" (in Minuten) abgespeichert. Diese Relation ist 1NF, aber nicht 2NF. Redundanzen treten auf, da für eine Person der Ort und der Abteilungsname mehrmals gespeichert werden.

Normalisierung zur (2NF) Da in unserem Beispiel der Schlüssel der Relation zusammengesetzt ist, kann es grundsätzlich erst einmal sein, dass partielle Abhängigkeiten auftreten. In der obigen Relation lassen sich folgende partielle funktionale Abhängigkeiten vom Schlüssel (Ang_Nr, TNr) finden:

- Ang_Nr $\quad\rightarrow$ Name, Ort, Abt_Nr, Abt_Name
- TNr $\quad\quad\rightarrow$ Bezeichnung

sowie die volle funktionale Abhängigkeit vom gesamten Schlüssel:

- Ang_Nr, TNr $\rightarrow$ Menge.

Bei der Normalisierung zur 2NF werden in unserem Beispiel die Attribute in drei Relationen aufgeteilt. In der ersten Relation (Person) stehen alle Attribute, die nur von einer Person bestimmt sind, also vom Teilschlüssel 1, der „Ang_Nr", funktional abhängig sind. In der zweiten Relation „Produkte" stehen entsprechend alle Attribute, die vom Teilschlüssel 2, also der „TNr", abhängig sind. In der dritten Relation „Produktion" verbleiben alle Attribute, die von beiden Schlüsselattributen abhängig sind. Bei dieser Art der Normalisierung ist darauf zu achten, dass alle partiellen funktionalen Abhängigkeiten eliminiert werden, ohne dass Informationen, die in der ursprünglichen Tabelle enthalten sind, verloren gehen.

Dieser Hinweis ist besonders wichtig, wenn es keine Attribute gibt, die voll funktional abhängig sind vom gesamten Schlüssel. Denn dann wird schnell vergessen, für den gesamten Schlüssel noch eigene Relationen anzulegen. Damit gehen dann wichtige Informationen der Ursprungsrelation verloren und ein Informationsverlust bei der Normalisierung ist unbedingt zu vermeiden. Für unser Beispiel hieße das, wenn es die volle funktionale Abhängigkeit des Attributs „Menge" nicht geben würde, so müsste trotzdem eine dritte Relation bestehend nur aus den Schlüsselattributen (Anr_Nr, TNr) erstellt werden, um nicht die zentrale Information „Wer hat welches Teil gefertigt" zu verlieren.

Person				
Ang_Nr	Name	Ort	Abt_Nr	Abt_Name
101	Paul	Bonn	1	Chemie
102	Hugo	Köln	2	Kunststoff

Produktion		
Ang_Nr	TNr	Zeit
101	11	60
101	12	40
102	13	20

Produkt	
TNr	Bezeichnung
11	Kali
12	Farbe

Es ist klar, dass bei einem aus zwei Attributen zusammengesetzten Schlüssel nicht immer eine Aufteilung in drei Relationen erfolgen muss. Dies ist dann der Fall, wenn es nur ein oder gar kein Attribut gibt, welches von einem Teilschlüssel funktional abhängig ist. Bei Schlüsseln, die aus mehr als zwei Attributen bestehen, funktioniert das Verfahren entsprechend. Alle nicht leeren Teilmengen des Schlüssels sind Kandidaten für Primärschlüssel in den aufgeteilten Relationen. Wenn Sie sich die partiellen funktionalen Abhängigkeiten herausschreiben, dann wird offensichtlich, welche neuen Relationen für die 2NF gebraucht werden. Es kann auch sein, dass es gar keine partiellen Abhängigkeiten und damit keine 2NF gibt. In diesem Fall entsteht die Aufteilung der Tabellen erst bei der Überführung in die dritte Normalform oder die Tabelle ist schon in der dritten Normalform.

4.3.3 Die dritte Normalform

Die dritte Normalform bezieht auch Nichtschlüsselattribute, die nicht direkt vom Schlüssel abhängen, in ein ähnliches Verfahren mit ein, wie die Überführung von der 1NF zur 2NF. Grundlage ist der Begriff der transitiven Abhängigkeit.

> ## Transitive Abhängigkeit
>
> Mit X, Y und Z seien paarweise verschiedene Attributkombinationen einer Relation $R = R(A_1, A_2,...,A_n)$ bezeichnet.
>
> Z heißt **transitiv abhängig** von X, wenn Y voll funktional abhängig von X und Z voll funktional abhängig von Y ist, aber X nicht voll funktional abhängig von Y ist.
>
> Also $X \rightarrow Y \rightarrow Z$, aber **nicht** $Y \rightarrow X$.

Die Relation „Person" aus der 2NF

Person				
Ang_Nr	Name	Ort	Abt._Nr	Abt_Name
101	Paul	Bonn	1	Chemie
102	Hugo	Köln	2	Kunststoff

enthält noch die transitive Abhängigkeit des Abteilungsnamens von der Ang_Nr: Ang_Nr →Abt_Nr →Abt_Name. In diesem Fall ist es naheliegend, noch eine zusätzliche Tabelle „Abteilung" mit einem Schlüssel Abt_Nr anzulegen.

Die zweite Bedingung in der obigen Definition der transitiven Abhängigkeit kann nicht wegfallen, wenn man funktionale Abhängigkeiten betrachtet, die rekursiv sind. So können z.B. in einer Relation „Person" mehrere Attribute definiert sein, die eine Person identifizieren:

Person (Schlüssel1, Schlüssel2, Schlüssel3, Nachname, Vorname …)[16]

Dann gilt: Schlüssel1 →Schlüssel2 →Schlüssel3 und Schlüssel3 →Schlüssel2 →Schlüssel1.

Eine Aufteilung auf unterschiedliche Relationen macht hier keinen Sinn.

Dritte Normalform

Eine Relation R ist in der dritten Normalform (3NF), wenn sie sich in der ersten und der zweiten Normalform befindet und kein Nichtschlüsselattribut transitiv abhängig von einem Schlüsselattribut ist.

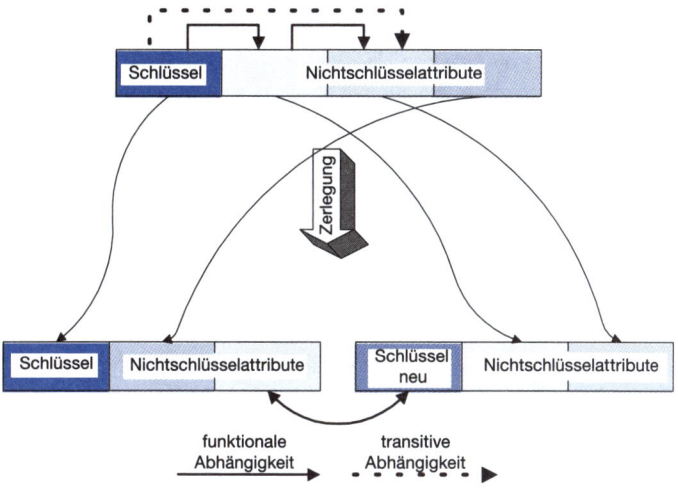

Abbildung 4.12: Dritte Normalform

16 z.B. Schlüssel1 = Personalausweisnummer, Schlüssel2 = Sozialversicherungsnumer, Schlüssel3 = Matrikelnummer

Bei der Überführung in die dritte Normalform wird aus den an der transitiven Abhängigkeit beteiligten Attributen Y und Z (vgl. Definition der transitiven Abhängigkeit) eine neue Relation gebildet.

Das Verfahren wird am nachfolgenden Beispiel erläutert.

Überführung in die dritte Normalform

Person					Abteilung	
Ang_Nr	Name	Ort	Abt_Nr		Abt_Nr	Abt_Name
101	Paul	Bonn	1		1	Chemie
102	Hugo	Köln	2		2	Kunststoff

Zusätzlich zur bestehenden Aufteilung auf die Relationen „Person", „Produktion" und „Produkt" wird aus der Relation „Person" noch die Abteilung herausgelöst. Dabei ist auch wieder darauf zu achten, dass dies ohne Informationsverlust geschieht. Eine wichtige Information der 2NF-Relation „Person" ist „In welcher Abteilung arbeitet der Mitarbeiter", die erhalten bleibt, wenn der Primärschlüssel der neuen Relation „Abteilung" als Fremdschlüssel in der Relation „Person" auftaucht. Kennzeichen der dritten Normalform ist, dass ihr Informationsgehalt der gleiche ist wie bei der 1NF und dass alle Redundanzen – außer den Schlüsselredundanzen bei Fremdschlüsselbeziehungen – verschwunden sind. Diese Schlüsselredundanzen müssen in Kauf genommen werden, weil sonst ein Informationsverlust entstehen würde.

Der Prozess der Normalisierung und Zerlegung einer Relation in die 1NF, 2NF und 3NF muss die Wiederherstellbarkeit und die Abhängigkeitswahrung der ursprünglichen Relation erhalten.

Wiederherstellbarkeit und Abhängigkeitswahrung

Wiederherstellbarkeit: Eine Zerlegung einer Relation ist **verlustfrei**, wenn sich alle Tupel der ursprünglichen Tabelle durch einen Join aus den abgeleiteten Relationen wiederherstellen lassen. Eine verlustfreie Zerlegung stellt damit die Wiederherstellbarkeit der ursprünglichen Relation sicher.

Abhängigkeitswahrung: Die Zerlegung einer Relation ist **abhängigkeitstreu**, wenn jede funktionale Abhängigkeit der Ausgangstabelle in einer der resultierenden Tabellen erhalten bleibt. Eine abhängigkeitstreue Zerlegung stellt damit die Wiederherstellbarkeit der ursprünglichen funktionalen Abhängigkeiten sicher.

Kemper beschreibt in [Kemper et al. 2004, S. 180], wie der Synthesealgorithmus aus einer gegebenen Menge von Relationen eine verlustfreie, abhängigkeitstreue Zerlegung in Relationen der dritten Normalform liefert. Dieser Algorithmus entspricht unserer intuitiven Vorgehensweise, die wir in diesem Kapitel dargelegt haben, um eine 3NF zu erzeugen.

Die Verletzung der dritten Normalform hat die gleichen Nachteile, wie wir sie schon bei der zweiten Normalform gefunden haben. In der Praxis ergeben sich jedoch auch einige Nachteile bei der vollständigen Normalisierung in die dritte Normalform.

Nutzen und Grenzen des Normalisierungsverfahrens

1 Die Normalisierung geht von einem Datenvolumen aus, bei dem die in den Relationen enthaltenen Daten schon vorhanden sind und sich nicht verändern. Auf diesen Relationen werden aufgrund funktionaler Abhängigkeiten Maßnahmen zur besseren Strukturierung durchgeführt. In der Praxis sind natürlich die Relationen beim Datenbankentwurf noch nicht in allen Fällen mit Daten gefüllt; Bewegungsdaten verändern sich immer im laufenden Betrieb. Der Entwickler muss also einen gewissen Spürsinn haben, wo in Zukunft unerwünschte funktionale Abhängigkeiten und Redundanzen auftreten könnten. Außerdem wird beim konzeptionellen Modell als ER-Modell oft schon intuitiv die dritte Normalform gewählt.

2 Anders sieht das Ganze bei der Reorganisation alter Datenbestände aus. In diesen Fällen ist die Normalformenlehre ein nützliches Instrument, um Redundanzen zu beseitigen und eine gute Datenstruktur zu erreichen.

3 Durch die Normalisierung ergibt sich bei größeren Projekten eine Vielzahl von mit Fremdschlüsselbeziehungen verbundenen Tabellen. Informationen, die inhaltlich im Sinne der Objektorientierung zusammengehören, werden unter Umständen auf viele Tabellen verteilt. Bei Abfragen kann es zu erheblichen Performanceverlusten kommen, da oft viele Relationen aufwändig miteinander verknüpft werden müssen.

4 Aus den angeführten Gründen ist eine Verletzung der dritten Normalform (Denormalisierung) in der Praxis manchmal gewollt. Die Normalisierung ist nicht als Dogma zu verstehen, aber nach wie vor ein analytisches Instrument, um Relationenstrukturen auf ihre Qualität hin zu überprüfen. Im Abschnitt 7.3 werden wir mit den Datenbanktriggern dann auch ein Konzept vorstellen, mit dem das Problem der Redundanzen handhabbar wird.

4.4 Von der Analyse zum Entwurf im relationalen Datenmodell

Nach dem Entwurf des Lastenhefts und des konzeptionellen Modells als ER-Modell besteht der nächste Schritt unserer Datenbankentwurfsmethode aus der Transformation eines konzeptionellen Modells auf ein relationales Datenbankschema. Ein Datenbankschema ist die konkrete Ausprägung eines Datenmodells mit Metadaten, die einen Ausschnitt aus der Wirklichkeit beschreiben.[17] In unserem Fall ist das Datenmodell relational und entspricht der relationalen Algebra.

---

17 vgl. Kapitel 1

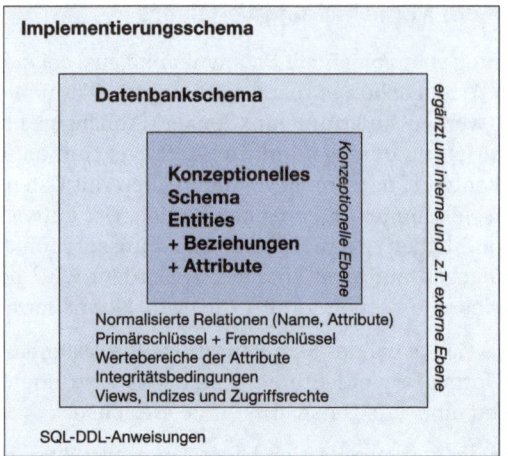

Abbildung 4.13: Datenbankentwurf

In diesem Kapitel werden wir uns zunächst damit beschäftigen, wie man ein konzeptionelles ER-Modell oder ein EERM auf ein Datenbankschema abbildet. Anschließend wird noch eine Überführung des Datenbankschemas in die dritte Normalform durchgeführt und das entstandene Datenbankschema verfeinert. Dazu gehören:

1 Primärschlüssel + Fremdschlüssel: Jede Relation muss einen Primärschlüssel haben. Fremdschlüssel werden verwendet, um die referentielle Integrität zu sichern, und müssen daher nicht in jeder Relation existieren.

2 Wertebereiche der Attribute: Neben den Basisdatentypen sind endliche Wertebereiche und Domänen (z.B. weiblich, männlich) festzulegen.

3 Semantische Integritätsbedingungen (vgl. Abschnitt 4.1) werden in Textform beschrieben.

4 Views stellen Daten aus einer oder auch verschiedenen Relationen für bestimmte Benutzersichten, die für spezielle Funktionen verwendet werden, zur Verfügung.

5 Indizes beschreiben Zweitschlüssel.

6 Zugriffsrechte werden auf den Relationen oder Sichten für einzelne Benutzer oder Gruppen von Benutzern erklärt.

Die Vorgehensweise entspricht Schritt 3 aus unserer Methode der Entwicklung einer Datenbankanwendung aus Abschnitt 2.2. Der nächste und letzte Schritt ist die Implementierungsphase, die wir in Kapitel 5 genauer betrachten werden.

4.4.1 Transformation des ER-Modells auf ein relationales Datenmodell

Bei der Transformation, die auch maschinell erfolgen kann, gibt es zwei Hauptregeln[18]:

- Regel 1: Die Entity-Mengen des ER-Modells werden auf Relationen abgebildet.
- Regel 2: Beziehungen werden auf Fremdschlüsselattribute oder Relationen abgebildet.

Die folgende Tabelle fasst die Vorgehensweise bei den Beziehungen zusammen.

Tabelle 4.3

Vorgehensweise bei den Beziehungen

Verfahren	Beziehungsart	Vorgehensweise
Typ 1	1:1-Beziehung	Beide Entity-Mengen werden entweder in zwei Tabellen mit der verbindenden Beziehung überführt oder zu einer Tabelle zusammengefasst.
Typ 2	1:n-Beziehung 1:cn-Beziehung 1:c-Beziehung c:c-Beziehung	Für beide Entity-Mengen wird je eine Tabelle erzeugt. Der Primärschlüssel der Master-Tabelle wird Fremdschlüssel der cn-Detail-Tabelle und dort als Attribut neu erzeugt, falls es noch nicht existiert.
Typ 3	n:m-Beziehung cn:m-Beziehung cn:cm-Beziehung ternäre Beziehung	Für beide (bzw. drei bei einer ternären Beziehung) Entity-Mengen und die Beziehung werden je eine Tabelle mit entsprechenden verbindenden Beziehungen erzeugt.

Entity-Mengen werden generell auf Relationen abgebildet. Bei den Beziehungen gibt es unterschiedliche Verfahrensweisen. Beim Verfahren Typ 2, also 1:(c)n-Beziehungen, wird der Fremdschlüssel als neues Attribut in der 1-Relation aufgenommen.

Auflösung einer 1:1-Beziehung Diese Auflösung ist ein Verfahren vom Typ 1. Ein Beispiel einer 1:1-Beziehung findet sich in unserem Beispiel Byce & Co. nicht. Denkbar wären Personendaten im Einwohnermeldeamt und in der Sozialversicherung, die zusammengefasst werden:

Abbildung 4.14: ER-Modell 4

In diesem Beispiel werden die Attribute der beiden Relation zu einer gemeinsamen Personenrelation zusammengeführt. 1:1- Beziehungen kommen häufig vor, wenn Daten aus verschiedenen Datenbanken zu einem gemeinsamen Modell vereinigt werden oder die Attributlisten beider Entity-Mengen zusammen zu umfangreich sind. In solchen Fällen wird auch schon mal aus Performancegründen vom Standard abgewichen,

---

18 vgl. [Elmasri et al. 2002, S. 321]

indem man die Entity-Mengen auf zwei unterschiedliche Relationen abbildet, obwohl eine 1:1- Beziehung vorliegt.

Auflösung einer 1:n-Beziehung   Diese Auflösung ist ein Verfahren vom Typ 2. Aus dem ER–Diagramm der Firma Byce & Co. übernehmen wir als Beispiel einen Auszug des ER-Modells:

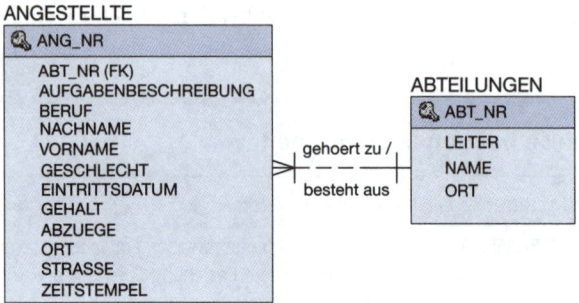

Abbildung 4.15: ER-Modell mit 1:n-Beziehung

Das Datenbankschema enthält die Relationen „Angestellte" und „Abteilungen", wobei die Abt_Nr als Fremdschlüssel in der Angestellten-Relation aufgenommen wurde. In ERWIN wird der Fremdschlüssel Abt_Nr schon im konzeptionellen Modell dargestellt, so dass konzeptionelles ER-Modell und Datenbankschema in den Attributen übereinstimmen.

In sämtlichen Datenbankschemata sind die Primärschlüssel unterstrichen, die Fremdschlüssel kursiv dargestellt. Primärschlüsselattribute, die Fremdschlüsselattribute beinhalten, sind sowohl unterstrichen als auch kursiv dargestellt.

Das Datenbankschema sieht wie folgt aus:

Abteilungen (Abt_Nr, Leiter, Name, Ort)

Angestellte (Ang_Nr, *Abt_Nr*, Aufgabenbeschreibung, Beruf, Nachname, Vorname, Geschlecht, Eintrittsdatum, Gehalt, Abzuege, Ort, Strasse, Zeitstempel)

Ang_Nr und Abt_Nr sind Primärschlüssel der beiden Relationen, das Attribut Abt_Nr ist Fremdschlüssel in der Relation „Angestellte".

Wertebereiche bestimmter Attribute:
Hier sollen nur diejenigen Attribute zusammengetragen werden, die keinen Standardwertebereich (z.B. Zahl, Text oder Datum) haben.

    Angestellte.Geschlecht kann die Werte „w" oder „m" annehmen.

    Angestellte.Gehalt muss größer oder gleich 0 sein.

Auflösung von n:m-Beziehungen   Diese Auflösungen sind Verfahren vom Typ 3. Als Beispiele sollen die n:m-Beziehungen „Lagerbestand" zwischen Teilen und Lagern sowie die rekursive Beziehung „besteht aus" von Teilen auf sich selbst dienen:

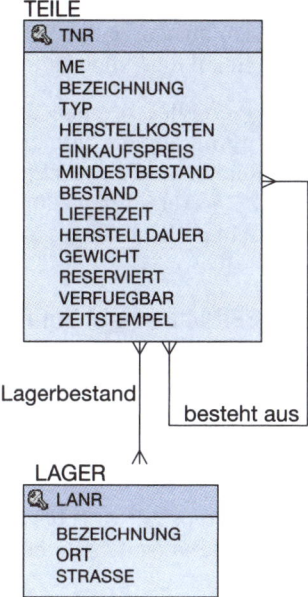

Abbildung 4.16: Auflösung n:m-Beziehung

Aus der n:m-Beziehung „Lagerbestand" entsteht eine zusätzliche Tabelle „Lagerbestand", eine sogenannte Zuordnungstabelle (vgl. ▶ Abbildung 4.20). Die Bezeichnung „Zuordnungstabelle" resultiert daraus, dass in dieser zusätzlichen Tabelle die Primärschlüssel der beiden Master-Tabellen einander zugeordnet werden und damit zum Beispiel die Information gegeben wird, „Welches Teil in welchem Lager vorrätig ist". Aus der rekursiven Beziehung „besteht aus" entsteht die Beziehungsrelation „Struktur" (vgl. ebenso ▶ Abbildung 4.20). Leider sind in der grafischen Darstellung keine Möglichkeiten gegeben, an die Beziehung auch Attribute anzuhängen. Die zusätzlichen Attribute der Beziehung „Lagerbestand" bzw. der Strukturrelation werden daher im Datenbankschema ergänzt. Die Entity-Mengen Teile und Lager werden dann unverändert übernommen. Es muss aber nicht immer so sein, dass die neuen Zuordnungstabellen auch zusätzliche Attribute bekommen. Manchmal enthalten sie nur die Schlüsselinformationen aus den Master-Tabellen.

Datenbankschema:

Teile (TNr, ME, Bezeichnung, Typ, Herstellungskosten, Einkaufspreis, Mindestbestand, Bestand, Lieferzeit, Herstelldauer, Gewicht, reserviert, verfuegbar, Zeitstempel)

Lager (LaNr, Bezeichnung, Ort, Strasse)

Lagerbestand (_LaNr, TNr_, Bestand, Zeitstempel)

Struktur (_OTeil, UTeil_, Position, Menge, Ausschuss, Arbeitsgang, Zeitstempel)

TNr ist Primärschlüssel der Teiletabelle, die LaNr der Primärschlüssel der Lagertabelle. Die Zuordnungstabelle „Lagerbestand" hat einen aus LaNr und TNr zusammengesetzten Schlüssel, der aus den Fremdschlüsseln der beiden Master-Tabellen Teile und Lager besteht. Die Strukturrelation hat einen aus OTeil (TNr des Teils, in die die Stücklistenposition eingeht), UTeil (TNr der Teile, aus denen das Teil mit Primärschlüssel OTeil besteht) sowie Position zusammengesetzten Schlüssel. OTeil und UTeil sind gleichzeitig Fremdschlüssel bezogen auf die Teiletabelle (vgl. ▶ Abbildung 4.20).

Auflösung von ternären Beziehungen Bei diesem Beziehungstyp werden wieder aus den Entity-Mengen Relationen und aus der ternären Beziehung eine zusätzliche Relation, die zu allen beteiligten Relationen Fremdschlüsselbeziehungen hat.

Unser Beispiel aus Abschnitt 3.2.7 ▶ Abbildung 3.20 war schon in Relationen aufgelöst, da ternäre Beziehungen oft nicht grafisch dargestellt werden können.

4.4.2 Transformation des EERM auf ein relationales Datenmodell

Bei dieser Transformation geht es um die Transformation eines EERM mit Subtypen und Supertypen auf ein relationales Datenmodell. Wir richten uns in der Darstellung nach [Türker et al. 2005][19]. Hinzugekommen ist im Vergleich zum ER-Modell die Transformation einer Vererbungshierarchie von Subtypen und Supertypen auf ein relationales Modell.

Zu solch einem System eines Supertyps mit verschiedenen Subtypen wird als Erstes eine Universaltabelle gebildet. Die Universaltabelle besteht aus allen Attributen der beteiligten Entity-Mengen.

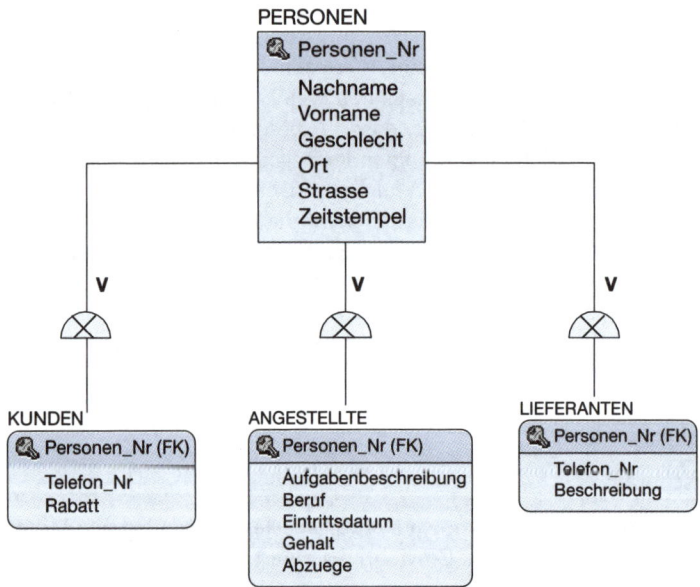

Abbildung 4.17: Subtypen und Supertyp

Die Entity-Menge der Universaltabelle ist dann einfach eine Personen-Entity-Menge, die alle Attribute der beteiligten Entity-Mengen vereinigt (siehe ▶ Abbildung 4.18).

---

19 vgl. [Türker et al. 2005, S. 280 ff.]

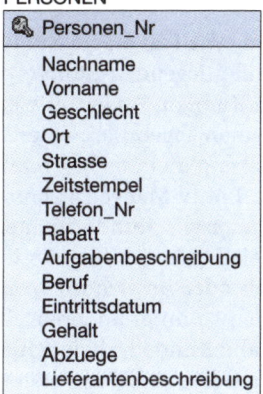

PERSONEN

🔑 Personen_Nr
Nachname
Vorname
Geschlecht
Ort
Strasse
Zeitstempel
Telefon_Nr
Rabatt
Aufgabenbeschreibung
Beruf
Eintrittsdatum
Gehalt
Abzuege
Lieferantenbeschreibung

Abbildung 4.18: Universaltabelle

Die Transformation des EERM besteht aus der Fragmentierung der Universaltabelle. Man unterscheidet verschiedene Typen der Fragmentierung:

- virtuelle Fragmentierung
- vertikale Fragmentierung
- horizontale Fragmentierung

Virtuelle Fragmentierung

Bei der virtuellen Fragmentierung wird die Universaltabelle nur virtuell zerlegt und der Subtyp durch eine diskriminierende Spalte beschrieben.

Im obigen Beispiel wird der Entity-Menge „Personen" die diskriminierende Spalte „Typ" mit den Werten „Kunde", „Angestellter" und „Lieferant" hinzugefügt. Alle Attribute, die nur zu einem Subtyp gehören, sind dann nicht obligatorisch, also sind NULL-Werte erlaubt. Die Attribute des Supertyps sind je nach Semantik entweder optional oder obligatorisch. Die so entstandene Entity-Menge wird eins zu eins auf eine Relation mit dem gleichen Namen und den gleichen Attributen abgebildet.

Vertikale Fragmentierung

Bei der vertikalen Fragmentierung wird die Universaltabelle auf mehrere Entity-Mengen aufgeteilt. Eine Entity-Menge entspricht dem Supertyp und enthält alle Attribute, die allen Subtypen gemein sind. Die einzelnen Subtypen werden durch Fremdschlüssel mit dem Supertyp verbunden und haben den gleichen Primärschlüssel wie der Supertyp. Außerdem enthalten sie noch alle Attribute, die den Subtyp selbst beschreiben. In unserem Beispiel entstehen aus dem EERM aus ▶ Abbildung 4.17 die vier Entity-Mengen Personen, Kunden, Angestellte und Lieferanten mit den im Diagramm dargestellten Attributen. Falls die Spezialisierung nicht disjunkt ist, kann eine Entität auch zu mehreren Entity-Mengen gehören. Aus jeder Entity-Menge entsteht anschließend wieder eine Relation.

Horizontale Fragmentierung

Bei dieser Art der Fragmentierung wird zu jedem Subtyp eine Relation gebildet, allerdings unter Verzicht des zugrunde liegenden Supertyps. Es werden daher im obigen Beispiel nur drei Entity-Mengen Kunden, Angestellte und Lieferanten erzeugt und auf Relationen mit dem gleichen Namen abgebildet. Allerdings gehen bei dieser Transformation Information verloren: Es kann nicht mehr unmittelbar abgelesen werden, ob es Entitäten gibt, die zu mehreren Entity-Mengen gehören. In unserem Beispiel wären das z.B. alle Angestellten, die auch als Kunde fungieren. Um diese Information zu erhalten, müssen zusätzliche Relationen gebildet werden. Diese Relationen enthalten alle Tupel, die in einer Relation oder im Schnitt in mehreren Relationen enthalten sind. In unserem Beispiel können so unter anderem Relationen für alle Kunden, die auch Angestellte sind, und für alle Kunden, die auch Lieferanten sind, entstehen. Im Extremfall enthält man dann statt der ursprünglichen drei Relationen sieben Relationen mit unterschiedlichen Ausprägungen.

Wegen der Unübersichtlichkeit der horizontalen Fragmentierung wird auf diesen Typ der Abbildung in den weiteren Kapiteln verzichtet, außer, wenn die Zerlegung disjunkt ist. Für die anderen beiden Typen und eine disjunkte Spezialisierung mit horizontaler Fragmentierung werden hingegen im nächsten Kapitel die konkreten Schritte der Implementierung besprochen. Insbesondere wird in Kapitel 7 dargestellt, wie man das Einfügen, Ändern und Löschen von Daten mittels Datenbanktriggern und gespeicherten Prozeduren unterstützen kann, um die Konsistenz der Daten zu sichern. Denn es ist unmittelbar klar, dass dies notwendig ist. Beispielsweise müssen beim Löschen eines Datensatzes aus der Supertabelle natürlich immer auch die untergeordneten Objekte der Subtypen mit gelöscht werden.

4.4.3   Das Datenbankschema der Beispieldatenbank Byce & Co.

In diesem Kapitel führen wir die Abbildung der ER-Modelle auf ein relationales Datenbankschema am Beispiel des Fahrradherstellers Byce & Co. durch. Zur Erinnerung ist hier noch mal das komplette konzeptionelle Schema als ER-Modell aufgeführt, das jetzt zum Datenbankschema vervollständigt wird.

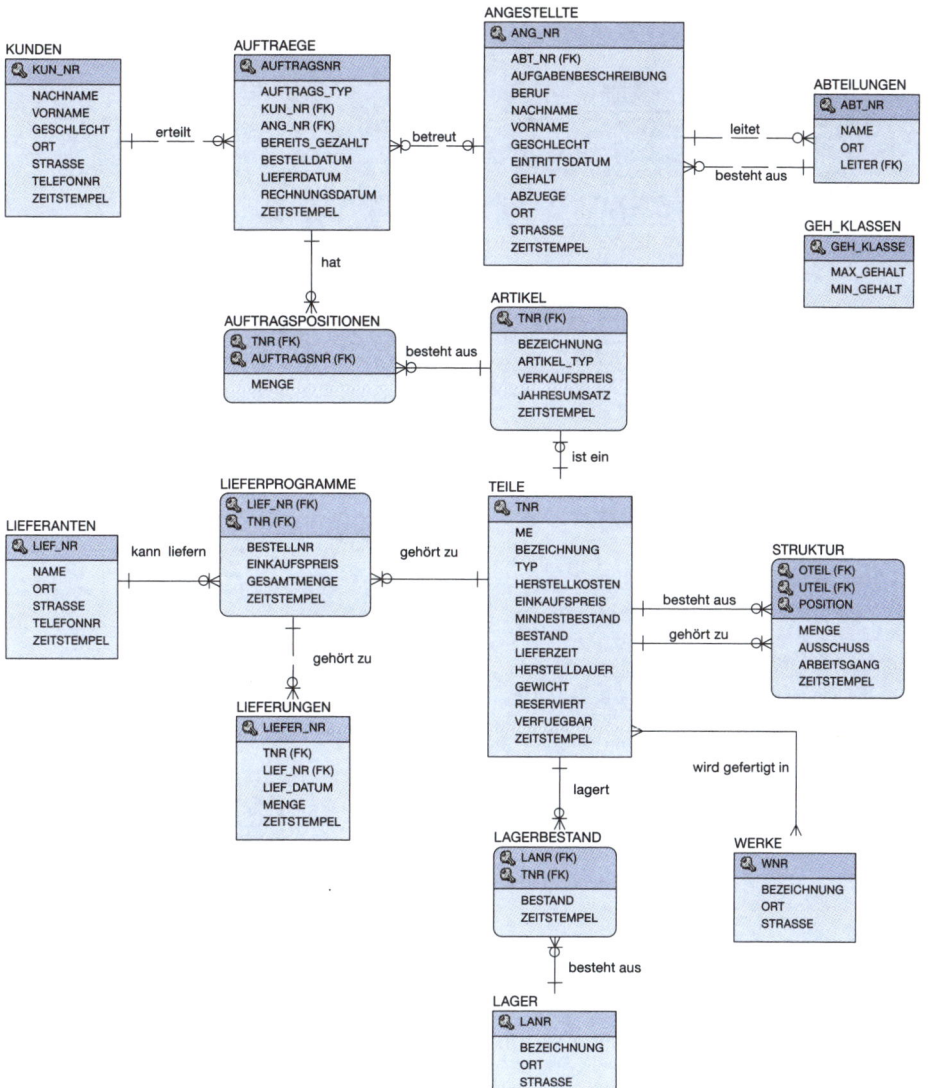

Abbildung 4.19: ER-Modell Byce & Co.

In diesem ER-Diagramm sind die n:m-Beziehungen, die Attribute haben, schon aufgelöst. Nur die n:m-Beziehung zwischen Teile und Werke wird im nächsten Schritt noch in eine neue Relation überführt. Außerdem sind auch schon die Fremdschlüssel aus 1:n-Beziehungen in die verbundenen Relationen als Fremdschlüssel übernommen. Das endgültige Datenbankschema wird in ERWIN als „physisches Modell" bezeichnet und hat dann die folgende Gestalt:

Datenbankschema Byce & Co.

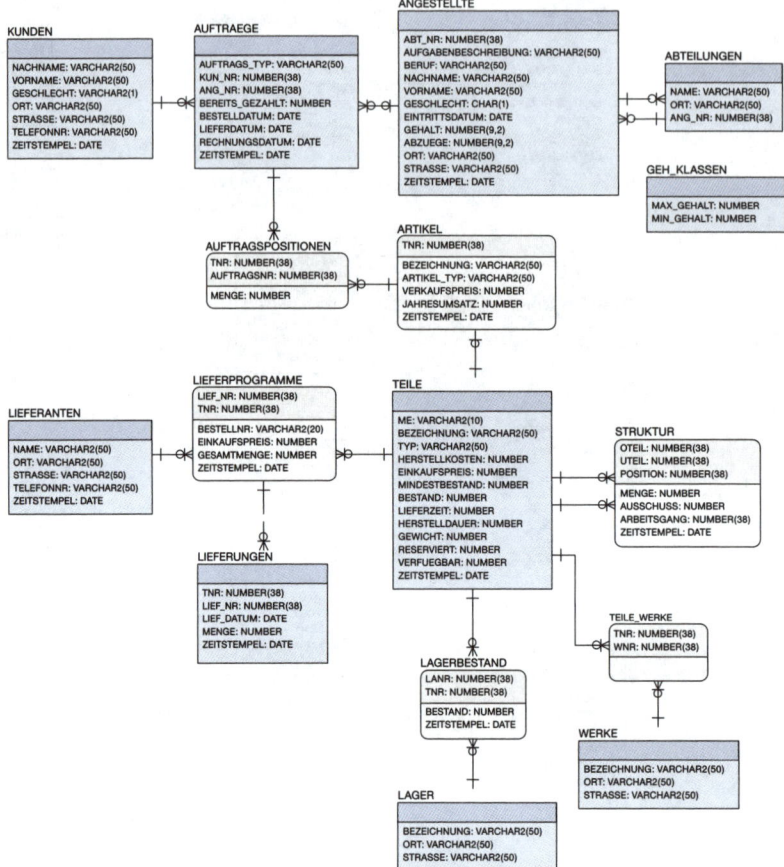

Abbildung 4.20: Datenbankschema Byce & Co. abgebildet als ER-Modell

Dieses Schema befindet sich schon in der dritten Normalform. Die Attribute mit ihren Wertebereichen sind auch schon sichtbar. Der besseren Lesbarkeit halber stellen wir sie hier noch mal dar:

Kunden (Kun_Nr, Nachname, Vorname, Geschlecht, Ort, Strasse, TelefonNr, Zeitstempel)

Angestellte (Ang_Nr, *Abt_Nr*, Aufgabenbeschreibung, Beruf, Nachname, Vorname, Geschlecht, Eintrittsdatum, Gehalt, Abzuege, Ort, Strasse, Zeitstempel)

Abteilungen (Abt_Nr, Leiter, Name, Ort)

Geh_Klassen (Geh_Klasse, Max_Gehalt, Min_Gehalt)

Teile (TNr, ME, Bezeichnung, Typ, Herstellkosten, Einkaufspreis, Mindestbestand, Bestand, Lieferzeit, Herstelldauer, Gewicht, reserviert, verfuegbar, Zeitstempel)

Struktur (*OTeil, UTeil*, Position, Menge, Ausschuss, Arbeitsgang, Zeitstempel)

Artikel (*TNr*, Bezeichnung, Artikel_Typ, Verkaufspreis, Jahresumsatz, Zeitstempel)

Auftraege (AuftragsNr, Auftrags_Typ, *Kun_Nr, Ang_Nr*, bereits_gezahlt, Bestelldatum, Lieferdatum, Rechnungsdatum, Zeitstempel)

Auftragspositionen (*TN, AuftragsNr*, Menge) Erläuterung: Diese Tabelle entsteht aus der n:m-Beziehung zwischen Auftrag und Artikel, mit dem Zusatzattribut Menge.

Lieferanten (Lief_Nr, Name, Ort, Strasse, Telefonr, Zeitstempel)

Lieferprogramm (Lief_Nr, TNR, BestellNr, Einkaufspreis, Gesamtmenge, Zeitstempel)

Lieferung (Liefer_Nr, *Lief_Nr, TNr*, Lief_Datum, Menge, Zeitstempel)

Werke (WNr, Bezeichnung, Ort, Strasse)

Lager (LANr, Bezeichnung, Ort, Strasse)

Teile_Werke (TNr,WNr)

Lagerbestand (*LaNr, TNr*, Bestand, Zeitstempel)

Zur Vervollständigung des Datenbankschemas fehlen uns noch folgende Details:

- Wertebereiche bestimmter Attribute

  Hier werden neben den Standardbasistypen noch folgende Attribute mit eingeschränktem Wertebereich definiert:

  - Auftraege.Auftrags_Typ kann die Werte „Angebot" oder „Auftrag" annehmen
  - Angestellte.Geschlecht kann die Werte „w" oder „m" annehmen
  - Teile.Typ kann die Werte „Artikel", „Baugruppe" oder „Material" annehmen

- Integritätsbedingungen

  Referentielle Integritätsbedingungen ergeben sich aus dem ER-Modell, was Primärschlüssel und Fremdschlüssel angeht.

  Beispiele für **semantische Integritätsbedingungen**

  Dies sind z.B. folgende:

  In der Relation „Auftrag" soll das Bestelldatum vor dem Lieferdatum liegen.

  In der Relation „Teile" muss der Bestand größer als der Mindestbestand sein.

- Beispiele für Benutzersichten (Views)

  1. Eine Rechnung wird als View realisiert. Eine Rechnung besteht aus den Attributen:

Kunde.Kun_nr	Kunde.Nachname
Kunde.Vorname	Kunde.Ort
Kunde.Strasse	Ort.Plz
Auftrag.Auftragsnr	Auftrag.Rechnungsdatum
Auftragspositionen.TNr	Auftragspositionen.Menge
Artikel.Bezeichnung	

  2. Ein Lieferschein wird als View realisiert und besteht, ähnlich wie die Rechnung, aus den Attributen:

Kunde.Kun_Nr	Kunde.Nachname
Kunde.Vorname	Kunde.Ort
Kunde.Strasse	Ort.Plz
Auftrag.Auftragsnr	Auftrag.Lieferdatum
Auftragspositionen.TNr	Auftragspositionen.Menge
Artikel.Bezeichnung	

■ Beispiele für Indizes

Auf allen Fremdschlüsselattributen sollen Indizes liegen.

Darüber hinaus werden Indizes auf Nachname, Vorname in der Kundenrelation und auf OTeil und UTeil in der Strukturrelation vereinbart.

■ Zugriffsrechte

Die Benutzer können in Gruppen eingeteilt werden, die bestimmte Rechte auf den Relationen der Datenbank haben. Auf die Relation „Orte" sollen alle Benutzer lesenden Zugriff haben.

■ Benutzergruppe Personalabteilung

Lesender und schreibender Zugriff auf Angestellte, Abteilung, Geh_Klassen

■ Benutzergruppe Vertrieb

Lesender und schreibender Zugriff auf Kunden, Auftraege, Auftragspositionen, Artikel

Lesender Zugriff auf Teile und Struktur

■ Benutzergruppe Arbeitsvorbereitung und Fertigung

Lesender und schreibender Zugriff auf Teile, Struktur, Teile_Werke, Werke, Lager, Lager_Teile

Lesender Zugriff auf Artikel, Lieferanten, Lieferprogramme, Lieferungen, Lager, Lager_Teile

■ Benutzergruppe Einkauf

Lesender und schreibender Zugriff auf Lieferanten, Lieferprogramme, Lieferungen

■ Benutzergruppe EDV

Lesender und schreibender Zugriff auf Orte

4.5 Anfrageverarbeitung

In diesem Kapitel wird die Anwendung der relationalen Algebra auf die Anfrageverarbeitung beschrieben. Relationale Datenbanken hatten zu Beginn ihrer Existenz enorme Performanceprobleme, die dazu führten, dass die Anfrageoptimierung heute zu einem integralen Bestandteil relationaler Datenbanksysteme gehört. In diesem Zusammenhang sollte man in groben Zügen den Unterschied zwischen Programmiersprachen der dritten und vierten Generation kennen. Wir werden die Notwendigkeit für eine solche Anfrageverarbeitung und Optimierung untersuchen und bestimmte Heuristiken aufstellen, nach denen die Anfrageoptimierung arbeitet.

4.5.1 Programmiersprachen der dritten und vierten Generation

In der Geschichte der Informatik unterscheidet man Programmiersprachen nach unterschiedlichen Generationen. Programmiersprachen der dritten Generation, wie JAVA, PASCAL, C, C++ oder FORTRAN sind prozedurale Sprachen, die dadurch gekennzeichnet sind, dass sehr genau beschrieben wird, wie ein bestimmtes Problem in der Sprache abgebildet wird. Programmiersprachen der vierten Generation sind einfacher zu bedienen und der Programmierer kann sich mehr darauf konzentrieren, was das Programm leisten soll.

Sprache der dritten Generation

- Der Programmierer löst ein Problem durch Codierung in die jeweilige Sprache.
- Er beschreibt genau, **wie** das Problem gelöst werden soll.
- Die Aufgabenstellung ist nur schwer aus dem Programmcode zu entnehmen.

Sprache der vierten Generation

- Der Programmierer löst ein Problem, indem er beschreibt, **was** der Computer tun soll.
- Die Aufgabenstellung ist relativ leicht aus dem Programmcode zu entnehmen (gut lesbare Programme).
- Es stehen Routinen zur Verfügung, die die 4GL-Ausdrücke in 3GL-Ausdrücke transformieren.
- Das Programmieren wird einfacher, da der Rechner Standardroutinen zur Verfügung stellt.
- Der Schwerpunkt verlagert sich von der reinen Programmierung zur Systemanalyse und Design.

Beispiele für Sprachen der vierten Generation sind Datenbanksprachen wie SQL. SQL ist eine mengenorientierte, deklarative Sprache, die Sie in Kapitel 5 detailliert kennenlernen werden. SQL setzt die Operationen der relationalen Algebra in eine standardisierte Datenbanksprache um. Wegen ihrer guten Lesbarkeit können SQL-Anweisungen ohne Vorkenntnisse verstanden werden, wenn man sich auf einige Grundformen beschränkt.

Beispiel

Es sollen Rechnungen für alle Aufträge geschrieben werden. Zu diesem Zweck wird eine Datei benötigt, die alle Artikel enthält, für die Aufträge existieren, mit den zugehörigen Preisen je Auftragsposition.

Umsetzung in SQL

```
SELECT A.TNr, A.Bezeichnung, A.Verkaufspreis * B.Menge
FROM Artikel A, Auftragspositionen B
WHERE A.TNr = B.TNr;
```

An diesem Beispiel wird deutlich, dass sich in SQL das Ergebnis der Abfrage, eine Zusammenstellung der Werte aus den Relationen Artikel und Auftragspositionen, verbunden über die TNr, gut ablesen lässt. In Pascal ist die gleiche Prozedur nur mit Kenntnissen der Programmiersprache nachvollziehbar.

Umsetzung in Pascal

```
RESET (Auftragspositionen) (*öffne Datei Auftragspositionen*)
WHILE NOT EOF(Auftragspositionen) DO
BEGIN
  RESET (Artikel); (*öffne Datei Artikel*)
  WHILE NOT EOF(Artikel) DO
  BEGIN
    IF Artikel.TNr = Auftragspositionen.TNr THEN
    WRITELN(Artikel.TNr, Artikel.Bezeichnung,
                  Artikel.Verkaufspreis * Auftragspositionen.Menge)
```

```
        END;
        READLN(Artikel);
    END;
    READLN(Auftragspositionen);
END;
```

In relationalen Datenbanken wird ein SQL-Ausdruck auf einen Ausdruck der relationalen Algebra abgebildet. Die Operationen der relationalen Algebra sind intern als 3GL-Prozeduren in Bibliotheken abgelegt. Ein gewisses Grundverständnis dieses Ablaufs ist erforderlich, um zu verstehen, wie Abfragen vom Datenbanksystem optimiert werden.

4.5.2 Die Anfrageverarbeitung in einem RDBMS

In Kapitel 1 wurde im Abschnitt über Datenbankarchitektur skizziert, wie eine Anfrage von einem Datenbanksystem verarbeitet wird. In diesem Kapitel werden wir diesen Verarbeitungsschritt noch etwas detaillierter darstellen. Den Bestandteil des DBMS, der für die Anfrageoptimierung zuständig ist, nennt man auch Query-Optimizer. Die Abfolge der Anfrageverarbeitung kann man in verschiedene Schritte einteilen.

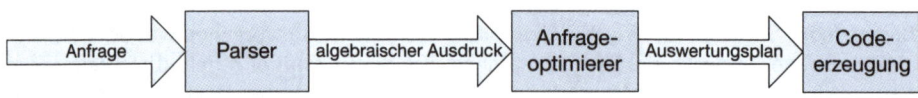

Abbildung 4.21: Anfrageverarbeitung

1. Schritt:

Parser prüfen die syntaktische und semantische Korrektheit von Programmen. Korrekte Programme werden weiterverarbeitet, fehlerhafte Programme werden zurückgewiesen. Bei der syntaktischen Korrektheit wird überprüft, ob die Syntax im Sinne einer Programmiersprache einwandfrei ist, ob z.B. alle Ausdrücke korrekt geschrieben sind und gemäß den Regeln der Syntax angewandt wurden. Zur semantischen Prüfung gehört z.B. eine Untersuchung, ob die Relationen mit ihren Attributen wie in der Abfrage formuliert in der Datenbank vorhanden sind. Anschließend wird die Abfrage auf einen **algebraischen Ausdruck** der relationalen Algebra transformiert, der das geforderte Ergebnis liefert.

2. Schritt:

Der Ausdruck der relationalen Algebra wird nach gewissen Regeln und Heuristiken, die wir im Abschnitt 4.5.3 kennenlernen werden, vom **Anfrageoptimierer** bearbeitet. Das Ergebnis ist ein Auswertungsplan.

3. Schritt:

Der **Auswertungsplan** wird in Programmaufrufe vorhandener Module aus Sprachen der dritten Generation umgesetzt. Den Operationen wie Selektion, Projektion, kartesisches Produkt und Join entsprechen verschiedene 3-GL-Programmaufrufe aus Bibliotheken. Nach der **Codeerzeugung** kann das Endprodukt zur Ausführung freigegeben werden.

Die Vorgehensweise und die damit verbundenen Probleme sollen am nachfolgenden Beispiel verdeutlicht werden:

Beispiel

Welche Kunden haben ein Rennrad bestellt?
Diese Abfrage wird durch die nachfolgende SELECT-Anweisung[20] beantwortet:

```
SELECT  K.Name
FROM    Artikel A, Auftragspositionen B, Kunden K
WHERE   A.TNr = B.TNr
AND     B.Kun_Nr = K.Kun_Nr
AND     A.Typ = 'Rennrad';
```

Die Syntaxprüfung und semantische Prüfung aus Schritt 1 der Anfrageverarbeitung ergibt keinen Fehler. Die Optimierung soll zunächst außer Acht gelassen werden, um Perfomanceabschätzungen bei verschiedenen Vorgehensweisen vorzunehmen.

1. Vorgehensweise: Kartesische Produkte als Ausgangspunkt

1. Bilde das kartesische Produkt über alle beteiligten Relationen (relationaler Operator: PRODUKT)!

2. Schränke das Produkt gemäß der WHERE-Bedingung ein (relationaler Operator: SELEKTION)!

3. Projiziere das Ergebnis auf die gewünschten Spalten (relationaler Operator: PROJEKTION)!

Abfrageergebnis als Operatorbaum

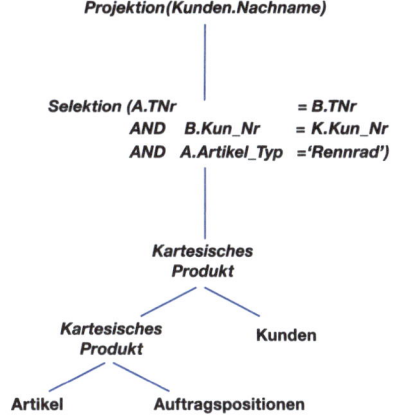

Abbildung 4.22: Operatorbaum 1

Gehen wir einmal davon aus, dass die beteiligten Tabellen etwa folgende Größenordnung haben:

Artikeltabelle	ca. 10.000 Tupel
Auftragspositionen	ca. 1.000 Tupel
Kunden	ca. 500 Tupel

---

20 vgl. Kapitel 5

Tabellengrößen, wie hier angegeben, sind auch schon bei mittleren Unternehmen üblich.

500 der 10.000 Artikel sollen Fahrräder sein. 50 der 500 Kunden haben ein Rennrad bestellt. In den Operatorbaum wurden die Zahlen der bei der Operation entstandenen Tupel eingetragen.

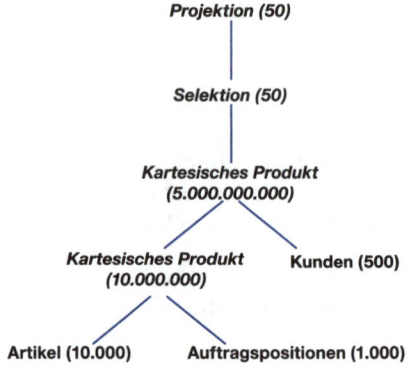

Abbildung 4.23: Operatorbaum 2

Berechnung der I/O-Zeit (Input/Output-Zeit) Bei einer Tupellänge von 200 Byte, einer Blockgröße von 2048 Byte und einer Lesezeit von 50 Blöcken in der Sekunde ergibt sich eine Zugriffszeit von **19 Jahren**.

Natürlich ist eine solche Vorgehensweise für die Praxis unbrauchbar. Eine erste Verbesserung ergibt sich durch frühzeitige Selektion. Die Tabellen werden durch die Selektionsprädikate möglichst tief im Operatorbaum, also vor Benutzung des kartesischen Produkts, verkleinert.

2. Vorgehensweise: frühzeitige Selektion Tabellen werden gemäß der WHERE-Bedingung möglichst früh eingeschränkt. Der Operatorbaum sieht dann folgendermaßen aus:

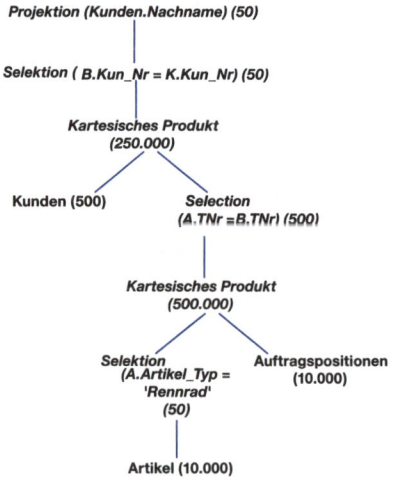

Abbildung 4.24: Operatorbaum 3

Performanceverbesserung gegenüber der ersten Vorgehensweise Die höchste Anzahl der Tupel, die verarbeitet werden muss, verringert sich von 5.000.000.000 auf
250.000 und damit die Zugriffszeit auf etwa **25 Minuten**.

Dies ist natürlich schon eine erhebliche Beschleunigung, aber leider immer noch
nicht für die Praxis verwendbar.

3. Vorgehensweise: Umformung mit JOIN-Operator Ein relationaler Ausdruck der
Form

```
SELEKTION(PRODUKT(Rel1, Rel2), Rel1.attr1 = Rel2.attr1)
```

kann auch als JOIN-Operation formuliert werden:

```
JOIN(Rel1, Rel2, Rel1.attr1 = Rel2.attr1)
```

Die Join-Operation wird dann intern als 3-GL-Prozedur gespeichert und verwendet.

Operatorbaum mit Join-Operation

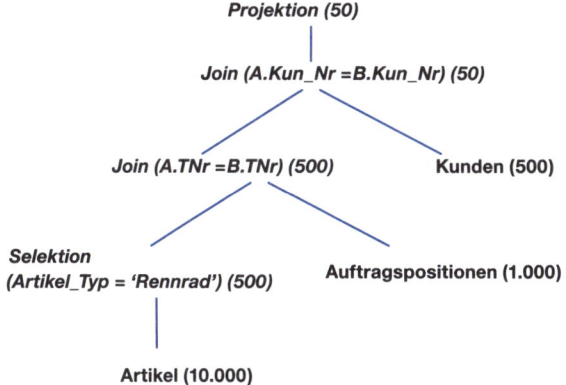

Abbildung 4.25: Operatorbaum 4

Bei dieser Vorgehensweise ist die zu verarbeitende Tupelmenge ziemlich gering, maximal 10.000, und die Zugriffszeit verringert sich auf wenige Sekunden, was auch in der
Praxis erwartet wird.

Bei der Realisierung der Join-Operation gibt es verschiedene Algorithmen, die mit
3-GL-Sprachen programmiert werden. Zur Veranschaulichung soll der Join durch Sortieren und Mischen als Beispielalgorithmus vorgestellt werden, damit man eine gewisse
Vorstellung gewinnt, wie solch eine Join-Operation realisiert wird.

Join-Operation durch Sortieren und Mischen Die Idee bei diesem Algorithmus ist die
folgende:

1. Sortiere die beiden Relationen nach den Join-Attributen.

2. Mische die Relationen ineinander und selektiere dabei die Tupel mit den gleichen Join-Attributen.

Anzahl der I/O-Operationen In unserem Beispiel hatten wir 1000 Auftragspositionen, 10.000 Artikel, also 11.000 Operationen angenommen. Es fallen noch zusätzlich
die Sortierung der Auftragspositionen und der Artikel an.

Eine Join-Operation in Pascal könnte z.B. folgendermaßen aussehen:

```
PROCEDURE SortJoin
    (Tab1, Tab2, JoinAttr1, JoinAttr2, Tab3)
    VAR Tupel1: Tab1; Tupel2: Tab2;
BEGIN
    SORT(Tab1, JoinAttr1);
    SORT(Tab2, JoinAttr2);
    RESET (Tab1); RESET (Tab2); RESET (Tab3);
    READ(Tab1, Tupel1);
    READ(Tab2, Tupel2);
    WHILE NOT EOF (Tab1) AND NOT EOF(Tab2) DO
    BEGIN
        IF JoinAttr1 < JoinAttr2 THEN
            READ(Tab1, Tupel1);
        ELSEIF JoinAttr1 > JoinAttr2 THEN
            READ(Tab2, Tupel2);
        ELSEIF JoinAttr1 = JoinAttr2 THEN
        BEGIN
            WRITE(Tab3, Tupel1, Tupel2);
            READ(Tab1, Tupel1);
            READ(Tab2, Tupel2);
        END;
    END;
    CLOSE (Tab1); CLOSE (Tab2); CLOSE (Tab3);
END
```

SORT ist dabei eine Funktion zum Sortieren der Tabelleninhalte.

Diese Vorgehensweise ergibt eine Zugriffszeit von **wenigen Sekunden**, die für den Endbenutzer zumutbar ist.

4.5.3 Anfrageoptimierung

In diesem Kapitel sollen Verfahren der Anfrageoptimierung vorgestellt werden. Man unterscheidet **logische** und **physische Anfrageoptimierung**.

Logische und physische Optimierung

Bei der **logischen Optimierung** wird ein algebraischer Ausdruck der relationalen Algebra auf einen äquivalenten Ausdruck transformiert, der weniger Laufzeit benötigt. Je weniger Datensätze die Zwischenergebnismengen haben, umso schneller ist die Anfrageauswertung.

Bei der **physischen Optimierung** wird dagegen auf unterschiedliche Implementierungen der relationalen Algebra zurückgegriffen, d.h., unter mehreren Übersetzungsmöglichkeiten wird die performanteste herausgesucht. Dabei gehen Wissen über das Datenbankschema, die Größe der einzelnen Relationen und Statistiken über die erfolgten Datenzugriffe ein.

In beiden Fällen werden bestimmte Heuristiken herangezogen, die auf Erfahrungswerten beruhen.

Logische Optimierung

Grundlage der logischen Optimierung sind Äquivalenzen in der relationalen Algebra. Die Operationen der relationalen Algebra genügen bestimmten mathematischen Rechengesetzen. Unter Ausnutzung dieser Gesetze gelangt man zu einem optimierten algebraischen Ausdruck, der äquivalent zum ursprünglichen Ausdruck in dem Sinne ist, dass er das gleiche Anfrageergebnis liefert.

Rechengesetze der relationalen Algebra

1 Kartesisches Produkt, Union, Durchschnitt und Join-Operation sind **kommutativ** (vertauschbar).

2 Kartesisches Produkt, Union, Durchschnitt und Join-Operation sind **assoziativ**, d. h., Klammern können beliebig gesetzt werden.

3 Selektionen sind untereinander in der Reihenfolge **kommutativ**.

4 Konjunktionen in einer Selektionsbedingung (UND-Verknüpfungen) können in mehrere Selektionen **aufgebrochen** werden.

5 Eine Selektion kann an einer Projektion nach unten **vorbeigeschoben** werden, falls die Projektion keine Attribute aus der Selektionsbedingung entfernt.

6 Eine Selektion kann an einer Join-Operation (oder an einem kartesischen Produkt) nach unten **vorbeigeschoben** werden, falls sie nur Attribute einer der beiden Relationen verwendet.

7 Projektionen können auf äquivalente Weise zu 5. und 6. **verschoben** werden.

8 Eine Selektion und ein Kreuzprodukt können zu einem Join **zusammengefasst** werden, wenn die Selektionsbedingung eine Join-Bedingung ist.

Mithilfe dieser Rechengesetze lassen sich **Heuristiken** aufstellen, wie eine algebraische Optimierung erfolgen kann. Die Grundidee ist, die vorgestellten Rechenregeln der relationalen Algebra so anzuwenden, dass die Zwischenergebnisse möglichst wenig Tupel enthalten.

Heuristiken der logischen Optimierung[21]

1 Konjunktionen in Selektionen werden gemäß Regel 4 in einzelne Selektionen aufgebrochen.

2 Selektionen werden im Operatorbaum so weit wie möglich nach unten verschoben, um sie möglichst frühzeitig auszuführen (Anwendung von Regel 6).

3 Selektionen und kartesische Produkte werden zu Join-Operationen zusammengefasst (Regel 8).

4 Die Reihenfolge der Join-Operationen wird so festgelegt, dass möglichst kleine Zwischenergebnisse entstehen.

---

21 vgl. [Kemper et al. 2004] und [Härder et al. 1999]

5 Die Projektionen werden möglichst weit nach unten im Operatorbaum verschoben. Dazu kann das Einfügen weiterer Projektionen notwendig sein (Regel 7).

6 Bei Mengenoperationen werden immer zuerst die kleinsten Relationen berücksichtigt.

In unserem früheren Beispiel eines Operatorbaums sind schon einige der obigen Heuristiken angewandt worden:

```
SELECT   A.TNr, A.Bezeichnung, A.Verkaufspreis * B.Menge
FROM     Artikel A, Auftragspositionen B
WHERE    A.TNr = B.TNr;
```

Der Operatorbaum mit dem besten Laufzeitverhalten war der aus ▶ Abbildung 4.25.

Es wurden folgende Heuristiken angewandt:

- Die Selektionen wurden aufgebrochen.
- Selektion und kartesisches Produkt wurden durch Join-Operationen ersetzt.
- Die Zwischentabellen wurden möglichst klein gehalten, da die Artikeltabelle als Tabelle mit den meisten Tupeln frühzeitig verkleinert wurde.
- Möglicherweise ließe sich das Laufzeitverhalten noch verbessern, wenn man die Projektion im Operatorbaum weiter nach unten schiebt.

Zum besseren Verständnis sollen noch zwei weitere Beispiele (Operatorbäume) behandelt werden.

Beispiel 1

Welche vorrätigen Materialien werden von Lieferanten aus Dortmund geliefert?
  Die Selektion auf die Teiletabelle beschränkt die Datensätze auf die vorrätigen Materialien. Von den Teilen kann man nur über den Umweg der Lieferung zu dem zugehörigen Lieferanten kommen (zwei Natural-Joins). Die abschließende Projektion beschränkt die Anzeige auf die gewünschten Spalten.

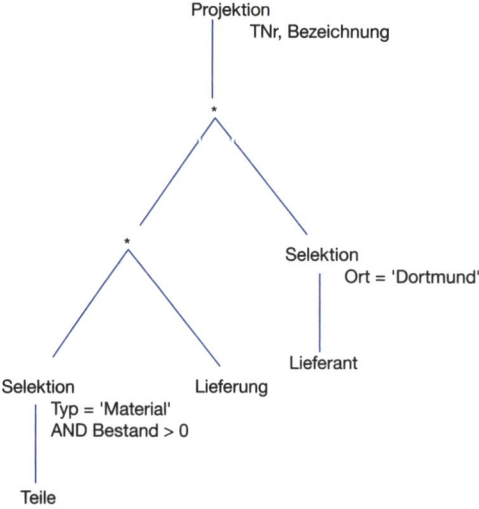

Abbildung 4.26: Operatorbaum 5

Beispiel 2

Welche Kunden aus Köln haben Produkte von Lieferanten aus Dortmund bestellt? Geben Sie Nachnamen und Vornamen der Kunden aus!

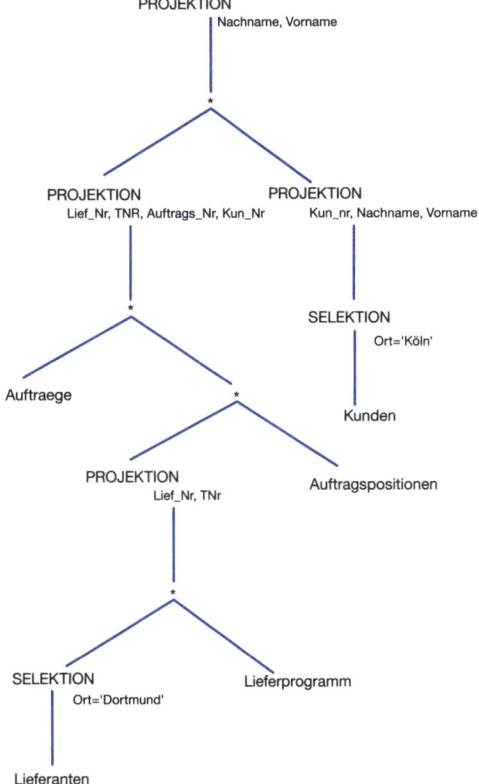

PROJEKTION
Nachname, Vorname

PROJEKTION
Lief_Nr, TNR, Auftrags_Nr, Kun_Nr

PROJEKTION
Kun_nr, Nachname, Vorname

SELEKTION
Ort='Köln'

Auftraege

Kunden

PROJEKTION
Lief_Nr, TNr

Auftragspositionen

SELEKTION
Ort='Dortmund'

Lieferprogramm

Lieferanten

Abbildung 4.27: Operatorbaum 6

Für die Verbindung von den Dortmunder Lieferanten (Selektion (Ort='Dortmund')) zu den Gummersbacher Kunden wird das Lieferprogramm mit der Teilenummer TNr benötigt, mit der dann die Auftragspositionen verknüpft werden, damit man auf die Aufträge mit der Kundennummer Kun_Nr zugreifen kann. Da aber Nach- und Vorname des Kunden angezeigt werden sollen, müssen noch die Kundendaten verknüpft werden. Weil nur die Kölner Kunden gewünscht sind, wird die Selektion (Ort='Köln') durchgeführt. Obwohl nur Nach- und Vorname angezeigt werden sollen, wird in der vorgezogenen Projektion auch noch die Kun_Nr berücksichtigt. Die Kun_Nr ist zwar für die Ausgabe irrelevant, sie wird jedoch unbedingt für den Natural Join mit den Kundennummern der Kunden, die von Dortmunder Lieferanten betreut werden, gebraucht. Bei diesen Operatorbäumen wurden folgende Heuristiken angewandt: Regel 5, Regel 7 und Regel 4.

Klar ist, dass die Komplexität einer solchen Anfrageoptimierung mit der Anzahl der Tabellen und der Anzahl der implementierten Algorithmen, z.B. für den Join-Operator, exponentiell steigt. Bei einer Anfrage mit etwa sechs Tabellen und drei Implementierungen des Join-Operators können leicht sechsstellige Anzahlen von unterschied-lichen Operatorbäumen zustande kommen, unter denen das DBMS auswählen kann.

Neben der algebraischen Optimierung spielt noch die physikalische Optimierung eine wesentliche Rolle.

Physikalische Optimierung berücksichtigt:

- das Vorhandensein von Schlüsseln,
- Größe und Auslastung des Hauptspeichers,
- Informationen über die Verteilung der Daten in den betroffenen Tabellen und
- Statistiken über die erfolgten Datenzugriffe.

Aufgrund dieser Informationen und der implementierten Algorithmen, insbesondere für die Join-Operation, erstellt das DBMS einen endgültigen, möglichst optimalen Operatorbaum (englisch: Query-Execution-Plan), einschließlich der Zuweisung der einzusetzenden Join-Operationen und der Reihenfolge, in der die einzelnen Tabellen einbezogen werden.

Dieser Plan kann bei professionellen Datenbanksystemen auch grafisch als Opera-torbaum ausgegeben werden.

ZUSAMMENFASSUNG

Grundlagen (relationale Algebra, Datenintegrität, Schlüsselbegriffe, funktionale Abhängigkeiten und Normalformen) des relationalen Datenmodells dienen als Präzisierung der Entwurfsphase einer relationalen Datenbank. Sie wurden daher in diesem Kapitel in den wesentlichen Zügen vorgestellt und auf die Anfrageoptimierung angewendet. Allerdings haben wir uns auf die dritte Normalform beschränkt und auch das Relationenkalkül wurde nicht behandelt. Es wurden auch keinerlei mathematische Beweise geführt, allerdings großer Wert auf eine exakte Definition der benutzten Begriffe gelegt. Es wurde detailliert dargelegt, wie der Transformationsprozess vom konzeptionellen ER-Modell auf ein relationales Datenbankschema funktioniert, einschließlich einer Normalisierung der entstandenen Relationen.

Weiterführende Literatur

Weitergehende Konzepte der Normalisierung wie die Boyce-Codd-Normalform und mathematische Beweise aus der relationalen Algebra findet der interessierte Leser z.B. in [Kemper 2006] und [Elmasri et al. 2002] oder auch [Heuer et al. 2000]. Alle drei Datenbankbücher behandeln diese theoretischen Aspekte in vertiefter Weise.

Übungsaufgaben

Aufgaben zur relationalen Algebra

1 a. Bilden Sie das kartesische Produkt der Relationen „Artikel" und „Auftragspositionen" aus der Beispieldatenbank Byce & Co. Welche Attribute hat die Ergebnisrelation? Wie viele Tupel hat die bei dieser Operation entstandene Menge?

b. Bilden Sie das kartesische Produkt der Relation „Geh_Klassen" mit sich selbst! Welche Attribute hat die Ergebnisrelation? Wie viele Tupel hat die bei dieser Operation entstandene Menge?

2 Formulieren Sie folgende Anfragen an die Fahrraddatenbank Byce & Co. in der relationalen Algebra als Operatorbaum und geben Sie jeweils die Ergebnismenge bezogen auf die Beispieldatenbank an!

a. Bestimmen Sie alle Angestellten aus der Abteilung mit Abt_Nr = 2, die weniger als 2000 € verdienen!

b. Bestimmen Sie alle Mountainbikes, die weniger als 2000 € kosten oder einen Jahresumsatz von weniger als 100 Stück hatten!

c. Bestimmen Sie alle Artikeltypen!

d. Welchen Namen hat die Abteilung mit der Abteilungsnummer Abt_Nr = 2?

e. Welche Materialien werden von Lieferanten aus Dortmund geliefert?

f. Welche Bauteile sind im Mountainbike „Rocky Mountain Element Race Typ 1", TNr = 1 enthalten? (Auflösung über eine Stufe!)

g. Welche Bauteile sind im Mountainbike „Rocky Mountain Element Race Typ 1", TNr = 1 enthalten? (Auflösung über zwei Stufen!)

h. In welchen Teilen findet die Nabe Inferno (TNr = 42) Verwendung? (Auflösung über zwei Stufen!)

i. Welche Kunden haben alle Artikel vom Typ Mountainbike bestellt?

j. Welche Artikel sind in allen Lagern vorhanden?

3 Formulieren Sie folgende Anfragen an die Fahrraddatenbank Byce & Co. in der relationalen Algebra als Operatorbaum und geben Sie jeweils die Ergebnismenge bezogen auf die Beispieldatenbank an!

a. Welche Kunden aus Köln werden von Angestellten aus Gummersbach betreut?

b. Welche Kunden haben mindestens einen Artikel bestellt, den auch Herr Bernhardt Falk bestellt hat?

c. Listen Sie Namen, Gehalt und Abteilungsnamen der Informatiker auf, die in Dortmund beschäftigt sind!

d. In welchen Abteilungen sind alle Berufe der Unternehmung vertreten?

e. Finden Sie die Abteilungsnummern von Abteilungen in Dortmund, in denen es Angestellte gibt, die weniger als 2000 € verdienen!

f. Finden Sie die Namen der Angestellten, die den gleichen Beruf und das gleiche Gehalt wie der Angestellte Paul Frisch haben.

4 Beantworten Sie die folgenden Fragen in der relationalen Algebra als Operatorbaum, falls möglich. Sollte sich die Frage nicht mittels der relationalen Algebra als Operatorbaum beantworten lassen, begründen Sie bitte, wieso! Die Fragen beziehen sich auf die Rollo-Datenbank.

a. Welche Nation (Nationname, Gesamtzahl der gelben bzw. roten Karten) hat genauso viele gelbe wie rote Karten im Viertelfinale bekommen?

b. Welcher Spieler (Nachname, Vorname, Geburtsdatum) in der Spielgruppe A hat noch keine Tore geschossen?

c. Welcher Spieler (Nachname, Vorname) hat die meisten Tore geliefert?

d. Welche Nation hat weniger als 22 Spieler beschäftigt?

e. Welche Spieler haben ausschließlich Tore in der 1. Halbzeit geschossen?

f. Welche Nation (Nationname, Trainername) hat alle Spiele in der Vorrunde verloren?

5 Welche der folgenden Relationen T1, T2, T3 und T4 sind das Ergebnis der Division R÷S?

R		S	T1	T2	T3	T4
SP1	SP2	SP2	SP2	SP1	SP1	SP1
X	1	2	2	Y	Y	X
X	2	3	3	Z		Y
Y	3					Z
Y	2					
Z	2					
Z	3					
Z	4					

6 Betrachten Sie die beiden Relationen R und S.

R		S	
SP1	SP2	SP3	SP4
X	1	A	1
Y	2	C	3
Z	1		

Ordnen Sie die relationalen Operationen Selektion, Projektion, Vereinigung, Durchschnitt, Differenz, Kartesisches Produkt, Natural-Join, Theta-Join, Equi-Join und Division den nachfolgenden Ergebnismengen zu, indem Sie den Operatornamen angeben, der dieses Ergebnis hat, inklusive eventuell notwendiger Selektionsbedingungen und Projektionsspalten.

a)

SP1	SP2
X	1
Z	1

b)

SP1	SP2
X	1
Y	2
Z	1
A	2
C	3

c)

SP1	SP2	SP3	SP4
X	1	A	1
Y	2	A	1
Z	1	A	1
X	1	C	3
Y	2	C	3
Z	1	C	3

d)

SP1	SP2	SP3	SP4
X	1	A	1
Z	1	A	1

e)

SP1	SP2	SP3
X	1	A
Z	1	A

Aufgaben zu funktionalen Abhängigkeiten und Normalformen

7 Gegeben sei die Relation „Fabrikation"
Fabrikation (ProduktNr, ProduktName, MaschinenNr, MaschinenName, MitarbeiterNr, Mitarbeitername, Produktionszeit, Arbeitszeit)
mit den folgenden Bedingungen:

- Die Herstellung eines bestimmten Produkts erfordert genau eine vorgegebene Maschine, die für dieses Produkt am besten geeignet ist.
- Mit jeder Maschine können jedoch mehrere Produkte erzeugt werden.
- Für jedes Produkt gibt es genau einen verantwortlichen Mitarbeiter.
- Jede Maschine ist einem bestimmten Mitarbeiter zugeordnet.
- Es gibt Mitarbeiter, die mehreren Maschinen zugeordnet sind.
- Die Produktionszeit ist die Zeit, die für ein Produkt auf einer bestimmten Maschine notwendig ist.
- Die Arbeitszeit ist die durchschnittliche Arbeitszeit, die ein bestimmter Mitarbeiter täglich an einer Maschine verbringt!

　a. Welche funktionalen Abhängigkeiten finden Sie?

　b. Welche Attributkombinationen sind eindeutige Schlüssel?

8 Betrachten Sie die folgende, in einem Krankenhaus geführte Tabelle:

S-Nr	Station	Z-Nr	Anzahl Betten	P-Nr	Name Patient	V-Name Patient	Krank-heit	Name Arzt	V-Name Arzt	Name Pfleger	V-Name Pfleger
1	Medizin	1	2	1	Maier	Hans	Blinddarm	Mann	Heinz	Brahms	Hilde
1	Medizin	1	2	2	Schmid	Peter	Beinbruch	Mann	Heinz	Brahms	Hilde
1	Medizin	1	2	2	Schmid	Peter	Armbruch	Wald	Hugo	Rufe	Anna
1	Medizin	2	1	3	Josch	Hugo	Herzinfarkt	Hase	Willi	Brahms	Hilde
2	Augen	1	2	4	Wein	Berta	Grauer Star	Wilms	Otto	Saga	Udo
2	Augen	1	2	5	Hein	Hanna	Netzhaut	Wilms	Otto	Saga	Udo
2	Augen	2	1	6	Fisch	Olga	Grüner Star	Wilms	Otto	Meier	Anna
2	Augen	2	1	6	Fisch	Olga	Purma	Wilms	Otto	Meier	Anna

wobei P-Nr = PatientenNr, S-Nr = StationsNr und Z-Nr = ZimmerNr ist.

a. Welche funktionalen Abhängigkeiten finden Sie?

b. Welche Attributkombinationen sind eindeutige Schlüssel?

9 Welche Tupel müssen in der folgenden Relation gelöscht werden, damit A →B (bzw. A →C) gilt?

A	B	C
x	U	m
x	U	n
x	U	o
x	R	n
y	U	r
y	R	s
y	U	s
y	R	r
z	U	t
z	U	t

10 Überführen Sie die Relation aus Aufgabe 7 in die 2NF und die 3NF.

11 Überführen Sie die Relation aus Aufgabe 8 in die 2NF und die 3NF.

12 In der Datenbank eines Sportvereins werden einige persönliche Daten der Nutzer (Pseudonym, Alter ...) sowie die Leistung des Nutzers in der belegten Sportart (Fußball, Yoga etc.) festgehalten, wobei ein Nutzer verschiedene Sportarten betreiben kann.

Nutzer_Id	Pseudonym	Alter	Sport_Id	Sport	Leistung
101	Fritz1234	25	1	Fußball	Anfänger
102	Heinz4578	26	1	Fußball	Fortgeschritten
102	Heinz4578	26	2	Yoga	Anfänger
103	Anna67	23	3	Tanzen	Profi

a. Welche funktionalen Abhängigkeiten finden Sie?

b. Welcher Primärschlüssel kann für obige Tabelle definiert werden?

c. In welcher NF ist diese Tabelle? Begründen Sie Ihre Antwort!

d. Bringen Sie die Relation <u>stufenweise</u> in die noch fehlende(n) Normalform(en)!

e. Zeichnen Sie ein ER-Diagramm des Sportvereins!

13 Es sind die Mitgliederdaten eines Informatikvereins gegeben. Ein Vereinsmitglied kann Mitglied in verschiedenen Fachgruppen sein und gehört einer Beitragsgruppe (BG) an. Jede Fachgruppe (FG) hat einen Fachgruppensprecher. Der Verein gibt mehrere Zeitungen heraus, die von einem Mitglied wahlweise abonniert werden können. Jede Fachgruppe hingegen gibt genau ein Informationsblatt heraus, das automatisch von allen Fachgruppenmitgliedern bezogen wird. Ein Mitglied kann verschiedene Veranstaltungen buchen. Diese Veranstaltungen werden jeweils von einer oder mehreren Fachgruppen organisiert. Im Verein wird folgende Tabelle geführt:

Name	Adresse	BG	FG	Vereins-zeitung	FG-Zeitung	M.-Nr	FG-Sprecher	Gebuchte Veranstalt.	Zeit	organ. FG
Anton Müller	Köln	I	DB, SE, KI	Computer-Woche	DBWorld, SE-News, KIWorld	1	1, 2, 4	DB-Tage	01.–03. 06.02	DB
								SE/KI-Sympo-sium	15.–18. 03.02	SE/KI
Emil Meier	München	II	DB	IT, LogIn	DBWorld	2	1			
Erna Schmitt	Berlin	V	KI	LogIn	KIWorld	3	4	DB-Tage	01. –03. 06.02	DB
Else Bäcker	Hamburg	I	KI, DB	Computer-Woche	KIWorld, DBWorld	4	4, 1			

a. Welche funktionalen Abhängigkeiten finden Sie?

b. Welcher Primärschlüssel kann für obige Tabelle definiert werden?

c. In welcher NF ist diese Tabelle? Begründen Sie Ihre Antwort!

d. Bringen Sie die Relation <u>stufenweise</u> in die noch fehlende(n) Normalform(en)!

e. Zeichnen Sie ein ER-Diagramm des Informatikvereins!

14 Die Autohändlerin Frau Weber möchte ihren Bestand an Gebrauchtwagen in einem relationalen Datenbanksystem organisieren. Die Analyse ergibt eine ganze Liste zu speichernder Informationen für jedes Fahrzeug, die Frau Weber direkt in eine Tabelle umsetzt. Jedes Fahrzeug ist durch die FZNr identifiziert. Bei Fahrzeugen des gleichen Modells sind der Hersteller, der Neupreis, der Typ und die PS-Zahl übereinstimmend. Sofort beginnt sie mit der Erfassung ihrer Daten und erhält die folgende Relation „Autos":

MNr	HNr	Hersteller	Typ	Neupreis	Verkaufspreis	PS	FZNr	Baujahr	km	Einkaufspreis
1	1	Opel	Kadett	18.000	13.000	60	K674	1999	10.000	12.000
1	1	Opel	Kadett	18.000	12.000	60	K634	1998	34.000	9.000
2	1	Opel	Vectra	25.000	18.000	90	V459	1990	15.000	17.000
3	1	Opel	Omega	30.000	22.000	110	O634	1997	45.000	15.000
4	2	VW	Golf	25.000	21.000	90	G789	1991	11.000	16.000
4	2	VW	Golf	25.000	16.000	90	G713	1991	31.000	13.000
5	2	VW	Golf	28.000	19.000	105	G762	1992	28.000	17.000
6	2	VW	Polo	19.000	10.000	60	K635	1996	71.000	8.000

Abkürzungen: MNR = Modell-Nr, HNr = Hersteller-Nr, FZNr = Fahrzeug-Nr

Nach kurzer Zeit stellt Frau Weber fest, dass ihr die neue Datenbank nicht so recht Freude bereitet, die Datenmodellierung scheint nicht gut durchdacht. Können Sie Frau Weber helfen?

a. Welche funktionalen Abhängigkeiten finden Sie?

b. Welcher Primärschlüssel kann für obige Tabelle definiert werden?

c. In welcher NF ist diese Tabelle? Begründen Sie Ihre Antwort!

d. Bringen Sie die Relation <u>stufenweise</u> in die noch fehlende(n) Normalform(en)!

e. Zeichnen Sie ein ER-Diagramm des Datenmodells!

15   Betrachten Sie folgende Tabelle eines Buchhändlers:

Buchtitel	ISBN_Nr	Autor-name	Geburts-datum	Buchtyp	Preis	Verlags-name	Ort	Jahr
Vor dem Frost	3423208317	Henning Mankell	22.01.1935	Krimi	20,80	DTV	München	2006
Vor dem Frost	3423208317	Wolfgang Butt	22.09.1945	Krimi	20,80	DTV	München	2006
Mittsommer-mord	3423205202	Wolfgang Butt	22.09.1945	Krimi	9,90	DTV	München	2006
Mittsommer-mord	3423205202	Henning Mankell	22.01.1935	Krimi	9,90	DTV	München	2006
Der Weg des Feuers Osiris	3809025089	Christian Jacq	19.05.1950	Roman	25,90	Limes	Köln	2006
Thai Küche	3625111640	Cornelia Zingerling-Haller	20.10.1960	Kochbuch	4,95	Naumann & Göbel	Frankfurt	2005
Thai Küche	3625888886	Wolfgang Schüler	01.01.1969	Kochbuch	14,95	GU	Berlin	2003

Dabei ist zu beachten:

Das Geburtsdatum ist das Geburtsdatum des Autors, der Ort ist der Ort des Verlags. Ein Buch hat neben der ISBN-Nummer genau einen Buchtitel, einen Buchtyp, einen Preis, einen Verlagsnamen und ein (Erscheinungs-)Jahr, aber mehrere Autoren.

a. Welche funktionalen Abhängigkeiten finden Sie?

b. Welcher Primärschlüssel kann für obige Tabelle definiert werden?

c. In welcher Normalform ist diese Tabelle? Begründen Sie Ihre Antwort.

d. Bringen Sie die Relation stufenweise in die noch fehlende(n) Normalform(en)!

e. Zeichnen Sie ein ER-Diagramm des Buchhändlers!

16   Betrachten Sie die folgende Tabelle einer Seminarorganisation:

Veranstal-tungs_Nr	Veranstal-tungsname	Personal_Nr	Name	Skript_Nr	Skript_Preis	Anzahl
112	Englisch	198	Schulz	2	25	4
112	Englisch	237	Lange	9	44	5
112	Englisch	11	Meyer	2	25	4
202	Spanisch	198	Schulz	4	22	9

Es wird beschrieben, welche Personen in ihren Veranstaltungen Skripten in welcher Anzahl verkaufen.

a. Bestimmen Sie alle funktionalen Abhängigkeiten!

b. Legen Sie einen eindeutigen Schlüssel fest!

c. Bringen Sie das Schema in die zweite Normalform! (Tabellen mit Inhalt auflisten)

d. Bringen Sie das Schema in die dritte Normalform!

e. Zeichnen Sie ein ER-Diagramm des Schemas in der dritten Normalform!

Hinweis zu allen Aufgaben dieses Kapitels: Für eine gegebenenfalls zu erstellende erste, zweite und dritte Normalform sind die Ergebnistabellen mit ihren Attributen und Primärschlüsseln anzugeben.

Aufgaben zur Überführung eines konzeptionellen Schemas in ein Datenbankschema

17 Bilden Sie das ER-Modell Rollo aus Aufgabe 9 in Kapitel 3 auf ein relationales Datenbankschema ab.

18 Bilden Sie das ER-Modell des Zuginformationssystems (mit ternärer Beziehung) aus Aufgabe 10 in Kapitel 3 auf ein relationales Datenbankschema ab.

19 Bilden Sie das ER-Modell des Zuginformationssystems (mit ternärer Beziehung) aus Aufgabe 8 in Kapitel 3 auf ein relationales Datenbankschema ab!

a. der virtuellen Fragmentierung,

b. der vertikalen Fragmentierung,

c. der horizontalen Fragmentierung

auf ein relationales Datenmodell ab!

Aufgaben zur Anfrageoptimierung

20 Erstellen Sie einen möglichst laufzeitoptimierten Operatorbaum für die folgende Anfrage:

Finde die Namen der Angestellten, die den gleichen Beruf und das gleiche Gehalt wie der Angestellte Paul Frisch haben!

21 Es seien die folgenden Relationen gegeben:

Abteilungen (<u>Abt_Nr</u>, Leiter, Abt_Name, Ort, Budget ...)

Angestellte (<u>Ang_Nr</u>, Abt_Nr, Beruf, Nachname, Vorname, Strasse, Ort)

Projekte (<u>Proj_Nr</u>, Bezeichnung, Kundennr, Leiter, von, bis, Preis, Kosten)

Optimieren Sie nachfolgenden Operatorbaum gemäß den Heuristiken der logischen Optimierung:

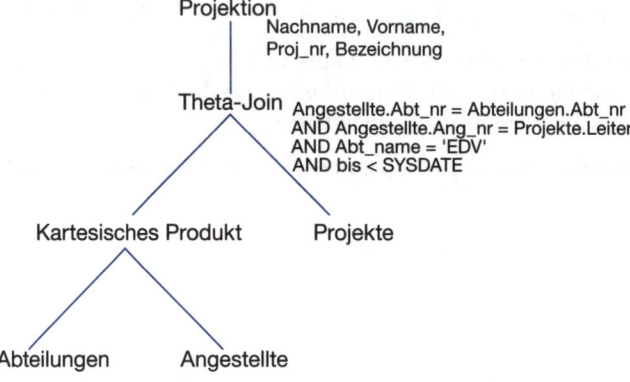

Abbildung 4.28: Operatorbaum zur Aufgabe 22

Weitere Kontrollfragen zu diesem Kapitel finden Sie unter der Companion-Webseite des Pearson-Verlages *http://www.pearson-studium.de/* auf der Begleitseite unseres Buches. Wählen Sie dort bitte im Multiple-Choice-Test das Fach „DBS" und den Punkt „Kapitel4/Relationale Algebra" oder „Kapitel4/Normalformen" aus.

Die Datenbanksprache SQL2003: relationale Bestandteile (Implementierungsphase)

5

ÜBERBLICK

» In diesem Kapitel bewegen wir uns in unserem Vorgehensmodell weiter zur Implementierungsphase mittels SQL, einer gerade für die praktische Anwendung von Datenbanksystemen enorm wichtigen Sprache, ohne die kein Datenbankentwickler auskommt. SQL wird in allen Datenbankanwendungen verwendet, die einen relationalen Kern haben – unabhängig davon, in welcher Programmiersprache sie letztendlich geschrieben sind. Wir haben SQL gemäß dem aktuellen SQL2003-Standard dargestellt, allerdings nur in Ausschnitten, da eine vollständige Übersicht den Rahmen dieses Buchs bei weitem sprengen würde. So hat der aktuelle SQL2003-Standard schon über 3000 Seiten, während der SQL1-Standard von 1989 noch mit 120 Seiten auskam. Das Verhältnis der Computerindustrie zu diesem Standard ist zwiespältig. Die einzelnen Anbieter sind im Allgemeinen zwar in großen Bereichen zum Standard kompatibel, aber es gibt immer noch Standardfunktionalitäten, die seit Jahren in der Praxis nicht umgesetzt wurden. Andererseits werden vielfach Erweiterungen angeboten, die zwar nicht standardisiert sind, aber in der Praxis benötigt werden. Die Implementierungen der einzelnen Hersteller unterscheiden sich allerdings nicht so stark, dass es große Schwierigkeiten bereitet, von einem System auf ein anderes umzusteigen. Da wir im praktischen Teil dieses Buchs die Datenbanksysteme Oracle und MySQL im Vergleich verwenden, beziehen sich die Erweiterungen über den SQL-Standard hinaus auf diese beiden Datenbanksysteme. Das trifft insbesondere auf Datentypen, gespeicherte Routinen und objektrelationale Erweiterungen zu. Herstellerspezifische Erweiterungen werden als solche markiert, wir werden uns aber soweit wie möglich an den Standard halten, um den Umstieg auf eine andere Datenbank zu erleichtern. Getestet wurden die einzelnen Anweisungen unter Oracle und MySQL. Die jeweils herstellerspezifischen Besonderheiten werden in eigenen Kapiteln herausgearbeitet.

Inhalt dieses Kapitels sind Grundlagen von SQL, die man zur Datendefinition, Datenmanipulation und zum Suchen benötigt. Mit den objektrelationalen Erweiterungen und der Anbindung von SQL-Datenbanken an Java (SQLJ und JDBC) beschäftigen wir uns in Kapitel 6, gespeicherte Routinen und Datenbanktrigger sind das Thema in Kapitel 7, Transaktionen werden ausführlich in Kapitel 8 beschrieben. Wegen der großen praktischen Relevanz des SQL-Themas ist hier die Bedeutung der umfangreichen Übungsaufgaben hervorzuheben, die neben den auch in den anderen Kapiteln angebotenen Multiple-Choice-Fragen noch einen eigenen SQL-Trainer beinhalten. Mit dem SQL-Trainer können zufällig ausgewählte SQL-Aufgaben aus verschiedenen Datenbankschemata gelöst werden. Die eigene Lösung wird mit dem Ergebnis der Musteranfrage verglichen und bewertet. Den SQL-Trainer finden Sie ebenso wie den Multiple-Choice-Test über die «

CWS-Seite des Verlages.

Ziele

Nach Durcharbeiten dieses Kapitels und dem Lösen der Übungsaufgaben werden Sie in der Lage sein,

- das SQL-Datenmodell mit seinen Basisdatentypen und Typkonstruktoren anzuwenden,

- Tabellen, Views, Indizes, Sequenzen und andere Datenbankobjekte anzulegen, zu ändern und zu löschen,

- Daten in Tabellen anzulegen, zu ändern und zu löschen,

- den Unterschied zwischen virtuellen und materialisierten Views zu verstehen,

- einfache und komplexe Anfragen in SQL zu formulieren, unter anderem Unterabfragen, auch mit WITH-Klausel, Abfragen mit verschiedenen Join-Operatoren und rekursive Anfragen,

- den Zusammenhang zwischen SQL und den Objekten der relationalen Algebra zu verstehen,

- Datenintegrität unter SQL zu verstehen und Integritätsprüfungen durchzuführen,

- Benutzerrechte zu verwalten,

- das Data Dictionary von Oracle und MySQL zu benutzen sowie

- Unterschiede in der SQL-Syntax beim Standard 2003 und den Oracle-SQL- und MySQL-Dialekten zu beurteilen.

5.1 Einführung in SQL

5.1.1 Historisches

1970 schrieb E.F. Codd seinen grundlegenden Artikel „A relational model of data for large data banks" in den Comm. ACM[1], der als Grundlage für das relationale Datenmodell und die relationale Algebra angesehen werden kann. Damals gab es schon erste Überlegungen, wie man diese Ideen und Modelle eines relationalen Systems implementieren könnte. Vorläufer der Sprache SQL war die Sprache SEQUEL, die bei der IBM im Rahmen des Projekts System R entwickelt wurde. 1981 gelangte diese Sprache mit SQL/Data Systems erstmalig auf den Markt. Schon bald folgten andere Datenbanksysteme, u.a. DB2 und Oracle. Der Ansatz der IBM setzte sich wegen seiner Mächtigkeit letztendlich durch. 1980 begannen die Arbeiten am ersten Standard, bekannt unter SQL1, der 1986 von der ANSI[2] und 1989 von der ISO[3]-Behörde verabschiedet wurde. SQL hat sich im Laufe der Zeit zu einer sehr umfangreichen Datenbanksprache entwickelt, die in den verschiedenen ANSI-SQL-Standards SQL1 (1986), SQL2 (1991-1992) und SQL3 (1999-2003) beschrieben wird. Da sich die Veröffentlichung der 3. Version von 1999 bis 2003 hingezogen hat, verwenden wir die Schreibweise SQL2003, um zu verdeutlichen, dass wir uns immer auf die letzte Version beziehen.

---

1 vgl. [Codd 1970]
2 ANSI – American National Standards Institute: *http://www.ansi.org/*, 10.12.2006
3 ISO – International Organisation for Standardization. Ein Verbund von nationalen Standardisierungsorganisationen aus 157 Ländern: *http://www.iso.org*, 10.12. 2006

Die Sprachbestandteile von SQL1

- Datendefinitionssprache (Data Definition Language, DDL) mit den Anweisungen CREATE TABLE, CREATE VIEW etc.

- Sprache zur Definition von Speicherstrukturen, Benutzerrechten und anderen Verwaltungsaufgaben (Data Storage Definition Language, DSDL, und Data Administration Language, DAL) mit den Anweisungen COMMIT, ROLLBACK, GRANT und REVOKE

- Datenmanipulationssprache (Data Manipulation Language, DML) mit den Anweisungen INSERT, UPDATE und DELETE

- Datenabfragesprache (Data Query Language, DQL) mit Varianten der SELECT-Anweisung

Die Sprachbestandteile von SQL2

1991 wurde ein weiterer SQL-Standard, SQL2, verabschiedet, der z.B. die Domänen, einige neue Datentypen (BLOBS, VARCHAR, DATE, TIME, TIMESTAMP, BOOLEAN) sowie die Veränderungen von Tabellen mit ALTER TABLE und Transaktionen zum Inhalt hat. Auch die Möglichkeit, Integritätsprüfungen vorzunehmen, gab es schon. Dazu gehören die Vereinbarung von CHECK-Klauseln, um Gültigkeitsprüfungen für einzufügende Werte vorzunehmen und das Festlegen von Primärschlüsseln, Fremdschlüsseln und Zweitschlüsseln. In der DQL-Sprache wurden die verschiedenen JOIN-Operatoren (INNER-JOIN, OUTER-JOIN) ergänzt. Die meisten Datenbanksysteme unterstützen bis heute diesen Standard nicht vollständig, andererseits gehen sie in vielen Punkten weit über den Standard hinaus.

Der SQL2003-Standard

Neuerungen in SQL2003 sind insbesondere:

- Neue Datentypen: BIGINT und XML-Typ (als völlig neuer Bestandteil)
- Generierte Spalten und Sequenzgeneratoren (CREATE SEQUENCE)
- Generierte Tabellen mit CREATE TABLE AS SELECT und CREATE TABLE LIKE
- Tabellenwertige Funktionen, d.h. persistent gespeicherte Funktionen, die als Rückgabewert eine Tabelle haben
- Der MERGE-Operator, um Tabelleninhalte zu verschmelzen
- SQLJ und JDBC.3.0 (teilweise schon in SQL1999)
- Objektrelationale Erweiterungen (benutzerdefinierte Typen schon in SQL1999) und insbesondere der Kollektionstyp MULTISET in SQL 2003
- Definition von Stored Procedures und Datenbanktriggern (PSM, Persistent Storage Modules) schon in SQL1999
- SUBQUERYS in CHECK-Bedingungen und ASSERTIONS (SQL1999)

5.1.2   Das SQL-Datenmodell und die Implementierungsphase

Verglichen mit dem relationalen Datenmodell aus Kapitel 4 gibt es bei SQL nur eine wesentliche Erweiterung: Der Typkonstruktor SET wird durch den Typkonstruktor MULTISET ausgetauscht. Damit ist nicht der neue Typkonstruktor unter SQL2003 gemeint, der als objektrelationale Erweiterung in Kapitel 6 beschrieben wird, sondern einfach nur die Tatsache, dass in SQL-Tabellen auch Duplikate erlaubt sind. Nach Türker lässt sich das SQL-Datenmodell dann gegenüber der ▶ Abbildung 4.2 auf Seite 125 folgendermaßen grafisch darstellen:

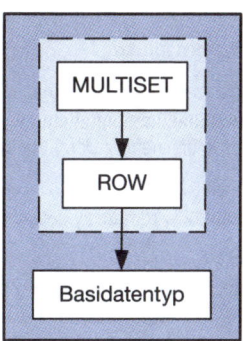

Abbildung 5.1: Relationenmodell als Datenmodell[4]

Die Tabellen sind in dieser Grafik als MULTISET(ROW(Basisdatentyp)) definiert. Die einzigen Typkonstruktoren sind also ROW und MULTISET. Die Typkonstruktionsregel MULTISET(ROW(Basisdatentyp)) gibt an, dass man MULTISET auf ROW anwenden kann und ROW auf die Basisdatentypen. Andere Typkonstruktionsregeln sind nicht zulässig. Die Basisdatentypen werden detailliert in Kapitel 5.2 vorgestellt. Der Einstiegspunkt in die Datenbank ist die gestrichelte Linie. Objektrelationale Erweiterungen mit dem dazugehörigen erweiterten Datenmodell werden in diesem Kapitel nicht beschrieben, sondern sind in ein eigenes Kapitel 6 ausgelagert, um den Anfänger erst mal mit den Grundzügen von SQL in der herkömmlichen Weise vertraut zu machen.

Eingebettet in unser Vorgehensmodell zur Erstellung einer Datenbank aus Kapitel 2 befinden wir uns jetzt in der Implementierungsphase. Das aus dem konzeptionellen Modell aus Kapitel 3 abgeleitete Datenbankschema (Designphase) wird auf SQL-Befehle abgebildet und unter anderem mittels CREATE-TABLE-Anweisungen in der Datenbank implementiert. Wir stellen im folgenden Kapitel einige Konventionen zur Schreibweise von SQL-Befehlen vor.

---

4   vgl. [Türker et al. 2006, S. 55]

5.1.3   Konventionen zur Schreibweise von SQL-Befehlen

Tabelle 5.1

Verwendete Vereinbarungen bei der Definition von SQL-Anweisungen

Symbol	Bedeutung
GROSSBUCHSTABEN	Schlüsselwörter der Sprache
<Text>	*Kursiver Text in spitzen Klammern* bezeichnet Variablen, die durch Definitionen ersetzt werden müssen.
Kursiver Text	*Kursiver Text* bezeichnet ein Terminal, dazu gehören auch Bezeichnungen, wie *„Tabellenname"*, die vom Benutzer selbst bestimmt werden können und für die es keine weitere Definition gibt.
::=	Definitionsanweisung x ::= y bedeutet: x wird durch y definiert.
|	Alternative x | y bedeutet: x oder y muss angegeben werden. | steht in einer Liste von Elementen, die in geschweiften oder eckigen Klammern eingeschlossen ist.
[]	Option Die eckigen Klammern stehen für einen optionalen Ausdruck.
{}	Gruppierung Die geschweiften Klammern stehen für einen Ausdruck, der enthalten sein muss.
...	Wiederholung Der zuletzt geschriebene Ausdruck kann, muss aber nicht, beliebig oft wiederholt werden.

SQL selber unterscheidet keine GROSS/Kleinschreibung. Trotzdem werden wir uns der besseren Lesbarkeit halber an die Konvention halten, Schlüsselwörter in Großbuchstaben zu schreiben und Tabellen- und Sapltennamen etc. in Kleinbuchstaben.

5.2   Datentypen, Operatoren, Funktionen und Systemvariablen

5.2.1   Datentypen

Grundlage der Datendefinitionssprache sind die Datentypen, die vom ANSI-Komitee schon zum größten Teil im SQL2-Standard festgelegt wurden. Leider sind die Datentypen bei den einzelnen Herstellern sehr verschieden implementiert und weichen zum Teil stark vom Standard ab. Einen (nicht vollständigen) Vergleich der wichtigsten Typen finden Sie in der folgenden Tabelle:

Tabelle 5.2

(Nicht vollständiger) Vergleich der wichtigsten Datentypen

Datentyp	Beschreibung	ANSI	Oracle	MySQL
SMALLINT	Ganze Zahl zwischen -32.767 und 32767	x	x	x
BIGINT	Ganze Zahl zwischen -2^{63} und 2^{63}-1	x		x
INTEGER INT	Ganze Zahl zwischen -2.147.483.647 und 2.147.483.647	x	x	x
FLOAT REAL	Gleitkommazahl zwischen -4.10E79 und 7.210E75	x	x	x
DOUBLE	Gleitkommazahl mit 8 Byte	x	x	x
DECIMAL(p,q) NUMERIC(p,q)	Festkommazahl mit p Ziffern und q Nachkommastellen, p zwischen 1 und 38, q zwischen -38 und 38	x	x	x
CHARACTER(n) CHAR(n)	Wort mit fester Zeichenlänge von n Zeichen, n ≤ 2000 Zeichen	x	x	x
VARCHAR(n) VARCHAR2(n)	Wort mit variabler Zeichenlänge von n[5] Zeichen	x	x	x
RAW	Binärer Datentyp bis zu 2000 Byte		x	
LONG RAW	Binärer Datentyp bis zu 2 GByte (z.B. für Fotos, Grafiken und andere Binärdaten)		x	
DATE	Datumsfelder, teilweise mit Uhrzeit	x	x	x
DATETIME	Datumsfelder mit Uhrzeit			x
TIME	Uhrzeiten	x		x
TIMESTAMP	Zeitstempel mit Datum und Uhrzeit	x	x	x
ROWID	Hexadezimale Adresse des Datensatzes		x	(x)[6]
INTERVAL	Zeitintervalle	x		x
BLOB	Für Binärdaten wie Fotos, Grafiken und Ton	x	x	x
CLOB	Für lange Textobjekte		x	
BFILE	Zeiger auf eine Datei, in der ein Text oder Bildobjekt gespeichert ist		x	

---

5   n ist je nach Hersteller unterschiedlich ausgelegt, bei Oracle ist n = 4000, bei MySQL n= 254.
6   Die Verwendung der ROWID unter MySQL weist einige Besonderheiten auf (vgl. Abschnitt 5.4.5).

(Nicht vollständiger) Vergleich der wichtigsten Datentypen *(Fortsetzung)*

Datentyp	Beschreibung	ANSI	Oracle	MySQL
TEXT TEXT LONGBLOB LONGTEXT	Für lange Textobjekte			x
BOOLEAN	Boolescher Datentyp	x		(x)
XML	Für XML-Dokumente	x	x[7]	
ENUM[8] (Wert1, Wert2…)	Enumeration vom Typ String, die nur genau einen der bis zu 65535 angegebenen Werte Wert1 … annehmen kann (statischer Wertebereich)			x
SET (Wert1, Wert2…)	Menge von maximal 64 String-Objekten; SET besteht aus einer Teilmenge der Objekte der Werteliste Wert1 ….			x

Unterschied zwischen CHAR und VARCHAR

Bei CHAR oder CHARACTER-Feldern wird die vereinbarte Textlänge vollständig reserviert, bei VARCHAR (oder VARCHAR2) nur der tatsächlich benötigte Speicherplatz. VARCHAR wird vor allem bei langen Zeichenketten mit unterschiedlicher Länge verwendet. Problematisch ist der Vergleich der beiden Datentypen, da die CHAR-Spalten mit Leerzeichen aufgefüllt werden. Im Beispiel unten (HEXE) würde der Vergleich auf Gleichheit FALSE liefern, da die vier anhängenden Leerzeichen mit verglichen werden. Eine Möglichkeit, damit umzugehen, stellt die Verwendung der RTRIM-Funktion dar (vgl. Abschnitt 5.2.3) oder die ausschließliche Verwendung von VARCHAR.

VARCHAR(8) | H | E | X | E |

CHAR(8) | H | E | X | E |...|...|...|...|

Der Oracle-Datentyp VARCHAR2 wird anstelle von VARCHAR verwendet und hat eine Länge von 2000 Byte. MySQL sieht die Standarddatentypen für numerische Werte und Textdatentypen vor. Oracle verwendet statt der ANSI-Typen DECIMAL, NUMERIC und FLOAT intern immer den NUMBER-Datentyp. Die Standarddatentypen aus ANSI-SQL sind zwar verwendbar, intern wird aber vom Oracle-DBMS das NUMBER-Format bzw. VARCHAR2-Format eingesetzt.

---

7 Der Datentyp XML heißt unter Oracle XMLType.
8 vgl. Abschnitt 6.1.10, dort werden SET und ENUM unter MySQL noch näher beschrieben.

Umwandlung von ANSI-Datentypen in interne Oracle-Datentypen

Tabelle 5.3

Umwandlung von ANSI-Datentypen in interne Oracle-Datentypen

ANSI-SQL-Datentyp	Oracle-Datentyp
NUMERIC(p,s) DECIMAL(p,s)	NUMBER(p,s)
INTEGER SMALLINT BIGINT	NUMBER(38)
FLOAT	NUMBER
CHARACTER	CHAR
VARCHAR	VARCHAR2

Auswirkung von p und q auf NUMERIC-, DECIMAL- und NUMBER-Datentypen

p steht für „precision" und meint die Gesamtzahl der Stellen ohne das Dezimaltrennzeichen. q ist die Anzahl von Zeichen nach dem Dezimaltrennzeichen. Fehlt der Wert q, handelt es sich um eine ganzzahlige Variable. Fehlen beide Angaben, ist eine numerische Variable ohne genaue Stellenbegrenzung gemeint. q kann auch negative Werte annehmen. In diesem Fall wird auf Zehnerstellen vor dem Komma gerundet.

Tabelle 5.4

Anzeige numerischer Datentypen

Datensatz	Datentyp	Auswirkung
7456123.89	NUMERIC	7456123.89
7456123.89	NUMERIC(9)	7456124
7456123.89	NUMERIC(9,2)	7456123.89
7456123.89	NUMERIC(9,1)	7456123.9
7456123.89	NUMERIC(6)	nicht speicherbar
7456123.89	NUMERIC(7,-2)	7456100
7456123.89	NUMERIC(7, -1)	7456120

Bestandteile der DATE-Typen

DATE ist ein Datentyp für formatierte Datumsfelder. Für jeden DATE-Datentyp in SQL und MySQL werden gespeichert:

- das Jahr,
- der Monat und
- der Tag.

Der DATE-Datentyp von Oracle umfasst zusätzlich auch die Uhrzeit mit

- Stunden,
- Minuten und
- Sekunden

und entspricht damit den ANSI- und MySQL-Datentypen TIMESTAMP und DATE-TIME, die mittlerweile von Oracle auch unterstützt werden.

Boolescher Datentyp

BOOLEAN ist im SQL-Standard von 1999 enthalten, aber noch selten implementiert. In SQL ist es ein dreiwertiger Datentyp (TRUE, FALSE, UNKNOWN/NULL) und bei MySQL nur ein zweiwertiger. Es ist dort ein Synonym für TINYINT(1), dessen Wert 0 als FALSE interpretiert wird. Alle anderen Zustände werden als TRUE interpretiert. Den booleschen Datentyp gibt es bei Oracle nur für PL/SQL (vgl. Abschnitt 7.1).

Multimediadatentypen

RAW, LONG RAW in Oracle Mit dem Datentyp RAW können Binärdaten bis zu einer Länge von 255 Byte gespeichert werden, bei LONG RAW sind es bis zu 2 Gbyte Daten. Diese Datentypen werden genutzt, um z.B. Grafiken, Tondokumente oder lange Texte zu speichern. In Anlehnung an SQL2003 werden sie durch die BLOB-Datentypen ersetzt.

BLOB Mit diesem Datentyp können entsprechend dem SQL-Standard binäre Objekte (Oracle bis zu 4 Gbyte) für Grafiken oder Tonaufzeichnungen in der Datenbank gespeichert werden. Außerdem stehen einige Methoden zur Verfügung, mit denen diese Objekte auf dem Server manipuliert werden können.

CLOB und NCLOB in Oracle CLOB ist eine Modifikation des Typs BLOB, er wird für große Textobjekte mit den entsprechenden Methoden zur Verfügung gestellt. NCLOB entspricht dem CLOB mit nationalem Zeichensatz.

BLOB, MEDIUMBLOB, LONGBLOB, TEXT und LONGTEXT in MySQL BLOB entspricht unter MySQL dem ANSI-Standard, MEDIUMBLOB und LONGBLOB sind MySQL-spezifisch, benötigen mehr Speicherplatz und sind daher für größere Objekte vorgesehen: BLOB kann maximal 64 Kbyte aufnehmen, MEDIUMBLOB 16 Mbyte und LONG-BLOB 4 Gbyte. TEXT und LONGTEXT sind wieder MySQL-spezifisch und ersetzen den Typ CLOB für lange Texte (ANSI-Standard).

Benutzerdefinierte Datentypen (SQL1999) sowie die Verarbeitung von BLOBS und Kollektionen sind Inhalt von Kapitel 6.

5.2.2 Operatoren

Operatoren werden benutzt, um Daten zu verknüpfen und ein Resultat auszugeben. Sie entsprechen dem ANSI/SQL2003-Standard.

Tabelle 5.5

Operatoren

Operator	Beschreibung	Beispiel
+[9] -	Positiver oder negativer Ausdruck	SELECT * FROM Teile WHERE - Bestand < 0
* /	Multiplikation Division	UPDATE Angestellte SET Gehalt = Gehalt * 1.1;
+[10] -	Addition Subtraktion	SELECT Gehalt - Abzuege FROM Angestellte;
||	Konkatenation	SELECT Vorname || ' ' || Nachname FROM Angestellte;

Für die Rechenoperatoren ist die allseits bekannte Funktionalität implementiert. Da NULL-Werte von Spalten zulässig sind, muss lediglich berücksichtigt werden, wie das Ergebnis aussieht, wenn einer der Operanden NULL ist. Ist das der Fall beim positiven oder negativen Vorzeichen, bei der Addition, Subtraktion, Multiplikation oder Division, so ist das Ergebnis auch NULL. Beachten Sie beim Umgang mit leeren Spalten die unterschiedlichen Darstellungen. Bei Oracle wird die Spalte leer angezeigt und bei MySQL mit der Kennung NULL. Die Operatorschreibweise „ \|\| " für die CONCAT-Funktion (vgl. Abschnitt 5.2.3) kann in MySQL aber nur im SQL-Modus „ANSI" ausgeführt werden (vgl. SET SQL_MODE-Anweisung im Abschnitt 5.3.2).

Vergleichsoperatoren werden in logischen Ausdrücken benutzt, z.B. in der CHECK-Bedingung eines CONSTRAINTs (vgl. Abschnitt 5.3) oder in der WHERE-Bedingung einer Anfrage (vgl. Abschnitt 5.5). Im Detail und mit Beispielen werden die Operatoren im Abschnitt 5.5.4 vorgestellt. Hier sei aber bereits darauf verwiesen, dass in SQL, bei Oracle und MySQL eine dreiwertige Logik zugrunde liegt und bei jedem Operator und jeder Funktion explizit geschaut werden muss, wie das Ergebnis aussieht, wenn einer der Ausdrücke NULL ist.

In den folgenden Tabellen stellen wir die Vergleichsoperatoren, die SQL-Operatoren sowie die logischen Operatoren dar.

---

9   Unter Oracle-SQL und dem Standard-SQL ist auch die Addition und Subtraktion von Datums-feldern mit einem Integer-Wert als Anzahl von Tagen zugelassen. Unter MySQL müssen dazu Funktionen wie z.B. ADDDATE(date, zahl) benutzt werden.

10 Ebenda

Tabelle 5.6

Vergleichsoperatoren

Operator	Bedeutung
=	Gleich
>	Größer
>=	Größer gleich
<	Kleiner
<=	Kleiner gleich
<> und !=	Ungleich

Tabelle 5.7

SQL-Operatoren

Operator	Bedeutung
[NOT] BETWEEN Untergrenze AND Obergrenze	[NOT] TRUE, wenn ein Wert zwischen zwei Werten liegt, einschließlich der Grenzen
[NOT] IN (Wert1, Wert2 …)	[NOT] TRUE, wenn Übereinstimmung mit irgendeinem Wert der Liste existiert[11]
[NOT] LIKE	[NOT] TRUE, wenn Übereinstimmung mit einem Zeichenmuster existiert; Wildcards: "%" und "_"
IS [NOT] NULL	[NOT] TRUE, wenn ein NULL-Wert vorliegt

Tabelle 5.8

Logische Operatoren

Operator	Bedeutung
AND	Wenn beide Teilbedingungen TRUE sind, ist auch das Ergebnis TRUE.
OR	Wenn mindestens eine von beiden Teilbedingungen TRUE ist, ist auch das Ergebnis TRUE.
NOT	Negiert das Ergebnis der Bedingung
XOR	Logisches, exklusives Oder: Genau eine von zwei Teilbedingungen muss TRUE sein, damit das Ergebnis TRUE ist (MySQL-spezifisch).

---

11 Vom IN-Operator gibt es auch eine Veriante mit einer Unteranfrage (vgl. Abschnitt 5.5.9).

5.2.3 Funktionen

Die Funktionen werden in Single-Row-Funktionen und Multiple-Row-Funktionen (Gruppenfunktionen) unterschieden. Die Gruppenfunktionen fassen Werte aus unterschiedlichen Datensätzen zu einem Wert zusammen und gehören schon zum SQL1-Standard. Single-Row-Funktionen liefern aus einem Ausdruck einer Zeile einen Wert zurück. Diese Funktionen sind zu einem großen Teil herstellerabhängig, ein Teil wurde in den SQL2-Standard aufgenommen. Es folgt eine Auswahl an Single-Row-Funktionen, die häufig benutzt werden und unter Oracle und MySQL übereinstimmen.[12]

Tabelle 5.9

Eine Auswahl an Single-Row-Funktionen auf Zeichenketten (Oracle und MySQL)

Funktion	Beschreibung	Beispiel
LOWER (String)	Konvertiert String in Kleinbuchstaben	SELECT LOWER (Nachname) FROM Angestellte;
UPPER (String)	Konvertiert String in Großbuchstaben	SELECT UPPER(Nachname) FROM Angestellte;
LENGTH[13] (String)	Liefert die Anzahl der Zeichen des Strings	SELECT LENGTH (Nachname) FROM Angestellte;
SUBSTR (String, m [n])	Liefert eine Zeichenkette der Länge n ab der Position m	SELECT SUBSTR(Nachname, 2,2) FROM Angestellte;
CONCAT (String1, String2 …)	Hängt zwei Strings aneinander	SELECT CONCAT('Hugo ', 'Schmidt') FROM DUAL;
ASCII	Wandelt ein einzelnes Zeichen in ASCII-Code um	SELECT ASCII('F') FROM DUAL;
CHR	Wandelt ASCII-Code in Zeichen	SELECT CHR(70) FROM DUAL;
TRIM	Entfernt Suffixe und Präfixe	SELECT TRIM('H' FROM 'Hugo') FROM DUAL;
LPAD RPAD	Füllt Zeichenketten auf eine bestimmte Länge von links bzw. rechts mit Füllzeichen auf	SELECT LPAD('Hugo Müller', 25, 'x') FROM DUAL;

Die Tabelle „DUAL" ist Oracle-spezifisch. Sie enthält nur einen Datensatz und ist nicht änderbar. Sie dient lediglich als Hilfsmittel, damit man Anfragen mit Funktionsaufrufen schreiben kann, die auch nur genau einmal ausgeführt werden. In MySQL gibt es für diesen Fall eine besondere Kurzschreibweise der SELECT-Anfrage ohne die sonst notwendige FROM-Klausel. Zudem wird diese Kurzform noch zur Anzeige von

---

12 In der Oracle-Literatur (z. B. [ORACLE SQL 2006]) bzw. der MySQL-Literatur [MySQL 2006] finden Sie eine vollständige Auflistung der Funktionen.

13 Diese Funktion heißt im ANSI-Standard SQL2 CHAR_LENGTH.

Meldungen aus gespeicherten Prozeduren (vgl. Abschnitt 7.2) heraus verwendet. In MySQL sieht eine entsprechende Anfrage folgendermaßen aus:

```
SELECT TRIM('H' FROM 'Hugo');
SELECT LPAD('Hugo Müller', 25, 'x');
```

Numerische und mathematische Single-Row-Funktionen

		Tabelle 5.10

Eine Auswahl an numerischen und mathematischen Single-Row-Funktionen (Oracle und MySQL)

Funktion	Beschreibung	Beispiel
ROUND (Ausdruck, n)	Rundet den Ausdruck auf n Dezimalstellen	SELECT ROUND(Gehalt, 2) FROM Angestellte;
MOD (m,n)	Liefert den Rest von m dividiert durch n	SELECT MOD (Gehalt, 2) FROM Angestellte;
TRUNC (Ausdruck, n)	Schneidet den Ausdruck nach n Dezimalstellen ab	
NVL[14] (Spalte, Wert) IFNULL (Spalte, Wert)	Ersetzt einen NULL-Wert in der Spalte durch den angegebenen Wert, sonst wird der Wert der Spalte zurückgegeben	SELECT NVL(Gehalt, 0) FROM Angestellte; SELECT IFNULL(Gehalt, 0) FROM Angestellte;
ABS, COS, SIN, LN, LOG, SIGN, POWER, SINH, SQRT, TAN	Verschiedene mathematische Funktionen, siehe Hersteller-Originalliteratur	

Single-Row-Datumsfunktionen

		Tabelle 5.11

Eine Auswahl an Single-Row-Datumsfunktionen (Oracle)

Funktion	Beschreibung	Beispiel
MONTHS_ BETWEEN	Berechnet die Datumsdifferenz in Monaten	MONTHS_BETWEEN('15.01.2000','01.12.1999') ergibt: 1,4516129
ADD_MONTH	Addiert Monate zum Datum	ADD_MONTHS('01.09.1999', 6) ergibt '01.03.00'
NEXT_DAY	Erster Wochentag nach dem Datum	NEXT_DAY('01.09.95','FRIDAY') ergibt '02.09.95'

---

14 NVL ist Oracle-spezifisch, IFNULL ist die entsprechende Funktion unter MySQL.

Eine Auswahl an Single-Row-Datumsfunktionen (Oracle) *(Fortsetzung)*

Funktion	Beschreibung	Beispiel
LAST_DAY	Letzter Tag des Monats	LAST_DAY('01.09.99') ergibt '30.09.99'
ROUND	Rundet auf Monate, Jahre, Tage usw.	ROUND ('25.05.95', 'MONTH') ergibt '01-JUN-95'
TRUNC	Schneidet Monate, Jahre, Tage usw. ab	TRUNC ('25-MAY-95', 'MONTH') ergibt '01-MAY-95'

Die MySQL-Datumsfunktionen sind sehr umfangreich und können nur zu einem Bruchteil angegeben werden. Es wird wieder auf die Originalliteratur [MySQL 2006] bzw. [Buchmann 2005] verwiesen.

Tabelle 5.12

Eine Auswahl an Single-Row-Datumsfunktionen (MySQL)

Funktion	Beschreibung	Beispiel
ADDDATE (datum, interval)	Addiert Tage oder ein Intervall zum Ausdruck	ADDDATE('01.09.2006', 6)
MONTH (datum)	Extrahiert die Monatszahl aus einem Datum	MONTH('01.09.2006')
YEAR (datum)	Extrahiert die Jahreszahl aus einem Datum	YEAR('01.09.2006')
DATEDIFF(datum1,datum 2)	Differenz in Tagen	DATEDIFF('01.09.06', 12.12.2007')
CURRENT_TIME() NOW()	Gibt das Systemdatum aus	CURRENT_TIME()

Konvertierungsfunktionen zur Typumwandlung (Oracle, MySQL)

Unter Oracle gibt es Funktionen wie TO_CHAR, TO_NUMERIC, TO_DATE und TO_VARCHAR, die einen Ausdruck in den entsprechenden Typ umwandeln. Unter MySQL heißen diese Funktionen sinnigerweise CHAR, NUMERIC, DATE und VARCHAR. Daneben gibt es in beiden Implementierungen die SQL-konforme Funktion CAST[15] (Ausdruck AS-Typ), die einen Ausdruck in den vorgegebenen Typ umwandelt. Die obigen Funktionen können beliebig ineinander geschachtelt werden.

---

15 Unter MySQL ist CAST nur für die Zeichentypumwandlung von einer Textvariablen in eine andere unter einem anderen Zeichensatz vorgesehen.

Beispiele

```
SELECT CONCAT(SUBSTR(Vorname,3), UPPER(Nachname))
FROM   Angestellte;

SELECT Ang_Nr, CAST(Gehalt AS VARCHAR(50)) FROM Angestellte;
```

SQL-Gruppenfunktionen

Gruppenfunktionen (oder auch Aggregatfunktionen) fassen mehrere Werte aus einer Spalte zu einem Wert zusammen (vgl. Abschnitt 5.5.7).

Tabelle 5.13

SQL-Gruppenfunktionen

Funktion	Bedeutung
COUNT	Anzahl der Werte in einer Spalte
SUM	Summe der Werte in einer Spalte
AVG	Mittelwert der Spalte
MAX	Größter Wert der Spalte
MIN	Kleinster Wert der Spalte

5.2.4   Systemvariablen und Wildcards

Systemvariablen

Schon im SQL2-Standard sind einige Systemvariablen vorgesehen, die zur Laufzeit abgefragt werden können und allen Benutzern zur Verfügung stehen.

Tabelle 5.14

SQL-Systemvariablen

Variable	Beschreibung
CURRENT_DATE	Systemdatum
CURRENT_TIME	Aktuelle Zeit
CURRENT_USER	Eingeloggter Benutzer
SESSION_USER	Benutzer, der eine Session gestartet hat
SYSTEM_USER	Systemverwalter

Systemvariablen werden in Abfragen oder z.B. als DEFAULT-Wert bei der Tabellendefinition verwendet. Diese Systemvariablen sind leider wieder nicht einheitlich bei
den jeweiligen Herstellern implementiert. Unter MySQL sind die obigen Variablen als
Funktionen implementiert, daher die Aufrufe mit den Klammern: CURRENT_DATE(),
CURRENT_TIME(), CURRENT_USER(), SESSION_USER(), SYSTEM_USER(). Die Funktion SYSDATE() liefert analog zur Oracle-Funktion SYSDATE das Tagesdatum mit Uhrzeit. Unter Oracle sieht diese Tabelle ganz anders aus. Allerdings sind in den neueren
Versionen von Oracle (ab Oracle 9) auch die ANSI-Systemvariablen teilweise implementiert.

Tabelle 5.15

Oracle-Systemvariablen

Oracle- Variable	Bedeutung
SYSDATE	Aktuelles Datum mit Uhrzeit
DUAL	Dummy-Tabelle
USER	Eingeloggter Benutzer
UID	Interne Kennung des eingeloggten Benutzers

Wildcards

Wildcards werden in Schablonen verwendet, um Textmuster zu suchen. Wir werden
sie in Checkbedingungen und Suchbedingungen verwenden (vgl. Abschnitt 5.5.5).

Tabelle 5.16

Wildcards

Symbol	Beschreibung
%	Steht für eine Zeichenkette mit keinen, einem oder mehreren Zeichen
_	Steht für ein einzelnes Zeichen

5.3 Die Datendefinitionssprache (DDL, Data Definition Language)

In diesem Kapitel erfahren Sie, wie man relationale Objekte definiert, ändert, umbenennt und löscht. Zu den relationalen Objekten, die mit SQL verwaltet werden können, zählen im Wesentlichen die in der folgenden Übersicht aufgeführten.

	Tabelle 5.17

Relationale Objekte

Objekt	Beschreibung
TABLE	Basisrelation als Tabelle
INDEX	Verbessert den Datenzugriff durch den Aufbau von gut zu durchsuchenden separaten Verzeichnissen der Gestalt (Wert, Adresse)
VIEW	Abfrage an die Datenbank, die als virtuelle Tabelle abgelegt ist
SEQUENCE	Erzeugt fortlaufende Nummer

Außer diesen Objekten gibt es noch eine Reihe von herstellerabhängigen Objekten wie USER, SYNONYM, SNAPSHOT, ROLE, PRIVILEGE, TABLESPACE, DATABASE[16] etc., die hier nicht weiter behandelt werden können.

Die einzelnen Objekte kann man

- erzeugen mit der CREATE-Anweisung,
- ändern mit der ALTER-Anweisung,
- löschen mit der DROP-Anweisung und
- umbenennen mit der RENAME-Anweisung.

Bei den einzelnen Anweisungen gibt es jeweils einen Syntaxteil, Anmerkungen und Beispiele. Alle Beschreibungen der einzelnen Anweisungen sind nach diesem Schema aufgebaut.

5.3.1 Die CREATE TABLE-Anweisung

Die CREATE TABLE-Anweisung dient zur Anlage von Tabellen in der Datenbank. Sie ist in ANSI SQL noch recht einfach gehalten, bei den einzelnen Herstellern gibt es umfangreiche Erweiterungen. Die Speicheroptionen vertiefen wir hier nicht weiter, da dies eher in den Bereich der Administration gehört. Die Integritätssicherung wird in den Abschnitten 5.3.2 und 5.3.3 vorgestellt.

---

16   vgl. die Herstellerdokumentation von Oracle [ORACLE 2006], [MySQL 2006] oder [Loney 2005]

```
<CREATE TABLE Anweisung> ::=
   CREATE TABLE Tabellenname (<Spaltendefinition>
                        [ , <Spaltendefinition>]...
                        [ , <Tabellenbedingung>]...);

<Spaltendefinition> ::=
   Spaltenname <Datentyp>
               [ DEFAULT <Ausdruck> ]
               [ <Spaltenbedingung>]...

<Ausdruck> ::= (<numerischer Ausdruck> |
                <alphanumerischer Ausdruck>)

<numerischer Ausdruck> ::=
   ( numerische Konstante
   | Spaltenname
   | <numerischer Ausdruck> <Operator> <numerischer Ausdruck>
   | (<numerischer Ausdruck>)
   | Funktionsname (<Parameterliste>) )

<alphanumerischer Ausdruck> ::=
   ( alphanumerische Konstante
   | Spaltenname
   | <Systemvariable>
   | <alphanumerischer Ausdruck> || <alphanumerischer Ausdruck>
   | (<alphanumerischer Ausdruck>)
   | Funktionsname (<Parameterliste>) )
```

Anmerkungen

- Es empfiehlt sich, Tabellen- und Spaltennamen ohne Umlaute und andere Sonderzeichen zu benennen. Insbesondere sollten Unterstriche anstelle von Bindestrichen und keine Leerzeichen benutzt werden.

- Die Verwendung von Integritätsbedingungen in Form von Spalten- und Tabellenbedingungen wird in den nächsten Kapiteln noch detailliert behandelt.

- Die Datentypen, Operatoren, Vergleichsoperatoren und Single-Row-Funktionen sowie die Systemvariablen können, wie im Abschnitt 5.2 definiert, benutzt werden.

- Der <Ausdruck> kommt hier nur als DEFAULT-Ausdruck und in den Spalten- und Tabellenbedingungen vor. In der DML-Sprache werden wir ihn später auch in anderen Anweisungen benutzen (vgl. Abschnitt 5.4).

Beispiele

```
CREATE TABLE Lager(
LANr        INTEGER     NOT NULL,
LaBez       CHAR(30)    DEFAULT 'Guthe',
PLZ         INTEGER     NOT NULL);

CREATE TABLE Auftragspositionen(
AuftragsNr NUMERIC(10) NOT NULL,
TNr        NUMERIC(10) NOT NULL,
Menge      NUMERIC(10) DEFAULT 1 NOT NULL);
```

5.3.2   Integritätsbedingungen in SQL

Die Integrität einer Datenbasis bezeichnet die semantische Korrektheit der gespeicherten Daten. Unter Integritätssicherung versteht man die Prüfung aller Daten hinsichtlich ihrer Richtigkeit für die gegebene Anwendung. Im Abschnitt 4.2.3 wurden die allgemeinen Konzepte der Integritätssicherung und unterschiedlicher Integritätsarten (statische Bedingungen, dynamische Bedingungen und temporale Bedingungen) vorgestellt. Das Integritätskonzept des SQL-Standards ist seit 1992 im Wesentlichen unverändert – und die anspruchsvolleren Bedingungen sind mehr als 14 Jahre später weder bei Oracle noch bei MySQL und auch bei vielen anderen Datenbanksystemen (z.B. DB2) nicht implementiert. Wir stellen im weiteren kurz vor, was für Integritätsbedingungen denkbar bzw. wünschenswert wären, verglichen mit den allgemeinen Konzepten aus Abschnitt 4.2.3, ordnen dann die des Standards in diesen Kontext ein und erläutern sie. Abschließend wird vorgestellt, welche Konzepte von Oracle und MySQL umgesetzt werden.

Zunächst stellt sich die Frage, warum Integritätsbedingungen in Datenbanksystemen sinnvoll bzw. notwendig sind. Ihr Vorteil ist insbesondere, dass sie einmal zentral in dem Datenbanksystem definiert werden und dann für alle Anwendungen gelten. So wird vermieden, dass in den verschiedenen Anwendungsprogrammen unterschiedliche Prüfungslogik (inkonsistenter, redundanter Code) programmiert wird bzw. die Programmierung in einzelnen Programmen gänzlich vergessen wird. Der aktuell gültige Prüfungscode der einzelnen CONSTRAINTS kann jederzeit in den Data Dictionary-Tabellen nachgesehen werden. Das Problem veralteter Script-Dateien, die irgendwo im Dateisystem gefunden werden (und von denen niemand weiß, ob sie den installierten Prüfungscode enthalten), stellt sich nicht. Aufgrund der deklarativen Formulierung der Bedingungen sind sie leichter lesbar und ihre Bedeutung ist schneller und eindeutiger bestimmbar, als dies meist bei prozeduralem Prüfungscode möglich ist.

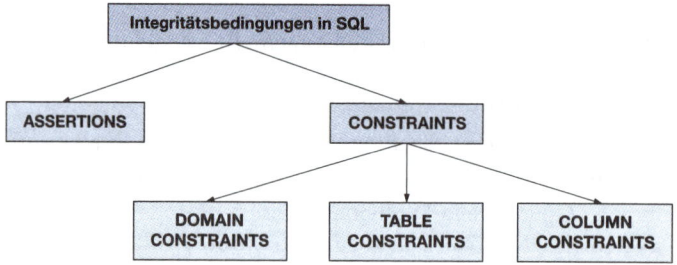

Abbildung 5.2: Integritätsbedingungen in SQL

Die SQL-Integritätsprüfung basiert auf zwei zentralen Konzepten, den ASSERTIONS und den CONSTRAINTS. ASSERTIONS sind eigenständige Datenbankobjekte, mit denen sich Einschränkungen an eine oder mehrere Tabellen formulieren lassen. CONSTRAINTS hingegen hängen unmittelbar von der Tabelle ab, für die sie definiert sind. Sie stellen bis auf die Fehlerkorrekturoption (Integrity Repair) der Fremdschlüssel syntaktische Kurz-schreibweisen für ASSERTIONS dar. Je nach Art ihrer Definition werden die COLUMN CONSTRAINTS (Spaltenbedingung), die TABLE CONSTRAINTS (Tabellenbedingung) und die DOMAIN CONSTRAINTS (Domänenbedingung) differenziert. Die Unterscheidung zwischen diesen drei CONSTRAINT-Arten ist sowohl syntaktischer wie auch funktioneller Natur. Da in der Praxis meist nur die Tabellen- und Spaltenbedingungen umgesetzt sind, erläutern wir diese ausführlicher, während wir die Domänenbedingungen und ASSERTIONS anschließend nur kurz vorstellen.

5.3.2.1   Tabellen- und Spaltenbedingungen

Tabellenbedingungen (TABLE CONSTRAINTS) und Spaltenbedingungen (COLUMN CONSTRAINTS) werden noch weiter in verschiedene Typen unterschieden.

Tabelle 5.18	
Integritätsbedingungen	
[NOT] NULL	Legt fest, dass eine Spalte (nicht) NULL sein kann, DEFAULT ist NULL.
UNIQUE	Bestimmt eine oder mehrere Spalten als eindeutigen Schlüssel. Die Werte dieser Schlüsselspalten erlauben keine Duplikate, dürfen jedoch NULL-Werte enthalten. Mehrere UNIQUE KEYS sind je Tabelle definierbar. Für die Schlüsselspalten wird automatisch ein INDEX (vgl. Kapitel 5.3.4 und 9) angelegt.
PRIMARY KEY	Bestimmt eine oder mehrere Spalten als Primärschlüssel im Sinne des relationalen Modells. Die Werte dieser Schlüsselspalten erlauben keine Duplikate und dürfen nicht NULL sein. Maximal ist ein Primärschlüssel je Tabelle definierbar. Für die Schlüsselspalten wird automatisch ein INDEX angelegt.
FOREIGN KEY	Bestimmt eine oder mehrere Spalten der Detailtabelle als Fremdschlüssel, die der referentiellen Integrität genügen müssen. Sie realisieren 1:n-Beziehungen aus dem ER-Modell und sind die einzigen CONSTRAINTS mit Fehlerkorrektur. Als Spaltenbedingung wird mit der REFERENCES-Klausel der Bezug zur Fremdschlüsseltabelle hergestellt.
CHECK	Legt eine Bedingung für eine oder mehrere Spalten fest, die jeder Datensatz der Tabelle erfüllen muss. In SQL sind prädikatenlogische[17] Ausdrücke der 1. Ordnung mit SELECT-Anfragen auf andere Tabellen zulässig.

Es folgen die fehlenden Syntaxausdrücke für die CREATE-Table-Anweisung, die die Definition von CONSTRAINTS (Spaltenbedingungen, Tabellenbedingungen) beschreiben.

```
<Spaltenbedingung> ::=
    [ CONSTRAINT Constraintname ] <Spaltenbedingungsausdruck>
                                  [ <CONSTRAINT Characteristika> ]

<Spaltenbedingungsausdruck> ::= NOT NULL
                              | PRIMARY KEY
                              | UNIQUE
                              | <Referenzspezifikation>
                              | CHECK ( <Suchbedingung> )

<Tabellenbedingung> ::=
    [ CONSTRAINT Constraintname ] <Tabellenbedingungsausdruck>
                                  [ <CONSTRAINT Characteristika> ]

<Tabellenbedingungsausdruck> ::=
      PRIMARY KEY ( Spaltenname [ , Spaltenname ]... )
    | UNIQUE      ( Spaltenname [ , Spaltenname ]... )
    | FOREIGN KEY ( Spaltenname [ , Spaltenname ]... )
                  <Referenzspezifikation>
    | CHECK ( <Suchbedingung> )

<Referenzspezifikation> ::=
    REFERENCES Tabellenname [ ( Spaltenname [ , Spaltenname ]... ) ]
              <Übereinstimmungstyp>
              [ <Fehlerkorrektur Definition> ]
```

---

17 Prädikatenlogische Ausdrücke erster Ordnung findet man z.B. in [Dassow 2005] erklärt.

Der Übereinstimmungstyp und die Fehlerkorrektur werden im Abschnitt 5.3.3 erklärt. Die für die CONSTRAINTS vergebenen Namen sollten sprechend sein, da sie in den Fehlermeldungen angezeigt werden. Die Option *<CONSTRAINT Characteristika>* wird unter dem Stichpunkt „SQL-Integritätsprüfung" (s.u.) ausführlich erläutert, die Fremdschlüsseloptionen unter dem Stichpunkt „Fremdschlüssel und Fehlerkorrektur" (s. u.).

Spaltenbedingungen gehören zu einer Spaltendefinition, während sich Tabellenbedingungen auf die gesamte Tabelle beziehen. Während in einer Spaltenbedingung nur ein einspaltiger PRIMARY KEY bzw. UNIQUE-CONSTRAINT definiert werden kann, können Tabellenbedingungen sich auch auf mehrere Spalten beziehen und damit auch mehrspaltige Schlüssel definieren. Die deutlich unterschiedliche Syntax der Fremdschlüsselbedingung, je nachdem, ob sie als Spaltenbedingung oder als Tabellenbedingung definiert ist, rührt lediglich daher, dass bei Tabellenbedingungen explizit eine oder mehrere Fremdschlüsselspalten angegeben werden müssen, während sich die REFERENCES-Klausel der Spaltenbedingungen implizit auf die zugehörige Spalte bezieht.

Bei der *<Suchbedingung>* der CHECK-Bedingung handelt es sich um einen booleschen Ausdruck, wie er grundsätzlich auch in der WHERE-Bedingung von Anfragen formuliert werden kann (vgl. Abschnitt 5.5.4). Als Spaltenbedingung kann die Bedingung nur für die zugehörige Spalte definiert werden, als Tabellenbedingung für mehrere Spalten der Tabelle.

Da in den CHECK-Bedingungen (siehe Beispiel unten) für die Spalten der zugehörigen Tabelle keine Quantifizierung (als Allquantor oder Existenzquantor) spezifiziert wird, stellt sich die Frage nach der Semantik eines solchen Ausdrucks. Da Integrität für jeden Datensatz geprüft wird, ergibt sich eine implizite Allquantifizierung für die Spalten der zugehörigen Tabelle, d.h., die Checkbedingung muss für jeden Datensatz erfüllt sein. Für die Quantifizierung anderer Tabellen, auf die mittels SELECT zugegriffen wird, steht der EXISTS-Operator zur Verfügung, mit dem auch ein Allquantor simuliert werden kann (vgl. Abschnitt 5.5.9).

In der Praxis ist es vielfach eine Geschmacksfrage, außer der NOT NULL-Restriktion alle Integritätsbedingungen übersichtlich am Ende der CREATE TABLE-Anweisung als Tabellenbedingung zu formulieren oder die Bedingungen möglichst unmittelbar bei der Spalte als Spaltenbedingung zu spezifizieren, die dadurch eingeschränkt wird. Allerdings kann man jede Spaltenbedingung auch als Tabellenbedingung aufschreiben, was umgekehrt nicht gilt, da sich Spaltenbedingungen nur auf eine Spalte beziehen können.

Beispiele

mit Spalten- und Tabellenbedingungen

```
CREATE TABLE Teile(
TNr             NUMERIC(38)  CONSTRAINT cc_Teile_pk PRIMARY KEY,
ME              VARCHAR2(10),
Bezeichnung     VARCHAR2(50) NOT NULL
                             CONSTRAINT cc_Teile_uk UNIQUE,
Typ             VARCHAR2(50),
Herstellkosten  NUMERIC,
Einkaufspreis   NUMERIC,
Mindestbestand  NUMERIC,
Bestand         NUMERIC      CONSTRAINT cc_pruefe_bestand
                             CHECK (Bestand > 0 ),
Lieferzeit      NUMERIC,
```

```
Herstelldauer    NUMERIC,
Gewicht          NUMERIC,
Reserviert       NUMERIC,
Verfuegbar       NUMERIC,
Zeitstempel      DATE,
CONSTRAINT tc_bestaende CHECK (Bestand >= Mindestbestand),
CONSTRAINT tc_kosten_preis
           CHECK (Herstellkosten   IS NOT NULL OR
                  Einkaufspreis     IS NOT NULL),
CONSTRAINT tc_herstell_einkauf
           CHECK ((Herstellkosten  IS NOT NULL AND
                   Herstelldauer    IS NOT NULL)
                  OR (Einkaufspreis IS NOT NULL AND
                      Lieferzeit     IS NOT NULL)));
```

Alle als „cc_" bezeichneten CONSTRAINTS sowie NOT NULL sind als Spaltenbedingungen definiert und die drei letzten CONSTRAINTS, die mit „tc_" bezeichnet sind, als Tabellenbedingungen. Der CONSTRAINT cc_Teile_pk ist Primärschlüssel der Tabelle „Teile" und bezieht sich nur auf die Spalte „TNr". Die Spalte „Bezeichnung" darf nicht leer sein und ist zudem ein Eindeutigkeitsschlüssel der Tabelle. Mit dem CONSTRAINT pruefe_bestand wird sichergestellt, dass für alle Datensätze der Bestand immer größer als 0 ist. Und mit tc_bestaende prüft man, ob für alle Datensätze der Bestand größer gleich dem Mindestbestand ist. Bei tc_kosten_preis wird sichergestellt, dass bei allen Datensätzen auf jeden Fall wenigstens ein Einkaufspreis oder die Herstellkosten angegeben werden. Es können aber auch in beiden Spalten Eingaben erfolgen. Eine etwas komplexere Bedingung stellt tc_herstell_einkauf dar, die dafür sorgt, dass die Herstellkosten und die Herstelldauer angegeben sind oder Einkaufspreis und Lieferzeit. Die Semantik überschneidet sich mit der von tc_kosten_preis, wobei es hier darum geht, unterschiedliche komplexe Bedingungen zu zeigen.

```
CREATE TABLE Struktur(
OTeil       NUMERIC(38)
            CONSTRAINT  OTeil_fk REFERENCES Teile(TNr),
UTeil       NUMERIC(38),
Position    NUMERIC(38),
CONSTRAINT  Struktur_pk PRIMARY KEY (UTeil, OTeil, Position),
Menge       NUMERIC(20,4) NOT NULL,
Ausschuss   NUMERIC(20,4),
Arbeitsgang NUMERIC(38)   NOT NULL,
Zeitstempel DATE,
CONSTRAINT  UTeil_fk FOREIGN KEY (UTeil) REFERENCES Teile(TNr));
```

Die Spalten „Menge" und „Arbeitsgang" sind beides Pflichteingabespalten, also obligatorisch. Für die drei Primärschlüsselspalten „OTeil", „UTeil" und „Position" muss keine explizite NOT NULL-Beschränkung definiert werden. Da es drei Spalten sind, wird der Primärschlüssel als Tabellenbedingung formuliert. Der Fremdschlüssel UTeil_fk hingegen könnte auch als Spaltenbedingung definiert werden, da er sich nur auf eine Spalte bezieht. Die beiden Fremdschlüsselbeziehungen OTeil_fk und UTeil_fk sichern die referentielle Integrität zu der Master-Tabelle „Teile". Da die beiden Fremdschlüsselspalten OTeil und UTeil für die Detailtabelle als Primärschlüsselspalten definiert sind, entspricht diese Fremdschlüsselbeziehung einer identifizierenden 1:n-Beziehung im ER-Modell (vgl. Abschnitt 3.2.5 und folgende Abbildung).

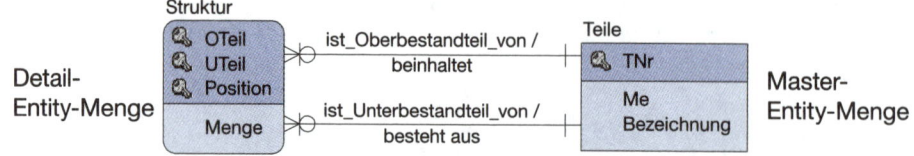

Abbildung 5.3: Fremdschlüssel im ER-Modell

5.3.2.2 Domänenbedingungen

Domänen (Wertebereiche, domains) geben zulässige Werte vor, die in der zugehörigen Spalte gespeichert werden können. Definiert werden sie als eigenständige Datenbankobjekte und können mit den Befehlen CREATE, ALTER und DROP angelegt, geändert oder gelöscht werden. Sie bestehen aus einem Datentyp, optional aus einem Default-Wert und optional aus einer oder mehreren Domänenbedingungen. Sie können anstelle von Datentypen für Spaltendefinitionen verwendet werden. Sie vereinfachen die Pflege umfangreicherer Datenmodelle, indem sie eine Möglichkeit darstellen, wiederkehrende Datendefinitionen zentral zu verwalten und dann z.B. bei CREATE TABLE beliebig oft wiederzuverwenden. Ein Beispiel für eine solche Domäne ist eine Domäne für monetäre Spalten mit dem Datentyp NUMBER(12,2), die für die Spalten Einkaufs- und Verkaufspreise, Rechnungssumme, Gehalt, Spesen etc. verwendet wird, und dem Default-Wert 0 sowie die Wertebereichseinschränkung „>=0". Andere Beispiele sind Domänen für das Geschlecht mit „m", „w" oder den Wochen- oder Arbeitstagen von Samstag bzw. Montag bis Freitag. Als Domänenbedingung sind nur CHECK-Bedingungen zulässig, wobei der Platzhalter VALUE für den unbekannten Spaltennamen verwendet wird. Alle Domänenbedingungen können auch als Spaltenbedingung formuliert werden und ihre Prüfung funktioniert auch genauso.

Beispiel

für eine Domänenbedingung

```
CREATE DOMAIN geld_dom NUMERIC(12,2) DEFAULT 0 CHECK (VALUE >= 0);
```

5.3.2.3 ASSERTIONS

Eine ASSERTION ist ein eigenständiges Datenbankobjekt, das mit CREATE angelegt und mit DROP gelöscht werden kann. Eine ASSERTION formuliert eine CHECK-Bedingung. Allerdings hängt die Existenz der ASSERTION von der Existenz der Tabellen ab, auf die in der Bedingung Bezug genommen wird. Die ASSERTION existiert nur so lange, wie diese Tabellen vorhanden sind. Während bei den CHECK-Bedingungen das CONSTRAINT aufgrund der Syntax eine implizite Allquantifizierung für die Spalten der zugehörigen Tabelle vorgegeben ist, kann bei den ASSERTIONS darüber hinaus auch eine EXISTS-Quantifizierung formuliert werden. Nur bei den ASSERTIONS sind alle prädikatenlogischen Ausdrücke 1. Ordnung ohne Einschränkungen formulierbar.

Beispiel

für eine ASSERTION

Es soll die Integritätsbedingung „Alle Oberteile der Strukturtabelle sind Baugruppen oder Artikel" formuliert werden, was mit simuliertem Allquantor (doppeltes NOT EXISTS[18]) heißt: „Es gibt keine OTeile in der Strukturtabelle, die nicht vom Typ Baugruppe oder Artikel sind."

```
CREATE ASSERTION Oberteil_ass
  CHECK (NOT EXSITS (SELECT * FROM Struktur
                     WHERE OTeil NOT IN (SELECT TNr FROM Teile
                                         WHERE Typ IN ('Baugruppe', 'Artikel'))));
```

Als Tabellen- oder Spaltenbedingung für die Spalte „OTeil" der Tabelle „Struktur" sieht die Anforderung (aufgrund der impliziten Allquantifizierung) so aus:

```
CHECK (OTeil IN (SELECT TNr FROM Teile
                 WHERE  Typ IN ('Baugruppe', 'Artikel')))
```

Anders sieht es bei der Anforderung aus: „Es muss wenigstens ein Teil geben, das kein Oberteil hat." Diese lässt sich aufgrund der impliziten Allquantifizierung in den Tabellen- und Spaltenbedingungen nicht formulieren, jedoch sehr wohl als ASSERTION.

```
CREATE ASSERTION Obersters_Oberteil_ass
  CHECK (EXISTS (SELECT * FROM Struktur
                 WHERE  OTeil NOT IN (SELECT UTeil FROM Struktur)));
```

Nachfolgende Abbildung zeigt, welche aus der ER-Modellierung bekannten Integritätsbegriffe (Abschnitt 4.2.3) durch welche SQL-Konzepte realisiert werden:

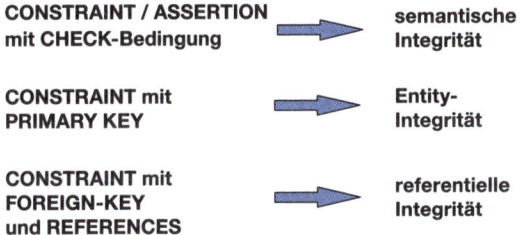

Abbildung 5.4: SQL-Integrität und Integrität des relationalen Modells

Domänen-, Spalten- und Tabellenbedingungen sowie die ASSERTIONS weisen hohe semantische Redundanzen untereinander auf. So stellen [NOT] NULL, PRIMARY KEY, UNIQUE, FOREIGN KEY Kurzschreibweisen für teilweise recht komplexe CHECK-Bedingungen dar. Einzige Ausnahme ist die Option zur Fehlerkorrektur bei den Fremdschlüsselbedingungen, die es für alle anderen Bedingungen nicht gibt. Des Weiteren lassen sich Domänenbedingungen in Spaltenbedingungen und diese in Tabellenbedingungen transformieren, die ihrerseits auch als ASSERTION ausgedrückt werden können. Es gibt jedoch ASSERTION-Bedingungen, die sich nicht in eine Tabellenbedingung überführen lassen.[19]

---

18 vgl. Abschnitt 5.5.9

19 Für eine ausführliche Diskussion der Semantik der verschiedenen SQL-Integritätsbedingungen verweisen wir auf [Behrend et al. 2001] und [Celko 2000].

5.3.3 Integritätsprüfung und Integritätsmonitor

Trotz aller syntaktischen Unterschiede läuft die Integritätsprüfung in SQL sowohl bei den CONSTRAINTS wie auch bei den ASSERTIONS nach dem gleichen Schema ab. Einzige Ausnahme stellen die Fehlerkorrekturoptionen der Fremdschlüsselbedingungen dar, die anstelle des sonst üblichen Zurückrollens programmiert werden können. Drei wichtige Grundsätze gelten für alle Integritätsbedingungen:

- Eine Bedingung ist dann erfüllt, wenn sie nicht zu FALSE ausgewertet wird. Vor dem Hintergrund der dreiwertigen Logik heißt das, sie ist dann erfüllt, wenn sie zu TRUE oder NULL/UNKOWN ausgewertet wird. Hier wird also ein unbekanntes Ergebnis wie TRUE behandelt. Anders sieht das bei der Anfrageauswertung aus, dort wird UNKOWN wie FALSE interpretiert (vgl. Abschnitt 5.5.5).

- Wichtig für die grundsätzliche Konsistenz der Daten ist, dass beim Erzeugen von Integritätsbedingungen die Bedingung für die bereits vorhandene Datenbasis geprüft wird. Nur wenn alle gespeicherten Daten die Bedingung erfüllen, kann sie im Datenbanksystem erstellt werden, ansonsten wird sie abgewiesen.

- Die Integritätsprüfung für eine Anweisung wird immer, unabhängig davon, ob ein oder mehrere Datensätze geändert werden, „en block" im Anschluss nach allen Datensatzänderungen durchgeführt. Hier bleibt der Grundsatz der Reihenfolgeunabhängigkeit strikt gewahrt (vgl. Abschnitt 7.3.6).

Der Integritätsmonitor

Das Datenbankmanagementsystem verfügt über eine zentrale Komponente zur Verwaltung und Prüfung der Integritätsbedingungen, den so genannten Integritätsmonitor.

Seine Aufgaben sind:

- die Verwaltung der in der Datenbank abgelegten Integritätsbedingungen,
- das Erkennen von prüfungsrelevanten Ereignissen (INSERT, UPDATE, DELETE),
- das Ermitteln der von diesen Ereignissen betroffenen Integritätsbedingungen,
- das Auswerten (Kontrollieren) der Bedingungen,
- die Interpretation der Ergebnisse der Integritätskontrolle sowie
- die Reaktion auf diese Ergebnisse (Zurückrollen, Fehlerkorrektur …).

Das SQL-Integritätskonzept basierend auf den CONSTRAINTS und ASSERTIONS ist hundertprozentig sicher. Alle in einer Datenbasis gespeicherten Daten erfüllen immer die definierten Integritätsbedingungen. Und eben diese Sicherheit kann mit alternativen Ansätzen nicht gewährleistet werden. Eine Alternative ist die prozedurale Programmierung in Anwendungsprogrammen. Allerdings entsteht dabei das Problem, dass die Prüfung unter Umständen in verschiedenen Programmen erfolgen muss, mit der Folge von redundantem oder auch vergessenem Code. Eine andere Alternative ist die Einkapselung der Änderungsbefehle, wie man dies von den Methoden aus der objektorientierten Programmierung her kennt. Für jede Änderungsanweisung auf jede Tabelle muss eine Extraprozedur geschrieben werden, die neben den Einfüge-/Änderungs-/Löschbefehlen auch den für diese Operationen erforderlichen Prüfungscode beinhaltet. Es muss dann mittels der Rechteverwaltung gewährleistet werden, dass die Benutzer nur noch über diese Zwischenschicht Zugang zu den Daten haben. Interaktive Ad-hoc-Änderungen sind nicht mehr möglich. Ein Vorteil dieser beiden alternativen Lösungen liegt jedoch in der flexiblen Programmierung der Reaktionen auf Integritätsfehler, die leider beim SQL-Standard unzureichend spezifiziert ist. Eine Diskussion der alternativen Lösung mittels Datenbanktrigger finden Sie im Abschnitt 7.3 bei den aktiven Datenbanksystemen.

SQL-Transaktion im Sinne der Integritätsprüfung

Ein zentraler Begriff für das Verständnis des SQL-Integritätskonzepts ist der der Transaktion. Eine Transaktion[20] ist eine Folge von Änderungsanweisungen, die als atomare Einheit ausgeführt wird. Im Sinne der Integritätsprüfung überführt sie eine konsistente Datenbasis in eine wiederum konsistente. Die atomare Ausführung einer Transaktion (ganz oder gar nicht) bedingt, dass sie mit zwei unterschiedlichen Befehlen beendet werden kann. Mit der COMMIT-Anweisung werden die Änderungen in der Datenbasis permanent gespeichert. Mit der ROLLBACK-Anweisung werden alle durch die Änderungsanweisungen verursachten Datenmanipulationen rückgängig gemacht. Der Zustand vor Transaktionsbeginn wird wiederhergestellt.

Integritätsprüfung

Für die Integritätsprüfung wird in SQL vorausgesetzt, dass zu Beginn einer Transaktion ein konsistenter DB-Zustand vorliegt. Dies ist eine äußerst wichtige Voraussetzung, damit die Konsistenz vom Integritätsmonitor effizient überwacht werden kann. Unter dieser Voraussetzung ist es ausreichend, dass sich der Monitor bei der Prüfung auf die während der Transaktion geänderten Daten beschränkt, statt alle Daten der Datenbasis zu kontrollieren. Aus dem SQL-Transaktionskonzept resultieren unmittelbar die beiden möglichen Prüfungszeitpunkte: IMMEDIATE und DEFERRED. Obwohl oben die <CONSTRAINT Characteristika> nur bei den Tabellen- und Spaltenbedingungen explizit im Syntaxdiagram angegeben sind, sind sie auch für die Domänenbedingungen und die ASSERTIONS definierbar.

```
<CONSTRAINT Characteristika> ::=
/ INITIALLY DEFERRED | INITIALLY IMMEDIATE /  [ [ NOT ] DEFERRABLE ]
```

Mit **DEFERRED (verzögert)** wird die Prüfung der Integritätsbedingung zum Ende der Transaktion (COMMIT) bezeichnet. **IMMEDIATE (unmittelbar)** beschreibt die Prüfung unmittelbar im Anschluss an die Ausführung einer einzelnen Änderungsanweisung. IMMEDIATE hat den Vorteil, dass Integritätsfehler so früh wie möglich erkannt werden, und DEFERRED, dass während der laufenden Transaktion durch nachfolgende Anweisungen ein zwischenzeitlich inkonsistenter Zustand wieder korrigiert werden kann. INITIALLY bezeichnet den Prüfungszustand ab dem Moment der Definition der Integritätsbedingung und [NOT] DEFERRABLE] informiert darüber, ob eine ursprünglich IMMEDIATE definierte Bedingung während einer Transaktion mit der Anweisung SET CONSTRAINT auf den Zustand DEFERRED gesetzt werden kann. Default ist *INITIALLY IMMEDIATE DEFERRABLE*.

---

20 Eine detaillierte Definition und eine Vorstellung der mit Transaktionen verbundenen Konzepte erfolgt in Kapitel 8.

```
<SET CONSTRAINTS Anweisung> ::=
    SET CONSTRAINTS  { ALL | Constraintname [ , Constraintname ]... }
                     { DEFERRED | IMMEDIATE };
```

Als Reaktion auf Integritätsfehler stellt für die Integritätsbedingungen PRIMARY KEY, UNIQUE, NOT NULL, CHECK das Zurückrollen die einzig mögliche Reaktion dar, für Fremdschlüssel besteht zusätzlich die Option der Fehlerkorrektur (s.u.).

Zurückrollen im Fehlerfall

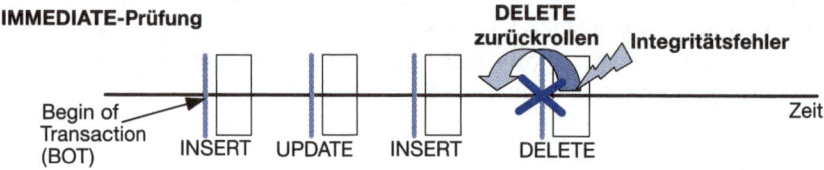

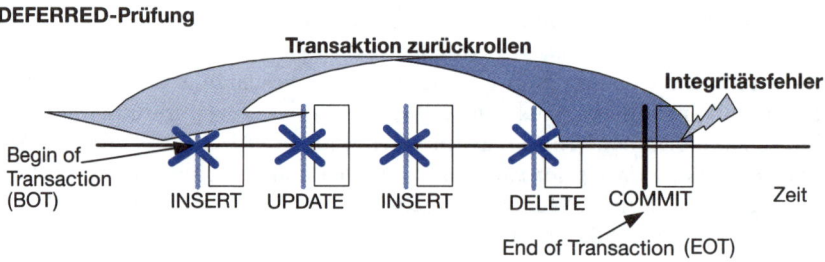

Abbildung 5.5: Zurückrollen bei Integritätsfehlern

Wie ▶ Abbildung 5.5 zeigt, wird bei einer IMMEDIATE-Prüfung unmittelbar nach jeder Datenänderung durch Änderungsanweisungen eine Integritätsprüfungsphase (weißes Kästchen) durchgeführt, während der alle betroffenen IMMEDIATE-Integritätsbedingungen ausgewertet werden. Wird ein Fehler festgestellt, dann wird die weitere Prüfung abgebrochen und die aktuelle fehlerverursachende Anweisung rückgängig gemacht. Dann liegt wieder die konsistente Datenbasis nach der letzten erfolgreichen Integritätsprüfung vor. Bei der Prüfung der DEFERRED-Integritätsbedingungen wird bis zur COMMIT-Anweisung gewartet, die die Transaktion beendet. Taucht dann während dieser abschließenden Prüfung bei den betroffenen verzögerten Integritätsbedingungen ein Fehler auf, dann wird die gesamte Transaktion rückgängig gemacht und es liegt die konsistente Datenbasis von vor Beginn der Transaktion wieder vor.

FOREIGN KEY-CONSTRAINTS und Fehlerkorrekturen

```
<Übereinstimmungstyp> ::= FULL | PARTIAL | SIMPLE

<Fehlerkorrektur Definition> ::=
   ON UPDATE <Fehlerkorrektur Aktion>
 | ON DELETE <Fehlerkorrektur Aktion>

<Fehlerkorrektur Aktion> ::=
   CASCADE  |  SET NULL  |  SET DEFAULT  |  RESTRICT  |  NO ACTION
```

Die Option <Übereinstimmungstyp> spezifiziert, wie mit NULL-Werten in den Fremd-schlüsselspalten umgegangen werden soll. FULL und SIMPLE sind Synonyme. Mit ihnen wird die Gleichheit von Werten erkannt, wenn jede Spalte mit ihrer Referenz-spalte gleiche Werte aufweist. Beim Vergleichsmodus PARTIAL werden nur die nicht-leeren Spalten auf Gleichheit geprüft. Von größerer Relevanz sind die Korrekturen im Fehlerfall.

Bedeutung der Fehlerkorrekturoptionen

Tabelle 5.19

ON DELETE	Die definierte Fehlerkorrekturoption wird ausgeführt, wenn der referenzierte Master-Datensatz gelöscht wird.
ON UPDATE	Die definierte Fehlerkorrekturoption wird ausgeführt, wenn der Wert des referen-zierten Schlüsselattributs in der Master-Tabelle geändert wird.
CASCADE	Die Detaildatensätze, deren Fremdschlüssel den manipulierten Master-Datensatz referenzieren, werden ebenfalls gelöscht (kaskadierendes Löschen) bzw. deren Schlüsselwert wird entsprechend geändert (kaskadierendes Ändern).
SET DEFAULT	Die Fremdschlüsselspalten des Detaildatensatzes, die den manipulierten Master-Datensatz referenzieren, werden auf den für diese Spalte definierten DEFAULT-Wert gesetzt.
SET NULL	Die Fremdschlüsselspalten des Detail-Datensatzes, die den manipulierten Master-Datensatz referenzieren, werden auf NULL gesetzt.
NO ACTION	Auf den Integritätsfehler wird je nach Prüfungszeitpunkt mit dem Zurückrollen der gesamten Transaktion bzw. der fehlerhaften DML-Anweisung reagiert (Reaktion wie bei den anderen CONSTRAINTS auch).
RESTRICT	Diese Option ist analog zur NO ACTION-Funktionalität zu sehen, mit dem kleinen Unterschied, dass bei RESTRICT vorübergehend während der Ausführung der UPDATE- oder DELETE-Anweisung Verletzungen des Fremdschlüssels hingenommen werden, solange am Ende die Bedingungen wieder erfüllt sind.

Beispiel

aus der Fahrrad-Welt Byce & Co.

```
CREATE TABLE Teile
(TNr          NUMERIC(38) NOT NULL,
Bezeichnung   VARCHAR(50) NOT NULL,
...);

CREATE TABLE Auftraege
(AuftragsNr   NUMERIC(38) NOT NULL,
Kun_Nr        NUMERIC(38) NOT NULL,
...);

CREATE TABLE Auftragspositionen
(TNr          NUMERIC(38) NOT NULL
              CONSTRAINT Fk_Teile
              REFERENCES Teile (TNr) ON DELETE SET NULL,
AuftragsNr    NUMERIC(38) NOT NULL
              CONSTRAINT Fk_Auftrag
              REFERENCES Auftraege (AuftragsNr) ON DELETE CASCADE,
Menge         NUMERIC(38));
```

Auftragspositionen				Teile			Auftraege	
AuftragsNr	**TNr**	**Menge**		**TNr**	**Bezeichnung**		**AuftragsNr**	**Kun_Nr**
1	13	30		13	Klapprad		1	4711
2	14	200		14	Rennrad		2	4712
Detail				**Master1**			**Master 2**	

Wird der Auftrag mit der AuftragsNr 1 gelöscht, dann wird der Detaildatensatz mit der AuftragsNr 1 aus den Auftragspositionen automatisch gelöscht. Wird das Teil mit der Nummer 14 gelöscht, dann wird beim zugehörigen Detaildatensatz in den Auftragspositionen mit der TNr 14 diese Spalte geleert, d.h. auf NULL gesetzt. Ohne diese Fehlerkorrekturen bzw. bei den Optionen NO ACTION und RESTRICT gäbe es in beiden Fällen Detaildatensätze, deren Werte in den Fremdschlüsselspalten auf Werte in der Master-Tabelle verweisen, die nicht mehr existieren. Solche Detaildatensätze werden als „dangling tuples" bezeichnet und stellen Probleme dar, die mit der Fehlerkorrektur aber gut behoben werden können

Nachteile des SQL-Integritätskonzepts

Zu den Schwächen des SQL-Standards zählt neben der fehlenden Möglichkeit selbst programmierter Fehlerkorrektur insbesondere, dass es keine Möglichkeit gibt, transitionale oder gar temporale Integritätsbedingungen[21] zu formulieren. Trotzdem bleibt die Integritätsprüfung insgesamt eine sehr nützliche Funktionalität, die eine konsistente Datenbasis für Entwickler auf komfortable Weise sicherstellt. Die Funktionalität hat natürlich ihren Preis und der ergibt sich aus der erhöhten Laufzeit für die Vielzahl an Prüfungen[22], die durchgeführt werden müssen, und der daraus resultierenden höheren

---

21 vgl. Abschnitt 4.3
22 vgl. Kapitel 8

Belastung des Datenbank-Servers. Es obliegt dem Entwickler, im Einzelfall zu beurteilen, ob es Probleme gibt und wo für die jeweilige Anwendung die Prioritäten liegen.

5.3.3.1 Integritätskonzept bei Oracle

Das SQL-Integritätskonzept ist nur rudimentär umgesetzt. ASSERTIONS und Domänenbedingungen fehlen gänzlich. Die CHECK-CONSTRAINTS, definiert als Tabellen- oder als Spaltenbedingung, können nur Spalten der zugehörigen Tabelle oder einer konstanten Wertemenge miteinander vergleichen. SELECT-Anfragen sind nicht zulässig, was eine sehr starke Beschränkung der Ausdruckskraft darstellt. Fremdschlüsselbedingungen verfügen auch nur über eine beschränkte Fehlerkorrektur. Die ON UPDATE-Klausel fehlt gänzlich und die ON DELETE-Klausel verfügt nur über die beiden Optionen CASCADE und SET NULL. Primär- und Eindeutigkeitsschlüssel sind wie beim Standard vorgegeben implementiert. Die Spaltenbedingungen heißen „inline_constraint" und die Tabellenbedingungen „out_of_line_constraint". Die CONSTRAINTS müssen mit einem Namen bezeichnet werden, sonst vergibt das DBMS einen systemeigenen Namen der Gestalt SYS_Cn, wobei n eine fortlaufende Nummer ist.[23] Alle Informationen über die Integritätsbedingungen werden in den DICTIONARY-Tabellen USER_CONSTRAINTS, USER_CONS_COLUMNS und USER_CONS_OBJ_COLUMNS abgespeichert.

Oracle kennt noch ein zusätzliches **De-/Aktivierungskonzept** für Integritätsbedingungen. Bei den CREATE und ALTER TABLE-Befehlen steht eine DISABLE-/ENABLE-Option zur Verfügung (vgl. Abschnitt 5.3.10). Braucht man für bestimmte Aktionen einige der CONSTRAINTS nicht, so muss man sie nicht gleich aus dem Datenbanksystem löschen, man kann sie vorübergehend deaktivieren. Bei der anschließenden Aktivierung wird genau wie beim Erzeugen die Integritätsbedingung für alle relevanten Daten geprüft und nur dann aktiviert, wenn alle Datensätze die Bedingung erfüllen[24].

Bei der eigentlichen Prüfung gibt es auch einen feinen Unterschied: Es werden die von einer Änderungsanweisung betroffenen unmittelbaren Integritätsbedingungen nicht „en block" nach allen Datensatzänderungen ausgeführt, sondern immer abwechselnd erst ein Datensatz geändert, dann die durch ihn betroffenen unmittelbaren Bedingungen geprüft und dann der nächste Satz geändert und die von ihm betroffenen unmittelbaren Bedingungen geprüft. Diese verschachtelte Ausführung verletzt die in SQL strikt gewahrte Reihenfolgeunabhängigkeit (vgl. Abschnitt 7.3.6).

5.3.3.2 Integritätskonzept bei MySQL

Traditionell verfolgt MySQL ein völlig anderes Integritätskonzept als der SQL-Standard. Von Anfang an wurde eine automatische vom System vorgegebene Fehlerkorrektur betrieben, statt einer Fehlerentdeckung wie bei SQL. Erst seit kurzem mit der Version 5.0.2 wird zusätzlich ein zu SQL analoges Integritätskonzept angeboten.

Automatische Fehlerkorrektur als Default-Verhalten

Diese ist motiviert durch das Anwendungsszenario, dass in einer nicht transaktionssicheren Tabelle (kein ROLLBACK, vgl. Abschnitt 8.6) eine Vielzahl an Einfügungen

---

23 Weitere Detailinformationen finden Sie in [ORACLE SQL 2005, Kap. 8].

24 Diese Zustände können dann noch mit den Optionen NO-/VALIDATE kombiniert werden, so dass es u.a. möglich wird, dass beim Aktivieren nicht kontrolliert wird. Vertiefende Informationen finden Sie bei [ORACLE SQL 2005, Kap. 8].

oder Änderungen durchgeführt wurden. Was ist zu tun, wenn ein Fehler auftritt? Zurückrollen ist nur schwer möglich, da die Änderungen ja teilweise bereits persistent gespeichert sind. Durchgeführte Änderungen in der Datenbank belassen und den Rest der Manipulationen abbrechen? Damit ist bei Massenmanipulationen auch niemandem geholfen. Hier wird eindeutig die Prämisse gesetzt, dass eine Massenmanipulation der Daten nicht durch einige wenige Fehler aufs Spiel gesetzt werden darf – also Fehler möglichst korrigieren und dann weiterarbeiten. Hier ein Auszug aus der vom System vorgegebenen automatischen Korrekturstrategie der „best possible values"[25]: Eine Möglichkeit für den Benutzer, selbst definierte Fehlerkorrekturen vorzugeben, besteht nicht.

Bei Bereichsüberschreitungen von

- numerischen Spalten wird anstelle des fehlerhaften Werts der kleinst- bzw. größtmögliche Wert gespeichert.
- alphanumerischen Spalten wird NULL bzw. soviel wie möglich von der zu großen Zeichenkette gespeichert.
- Datumsspalten werden fehlerhafte Datumswerte (z.B. 32.12.) ohne Korrektur gespeichert. Nur bei Werten, die nicht als Datum darstellbar sind, wird ein NULL-Datum gespeichert.

Fehlen Werte für

- NULL-Spalten, so wird der explizite Default-Wert genommen, falls er spezifiziert ist, sonst der implizite (0 bei numerischen und die leere Zeichenkette bei String-Datentypen). (Dieses Verhalten gilt auch für SQL und Oracle, wobei der implizite Default-Wert immer NULL ist.)
- NOT NULL-Spalten und wurde eine einzeilige INSERT-Anweisung verwendet, so wird die Anweisung fehlerhaft abgebrochen, bei mehrzeiligen INSERTS wird der implizite Default-Wert gespeichert.

Wird in einer

- numerischen Spalte eine Zeichenkette eingefügt, die nicht mit einer Zahl beginnt, dann wird 0 gespeichert, sonst die Zahl, mit der die Zeichenkette beginnt.
- ENUM-Spalte ein nicht passender Wert eingefügt, so wird der entsprechende Default-Wert genommen (vgl. Abschnitt 6.1.10).
- SET-Spalte ein nicht passender Wert eingefügt, so wird der fehlerhafte Wert ignoriert.

Durch eine Modusänderung kann ab der Version 5.0.2 aber auf eine SQL-konforme Integritätsprüfung umgeschaltet werden. Da wir dieses Thema nicht weiter vertiefen können, hier nur einige Modi, die recht umfassend die Funktionalität ändern[26]:

- **ANSI**: Syntax und Semantik orientieren sich stärker an der von SQL.
- **TRADITIONAL**: Ein Verhalten wie „traditionelle" Datenbanksysteme, was bei der Integritätsprüfung z.B. heißt, dass Fehlermeldungen und sofortiger Abbruch der Änderungsanweisung statt Warnungen durchgeführt werden.
- **STRICT_TRANS_TABLES**: Für Tabellen transaktionssicherer Speichermaschinen wie InnoDB wird bei einem Integritätsfehler die Anweisung abgebrochen und die gesamte Anweisung zurückgerollt. Für Tabellen nicht transaktionssicherer Spei-

---

25   vgl. [MySQL 2006, Kap. 1.9.6.2]

26   Andere Modi sind teilweise sehr begrenzt, was die an- oder ausgeschaltete Funktionalität angeht [MySQL 2006, Kap. 5.2.6].

chermaschinen (zurzeit alle anderen) bricht die Anweisung nur ab, wenn der Fehler in der ersten Datenänderung auftritt. Bei späteren Datenänderungen wird korrigiert und weitergearbeitet, da die bereits vorgenommenen Änderungen nicht mehr rückgängig zu machen sind.

- **STRICT_ALL_TABLES**: Modifiziert den Modus STRICT_TRANS_TABLES derart, dass auch bei Tabellen nicht transaktionssicherer Speichermaschinen die Anweisung immer abbricht, auch wenn bereits Änderungen gespeichert wurden. Dies hat zur Folge, dass Anweisungen mit Integritätsfehlern nur teilweise ausgeführt werden. Die nur teilweise Ausführung von Änderungsanweisungen widerspricht dem Paradigma der Reihenfolgeunabhängigkeit im SQL-Standard.

Umgesetzt wird der Modus global bzw. für eine Sitzung mit der SET SQL_MODE-Anweisung, die zahlreich auch bei den gespeicherten Routinen im Abschnitt 7.2 zum Einsatz kommt. Als Schlüsselwort für <Modusname> kommt u.a. einer der oben genannten Modi in Frage. Wir haben hier für Übungen und Beispiele mit dem Modus „TRADITIONAL" gearbeitet.

```
<SET SQL_MODE Anweisung> ::=
  SET [ GLOBAL | SESSION ] SQL_MODE='<Modusname>';
```

SQL-konforme Integritätsprüfung

MySQL hat die SQL-CONSTRAINTS [NOT] NULL, PRIMARY KEY, UNIQUE, FOREIGN KEY als Tabellen- und Spaltenbedingungen implementiert, Domänenbedingungen und ASSERTIONS sind jedoch auch nicht realisiert. Es sind bei den Spaltenbedingungen lediglich die Reihenfolge der DEFAULT-Option und des [NOT] NULL gegenüber SQL vertauscht und optional können nicht SQL-konforme Schlüsseldefinitionen verwendet werden: UNIQUE [KEY] statt UNIQUE und [PRIMARY] KEY statt PRIMARY KEY. Bei den Tabellenbedingungen ist es nur die UNIQUE [KEY]-Syntax, die differieren kann. In diesem Zusammenhang werden die beiden Begriffe KEY und INDEX völlig synonym verwendet. Bis auf diese syntaktischen Abweichungen, sind [NOT] NULL, Primär- und Eindeutigkeitsschlüssel SQL-konform implementiert. Für CHECK-Bedingungen gibt es aus Gründen der Kompatibilität mit anderen Datenbanksystemen zwar eine entsprechende Syntax, die programmiert werden kann, aber alle Speichermaschinen ignorieren sie bei der Prüfung. Dieser Mangel kann durch ENUM und SET-Datentypen etwas ausgeglichen werden, die es zumindest erlauben, Wertebereichsmengen vorzugeben (vgl. Abschnitt 6.1.10). Damit sich diese Datentypen aber auch wie richtige Integritätsbedingungen verhalten, muss wie zuvor bereits ausgeführt der SQL-Modus entsprechend gesetzt sein. Der ENUM-Datentyp würde dann dem Oracle-CHECK mit einem konstanten Wertebereich – ohne Vergleich mit anderen Spalten – entsprechen.

Für eine Fremdschlüsselbedingung müssen beide beteiligten Tabellen mit der Speichermaschine (Storage Engine vgl. Abschnitt 1.3 und 8.6)[27] InnoDB verwaltet werden. Die Syntax als Tabellen- und Spaltenbedingung ist insoweit SQL-konform, als nur die SQL-Option SET DEFAULT für die Fehlerkorrektur fehlt. Per Hand müssen für die Fremdschlüsselspalten beim Detail wie auch bei den zugehörigen Spalten der Master-Tabelle Indizes angelegt werden. Unter anderem für das Laden von Massendaten

---

27 Für Release 5.2 sind die FOREIGN KEYS auch für die Storage Enginge MyISAM angekündigt.

besteht die Möglichkeit, die Fremdschlüsselprüfung an- und auszuschalten. Dies gilt für alle Fremdschlüssel und nicht für einzelne. Die Informationen über angelegte Integritätsbedingungen werden im INFORMATION SCHEMA, das in jeder Installation enthalten ist, im MySQL-Dictionary[28] in den Tabellen TABLE_CONSTRAINTS und KEY_COLUMN_USAGE hinterlegt.

```
<SET FOREIGN_KEY_CHECKS Anweisung> ::=
  SET FOREIGN_KEY_CHECKS = { 0 | 1 };
```

Auch MySQL kennt ein **(De-)Aktivierungskonzept** für Integritätsbedingungen, es ist nur etwas grober als bei Oracle. Beim ALTER TABLE-Befehl besteht die Möglichkeit für eine Tabelle, mit der Option ENABLE KEYS alle Schlüssel der Tabelle zu aktivieren bzw. mit DISABLE KEYS alle zu deaktivieren.

Prüfungsablauf

Der Ablauf der Prüfung hängt bei MySQL von verschiedenen Faktoren ab.

- MySQL unterstützt keine unterschiedlichen Integritätsprüfungszeitpunkte. Die Option für die *<constraint characteristics>* IMMEDIATE und DEFERRED fehlt, mit der Konsequenz, dass es keine DEFERRED-Prüfung zum COMMIT-Zeitpunkt gibt.

- Sind aufgrund der Ausführung von mehrzeiligen Manipulationsanweisungen Integritätsbedingungen zu prüfen, dann werden diese Bedingungen unmittelbar nach jedem Datensatz geprüft und nicht wie bei SQL „en block" je Anweisung einmal. Dies stellt eine Verletzung der Reihenfolgeunabhängigkeit dar, die für einige besondere Eigenschaften bei der Prüfung und Korrektur von Fremdschlüsseln in Kauf genommen wird.

- Wird als Speichermaschine die InnoDB mit ihrem Transaktionskonzept verwendet, dann wird bei jedem Integritätsfehler aufgrund der zwingenden IMMEDIATE-Prüfung immer nur die fehlerhafte Datenmanipulation zurückgerollt.

- Bei allen anderen Speichermaschinen (alle ohne Transaktionskonzept) wird je nach gewähltem Modus die Ausführung des aktuellen Befehls beim fehlerhaften Datensatz abgebrochen. Alle bereits durchgeführten fehlerfreien Änderungen bleiben jedoch in der Datenbasis gespeichert, da sie ja bereits persistent gespeichert wurden. Dieses Verhalten der teilweisen Ausführung von Änderungsanweisungen ist nicht SQL-konform und nur möglich, da direkt nach jeder Datensatzänderung die Integrität kontrolliert wird. Auch dieses Verhalten stellt eine Verletzung der Reihenfolgeunabhängigkeit dar.

- Will man trotz Integritätsfehler auch die restlichen Manipulationen durchführen, so kann man bei den INSERT- und UPDATE-Anweisungen eine IGNORE-Option setzen. Dann wird trotz Fehler weitergearbeitet, nur die fehlerhaften Datensätze sind dann nicht in der Datenbasis zu finden.

---

28 vgl. Abschnitt 5.8.2

5.3.3.3 Nachteile kommerzieller Datenbanksysteme (Oracle, MySQL)

Über den Standard hinausgehende Funktionalität wurde nicht realisiert, so dass die Schwächen des SQL-Standards auch die Schwächen der kommerziellen Datenbanksysteme sind. Zudem fehlt bei beiden betrachteten Systemen die Möglichkeit, ASSERTIONS zu definieren sowie in CHECK-Bedingungen mit SELECT-Anfragen auf andere Tabellen zuzugreifen. Bei MySQL sind CHECK-Bedingungen noch gar nicht prüfbar und dort fehlt auch eine Prüfung zum Transaktionsende. Zudem sind bei beiden Systemen die SQL-Vorgaben für die Fehlerkorrektur nicht vollständig umgesetzt. Diese Mängel stellen gravierende Einschränkungen der Ausdruckskraft gegenüber den Möglichkeiten im SQL-Standard dar. Diese Schwächen lassen sich teilweise mittels aktiver Regeln ausgleichen (vgl. Abschnitt 7.3).

5.3.4 Die CREATE INDEX-Anweisung

Ein INDEX ist ein Datenbankobjekt, mit dem der lesende Zugriff auf Tabellen beschleunigt werden kann. Indizes stellen Implementierungen der Schlüsselbegriffe aus dem relationalen Modell[29] dar: Primär- und (eindeutige) Zweitschlüssel. Für die Integritätsbedingungen PRIMARY KEY und UNIQUE wird automatisch ein eindeutiger Index angelegt, für Fremdschlüssel jedoch nicht (vgl. Abschnitt 5.3.2). Wie Indizes aufgebaut sind, wird im Rahmen der ISAM-Speicherstruktur im Abschnitt 9.3 ausführlich erläutert. Da der Index einer Tabelle eine separate Speicherstruktur ist, ergeben sich zwei Hauptvorteile:

1 Die Datensätze in einer Tabelle können lediglich nach einem Kriterium sortiert werden. In einem Index können die Spaltenwerte nach zusätzlichen Kriterien sortiert sein, was die Suche aufgrund optimierter Strategien ungeheuer beschleunigen kann.

2 Das Lesen von der Festplatte ist eine langwierige Operation. Liest man im Rahmen einer Suche nun die Datensätze selbst, so kann man aufgrund der verhältnismäßig großen Datenlänge in einem physikalischen Block nur wenige Suchinformationen mit einer Leseoperation in den Hauptspeicher holen. Da ein Indexeintrag meist nur wenige und nur relativ kurze Indexwerte und die kurze Adresse umfasst, können mit einer einzelnen Leseoperation unvergleichlich mehr Suchinformationen geholt werden.

```
<CREATE INDEX Anweisung> ::=
 CREATE [UNIQUE] INDEX  Indexname ON Tabellenname
                        (Spaltenname [, Spaltenname]... );
```

UNIQUE bewirkt, dass die Werte in der entsprechenden INDEX-Spalte eindeutig sind.

---

29 vgl. Abschnitt 4.2.2

Beispiele

```
CREATE UNIQUE INDEX Teile_i1 ON Teile (TNr);
```

definiert einen eindeutigen Index auf der Teiletabelle.

```
CREATE INDEX Struktur_i1 ON Struktur (OTeil, UTeil);
```

definiert einen mehrspaltigen Index über die Spalten OTeil und UTeil der Tabelle „Struktur". Beide Indizes entsprechen einem Zweitschlüssel im relationalen Modell.

Es ist nicht sinnvoll, auf zu vielen Spalten einer Tabelle Indizes anzulegen, da sie zwar den lesenden Zugriff beschleunigen, aber den schreibenden Zugriff abbremsen und natürlich zusätzlichen Speicherplatz verbrauchen.

Richtlinien zum Anlegen eines Index: Wann sollte man einen Index anlegen?

- Die Spalte wird häufig als Suchbedingung (WHERE-Klausel) oder zum Sortieren in ORDER-BY-Klauseln verwendet.[30]
- Die Spalte wird häufig als JOIN-Bedingung zur Verbindung unterschiedlicher Tabellen (Fremdschlüsselspalten) benutzt.
- Die Spalte enthält einen großen Bereich an unterschiedlichen Werten und nur wenige NULL-Werte.
- Die Tabelle hat viele Datensätze (Richtwert: 100 Kbyte).
- Die Daten der Tabelle werden häufiger gelesen als verändert.

Die Verwendung von Indizes zur Optimierung von Anfragen wird etwas ausführlicher im Kapitel über SQL-Tuning[31] behandelt.

5.3.5   Die Anweisungen CREATE VIEW und CREATE TABLE AS SELECT

VIEWS sind Benutzersichten definiert auf Tabellen oder auch auf anderen Sichten, die als Abfragen in der Datenbank gespeichert werden. Sie dienen dazu, Daten aus einer oder mehreren Tabellen/Sichten für bestimmte Zwecke, z.B. für ein Formular, zusammenzustellen. Sie sind insbesondere ein Arbeitsmittel der externen Ebene des ANSI-3-Ebenen-Modells (vgl. Abschnitt 1.8.2). Ebenfalls sehr häufig werden sie für die problemspezifische Aufbereitung der Daten für Datawarehouse-Applikationen (DWH), Datenreplikationen oder andere Informationssysteme verwendet. Auf Sichten können wie auf Tabellen auch Benutzerrechte vergeben werden. Sie stellen somit eine Möglichkeit dar, für bestimmte Anwender nur einen eingeschränkten Zugriff auf die Daten zuzulassen. Die Anweisung CREATE TABLE AS SELECT hat eine ähnliche Funktion wie die Anweisung CREATE VIEW AS SELECT, mit dem Unterschied, dass die abgeleitete Tabelle nicht nur als SELECT-Anweisung, sondern wie eine normale Tabelle gespeichert wird. Diese Anweisung gab es unter Oracle und auch unter MSQL schon lange, bevor sie in den aktuellen SQL2003-Standard aufgenommen wurde.

Nach Art der Datenhaltung werden verschiedene Arten von Sichten und generierte Tabellen unterschieden.

---

30 vgl. Abschnitt 5.5.5 und 5.5.8
31 vgl. Abschnitt 5.5.12

Virtuelle Sichten

Für die virtuelle Sicht wird nur der Anfrageausdruck der Sichtdefinition im Data Dictionary gespeichert, nicht aber die Daten. Für das nachfolgende Beispiel der Sicht „Angestellten_kopie" heißt das, dass die Angestelltendatensätze nur in der Tabelle „Angestellte" vorliegen. Die Daten werden bei jedem lesenden Zugriff auf die Sicht gemäß dem Anfrageausdruck neu ermittelt. Es ist hier ein beliebiger, gültiger SQL-Anfrageausdruck zulässig (vgl. Abschnitt 5.5.11). Dieses Konzept ist im SQL-Standard definiert und bei Oracle und MySQL (erst seit Version 5.1) entsprechend realisiert.

Vorteil: Die Daten werden nicht redundant gespeichert.

Nachteil: Da bei einer Anfrage an die Sicht die Daten der Sicht erst ermittelt werden müssen, können bei komplexen SELECT-Ausdrücken bzw. bei großen Datenmengen sehr lange Laufzeiten entstehen.

Materialisierte Sichten

Beim Erstellen einer materialisierten Sicht wird nicht nur ihr Anfrageausdruck im Dictionary gespeichert, sondern auch alle Datensätze, die gemäß der Unteranfrage ermittelt werden. Bei Oracle ist ein solches Konzept mit teilweise nur sehr eingeschränkten SELECT-Anfragen bereits realisiert, in MySQL noch nicht. Vorgaben vom SQL-Standard gibt es auch noch keine.[32]

Vorteil: Da die Daten der Sichten wie bei den Tabellen gespeichert sind, dauert ein Sichtzugriff nicht länger als ein Tabellenzugriff.

Nachteil: Aufgrund der redundanten Datenspeicherung in Tabellen und Sichten treten Probleme der Aktualität und Konsistenz der Daten auf. Werden die zugrunde liegenden Tabellendaten aktualisiert, müssen auch die abgeleiteten Sichtdaten effizient aktualisiert werden. Hier gibt es bei Oracle bereits Ansätze, wie die Aktualisierung automatisch ausgeführt werden kann (Änderungspropagierung).

Generierte Tabellen (GT)

Es wird eine Kopie einer oder mehrerer vorhandener Tabellen mit den gewünschten Spaltendefinitionen und Daten angelegt. Die Daten der ursprünglichen Tabellen und der neu generierten Tabelle sind vollständig unabhängig voneinander und daher auch redundant gespeichert. Generierte Tabellen waren schon lange implementiert (Oracle, MySQL und andere), bevor sie erst 2003 in den SQL-Standard aufgenommen wurden.

Vorteil: Da keine Sicht, sondern eine physische Tabelle erzeugt wird, ist ein schneller Zugriff möglich.

Nachteil: Aufgrund der redundanten Datenspeicherung treten Probleme der Aktualität und Konsistenz der Daten auf. Für generierte Tabellen gibt es keine Ansätze einer automatischen Aktualisierung (Änderungspropagierung) wie bei den materialisierten Sichten.

---

32 Im Standard SQL2003 ist ein MATERIALIZED VIEW-Konzept für die nächste Version angekündigt. Die fehlende Standardisierung hat zu sehr unterschiedlichen Konzepten geführt. Bei der DB2 von IBM werden sie als SUMMERIZED TABLE bezeichnet.

Während es bei der Änderungspropagierung um die Aktualisierung der Sichtdaten geht, wenn sich die Tabellendaten geändert haben, geht es bei dem View-Update-Problem[33] um den umgekehrten Fall. Grundsätzlich können auch auf Sichten INSERT-, UPDATE- und DELETE-Anweisungen ausgeführt werden. Nur in sehr einfachen Fällen (eine Mastertabelle und ohne Aggregation) kann das Datenbankmanagementsystem diese geänderten Sichtdaten auf die zugrunde liegenden Tabellen automatisch und semantisch korrekt verteilen. Bei komplexeren Sichten (mehrere Master-Tabellen, Aggregation, Duplikate ...) kann dies nur „manuell" vom Anwender mit seinem Hintergrundwissen (Wissen über die Semantik der Anwendung) durchgeführt werden. Ein wichtiges Hilfsmittel für einen Workaround sind die INSTEAD-OF-Datenbanktrigger, die es aber nur bei Oracle gibt (vgl. Abschnitt 7.3).

```
<CREATE VIEW Anweisung> ::=
  CREATE VIEW Sichtname   [ ( Spaltenname [, Spaltenname ]... ) ]
          AS <Anfrageausdruck>;

<CREATE TABLE AS SELECT Anweisung> ::=
  CREATE TABLE Tabellenname [ ( Spaltenname [, Spaltenname ]... ) ]
                       AS <Anfrageausdruck>   [WITH [NO] DATA];
```

Beispiele

```
CREATE VIEW Angestellte_kopie AS SELECT * FROM Angestellte;

CREATE VIEW Angestellte_adresse AS
SELECT Nachname, Vorname, Strasse, Ort FROM Angestellte;

CREATE VIEW Angestellte_Abteilung_Sicht (Mitarbeitername, Abteilung) AS
SELECT Nachname || ', ' || Vorname, Abteilungen.Name
FROM   Angestellte, Abteilungen
WHERE  Angestellte.Abt_nr = Abteilungen.Abt_nr;

CREATE TABLE Angesteller_GT AS SELECT * FROM Angestellte;
```

Die erste Anweisung generiert eine virtuelle Sicht als Kopie der Angestelltentabelle. Die zweite und die dritte Anweisung erstellen jeweils eine Sicht, die nur bestimmte Informationen der Angestellten anzeigen. Somit wird – bei entsprechender Rechtevergabe – vermieden, dass bestimmte Anwender z.B. so sensible Daten wie das Gehalt eines Mitarbeiters sehen können.[34] Die letzte Anweisung generiert eine Tabelle aus einer vorhandenen Tabelle, ohne eine Datenverbindung zwischen den Tabellen zu erzeugen.

Für die Spalten der Sichten und generierten Tabellen können neue Namen vergeben werden. Ihre Definition ergibt sich aus den Spaltendefinitionen der zugrunde liegenden Tabellen. Als Anfrage ist, wie auch bei den materialisierten Sichten, die vollständige SELECT-Syntax mit WITH-Klausel zulässig (vgl. Abschnitt 5.5.11). Die Option [WITH [NO] DATA] bewirkt, dass die generierten Tabellen mit bzw. ohne Daten angelegt werden, mit Daten ist die DEFAULT-Einstellung.

---

33 vgl. Abschnitt 1.1.5
34 Einzelheiten zur SELECT-Anweisung finden Sie im Abschnitt 5.5.

```
<Oracle-CREATE MATERIALIZED VIEW Anweisung> ::=
 CREATE MATERIALIZED VIEW Sichtname [( Spaltenname [ , Spaltenname ]...)]
     [ <Aktualisierungsklausel> ]  AS  <Anfrageausdruck>;

<Aktualisierungsklausel> ::=
        NEVER REFRESH
      | ( REFRESH [ FAST | COMPLETE | FORCE ]
                  [ ON DEMAND | ON COMMIT | ( [ START WITH Datum ] NEXT Datum ) ] )
```

Gegenüber der Definition einer virtuellen Sicht verfügt die Definition einer materialisierten Sicht zusätzlich über eine Aktualisierungsklausel. Mit der Aktualisierungsklausel werden der Zeitpunkt der Aktualisierung der materialisierten Daten bei Änderung der Daten in den zugrunde liegenden Tabellen wie auch die vier verschiedenen Arten spezifiziert:

- NEVER REFRESH: Es wird nie eine Aktualisierung der materialisierten Daten durchgeführt (analoges Verhalten wie bei GTs).

- COMPLETE: Der Anfrageausdruck wird vollständig neu ausgewertet und alle Datensätze werden unabhängig von den Änderungen in den Tabellen erneut ermittelt (vollständige Rematerialisierung).

- FAST: In Abhängigkeit von den Änderungen in den zugrunde liegenden Tabellen, die in speziellen Log-Dateien protokolliert werden, werden nur die von diesen Änderungen betroffenen materialisierten Datensätze aktualisiert (inkrementelle Aktualisierung). Die FAST-Option ist bei Oracle nur bei sehr speziellen materialisierten Sichten anwendbar.

- FORCE: Ist ein FAST-Refresh möglich, so wird er durchgeführt, sonst ein COMPLETE-Refresh. Das DBMS trifft diese Entscheidung.

Als Aktualisierungszeitpunkte bietet Oracle an:

- ON COMMIT: Die Aktualisierung wird automatisch zum Transaktionsende (COMMIT-Anweisung) durchgeführt.

- ON DEMAND: Die Aktualisierung wird automatisch durchgeführt, wenn spezielle Prozeduren des Package DBMS_MVIEW zur Aktualisierung von Sichten aufgerufen werden.

- NEXT DATE: Es wird ein Intervall für die Aktualisierung spezifiziert.

- Mit der START WITH-Option kann ein Starttermin für die Aktualisierungen definiert werden.

Alle weiteren Optionen des CREATE MATERIALIZED VIEW-Befehls sind in der Oracle-Online-Hilfe[35] zu finden.

Beispiel

einer materialisierten Sicht (Oracle)

```
CREATE MATERIALIZED VIEW Angestellte_Abteilung_mv
                    (Mitarbeitername, Abteilung)
REFRESH FAST ON COMMIT AS
SELECT Nachname || ' , ' || Vorname, Abteilungen.Name
FROM   Angestellte, Abteilungen
WHERE  Angestellte.Abt_nr = Abteilungen.Abt_nr
AND    Gehalt > 8000;
```

Die materialisierte View wird zum Ende jeder Transaktion inkrementell aktualisiert. Bei der CREATE TABLE AS SELECT-Anweisung werden die Daten auch physisch kopiert, allerdings ohne wie bei den materialisierten Sichten eine Verbindung zu den ursprünglichen Daten aufrechtzuerhalten.

5.3.6 Die CREATE SEQUENCE-Anweisung

Eine Sequenz ist ein Datenbankobjekt, mit dem eindeutige, fortlaufende Nummern erzeugt werden können, die in der Regel für Schlüsselattribute benutzt werden. Dieses Objekt gibt es bei Oracle schon länger und ist nun im neuen SQL2003-Standard enthalten. Andere DBMS bieten zum Teil andere, nicht standardisierte Möglichkeiten[36] (AUTO_INCREMENT-Option in MySQL), mit denen man fortlaufende Nummern erzeugen kann. Aufgrund der späten Standardisierung gibt es sehr unterschiedliche Lösungen für dieses Problem.

```
<CREATE SEQUENCE Anweisung> ::=
CREATE SEQUENCE Sequenzname
  [ INCREMENT BY Integer ]
  [ START WITH Integer ]
  [ MAXVALUE Integer | NOMAXVALUE ]
  [ MINVALUE Integer | NOMINVALUE ]
  [ CYCLE | NOCYCLE ]
  [ CACHE | NOCACHE ]
  [ ORDER | NOORDER ];
```

---

35 vgl. [ORACLE SQL 2005]
36 auch einen eigenen Datentyp in INFORMIX und MS ACCESS

Dabei bedeuten die einzelnen Angaben Folgendes:

Tabelle 5.20

CREATE SEQUENCE-Optionen

INCREMENT BY int	Bestimmt die ganze Zahl, um die eine SEQUENCE erhöht wird (Default 1)
START WITH int	Bestimmt die ganze Zahl, mit der die SEQUENCE startet
MAXVALUE int | NOMAXVALUE	Obere Grenze einer aufsteigenden SEQUENCE bzw. sie hat keine obere Grenze
MINVALUE int | NOMINVALUE	Untere Grenze bei absteigenden Sequenzen bzw. sie hat keine untere Grenze
CYCLE | NOCYCLE	Bestimmt, ob nach Erreichen des MAXVALUE bzw. MINVALUE zyklisch weiter vergeben wird oder ob da Ende ist
CACHE int | NOCACHE	Bestimmt, wie viele Schlüsselwerte für einen schnelleren Zugriff im Hauptspeicher bereitgestellt werden. Bei NOCACHE werden keine Werte vorgehalten.

Beispiel

```
CREATE SEQUENCE Kun_seq INCREMENT BY 1   START WITH 1
                        NOMAXVALUE       NOCYCLE       CACHE 10;
```

Sequenzen haben zwei Pseudospalten:

NEXTVAL	Enthält die nächste verfügbare fortlaufende Nummer
CURVAL	Enthält die zuletzt verwendete fortlaufende Nummer

Sequenzen werden hauptsächlich zum Einfügen von Daten mittels der INSERT-Anweisung benutzt (vgl. Abschnitt 5.4.1).

Beispiel

```
INSERT INTO Kunden (Kun_Nr, Nachname)
VALUES (Kun_seq.NEXTVAL, 'Vogt');
```

Diese Anweisung erzeugt einen neuen Datensatz mit der Kun_Nr als fortlaufende Nummer in der Kundentabelle.

5.3.7 Weitere CREATE-Anweisungen

Neben diesen Grundobjekten gibt es noch eine ganze Liste weiterer Datenbankobjekte, auf die an dieser Stelle nicht genauer eingegangen werden kann. Sie werden zur Übersicht tabellarisch aufgeführt. Der interessierte Leser sei z.B. auf die Oracle-Originalliteratur[37] oder die MySQL-Reference[38] verwiesen.

---

37 vgl. [ORACLE SQL 2005]
38 vgl. [MySQL 2006]

Tabelle 5.21

Übersicht weiterer Datenbankobjekte

USER	Datenbankbenutzer
TABLESPACE	Zusammenfassung von Tabellen, die physikalisch gemeinsam gespeichert werden (vgl. Kapitel 9)
CLUSTER	Verbindung von Tabellen, für die eine besondere Speicherstruktur vereinbart werden soll
DATABASE	Komplette Datenbank
SYNONYM	ALIAS-Name für eine Tabelle, Sicht oder Sequenz
ROLE	Zusammenfassung von Benutzerrechten
DIRECTORY	Pfadbezeichnung, in der externe Daten gespeichert werden (für BLOBS, Grafiken, lange Texte etc.)
FUNCTION	Gespeicherte PL/SQL- oder PSM-Funktion (vgl. Abschnitt 7.1 und 7.2)
PROCEDURE	Gespeicherte PL/SQL- oder PSM-Prozedur (vgl. Abschnitt 7.1 und 7.2)
TRIGGER	aktive Regeln (vgl. Abschnitt 7.3)

5.3.8 Die DROP-Anweisung

Mit der DROP-Anweisung können Datenbankobjekte wieder aus der Datenbank entfernt werden, sofern sie vorher angelegt wurden:

```
<DROP Anweisung> ::= DROP { TABLE Tabellenname [CASCADE CONSTRAINTS]
                          | VIEW Sichtname
                          | INDEX Indexname
                          | SEQUENZ Sequenzname};
```

Mit der DROP TABLE-Anweisung werden auch alle Indizes, Integritätsbedingungen TRIGGER und Sichten, die auf der Tabelle aufbauen, sowie die Daten selbst gelöscht. Tabellen können normalerweise nur dann gelöscht werden, wenn keine Fremdschlüsselbedingungen mehr existieren. Die Option CASCADE CONSTRAINTS ist eine Oracle-Erweiterung, die auch alle Fremdschlüsselbedingungen entfernt, die sich auf die Tabelle beziehen. Somit muss keine spezielle Reihenfolge mehr beim Löschen von Tabellen eingehalten werden. Will man CONSTRAINTS löschen, ohne die Tabelle selbst zu löschen, muss man die ALTER-Anweisung (vgl. Abschnitt 5.3.10) verwenden.

Beispiel

```
DROP TABLE Test;
DROP TABLE Teile CASCADE CONSTRAINTS;
```

5.3.9 Die RENAME-Anweisung

Die RENAME-Anweisung ändert den Namen einer Tabelle. Die aktuelle Tabelle darf dabei nicht in einer VIEW verwendet werden und keine CONSTRAINTS oder Datenbanktrigger (vgl. Kapitel 7) aufweisen. Ansonsten weist das Datenbanksystem die RENAME-Anweisung mit einer Fehlermeldung zurück.

```
<RENAME Anweisung> ::= RENAME Alter Tabellenname TO Neuer Tabellenname;
```

Diese Anweisung gehört nicht zum SQL2003-Sprachumfang und ist auch nicht in allen Systemen verfügbar:

			Tabelle 5.22
Verfügbarkeit der RENAME-Anweisung			
	SQL2003	**Oracle**	**MySQL**
RENAME		X	X

Beispiel

```
RENAME Teile TO Teile_neu;
```

5.3.10 Die ALTER TABLE-Anweisung

Mit der ALTER TABLE-Anweisung[39] können nachträglich Spalten in Tabellen verändert, gelöscht oder hinzugefügt werden. Insbesondere lassen sich auch Spalten- und Tabellenbedingungen nachträglich bearbeiten. MySQL weicht hier ziemlich stark vom Standard ab, die Syntax wird im Abschnitt 5.3.12 behandelt. Oracle verlässt nur bei einem Schlüsselwort den Standard, dort heißt es dann MODIFY (<Spaltendefinition>) statt ALTER und setzt die <Spaltendefinition> jeweils in runde Klammern: (<Spaltendefinition>).

```
<ALTER TABLE Anweisung> ::=
   ALTER TABLE Tabellenname
      { ADD    { <Spaltendefinition>  |  <Tabellenbedingung Definition> |
      | DROP   { Spaltenname          |  CONSTRAINT Constraintname |
      | ALTER <Spaltendefinition> };
```

---

39 Die ALTER-Table Anweisung gehörte noch nicht zum Sprachumfang von SQL1, sondern wurde erst in den Sprachumfang von SQL2 aufgenommen.

Beispiele

- Diese Anweisung fügt eine neue Spalte zur Teiletabelle hinzu.

```
ALTER TABLE Teile ADD (Preis NUMERIC);
```

- Diese Anweisung vergrößert die maximale Länge des Attributs Bezeichnung auf 70 Zeichen. Mit der Oracle MODIFY-Klausel können keine Datentypumwandlungen vorgenommen werden.

```
ALTER TABLE Teile MODIFY (Bezeichnung VARCHAR(70));
```

- Diese Anweisung entfernt die Spalte „Art" aus der Tabellendefinition der Teiletabelle. Hier setzt Oracle gegenüber dem Standard den Spaltennamen in runde Klammern.

```
ALTER TABLE Teile DROP (Art);
```

- Diese Anweisung legt einen Primärschlüssel für die Auftragstabelle fest.

```
ALTER TABLE Auftraege ADD CONSTRAINT Auf_Pk PRIMARY KEY (AuftragsNr);
```

- Diese Anweisung legt einen Fremdschlüssel für die Artikeltabelle fest, der auf die Spalte TNr in der Teiletabelle verweist. Fremdschlüssel werden in der Praxis gerne mit ALTER-Anweisungen angelegt, weil man dann keine Reihenfolge bei den CREATE TABLE-Anweisungen beachten muss. Legt man die Fremdschlüssel direkt mit dem CREATE TABLE-Befehl an, muss die referenzierte Master-Tabelle bereits angelegt sein.

```
ALTER TABLE Artikel ADD CONSTRAINT Art_T_Fk
                FOREIGN KEY (TNr) REFERENCES Teile (TNr);
```

- Diese ALTER-Anweisung löscht den zuvor angelegten CONSTRAINT wieder. Oracle kennt auch eine MODIFY-Option für Integritätsbedingungen. SQL2003 noch nicht.

```
ALTER TABLE Artikel DROP CONSTRAINT Art_T_Fk;
```

Regeln zum Ändern von Spalten

Die ALTER TABLE-Anweisung zum Ändern von Spalten unterliegt einigen Einschränkungen.[40]

Man kann immer

- die Nachkommastellen einer NUMERIC-Spalte eines anderen numerischen Zahlentyps erhöhen,
- Textspalten im CHARACTER- oder VARCHAR-Format vergrößern sowie
- die Anzahl der Ziffern in einer NUMERIC-Spalte erhöhen.

Falls die Spalte nur NULL-Werte hat, kann man zusätzlich

- die Nachkommastellen einer NUMERIC-Spalte reduzieren,
- Textspalten im CHARACTER- oder VARCHAR-Format reduzieren,
- die Anzahl der Ziffern in einer NUMERIC-Spalte reduzieren sowie
- den Datentyp der Spalte ändern.

---

40 vgl. [Loney 2005, S. 363]

Leider ist es im Standard nicht möglich, eine Spalte nachträglich umzubenennen. MySQL hat dazu eine eigene Syntax, die dies vorsieht. Das gilt auch für andere ALTER-Optionen, die unter MySQL etwas anders aussehen (vgl. Abschnitt 5.3.12). Oracle bietet für diesen Zweck im Rahmen des ALTER TABLE-Befehls eine RENAME COLUMN-Klausel an.

Beispiel

Die Spalte Bestand der Tabelle Teile wird umbekannt in Bestandssumme:

```
ALTER TABLE Teile
RENAME COLUMN Bestand TO Bestandssumme;
```

Analog zur CREATE-Anweisung können andere Datenbankobjekte mit der ALTER-Anweisung nachträglich verändert werden, wie eine Sicht, ein Index, eine Prozedur, eine Funktion oder ein Benutzer. Die Anweisungen unterscheiden sich wieder sehr stark je nach Hersteller, so dass auf die Originalliteratur der einzelnen Hersteller verwiesen wird.

5.3.11 Oracle-Besonderheiten in der SQL-DDL-Syntax

Erst einmal lässt sich sagen, dass es große Unterschiede bei den Datentypen gibt, da intern nur die Datentypen CHAR, VARCHAR2, DATE und NUMBER neben den BLOBS benutzt werden. Die BLOBS werden mit PL/SQL-Prozeduren bearbeitet, wie im Abschnitt 7.1.2 beschrieben ist. Große Unterschiede bestehen auch bei den Single-Row-Funktionen, die in diesem Buch nur zu einem Bruchteil aufgeführt werden können. Es gibt eine Vielzahl von Objekten, die mit CREATE/ALTER/DROP in der Datenbank angelegt, geändert und entfernt werden können, aber hier nicht beschrieben sind. Eine Ausnahme ist die MATERIALIZED VIEW, die im Abschnitt 5.3.5 aufgenommen wurde. Bei der DROP-TABLE–Anweisung gibt es die sehr nützliche Möglichkeit, mit CASCADE CONSTRAINTS alle störenden CONSTRAINTS zu entfernen. Große Tabellen können auch partitioniert werden, d.h. die Tabellen werden zeilenweise aufgeteilt und mittels der CREATE TABLE-Anweisung auf verschiedene Partitionen verteilt. Außer den Standard-Index-Typen gibt es noch einen Bitmap-Index für große Datenbestände, die sich selten ändern. Wer sich für diese Einzelheiten interessiert, sei wieder auf [Loney 2005] oder die Oracle-Dokumentation verwiesen. Der ALTER-Befehl weist ein paar kleine syntaktische Abweichungen auf. So heißt die ALTER-Option hier MODIFY und die Spaltendefinition bzw. -änderung nach dem ADD bzw. MODIFY wird in runde Klammern gesetzt. Funktional ist insbesondere die Erweiterung um die De-/Aktivierung von erzeugten TRIGGERN und CONSTRAINTS interessant (vgl. Abschnitt 5.3.2 und 7.3).

```
<Aktivierungsklausel beim ALTER> ::=
[ { ENABLE | DISABLE }  {  ALL TRIGGERS
                         | UNIQUE (Spaltenname [, Spaltenname ]... )
                         | PRIMARY KEY
                         | CONSTRAINT Constraintname } ]
```

5.3.12 MySQL-Besonderheiten in der SQL-DDL-Syntax

MySQL hat wie alle kommerziellen Datenbanken bei den Datentypen zusätzlich eigene Typen, die nicht dem Standard entsprechen. Diese sind im Abschnitt 5.2.1 beschrieben. Große Unterschiede findet man bei der Formatierung von Datumsfeldern, was eine unterschiedliche Syntax der INSERT-Anweisungen zur Folge hat, da andere Datums-funktionen und eine fixe Formatierung der Gestalt „YYYY-MM-DD" verwendet werden müssen. Auch die Behandlung von BLOBS ist sehr verschieden (vgl. Kapitel 6).

Die wichtigste zusätzliche Option ist die Festlegung von unterschiedlichen Speicher-maschinen (Storage Engine) in der CREATE TABLE-Anweisung. Einen Überblick über die Charakteristika von Speichermaschinen finden Sie in Tabelle 1.3 im Abschnitt 1.9.3. Beispiele für ihre Verwendung bieten die Kapitel 7.3 und 8. Für die Themen hier in diesem Buch sind die beiden Speichermaschinen MyISAM (DEFAULT) und InnoDB ausreichend – mit dem für uns relevanten Unterschied, dass nur InnoDB über ein Transaktionskonzept verfügt (vgl. Abschnitt 8.6). Die ENGINE-Option wird hinter der runden Klammer unmittelbar vor dem abschließenden Semikolon beim CREATE TABLE eingefügt.

```
<Speichermaschinen Definition beim CREATE TABLE> ::=
                                      ENGINE='Speichermaschine'
```

Natürlich sind auch die Single-Row-Funktionen MySQL-spezifisch. Besonders nützliche Klassen von Funktionen sind diejenigen zur Datenverschlüsselung (vgl. Abschnitt 7.2.2).

Was weiterhin sofort ins Auge fällt, ist die unterschiedliche Behandlung von fortlaufen-denden Nummern. Während Oracle und der SQL-Standard SEQUENCES vorsieht, hat MySQL hier ein AUTO_INCREMENT als Spaltenattribut[41]. Das Fehlen von Sequenzen wirkt sich auch auf eine unterschiedliche Behandlung der AUTO_INCREMENT-Spalten in INSERT-Statements aus (vgl. Abschnitt 5.4.1). Dort finden Sie auch ein Beispiel.

Neben der bekannten SQL-Funktionalität des ALTER TABLE-Befehls gibt es noch eine Vielzahl an Zusatzfunktionen, von denen hier nur drei herausgegriffen werden. Man kann eine Tabelle umbenennen (anstelle von RENAME unter Oracle) oder auch ein Spalte umbenennen und ihr gleichzeitig einen neuen Datentyp zuweisen. Fehlt der Datentyp, wird die Spalte nur umbenannt. Für die Deaktivierung von Integritäts-bedingungen steht die Option ENABLE/DISABLE KEYS zur Verfügung.

```
<ALTER TABLE Anweisung> ::=
ALTER TABLE Tabellenname ( RENAME Neuer_Tabellenname
                         | CHANGE Spaltenname Neuer_Spaltenname [ <Datentyp> ]
                         |( ENABLE | DISABLE ) KEYS );
```

---

41 vgl. [Buchmann 2005, S. 83 ff.]

5.4 Die Datenmanipulationssprache (DML, Data Manipulation Language)

Zu diesem Sprachbestandteil von SQL gehören Anweisungen zum Einfügen (INSERT), Ändern (UPDATE) und Löschen (DELETE) von Daten.

5.4.1 Die INSERT-Anweisung

Mit der INSERT-Anweisung werden Daten in Tabellen eingefügt.

```
<INSERT Anweisung> ::=
 INSERT INTO Tabellenname [ ( Spaltenname [, Spaltenname ]... ) ]
        { VALUES  ( Konstante [, Konstante ]... ) | <Anfrageausdruck> };
```

Anmerkungen

- Die Anzahl und Datentypen der Spalten hinter dem Tabellennamen müssen mit der Konstantenliste bzw. dem Ergebnis einer beliebig komplexen SELECT-Anweisung, wie wir sie im Abschnitt 5.5.11 beschrieben haben, übereinstimmen.

- Wenn die Spaltennamen fehlen, müssen alle Spalten der Tabelle in der Reihenfolge der Tabellenspalten mit Werten versorgt werden. Werden Spaltennamen angeführt, so ist die Reihenfolge beliebig.

Beispiele

```
INSERT INTO Teile (TNr, Typ, Bezeichnung)
       VALUES (38, 'Baugruppe', 'Dynamo');

INSERT INTO Lagerbestand
       VALUES (3, 58, 899, CURRENT_DATE);

INSERT INTO Abteilungen
       VALUES (2,2,'Produktion','Lindlar');

INSERT INTO Kunden (Kun_Nr, Nachname)
  SELECT Ang_Nr, Nachname FROM Angestellte;
```

Die letzte Anweisung trägt alle Angestellten auch in die Kundentabelle ein. Alle Spalten, die in der Spaltenliste nicht auftauchen, müssen NULL-Werte erlauben und werden mittels dieser Anweisung auch mit NULL-Werten gefüllt.

Falls eine Tabelle eine Spalte mit fortlaufender Nummer hat, benötigt man dazu unter Oracle und Standard-SQL eine Sequenz. Mit der im Abschnitt 5.3.4 definierten Sequenz Kun_seq kann man z.B. einen Kunden einfügen mit

```
INSERT INTO Kunden (Kun_Nr, Nachname)
       VALUES (Kun_seq.NEXTVAL, 'Vogt');
```

Unter MySQL wird die fortlaufende Nummer als AUTO_INCREMENT vereinbart:

```
CREATE TABLE Kunden
            (Kun_Nr   INT AUTO_INCREMENT PRIMARY KEY,
             NACHNAME VARCHAR(50));
```

Die INSERT-Anweisung braucht die Kun_Nr nicht zu berücksichtigen, da die Spalte automatisch gefüllt wird, indem die Kun_Nr bei jedem INSERT um 1 erhöht wird.

```
INSERT INTO Kunden (Nachname) VALUES('Vogt');
```

5.4.2   Die UPDATE-Anweisung

Mit der UPDATE-Anweisung können Mengen von Daten oder einzelne Datensätze in Tabellen verändert werden.

```
<UPDATE Anweisung> ::= UPDATE Tabellenname
                        SET <Wertzuweisung> [, <Wertzuweisung> ]...
                        [ WHERE <Suchbedingung> ];

<Wertzuweisung> ::= Spaltenname = { <Ausdruck> | NULL | <Anfrageausdruck> }
```

Die Suchbedingung ist wie in der SELECT-Anweisung definiert (vgl. Abschnitt 5.5.5). Die Wertzuweisung läßt einen NULL-Wert zu, einen Ausdruck wie bei der Default-Option der CREATE TABLE-Anweisung (vgl. Abschnitt 5.3.1), oder einen Anfrageausdruck, wie er in Abschnitt 5.5.11 erläutert wird. Der Anfrageausdruck darf hier keine Datensatzmenge als Ergebnis liefern, sondern nur einen Datensatz. Je nachdem, ob in der SET-Klausel nur eine einzelne oder mehrere Spalten geändert werden, können in den Anfrageausdruck eine oder entsprechend auch mehrere Spalten selektiert werden (vgl. [ANSI SQL 2003b] und [Oracle SQL 2005]). Hier haben wir uns auf die Syntax für Wertänderungen von einer Spalte beschränkt.

Beispiele

■ Ändern Sie in der Tabelle „Artikel" alle Bezeichnungen „Steppenwolf TAO" in „Steppenwolf TAO 2"!

```
UPDATE  Artikel
  SET   Bezeichnung = 'Steppenwolf TAO 2'
  WHERE Bezeichnung = 'Steppenwolf TAO';
```

Auch bei der UPDATE-Anweisung ist es möglich, wie bei der SELECT-Anweisung eine vollständige Suchbedingung in der WHERE Klausel unterzubringen.

■ Allen Angestellten der Abteilung 2 werden 10 % vom Gehalt abgezogen.

```
UPDATE  Angestellte
  SET   Gehalt = Gehalt * 0.9
  WHERE Abt_Nr = 2;
```

■ In der Tabelle „Lagerbestand" wird für alle Datensätze der Zeitstempel auf das Systemdatum gesetzt!

```
UPDATE Lagerbestand SET Zeitstempel = CURRENT_DATE;
```

Nicht zulässig sind in der UPDATE-Anweisung das gleichzeitige Ändern von Daten in mehreren Tabellen oder das gleichzeitige Ändern von Tabellen, die durch einen JOIN miteinander verbunden sind. Welche Probleme damit verbunden sein können und wie man sie lösen kann, ist sehr schön in Fritze[42] dargestellt.

Die MERGE-Anweisung ist in den Standard SQL2003 aufgenommen worden und fügt Daten in Tabellen ein oder ändert sie, je nachdem, ob die Daten schon als Datensatz vorhanden sind oder nicht. MERGE existiert in Oracle seit der Version 9, unter MySQL gibt es diese Anweisung nicht.

5.4.3 Die DELETE-Anweisung

Die DELETE-Anweisung dient zum Löschen von Datensätzen aus Tabellen. Die Tabellendefinitionen bleiben dabei erhalten.

```
<DELETE Anweisung> ::= DELETE FROM Tabellenname
                     [ WHERE <Suchbedingung> ];
```

Alle Datensätze, für die die Suchbedingung TRUE ist, werden gelöscht. Die Suchbedingung ist wie in der SELECT-Anweisung definiert (vgl. Abschnitt 5.5.5).

Beispiele

```
DELETE FROM Angestellte;
```

löscht alle Daten in der Tabelle „Angestellte".

```
DELETE FROM Angestellte WHERE Nachname LIKE 'M%';
```

löscht alle Angestellten, deren Nachname mit M beginnt.

5.4.4 Oracle-Besonderheiten in der SQL-DML-Syntax

Die INSERT Anweisung lässt über den Standard hinaus ein INSERT ALL zum Einfügen mehrerer Datensätze und ein INSERT FIRST mit einer WHEN-Klausel zu, die Daten nur einfügt, falls die WHEN-Klausel erfüllt ist[43].

Die TRUNCATE-Anweisung arbeitet ähnlich wie die DELETE-Anweisung, allerdings ohne eine WHERE-Klausel und ohne die Möglichkeit, eine Transaktion mit ROLLBACK zurückzurollen. Dadurch wird die Anweisung erheblich schneller.

---

42 vgl. [Fritze et al. 2002, S. 152 ff.].

43 vgl. *http://www.oracle-base.com/articles/9i/SQLNewFeatures9i.php,* 10.11. 2006 und [Rischert 2004, S. 446]

5.4.5   MySQL-Besonderheiten in der SQL-DML-Syntax

Die INSERT-Anweisung hat noch drei zusätzliche Optionen:

- DELAYED: In MyISAM- und ISAM-Tabellen bewirkt diese Option, dass die Anweisung in eine Warteschlange gesetzt und dadurch verzögert ausgeführt wird. In anderen Tabellen ist die Option nicht zulässig.

- LOW_PRIORITY: Die INSERT-Anweisung wird erst ausgeführt, sobald kein anderer Benutzer mehr auf die Datenbank zugreift.

- IGNORED: Fehlermeldung beim Einfügen von doppelten Datensätzen, die mit PRIMARY KEY oder UNIQUE versehen sind, werden unterdrückt und die Datensätze werden trotzdem eingefügt.

Zu beachten ist, dass Spalten mit der Option AUTO_INCREMENT bei INSERT-Anweisungen nicht berücksichtigt werden müssen, da diese Spalten systemintern automatisch (vgl. Abschnitt 5.3.10) gefüllt werden. Außerdem kann eine INSERT-Anweisung auch über eine SET-Option erfolgen:

```
<INSERT mit SET-Option Anweisung> ::=
   INSERT INTO Tabellenname SET <Wertzuweisung> [ , <Wertzuweisung>]... ;
```

Es gibt eine REPLACE-Anweisung, die ähnlich wie die INSERT-Anweisung arbeitet, mit dem Unterschied, dass vorhandene Daten durch neue ersetzt werden – also eine entsprechende Funktionalität zum MERGE von Oracle und SQL. Des weiteren gibt es beim UPDATE eine Version, die Datenänderungen in mehreren Tabellen ermöglicht.

5.5   Die Datenabfragesprache (DQL, Data Query Language)

Inhalt dieses Sprachbestandteils von SQL ist nur die SELECT-Anweisung zum Lesen von Daten in ihrer komplexen Ausprägung. Zudem finden die hier definierten <Anfrageausdrücke> und <Suchbedingungen>, wie wir bereits gesehen haben, Verwendung in vielen Anweisungen der SQL-DDL und -DML.

5.5.1   Die SELECT-Anweisung in der Grundform

Die SELECT-Anweisung ist wohl die umfangreichste SQL-Anweisung, obwohl sie keine Daten verändert, sondern nur liest. Sie besteht in der Grundform aus sechs Klauseln.

```
<SELECT Grundform> ::=
      <SELECT Klausel>
      <FROM Klausel>
      [ <WHERE Klausel> ]
      [ <GROUP BY Klausel> ]
      [ <HAVING Klausel> ]
      [ <ORDER BY Klausel> ];
```

Tabelle 5.23

Ein Überblick über die sechs Klauseln in der Grundform

SELECT	Projiziert auf die gewünschten Spalten	obligatorisch
FROM	Definiert die benutzten Tabellen	obligatorisch
WHERE	Selektiert aufgrund der Suchbedingung bestimmte Datensätze der Tabellen	optional
GROUP BY	Gruppiert Datensätze auf Basis gleicher Spaltenwerte	optional
HAVING	Selektiert nur Gruppen, die der HAVING-Bedingung genügen. Die Bedingung darf Gruppenfunktionen enthalten.	optional
ORDER BY	Bestimmt die Reihenfolge der Datensätze	optional

Minimal muss eine Anfrage also aus den beiden Klauseln SELECT und FROM bestehen. Bevor wir in den nächsten Kapiteln in die Einzelheiten einsteigen, sollen einige einfache Beispiele der SELECT-Anweisung vorgestellt werden. Der Spaltenausdruck ist im einfachsten Fall eine Liste von Spaltennamen, die durch Kommas getrennt sind, oder ein „*", der für alle Spalten der Tabelle steht.

Beispiele

■ Man gebe eine Liste aller Kunden mit Kun_Nr, Nachname und Vorname aus Gummersbach aus!

```
SELECT Kun_Nr, Vorname, Nachname
FROM   Kunden
WHERE  Ort = 'Gummersbach';
```

Ergebnis:

Kun_Nr	Vorname	Nachname
5	Hannelore	Sündbald
6	Birgit	Wal

■ Welche Abteilungen gibt es in der Byce & Co.-Datenbank?

```
SELECT Abt_Nr, Name FROM Abteilungen;
```

Ergebnis:

Abt_Nr	Name
1	Geschäftsführung
2	Produktion
3	Verkauf
4	Einkauf
5	Arbeitsvorbereitung
6	Datenverarbeitung

■ Geben Sie Nachnamen und Vornamen aller Angestellten aus!

```
SELECT Vorname || ' ' || Nachname AS Angestellte
FROM   Angestellte;
```

Ergebnis:

Angestellte	Angestellte	Angestellte
Josefine Müller	Jonas Falser	Lucas Glatt
Hans Fama	Erna Wanne	Barbara Gotte
Iris Heck	Ilse Brunn	Holger Kall
Otto Schmidt	Willi Brater	Franz Käse
Anna Weber	Susanne Bär	Anna Kussmann
Paul Frisch	Hermann Budar	Leo Bold
Paula Frisch	Max Bille	Max Butz
Ernst Schneider	Thorsten Wahn	Isabel Barthels
Anna Weber	Petra Wuton	Hugo Schmidt

27 Datensätze werden ausgewählt (diese Zeilen werden eigentlich untereinander ausgegeben und sind hier nur aus Platzmangel auf drei Spalten verteilt). Vor- und Nach-
name werden durch den Operator „Konkatenation" („ || ") verbunden und in der Aus-
gabe durch ein Leerzeichen getrennt.

■ Welchen Inhalt hat die Relation „Werke"?

```
SELECT * FROM Werke;
```

Ergebnis:

WNr	Bezeichnung	Ort	Strasse
1	Montagewerk	Gladbeck	Adlerstr.
2	Vorfertigung	Gladbeck	Am Pferdekamp

5.5.2   Spalten projizieren mit der SELECT-Klausel

Die SELECT-Klausel wählt die Attribute der zu erstellenden Anfrage aus einer oder
mehreren Tabellen aus. Dabei können nicht nur Spaltennamen verwendet werden,
sondern auch Ausdrücke auf Spaltennamen, wie wir sie im Abschnitt 5.3.1. zusammengestellt haben.

```
<SELECT Klausel> ::=
    SELECT [ ALL | DISTINCT ] <Spaltenausdruck> [, <Spaltenausdruck> ]...

<Spaltenausdruck> ::= { [ Tabellenname.]*
                      | [ Tabellenname.]Spaltenname [ AS Neuer_Spaltenname ]
                      | <Ausdruck> [ AS Neuer_Spaltenname ] }
```

Anmerkungen:

- ALL gibt auch doppelte Datensätze aus und DISTINCT unterdrückt doppelte.
- * gibt alle Spalten der beteiligten Tabellen aus.
- „Ausdruck" entspricht dem Ausdruck in der CREATE TABLE-Anweisung, also Operationen und Funktionen auf Spaltennamen und Konstanten.
- Der Tabellenname kann auch eine in der FROM-Klausel vergebene Abkürzung sein.
- Die FROM-Klausel wird im nächsten Kapitel behandelt.

Beispiele

```
SELECT * FROM Kunden;

SELECT DISTINCT Kunden.Nachname FROM Kunden;

SELECT 'Netto', Gehalt-Abzuege, Gehalt * 0.1,
       Vorname||' '||Nachname AS Name
FROM   Angestellte;

SELECT Ang_Nr, Nachname, CURRENT_DATE, Eintrittsdatum
FROM   Angestellte;
```

5.5.3 Daten aus (mehreren) Tabellen auswählen mit der FROM-Klausel

In der FROM-Klausel wird angegeben, aus welchen Tabellen die zu selektierenden Daten stammen. Es sind eine oder mehrere Tabellen sowie Unterabfragen (nur SQL2003 und Oracle) und sogenannte JOIN-Tabellen zulässig.

```
<FROM Klausel> ::= FROM <Tabellenreferenz>

<Tabellenreferenz> ::=
[ Tabellenname [Abkürzung] | (<Unterabfrage>) Abkürzung | <JOIN Tabelle> ]
[,{ Tabellenname [Abkürzung] | (<Unterabfrage>) Abkürzung | <JOIN Tabelle> } ]...
```

Anmerkungen:

- Im einfachsten Fall besteht die FROM-Klausel aus dem Schlüsselwort FROM und einem Tabellennamen.
- Es können aber auch mehrere Tabellen, durch Kommas getrennt, einbezogen werden.
- Eine Tabelle kann auch mehrfach aufgelistet werden (Selbstreferenz, Rekursion). In diesem Fall müssen unterschiedliche Abkürzungen als sogenannte Tabellenaliase vergeben werden.
- Falls mehrere Tabellen vorkommen, die gleiche Spaltennamen haben, z.B. die Kun_Nr in den Relationen „Kunden" und „Auftraege", ist es notwendig, Abkürzungen oder den ausgeschriebenen Tabellennamen zu verwenden. Diese Abkürzungen gehen als Referenzierungen mit in den Spaltenausdruck der anderen Klausel ein.
- Die FROM-Klausel ist ein Synonym für die Funktionalität des kartesischen Produkts aus der relationalen Algebra. Die Datensätze der verschiedenen Tabellen oder Unterabfragen werden wie beim kartesischen Produkt, also jeder mit jedem ver-

knüpft (vgl. Abschnitt 4.1.3). Durch passende WHERE-Klauseln können daraus JOIN-Verknüpfungen werden.

■ Wir beschränken uns erst einmal in den Beispielen auf die Verwendung von Tabellennamen. Die Erläuterungen zu den Unterabfragen finden Sie im Abschnitt 5.5.9 und die für die <JOIN Tabelle> im Abschnitt 5.5.4.

Beispiele

```
SELECT * FROM Teile;
```

```
SELECT * FROM Teile, Artikel;
```

```
SELECT Kunden.Kun_Nr, Kunden.Vorname, Kunden.Nachname, Auftraege.AuftragsNr
FROM   Kunden, Auftraege
WHERE  Auftraege.Kun_Nr = Kunden.Kun_Nr;
```

```
SELECT K.Kun_Nr, K.Vorname, K.Nachname, A.AuftragsNr
FROM   Kunden K, Auftraege A
WHERE  A.Kun_Nr = K.Kun_Nr;
```

```
SELECT 1000 - (t.MindestBestand-t.Bestand) * l.Bestand
FROM   Teile t, Lagerbestand l
WHERE  t.TNr = l.TNr;
```

Beim zweiten Beispiel sind die beiden Tabellen Teile und Artikel mit einem Kartesischen Produkt verknüpft, im dritten bzw. vierten Beispiel als Join, um genauer zu sein, als Equi Join bzw. sogar als Natural Join.

Die dritte und die vierte Anweisung haben das gleiche Ergebnis, nur dass in der vierten Anweisung Tabellenabkürzungen benutzt werden.

Man kann Tabellen auch mit sich selbst verknüpfen:

```
SELECT s1.OTeil, s2.OTeil FROM Struktur s1, Struktur s2;
```

```
SELECT s1.OTeil
FROM   Struktur s1, Struktur s2
WHERE  s1.OTeil = s2.UTeil;
```

Beim ersten SELECT wird jeder Datensatz der Tabelle „Struktur" mit jedem Satz derselben Tabelle verbunden. Das Ergebnis ist ein kartesisches Produkt mit 51^2=2601 Datensätzen, da die Strukturtabelle der Byce & Co.-Datenbank 51 Sätze hat. Im zweiten SELECT erhält man alle Datensätze der Strukturtabelle, die als UTeil **und** OTeil irgendwo aufgeführt werden, also um alle Baugruppen. Es handelt sich um 24 Datensätze.

5.5.4   Mehrere Tabellen mit JOIN-Operatoren abfragen

Die Syntax der Basisform der FROM-Klausel haben wir gerade erläutert. Damit können Sie wie bei den Beispielen gezeigt auch einen NATURAL-JOIN über mehrere Tabellen darstellen, wenn Sie die Spalten in der WHERE-Bedingung mit dem Gleichheitszeichen verbinden. Die Syntax der FROM-Klausel lässt sich noch erweitern um alle JOIN-Operatoren der Relationalen Algebra. Bislang haben wir die FROM-Klausel nur mit der Funktionalität kennengelernt, dass alle aufgelisteten Tabellen bzw. Unterabfragen durch ein kartesisches Produkt miteinander verknüpft werden und die semantisch richtigen Verknüpfungen erst in der WHERE-Klausel spezifiziert werden. Mit den JOIN-Operatoren wird es nun möglich, gleich in der FROM-Klausel die JOIN-Verknüpfung samt Bedingung zu formulieren. Die Verwendung von JOIN-Operatoren, von denen wir die meisten im Abschnitt 4.1.3 vorgestellt haben, zeigt zudem noch einmal den unmittelbaren Zusammenhang zwischen SQL und der relationalen Algebra auf (vgl. Abschnitt 5.7).

```
<JOIN Tabelle> ::= <Kreuzprodukt> | <THETA JOIN> | <NATURAL JOIN>

<Kreuzprodukt> ::= <Tabellenreferenz> CROSS JOIN <Tabellenfaktor>

<THETA JOIN> ::= <Tabellenreferenz> [ <JOIN Typ> ] JOIN <Tabellenreferenz>
                          { ON <Suchbedingung>
                          | USING ( Spaltenname [ , Spaltenname ]... ) }

<NATURAL JOIN> ::= <Tabellenreferenz>
                        NATURAL [ <JOIN Typ> ] JOIN
<Tabellenfaktor>

<JOIN Typ> ::= INNER | { LEFT | RIGHT | FULL } [ OUTER ]
```

Eine <Tabellenreferenz> (vgl. Abschnitt 5.5.3) kann ein Tabellenname sein, ein Anfrageausdruck (vgl. Abschnitt 5.5.11) oder auch wieder eine <JOIN Tabelle>. Ein <Tabellenfaktor> kann nur ein Tabellenname oder ein Anfrageausdruck sein.

Es lassen sich drei JOIN-Operatoren differenzieren, das <Kreuzprodukt>, der <NATURAL JOIN> und der <THETA JOIN>, der auch INNER JOIN heißt. Das <Kreuzprodukt> bildet das kartesische Produkt der beiden Datensatzmengen, die als Operatoren angegeben sind, und stellt damit nur eine andere Schreibweise von der uns bereits bekannten Form der FROM-Klausel mit einer Komma getrennten Liste von Tabellennamen oder Anfrageausdrücken ohne eine WHERE-Klausel dar. Es ist der einzige JOIN-Operator, bei dem doppelte Spalten nicht automatisch eliminiert werden.

Für die beiden anderen JOIN-Operatoren (THETA JOIN und NATURAL JOIN) können vier JOIN-Typen spezifiziert werden:

Tabelle 5.24

Die vier JOIN-Typen des THETA- und NATURAL JOIN

<JOIN Typ>	Bedeutung
INNER	Die beiden Datensatzmengen werden ohne „dangling tuples" verknüpft. In der Ergebnismenge sind nur die Datensätze enthalten, die mit einem Satz aus der jeweils anderen Datensatzmenge verknüpft werden konnten (DEFAULT).
LEFT OUTER	Vom linken Operanden werden alle Sätze in die Ergebnismenge aufgenommen. Zu jedem Satz wird, falls es passt, ein Satz aus der rechten Menge verknüpft. Falls es nicht passt, bleiben für diesen Satz die Attribute der rechten Menge leer (vgl. linker OUTER JOIN im Abschnitt 4.1.3).
RIGHT OUTER	Das analoge Verhalten zum linken OUTER JOIN, nur dass jetzt alle Datensätze des rechten Operanden genommen werden (vgl. rechter OUTER JOIN im Abschnitt 4.1.3).
FULL OUTER	Hier werden sowohl alle Datensätze des rechten als auch des linken Operanden genommen und die jeweiligen „dangling tupels" mit NULL-Werten aufgefüllt.

Die Funktionalität des <THETA JOIN>-Operators entspricht dem THETA-JOIN aus der Relationalen Algebra, mit dem Unterschied, dass gleichlautende Spalten automatisch eliminiert werden. Entweder wird mit *ON <search condition>* eine beliebige verknüpfende Bedingung angegeben oder es werden mit der *USING*-Option die Spaltennamen aufgelistet, für die Gleichheitsverknüpfungen formuliert werden. Diese Spaltennamen müssen in beiden Operandenmengen gleich heißen. Werden mehrere Spaltennamen angegeben, dann werden die einzelnen Vergleiche mit AND verknüpft.

Die Funktionalität des <NATURAL JOIN>-Operators entspricht dem NATURAL-JOIN aus der Relationalen Algebra. Eine verknüpfende Bedingung muss nicht angegeben werden, da ja automatisch für alle Spalten, die gleich heißen, ein Gleichheitsvergleich generiert wird. Die Spalten werden dann mit AND verbunden. Die doppelten Spalten werden eliminiert.

Bis auf die Funktionalität der OUTER JOIN-Operatoren sind diese Schreibweisen semantisch redundant zur bisherigen Syntax aus Abschnitt 5.5.3 mit einer entsprechenden WHERE-Klausel. JOINED TABLE-Ausdrücke lassen sich also nur als linker Operand schachteln, nicht als rechter[44]. JOIN-Verknüpfungen können nicht über Large Object-Spalten ausgeführt werden.

Beispiele

■ Das kartesische Produkt zwischen den Tabellen „Teile" und „Struktur" liefert 3111 Datensätze:

```
SELECT COUNT(*) FROM Teile CROSS JOIN Struktur;
SELECT COUNT(*) FROM Teile, Struktur;
```

■ Der THETA-JOIN mit der Bedingung, dass das Teil ein Oberteil in der Strukturtabelle sein muss, liefert 51 Sätze:

```
SELECT * FROM Teile INNER JOIN Struktur ON Teile.TNr = Struktur.OTeil;
SELECT * FROM Teile, Struktur WHERE Teile.TNr = Struktur.OTeil;
```

■ Der rechte bzw. linke OUTER JOIN liefert 51 bzw. 103 Datensätze:

```
SELECT * FROM Teile RIGHT OUTER JOIN Struktur ON Teile.TNr = Struktur.OTeil;
SELECT * FROM Teile LEFT OUTER JOIN Struktur ON Teile.TNr = Struktur.OTeil;
```

■ Ein NATURAL JOIN kann zwischen den Angestellten und der Abteilung formuliert werden.

```
SELECT * FROM Abteilungen NATURAL JOIN Angestellte;

SELECT * FROM Abteilungen, Angestellte
WHERE    Abteilungen.Abt_Nr = Angestellte.Abt_Nr;

SELECT * FROM Abteilungen, Angestellte
WHERE    Abteilungen.Abt_Nr = Angestellte.Abt_Nr
AND      Abteilungen.Ort    = Angestellte.Ort;
```

---

44 Um die Details und Grenzen dieser Verschachtelung herauszufinden, verweisen wir auf die Originalliteratur [ANSI SQL 2003b], [ORACLE SQL 2005, Kapitel 19] und [MySQL 2006, Kap. 13.2.7.1].

Der NATURAL JOIN der ersten Anfrage liefert ein überraschendes Ergebnis: 5 Datensätze statt der 27 Mitarbeiter, die in verschiedenen Abteilungen arbeiten (Ergebnis der zweiten Anfrage). Zu beachten ist, dass neben der Abt_Nr auch noch der Ort in beiden Tabellen auftaucht. Die Semantik des ersten und dritten NATURAL JOIN ist damit: „Zeigen Sie die Mitarbeiter deren Wohnort auch ihr Arbeitsort ist." Damit aus der dritten Anfrage eine echte NATURAL JOIN-Simulationen wird, müssten die doppelten Spalten mit der SELECT-Liste herausprojiziert werden.

5.5.5 Datensätze selektieren mit der WHERE-Klausel

WHERE-Klauseln legen anhand von Suchbedingungen fest, welche Zeilen aus den Datensätzen, die die FROM-Klausel bereitstellen, ausgewählt werden. Ausgewählt heißt, dass die Ergebnismenge der Anfrage nur die Datensätze enthält, für die die Bedingung der WHERE-Klausel zu TRUE ausgewertet wird. Ist das Ergebnis FALSE oder UNKNOWN, so wird der Datensatz verworfen (dreiwertige Logik). Zur Erinnerung verweisen wir noch mal darauf, dass das Ergebnis von Integritätsbedingungen anders interpretiert wird. Dort wird UNKOWN wie TRUE behandelt (vgl. Abschnitt 5.3.2).

Wir werden in diesem Kapitel nur einfache Suchbedingungen behandeln, die keine weiteren Unterabfragen zulassen. Unterabfragen in Suchbedingungen sind das Thema im Abschnitt 5.5.9. Diese einfachen Suchbedingungen sind meist eine Folge von Prädikaten, die durch AND oder OR verbunden sind. Die Klammerung und die Priorität der Operatoren bestimmen dabei die Reihenfolge der Abarbeitung.

Beispiel

Selektieren Sie alle Angestellten, die der Abteilung 2 oder keiner Abteilung angehören und weniger als 5000 Euro verdienen.

```
SELECT * FROM Angestellte
WHERE (Abt_Nr = 2 OR Abt_Nr IS NULL) AND Gehalt < 5000;
```

Tabelle 5.25

Beispiele für mögliche Prädikate

Prädikat	Beispiel
Vergleichsprädikat	a.LiefNr = l.LiefNr
Intervallprädikat	Gehalt BETWEEN 4000 AND 6000
Ähnlichkeitsprädikat	Nachname LIKE 'M%'
Test auf NULL	LiefNr IS [NOT] NULL
IN-Bedingung	Artikel_Typ IN ('Rahmen', 'Hinterrad')

```
<WHERE Klausel> ::= WHERE <Suchbedingung>

<Suchbedingung> ::= [ <Ausdruck> <Vergleichsoperator> <Ausdruck>
                    | <Ausdruck> [NOT] BETWEEN <Ausdruck> AND <Ausdruck>
                    | <alphanumerischer Ausdruck> [NOT] LIKE <Schablone>
                    | <Ausdruck> IS [NOT] NULL
                    | <Ausdruck> [NOT] IN (Konstante [, Konstante]...)
                    | NOT <Suchbedingung>
                    | <Suchbedingung > AND <Suchbedingung>
                    | <Suchbedingung > OR <Suchbedingung>
                    | ( <Suchbedingung> ) ]
```

Vergleichsoperatoren, Schablonen und Ausdrücke wurden schon im Abschnitt 5.2 und bei der CREATE TABLE-Anweisung im Abschnitt 5.3.1 eingeführt. Suchbedingungen lassen sich rekursiv definieren, da sie auf sich selbst verweisen können.

5.5.5.1   Einfache Vergleiche

Prädikate der Gestalt

```
<Vergleichsprädikat> ::= <Ausdruck> <Vergleichsoperator> <Ausdruck>
```

nennen wir einfache Vergleiche. Da es aufgrund fehlender Spaltenwerte recht häufig vorkommt, dass einer der Ausdrücke NULL bzw. UNKNOWN ist, stellt sich die Frage nach dem Ergebnis des Vergleichs in einem solchen Fall. Ist einer der Ausdrücke unbekannt, wird der Vergleich insgesamt zu NULL/UNKNOWN ausgewertet.

Beispiele

■ Welche Angestellten gehören zur Abteilung 2?

```
SELECT Nachname FROM Angestellte WHERE Abt_Nr = 2;
```

■ Welche Angestellten haben mehr als 40% Abzüge?

```
SELECT Nachname, Gehalt, Abzuege
FROM   Angestellte
WHERE  Abzuege > Gehalt * 0.4;
```

5.5.5.2   Logische Operatoren

In der WHERE-Klausel können mehrere Bedingungen durch die Operatoren AND, OR und NOT verknüpft werden.

Beispiele

■ Welche Kunden wohnen in Gummersbach oder Köln?

```
SELECT Nachname
FROM   Kunden
WHERE  Ort = 'Köln'  OR  Ort = 'Gummersbach';
```

- Welche Lieferanten kommen weder aus Dortmund noch aus Köln?

```
SELECT * FROM Lieferanten
WHERE    Ort <> 'Dortmund'
AND      Ort <> 'Köln';
```

Es können aber auch so brisante Anfragen formuliert werden, wie:

- Welche Angestellten verdienen mehr als ihr direkter Vorgesetzter?

```
SELECT Vorg.Nachname AS Vorgesetzter,
       Vorg.Gehalt   AS Gehalt_Vorgesetzter,
       Ang.Nachname  AS Angestellter,
       Ang.Gehalt    As Gehalt_Angestellter
FROM   Angestellte Vorg, Angestellte Ang, Abteilungen Abt_Ang
WHERE  Ang.Abt_Nr  = Abt_Ang.Abt_Nr
AND    Vorg.Ang_Nr = Abt_Ang.Leiter
AND    Ang.Gehalt  > Vorg.Gehalt;
```

Bei dieser Abfrage werden Sie feststellen, dass die Fahrrad-Welt Byce & Co. noch in Ordnung ist: Es gibt keinen Angestellten, der der letzten WHERE-Bedingung genügt.

Die Formatierung von Anfragen ist naturgemäß nicht standardisiert, bei Oracle gibt es unter SQL*PLUS die COLUMN-Anweisung[45], unter MySQL Formatstrings, die z.B. die Ausgabe für Datumsfelder formatieren.

Falls in einer Suchbedingung mehrere Abfragen vorkommen, muss man die Prioritätenreihenfolge beachten oder die Abarbeitungsreihenfolge explizit mit Klammern „()" spezifizieren:

	Tabelle 5.26

Prioritätenreihenfolge der Operatoren

Priorität	Operator
1	Alle Vergleichsoperatoren
2	NOT
3	AND
4	OR

Beispiel

Bestimmen Sie zum einen alle Angestellten, die Informatiker sind, und zum anderen alle Betriebswirte, die 6000 € oder mehr verdienen!

```
SELECT Nachname, Beruf, Gehalt
FROM   Angestellte
WHERE  Beruf = 'Informatiker'
OR     Beruf = 'Betriebswirt'
AND    Gehalt >= 6000;
```

---

45 Für die obige SELECT-Anweisung könnte z.B. unter Oracle-SQL*PLUS mit
   COLUMN Chef FORMAT a15
   COLUMN Gehalt_chef FORMAT 99999
   COLUMN Angestellter FORMAT a15
   COLUMN Gehalt_Angestellter FORMAT 99999
   eine Formatierung vorgenommen werden, um den Ausdruck besser lesbar zu gestalten.

Ergebnis:

Nachname	Beruf	Gehalt
Müller	Betriebswirt	10000
Heck	Betriebswirt	7500
Weber	Informatiker	6600
Frisch	Informatiker	5000
Frisch	Informatiker	5000
Käse	Informatiker	4500
Kussmann	Informatiker	4500
Bold	Informatiker	3500

Da die Priorität von AND höher ist als die des Operators OR, wird AND zuerst abgearbeitet.

Durch Klammerung kann man die Reihenfolge der Auswertung der Prädikate verändern und damit auch die Semantik der Anfrage, die nun heißt: Bestimmen Sie alle Informatiker und Betriebswirte, die 6000 € oder mehr verdienen:

```
SELECT Nachname, Beruf, Gehalt
FROM   Angestellte
WHERE  ( Beruf = 'Informatiker' OR Beruf = 'Betriebswirt' )
AND    Gehalt >= 6000;
```

Ergebnis:

Nachname	Beruf	Gehalt
Müller	Betriebswirt	10000
Heck	Betriebswirt	7500
Weber	Informatiker	6600

Dreiwertige Logik

Bei den relationalen Datenbanken tritt noch eine Besonderheit durch die Zulassung von NULL-Werten auf. Es gibt bei SQL wie auch bei Oracle und MySQL eine dreiwertige Logik mit den Werten TRUE, FALSE und UNKNOWN (wird auch als NULL dargestellt, z.B. bei MySQL). Der Wahrheitswert UNKNOWN tritt auf, wenn ein Wert, der NULL ist, mit einem anderen Wert verglichen wird. Bei jedem der nachfolgenden Operatoren weisen wir explizit darauf hin, was sein Ergebnis ist, wenn einer der Operanden NULL/UNKOWN ist. In der Praxis ist es manchmal bedauerlich, dass man nur einen unbekannten Zustand hat, da würde man auch gerne zwischen NULL im Sinne von „gibt es nicht" und im Sinne von „nicht bekannt" unterscheiden.

Tabelle 5.27

Wahrheitstabelle des AND-Operators

	TRUE	FALSE	UNKNOWN
TRUE	TRUE	FALSE	UNKNOWN
FALSE	FALSE	FALSE	FALSE
UNKNOWN	UNKNOWN	FALSE	UNKNOWN

Tabelle 5.28

Wahrheitstabelle des OR-Operators

	TRUE	FALSE	UNKNOWN
TRUE	TRUE	TRUE	TRUE
FALSE	TRUE	FALSE	UNKNOWN
UNKNOWN	TRUE	UNKNOWN	UNKNOWN

Tabelle 5.29

Wahrheitstabelle des NOT-Operators

	TRUE	FALSE	UNKNOWN
	FALSE	TRUE	UNKNOWN

Beispiel

```
SELECT Name, Telefonnr FROM  Lieferanten;

SELECT Name, Telefonnr FROM  Lieferanten
WHERE  Telefonnr =  '0221/985688'
   OR  Telefonnr <> '0221/985688';
```

Bei der TelefonNr sind NULL-Werte zugelassen, es kann also Lieferanten geben, deren Telefonnummer nicht in der Datenbank abgelegt ist. Die erste SELECT-Anweisung zeigt, dass es einen Lieferanten gibt, der keine Telefonnummer hat. Für diesen Datensatz liefert der Vergleich mit einem Wert den Wahrheitswert UNKNOWN. Bei der zweiten SELECT-Anweisung wird dieser Lieferant nicht ausgegeben, da nur diejenigen Lieferanten selektiert werden, für die die WHERE-Bedingung insgesamt zu TRUE ausgewertet wird.

5.5.5.3 Der BETWEEN-Operator

Mit diesem Prädikat lassen sich Wertebereiche abfragen, die für Attribute vorgesehen sind.

> *<Suchbedingung>[46]* ::= *<Ausdruck>* [NOT] BETWEEN *<Ausdruck>* AND *<Ausdruck>*

Beim BETWEEN-Operator sind die Grenzwerte beim Vergleich mit eingeschlossen, es handelt sich damit um größer/gleich- und kleiner/gleich-Abfragen. Als Ausdrücke sind unter anderem Konstanten, Spaltennamen, Funktionsaufrufe und Anfrageausdrücke, die nur einen Ergebniswert liefern, zugelassen. Ist einer der drei Ausdrücke NULL, so ist das Ergebnis UNKNOWN.

Beispiele

```
SELECT Nachname, Vorname, Gehalt FROM Angestellte
WHERE Gehalt BETWEEN  3000 AND 3600;
```

Ergebnis:

Nachname	Vorname	Gehalt
Falser	Jonas	3600
Brunn	Ilse	3600
Bold	Leo	3500
Butz	Max	3500
Barthels	Isabel	3500
Schmidt	Hugo	3500

Bei Datumsfeldern kann der BETWEEN-Operator im jeweiligen Datumsformat auch auf DATE-Spalten angewendet werden:

```
SELECT Vorname, Nachname, Eintrittsdatum
FROM   Angestellte
WHERE  Eintrittsdatum BETWEEN '01.01.1995' AND '01.01.2000';
/* Oracle-Datumsformat, wenn die Spracheinstellung deutsch ist*/[47]

SELECT Vorname, Nachname, Eintrittsdatum
FROM   Angestellte
WHERE  Eintrittsdatum BETWEEN '1995-01-01' AND '2000-01-01';
/*MySQL-Datums-Formnat*/

SELECT Vorname, Nachname, Eintrittsdatum
FROM   Angestellte
WHERE  TO_CHAR(Eintrittsdatum, 'DD.MM.JJJJ')
             BETWEEN '01.01.1995' AND '01.01.2007';
/* auf der sicheren Seite und unabhängig von irgendwelchen Einstellungen: Konver-
tierung des Datums in eine Zeichenketten, Oracle-spezifisch*/
```

---

46 Die hier und bei den anderen Operatoren definierte <Suchbedingung> ist ein Auszug der <Suchbedingung> vom Anfang dieses Kapitels.

47 In SQL werden einzeilige Kommentare mit -- am Zeilenanfang markiert und mehrzeilige mit /* */ begrenzt (vgl. auch PL/SQL im Abschnitt 7.1).

Bei alphanumerischen Spalten wird intern in ASCII-Code umgewandelt und dieser Wert mit den Grenzen des BETWEEN-Operators verglichen. Notwendig ist dabei die Verwendung des Wildcard „%".

```
SELECT Vorname, Nachname, Eintrittsdatum
FROM   Angestellte
WHERE  Nachname BETWEEN 'F%' AND 'H%';
```

5.5.5.4   Der LIKE-Operator

Der LIKE-Operator dient zum Abfragen von Textmustern über Schablonen und Wildcards. Als Wildcards sind die im Abschnitt 5.2.4 definierten Symbole „%" und „_" zulässig. „%" steht für kein, ein oder mehrere Zeichen, „_" für ein einzelnes Zeichen. Ist der alphanumerische Ausdruck NULL, dann ist das Ergebnis des Vergleichs UNKOWN.

```
<Suchbedingung> ::= <alphanumerischer Ausdruck> [NOT] LIKE <Schablone>
<Schablone> ::= Zeichenkette mit Wildcards (% oder _) als alphanumerische
                                            Konstante oder Variable
```

Beispiele

```
SELECT Nachname FROM  Angestellte
WHERE  Nachname LIKE 'W%';

SELECT Nachname FROM  Angestellte
WHERE  Nachname LIKE 'W%r';

SELECT Nachname FROM  Angestellte
WHERE  Nachname NOT LIKE '%r';

SELECT Nachname FROM  Angestellte
WHERE  Nachname LIKE '_e%';
```

5.5.5.5   Der IN-Operator

Mit dieser Bedingung wird getestet, ob ein Vergleichswert in einer Menge von Werten enthalten ist. Ist der Ausdruck NULL, so ist das Ergebnis UNKNOWN.

```
<Suchbedingung> ::= <Ausdruck> [NOT] IN (Konstante [, Konstante]... )
```

Beispiel

Welche Kunden wohnen in Köln oder Gummersbach?

```
SELECT * FROM Kunden WHERE Ort IN ('Köln', 'Gummersbach');
```

Regeln des IN-Operators:

- In der hier vorgestellten Form darf die Menge nach „IN" keine Ausdrücke in Form von Variablen oder Operatoren enthalten (4 * 7 z.B. ist nicht erlaubt). im Abschnitt 5.5.9 wird zusätzlich eine IN-Syntax vorgestellt, die Unterabfragen erlaubt.
- Alle Konstanten haben den gleichen Datentyp.
- Die Menge darf nicht zwei gleiche Konstanten enthalten.

5.5.5.6   Das NULL-Prädikat

Mit diesem Prädikat ist eine Abfrage möglich, ob ein Ausdruck, z.B. eine Spalte, NULL-Werte enthält. Dieser Operator ist explizit dafür gedacht, das Auftreten von NULL in einer Bedingung in TRUE oder FALSE umzuwandeln.

```
<Suchbedingung> ::= <Ausdruck> IS [NOT] NULL
```

Beispiele

- Welche Angestellten gehören zu keiner Abteilung?

  ```
  SELECT * FROM Angestellte WHERE Abt_Nr IS NULL;
  ```

- Welche Lieferanten haben das Feld Telefonnr mit einem Wert versorgt?

  ```
  SELECT * FROM Lieferanten WHERE Telefonnr IS NOT NULL;
  ```

Mit der **Oracle-NVL-Funktion** kann ein NULL-Wert durch einen beliebigen anderen Wert ersetzt werden. Ist jedoch eine Telefonnummer gegeben, so wird diese angezeigt. Nur wenn keine gegeben ist, wird der Text „Ohne Tel_Nr" ausgegeben.

```
SELECT NVL(Telefonnr, 'Ohne Tel_Nr') FROM Lieferanten;
```

Dieser Funktion entspricht unter **MySQL** die **IFNULL-Funktion**:

```
SELECT IFNULL(Telefonnr, 'Ohne Tel_Nr') FROM Lieferanten;
```

5.5.6   SQL-Gruppenfunktionen

Bei Anfragen ist im Spaltenausdruck der SELECT-Klausel wie auch in der HAVING-Klausel (vgl. Abschnitt 5.5.7) unter bestimmten Voraussetzungen die Verwendung der SQL-Gruppenfunktionen MAX, MIN, SUM, AVG und COUNT aus Abschnitt 5.2.3 zulässig.

```
<Gruppenfunktion> ::=
   { COUNT(*)
   | <Gruppenfunktionstyp> ( [ALL | DISTINCT] <numerischer Ausdruck> ) }
<Gruppenfunktionstyp> ::= { COUNT | MIN | MAX | SUM | AVG }
```

Anmerkungen:

- COUNT(*) ermittelt die Anzahl der Datensätze einer Tabelle.

- Als numerischer Ausdruck sind z.B. numerische Spalten, Konstanten, Berechnungen zugelassen (vgl. Abschnitt 5.2).

- Die Funktionen COUNT(Spaltenname), SUM (Spaltenname) und AVG(Spaltenname) beziehen bei DISTINCT nur die unterschiedlichen Werte einer Spalte mit ein.

- Bei ALL werden alle Spaltenwerte, auch Duplikate, berücksichtigt; dies ist die DEFAULT-Option.

- NULL-Werte werden bei den Gruppenfunktionen nicht berücksichtigt. Bei COUNT (Spaltenname) heißt das, die Datensätze, die in dieser Spalte den Wert NULL haben, werden nicht gezählt, ebenso bei der AVG- und auch bei der SUM-Funktion.

- Zum Vergleich: Bei einer Addition mit dem „+"-Operator wird das Ergebnis NULL, wenn einer der Operanden NULL ist, bei SUM und AVG bleiben solche Datensätze unberücksichtigt, für alle Nicht-NULL-Datensätze wird die Berechnung weitergeführt.

- Gruppenfunktionen können nicht in WHERE-Bedingungen verwendet werden, da sie sich nicht auf einen einzelnen Datensatz, sondern auf mehrere beziehen.

Beispiele

- Wie viele Angestellte hat die Abteilung 2?

```
SELECT COUNT(*) FROM  Angestellte WHERE Abt_Nr = 2;
```

Ergebnis:

COUNT(*)
8

- Wie hoch ist das Jahresgehalt aller Angestellten der Abteilung 2?

```
SELECT SUM(Gehalt) * 12 FROM  Angestellte WHERE Abt_Nr = 2;
```

Ergebnis:

SUM(Gehalt)*12
376800

- Wie hoch ist das durchschnittliche Gehalt der Informatiker?

```
SELECT AVG(Gehalt)
FROM   Angestellte
WHERE  Beruf = 'Informatiker';
```

Ergebnis:

AVG(Gehalt)
4850

■ Ermitteln Sie das durchschnittliche Gehalt, das maximale Gehalt, das minimale Gehalt und die Summe aller Gehälter aller Angestellten!

```
SELECT AVG(Gehalt), MAX(Gehalt), MIN(Gehalt), SUM(Gehalt)
FROM  Angestellte;
```

Ergebnis:

AVG(Gehalt)	MAX(Gehalt)	MIN(Gehalt)	SUM(Gehalt)
4601,11	10000	500	124230

■ Ermitteln Sie die Summe über alle Gehälter, wobei auch Gehälter, die mehrfach vorkommen, berücksichtigt werden!

```
SELECT SUM(ALL Gehalt) FROM Angestellte;
```

oder

```
SELECT SUM(Gehalt) FROM Angestellte;
```

Ergebnis: 124230 €

■ Ermitteln Sie die Summe über alle Gehälter, wobei Gehälter, die mehrfach vorkommen, nur einmal berücksichtigt werden!

```
SELECT SUM( DISTINCT Gehalt) FROM Angestellte;
```

Ergebnis: 96130 €

Bei den Gruppenfunktionen kann man zwar die Anzahl der Datensätze, die in die Berechnung eingehen, durch die WHERE-Bedingung einschränken. Wenn man jedoch gruppieren will, also Berechnungen für Gruppen von Zeilen aufstellen möchte, braucht man zusätzlich die GROUP BY-Klausel.

5.5.7   Gruppierung mit den GROUP BY- und HAVING-Klauseln

Mit der GROUP BY-Klausel werden die Ergebnisdatensätze nach der Auswertung der WHERE-Klausel in Gruppen eingeteilt, so dass innerhalb der Gruppen die Werte der GROUP BY-Spalten gleich sind.

```
<GROUP BY Klausel> ::= GROUP BY Spaltenname [, Spaltenname ]...
<HAVING Klausel> ::= HAVING <Suchbedingung>
```

Beispiel

■ Berechnen Sie die Summe über alle Gehälter der Angestellten der gleichen Abteilung!

```
SELECT  Abt_Nr, SUM(Gehalt) FROM  Angestellte GROUP BY Abt_Nr;
```

Ergebnis:

Abt_Nr	SUM(Gehalt)
1	10000
2	31400
3	20310
4	14720
5	21800
6	26000

Mit der HAVING-Klausel wird dann noch für die einzelnen Gruppen eine Suchbedingung formuliert.

Beispiel

■ Berechnen Sie die Summe über alle Gehälter derjenigen Abteilungen, die mindestens sechs Angestellte haben!

```
SELECT Abt_Nr, SUM(Gehalt ) AS SUMME
FROM    Angestellte
GROUP   BY Abt_Nr
HAVING COUNT(*) > 5;
```

Ergebnis:

Abt_Nr	SUM(Gehalt)
2	31400
6	26000

Anmerkungen:
■ In der SELECT-Klausel dürfen nur zwei Arten von Spalten vorkommen:
   ■ die, die mit einer Gruppenfunktion versehen sind, und
   ■ die anderen müssen in der GROUP-BY-Klausel enthalten sein.
■ In der Ausgabe wird über die GROUP BY-Spalten aufsteigend sortiert.
■ Die Suchbedingung entspricht der Suchbedingung der WHERE-Klausel mit der Ausnahme, dass in der HAVING-Bedingung auch die Gruppenfunktionen zulässig sind, was bei der WHERE-Klausel nicht der Fall ist.

Weitere Beispiele

■ Wie viele Angestellte haben die einzelnen Abteilungen der Firma Byce & Co.?

```
SELECT Abt_Nr, COUNT(Ang_Nr)
FROM    Angestellte
GROUP   BY Abt_Nr;
```

Ergebnis:

Abt_Nr	COUNT(Ang_Nr)
1	1
2	8
3	5
4	3
5	4
6	6

■ Welche Abteilungen haben mehr als vier Mitarbeiter?

```
SELECT Abt_Nr, COUNT(Ang_Nr)
FROM   Angestellte
GROUP  BY Abt_Nr;
HAVING COUNT(*) >=  5;
```

Ergebnis: Abteilungen 2, 3 und 6

■ Berechnen Sie das durchschnittliche Gehalt der Abteilungen!

```
SELECT Abt_Nr, AVG(Gehalt ) FROM Angestellte GROUP BY Abt_Nr;
```

Ergebnis:

Abt_Nr	AVG(Gehalt)
1	10000.00
2	3925.00
3	4062.00
4	4906.67
5	5450.00
6	4333.33

Beispiel

mit Fehler

```
SELECT Abt_Nr, Nachname, AVG(Gehalt )
FROM   Angestellte
GROUP  BY Abt_Nr
```

Diese Anweisung ergibt unter Oracle einen Syntaxfehler, da der Nachname weder eine GROUP-BY-Spalte ist noch mit einer Gruppenfunktion versehen ist. Unter MySQL wird die Anweisung ausgeführt, indem einfach der erste Angestellte der Abteilung mit Nachname selektiert wird, unabhängig davon, ob es mehrere Angestellte in einer Abteilung gibt.

Es soll noch einmal schrittweise anhand eines Beispiels verdeutlicht werden, wie eine GROUP-BY-Anweisung in einer SELECT-Anfrage ausgeführt wird. Wir nutzen das Beispiel gleichzeitig, um die Ausführungsreihenfolge der verschiedenen Klauseln einer Anfrage aufzuzeigen:

	Tabelle 5.30

Die Reihenfolge der Klauseln der SELECT-Anweisung

Ausführungs-reihenfolge Priorität	Klausel	Funktion
1	FROM	Kartesisches Produkt
2	WHERE	Selektions- und Verknüpfungsbedingung für die Datensätze
3	GROUP BY	Gruppierung
4	HAVING	Bedingung für die Gruppe
5	ORDER BY[48]	Sortierung
6	SELECT	Projektion der Spalten

Welche Kunden aus Köln haben mehr als einen Auftrag erteilt?

1. Schritt: FROM-Klausel Kunden x Auftraege (Priorität 1)

```
SELECT K.*, A.* FROM Kunden K, Auftraege A;
```

Ergebnis: Diese Anfrage liefert als kartesisches Produkt 42 Datensätze mit 17 Spalten.

2. Schritt: WHERE-Klausel dazunehmen (Priorität 2)

```
SELECT K.*, A.*
FROM   Kunden K, Auftraege A
WHERE  K.Kun_Nr = A.Kun_Nr
AND    K.Ort = 'Köln';
```

Ergebnis:

Kun_Nr	Nachname	Ort	Restliche Spalten der Kundentabelle	Auftrags Nr	Restliche Spalten der Auftragstabelle
1	Tholler	Köln	...	1	...
2	Falk	Köln	...	2	...
2	Falk	Köln	...	4	...
3	Müller	Köln	...	5	...
2	Falk	Köln	...	6	...

3. Schritt: GROUP BY hinzufügen (Priorität 3)

```
SELECT K.Kun_Nr, K.Nachname, K.Ort, COUNT(A.AuftragsNr)
FROM   Kunden K, Auftraege A
WHERE  K.Kun_Nr = A.Kun_Nr  AND  K.Ort = 'Köln'
GROUP  BY K.Kun_Nr, K.Nachname, K.Ort;
```

---

48 vgl. Abschnitt 5.5.8

Ergebnis:

Kun_Nr	Nachname	Ort	Restliche Spalten der Kundentabelle	COUNT (A.AuftragsNr)
1	Tholler	Köln	....	1
2	Falk	Köln	....	3
3	Müller	Köln	....	1

4. Schritt: HAVING-Klausel (Priorität 4)

```
SELECT  K.Kun_Nr, K.Nachname, K.Ort, COUNT(A.AuftragsNr)
FROM    Kunden K, Auftraege A
WHERE   K.Kun_Nr = A.Kun_Nr  AND  K.Ort = 'Köln'
GROUP   BY K.Kun_Nr, K.Nachname, K.Ort
HAVING COUNT(*) > 1;
```

Ergebnis:

Kun_Nr	Nachname	Ort	Restliche Spalten der Kundentabelle	COUNT (A.AuftragsNr)
2	Falk	Köln	....	3

5. Schritt: ORDER BY-Klausel (Priorität 5)

Fällt hier weg, da nur ein Datensatz ausgewählt wurde.

6. Schritt: SELECT-Klausel (Priorität 6)

```
SELECT  K.Kun_Nr, K.Nachname, K.Ort, COUNT(A.AuftragsNr)
FROM    Kunden K, Auftraege A
WHERE   K.Kun_Nr = A.Kun_Nr  AND  K.Ort = 'Köln'
GROUP   BY K.Kun_Nr, K.Nachname, K.Ort
HAVING COUNT(*) > 1;
```

Ergebnis:

Kun_Nr	Nachname	Ort	COUNT(A.AuftragsNr)
2	Falk	Köln	3

5.5.8 Sortieren mit der ORDER BY-Klausel

Die ORDER BY-Klausel bietet die Möglichkeit, die Ausgabe beliebig zu sortieren, wobei ASC für aufsteigend, DESC für absteigend steht. Bei alphanumerischen Zeichen wird nach dem ASCII-Code sortiert. Diese Funktionalität ist in der relationalen Algebra nicht zu finden. Die DEFAULT-Option ist ASC.

```
<ORDER BY Klausel> ::= ORDER BY <Sortierung>

<Sortierung> ::= Spaltenname [DESC | ASC] [, Spaltenname [DESC | ASC]... ]
```

> **Beispiel**

Geben Sie eine Liste aller Kunden aus, die nach Ort absteigend geordnet sind und dann noch mal aufsteigend nach Nachname:

```
SELECT Ort, Nachname, Vorname
FROM   Kunden
ORDER  BY Ort DESC, Nachname ASC;
```

Ergebnis:

Ort	Nachname	Vorname
Köln	Falk	Bernhardt
Köln	Franz	Helga
Köln	Müller	Tobias
Köln	Tholler	Andreas
Gummersbach	Sündbald	Hannelore
Gummersbach	Wal	Birgit
Gladbeck	Tisch	Hartmut

5.5.9 Unterabfragen in einer SELECT-Anweisung

Eine Unterabfrage ist eine SELECT-Anweisung in einer SELECT-Anweisung. Sie ist in der WHERE-, HAVING- und FROM-Klausel vorgesehen. Wird sie in einer Suchbedingung verwendet, so wird das Ergebnis der Unterabfrage mit einem Ausdruck verglichen. Als Vergleichsoperatoren sind alle Vergleichsoperatoren aus Abschnitt 5.2 zulässig. Zu beachten ist aber auch hier wieder das Verhalten, wenn NULL-wertige Spalten auftreten oder aber die Ergebnismenge der Unteranfrage leer ist. Syntaktisch ist eine Unteranfrage ein Anfrageausdruck wie er im Abschnitt 5.5.11 eingeführt wird, so dass sich folgende formale Definition ergibt. Wir führen hier den Begriff der Unterabfrage explizit ein, weil er in vielen anderen Quellen erwendet wird (vgl. [Oracle SQL 2005] und [ANSI SQL 2003b]).

```
<Unterabfrage> ::= <Anfrageausdruck>
```

Für die Verwendung von Unterabfragen in Suchbedingungen der WHERE- und HAVING-Klauseln stellen wir nun die Operatoren ANY bzw. ALL, IN und EXIST vor.

5.5.9.1 Die ANY | ALL-Bedingung

```
<Suchbedingung> ::=
     <Ausdruck> <Vergleichsoperator> [ALL | ANY] (<Unterabfrage>)
```

Es gibt in diesem Fall drei Möglichkeiten:

- Bei Verwendung von „ALL" muss die Bedingung für **alle** Ergebnisse der Unterabfrage wahr sein.
- Bei Verwendung von „ANY" muss die Bedingung für mindestens **ein** Ergebnis der Unterabfrage wahr sein.
- Fehlen sowohl „ALL" als auch „ANY", darf die Unterabfrage nur einen **einzelnen** Wert, nicht aber eine Menge von Werten zurückliefern.

Beispiele

- Wer verdient mehr als alle Angestellten von Herrn Schmidt, der die Angestelltennummer 4 hat?

```
SELECT Nachname, Gehalt
FROM   Angestellte
WHERE  Gehalt > ALL (SELECT Gehalt
                     FROM   Angestellte a, Abteilungen b
                     WHERE  a.Abt_Nr = b.Abt_Nr
                     AND    Leiter   = 4);
```

- Wer verdient mehr als irgendein Angestellter von Herrn Schmidt?

```
SELECT Nachname, Gehalt
FROM   Angestellte
WHERE  Gehalt > ANY (SELECT Gehalt
                     FROM   Angestellte a, Abteilungen b
                     WHERE  a.Abt_Nr = b.Abt_Nr
                     AND    Leiter   = 4);
```

- Gibt es einen Angestellten, der genau das durchschnittliche Gehalt über alle Gehälter verdient?

```
SELECT Nachname, Gehalt FROM   Angestellte
WHERE  Gehalt = (SELECT AVG(Gehalt) FROM Angestellte);
```

- Welche Angestellten haben nach Herrn Wanne bei der Firma Byce & Co. angefangen?

```
SELECT Nachname FROM Angestellte
WHERE  Eintrittsdatum > (SELECT Eintrittsdatum FROM Angestellte
                         WHFRF  Nachname = 'Wanne');
```

Bei Unterabfragen mit einem Vergleichsoperator und ohne ANY und ALL muss das Ergebnis der Unterabfrage einen einzelnen Wert liefern, um den Vergleich durchführen zu können. Die Abfrage

```
SELECT Nachname FROM Angestellte
WHERE  Eintrittsdatum > (SELECT Eintrittsdatum FROM Angestellte
                         WHERE  Nachname = 'Weber');
```

führt zu einem Ausführungsfehler und wird vom Datenbankmanagementsystem zurückgewiesen:

```
FEHLER in Zeile 2:
ORA-01427: Unterabfrage für eine Zeile liefert mehr als eine Zeile.
```

Die Überprüfung hängt also von den in der Tabelle vorhandenen Daten ab. Der Nachname „Weber" kommt eben zweimal in der Byce & Co. Datenbank vor, während der Nachname „Wanne" einmalig ist. Korrekt würde die Abfrage lauten:

```
SELECT Nachname FROM Angestellte
WHERE  Eintrittsdatum > ALL (SELECT Eintrittsdatum
                               FROM Angestellte
                               WHERE  Nachname = 'Weber');
```

Korrelierte Unterabfragen

Eine Unterabfrage heißt **korreliert**, wenn es Spalten der äußeren SELECT-Anweisung gibt, die mit den Spalten der inneren SELECT-Anweisung in Beziehung gesetzt sind.

Beispiel

```
SELECT Nachname, Gehalt
FROM   Angestellte
WHERE  Gehalt > ANY (SELECT Gehalt
                      FROM   Angestellte a, Abteilungen b
                      WHERE  a.Abt_Nr = b.Abt_Nr
                      AND    Leiter   = 4);
```

Diese Abfrage ist korreliert, weil die Gehaltsspalten der Ober- und Unterabfrage in Beziehung gesetzt sind. Abfragen mit dem ANY/ALL-Operator und dem nachfolgenden IN-Operator erzwingen aufgrund ihrer Syntax bereits die Korrelation. Schwieriger ist es, die Korrelation beim EXISTS-Operator einzuhalten, da man sie in der WHERE-Klausel selbst programmieren muss. Jedoch machen EXISTS-Unterabfragen meist nur Sinn, wenn sie korreliert sind.

5.5.9.2 Die IN-Bedingung

```
<Suchbedingung> ::= <Ausdruck> [ NOT ] IN (<Unterabfrage>)
```

Das Ergebnis der Anfrage ist TRUE, wenn der Ausdruck in der Ergebnismenge der Unteranfrage gefunden wird. Ist die Ergebnismenge leer und wird mit IN verglichen, dann wird auf FALSE erkannt. Wird jedoch bei leerer Ergebnismenge mit NOT IN verglichen, dann wird auf TRUE erkannt. Ist hingegen der Ausdruck NULL, so wird [NOT] IN zu UNKNOWN ausgewertet, mit der Konsequenz, dass in beiden Fällen der Datensatz nicht in die Ergebnismenge kommt. Der Ausdruck muss kompatibel zur Ergebnismenge der Unterabfrage sein, was heißt, dass die Datentypen und die Anzahl der selektierten Spalten mit den Datentypen und der Anzahl beim Ausdruck übereinstimmen müssen. Die Spaltennamen müssen nicht identisch sein.

Beispiel

Welche Kunden haben keine Aufträge erteilt?

```
SELECT * FROM Kunden
WHERE   Kun_Nr NOT IN (SELECT Kun_Nr FROM Auftraege);
```

5.5.9.3 Die EXISTS-Bedingung

Die EXISTS-Bedingung wird als wahr erkannt, wenn die Unterabfrage mindestens einen Datensatz selektiert. Mit EXISTS wird also der Existenzquantor umgesetzt. Ist die Untermenge leer und wird mit EXISTS verglichen, dann ist das Ergebnis FALSE, wird mit NOT EXISTS verglichen, ist das Ergebnis für alle Datensätze der oberen Anfrage TRUE. Das gleiche Verhalten tritt auf, wenn eine der korrelierenden Spalten NULL ist, denn dann ist die Untermenge leer. Bei den meisten Anfragen führt nur eine Korrelation zu semantisch richtigen Ergebnissen.

```
<Suchbedingung> ::= EXISTS ( <Unterabfrage> )
```

Beispiele

- Selektieren Sie alle Artikel, für die mindestens ein Auftrag vorliegt!

```
SELECT DISTINCT TNr, Bezeichnung
FROM    Artikel a
WHERE   EXISTS (SELECT * FROM Auftragspositionen p
               WHERE  a.TNr = p.TNr);
```

- Selektieren Sie alle Artikel, für die kein Auftrag vorliegt!

```
SELECT DISTINCT TNr, Bezeichnung
FROM    Artikel a
WHERE   NOT EXISTS (SELECT * FROM Auftragspositionen p
                   WHERE  a.TNr = p.TNr);
```

Leider gibt es in SQL keine einfache Abbildung des ALL-Quantors. Um Abfragen, die diesen Quantor benutzen, umzusetzen, muss man mit einer doppelten Verneinung der EXISTS-Bedingung, also mit einem ziemlichen Umweg, arbeiten.

- Welche Lieferanten können alle Materialien liefern?

Diese Allaussage heißt in der doppelten Verneinung: „Welche Lieferanten können kein Material nicht liefern?" Denn wenn es kein Material gibt, dass sie nicht liefern können, können sie alle Materialien liefern.

```
SELECT l.Lief_Nr, l.Name
FROM   Lieferanten l
WHERE  NOT EXISTS (SELECT * FROM Teile t
                  WHERE  t.Typ ='Material'
                  AND    NOT EXISTS (SELECT *
                                    FROM  Lieferprogramme p
                                    WHERE l.Lief_Nr = p.Lief_Nr
                                    AND   t.TNr     = p.TNr));
```

Ergebnis:

Lief_Nr	Name
2	IMPORT-Wendel

Eine andere Möglichkeit, die Abfrage nach allen Materialien zu befriedigen, besteht darin, zu zählen, wie viele Materialien es insgesamt gibt und wie viele Materialien die einzelnen Lieferanten liefern können. Wenn ein Lieferant die gleiche Anzahl Materialien liefert, die es gibt, kann man logisch schließen, dass er alle Materialien liefert.

```
SELECT l.Lief_Nr, l.Name, COUNT(*)
FROM    Lieferanten l, Lieferprogramme p , Teile t
WHERE   t.TNr     = p.TNr
AND     l.Lief_Nr = p.Lief_Nr
AND     t.Typ     = 'Material'
GROUP   BY l.Lief_Nr, l.Name
HAVING  COUNT(*) = (SELECT COUNT(*) FROM Teile
                   WHERE  Typ = 'Material');
```

Unterabfragen in SELECT-Anweisungen lassen sich beliebig schachteln. Allerdings ist gerade bei Verwendung der EXISTS-Bedingung in großen Tabellen oder einer hohen Verschachtelungstiefe mit einer schlechten Performance zu rechnen.

5.5.9.4   Unterabfragen in der FROM-Klausel

Wie das Syntaxdiagramm der FROM-Klausel im Abschnitt 5.5.3 gezeigt hat, kann dort anstelle von Tabellennamen ein Anfrageausdruck stehen. Für die Ergebnismenge einer solchen Unteranfrage muss dann allerdings eine Abkürzung als Namen vergeben werden. Dies gibt es für SQL2003 und Oracle, nicht aber bei MySQL.

Beispiel

Für welche Artikel liegt mindestens ein Auftrag vor?

```
SELECT DISTINCT a.TNr, a.Bezeichnung
FROM    Artikel a, (SELECT * FROM Auftragspositionen) p
WHERE   a.TNr = p.TNr;
```

Die obige SELECT-Anweisung liefert das gleiche Ergebnis wie die folgende Anweisung mit dem EXISTS-Prädikat:

```
SELECT DISTINCT TNr, Bezeichnung
FROM    Artikel a
WHERE EXISTS (SELECT * FROM Auftragspositionen p
              WHERE  a.TNr = p.TNr);
```

In SQL gibt es gerade bei der SELECT-Anweisung oft verschiedene Syntaxmöglichkeiten, die das gleiche Resultat an Datensätzen liefern. Einen Einblick erhalten Sie im Abschnitt 5.5.9.

5.5.9.5   Unterabfragen in der UPDATE-Anweisung

Auch in einem UPDATE-Statement kann eine Unterabfrage stehen, mit der man Werte aus einer Tabelle in eine andere übertragen kann:

```
UPDATE Angestellte
SET    Gehalt = (SELECT AVG(Gehalt) FROM Angestellte)
WHERE  Abt_Nr = 1;
```

Diese Möglichkeit ist nicht auf eine einzelne Spalte beschränkt. Die Unterabfrage kann auch mehrere Spalten liefern. Allerdings muss dann natürlich hinter der SET-Klausel des UPDATE-Statement die entsprechende Spaltenzahl stehen:

```
UPDATE Angestellte
SET    (Gehalt, Abzuege) = (SELECT AVG(Gehalt), MAX(Abzuege)
                             FROM Angestellte)
WHERE  Abt_Nr = 1;
```

UPDATE-Anweisungen mit SELECT-Zuweisungen sind im SQL-Standard und unter Oracle vorgesehen, aber noch nicht unter MySQL.

5.5.9.6   Unterschiedliche SELECT-Abfragen mit dem gleichen Ergebnis

Oft gibt es zu einer Anfrage alternative SELECT-Anweisungen, die das gleiche Ergebnis liefern, obwohl sie unterschiedliche WHERE-Klauseln haben. Dies ist gerade bei der Verwendung von ANY/ALL, IN und EXISTS der Fall, aber nicht nur dort. Eine Tabelle mit alternativen Abfragen ist z.B. in Fritze[49] enthalten und wurde hier ergänzt. Diese Übersicht erhebt keinen Anspruch auf Vollständigkeit.

Tabelle 5.31

Alternative SELECT-Anweisungen

Alternative 1	Alternative 2
`WHERE X = ANY` `    (SELECT Spalte FROM Tabelle)`	`WHERE X IN` `    (SELECT Spalte FROM Tabelle)`

`WHERE X [NOT] IN`
`    (SELECT Spalte FROM Tabelle)`
	`WHERE  [NOT] EXISTS`
	`    (SELECT * FROM Tabelle`
	`      WHERE X = Tabelle.Spalte)`

`WHERE X <[=] ANY` `    (SELECT Spalte FROM Tabelle)`	`WHERE X <[=]` `    (SELECT MAX (Spalte) FROM Tabelle)`
`WHERE X >[=] ANY` `    (SELECT Spalte FROM Tabelle)`	`WHERE X >[=]` `    (SELECT MIN (Spalte) FROM Tabelle)`
`WHERE X <> ANY` `    (SELECT Spalte FROM Tabelle)`	Die Bedingung kann wegfallen, falls die Unteranfrage mehr als eine Zeile hat, denn dann ist die Bedingung immer wahr.
`WHERE X = ALL` `    (SELECT Spalte FROM Tabelle)`	Die Bedingung liefert immer FALSE, falls die Unteranfrage mehr als eine Zeile hat.
`WHERE X <[=] ALL` `    (SELECT Spalte FROM Tabelle)`	`WHERE X <[=]` `    (SELECT MIN(Spalte) FROM Tabelle)`
`WHERE X >[=] ALL` `    ( SELECT Spalte FROM Tabelle)`	`WHERE X >[=]` `    (SELECT MAX(Spalte) FROM Tabelle)`

---

49 vgl. [Fritze et al. 2002, S. 117 ff.]

Alternative SELECT-Anweisungen *(Fortsetzung)*

Alternative 1	Alternative 2

WHERE X <> ALL
    (SELECT Spalte FROM Tabelle)
	WHERE X NOT IN
	    (SELECT Spalte FROM Tabelle)

WHERE EXISTS
    (SELECT Spalte FROM Tabelle)
	WHERE 0 <>
	    (SELECT COUNT(*) FROM Tabelle)

WHERE NOT EXISTS
    (SELECT Spalte FROM Tabelle)
	WHERE 0 =
	    (SELECT COUNT(*) FROM Tabelle)

WHERE A BETWEEN X AND Y	WHERE A >= X AND A <= Y
WHERE A IN (X, Y)	WHERE A = X OR A = Y

5.5.10 Mengenoperationen auf Tabellen

SQL arbeitet mengenbezogen und daher ist es nicht verwunderlich, dass die Ergebnisse einer SELECT-Anweisung (vgl. Abschnitt 5.5.1) noch mal auf oberster Ebene mit den Mengenoperationen Vereinigung, Durchschnitt und Differenz versehen werden können.

Tabelle 5.32

Bezeichnung der Mengenoperationen auf Tabellen

Mengenoperation	SQL	Oracle	MySQL
Vereinigung	UNION	UNION	UNION
Durchschnitt	INTERSECT	INTERSECT	
Differenz	EXCEPT	MINUS	

```
⟨Anfragemengenausdruck⟩ ::=
    { ⟨SELECT Grundform⟩
    | ⟨Anfragemengenausdruck⟩ UNION ⟨Anfragemengenausdruck⟩
    | ⟨Anfragemengenausdruck⟩ INTERSECT ⟨Anfragemengenausdruck⟩
    | ⟨Anfragemengenausdruck⟩ { EXCEPT | MINUS } ⟨Anfragemengenausdruck⟩};
```

Die beteiligten SELECT-Ausdrücke müssen die gleichen Spaltendefinitionen haben. Die Spalten müssen nicht gleich heißen, zwingend ist nur, dass die Anzahl übereinstimmt, dass die Datentypen und Inhalte kompatibel sind sowie die Reihenfolge übereinstimmt. Diese Eigenschaft nennt man vereinigungskonform und gilt auch für die Differenz und den Durchschnitt.

Beispiele

- Gesucht sind alle Nachnamen von Personen, die Angestellte oder Kunden sind!

```
SELECT Nachname FROM Angestellte
UNION
SELECT Nachname FROM Kunden;
```

- Gesucht sind alle Nachnamen von Angestellten, die auch Kunden sind!

```
SELECT Nachname FROM Angestellte
INTERSECT
SELECT Nachname FROM Kunden;
```

- Gesucht sind alle Nachnamen von Angestellten, die aber keine Kunden sind!

```
SELECT Nachname FROM Angestellte
MINUS
SELECT Nachname FROM Kunden;
```

Während Vereinigung und Durchschnitt kommutativ sind, macht die Reihenfolge der Anfragen bei der Differenz sehr wohl einen Unterschied. Vertauscht man im letzten Beispiel die Angestellten und die Kundentabelle, dann heißt die Anfrage: Gesucht sind alle Nachnamen von Kunden, die keine Angestellten sind.

5.5.11   Anfrageausdruck mit WITH-Klausel

Die SQL-Anfrage, wie wir sie bis jetzt kennengelernt haben (vgl. Abschnitt 5.5.10), ist immer noch nicht vollständig. Es fehlt ein Konstrukt zur Definition temporärer Hilfssichten, auf die dann in der Anfrage wie auf die persistenten Sichten (CREATE VIEW) zugegriffen werden kann. Zwei Ziele werden mit diesen Hilfssichten verfolgt. Zum einen dienen sie dazu, die Anfrage übersichtlicher und strukturierter zu programmieren, und zum anderen werden damit rekursive Anfragen formulierbar. Die Möglichkeit zur Rekursion ist aber nicht auf Hilfssichten beschränkt, auch persistente Sichten können rekursive Anfragen beinhalten: CREATE [RECURSIVE] VIEW... Da die Konzepte der rekursiven Sichten und Hilfssichten sehr analog sind, beschränken wir uns hier auf die Erläuterungen zu den Hilfssichten.

Im Byce & Co.-Schema gibt es einen Fall von Rekursion, die Strukturtabelle. Bis zur Einführung der WITH-Klausel waren rekursive Anfragen wie „Welche mittelbaren und unmittelbaren Unterteile gehören zu welchen Oberteilen?" nur sehr umständlich zu formulieren und auch nur für eine feste Anzahl von Ebenen möglich. Für n Ebenen im Strukturbaum muss man dann in den FROM- und WHERE-Klauseln die Tabelle n+1-mal miteinander verknüpfen (vgl. Abschnitt 5.5.13). Mit der neuen Form der rekursiven Anfrage wird die Anfrage intuitiver, übersichtlicher und sie kann für eine unbekannte Anzahl rekursiver Ebenen angewendet werden.

```
<Anfrageausdruck> ::= [ <WITH Klausel> ] <Anfragemengenausdruck>;

<WITH Klausel> ::=
      WITH [ RECURSIVE ] <WITH Element> [ , <WITH Element> ]...

<WITH Element> ::=
      Anfragenname [ ( Spaltenname [ , Spaltenname ]... ) ]
      AS ( <Anfrageausdruck> ) [ <Suche oder Zyklus Klausel> ]
```

Der vollständige SELECT-Ausdruck besteht aus zwei Teilen, der optionalen WITH-Klausel und dem <Anfragemengenausdruck>, wobei dieser eine SELECT-Anfrage ist, wie wir sie im Abschnitt 5.5.10 definiert haben, mit einer FROM-Klausel wie aus Abschnitt 5.5.9, also Anfragen in ihrer vollständigen Komplexität. Neu ist die WITH-Klausel, für die im Falle rekursiver Hilfssichten die Option RECURSIVE angegeben wird. Ihre Elemente sind die temporären Hilfssichten.

Eine solche Hilfssicht <WITH Element> wird mit einem Namen benannt, gefolgt von einer optionalen Liste mit Spaltennamen. Dem Schlüsselwort AS folgt eine Anfrage, mit der die Daten der Sicht zusammengestellt werden. Die Syntax gleicht der der CREATE VIEW-Anweisung. Zu beachten ist, dass dieser <Anfrageausdruck> selbst wieder WITH-Klauseln enthalten kann. Solche Schachtelungen sollten geübten Entwicklern vorbehalten sein, da man dabei schnell den Überblick verlieren kann.

Rekursive Anfragen sind immer zweigeteilt, die erste Anfrage ermittelt die Quelldaten, von denen dann die rekursiv abhängigen Daten abgeleitet werden. Die beiden Ergebnisteilmengen werden dann mit einem UNION-Operator zusammengeführt. Da das Erkennen von nicht terminierenden rekursiven Anfragen ein sehr schwieriges Problem ist, bietet SQL die <Suche oder Zyklus-Klausel> an. Zum einen kann dort spezifiziert werden, ob eine Breitensuche (breadth first) oder eine Tiefensuche (depth first) durchgeführt werden soll. Zum anderen können aufgrund der aktuellen Datenlage Zyklen bei der Auswertung auftreten. Für die Strukturtabelle im Schema der Firma Byce & Co. würde das heißen, dass ein Teil aus sich selbst aufgebaut ist, was in den meisten Fällen sicherlich ein Konstruktionsfehler ist. Rundfahrten bei Zugverbindungen sind dagegen sicherlich normal und gewollt. In beiden Fällen ist es für das Datenbanksystem schwierig zu erkennen, ob eine Schleife einfach nur mehrfach oder unendlich oft durchlaufen wird. In der Klausel kann dann der Programmierer Endkriterien bestimmen.[50]

Beispiel

Für das Stücklistenproblem der Strukturtabelle wird die rekursive Anfrage so aufgebaut, dass zuerst die Teilenummern der Oberteile, die selbst nicht als Unterteile verwendet werden, ermittelt werden. Für diese Ausgangsdatenmenge werden dann rekursiv alle zugehörigen Unterteile ermittelt. Die Anfrage besteht aus der Hilfssicht „Stueckliste" und der SELECT-Anfrage an diese Hilfssicht.

---

50 (vgl. [ANSI SQL 2003b], [Melton et al. 2002] und [Celko 2005])

```
WITH RECURSIVE
    Stueckliste (Teilenr, Position, Menge) AS
        (SELECT  OTeil, 0, NULL
        FROM Struktur
        WHERE OTeil NOT IN (SELECT DISTINCT UTeil FROM Struktur)
        UNION ALL
        SELECT  Struktur.UTeil, Struktur.Position, Struktur.Menge
        FROM Stueckliste, Struktur
        WHERE Stueckliste.Teilenr = Struktur.OTeil )
    SELECT * FROM Stueckliste;
```

5.5.12   SQL-Tuning-Maßnahmen von SELECT-Anweisungen

Auch auf dieses Thema kann an dieser Stelle nur in Form von Beispielen eingegangen werden. Es werden einige typische SQL-Anweisungen aufgezeigt, die zu langen Laufzeiten führen können. Technisches Tuning, d.h. Tuning, welches sich auf ein spezielles Datenbanksystem bezieht, kann gar nicht behandelt werden[51]. Eine gute Einführung in das Thema Tuning ist auch in Fritze[52] enthalten.

Wichtig beim Tuning[53] ist:

- Die Wahl der Indizes, die zu den häufigsten Anfragen passen
- Die Wahl der treibenden Tabelle, d.h. derjenigen Tabelle, die zuerst gelesen wird (je nach System durch die Reihenfolge der Tabellen in der FROM-Klausel)
- Vermeidung von langsamer Auswertung von Unterabfragen
- Vermeidung von unnötigen Sortiervorgängen
- Verwendung von OR statt UNION
- Vermeidung von Verknüpfungen von zu vielen Tabellen oder Views
- Vermeiden von SELECT-Anweisungen mit DISTINCT, die falsche WHERE-Bedingungen kaschieren
- Untersuchung der Initialisierungsparameter der Datenbank, die falsch eingestellt sein können
- Es werden sehr wenige lesende Zugriffe ausgeführt, mehr Einfüge-, Lösch- und Änderungsanweisungen. Dies muss beim Tuning berücksichtigt werden (wenige Indizes anlegen).

Ein Beispiel für einen falsch gewählten Index ist, dass die indizierte Spalte zu wenig verschiedene Werte hat (Maß: Anzahl unterschiedliche Werte/Anzahl Werte sollte größer als 0,8 sein) oder viele NULL-Werte enthält, die überhaupt nicht indiziert werden. Auch wenn ein Index über mehrere Spalten geht, die Abfrage sich aber nur auf eine Spalte bezieht, wird der Index nicht benutzt.

Generell sind Tabellen-Joins in der Regel schneller als Unterabfragen mit IN oder EXISTS, da bei den Unterabfragen kein Index verwendet wird. Stattdessen findet ein vollständiges Lesen der kompletten Tabelle statt, was natürlich bei großen Tabellen katastrophale Auswirkungen haben kann.

---

51   vgl. [Ahrends 2006] und [Loney 2005]
52   vgl. [Fritze 2003, Kap. 12]
53   vgl. auch [Gurry 2002]

Beispiele Tuning

Die Anfrage

```
SELECT * FROM Angestellte a
WHERE EXISTS (SELECT * FROM Abteilungen b
             WHERE a.Abt_Nr = b.Abt_Nr);
```

ist sicher bei genügend großen Tabellen langsamer als die folgende Abfrage:

```
SELECT * FROM Angestellte a, Abteilungen b
WHERE   a.Abt_Nr = b.Abt_Nr;
```

Die Anfrage

```
SELECT *
FROM   Grosse_Tabelle a, Kleine_Tabelle b
WHERE  a.Id = b.ID;
```

ist schneller als

```
SELECT *
FROM   Kleine_Tabelle b, Grosse_Tabelle a,
WHERE  a.Id = b.ID;
```

da die treibende Tabelle die rechte Tabelle in der FROM-Klausel ist.

Falls ein Index auf Vorname **und** Nachname existiert, kann eine Anfrage der Gestalt

```
SELECT Nachname, Ang_Nr FROM Angestellte
WHERE Nachname = 'Meier';
```

nicht unterstützt werden.

Auch ein Index auf die Spalte „Nachname" hilft wenig, falls die Anfrage von der Gestalt

```
SELECT Nachname, Ang_Nr FROM Angestellte
WHERE  Nachname = UPPER('meier')
OR     Nachname LIKE 'M%';
```

ist. Funktionen (UPPER) oder LIKE-Prädikate in der WHERE-Klausel können nämlich nicht auf einen Index zugreifen.

Die Anweisung

```
SELECT DISTINCT a.Ang_Nr, a.Nachname, a.Abt_Nr, b.Name
FROM   Angestellte a, Abteilungen b ;
```

sollte durch

```
SELECT a.Ang_Nr, a.Nachname, a.Abt_Nr, b.Name
FROM   Angestellte a, Abteilungen b
WHERE  a.Abt_Nr = b.Abt_Nr;
```

ersetzt werden.

5.5.13 Oracle-Besonderheiten in der SQL-DQL-Syntax

5.5.13.1 Rekursivität in der SELECT-Anweisung

Im SQL-Standard ist seit 1999 für rekursive Anfragen eine WITH RECURSIVE-Klausel vorgesehen, wie wir im vorigen Kapitel gesehen haben. Dieser Ansatz wird in ähnlicher Form u.a. von DB/2 verwendet, nicht aber von MySQL und Oracle. Oracle hat die WITH-Klausel nur ohne Rekursion umgesetzt und benutzt weiterhin die schon seit langem implementierte START WITH CONNECT-BY-Klausel, die in diesem Kapitel vorgestellt wird.

Wir greifen wieder das Stücklistenproblem der Strukturtabelle in unserer Beispieldatenbank Byce & Co. auf, in der alle Bestandteile eines Artikels oder einer Baugruppe enthalten sind. Rekursive Beziehungen kommen in der Praxis häufig vor.

Der Stücklistenbaum hat die Stücklistenauflösung des Artikels mit der TNr= 60, des SCOTT ATACAMA TOUR-Fahrrads, zum Inhalt. Möchte man ohne rekursive Auswertungsformen zum Beispiel herausfinden, welche Bestandteile der Artikel mit der TNr = 60 hat, muss man folgende Abfrage starten:

```
SELECT t.TNr, s.UTeil
FROM   Teile t, Struktur s
WHERE  t.TNr = s.OTeil AND  t.TNr = 60;
```

Ergebnis:

TNr	UTeil
60	2
60	41
60	62

Geht man noch eine Stufe weiter, löst man also die in den Baugruppen enthaltenen Teile noch mal auf, braucht man folgende Abfrage:

```
SELECT t.TNr, s1.UTeil, s2.UTeil
FROM   Teile t, Struktur s1, Struktur s2
WHERE  t.TNr = s1.OTeil AND s1.UTeil = s2.OTeil
AND    t.TNr = 60;
```

Ergebnis:

TNr	UTeil	UTeil
60	2	3
60	2	4
60	41	42
60	41	43
60	41	44
60	41	45
60	62	40
60	62	49

Die Einbeziehung einer weiteren Stufe liefert alle dreistufigen Bestandteile des Stücklistenbaums:

```
SELECT t.TNr, s1.UTeil, s2.UTeil, s3.UTeil
FROM   Teile t, Struktur s1, Struktur s2, Struktur s3
WHERE  t.TNr    = s1.OTeil  AND  s1.UTeil = s2.OTeil
AND    s2.UTeil = s3.OTeil
AND    t.TNr    = 60;
```

Ergebnis:

TNr	UTeil	UTeil	UTeil
60	62	40	3
60	62	40	34

Es ist klar, dass die Abfragen so beliebig kompliziert werden, außerdem ist die Stücklistentiefe immer noch beschränkt. In unserem Beispiel wurden nur drei Stufen einbezogen und man bekommt in jeder Abfrage nur eine Stufe, nicht alle Stufen zugleich. Will man alle Stufen anzeigen, muss man mit OUTER JOIN-Anfragen arbeiten.

Oracle bietet mit der CONNECT-BY-Klausel ein Verfahren an, mit dem man solche hierarchischen Beziehungen unabhängig von der Tiefe des Baums durchlaufen kann.

Beispiel

```
SELECT OTeil, UTeil
FROM   Struktur
START  WITH OTeil = 60
CONNECT BY PRIOR UTeil = OTeil;
```

```
<CONNECT BY Klausel> ::= [START WITH Spaltenname = Konstante]
                          CONNECT BY <CONNECT Bedingung>
```

- START WITH ist optional und legt den oder die Datensätze fest, mit denen die Abfrage beginnen soll.
- Die CONNECT-Bedingung bestimmt die Verbindung zwischen dem übergeordneten und dem untergeordneten Datensatz.
- PRIOR legt den Vaterknoten in der CONNECT-BY-Bedingung fest.
- LEVEL ist eine Pseudospalte, in der die Tiefe der Auflösung festgehalten wird.

Beispiele

- Welche Teile sind im Artikel TNr 60 in welcher Stücklistentiefe enthalten?

```
SELECT OTeil, UTeil, LEVEL
FROM   Struktur
START  WITH OTeil = 60
CONNECT BY PRIOR UTeil = OTeil;
```

Ergebnis:

OTeil	UTeil	LEVEL
60	2	1
2	3	2
2	4	2
60	41	1
41	42	2
41	43	2
41	44	2
41	45	2
60	62	1
62	40	2
40	3	3
40	34	3
62	49	2

■ Wie ist die maximale Stücklistentiefe des Artikels 60?

```
SELECT MAX (LEVEL)
FROM   Struktur
START  WITH OTeil = 60
CONNECT BY PRIOR UTeil = OTeil;
```

Ergebnis:

MAX(LEVEL)
3

5.5.13.2   Weitere Besonderheiten

Die SELECT-Anweisung bietet eine FOR-UPDATE-OF-Option, mit der Daten während des Lesens für andere Zugriffe gesperrt werden (vgl. Kapitel 8). Mit der DECODE-Funktion lassen sich Werte in Abhängigkeit von anderen Werten setzen. DECODE ersetzt damit mehrere IF THEN-Anweisungen, die in PL/SQL eingeführt werden. Anstelle der DECODE-Funktion kann auch die CASE-Funktion genutzt werden.

Oracle setzte das SQL-JOIN-Konzept erst recht spät, dafür aber uneingeschränkt um. In der Vor-JOIN-Zeit gab es aber auch die Möglichkeit, OUTER-JOINs zu formulieren. Ein „+"-Zeichen rechts oder links positioniert in der WHERE-Bedingung, führte dann zu einem rechten oder linken OUTER-JOIN. Die WITH-Klausel ist ein sehr junges Konzept bei Oracle und dementsprechend noch nicht vollständig umgesetzt. Rekursive Hilfssichten, die dort Inline Views genannt werden, sind nicht erlaubt. Als Anfragen in den Hilfssichten sind anders als bei SQL nur beliebig komplexe SELECT-Ausdrücke ohne eigene WITH-Klausel zugelassen.

5.5.14   MySQL-Besonderheiten in der SQL-DQL-Syntax

Die IF- und die CASE-Anweisung entsprechen den obigen Oracle-Anweisungen DECODE und CASE und liefern Werte in Abhängigkeit von anderen Werten. Die IFNULL-Funktion ist eine verkürzte Form von IF und liefert einen Ausdruck anstelle eines anderen Ausdrucks zurück, wenn dieser einen NULL-Wert hat. Mit der LIMIT-Klausel kann die Anzahl der Datensätze in einer Abfrage (und sogar einer UPDATE-Anweisung) beschränkt werden:

```
SELECT * FROM Angestellte LIMIT 5;
```

In MySQL ist eine umfangreiche Volltextsuche enthalten, allerdings nur für MyISAM-Tabellen.

Die FOR-UPDATE-Opition sperrt ähnlich wie unter Oracle Daten während des Lesens für andere Zugriffe.

MySQL bietet als JOIN-Operatoren den CROSS JOIN sowie die beiden Operatoren OUTER und NATURAL JOIN mit den Optionen LEFT und RIGHT in der SQL-konformen Syntax und Funktionalität. Abweichend ist hier der INNER JOIN, oder auch nur kurz JOIN geschrieben, ein Synonym für CROSS JOIN. Der [NATURAL] FULL OUTER JOIN fehlt. Zusätzlich gibt es den STRAIGHT JOIN, der identisch mit dem CROSS JOIN ist, mit der Ausnahme, dass die linke Tabelle immer zuerst gelesen wird. Dieser Operator ist für den Fall gedacht, dass der DB-Optimierer die falsche Strategie wählt. Die SELECT-Anfrage ist ohne eine WITH-Klausel implementiert. Und eine Unteranfrage ist nur ein Anfragemengenausdruck wie aus Abschnitt 5.5.9, der auch nicht in der FROM-Klausel verwendet werden kann.

5.6   Die Datenadministrationssprache (DAL, Data Administration Language)

Neben den Aufgaben des Datenbankentwicklers, der sich hauptsächlich mit dem Anlegen, Ändern und Löschen von Tabellen und den Daten, die in den Tabellen enthalten sind, beschäftigt, kann SQL auch noch für das Aufgabengebiet des Datenbankadministrators eingesetzt werden. Diesen Bereich von SQL nennt man DAL. Leider ist dieser Bereich wenig standardisiert, dafür aber umso umfangreicher. Wir beschränken uns auf einige Grundlagen, die in den gängigen Datenbanksystemen gleich oder ähnlich sind.

5.6.1   Anlegen und Löschen von Benutzerrechten

5.6.1.1 Die GRANT-Anweisung

Mit dieser Anweisung lassen sich sehr differenziert auf einzelnen Tabellen Benutzerrechte vergeben.

```
<GRANT Anweisung> ::= GRANT <Privileg> [ ON ( Tabellenname | Sichtname ) ]
                                        TO <Person>;

<Person> ::= ( PUBLIC | Benutzername )

<Privileg> ::= ( ALL | SELECT | DELETE | INSERT
                     | UPDATE [Spaltenname [, Spaltenname ]...] )
```

Beispiele

```
GRANT ALL ON Teile TO PUBLIC;
GRANT SELECT ON Teile TO Hugo;
GRANT UPDATE (Typ, Bezeichnung) ON Teile TO Fritz;
```

Wer kann Benutzerrechte vergeben?

- Der Datenbankentwickler kann auf selbst eingerichteten Tabellen Rechte vergeben.
- Der Datenbankadministrator kann auf allen Tabellen Rechte vergeben.
- Der Datenbankadministrator richtet auch die Benutzer selbst ein.

SQL2003 bietet mit CREATE ROLE die Möglichkeit, eine Rolle zu erzeugen, der Benutzerrechte zugewiesen werden können. Dieser Rolle können dann über GRANT-Anweisungen einzelne Benutzer zugeordnet werden. Dieses Rollenkonzept vereinfacht die Rechteverwaltung gerade bei großen Nutzerzahlen und einem detaillierten Rechtekonzept gravierend.

5.6.1.2   Die REVOKE-Anweisung

Mit der REVOKE-Anweisung werden Datenbankprivilegien wieder aus der Datenbank entfernt:

```
<REVOKE Anweisung> ::= REVOKE <Privileg> ON [ Tabellenname | Sichtname ]
                                        FROM <Person>;
```

Beispiel

```
REVOKE ALL ON Teile FROM Hugo;
```

5.6.1.3   Andere DAL-Anweisungen

Die COMMIT-Anweisung macht Datenbankzugriffe erst dauerhaft wirksam, die ROLLBACK-Anweisung spielt temporäre Anweisungen wieder auf einen konsistenten Zustand zurück. Beide Anweisungen gehören zwar zur DAL-Sprache, werden aber erst in Kapitel 8, welches Transaktionen behandelt, ausführlich dargestellt. Die übrigen Bestandteile der DAL-Sprache sind sehr stark herstellerabhängig und es sei daher auf die Originalliteratur verwiesen.

5.6.1.4   Oracle- und MySQL-Besonderheiten der DAL-Sprache

Während bei Oracle einzelne Datenbankbenutzer über CREATE USER erzeugt werden, die dann gemeinsam zu einer Datenbank (CREATE DATABASE ...) gehören, fehlt bei MySQL hier eine Ebene. Einem Datenbankbenutzer unter Oracle wird automatisch ein Datenbankschema zugeordnet, d.h., die Tabellen des Benutzers sind über Benutzername.Tabellenname auch von anderen Benutzern der Datenbank ansprechbar. Der Besitzer einer Tabelle kann auf den von ihm angelegten Tabellen Rechte an andere Benutzer der Datenbank vergeben.

Das SQL-Rollenkonzept wurde bei Oracle erfolgreich umgesetzt. Es wird von den Anwendern gut angenommen. Leider fehlt noch eine Implementierung unter MySQL.

Die Zuweisung von Rechten ist bei Oracle über den Standard hinaus sehr viel ausdifferenzierter, da es neben den oben genannten Objektprivilegien auch Systemprivilegien (GRANT CREATE TABLE, GRANT ALTER TABLE u.a.) gibt.

Zwar können mit CREATE DATABASE unter MySQL auch neue Datenbanken erzeugt und mit dem GRANT-Befehl neue Benutzer angelegt werden, aber anders als bei Oracle wird für einen Benutzer nicht automatisch ein eigenes Datenbankschema angelegt. Bei beiden gibt es keinen CREATE SCHEMA-Befehl wie beim SQL-Standard.

Unter Oracle kann man mit

```
ALTER USER Benutzername IDENTIFIED BY Passwort;
```

einem Benutzer ein Passwort zuweisen, unter MySQL passiert dies mit der Anweisung

```
SET PASSWORD = PASSWORD('Passwort');
```

Unter MySQL kann man einen Benutzer auch mit RENAME umbenennen.

5.7 SQL und die Objekte der Relationalen Algebra

Wie in Kapitel 4 gesehen, gibt es relationale Objekte, relationale Operatoren und relationale Integritätsregeln, die die relationale Algebra ausmachen. SQL ist eine Umsetzung dieser relationalen Algebra in die Praxis. Dieses Kapitel befasst sich damit, inwiefern die Anforderungen der relationalen Algebra in SQL umgesetzt sind.

Tabelle 5.33

Relationale Objekte

Objekt in der Relationalen Algebra	SQL-Darstellung
Relation	Tabelle, wird mit der CREATE TABLE-Anweisung erzeugt
Domäne	CREATE TABLE-Anweisung mit Datentypen und CONSTRAINTS SQL: CREATE DOMAIN
Attribut	Spalte einer Tabelle
Tupel	Zeile einer Tabelle/Datensatz
Primärschlüssel	CONSTRAINT PRIMARY KEY
Zweitschlüssel	CONSTRAINT UNIQUE
Fremdschlüssel	CONSTRAINT FOREIGN KEY

Tabelle 5.34

Relationale Operationen

Operation	Umsetzung in der SQL-SELECT-Anweisung
Projektion	Spaltenliste der SELECT-Klausel
	`SELECT Spalte_3, Spalte_2 FROM Tabelle;`
Selektion	WHERE-Bedingung
	`SELECT * FROM Tabelle WHERE A > B;`
Kartesisches Produkt	FROM-Klausel ohne WHERE-Klausel
	`SELECT Tabelle_1.*, Tabelle_2.*` `FROM   Tabelle_1, Tabelle_2;`
Vereinigung	UNION (für zwei Tabellen mit gleicher Spaltendefinition)

	`SELECT * FROM Tabelle_1`
	`UNION`
	`SELECT * FROM Tabelle_2;`

Differenz	EXCEPT oder MINUS

	`SELECT * FROM Tabelle_1`
	`EXCEPT`
	`SELECT * FROM Tabelle_2;`

Durchschnitt	INTERSECT

	`SELECT * FROM Tabelle_1`
	`INTERSECT`
	`SELECT * FROM Tabelle_2;`

NATURAL JOIN	NATURAL JOIN-Operator oder: Für die Tabellen der FROM-Klausel werden in der WHERE-Bedingung alle Spalten, die gleich heißen, miteinander auf Gleichheit verglichen und mit AND verknüpft und doppelte Spalten in der SELECT-Liste herausprojeziert.

	`SELECT Artikel.TNr, AuftragsNr, Menge`
	`FROM   Artikel, Auftragspositionen`
	`WHERE  Artikel.TNR = Auftragspositionen.TNR;`

THETA-JOIN	JOIN-Operator mit beliebiger Bedingung oder: Für die Tabellen der FROM-Klausel kann eine beliebige WHERE-Bedingung formuliert werden.

	`SELECT k.Kun_Nr, Nachname, Bestelldatum`
	`FROM   Auftraege a, Kunden k`
	`WHERE  k.Kun_Nr = a.Kun_Nr`
	`AND    Bestelldatum IS NOT NULL;`

OUTER-JOIN	LEFT, RIGHT, FULL OUTER-JOIN-Operator

	`SELECT k.Kun_Nr, Nachname, Bestelldatum`
	`FROM   Auftraege a RIGHT  OUTER JOIN Kunden k`
	`       ON k.Kun_Nr = a.Kun_Nr;`

Fazit:

- SQL2003, Oracle und MySQL entsprechen bei den relationalen Objekten den Anforderungen der relationalen Algebra. Das Domänenkonzept ist bei Oracle und MySQL jedoch nur unvollständig umgesetzt.

- Relationale Integritätsregeln sind durch Integritätsbedingungen (vgl. Abschnitt 5.3.2) und Datenbanktrigger (vgl. Abschnitt 7.3) vollständig abgedeckt.

- Die Anforderungen, die aus den Operatoren der relationalen Algebra resultieren, sind in SQL2003, Oracle und MySQL mit dem SELECT-Befehl umgesetzt.

- Der SELECT-Befehl bietet sogar noch weitergehende Möglichkeiten: GROUP BY, HAVING und ORDER BY gehen über die Anforderungen der relationalen Algebra hinaus, genauso wie die Aggregatfunktionen COUNT, SUM, MIN, MAX und AVG.

- Ein grundlegender Unterschied bleibt zwischen der relationalen Algebra und SQL. SQL lässt Duplikate zu und die relationale Algebra nicht. Durch die DISTINCT-Option in der SELECT-Klausel und beim UNION kann auch unter SQL duplikatfrei gearbeitet werden.

5.8 Data-Dictionarys

Eine Forderung von E.F. Codd war (vgl. Abschnitt 1.1.5), alle Informationen über Metadaten mit den Mitteln einer relationalen Datenbank, also wieder mit Relationen zu beschreiben. Diese Metadaten nennt man auch das DATA DICTIONARY. Naturgemäß sind diese Relationen, die beim Installieren einer Datenbank abgelegt sind, herstellerspezifisch und sehr umfangreich. Es werden kurz das Oracle- und das MySQL-Dictionary vorgestellt.

5.8.1 Oracle-Dictionary

Einige Oracle-DICTIONARY-Sichten, die nur zur Einsicht in die zugrunde liegenden Verwaltungstabellen des Datenbankmanagementsystems dienen, sollen hier aufgeführt werden.

Tabelle 5.35

Die drei Typen von DICTIONARY-Sichten

Beginn	Inhalt
USER_...	enthalten alle Objekte, die dem eingeloggten Benutzer gehören.
ALL_...	enthalten alle Objekte, auf die der eingeloggte Benutzer Zugriffsberechtigung hat.
DBA_...	enthalten alle Objekte, die es in der Datenbank gibt.

In der nachfolgenden Tabelle werden einige „USER_"-Sichten aufgeführt. Die entsprechenden Sichten gibt es auch mit den Präfixen „DBA_" und „ALL_". Das Data-Dictionary ist nur als Sicht für jeden Benutzer sichtbar, um die Daten vor unberechtigtem Zugriff zu schützen. Änderungen sind nur durch die Ausführung von CREATE, ALTER und DROP-Befehlen für Datenbankobjekte möglich. Wenn Sie die Spaltendefinitionen der Sichten benötigen, erhalten Sie diese in SQL*PLUS mit dem Befehl „DESCRIBE Sichtname". Alle Sichtnamen, die zur Meta-Datenbank gehören und auf die Sie Zugriff haben, lesen Sie mit der SQL-Anweisung:

```
SELECT Table_Name FROM Dictionary
WHERE  Table_Name LIKE 'USER_%' ORDER  BY Table_Name;
```

Tabelle 5.36

Die Views des Oracle-Data-Dictionary

Informationen über	sind enthalten in
DATA-DICTIONARY	DICTIONARY, DICT_COLUMNS
Alle Objekte	USER_OBJECTS, USER_OBJECT_SIZE USER_OBJECT_TABLES
Tabellen	USER_TABLES, USER_ALL_TABLES, USER_CATALOG, USER_TAB_COLUMNS
Sichten	USER_VIEWS
Integritätsbedingungen	USER_CONSTRAINTS, USER_CONS_COLUMNS
Indizes	USER_INDEXES, USER_IND_COLUMNS
Prozeduren	USER_SOURCE, ALL_ARGUMENTS, USER_ERRORS USER_LIRBRARIES, USER_DEPENDENCIES
Sequenzen	USER_SEQUENCES
Trigger	USER_TRIGGERS, USER_TRIGGER_COLS, USER_DEPENDENCIES, USER_OBJECT_SIZE
Benutzerrechte	USER_TAB_PRIVS
Benutzer	USER_USERS, USER_PASSWORD_LIMITS, USER_SYS_PRIVS, USER_JOBS, USER_FREE_SPACE

5.8.2   MySQL: INFORMATION_SCHEMA

Das MySQL-Data-Dictionary gehört zur Datenbank INFORMATION_SCHEMA, die in jeder Installation enthalten ist.

	Tabelle 5.37

Die wichtigsten Objekte

Informationen über	sind enthalten in
Datenbanken	SCHEMATA
Tabellen	TABLES
Spalten der Tabellen	COLUMNS
Indizes	STATISTICS
Globale Benutzerrechte	USER_PRIVILEGES
Rechte auf Datenbankschemata	SCHEMA_PRIVILEGES
Rechte auf Tabellen	TABLE_PRIVILEGES
Rechte auf Spalten	COLUMN_PRIVILEGES
Verfügbare Zeichensätze	CHARACTER_SETS
Tabellenbedingungen	TABLE_CONSTRAINTS
Schlüsselbedingungen	KEY_COLUMN_USAGE
Gespeicherte Prozeduren	ROUTINES
Sichten	VIEWS
Datenbanktrigger	TRIGGERS
Speichermaschine	ENGINES
Tabellenpartitionen	PARTITIONS
Ereignisse	EVENTS

Ähnlich wie unter Oracle lassen sich mit der Anweisung „SHOW Name" die Spalten der einzelnen Data-Dictionary-Tabellen abfragen. Der Inhalt des Data-Dictionary lässt sich dann wie gewohnt über eine SELECT-Anweisung bestimmen.

Beispiel

```
SELECT Table_Name, Table_Type
FROM   Information_Schema.Tables
WHERE  Table_Schema = 'test'
ORDER  BY Table_Name;
```

ZUSAMMENFASSUNG

In diesem umfangreichen Kapitel des Buchs wurden ausführlich die wichtigsten SQL-Anweisungen aus dem neuen Standard SQL2003 behandelt. Trotzdem reicht der Platz bei weitem nicht aus, eine vollständige Darstellung der Sprache zu erreichen, was bei der Größe des aktuellen Standards nicht weiter verwundert. So gibt es im deutschsprachigen Raum auch noch kein Buch, das wie [Date 1998] den Standard SQL2003 vollständig wiedergibt. Außergewöhnlich ausführlich wurde neben den DDL-Anweisungen CREATE und DROP und den DML-Anweisungen INSERT, UPDATE und DELETE die umfangreiche SELECT-Anweisung auch mit rekursiver WITH-Klausel vorgestellt. Eine Besonderheit ist sicher die detaillierte Behandlung der Konzepte der Integritätssicherung und auch der Vergleich der beiden SQL-Dialekte MySQL und Oracle. Es zeigen sich viele Gemeinsamkeiten, aber auch Unterschiede in der Syntax der beiden Dialekte, angefangen bei den unterschiedlichen Datentypen, bis hin zu den einzelnen SQL-Anweisungen und dem Data Dictionary.

Weiterführende Literatur

Wer an genaueren Informationen interessiert ist, kann an dieser Stelle, was die SQL-Dialekte von Oracle und MySQL angeht, am besten auf die Herstellerliteratur [Oracle 2005] und [MySQL 2006] zurückgreifen. Als umfangreiche Quellen zum Standard-SQL sind [Groff et al. 2002] sowie [Melton et al. 2002] zu nennen. Tuning-Aspekte werden z.B. in [Fritze 2002] und speziell für Oracle in [Ahrends 2006] und [Gurry 2002] behandelt.

Übungsaufgaben

Aufgaben zum Abschnitt 5.3 (Data Definition Language):

1 Erstellen Sie ein SQL-Skript, in dem alle CREATE TABLE-Anweisungen Ihres Datenmodells Rollo enthalten sind!

Erstellen Sie ein Skript, das jeweils

a. unter Oracle lauffähig ist,

b. unter MySQL lauffähig ist.

2 Erstellen Sie ein SQL-Skript, das alle SQL-Anweisungen für Ihre Rollo-Datenbank enthält, die zur Definition von Indizes erforderlich sind, die nicht Primärschlüsseln und Zweitschlüsseln entsprechen!

Erstellen Sie ein Skript, das jeweils

a. unter Oracle lauffähig ist,

b. unter MySQL lauffähig ist.

3 Erzeugen Sie einen Nummergenerator, der für die Personen, die Spiele und die Spieler in Ihrer Rollo-Datenbank je eine fortlaufende Nummer bereitstellt!

Erstellen Sie ein Skript, das jeweils

a. unter Oracle lauffähig ist,

b. unter MySQL lauffähig ist (Ersatz für Sequence: Auto_Increment-Spalte).

4 Erstellen Sie ein SQL-Skript, das alle Tabellen aus Ihrer Datenbank Rollo wieder entfernt. Wo finden Sie die Information, welche Tabellen es überhaupt in dem Schema bzw. in der Datenbank gibt? Vergewissern Sie sich vor der Ausführung der Löschanweisungen, dass Ihnen die notwendigen Skripte zur Wiedererstellung der Tabellen zur Verfügung stehen.

Erstellen Sie ein Skript, das jeweils

a. unter Oracle lauffähig ist,

b. unter MySQL lauffähig ist.

Für das Testen der nachfolgenden Integritätsbedingungen benötigen Sie Kenntnisse aus der SQL-DML, die im Abschnitt 5.4 erläutert wird.

5 Erstellen Sie ein SQL-Skript, das die Primär-, Eindeutigkeits- und Fremdschlüssel, die Sie auf der Rollo-Datenbank geplant haben, enthält! Benutzen Sie bitte die ALTER TABLE-Anweisung und den unmittelbaren Prüfungszeitpunkt. Testen Sie Ihre Schlüsselbedingungen zumindest für jeweils eine der Schüsselarten.

Erstellen Sie ein Skript, das jeweils

a. unter Oracle lauffähig ist,

b. unter MySQL lauffähig ist.

6   Welche Vorteile hat bei der Erstellung der Fremdschlüsselbedingungen die Verwendung des ALTER TABLE-Befehls gegenüber dem CREATE TABLE-Befehl?

7   Programmieren Sie ALTER TABLE-Anweisungen für die Byce & Co.-Datenbank unter Oracle, um folgende Integritätsbedingungen zu implementieren. Schreiben Sie Testfälle für die Bedingungen, die zeigen, dass richtige Daten weiterhin gespeichert und fehlerhafte Daten abgewiesen werden. Beachten Sie insbesondere die Prüfungszeitpunkte.

   a. Bei den Angestellten sind als Geschlechtskennzeichen nur die beiden Werte „w" und „m" zugelassen, wobei auch Großbuchstaben möglich sind. Die Prüfung soll unmittelbar erfolgen.

   b. Bei den Kunden soll in der Spalte „Geschlecht" zudem ein „j" zugelassen sein, was als Abkürzung für „juristische Person" bei Firmen eingetragen wird. Auch hier soll eine unmittelbare Prüfung stattfinden.

   c. Als Auftragstyp sind nur die beiden Werte „Angebot" und „Auftrag" erlaubt. Groß- und Kleinschreibung soll keinen Unterschied machen bei der Eingabe. Das Transaktionsende ist der Prüfungszeitpunkt.

   d. Bei den Gehaltsklassen muss die obere Grenze größer sein als die untere Grenze. Die Prüfung soll unmittelbar erfolgen.

   e. Bei der Auftragsabwicklung muss die Reihenfolge der Termine beachtet werden. Zuerst kommt die Bestellung, dann wird geliefert und schließlich die Rechnung geschrieben. Aktionen können aber auch am gleichen Tag erfolgen. Die Prüfung findet zum Transaktionsende statt.

   f. Da Teile entweder eingekauft oder selbst gefertigt werden, sind entweder der Einkaufspreis und die Lieferzeit oder die Herstellkosten und die Herstelldauer zu erfassen. Es können zwar sowohl die Herstell- als auch die Lieferinformationen fehlen, es dürfen aber nicht Herstell- und Lieferinformationen zusammen angegeben werden. Wenn eine der Lieferinformationen angegeben wird, dann muss auch die andere Lieferinformation gefüllt sein. Das Gleiche gilt für die Herstellinformationen. Für diese Prüfungen sind eine leere Spalte und der numerische Nullwert gleich zu behandeln. Damit die Bedingung übersichtlich bleibt, verwenden Sie bitte die NVL Funktion. Prüfen Sie diese Bedingung zum Transaktionsende. (Diese Integritätsbedingung ist sicherlich schon etwas anspruchsvoller, aber durchaus praxisnah.)

8   Programmieren Sie ALTER TABLE-Anweisungen für die Rollo-Datenbank unter Oracle, um folgende Integritätsbedingungen zu implementieren. Schreiben Sie Testfälle, die zeigen, dass richtige Daten weiterhin gespeichert und fehlerhafte Daten abgewiesen werden. Beachten Sie insbesondere die Prüfungszeitpunkte.

   a. Es darf kein Land in einem Spiel gegen sich selbst spielen. Die Prüfung soll unmittelbar erfolgen.

   b. Die Anzahl reservierter Karten darf maximal so groß sein wie die Anzahl gewünschter Karten. Prüfen Sie diese Bedingung zum Transaktionsende.

   c. Aus Sicherheitsgründen muss für jede Person eine Ausweisnummer angegeben werden. Die Prüfung soll unmittelbar erfolgen.

   d. Eine Kartenbestellung kann entweder mittels Kreditkarte bezahlt werden oder durch eine Abbuchung von einem Konto. Daher muss entweder eine Kreditkartennummer oder eine Bankverbindung bestehend aus Bankleitzahl und Kontonummer angegeben werden. Prüfen Sie diese Bedingung zum Transaktionsende.

9 Es soll die Angabe des Spielergebnisses in der Rollo-Datenbank auf syntaktische Korrektheit geprüft werden. Programmieren Sie die dazu erforderlichen ALTER TABLE-Anweisungen unter Oracle. Schreiben Sie wieder die erforderlichen Testfälle. Geprüft wird unmittelbar. Es wird die Annahme getroffen, dass mehr als zweistellige Zahlen für Torschüsse einer Nation ausgeschlossen werden können.

   a. Für das Ergebnis eines Spiels ist als Trennzeichen der Doppelpunkt zugelassen, also z.B. 3:4 oder 10:0.

   b. Das Trennzeichen Doppelpunkt darf nicht an erster Stelle stehen.

   c. Steht das Trennzeichen Doppelpunkt an zweiter Stelle, dann darf das Ergebnis 3 oder 4 Zeichen haben. Steht es an dritter Stelle, dann darf das Ergebnis 4 oder 5 Stellen haben.

   d. Vor und nach dem Trennzeichen dürfen nur ein bis zweistellige Zahlen stehen.

   Hinweise: Hilfreich sind hier die SQL-String-Funktionen wie INSTR, SUBSTR, LENGTH … oder auch der LIKE-Operator.

10 Schreiben Sie eine CREATE TABLE-Anweisung für eine Tabelle „Test" mit den Spalten A, B und C mit folgenden Eigenschaften:

   a. Alle Spalten sollen vom Datentyp NUMBER sein.

   b. A ist der Primärschlüssel.

   c. Stellen Sie über CHECK-Constraints sicher, dass genau eines der Attribute „B" und „C" NULL ist; das heißt, wenn B nicht NULL ist, muss C NULL sein und umgekehrt.

11 Warum lassen sich die Aufgaben 7 bis 10 nicht mit MySQL lösen?

12 Betrachten Sie die angegebenen SQL-Anweisungen der Relation „Hierarchie":

```
DROP TABLE Hierarchie;
CREATE TABLE Hierarchie (
Angestellter VARCHAR(20) NOT NULL,
Vorgesetzter VARCHAR(20) NOT NULL,
PRIMARY KEY (Angestellter),
FOREIGN KEY (Vorgesetzter) REFERENCES Hierarchie ON DELETE CASCADE);
DELETE FROM Hierarchie;
```

Nach einigen INSERT-Anweisungen hat die Tabelle folgenden Inhalt:

Angestellter	Vorgesetzter
Schulz	Schulz
Meier	Schulz
Müller	Meier
Schmidt	Schulz
Tulpe	Müller
Real	Tulpe
Taris	Müller

    a. Erklären Sie allgemein die Wirkung des Löschens eines Datensatzes aus der erzeugten Tabelle!

    b. Wie wirkt sich das Löschen des Datensatzes (Meier, Schulz) aus? Welche Datensätze bleiben übrig?

Aufgaben zum Abschnitt 5.4 (Data Manipulation Language):

Weitere Aufgaben, mit denen Sie DML-Anweisungen üben können, finden Sie bei den Integritätsprüfungsaufgaben unter „Aufgaben zum Abschnitt 5.3".

13 Erstellen Sie ein Skript zur Lösung der nachfolgenden Aufgaben, das jeweils unter Oracle und MySQL lauffähig ist.

    a. Erstellen Sie ein SQL-Skript, das alle Daten aus der Rollo-Datenbank löscht!

    b. Schreiben Sie ein SQL-Skript, das in jede Tabelle Ihrer Datenbank mindestens einen Datensatz einfügt!

    c. Schreiben Sie ein SQL-Skript, das alle SQL-Skripte, die zum Anlegen Ihrer Datenbank Rollo dienen, nacheinander aufruft und den Ablauf mitprotokolliert.

14 Lösen Sie folgende Aufgaben für Ihr Rollo-Modell unter Oracle und MySQL.

    a. Fügen Sie in die Tabelle „Nationen" eine Spalte „Anzahl_Spieler " ein! Belegen Sie diese Spalte mit der tatsächlichen Anzahl der Spieler aus der Tabelle „Spieler" mithilfe einer UPDATE-Anweisung!

    b. Alle Spieler und Personen des Rollo-Systems bekommen eine Email-Adresse. Belegen Sie mit einer UPDATE-Anweisung diese Email-Adresse für jeden Spieler und jede Person mit der Standardadresse Vorname.Nachname@rollo.de!

15 In die Tabelle „Nationen" aus Ihrer Rollo-Datenbank sind versehentlich einige Nationen doppelt eingefügt worden. Schreiben Sie eine SQL-Anweisung, die die doppelten Datensätze (Spalte: Nationname ist doppelt) wieder löscht.

16 In das Rollo-System sollen alle vorhandenen Karten eingepflegt werden. Schreiben Sie ein INSERT STATEMENT, das mittels einer SELECT-Anweisung für jede Preiskategorie, die Ihr System hat (mindestens zwei Preiskategorien), zehn Karten einfügt, die noch frei sind, d.h. weder BESTELL_ID noch PERSONEN_ID haben.

Hinweis: Benutzen Sie die Tabelle „Klein"!

```
CREATE TABLE Klein ( k Integer);
INSERT INTO Klein (k) VALUES (0);
INSERT INTO Klein (k) VALUES (1);
INSERT INTO Klein (k) VALUES (2);
INSERT INTO Klein (k) VALUES (3);
INSERT INTO Klein (k) VALUES (4);
INSERT INTO Klein (k) VALUES (5);
INSERT INTO Klein (k) VALUES (6);
INSERT INTO Klein (k) VALUES (7);
INSERT INTO Klein (k) VALUES (8);
INSERT INTO Klein (k) VALUES (9);
```

Aufgaben zum Abschnitt 5.5 (Data Query Language):

17 Welche Tabellen, Views und Indizes sind unter Ihrer Kennung/in Ihrer Datenbank angelegt? Welche Spalten haben die unter Ihrer Kennung angelegten Tabellen? Formulieren Sie Anfragen in Oracle-SQL und MySQL, die diese Fragen beantworten.

18 Formulieren Sie Anfragen an die Byce & Co.-Datenbank unter Oracle und MySQL, die diese Fragen beantworten:

a. Bestimmen Sie alle Angestellten aus der Abteilung mit der Abteilungsnummer 2, die mehr als 5000 € verdienen.

b. Bestimmen Sie alle Mountainbikes, die weniger als 2000 € kosten oder einen Jahresumsatz von weniger als 100 Stück hatten.

c. Bestimmen Sie alle Artikeltypen!

d. Welchen Namen hat die Abteilung mit der Abteilungsnummer 2?

e. Welche Artikel (Typ = „Artikel") liegen im Hauptlager und haben einen Bestand > 0?

f. Welche Materialien werden von Lieferanten aus Dortmund geliefert?

g. Welche Angestellten stammen aus Dortmund und gehören zur Abteilung Vertrieb?

h. Welche Angestellten verdienen zwischen 50000 € und 80000 € im Jahr?

i. Welche Angestellten haben einen Nachnamen, der mit W beginnt und kein e enthält?

j. Welche Angestellten haben einen Vornamen, der als zweiten Buchstaben ein u hat?

k. Welche Angestellten betreuen Aufträge der Kunden aus Gummersbach?

l. Welche Angestellten sind zwischen dem 1.1.90 und dem 1.1.97 eingestellt worden?

m. Finden Sie die Abteilungsnummern der Abteilungen in Dortmund, in denen es Angestellte gibt, die weniger als 2000 € im Monat verdienen.

n. Finden Sie die Namen der Angestellten, die den gleichen Beruf und das gleiche Gehalt wie der Angestellte Hugo Schmidt haben.

o. Welche Teile, die an Kunden verkauft wurden, lagern am gleichen Ort, an dem die Kunden wohnen?

p. Welcher Lieferant liefert alle Materialien?

q. Welcher Kunde kauft alle Artikel?

19 Formulieren Sie Anfragen an die Byce & Co.-Datenbank unter Oracle und MySQL, die diese Fragen beantworten:

a. Erzeugen Sie eine nach Gehalt aufsteigend sortierte Liste aller Angestellten mit Nachnamen, Vornamen, Gehalt und der Gehaltsklasse (Tabelle: Geh_Klassen)!

b. Welche Kunden in der Tabelle „Kunden" stehen alphabetisch hinter dem Kunden mit dem Namen „Mueller"?

c. Von welchen Berufen gibt es mehr als drei Angestellte?

d. Berechnen Sie das durchschnittliche Gehalt aller Angestellten der gleichen Abteilung! Geben Sie auch den Namen der Abteilung mit aus!

e. Ermitteln Sie die Summe über alle Lieferungen je Teil und Lieferant!

f. Welche Kunden haben mindestens einen Artikel bestellt, den auch Herr Bernhardt Falk bestellt hat?

g. Listen Sie Nachnamen, Vornamen, Gehalt und Abteilungsnamen der Informatiker auf, die in Köln beschäftigt sind!

20 Ergänzen Sie die Byce & Co.-Datenbank unter Oracle um folgende Datenbankobjekte:

a. Erstellen Sie eine View, in der alle Attribute enthalten sind, die für eine Rechnung benötigt werden.

b. Erstelen Sie eine physikalische Kopie der Angestelltentabelle unter dem Namen Angestellte_Kopie!

21 Formulieren Sie Anfragen an die Byce & Co.-Datenbank unter Oracle und MySQL, die diese Fragen beantworten:

a. Welche Angestellten bearbeiten keine Aufträge?

b. Welche Angestellten verdienen mehr als der Durchschnitt aller Gehälter?

c. Welche Angestellten verdienen mehr als der Durchschnitt aller Gehälter von Angestellten der gleichen Abteilung?

d. Ermitteln Sie alle Orte, in denen Kunden oder Angestellte wohnen oder beide!

e. Ermitteln Sie die Produktnamen derjenigen Rohstoffe (Teile.Typ = 'Material'), die nicht zur Produkterzeugung verwendet werden! Geben Sie diese Produktbezeichnungen in Großbuchstaben aus!

f. Welche Kunden haben Artikel bestellt, die nicht auf Lager sind?

g. In welchen Abteilungen sind alle Berufe der Unternehmung vertreten?

h. In welchen Abteilungen sind die meisten Berufe vertreten?

i. In welchen Teilen findet die Silberfarbe (TNr = 3) (nur eine Stufe) Verwendung?

j. In welchen Teilen findet die Silberfarbe (TNr = 3) (über alle Stufen) Verwendung?

k. Welche Artikel sind in allen Lagern vorhanden?

22 Welche Ergebnisse liefern die folgenden fünf SELECT-Anweisungen? Erläutern Sie die Unterschiede!

a.

```
SELECT Ang_Nr , Gehalt
FROM   Angestellte a
WHERE  Gehalt > (SELECT AVG(Gehalt)
                 FROM   Angestellte b
                 WHERE  a.Abt_Nr  = b.Abt_Nr );
```

b.

```
SELECT Ang_Nr , Gehalt
FROM   Angestellte
WHERE  Gehalt > (SELECT AVG(Gehalt)
                 FROM Angestellte);
```

c.

```
SELECT Ang_Nr , Gehalt
FROM   Angestellte
WHERE  Gehalt > ALL (SELECT AVG(Gehalt)
                     FROM Angestellte
                     GROUP BY Abt_Nr);
```

d.

```
SELECT Ang_Nr , Gehalt
FROM   Angestellte
WHERE  Gehalt >  ANY (SELECT AVG(Gehalt)
                      FROM Angestellte
                      GROUP BY Abt_Nr);
```

e.

```
SELECT Ang_Nr , Gehalt
FROM   Angestellte
WHERE  Gehalt > (SELECT AVG(AVG(Gehalt))
                 FROM Angestellte
                 GROUP BY Abt_Nr);
```

23 Konstruieren Sie eine Tabelle, mindestens eine INSERT-Anweisung und eine SELECT-Anweisung

a. für die die Anfrage

```
SELECT * FROM Tabelle
WHERE  Spalte <> ANY (SELECT Spalte FROM Tabelle);
```

nicht die komplette Tabelle liefert.

b. Konstruieren Sie eine Tabelle, mindestens eine INSERT-Anweisung und eine SELECT-Anweisung, für die die Anfrage

```
SELECT * FROM Tabelle
WHERE  Spalte = ALL (SELECT Spalte FROM Tabelle);
```

nicht die leere Menge zurückgibt.

24 Schreiben Sie eine SELECT-Anweisung, die die Selektivität des Felds „Nachname" in der Angestelltentabelle der Byce & Co. misst (Selektivität = Anzahl unterschiedlicher Werte dividiert durch Anzahl der Werte).

a. Durch eine SELECT-Anweisung an die Tabelle Angestellte

b. Durch eine SELECT-Anweisung auf das Data Dictionary von Oracle (USER_TAB_COLUMS)

c. Ist eine Abfrage wie unter b) auch bei MySQL möglich?

25 Beantworten Sie die folgenden Anfragen an die Rollo-WM-Datenbank:

a. In welchen Spielen (Ausgabe: Mannschaft_1 : Mannschaft_2, Ausführungsort, Spieltag, Anzahl gelbe Karten, Anzahl rote Karten), an denen Deutschland teilgenommen hat, gab es rote oder gelbe Karten?

b. Welche Nationen haben in der Vorrunde gespielt?

c. Welche Nationen haben ausschließlich in der Vorrunde gespielt?

d. Welcher Spieler lebt nicht in dem Land, in dessen Nationalmannschaft er spielt?

e. Listen Sie die Gruppen auf mit der Anzahl an Toren, die während der Vorrunde geschossen wurden?

f. Wieviele Zuschauer gab es für jede Runde des Turniers (Typ des Spiels)?

g. Welches Spiel hatte die meisten roten Karten?

26 Welche der folgenden Anfragen liefern bei dem gegebenen Datenbestand der Lieferantentabelle gleiche Ergebnisse und welche sind unabhängig vom Datenbestand? Begründen Sie Ihre Antwort.

```
a. SELECT COUNT(*)          FROM Lieferanten;
b. SELECT COUNT(Lief_Nr)    FROM Lieferanten;
c. SELECT COUNT(Name)       FROM Lieferanten;
d. SELECT COUNT(TelefonNr)  FROM Lieferanten;
e. SELECT COUNT(Zeitstempel) FROM Lieferanten;
```

27 Welche der folgenden SELECT-Anweisungen sind semantisch äquivalent zu a) und welches ist ihre Semantik? Erläutern Sie, warum die anderen unterschiedliche Ergebnisse liefern und welches deren Semantik ist! Wenn möglich, formulieren Sie die Anfragen so um, dass die Semantik der Anfrage a) entspricht.

a.
```
SELECT Nachname, Vorname, Nationname
FROM   Spieler
WHERE  Spieler_ID NOT IN (SELECT Spieler_ID FROM Tore);
```

b.
```
SELECT Nachname, Vorname, Nationname
FROM   Spicler
WHERE  NOT EXISTS (SELECT Spieler_ID FROM Tore);
```

c.
```
SELECT Nachname, Vorname, Nationname
FROM   Spieler
WHERE  Spieler_ID <> ANY (SELECT Spieler_ID FROM Tore);
```

d.
```
SELECT Nachname, Vorname, Nationname
FROM   Spieler
WHERE  Spieler_ID <> ALL (SELECT Spieler_ID FROM Tore);
```

e.
```
SELECT Nachname, Vorname, Nationname
FROM   Spieler, Tore
WHERE  Spieler.Spieler_ID <> Tore.Spieler_ID;
```

f.
```
SELECT Nachname, Vorname, Nationname
FROM   Spieler
MINUS
SELECT Nachname, Vorname, Nationname
FROM   Spieler INNER JOIN Tore USING (Spieler_ID);
```

28 Was ist die Semantik der folgenden Rollo-Anfragen?

a.
```
SELECT Nachname, Vorname, Nationenname
FROM   Spieler
WHERE  Nationenname = Land;
```

b.
```
SELECT s.Nachname, s.Vorname, s.Nationname,
       p.Mannschaft_1, p.Mannschaft_2, t.Minute
FROM   Spieler s, Tore t, Spiele p
WHERE  s.Spieler_Id = t.Spieler_Id
AND    t.Spiel_Id   = p.Spiel_Id
AND    t.Minute     > 90;
```

c.
```
SELECT SUM(Anzahl_rote_Karten)
FROM   Spiele
WHERE  Typ = 'Vorrunde';
```

d.
```
SELECT Typ, SUM(Anzahl_rote_Karten)
FROM    Spiele
GROUP  BY Typ;
```

e.
```
SELECT Mannschaft_1, Mannschaft_2, Termin
FROM    Spiele
WHERE   Anzahl_Zuschauer = (SELECT MIN(Anzahl_Zuschauer)
                            FROM     Spiele);
```

Aufgabe zum Abschnitt 5.6 (Data Administration Language):

29 Erstellen Sie ein SQL-Skript, mit dem Ihr Berechtigungskonzept aus dem Datenbankschema des Systems Rollo umgesetzt wird.

Weitere Kontrollfragen zu diesem Kapitel finden Sie unter der Companion-Webseite des Pearson-Verlages *http://www.pearson-studium.de/* auf der Begleitseite unseres Buches. Wählen Sie dort bitte im Multiple-Choice-Test das Fach „DBS" und den Punkt „Kapitel5/Die Datenbanksprache SQL2003" aus.

Zusätzlich wird auf der Begleitwebseite noch ein SQL-Trainer angeboten, mit dem Sie online SELECT-Abfragen lösen können und ein Tool, welches automatisch SELECT-Abfragen in Operatorbäume umwandelt. Auch die SQL-Skripte zur Erzeugung der Datenbankschemata Rollo sowie Byce & Co. finden Sie auf der Begleitwebseite.

Objektrelationale Erweiterungen von SQL2003

6

ÜBERBLICK

》》 Dieses Kapitel ist ein Drahtseilakt, denn einerseits gibt es in SQL2003 eine Menge neuer objektrelationaler Konstrukte, die bei weitem nicht alle in einem Kapitel beschrieben werden können. Andererseits sind diese noch selten bei den Datenbankherstellern nach dem Standard implementiert. Die einzelnen Hersteller bieten sehr verschiedene Sprachbestandteile an. Objektrelationales SQL im Oracle-Dialekt kann ein ganzes Buch[1] füllen, in MySQL sind diese Erweiterungen noch sehr rudimentär bis gar nicht vorhanden (vgl. Abschnitt 6.1.9 und Abschnitt 6.1.10). Der Umfang der objektrelationalen Erweiterungen insgesamt ist schon viel zu groß, um ihn umfassend in einem einführenden Lehrbuch über Datenbanksysteme zu behandeln. Daher wurde versucht, hier eine funktionsfähige, relevante Auswahl zu treffen, die keinen Anspruch auf Vollständigkeit erhebt. So fehlen objektrelationale Sichten, Methoden von benutzerdefinierten Typen und Tabellenhierarchien, um nur einige Punkte zu nennen. Auch die Syntaxdefinitionen sind nicht vollständig, aber funktionsfähig. Oft wurden stattdessen nur Beispiele aufgeführt, die einen Einblick in die Konstrukte geben sollen.

Im Bereich objektrelationaler Datenbankprogrammierung sieht es etwas einfacher aus. Dort sind der JDBC-Standard sowie der SQLJ-Standard allseits bekannt und akzeptiert und sie werden hier in den Grundzügen vorgestellt. Beide Standards sind in SQL2003 eingeflossen und zeigen, wie sich eine objektorientierte Programmiersprache mit relationalen Datenbanken verbinden lässt. Im Bereich JDBC wird der Standardaufbau eines Programms mit Datenbankanbindung vorgestellt. Ebenso werden die Themen Transaktionsverwaltung, Fehlerbehandlung und Metadaten angesprochen. Auf dem Gebiet SQLJ werden SQLJ-Klauseln, Host-Variablen, Iteratoren und Kontexte eingeführt.

Falls kein objektrelationales Datenbanksystem zur Verfügung steht, können zu einem objektrelationalen Datenmodell Standardabbildungen definiert werden, die den Entwurf auf ein relationales Datenbankschema definieren. Diese Abbildungen heißen objektrelationale Abbildungen. Das Vorgehen ist in der Praxis weit verbreitet, da sich objektrelationale Modelle gut zur Beschreibung komplexer Probleme eignen und man den Umstieg auf ein objektrelationales System noch scheut. 《《

---

1   z.B. [Hohenstein 2002]

Ziele

Nach dem Lesen dieses Kapitels und dem Lösen der Übungsaufgaben werden Sie in der Lage sein,

- das objektrelationale Datenmodell mit seinen neuen Basisdatentypen, Typkonstruktoren und Regeln zu verstehen und anzuwenden,
- benutzerdefinierte Datentypen unter SQL2003 zu definieren,
- Tupeltabellen und typisierte Tabellen zu benutzen,
- Vererbungshierarchien von benutzerdefinierten Typen aufzubauen,
- Anfragen an objektrelationale Tabellen zu stellen,
- den objektrelationalen Oracle-Dialekt anzuwenden,
- eine objektrelationale Abbildung von einem objektrelationalen Modell auf ein relationales Datenmodell durchzuführen,
- Datenbankverbindungen mittels JDBC aufzubauen und einfache JDBC-Programme zu realisieren, sowie zu verstehen, welche Unterschiede es zwischen JDBC und SQLJ gibt und wie SQLJ-Programme benutzt werden.

6.1　Objektrelationales SQL

6.1.1　Anwendungsfelder objektrelationaler Datenbanken

Objektrelationale Datenbanksysteme sind zurzeit (2007) Stand der Technik, Stonebraker bezeichnete sie schon in 1999 im Titel seines Buchs „Objektrelationale Datenbanken" als „die nächste große Welle". Er nahm dort[2] auch eine schon grobe Einteilung des Einsatzes von objektrelationalen Datenbanksystemen vor:

Einfache Daten und viele Anfragen erfordern **Relationale Datenbanksysteme**	Komplexe Daten und viele Anfragen erfordern **Objektrelationale Datenbanksysteme**
Einfache Daten und keine Anfragen erfordern **Dateisysteme**	Komplexe Daten und keine Anfragen erfordern **Objektorientierte Datenbanksysteme**

Seit 1997 sind die ersten objektrelationalen Datenbanksysteme auf dem Markt, mit SQL2003 wurden sie 1999 und dann 2003 erstmalig standardisiert. Thema dieses Kapitels sind die objektrelationalen Datenbanksysteme wegen ihrer großen, anwachsenden Verbreitung. Die Einsatzgebiete von objektrelationalen Datenbanksystemen weisen einige Besonderheiten auf:

- Es handelt sich um besonders komplexe Objekte:
  - z.B. technische Objekte, die aus CAD-Zeichnungen entstehen,
  - geografische Objekte,

2　[Stonebraker et al. 1999, S. 2]

- Datenreihen und Ergebnisse von Zeitreihenanalysen oder
- Ergebnisse medizinischer Untersuchungen.
- Es handelt sich um besonders große Objekte:
  - z.B. Luftbildaufnahmen oder Bildersammlungen,
  - Videoaufzeichnungen,
  - aber auch lange Texte.
- Die Objekte haben besondere Eigenschaften oder Operationen:
  - bei geografischen Objekten: schneidet, liegt in, Entfernung messen
  - bei Bildern: anzeigen, zuschneiden, Farben verändern, Ähnlichkeiten suchen
  - bei Videoaufnahmen: abspielen, zuschneiden.

Verglichen mit den relationalen Datenbanksystemen handelt es sich um eine Anwendung der bewährten Datenbanktechnik auf Non-Standard-Daten, wobei die Vorzüge von traditionellen Datenbanken, wie Sicherheit und Unterstützung des Multi-User-Betriebs, erhalten bleiben. Türker und Saake beschreiben diese Entwicklung[3] als evolutionäre Erweiterung relationaler DBMS durch die Integration objektorientierter Konzepte. Ziel ist es dabei, eine Aufwärtskompatibilität basierend auf SQL und eine Vereinigung der Vorteile relationaler und objektorientierter DBMS zu erreichen.

Der Übergang ging evolutionär vonstatten, bei Türker[4] wird beschrieben, welche Zwischenschritte und Modelle dabei entstanden sind. Wir betrachten hier nur das Endergebnis: das objektrelationale Typsystem als Grundlage eines objektrelationalen Datenmodells. Ein Datenmodell[5] besteht dabei aus Basisdatentypen, Typkonstruktoren und Typkonstruktionsregeln. Die Basisdatentypen sind im Wesentlichen unverändert gegenüber den relationalen Typen, einzelne Neuerungen werden im nächsten Kapitel vorgestellt.

6.1.2 Basisdatentypen

In SQL1999 sind die Basisdatentypen BOOLEAN, BLOB und CLOB hinzugekommen, in SQL2003 zusätzlich noch XML und BIGINT. In Zusammenhang mit den objektrelationalen Erweiterungen behandeln wir in diesem Kapitel die Multimediatypen BLOB und CLOB sowie XML.

Mit der Anweisung

```
CREATE TABLE Angestelltel (Angestellten_NR NUMERIC,
                           Nachname         VARCHAR(30),
                           BILD             BLOB(2M),
                           Lebenslauf       CLOB(2M));
```

wird ein Angestellter mit einem BLOB (Binary Large Object) und einem CLOB (Character Large Object) angelegt. Beide Datentypen müssen eine Größenangabe enthalten. BLOB- und CLOB-Spalten können weder in Primärschlüsseln, Zweitschlüsseln noch in der GROUP-BY-Klausel und der ORDER-BY-Klausel einer SELECT-Anweisung verwendet werden.

---

3   [Türker et al. 2006]
4   [Türker et al. 2006, S. 7 ff. und S. 43 ff.]
5   vgl. Kapitel 4

Der Lebenslauf kann auch als XML-Dokument angelegt werden:

```
CREATE TABLE Angestellte2 (Angestellten_NR  NUMERIC,
                           Nachname         VARCHAR(30),
                           BILD             BLOB(2M),
                           Lebenslauf       XML);
```

Im SQL-Standard sind noch eine Anzahl von XML-Funktionen enthalten, die aber weder unter Oracle noch unter MySQL vollständig implementiert sind, z.B. XMLGEN, XMLELEMENT, XMLFOREST XMLCONCAT und XMLAGG[6]. Auf die Besonderheiten von BLOB und CLOB sowie XML unter Oracle und MySQL wird in den Abschnitten 6.1.9 und 6.1.10 eingegangen.

6.1.3 Objektrelationale Typkonstruktoren und Regeln

In Kapitel 4 und Kapitel 5 führten wir schon Datenmodelle allgemein ein, insbesondere das relationale Datenmodell und das SQL-Datenmodell. Während die Basisdatentypen im Wesentlichen gleich bleiben, ist dies bei den Typkonstruktoren nicht der Fall. Neu hinzugekommen sind beim objektrelationalen Modell die Typkonstruktoren LIST, ARRAY, OBJECT und REF sowie verschiedene Typkonstruktionsregeln.[7]

- OBJECT beschreibt ein Objekt.
- REF beschreibt eine Referenz auf ein Objekt.
- LIST beschreibt eine geordnete Menge von gleichartigen Elementen, deren Anzahl nicht festliegt.
- ARRAY beschreibt eine geordnete Menge von gleichartigen Elementen, deren Anzahl festliegt.

Wesentlich sind hier nicht nur die Einführung der neuen Typkonstruktoren, sondern auch die unterschiedlichen Typkonstruktionsregeln. So können die unterschiedlichen Typkonstruktoren beinahe beliebig aufeinander angewendet werden, was eine Vielzahl von Erweiterungen zur Folge hat, von denen wir ihm Rahmen dieses Lehrbuchs nur einige wenige vorstellen können.

Nach Türker[8] sieht das objektrelationale Datenmodell, welches SQL2003 zugrunde liegt, dann wie in ▶ Abbildung 6.1 aus.

Der Typkonstruktor MULTISET ist als Typkonstruktor neben REF und ARRAY erst in SQL2003 enthalten. ARRAY und MULTISET nehmen beide eine Menge von Werten auf, was eine gewollte Verletzung der ersten Normalform bedeutet. MULTISET taucht im Diagramm zweimal auf, einmal links als Einstiegspunkt in die Datenbank (links, gestrichelte Linie), was dem SQL-Datenmodell entspricht. Und einmal im unteren Teil als zusätzlicher Typkonstruktor, der in einer ROW oder einem OBJECT verwendet werden kann.

---

6   Nähere Einzelheiten sind in [Türker 2003, S. 438] oder
    http://www.wiscorp.com/SQL2003Features.pdf, 10.12.2006 enthalten.
7   Datenmodelle mit Typkonstruktoren und Typkonstruktionsregeln wurden bereits im
    Abschnitt 4.1 beschrieben.
8   vgl. [Türker 2003, S. 102]

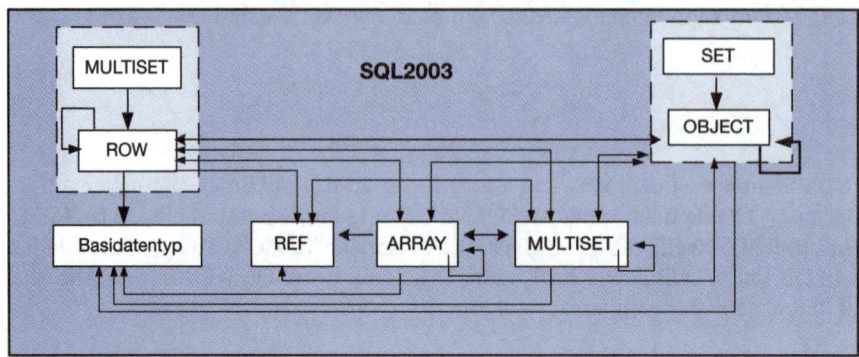

Abbildung 6.1: Typkonstruktoren SQL2003

6.1.4 Tupeltabellen

Je nach Einstiegspunkt in die Grafik handelt es sich um Tupeltabellen, wenn MULTISET (ROW(...)), also der linke Teil der oben angegebenen Abbildung, gebildet wird, oder um typisierte Tabellen, die dem rechten Teil der Grafik (SET(OBJECT(...)) entsprechen.

In der CREATE TABLE-Anweisung sind bei den Tupeltabellen neben den Standard-basisdatentypen auch die unbenannten Typkonstruktoren ROW, REF, ARRAY und MULTISET zugelassen.

Die folgende Abbildung[9] zeigt zusammenfassend, welche Spaltentypen in Tupeltabellen auftreten können:

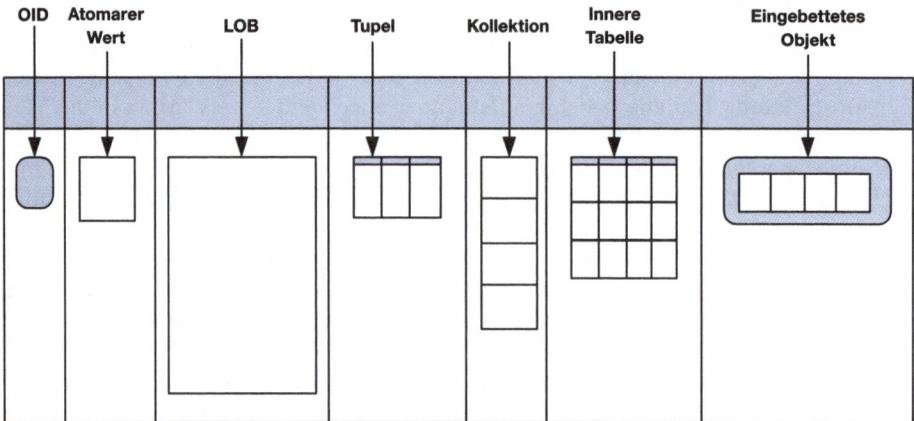

Abbildung 6.2: Objektrelationale Tupeltabellen

Durch die Erweiterung um die Basisdatentypen und Typkonstruktoren kann eine objektrelationale Tupeltabelle als Spaltendefinition neben den atomaren Werten, die schon in SQL2 üblich waren, noch enthalten:

- LOBS, also Spalten für Large Objects (BLOB, CLOB, NCLOB)
- Tupel, die aus anderen Datentypen zusammengesetzt sind

---

9   Die Grafik ist aus [Türker et al. 2006, S. 122] entnommen.

- Kollektionen, d.h. Mengen von Werten (SET, MULTISET)
- Innere Tabellen, d.h. tabellenwertige Spalten
- Eine OID als Objektidentifizierer
- Eingebettete Objekte

Eine Vertiefung dieser Thematik ist hier leider nicht möglich[10]. Das Thema kann nur in groben Zügen und anhand von Beispielen behandelt werden.

Beispiel

```
CREATE TABLE Angestellte3
  (Angestellten_Nr        NUMERIC,
   Adresse (ROW(STRASSE    VARCHAR(20)
               NR          NUMERIC,
               PLZ         NUMERIC(5),
               ORT         VARCHAR(20))));
```

Damit ist implizit ein zusammengesetzter Datentyp definiert, der unbenannt bleibt und die Adresse beschreibt.

Der REF-Typkonstruktor verweist auf eine typisierte Tabelle, die im Abschnitt 6.1.6 behandelt wird. Referenzen können nur auf typisierte Tabellen, die eine OID besitzen, verweisen.

Beispiel

```
CREATE TABLE Angestellte4
  (Angestellten_NR        NUMERIC,
   Adresse (ROW(Strasse    VARCHAR(20)
               NR          NUMERIC,
               PLZ         NUMERIC(5),
               ORT         VARCHAR(20))),
   Abteilung REF(AbteilungsTyp) SCOPE Abteilungen);
```

Die Spalte „Abteilung" enthält eine Referenz auf die typisierte Tabelle „Abteilung", die dem Typ „Abteilungstyp" entspricht.

Beispiel

```
CREATE TABLE Angestellte5
  (Angestellten_NR        NUMERIC,
   Adresse (ROW(Strasse    VARCHAR(20)
               NR          NUMERIC,
               PLZ         NUMERIC(5),
               ORT         VARCHAR(20))),
   Abteilung REF(AbteilungsTyp) SCOPE Abteilungen,
   Telefonnummer           VARCHAR(20) ARRAY[3]);
```

Ein Angestellter kann bis zu drei Telefonnummern als Kollektionstyp haben, die auch eine Reihenfolge haben, die durch den Index gegeben ist.

---

10 Wer an einer ausführlichen Darstellung dieser Thematik interessiert ist, wird auf [Türker 2003] und [Türker et al. 2006] verwiesen.

Beispiel

```
CREATE TABLE Angestellte6
   (Angestellten_NR        NUMERIC,
    Adresse (ROW(Strasse    VARCHAR(20)
                    NR      NUMERIC,
                    PLZ     NUMERIC(5),
                    ORT     VARCHAR(20))),
    Abteilung REF(AbteilungsTyp) SCOPE Abteilungen,
    Telefonnummer          VARCHAR(20) ARRAY[3],
    Hobbys                 VARCHAR(20) MULTISET);
```

MULTISET ist hier eine ungeordnete Menge von beliebigen Elementen, die auch Duplikate erlaubt und deren Anzahl nicht festliegt. Es sind noch eine Vielzahl von Konstruktionen möglich, da die Typkonstruktionsregeln beliebig aufeinander angewendet werden können. So kann insbesondere auch eine geschachtelte Tabelle, also eine Tabelle mit tabellenwertigen Attributen, entstehen, wenn man zweimal den Typkonstruktor MULTISET anwendet:

```
MULTISET(ROW( MULTISET(ROW(Basisdatentyp))))
```

Unter Oracle sind diese unbenannten Typkonstruktoren bis auf den REF-Konstruktor nicht vorgesehen, stattdessen sind benannte Typkonstruktoren (vgl. Abschnitt 6.1.9) möglich. MySQL besitzt noch so gut wie keine objektrelationalen Erweiterungen.

6.1.5   Strukturierte Typen und Vererbung

Eine wesentliche Neuerung in SQL1999 ist die Möglichkeit, neue Typen als benutzerdefinierte Datentypen anzulegen, mit denen auch eine Vererbungshierarchie aufgebaut werden kann.

```
<CREATE TYPE Anweisung> ::=
   CREATE TYPE Typname [ UNDER Supertypname ] AS
       ( <Attributdefinition> [, <Attributdefinition> ]... )
       [ [NOT] INSTANTIABLE ]
       [NOT] FINAL
       [,<OID-Typspezifkation> ]
       [ <Methodenspezifikation> [ , <Methodenspezifikation> ]... ];
```

Die Attributdefinition enthält einen Attributnamen und einen Datentyp, der auch selbst definiert, d.h. über eine CREATE TYPE-Anweisung definiert, sein kann. Mit INSTANTIABLE wird festgelegt, dass man von diesem Typ eine Instanz (heißt hier typisierte Tabelle) bilden kann. Mit UNDER <Supertypname> erbt der neu definierte Typ Attribute und Methoden des Supertyps. Mit NOT FINAL wird festgelegt, dass vom Typ Subtypen gebildet werden können. Typen, die keinen Supertyp besitzen, heißen Wurzeltypen. Die <OID-Typspezifikation> hat folgende Varianten:

- REF IS SYSTEM GENERATED: Die OID wird vom System generiert.
- REF FROM (<Attributliste>): Die OID wird aus der Attributliste abgeleitet.
- REF USING (<Datentyp>): Die OID basiert auf einem Basisdatentypen (außer BLOB oder CLOB).

Die Methodendeklaration benutzt PSM[11] und kann sowohl INSTANCE-Methoden, CONSTRUCTOR-Methoden als auch STATIC-Methoden enthalten. Die entsprechende Oracle-Syntax ist im Abschnitt 6.1.1 enthalten und von PSM verschieden. Auf die Darstellung der PSM-Funktionalität[12] zur Definition von Methoden wurde verzichtet, da es noch kein Datenbanksystem gibt, welches sie vollständig umsetzt.

Beispiel

```
CREATE TYPE Adresse_t AS
  (Strasse  VARCHAR(30),
   NR        INTEGER,
   PLZ       INTEGER,
   Ort       VARCHAR(20),
   LAND      VARCHAR(50)) NOT FINAL;

CREATE TYPE Person_t AS
  (P_Nr       INTEGER,
   Nachname    VARCHAR(50),
   Vorname     VARCHAR(50),
   Geschlecht  CHAR(1),
   Adresse     Adresse_t,
   Zeitstempel DATE) NOT FINAL;

CREATE TYPE Angestellter_t UNDER Person_t
  (Aufgabenbeschreibung  CLOB,
   Beruf                  VARCHAR(10),
   Eintrittsdatum         DATE,
   Gehalt                 NUMERIC(5,2),
   Abzuege                NUMERIC(5,2)) NOT FINAL
   REF IS SYSTEM GENERATED;

CREATE TYPE Lieferanten_t UNDER Person_t
  (Telefonnummer  VARCHAR(30),
   Beschreibung   VARCHAR(30));
```

Der Typ Person_t verwendet den benutzerdefinierten Datentyp Adresse_t als Datentyp. Der Typ Angestellter_t erbt als Subtyp vom Supertyp Person_t alle Attribute und (die nicht vorhandenen) Methoden. Lieferanten_t ist ein zweiter Subtyp vom Supertyp Person_t.

Zu jedem benutzerdefinierten Datentyp gibt es eine Konstruktormethode, die den Namen des Typs hat und als Parameter die Attributnamen des Typs verwendet. Diese Methode wird in INSERT-, UPDATE- und DELETE-Anweisungen verwendet und findet sich in den entsprechenden Kapiteln dieses Buchs wieder.

Beispiel

für eine Konstruktormethode:

```
Adresse_t('Waldweg', '10', 51643, 'Gummersbach', 'Deutschland')
```

---

11 vgl. [DATE et al. 1998], PSM steht für Persistent Stored Modul und wurde mit den SQL/PSM-Standard in SQL1999 eingeführt [ANSI 2003].

12 vgl. auch *http://www.jcc.com/sql.htm*, 02.12.2006, Part 4 enthält die PSM-Funktionalität.

6.1.6 Typisierte Tabellen und Tabellenhierarchien

Kernstück der objektrelationalen Erweiterung sind sicher die typisierten Tabellen oder auch Objekttabellen, die auf einem Typ aufsetzen. Die Spalten einer typisierten Tabelle entsprechen dabei genau dem Typ, wobei die erste Spalte immer das OID-Attribut ist.

```
<CREATE typisierte Table Anweisung> ::=
    CREATE TABLE Tabellenname OF Typname [ UNDER Supertabellenname ]
                            ( [ <OID-Generierung> ]
                              [ , <Spaltenoptionen> ]
                              [ , <Tabellenbedingungen> ] );
```

Die OID-Generierung entspricht der OID-Typspezifikation und hat folgende Varianten:

- REF IS <OID> SYSTEM GENERATED: Die OID wird vom System generiert.
- REF IS <OID-Spaltennamen> DERIVED: Die OID wird aus den Werten der Spaltennamen abgeleitet.
- REF IS >OID> USER DERIVED: Die OID wird vom Benutzer vorgegeben.

Die Spaltenoptionen können Optionen enthalten, die mit WITH OPTIONS eingeleitet werden und mit NOT NULLL, CHECK(Klausel) und SCOPE in etwa den COLUMN CONSTRAINTS entsprechen. Die Tabellenbedingungen entsprechen den TABLE CONSTRAINTS aus Abschnitt 5.3.2. Typisierte Tabellen, die einem Wurzeltyp entsprechen, heißen Wurzeltabellen. Im einfachsten Fall wird zum Typ eine Tabelle angelegt, wobei auch mehrere Tabellen auf einem Typ aufsetzen können.

Beispiel

```
CREATE TABLE Person OF Person_t REF IS OID SYSTEM GENERATED;
```

Zusätzlich können auch Spaltenoptionen und Tabellenbedingungen angelegt werden.

Beispiel

```
CREATE TABLE Angestellter OF Angestellter_t
  REF IS OID SYSTEM GENERATED,
  (Beruf   WITH OPTIONS NOT NULL,
   Gehalt  WITH OPTIONS CHECK(Gehalt > 0),
   UNIQUE (Nachname, Vorname));
```

Die mit WITH OPTIONS eingeleiteten Bedingungen sind die Spaltenoptionen. UNIQUE(…) ist eine Tabellenbedingung, da sie keiner Spalte zugeordnet ist, sondern der kompletten Tabelle.

Im Standard SQL2003 ist auch die Definition von Tabellenhierarchien mit Subtabellen und Supertabellen möglich, was hier nicht weiter behandelt wird.

Beispiel

```
CREATE TABLE Person OF Person_t
REF IS OID SYSTEM GENERATED;

CREATE TABLE Angestellter OF Angestellter_t UNDER Person
REF IS OID SYSTEM GENERATED,
(Beruf WITH OPTIONS NOT NULL,
Gehalt WITH OPTIONS CHECK(Gehalt > 0),
UNIQUE (Nachname, Vorname));
```

In Bezug auf die Datensätze bedeutet dies, dass jeder Angestellte auch implizit in der Personenrelation enthalten ist.

6.1.7 Datenmanipulation mit INSERT, UPDATE und DELETE

Datenmanipulationen (INSERT, UPDATE und DELETE) geschehen in Tupeltabellen und typisierten Tabellen in ganz ähnlicher Form wie im relationalen SQL. Es müssen zusätzlich die Typkonstruktionsregeln ROW, ARRAY oder MULTISET oder der selbst definierte Datentyp je nach Tabellendefinition verwendet werden.

Beispiel

```
CREATE TABLE Angestellte
  (Angestellten_NR NUMERIC,
   Adresse (ROW(Strasse  VARCHAR(20)
                NR       NUMERIC,
                PLZ      NUMERIC(5),
                ORT      VARCHAR(20))),
   Abteilung REF(AbteilungsTyp) SCOPE Abteilungen,
   Telefonnummer         VARCHAR(20) ARRAY[2],
   Hobbys                VARCHAR(20) MULTISET);

INSERT INTO Angestellte VALUES
  (4711,
   ROW('Blumstr', 12, 42897, 'Remscheid'),
   Abteilungen(2),
   ARRAY ['0221 827612', '02261 8196 100'],
   MULTISET['Lesen', 'Reiten', 'Schwimmen']);
```

Benutzerdefinierte Datentypen werden in ähnlicher Weise verwendet:

```
CREATE TYPE Adress_Typ AS (Strasse  VARCHAR(20)
                           NR       NUMERIC,
                           PLZ      NUMERIC(5),
                           ORT      VARCHAR(20));

CREATE TABLE Person (Nachname  VARCHAR(20),
                     Vorname   VARCHAR(20),
                     Adresse   Adress_Typ);

INSERT INTO Person
VALUES ('Schmidt', 'Horst',
        Adress_Typ('Blumstr', 12, 42897, 'Remscheid'));
```

Auch bei UPDATE-Anweisungen muss der Typkonstruktor bzw. der selbst definierte Typ mit angegeben werden:

```
UPDATE Person
SET    Adresse = Adress_Typ('Waldstr', 24, 42897, 'Remscheid');
```

Die DELETE-Anweisung ist fast identisch mit der relationalen Anweisung aus Abschnitt 5.4.3, denn z.B. bei Tabellenhierarchien werden die Einträge in der kompletten Hierarchie entfernt.

6.1.8 Objektrelationale Anfragen

Die SELECT-Anfrage entspricht der SELECT-Anweisung aus Abschnitt 5.5, insbesondere Abschnitt 5.5.1 und 5.5.11. Zusätzlich muss natürlich festgelegt werden, wie Anfragen auf objektrelationalen typisierten Tabellen und Tupeltabellen aufgebaut sein müssen. Da die Syntax sich hier nicht von Oracle unterscheidet, wird auf Abschnitt 6.1.9 verwiesen.

Neu hinzugekommen sind der CAST-Operator[13] zur Typumwandlung (vgl. Abschnitt 5.2.2) und das CASE-Konstrukt, neben den Join-Operatoren, die schon im Abschnitt 5.5.4 behandelt wurden. Um Kollektionen in eine Tabelle umzuwandeln, bietet SQL2003 den UNNEST-Operator, der unter Oracle dem Operator TABLE (vgl. Abschnitt 6.1.9) entspricht. Der ONLY-Operator dient dazu, in einer Tabellenhierarchie nur diejenigen Tupel zu selektieren, die nur zum Supertyp, aber nicht zu einem Subtyp gehören. Ausgewählte Subtabellen lassen sich mit EXCEPT CORRESPONDING ausschließen. Die Typen einer Instanz können über IS OF Typnamen selektiert werden[14].

6.1.9 Objektrelationales SQL unter Oracle

Auch dieses Kapitel kann die objektrelationalen Konstrukte von Oracle nur in kleinen Auszügen beschreiben, eine ausführliche Darstellung ist in [Hohenstein 2002] zu finden.

6.1.9.1 Basisdatentypen (LOB und XMLType)

Neben den LOB-Typen BLOB und CLOB gibt es noch NCLOB für lange Texte mit nationalem Zeichensatz und BFILE. BFILE ist ein Zeiger auf ein Large Object, welches nicht in der Datenbank, sondern im Dateisystem außerhalb der Datenbank abgelegt ist. Die Funktionen EMPTY_BLOB(), EMPTY_CLOB() und BFILENAME('Verzeichnis', 'Datei') initialisieren die entsprechenden LO3-Tupel. Oracle LOBS bestehen aus zwei Teilen: den eigentlichen LOB-Daten und dem Zeiger (Locator). Die LOB-Daten können bis zu 4 GByte groß coin und liogon boi kloinon LOBS, dio nicht mohr alo 1000 Byto bocitzon, ctandardmäßig direkt in der Tabelle. Größere LOB-Daten liegen in eigenen Datenbereichen. Bei Abfragen an LOB-Spalten sind nicht erlaubt: GROUP BY-, ORDER BY- und SELECT DISTINCT-Klauseln. Eine Oracle-Tabelle kann mehrere LOB-Spalten besitzen, aber nur eine RAW-Spalte, dem Vorgängerdatentyp von LOB-Daten. Der Datentyp BOOLEAN ist unter Oracle-SQL nicht implementiert. Mit dem PL/SQL-Paket DBMS_LOB[15] können weitere Funktionen auf LOB-Spalten wie READ, WRITE, APPEND, COPY und andere ausgeführt werden. Oracle bietet umfangreiche Möglichkeiten, um mit XML[16] zu arbeiten und z.B. XML–Dokumente auf ein Datenbankschema abzubilden.

---

13 vgl. [Türker et al. 2006, S. 181]

14 Einzelheiten findet man wieder in [Türker 2003, Kapitel 4] und [Gulutzan et al. 1999].

15 vgl. Abschnitt 7.1.2

16 Eine gute Übersicht über XML bietet [Mintert 2002].

Beispiel

```
CREATE TABLE Person_XML OF XMLTYPE;

INSERT INTO Person_XML  VALUES (XMLType('<Person>
                                        <P_Nr>1</P_Nr>
                                        </Person>'));

CREATE TABLE XMLType_Column
  (Nr        INTEGER,
   Text      XMLTYPE)
   XMLTYPE Text STORE AS CLOB;
```

Grundsätzlich sind zwei Speicherungsmethoden nämlich feingranular und grobgranular möglich. Als CLOB wird das gesamte Dokument als LOB grobgranular gespeichert. Dies ist die Default-Einstellung. Ab Version Oracle 9.2 kann das Dokument auch feingranular gespeichert werden:

```
CREATE TABLE XMLType_Column2
  (Nr        INTEGER,
   Text      XMLTYPE)
   XMLTYPE Text STORE AS OBJECT RELATIONAL;
```

Bei einer feingranularen Speicherung kann geprüft werden, ob das Dokument einer XML-Schema-Definition genügt. Der Vorteil der feingranularen Speicherung besteht darin, dass auch einzelne Knoten des XML-Dokuments verändert werden können, anstelle des Austauschs des kompletten Baums.

Der Datentyp XMLTYPE bietet eine ganze Reihe von vordefinierten Funktionen, z.B.

- createXML (VARCHAR2 | CLOB),
- getClobVal(),
- extract (VARCHAR2),
- existsNode(VARCHAR2),

mit denen man XML-Dokumente bearbeiten kann und die z.B. in [Oracle Packages 2005[17]] beschrieben sind. In den so erzeugten XML-Dokumenten kann mit einer integrierten XPATH-Funktion (oder der Oracle-TEXT-Funktionalität) gesucht werden:

```
SELECT *
FROM   Person_XML p
WHERE  existsNode(VALUE[18](p),'/Person/P_Nr')=1;
```

Eine Vertiefung der Oracle-XML-Themen finden Sie neben der Oracle-Dokumentation [Oracle Packages 2005] auch in [Hohenstein et al. 2003].

6.1.9.2 Objektrelationale Typkonstruktoren und Regeln

Oracle setzt die Typkonstruktoren aus SQL2003 weitgehend um, wie die folgende Abbildung zeigt.[19] Bei den Regeln gibt es einige Einschränkungen, da nicht alle Typkonstruktoren aufeinander angewendet werden können.

---

17 vgl. *http://download-west.oracle.com/docs/cd/B10501_01/appdev.920/a96620/toc.htm*, 29.12.2006

18 Die Value-Funktion wird im Abschnitt 6.1.9 beschrieben.

19 Die Grafik ist aus [Türker 2003, S. 128] entnommen.

VARRAY ersetzt hier den SQL-Typkonstruktor ARRAY, also eine geordnete Menge von Elementen des gleichen Typs mit einer fest definierten Anzahl. TABLE unterscheidet sich von VARRAY nur dadurch, dass die Anzahl der Elemente nicht festliegt, und entspricht daher nicht dem MULTISET-Konstruktor.

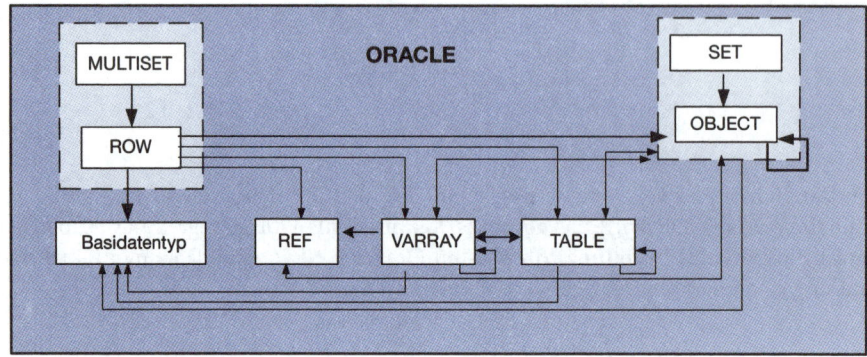

Abbildung 6.3: Typkonstruktoren Oracle

6.1.9.3 Strukturierte Typen und Vererbung

Benutzerdefinierte Datentypen können mit wenig veränderter Syntax gegenüber dem Standard-SQL definiert werden. Allerdings unterscheidet Oracle zwischen Objekttypen, VARRAY-Typen, TABLE-Typen und abgeleiteten Subtypen.

Objekttypen	CREATE TYPE AS OBJECT ...
VARRAY-Typen	CREATE TYPE AS VARRAY ...
TABLE-Typen	CREATE TYPE AS TABLE ...
Abgeleitete Typen	CREATE TYPE UNDER <Supertypname>

```
<CREATE TYPE Anweisung Object (Auszug20)> ::=
    CREATE OR REPLACE TYPE Typname [UNDER Supertypname ] AS OBJECT
        (<Attributdefinition> [, <Attributdefinition>]... )
        [ [ MEMBER | STATIC ] { <Methodenspezifikation>}
          [, [ MEMBER | STATIC ] { <Methodenspezifikation> }]...]
        [ [NOT] INSTANTIABLE ]
        [ [NOT] FINAL ];

<Methodenspezifikation> ::=
    { PROCEDURE | FUNCTION } Name
    [ ( Parametername <Para_Typ> <Datentyp>
      [, Parametername <Para_Typ> <Datentyp>]... ) ]
    [ RETURN <Datentyp> ]21

<Para_Typ> ::= {IN | OUT | INOUT}
```

---

20 Die vollständige Syntax ist in [Hohenstein et al. 2002] enthalten.
21 vgl. Abschnitt 7.1.2, Funktionen haben einen Rückgabewert, Prozeduren nicht.

Vom Standard-SQL unterscheidet sich die Syntax dadurch, dass AS OBJECT vorgeschrieben ist, wenn der Typ nicht von einem anderen Typ erbt. Die Klausel NOT
FINAL ist optional, FINAL ist die DEFAULT-Einstellung. Die OID-Generierung wird
nicht beim Typ vereinbart, sondern erst bei den Tabellen, die auf den Typ aufsetzen.
Man kann einen Typ mit OR REPLACE ersetzen, falls er in der Datenbank schon vorhanden ist. Dabei ist zu beachten, dass ein Typ nur gelöscht werden kann, falls keine
Abhängigkeiten zu anderen Typen oder Tabellen mehr bestehen.

Sehr verschieden vom SQL-Standard ist die Syntax, um eine Methode zum Typ zu
definieren. Eine Funktion oder Prozedur, die zu einem Typ gehört, ist eine in PL/SQL
(vgl. Abschnitt 7.1), Java oder C programmierte Routine[22], die entweder eine MEMBER-
oder eine STATIC-Routine sein kann. Eine MEMBER-Routine bezieht sich auf eine
Instanz, das heißt eine Tabelle, die auf diesem Typ basiert. Eine STATIC-Routine bezieht
sich auf den Typ selbst. Eine MEMBER-Methode wird aufgerufen über Instanz-
name.method(), eine STATIC-Routine über Typname.method(). In der MEMBER-Routine
existiert immer ein implizites Argument SELF im Methoden-Body, das die Instanz repräsentiert, für die die Methode aufgerufen wurde. SELF existiert bei STATIC-Routinen
natürlich nicht. Ohne LANGUAGE-Option ist immer ein PL/SQL-Programm gemeint,
mit der Option kann stattdessen auch ein Java- oder C-Programm benutzt werden.

Die zu einem Typ gehörenden Methoden werden über CREATE TYPE BODY spezifiziert, falls der Typ Methoden besitzt.

```
<CREATE TYPE BODY Anweisung > ::=
   CREATE [ OR REPLACE ] TYPE BODY Typname
   AS { MEMBER | STATIC } <Proz_oder_Funktion_Dekl>
        [ , { MEMBER | STATIC } <Proz_oder_Funk_Dekl> ] ...
   END;

<Proz_oder_Funktion_Dekl> ::=
   { PROCEDURE | FUNCTION } Name
   [ ( Parametername <Para_Typ> <Datentyp>
     [, Parametername <Para_Typ> <Datentyp>]... ) ]
   [ RETURN <Datentyp> ]
   { IS | AS } { <PL/SQL_Block> | LANGUAGE { JAVA | C } <JC_Dek> }

<PL/SQL_Block> ::= ein PL/SQL-Programm[23]

<JC_Dek> ::= Deklaration des Java/C-Programms
```

Funktionen haben im Gegensatz zu Prozeduren immer einen Rückgabewert.

Beispiel

```
CREATE OR REPLACE TYPE Adresse_t AS OBJECT
  (Strasse  VARCHAR(30),
   NR       INTEGER,
   PLZ      INTEGER,
   Ort      VARCHAR(20),
   LAND     VARCHAR(50))  NOT FINAL;
```

---

22 Routine bedeutet hier: Prozedur oder Funktion, vgl. Abschnitt 7.1.2.
23 vgl. Abschnitt 7.1.2

```
CREATE OR REPLACE TYPE Person_t AS OBJECT
   (P_Nr          INTEGER,
    Nachname      VARCHAR(50),
    Vorname       VARCHAR(50),
    Geschlecht    CHAR(1),
    Adresse       Adresse_t,
    Zeitstempel   DATE)  NOT FINAL;

CREATE OR REPLACE TYPE Angestellter_t UNDER Person_t
   (Aufgabenbeschreibung  CLOB,
    Beruf                 VARCHAR(10),
    Eintrittsdatum        DATE,
    Gehalt                NUMERIC(5,2),
    Abzuege               NUMERIC(5,2))  NOT FINAL;

CREATE OR REPLACE TYPE Lieferanten_t UNDER Person_t
   (Telefonnummer  VARCHAR(30),
    Beschreibung   VARCHAR(30));

CREATE OR REPLACE TYPE Kunden_t UNDER Person_t
   (Telefonnummer  VARCHAR(30),
    Beschreibung   VARCHAR(30));
/
SHOW24 ERRORS
```

Außer den Objekttypen (AS OBJECT) gibt es noch VARRAY-Typen und TABLE-Typen.

```
<CREATE TYPE Anweisung VARRAY> ::=
   CREATE OR REPLACE TYPE Typname AS VARRAY (<Länge>) OF <Datentyp>;

<CREATE TYPE Anweisung TABLE> ::=
   CREATE OR REPLACE TYPE Typname AS TABLE OF <Datentyp>;
```

Weder bei den VARRAY-Typen noch bei den Tabellentypen sind Methodendeklarationen zugelassen. Diese Typen heißen Kollektionstypen und haben auch keine FINAL- bzw. INSTANTTABLE-Option. Es kann also weder ein abgeleiteter Typ gebildet noch eine Instanz angelegt werden. Der Datentyp kann entweder ein Basisdatentyp oder ein selbst definierter Datentyp sein, der über CREATE TYPE(..) definiert ist. Die Länge ist eine natürliche Zahl. VARRAYS und TABLE-Typen erlauben lesenden Zugriff auf einzelne Spaltenwerte über einen INDEX, aber keinen UPDATE oder INSERT auf einzelne VARRAY- und TABLE-Werte.

Beispiel

```
CREATE OR REPLACE TYPE Telefon_varray AS VARRAY(3) OF VARCHAR2(20);
CREATE OR REPLACE TYPE Hobbys_table AS TABLE OF VARCHAR2(20);
CREATE OR REPLACE TYPE Adressenliste AS TABLE OF Adresse_t;
```

---

24 Mit SHOW ERRORS wird unter SQL*PLUS eine Fehlermeldung ausgegeben, falls der Typ Fehler enthält. Der „/" ist eine Abkürzung für RUN und startet die Anweisung.

Die Informationen, welche Typen mit welchen Attributen in der Datenbank angelegt sind, lassen sich abrufen über:

```
--
--Anzeige der Data Dictionary-Informationen (Oracle)
--
SELECT * FROM USER_TYPES;
SELECT * FROM USER_TYPE_ATTRS;
SELECT * FROm USER_TYPE_METHODS;
```

6.1.9.4 Typisierte Tabellen und Tabellenhierarchien

Auch unter Oracle kann man unter einem Objekttyp eine typisierte Tabelle definieren, die hier sinnigerweise Objekttabellen heißen und auch in der Syntax erheblich vom Standard abweichen.

```
<CREATE TABLE Objekttabelle> ::=
    CREATE TABLE Tabellenname OF Typname(
            [<SUBSTITUTABLE Klausel>]
            [ Spaltenname <Spaltenbedingung>
            [ , Spaltenname
<Spaltenbedingung> ]... ]
            [ <Tabellenbedingung> [ , <Tabellenbedingung> ]... ]
            [<OID Generierung>]
            [<Store Klausel>]
            [<Spaltensubstitutionsklausel>]];

<OID Generierung> ::=
            OBJECT IDENTIFIER IS ( SYSTEM GENERATED | PRIMARY KEY )

<Store Klausel> ::=
            NESTED TABLE <Tabellenwertige Spalte> STORE AS Tabellenname
```

Hierbei gilt:

- Typname ist ein über CREATE Type AS OBJECT(...) angelegter benutzerdefinierter Datentyp.
- Mit der SUBSTITUTABLE-Klausel und der Spaltensubstitutionsklausel wird angegeben, ob ein Objekt eines Obertyps durch ein abgeleitetes Objekt eines Subtyps ersetzt werden kann. Nähere Einzelheiten findet man in der Oracle-Dokumentation[25] oder bei Hohenstein[26]. Die SUBSTITUTABLE-Klausel und die Spaltensubstitutionsklausel sind nur relevant, wenn in der CREATE TABLE-Anweisung Objekttypen vorkommen, die von anderen Supertypen abgeleitet sind.
- Die Integritätsbedingungen entsprechen den im Abschnitt 5.3.2. definierten Bedingungen, also Spaltenbedingungen oder Tabellenbedingungen.
- Die OID-Generierung bietet zwei Möglichkeiten: SYSTEM GENERATED bedeutet, dass eine datenbankweit eindeutige OID erzeugt wird, PRIMARY KEY entspricht dem Konzept eines Primärschlüssels aus Kapitel 5. Eine benutzergenerierte OID wie unter Standard-SQL gibt es nicht.

---

25 vgl. [Oracle SQL 2005]
26 vgl. [Hohenstein et al. 2002, S. 60 ff.]

- Mit der STORE-Klausel können tabellenwertige Spalten beschrieben werden. Für jede Spalte mit einem benutzerdefinierten tabellenwertigen Kollektionstyp (VARRAY, TABLE-Type) muss eine Store-Klausel definiert werden, die angibt, in welcher inneren Tabelle die tabellenwertigen Spalten abgelegt werden.

- Methodendefinitionen sind nur in der zugehörigen CREATE TYPE-Anweisung vorgesehen, bei objektrelationalen CREATE TABLE-Anweisungen gibt es sie nicht.

Beispiel

```
CREATE Table Person OF Person_t OBJECT IDENTIFIER IS SYSTEM GENERATED;
```

Zusätzlich können auch Integritätsbedingungen angelegt werden.

Beispiel

```
CREATE TABLE Angestellte OF Angestellter_t
  (Beruf          NOT NULL,
   Gehalt         CHECK(Gehalt > 0),
   UNIQUE (Nachname, Vorname))
   OBJECT IDENTIFIER IS SYSTEM GENERATED;
```

Unter Oracle-SQL kann auch eine geschachtelte Tabelle, also ein tabellenwertiges Attribut, definiert werden. Dies geschieht über NESTED TABLE und die STORE AS-Klausel für jede Spalte, die zu einem Kollektionstyp gehört.

Beispiel

```
CREATE OR REPLACE TYPE Ansprechpartner_t AS OBJECT
  (Nachname   VARCHAR2(80),
   Vorname    VARCHAR2(50),
   Telefon    VARCHAR2(20));

CREATE OR REPLACE TYPE Anspr_table AS TABLE OF Ansprechpartner_t;

CREATE TABLE Kunden2
  (Firmenname       VARCHAR2(100),
   Adresse          Adresse_t,
   Ansprechpartner  Anspr_table)
   NESTED TABLE Ansprechpartner STORE AS Ansprechpartner_table;
```

Zum Schluss dieses Kapitels folgt noch ein Beispiel, welches eine Vererbungshierarchie für typisierte Tabellen basierend auf den Typdefinitionen definiert.

Beispiel

```
CREATE TABLE Person OF Person_t
   OBJECT IDENTIFIER IS SYSTEM GENERATED;

CREATE TABLE Kunden OF Kunden_t
   OBJECT IDENTIFIER IS SYSTEM GENERATED;

CREATE TABLE Lieferanten OF Lieferanten_t
   OBJECT IDENTIFIER IS SYSTEM GENERATED;
```

Die Typen Kunden_t und Lieferanten_t sind vom Supertyp Person_t abgeleitet. Die Tabellen sind insofern unabhängig voneinander, als Kunden und Lieferanten nicht automatisch in der Personentabelle enthalten sind. Objekte vom Typ Person_t können (müssen aber nicht) in den Tabellen Kunden und Lieferanten eingetragen sein, aber nicht umgekehrt. Um einen Zusammenhang zwischen den Daten der Tabellen des Supertyps und den Tabellen der Subtypen zu erzeugen, benötigt man Trigger-Programmierung (vgl. Aufgabe 27 in Kapitel 7).

Es folgt noch ein Beispiel eines Typs mit benutzerdefinierter MEMBER- und STATIC-Methode sowie einer BODY-Deklaration:

```
CREATE OR REPLACE TYPE Kunden_meth_t AS OBJECT
  (Firmenname       VARCHAR2(20),
   Strasse          VARCHAR2(20),
   Hausnummer       VARCHAR2(5),
   PLZ              NUMBER(5),
   Ort              VARCHAR2(20),
   Ansprechpartner  Ansprechpartner_t,
   MEMBER FUNCTION  get_plzort RETURN VARCHAR2,
   STATIC FUNCTION  get_strnr (p_str  IN VARCHAR2,
                               p_hnr  IN VARCHAR2)
                               RETURN VARCHAR2);
CREATE OR REPLACE TYPE BODY Kunden_Meth_t AS
   MEMBER FUNCTION Get_PlzOrt RETURN VARCHAR2 IS
   BEGIN
      RETURN ( 'D  '|| SELF.Plz||' '||SELF.Ort );
   END;

   STATIC FUNCTION Get_Strnr (P_Str IN VARCHAR2,
                              P_HNr IN VARCHAR2)
                              RETURN VARCHAR2 IS
   BEGIN
      RETURN ( P_Str||' '||P_HNr );
   END;
END;
/
```

Die Methode SELF verweist auf die Objektinstanz, die auf dem Typ basiert, in unserem Beispiel einem Tupel der Tabelle Kunden_Meth:

```
CREATE TABLE Kunden_Meth OF Kunden_Meth_t;
```

6.1.9.5 Tupeltabellen

Tupeltabellen sind Tabellen, die nicht auf einem einzelnen Typ basieren, sondern die Spaltendefinitionen haben, wie auch in traditionellen relationalen Tabellen üblich. Zusätzlich zu den Standarddatentypen können auch selbst definierte Datentypen oder Binary Large Objects (BLOB, CLOB, BFILE) benutzt werden. In der CREATE-Table-Anweisung sind im Gegensatz zum Standard-SQL keinerlei unbenannte Typkonstruktoren zugelassen, bis auf den REF-Konstruktor. Die anderen Konstruktoren müssen vorher mit CREATE TYPE angelegt und damit benannt werden.

Beispiel

```
CREATE OR REPLACE TYPE Telefonliste_t AS VARRAY(3) OF INTEGER;
CREATE TABLE Angestellte3
  (Angestellten_Nr    NUMERIC,
   Adresse            Adresse_t,
   Telefon            Telefonliste_t);
```

Es folgt ein Beispiel zu einem REF-Beziehungstyp unter Oracle

Beispiel

```
CREATE TABLE Angestellte OF Angestellte_t OBJECT
   IDENTIFIER IS PRIMARY KEY;

CREATE TABLE Kunden_ref
   (Firmenname          VARCHAR2(100),
    Adresse             Adresse_t,
    Ansprechpartner     Ansprechpartner_t,
    Sachbearbeiter_ref REF Angestellter_t SCOPE IS Angestellte);
```

6.1.9.6 Datenmanipulation mit INSERT, UPDATE und DELETE

Datenmanipulationen (UPDATE, INSERT und DELETE) geschehen in Tupeltabellen und typisierten Tabellen in ganz ähnlicher Form wie im relationalen SQL. Für benutzerdefinierte Datentypen ist immer automatisch ein Konstruktor (im Beispiel Adresse_t) definiert, der den gleichen Namen wie der selbst definierte Datentyp hat.

Beispiel

```
INSERT INTO Angestellte3 VALUES
   (2, 'Müller', 'Willi', 'M',
    Adresse_t('Feldweg', 28, 42115, 'Wuppertal', 'Deutschland'),
    SYSDATE , EMPTY_CLOB(), 'Schlosser',  SYSDATE, 800, 400);
```

Auch bei UPDATE-Anweisungen muss der selbst definierte Typ als Konstruktor mit angegeben werden:

```
UPDATE Angestellte3
SET Adresse = Adresse_t('Waldstr', 24, 42897, 'Remscheid', 'Deutschland')
WHERE Angestellten_Nr = 2;
```

Es folgt noch ein Beispiel eines INSERT in eine typisierte Objekttabelle Kunden, die direkt vom Typ Kunden_t abgeleitet ist:

```
INSERT INTO Kunden VALUES (
   2, 'Paul', 'Hugo', 'M',
   Adresse_t('Bahnweg', 34, 42115, 'Wuppertal', 'Deutschland'),
   SYSDATE, '02106 55555', 'Witzbold des Hauses');
```

Und ein INSERT in die geschachtelte Tabelle Kunden2:

```
INSERT INTO Kunden2 VALUES (
   'Bahlsen' ,
   Adresse_t('Bahnweg', 34, 42115, 'Wuppertal', 'Deutschland'),
   Anspr_table(Ansprechpartner_t('Toller' , 'Hecht', '022197777'),
               Ansprechpartner_t('Muller' , 'Franz', '0221988888')));
```

Im Gegensatz zu VARRAYS erlauben geschachtelte Tabellen neben lesendem Zugriff auf einzelne Spaltenwerte auch UPDATES und DELETES auf einzelnen Einträgen.

Als letztes Beispiel folgen noch zwei INSERT-Anweisungen zu einer REF-Beziehung:

```
-- Einfügen mit Sachbearbeiter-Referenz

INSERT INTO Kunden_ref
   SELECT 'Referenz GmbH',
          Adresse_t('Weg','10',51643,'Gummersbach', 'Deutschland'),
          Ansprechpartner_t('Bäcker', 'Emil', '02261567893'),
          REF(m)
   FROM  Angestellte m
   WHERE m.Angestellten_Nr = 2;

--Einfügen ohne Sachbearbeiter-Referenz

INSERT INTO Kunden_ref(Firmenname, Adresse, Ansprechpartner) VALUES (
   'Ohne_REF AG',
   Adresse_t('Weg','10',51643,'Gummersbach','Deutschland'),
   Ansprechpartner_t('Müller', 'Erna',02261567893));
```

6.1.9.7   Objektrelationale Anfragen und SELECT-Anweisungen

Bei der SELECT-Anweisung gibt es eine etwas unterschiedliche Syntax – je nachdem, ob es sich um eine Tupeltabelle mit benutzerdefiniertem Datentyp handelt oder um eine typisierte Objekttabelle. Bei einer typisierten Tabelle kann man eine VALUE-Funktion benutzen, die den Inhalt der Tabelle als Objekt ausgibt.

Zu beachten ist, dass benutzerdefinierte Spalten sowie einzelne Felder daraus nur mittels Tabellenalias ansprechbar sind.

Beispiel

Tupeltabelle mit benutzerdefiniertem Datentyp Adresse:

```
SELECT * FROM Angestellte;
SELECT Adresse FROM Angestellte;
SELECT a.Adresse.ORT FROM Angestellte a;
```

Beispiel

typisierte Objekttabelle zum Typ Person_t:

```
SELECT * FROM Person;
SELECT Adresse FROM Person;
SELECT VALUE(p) FROM Person p;
```

Beim letzten SELECT wird der Inhalt der Tabelle Person als Objekt ausgegeben, nicht als einzelner Wert wie bei der vorigen Anweisung.

Beispiel

Anfragen an geschachtelte Tabelle

```
SELECT * FROM Kunden2;
```

Ergebnis:

FIRMEN-NAME	ADRESSE (STRASSE,NR, PLZ, ORT, LAND)	ANSPRECHPARTNER(NACHNAME, VORNAME, TELEFON)
Bahlsen	ADRESSE_T ('Bahnweg', 34, 42115, 'Wuppertal', 'Deutschland')	ANSPR_TABLE (ANSPRECHPARTNER_T('Toller', 'Hecht', '022197777'), ANSPRECHPARTNER_T('Muller', 'Franz', '0221988888'))

Bei der vorigen Anfrage handelte es sich um eine „nested Query", da die komplette Tabelle mit den eingebetteten Kollektionen angezeigt wird.

```
SELECT k.Firmenname, a.*
FROM   Kunden2 k, TABLE (k.Ansprechpartner) a;
```

Ergebnis:

FIRMENNAME	NACHNAME	VORNAME	TELEFON
Bahlsen	Toller	Hecht	022197777
Bahlsen	Muller	Franz	0221988888

Bei der zweiten Anfrage handelt es sich um eine „unnested Query", da die enthaltene geschachtelte Tabelle mit dem Operator TABLE flachgeklopft und auf eine relationale Tabelle abgebildet wird. Die Benutzung eines Tabellenalias (k und a) ist bei geschachtelten Tabellen obligatorisch.

```
SELECT k.Firmenname, CURSOR (SELECT * FROM TABLE (k.Ansprechpartner))
FROM   kunden2 k;
```

Ergebnis:

FIRMENNAME	CURSOR(SELECT * FROM TABLE (k.Ansprechpartner))
Bahlsen	CURSOR STATEMENT: 2

Bei der letzten Abfrage wird die Anzahl der Einträge in der geschachtelten Tabelle Ansprechpartner gezählt.

Die REF-Beziehung ersetzt einen Fremdschlüsselverweis wie im relationalen Modell üblich. Es wird ein Zeiger auf das Referenzobjekt in der Master-Tabelle angelegt. Erstaunlicherweise wird hier zugelassen, dass Zeiger ins Leere verweisen, wenn das Master-Objekt gelöscht wird. Es können also sogenannte „Dangling-Tupel" entstehen, die sich auch mit IS [NOT] DANGLING abfragen lassen.

Anfragen und INSERTS zur REF-Beziehung

```
-- Anzeige mit REF-Pointer
SELECT * FROM Kunden_ref;

-- Anzeige mit Sachbearbeiternamen
SELECT k.Firmenname, k.Sachbearbeiter_ref.Nachname
FROM   Kunden_ref k;
```

```
-- Dangling Tuples
SELECT k.Firmenname, k.Sachbearbeiter_ref.Nachname
FROM   Kunden_ref k
WHERE  k.Sachbearbeiter_ref IS NOT DANGLING;

SELECT k.Firmenname, k.Sachbearbeiter_ref.Nachname
FROM   Kunden_ref k
WHERE  k.Sachbearbeiter_ref IS DANGLING;

COMMIT;

-- Löscht referenziertes Objekt (Master)
DELETE FROM Angestellte3 WHERE Angestellten_Nr = 2;

SELECT k.Firmenname, k.Sachbearbeiter_ref.Nachname
FROM   Kunden_ref k
WHERE  k.Sachbearbeiter_ref IS DANGLING;

ROLLBACK;
```

Den Abschluss dieses Kapitels bilden einige INSERT- und SELECT-Anweisugen in die Tabelle Kunden_Meth, die eine selbst definierte MEMBER-Funktion und eine STATIC-Funktion hat.

INSERT und SELECT zu einer typisierten Tabelle mit Methodenaufruf

```
INSERT INTO Kunden_Meth
VALUES ('Konkurs AG', 'Blumenweg', '14', 51647, 'GM',
        Ansprechpartner_t('Müller', 'Elfriede', 02261819623) );

INSERT INTO Kunden_Meth
VALUES ('Pleite GbR. ', 'Baumalle', '18c', 51099, 'Köln',
        Ansprechpartner_t ('Mende', 'Else', 02211665677) );

SELECT k.get_plzort() PLZ_Ort,
       Kunden_Meth_t.Get_Strnr(k.Strasse, k.Hausnummer) Str_HNr
FROM   Kunden_Meth k;
```

Die MEMBER-Methode get_plzort wird für jedes Tupel, das in die Tabelle Kunden_meth eingefügt wurde, aufgerufen. Die STATIC-Methode get_strn wird mit dem Typnamen Kunden_meth_t in Punktnotation aufgerufen. Die Methoden enthalten eine Klammerung (), auch wenn, wie hier bei der Methode get_plzort(), keine Parameter notwendig sind.

6.1.10 Objektrelationales SQL unter MySQL

MySQL ist noch nicht so weit, objektrelationale Konstrukte einzubauen, mit Ausnahme der Aufzählungstypen ENUM, SET sowie des Large Objects, BLOB.

Beispiel

```
CREATE TABLE Angestellte3
  (Angestellten_Nr   NUMERIC,
   Nachname          VARCHAR(20),
   Vorname           VARCHAR(10),
   Geschlecht        ENUM('W', 'M'),
   Bild              BLOB,
   Telefonliste      SET());
```

Das ENUM–Feld „Geschlecht" kann einen der Werte „W" oder „M" aufnehmen und ersetzt damit einen CHECK CONSTRAINT.[27] Der SET-Typkonstruktor entspricht dem Typkonstruktor ARRAY aus dem Standard SQL2003, wobei die Länge des Arrays immer 64 ist und die Felder aus Strings bestehen.

MySQL bietet für Binary Large Objects acht Datentypen an, die sich in der Größe und vom Typ (BLOB oder TEXT) unterscheiden:

- TINYBLOB und TINYTEXT haben maximal 255 Byte.

- BLOB und TEXT haben maximal 64 Kbyte.

- MEDIUMBLOB und MEDIUMTEXT haben maximal 16 Mbyte.

- LONGBLOB und LONGTEXT haben maximal 2 Gbyte.

Die BLOB-Typen sind für Bilder, Videos etc. gedacht, die TEXT-Typen für lange Texte anstelle der CLOBS in Standard-SQL. Allerdings können die Daten aus BLOB-Spalten nur als ganzes Objekt aus der Datenbank geladen werden und es stehen keine Funktionen zur Verfügung, um mit den BLOB-Spalten in der Datenbank zu arbeiten, was das Abspeichern von BLOB-Dateien großen Umfangs erschwert. Darüber hinaus können die MySQL-Server nur Pakete verarbeiten, die höchstens 1 Gbyte groß sind, wenn man die Einstellung des Parameters max_allowed_packet nicht höher setzt. Insgesamt wird von MySQL[28] selbst empfohlen, diese Datentypen (BLOB, TEXT) in der Regel nicht anzuwenden, sondern stattdessen nur einen Zeiger auf das Dateisystem, das die Binärdaten enthält, in der Datenbank zu speichern.

6.1.11 Objektrelationale Abbildung

In vielen Fällen wird eine objektrelationale Analyse betrieben, da sie die reale Welt besser beschreibt, während die Implementierung noch auf traditionelle, relationale Weise in SQL geschieht. In diesem Kapitel zeigen wir, wie man

- OIDS (Object Identifier)auf relationalen Datenbanken abbildet,

- Kollektionen (ARRAY, MULTISET) relational beschreibt,

- Vererbungshierarchien auf relationale Datenbanken abbildet.

Diese Abbildung bezeichnet man auch als objektrelationale Abbildung. Eine ausführliche Darstellung findet man z.B. in Türker[29] und Elmasri.[30] Wir haben hier eine Auswahl getroffen und demonstrieren die verschiedenen Abbildungsvorschriften anhand von Beispielen.

6.1.11.1   Abbildung von OID-Spalten auf Primärschlüssel

Eine OID stellt in objektrelationalen Systemen eine systemweit eindeutige ID dar, die auch dereferenziert werden kann und die einmal vergeben für ein Objekt unveränderbar ist. Die OID soll vom System generiert werden.

Naheliegend ist es, solch eine OID durch einen Primärschlüssel nachzubilden. Die automatische Generierung der OID kann man relational einer SEQUENCE (vgl. Abschnitt

---

27 vgl. Abschnitte 5.3.2 und 5.3.3
28 vgl. [MySQL 2006]
29 vgl. [Türker 2003]
30 vgl. [Elmasri 2003]

5.3.6.) übertragen. Um außerdem zu verhindern, dass ein Primärschlüssel nachträglich verändert wird, kann man einen UPDATE-TRIGGER (Zeilentrigger) in der Datenbank ablegen, der Änderungen am Primärschlüssel zurückweist (vgl. Kapitel 7, Aufgabe 28).

6.1.11.2 Abbildung von Kollektionen auf relationale Konstrukte

In Standard-SQL handelt es sich hier um die Typkonstruktoren MULTISET und ARRAY, die eine gewollte Verletzung der ersten Normalform erlauben. Der Unterschied besteht darin, dass MULTISET keine feste Länge hat und auch unterschiedliche Datentypen zugelassen sind.

Zur Umsetzung von Kollektionsspalten in relationale Tabellen gibt es zwei Ansätze:

- Abbildung auf zusätzliche Tabellen (Kollektionstabellen)
- Abbildung auf zusätzliche Spalten (Kollektionsspalten)

Abbildung von Kollektionen auf Kollektionstabellen

Für jedes mengenwertige Attribut wird eine eigene Tabelle gebildet, die über eine Fremdschlüsselbeziehung mit der Master-Tabelle verbunden ist. Das ist sowohl beim MULTISET-Konstruktor als auch beim ARRAY-Konstruktor möglich.

Beispiel

```
-- MULTISET-Konstruktor in SQL2003
CREATE TABLE Angestellte
  (Angestellten_Nr    NUMERIC PRIMARY KEY,
   Nachname           VARCHAR(20),
   Vorname            VARCHAR(10),
   Telefonliste       VARCHAR(20) MULTISET);

-- Relationale Umsetzung als Kollektionstabelle Telefonliste
CREATE TABLE Angestellte
  (Angestellten_Nr    NUMERIC PRIMARY KEY,
   Nachname           VARCHAR(20),
   Vorname            VARCHAR(10));

CREATE TABLE Telefonliste
  (Angestellten_NR    NUMERIC REFERENCES Angestellte(Angestellten_Nr),
   Telefon_Nr         VARCHAR(20),
   PRIMARY KEY        (Angestellten_Nr, Telefon_Nr));
```

Abbildung von Kollektionen auf Tabellen mit Kollektionsspalten

Bei diesem Ansatz muss die Anzahl der Kollektionsspalten festliegen, es muss sich also um ein ARRAY fester Länge handeln. Für jeden Eintrag in die Kollektionsspalte wird dann eine eigene Spalte gebildet.

Beispiel

```
-- ARRAY-Konstruktor in SQL2003
CREATE TABLE Angestellte
  (Angestellten_Nr    NUMERIC PRIMARY KEY,
   Nachname           VARCHAR(20),
   Vorname            VARCHAR(10),
   Telefonliste       VARCHAR(20) ARRAY[3]);
```

```
-- Relationale Umsetzung als Tabelle mit Kollektionsspalten
CREATE TABLE Angestellte
  (Angestellten_Nr      NUMERIC,
   Nachname             VARCHAR(20),
   Vorname              VARCHAR(10),
   Telefon_Nr1          VARCHAR(20),
   Telefon_Nr2          VARCHAR(20),
   Telefon_Nr3          VARCHAR(20));
```

6.1.11.3 Abbildung von Vererbungshierarchien auf relationale Konstrukte

Diese Abbildung wurde schon im Abschnitt 4.4.2 als Transformation eines EERM auf ein relationales Datenmodell beschrieben (virtuelle, vertikale und horizontale Fragmentierung). Das dort entstandene relationale Datenmodell kann ohne weitere Transformation auf relationale CREATE TABLE-Befehle abgebildet werden. TRIGGER, die die Einhaltung der entsprechenden Integritätsregeln garantieren, findet man in den Aufgaben zu Kapitel 7 (vgl. Kapitel 7, Aufgaben 31 und 32).

Insgesamt hat man bei der relationalen Umsetzung eines objektorientierten Modells eine aufwändige Datendefinition, die noch durch TRIGGER unterstützt werden muss, um die Konsistenz zu gewährleisten. Die SELECT-Abfragen erstrecken sich naturgemäß über mehrere Tabellen, auf die die Daten verteilt sind, die eigentlich logischerweise zusammengehören. Das kann zu Performance-Verlusten führen.

6.2 Objektrelationale Anwendungsprogrammierung: JDBC und SQLJ

6.2.1 JDBC

Java feierte in den vergangenen Jahren als Programmiersprache einen Siegeszug ohnegleichen, da diese Sprache objektorientiert, modern und von Anfang an mit dem Internet verbunden war. Java und SQL haben sich dabei neben der MySQL/PHP-Schiene für kleinere Webanwendungen zu einem Quasi-Standard von webbasierten Anwendungen mit Datenbankanbindung entwickelt. Historisch gesehen entstanden diese Kopplungen von Java und SQL aus dem SQL/CLI-Standard (Call Level Interface). Dieses Kapitel befasst sich daher mit CLI-Grundlagen und JDBC, da sich JDBC (und auch SQLJ) am CLI-Standard orientiert.

6.2.1.1 SQL/CLI – ein Standardisierungsvorhaben

CLI-Anwendungen sind ein Beispiel für die sogenannte FAT-Client/THIN-Server-Architektur. Die Anwendungslogik ist auf dem Client lokal gespeichert und die Datenbank befindet sich auf dem Server.

CLI ist eine standardisierte Schnittstelle zur Kommunikation mit Datenbanken ohne Precompiler. CLI gehört zum SQL-Standard seit 1995. Die CLI-API[31] erlaubt das Erstellen und Ausführen von SQL-Anweisungen zur Laufzeit. Seinen Ursprung hat

---

31 vgl. *http://www.jcc.com/sql.htm*, 01.12. 2006. Auf dieser Seite werden die verschiedenen SQL-Standards beschrieben, in Part 3 ist CLI dargestellt.

CLI in Aktivitäten der SQL Access Group (SAG) mit dem Ziel, einen vereinheitlichten Zugriff auf Datenbanken bereitzustellen.

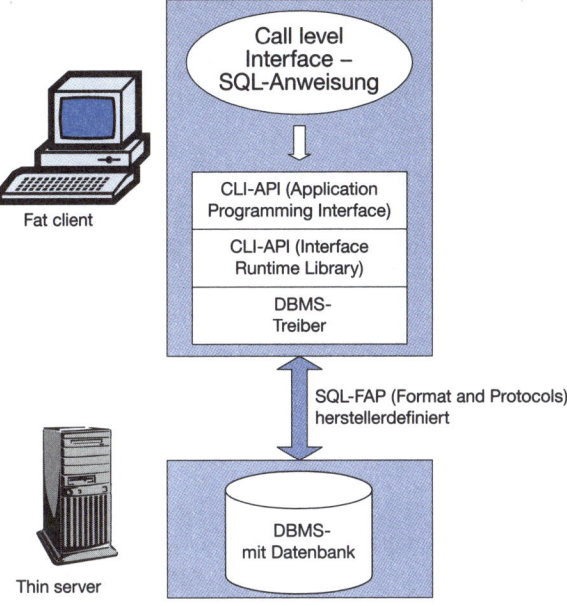

Abbildung 6.4: CLI

Die einzelnen Bestandteile von CLI sind:

- DB-Verbindungsaufnahme und Beenden der Verbindung
- Vorbereitung und Ausführen von SQL-Anweisungen („prepare" und „execute")
- Binden von Parametern an SQL-Anweisungen („bind")
- Entgegennahme von Resultaten
- Festlegung von Datentypen über spezielle Codes für jeden Datentyp

Ein CLI-Call wird durch einen proprietären DBMS-Treiber in einen herstellerspezifischen DB-Zugriff umgesetzt. Damit kann prinzipiell jede Datenquelle mit dem geeigneten Treiber angesprochen werden.

Neben standardisiertem SQL/CLI haben sich noch weitere Dialekte entwickelt:

- ODBC (Open Database Connectivity): Microsofts CLI-Variante
  - Beinhaltet die meisten (nicht alle) API-Calls des CLI-Standards
  - Zusätzlich: spezielle Calls zur Unterstützung von Microsoft-Programmen (Access, Excel etc.)
- Proprietäre CLIs der DB-Hersteller („Native API")
  - z.B. Oracle Call Interface (OCI)

Diese Dialekte werden hier nicht behandelt. Sie haben einen ähnlichen Aufbau wie die anderen CLI-Bibliotheken.

Mit JDBC wurde die SQL/CLI-Schnittstelle zu einer objektorientierten Schnittstelle weiterentwickelt. Die Architektur ist ähnlich wie bei SQL/CLI.

Was ist JDBC?

JDBC (Java Database Connectivity) ist ein Java-API (Application Programming Interface) zur Ausführung von SQL-Anweisungen. Es besteht aus einer Menge von Klassen und Schnittstellen, die in der Programmiersprache Java geschrieben sind. JDBC bietet ein Standard-API für Entwickler von Datenbankwerkzeugen und ermöglicht das Schreiben von Datenbankanwendungen unter Verwendung einer puren Java-Schnittstelle.

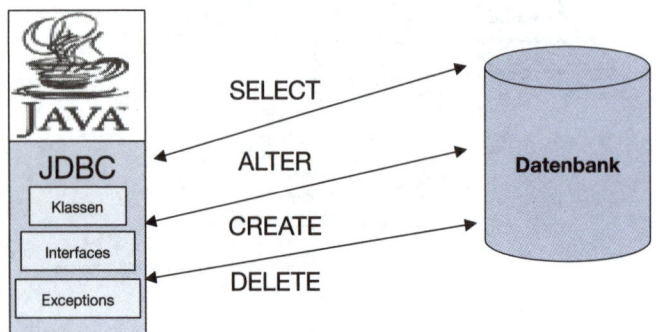

Abbildung 6.5: JDBC 1

Durch Verwendung von JDBC ist es einfach, SQL-Anweisungen an nahezu jede relationale Datenbank zu senden, d.h., mit dem JDBC-API ist es nicht notwendig, ein Programm für den Zugriff auf eine Oracle-Datenbank zu schreiben, ein anderes Programm für den Zugriff auf eine Informix-Datenbank usw. Mit einer in Java geschriebenen Anwendung muss man sich auch nicht um das Schreiben verschiedener Anwendungen auf verschiedenen Plattformen kümmern. Die Kombination von Java und JDBC ermöglicht es dem Programmierer, das Programm einmal zu schreiben und es überall laufen zu lassen.

Zum Beispiel ist es mithilfe von Java und des JDBC-API möglich, eine Webseite mit einem Applet zu veröffentlichen, das Informationen aus einer entfernten Datenbank verwendet. Oder ein Unternehmen kann JDBC einsetzen, um alle seine Angestellten an eine oder mehrere interne Datenbanken über ein Intranet anzuschließen (selbst wenn im Computernetzwerk der Firma verschiedene Systeme wie z.B. Unix-, Windows-, Macintosh-Rechner vorhanden sind).

JDBC wurde 1996 von SUN[32] veröffentlicht und ist seit dem JDK 1.1 in diesem Archiv enthalten. Die aktuelle (2006) Version ist J2SE5.0 mit der API JDBC 3.0. In Java-Programmen wird die JDBC-Schnittstelle mit import java.sql.* und import javax.sql.* importiert, je nach benötigter Funktionalität.

Überlegungen zur Systemarchitektur von JDBC

Eine grundlegende Einführung in JDBC bietet [White et al. 2000], die auch deshalb besonders zu empfehlen ist, da die Autoren maßgeblich an der Entwicklung von JDBC beteiligt waren. Sie unterscheiden vier verschieden Treibertypen:

---

32 vgl. *http://java.sun.com/products/jdbc/*, 10.12.2006

Treiber vom Typ 1: JDBC-ODBC-Bridge Bei diesem Treibertyp greift der JDBC-Treiber über die ODBC-Schnittstelle auf die Datenbank zu. Natürlich muss dazu auf jedem Client ein ODBC-Treiber installiert sein. Dieser Treibertyp bietet sich daher hauptsächlich in lokalen Netzwerken an, bei denen auf dem einzelnen Client leicht ODBC installiert werden kann. Außerdem ist durch den Zwischenschritt ODBC der Zugriff verhältnismäßig langsam.

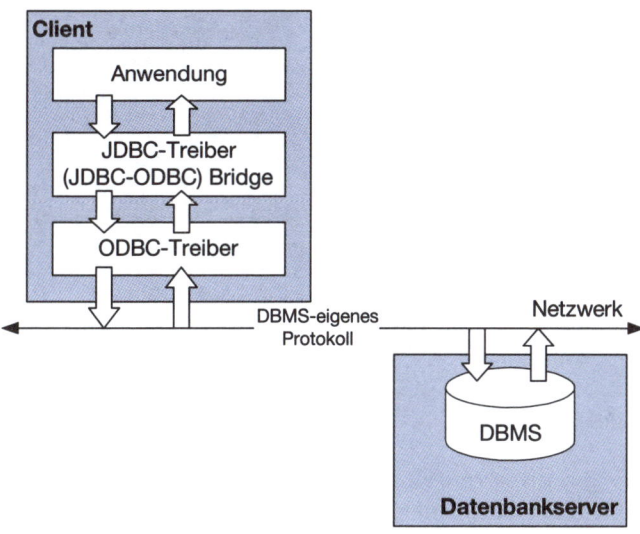

Abbildung 6.6: JDBC-Treiber vom Typ 1

Treiber vom Typ 2: Native-API partly-Java-Treiber Bei diesem Ansatz werden die JDBC-Aufrufe in ein datenbankspezifisches API auf dem Client weitergeben. Daher sind auch bei diesem Typ zusätzliche Installationen auf dem Client notwendig.

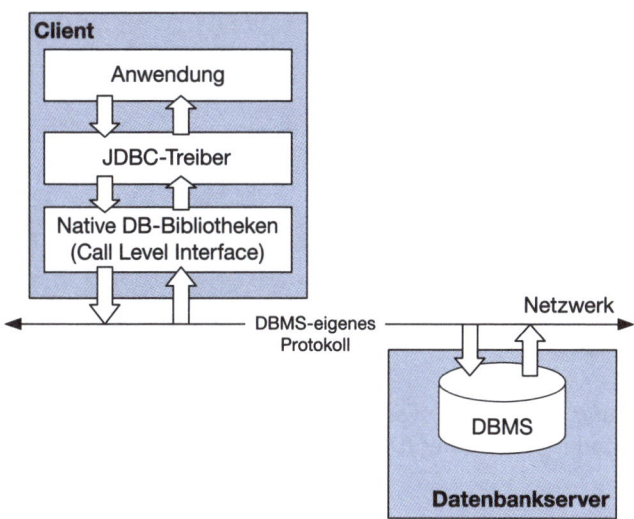

Abbildung 6.7: JDBC-Treiber vom Typ 2

Treiber vom Typ 3: JDBC-Net pure Java-Treiber Treiber vom Typ 3 übersetzen die JDBC-Aufrufe in ein vom DBMS unabhängiges Netzprotokoll und benutzen einen Anwendungsserver. Der Server übersetzt die Aufrufe in das jeweilige DBMS-Protokoll und über die CLI-Schnittstelle wird auf die Datenbank zugegriffen. Bei Treibern vom Typ 3 ist keine zusätzliche Client-Installation notwendig, aber ein Anwendungsserver.

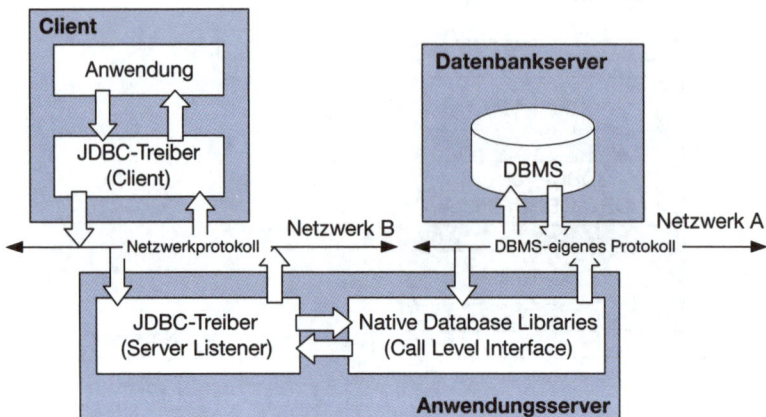

Abbildung 6.8: JDBC-Treiber vom Typ 3

Treiber vom Typ 4: Native-Protocol pure Java-Treiber Bei diesem Treibertyp werden die JDBC-Aufrufe in ein datenbankeigenes Protokoll übersetzt, welches über das Netzwerk direkt auf den Datenbankserver zugreift. Es ist auch keine zusätzliche Client-Installation notwendig.

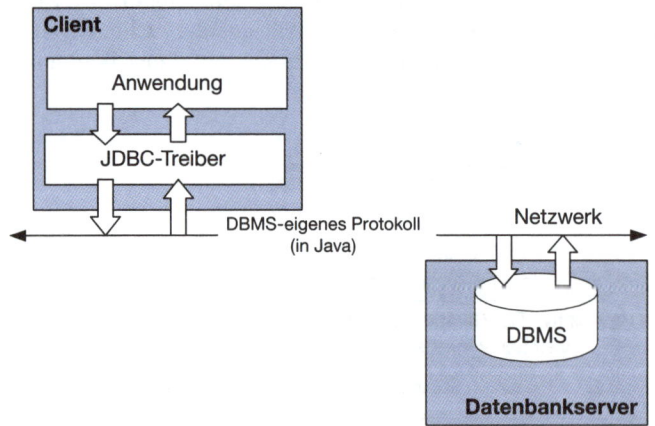

Abbildung 6.9: JDBC-Treiber vom Typ 4

Informationen über alle Treibertypen, eine Treiberbibliothek und viele zusätzliche Informationen findet man auf der JDBC-Seite[33] von Sun.

---

33 vgl. *http://java.sun.com/products/jdbc/index.html,* 02.12.2006.

6.2.1.2 Sieben Schritte bei der Datenbankanbindung mit JDBC

Bei Datenbankabfragen mittels JDBC gibt es sieben Standardschritte:

1 Laden des JDBC-Treibers

2 Definition der URL der Datenbankverbindung

3 Die Verbindung zur Datenbank herstellen

4 Eine Anweisung in Gestalt eines Statement-Objekts erzeugen

5 Eine Abfrage oder eine Datenänderung ausführen

6 Die Ergebnisse einer Abfrage verarbeiten

7 Das Schließen der Datenbankverbindung

Diesen sieben Schritten ist der folgende Abschnitt gewidmet.

1. Schritt: Laden des JDBC-Treibers
Der JDBC-Treiber entstammt einer Klassenbibliothek[34], die die Verbindung mit dem aktuellen Datenbankserver herstellt. Um die Klasse zu laden und beim DriverManager zu registrieren, wird die Methode Class.forName verwendet. Der Pfad, in dem sich die Klassenbibliotheken befinden, muss der Java-Virtuell-Maschine als Umgebungsvariable oder direkt beim Aufruf von javac bekanntgegeben werden. Damit kann man eine Klasse laden, ohne eine Instanz zu erzeugen, und eine Klasse referenzieren, deren Name noch nicht bekannt ist. Der Aufruf wird im Allgemeinen in einen try/catch-Block verpackt:

```
try {
Class.forName("oracle.jdbc.driver.OracleDriver");
Class.forName("com.sybase.jdbc.SybDriver");
Class.forName("com.mysql.jdbc.Driver").newInstance();
Class.forName("connect.microsoft.MicrosoftDriver");
} catch ClassNotFoundException e {
  System.err.println("Fehler beim Laden des DB - Treibers: " + e);
    }
```

Hat man einen Treiber geladen, ist er für den Verbindungsaufbau zu einem DBMS verfügbar.

2. Schritt: Definition der URL zu der Datenbankverbindung
Als Nächstes wird der Standort des Datenbankservers angegeben. Dazu wird eine URL eines speziellen Typs verwendet. Die JDBC-URL besteht aus den Komponenten jdbc: <Subprotokoll> :<Subname>. Das Subprotokoll enthält den Namen des zu verwendenden JDBC-Treibers, der Subname die Identifikation der Datenbank mit eventueller Parameterzeichenfolge. Für eine Personal Oracle-Datenbank lautet die URL folgendermaßen:

```
"jdbc:oracle:oci8:@"
```

Und für einen Oracle-Datenbankserver:

```
"jdbc:oracle:thin:@<host>:<port>:<sid35>";
```

---

34 Die JDBC-Klassen müssen in die Java-Umgebung eingebunden werden und heißen unter Oracle classes111.zip bzw. ojdbc.zip.
35 Eine „sid" ist eine Oracle-Instanz einer Datenbank.

Dementsprechend auch für einen MySQL-Server:

```
"jdbc:mysql://<host>:<port>/mysql"
```

Weitere Beispiele sind:

```
String OracleURL = "jdbc:oracle:thin:scott/tiger@oras1.gm.fh-koeln.de:1521:oras1"
String MySQLURL =  " jdbc:mysql://localhost:3306/mysql";
```

JDBC-Verbindungen werden von den unterschiedlichsten Java-Applikationen, Servlets oder Applets genutzt. Bei Applets ist zu beachten, dass aus Sicherheitsgründen Applets nur Netzwerkverbindungen mit dem Server gestatten, von dem sie geladen wurden.

3. Schritt: Verbindung zur Datenbank herstellen

Hierzu wird die Methode getConnection der Klasse DriverManager benutzt, die als Parameter eine Datenbank-URL, einen Benutzernamen und ein Passwort benötigt.

```
Connection conn = DriverManager.getConnection(url,user,pwd)
```

oder bei einer JDBC-ODBC-Bridge

```
Connection conn = DriverManager.getConnection("jdbc:odbc:<DNS-NAME>)
```

Hier können schon Datenbankinformationen über die Methode getMetaData des connection-Objekts abgefragt werden.

Beispiel

```
DatabaseMetaData dbMetaData = connectiongetMetaData();
String productName = DbMetaData.getDatabaseProductName();
System.out.println("Datenbank: " + productName);
```

4. Schritt: eine Anweisung in Gestalt eines Statement-Objekts erzeugen

Ein Statement-Objekt hat die Aufgabe, Anfragen und Datenbankänderungen durchzuführen. Es wird mit der Methode createStatement aus dem Connection-Objekt erzeugt:

```
Statement v_statement = conn.createStement;
```

Andere Methoden des connection-Objekts, die hier verwendet werden können, sind prepareStatement(), commit(), rollback() und close(), die später behandelt werden.

5. Schritt: eine Abfrage oder eine Datenänderung ausführen

Die Methode executeQuery des Statement-Objekts führt Abfragen durch, die über einen String übergeben werden:

```
String query = "SELECT * FROM Laender";
ResultSet v_resultset = statement.executeQuery (query);
```

Statt executeQuery wird bei Datenbankänderungen die Methode executeUpdate verwendet, wie im Beispiel auf der nächsten Seite deutlich wird. An diese Methode können dann die SQL-Anweisungen INSERT, UPDATE, DELETE oder CREATE übergeben werden. Die einzelnen Strings, die eine SQL-Anweisung enthalten, dürfen nicht mit Semikolon abgeschlossen werden.

6. Schritt: Ergebnisse einer Abfrage verarbeiten

Die Klasse ResultSet bietet eine Vielzahl von Methoden, um in der Ergebnismenge zu navigieren und sie auszugeben. Am einfachsten ist es, das Result-Set mit der Methode next() Zeile für Zeile durchzugehen. Später werden wir noch weitere Einzelheiten der Klasse ResultSet behandeln.

```
while (v_resultset.next()) {
        String s1 = v_resultset.getString(1);
        System.out.println(s1);
}
```

Dabei ist zu beachten, dass in einer ResultSet-Zeile der erste Index eine 1 und nicht eine 0 ist. Mit getString bzw. getXXX stehen diverse Methoden zur Verfügung, die die SQL-Datentypen auf Java-Datentypen abbilden.

7. Schritt: Schließen der Datenbankverbindung

Das Statement-Objekt und das connection-Objekt werden geschlossen:

```
v_statement.close();
v_connection.close();
```

Beispiel

aus den Schritten eins bis sieben

```
import java.sql.*;  // hier werden die JDBC-Klassen importiert

public class laender {

public static void main(String args[]) {
String url = "jdbc:oracle:thin:@host:1521:dbname";
Connection v_connection;
Statement v_statement;

try {
    Class.forName("oracle.jdbc.driver.OracleDriver");
}
catch(java.lang.ClassNotFoundException e) {
   System.err.print("ClassNotFoundException: ");
   System.err.println(e.getMessage());
}

try {
    v_connection = DriverManager.getConnection(url, "user", "passwd");
    v_statement = v_connection.createStatement();
   //drop-Table-Anweisung ausführen
    v_statement.executeUpdate(" DROP TABLE Laender ");
   //CreateTable-Anweisung ausführen
    v_statement.executeUpdate
            (" CREATE TABLE Laender (land_name varchar2(100))");
   // Insert-Anweisung ausführen
    v_statement.executeUpdate
            (" INSERT INTO Laender VALUES('Deutschland')");
    v_statement.executeUpdate
            (" INSERT INTO Laender VALUES('Holland')");
```

```
    // SELECT-Anweisung
    ResultSet v_resultset = v_statement.executeQuery
            ("SELECT * FROM Laender");
    System.out.println("Laender");
    while (v_resultset.next()) {
        String s1 = v_resultset.getString(1);
        System.out.println(s1);
    }
    //  Statement und Verbindung schließen
    v_statement.close();
    v_connection.close();
} catch(SQLException ex) {
    System.err.println("SQLException: " + ex.getMessage());
}}}
```

6.2.1.3 Statement-Arten in JDBC

Im Allgemeinen sieht der Ablauf einer JDBC-Verbindung folgendermaßen aus: Der DriverManager baut über getConnection() eine Verbindung auf, über createStatement wird ein Objekt der Klasse Statement erzeugt. Die Methode executeQuery erzeugt dann ein ResultSet, in dem die Ergebnisse der Abfrage gespeichert sind. Neben der create-Statement-Methode gibt es die Methoden prepareStatement und prepareCall des Objekts „connection". Diese Methoden erzeugen verschiedene Statement-Arten aus JDBC:

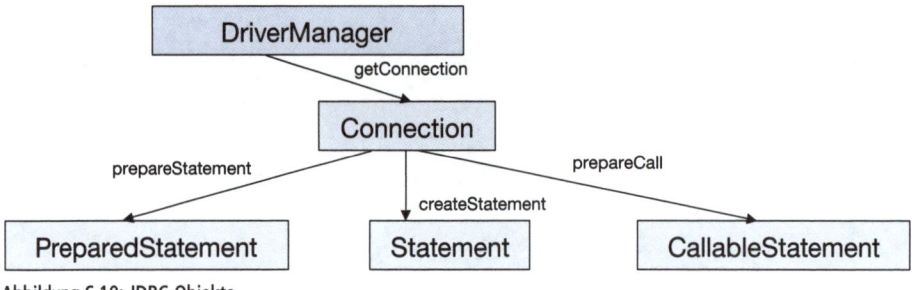

Abbildung 6.10: JDBC-Objekte

Eigenschaften des Statement-Objekts Das Statement-Objekt wird zum Erzeugen statischer SQL-Befehle verwendet. Diesem Objekt können keine Parameter übergeben werden. Ein Beispiel zur Verwendung des Statement-Objekts findet man im vorigen Kapitel.

Eigenschaften des PreparedStatement-Objekts Ein PreparedStatement kann im Unterschied zu einem Statement-Objekt Parameter aufnehmen. Es erbt Methoden und Eigenschaften des Statement-Objekts. Der Platzhalter für Parameter in der SQL-Schablone ist ein Fragezeichen. Durch Vorübersetzung wird die SQL-Syntax schon zur Übersetzungszeit geprüft und ein Performance-Gewinn erzielt. Der Ablauf sieht folgendermaßen aus: Sie definieren ein PreparedStatement-Objekt über

```
PreparedStatement updateOrt;
```

Das Objekt wird mit einem String initialisiert, der auch den Platzhalter „?" für einen oder mehrere Parameter enthalten kann:

```
String updateString = "UPDATE Dozent SET ort = ?";
updateOrt = v_connection.prepareStatement(updateString);
```

Das Objekt updateOrt wird über setXXX (setString, setBoolean, setInt, setShort, set-Blob, setFloat, setDate, setNull ...) mit Werten gefüllt, wobei die Position des Werts durch die Spaltennummer bestimmt ist.

```
updateOrt.setString(1, "Berlin");
```

Zum Schluss wird der Vorgang mit der Methode executeUpdate() ausgeführt.

Ein Beispiel zur Verwendung eines PreparedStatement im folgenden Java-Code:

Beispiel

```
import java.sql.*;
public class preparedStatement {

public static void main(String[] args) {
    String url = "jdbc:oracle:thin:@host:1521:dbname";
    Connection v_connection;
    String updateString = "UPDATE Dozent SET ort = ?";
    PreparedStatement updateOrt;

    try {
        Class.forName("oracle.jdbc.driver.OracleDriver");

    }catch(java.lang.ClassNotFoundException e) {
        System.err.print("ClassNotFoundException: ");
        System.err.println(e.getMessage());
    }
    try {

      v_connection =
      DriverManager.getConnection(url, "benutzer", "passwort");
      updateOrt = v_connection.prepareStatement(updateString);
      updateOrt.setString(1, "Berlin");
      updateOrt.executeUpdate();
      System.out.println("Update ist erfolgt");
      // Statement und Verbindung schließen
      updateOrt.close();
      v_connection.close();

    } catch(SQLException ex) {
        System.err.println("SQLException: " + ex.getMessage());
    }
  }
}
```

Eigenschaften des CallableStatement-Objekts Das CallableStatement-Objekt dient zum Aufruf von Stored Procedures aus der Datenbank. Diese Prozeduren können in Java selbst (vgl. Abschnitt 6.2.2, SQLJ) oder in einer Erweiterung von SQL wie PL/SQL von Oracle (vgl. Abschnitt 7.1) und MySQL (vgl. Abschnitt 7.2) beschrieben sein. Das CallableStatement-Objekt erbt vom PrepareStatement-Objekt. Man unterscheidet bei den Parametern folgende Typen:

- IN-Parameter: nehmen Werte auf, die weiterverarbeitet werden
- OUT-Parameter: enthalten Rückgabewerte
- IN/OUT-Parameter: nehmen Übergabeparameter auf, deren Wert verändert und an das aufrufende Programm zurückgegeben werden kann

Ein vollständiges Beispiel für die Verwendung des CallableStatement:

Beispiel

```
import java.sql.*;
public class beispiel_callableState {
public static void main(String[] args) {
    String url = "jdbc:oracle:thin:@host:1521:dbname";
    String aufruf = "{call setze_zeitstempel(?)}";
    CallableStatement aufruf_proc = null;
    try {
        Class.forName("oracle.jdbc.driver.OracleDriver");

    } catch(java.lang.ClassNotFoundException e) {
        System.err.print("ClassNotFoundException: ");
        System.err.println(e.getMessage());
    }
    try {
      Connection con =
      DriverManager.getConnection(url, "sport", "sport");
        /*CallableStatement rufe_proc = con.prepareCall(aufruf);
      rufe_proc.setInt(1,8);
      rufe_proc.executeQuery();
      */
      System.out.println("Procedure wurde schon aufgerufen!");
          // Statement und Verbindung schließen
      con.close();
    } catch(SQLException ex) {
          System.err.println("SQLException: " + ex.getMessage());
    }
  }
}
---Verwendete PL/SQL-Prozedur
CREATE OR REPLACE PROCEDURE setze_zeitstempel(Tage in INTEGER)
IS
BEGIN
    UPDATE Lagerbestand SET Zeitstempel = SYSDATE + Tage;
END;
/
```

6.2.1.4 Verarbeitung der Ergebnismenge im ResultSet

Bei den Statement-Objekten oder PreparedStatement-Objekten entstehen mit dem ResultSet Ergebnismengen, die weiterverarbeitet werden müssen. Ein ResultSet stellt verschiedene Methoden zur Verfügung, in der Tabelle zu navigieren. Vom Grundsatz her entspricht das Konzept der ResultSets dem der CURSOR, welches in PL/SQL im Abschnitt 7.1.4 ausführlich erläutert wird. Es werden hier jedoch wesentlich mehr Methoden angeboten. Die wichtigsten finden Sie in der folgenden Tabelle.

Tabelle 6.1

Die wichtigsten Methoden des ResultSet

Methode	Beschreibung
next()	Stellt den Zeiger zu Beginn auf die erste Zeile und rückt danach jeweils um eine Zeile vor. Diese Methode hat den booleschen Rückgabewert TRUE, wenn sich noch Zeilen im Tabellen-Array befinden, und FALSE, wenn die letzte Zeile erreicht ist.
first()	Stellt den Zeiger auf die erste Zeile.
last()	Stellt den Zeiger auf die letzte Zeile.
previous()	Stellt den Zeiger eine Position zurück.
absolute(n)	Stellt den Zeiger auf die n-te Position.

Schon in unserem ersten JDBC-Beispiel haben wir ein ResultSet-Objekt verwendet:

```
while (v_resultset.next()) {
    String s1 = v_resultset.getString(1);
    System.out.println(s1 );
}
```

Neben der Methode „next()" wird die Methode „getString()" benutzt, die den ersten Wert der Zeilen des ResultSet in den String s1 abspeichert. Die SQL-Datentypen werden also auf Java-Datentypen abgebildet. Leider sind die Datentypen bei den verschiedenen Datenbanken nicht einheitlich, so dass es an dieser Stelle beim Wechsel der Datenbank zu Problemen kommen kann.

Tabelle 6.2

Einige Datenkonvertierungen von SQL nach Java über die getXXX-Methoden

	INTEGER	DOUBLE	BIT	CHAR	VARCHAR	BINARY	DATE	CLOB	BLOB
getByte	X	X	X	X	X				
getInt	X	X	X	X	X				
getLong	X	X	X	X	X				
getFloat	X	X	X	X	X				
getDouble	X	X	X	X	X				
getBoolean	X	X	X	X	X				
getString	X	X	X	X	X				
getDate							X		

Einige Datenkonvertierungen von SQL nach Java über die getXXX-Methoden *(Fortsetzung)*

	INTEGER	DOUBLE	BIT	CHAR	VARCHAR	BINARY	DATE	CLOB	BLOB
getBytes						X			
getObject	X	X		X	X	X			
getByte	X	X		X	X	X	X	X	
getClob								X	
getBlob									X

Die fett formatierten Felder sind zu bevorzugen. Neben den hier beschriebenen Methoden bietet das ResultSet noch eine Vielzahl von Methoden und Eigenschaften, die über den Umfang dieses Buchs hinausführen.[36]

6.2.1.5 Transaktionsverwaltung

Da Datenbanksysteme für den Multiuser-Einsatz konzipiert sind und ein hohes Maß an Datensicherheit bieten, ist der Begriff der Transaktion grundlegend (vgl. Kapitel 8). Dieses Prinzip muss natürlich auch in einer Java-DB-Verbindung beibehalten werden. In SQL gibt es zu diesem Zweck die Anweisungen COMMIT (schreibt die Änderungen fest) und ROLLBACK (rollt die Änderungen auf einen konsistenten Zustand zurück). Nach einem Verbindungsaufbau ist in JDBC erst einmal der Autocommit-Modus auf TRUE gesetzt. In diesem Modus wird jede SQL-Anweisung als Transaktion behandelt, das heißt einzeln in die Datenbank geschrieben. Wenn man mehrere Datenzugriffe zu einer Transaktion bündeln möchte, setzt man den AUTOCOMMIT-Modus auf FALSE. Dies geschieht mit der Methode setAutoCommit des connection-Objekts:

```
connection.setAutoCommit(false);
```

Neben dieser Methode hat das connection-Objekt auch die Methoden „commit" und „rollback", die den SQL-Anweisungen COMMIT und ROLLBACK entsprechen:

```
connection.commit();
connection.rollback();
```

In SQL ist auch das Setzen von Sperren über den Befehl SET TRANSACTION ISOLATION LEVEL vorgesehen (vgl. Abschnitt 8.3). Das Connection-Objekt stellt Methoden zur Verfügung, über die man den Isolationsgrad abfragen und setzen kann.

---

36 Eine vollständige Übersicht über alle JDBC-Klassen findet man in [White et al. 2000].

Tabelle 6.3

Isolationsgrade in JDBC und SQL

Isolationsgrad	Wert	Beschreibung
TRANSACTION_NONE	0	Es werden keine Sperren in der DB gesetzt.
TRANSACTION_READ_UNCOMMITTED	1	Lesende Transaktionen verursachen keine Sperren.
TRANSACTION_READ_COMMITTED	2	Lesende Transaktionen verursachen Sperren.
TRANSACTION_SERIALIZABLE	3	Transaktionen werden geblockt und hintereinander ausgeführt.

Wenn das Datenbanksystem und der JDBC-Treiber diese Funktion unterstützen, bietet das Connection-Objekt die Möglichkeit, den Isolationsgrad zu lesen und zu verändern:

```
int isoGrad = verbindung.getTransactionIsolation;
connection.setTransactionIsolation(TRANSACTION_NONE);
```

6.2.1.6 Metadaten eines DBMS

Die Informationen über die Datenbank, welche Benutzer es gibt, welche Tabellen angelegt sind, die Datenbankversion etc., sind in relationalen Datenbanksystemen in der Datenbank selbst gespeichert. Diese Informationen können über die Klasse DatabaseMetaData aus der Datenbank abgerufen werden. Insgesamt enthält diese Klasse seit JDBC 2.0 ca. 150 verschiedene Methoden, um Informationen abzurufen. Instanziert wird ein Objekt der Klasse DatabaseMetaData über die Methode getMetaData des connection-Objekts:

```
DatabaseMetaData dbmd = verbindung.getMetaData();
```

Die verschiedenen Methoden von DatabaseMetaData liefern dann die gewünschten Informationen, z.B. die URL der Datenbank:

```
String URL = dbmd.getURL;
```

Es können auf diese Weise z.B. folgende Informationen abgerufen werden:

- Welche JDBC-Treiber-Version wird benutzt?
- Welche Tabellen sind angelegt?
- Welche Rechte gibt es auf den Tabellen der Datenbank?
- Maximale Anzahl der Spalten in einer Tabelle
- Maximale Länge eines SQL-Statement
- Ist die Datenbank im Nur-Lese-Modus?
- Liste aller mathematischen Funktionen des DBMS
- Liste aller Zeit- und Datumsfunktionen
- Mit welchem User ist die Anwendung eingeloggt?

Ein Objekt der Klasse ResultSetMetaData ist ähnlich aufgebaut wie DatabaseMetaData, mit dem Unterschied, dass die Informationen aus einer SELECT-Abfrage abgeleitet werden.

Das folgende Beispiel liefert unterschiedliche Informationen zur Tabelle Kunden aus der Byce & Co.-Datenbank:

Beispiel

```java
import java.sql.*;
public class RSMetaDataMethods {
    public static void main(String args[]) {
    String url = "jdbc:oracle:thin:@host:1521:dbname";
        Connection con;
        Statement stmt;

        try {
            Class.forName("oracle.jdbc.driver.OracleDriver");

        } catch(java.lang.ClassNotFoundException e) {
            System.err.print("ClassNotFoundException: ");
            System.err.println(e.getMessage());
        }

        try {
            con = DriverManager.getConnection(url,
                                    "fahrrad", "fahrrad");

            stmt = con.createStatement();
            ResultSet rs = stmt.executeQuery
                    ("SELECT * FROM Kunden");
            ResultSetMetaData rsmd = rs.getMetaData();
            int numberOfColumns = rsmd.getColumnCount();
            for (int i = 1; i <= numberOfColumns; i++) {
                String colName = rsmd.getColumnName(i);
                String tableName = rsmd.getTableName(i);
                String name = rsmd.getColumnTypeName(i);
                boolean caseSen = rsmd.isCaseSensitive(i);
                boolean writable = rsmd.isWritable(i);
                System.out.println("Information for column " + colName);
                System.out.println("Column is in table " + tableName);
                System.out.println("DBMS name for type is " + name);
                System.out.println("Is case sensitive:   " + caseSen);
                System.out.println("Is possibly writable:  " + writable);
                System.out.println("");
            }
            while (rs.next()) {
                for (int i = 1; i <= numberOfColumns; i++) {
                    String s = rs.getString(i);
                    System.out.print(s + "   ");
                }
                System.out.println("");
            }
            stmt.close();
            con.close();
        } catch(SQLException ex) {
```

```
        System.err.println ("SQLException: " + ex.getMessage());
    }
  }
}
```

6.2.1.7   Ausnahmebehandlung in JDBC

Da in JDBC erst zur Laufzeit eine Übersetzung der SQL-Anweisungen erfolgt, ist mit Laufzeitfehlern zu rechnen, die eine SQLException verursachen. Die Ausführung eines SQL-Befehls muss daher immer in einem try/catch-Block erfolgen. Der catch-Block enthält die Fehlerbehandlung und das Auffangen einer SQLException.

Eine SQLException besteht aus:

- einer Beschreibung des Fehlers, die durch die Methode getMessage () geliefert wird,

- einem SQL-Status, der durch die Methode getStatus () geliefert wird sowie

- einer herstellerabhängigen Fehlernummer, die durch die Methode getErrorCode () geliefert wird.

Bei einer SELECT-Anweisung auf eine nicht vorhandene Tabelle bekommt man z.B. folgende Werte:

- getStatus() liefert den Wert 42000.

- getMessage() liefert „Tabelle oder View nicht vorhanden".

- getErrorCode liefert die Oracle-Fehlernummer 00942.

Neben den SQLExceptions, die durch Datenbankfehler ausgelöst werden, gibt es noch die Unterklassen SQLWarning (von SQLException) und DataTruncation (von SQLException). SQLWarnings führen nicht zu Unterbrechungen des Programms. DataTruncation enthalten Informationen über Read/Write-Informationen. Beide Typen werden in dieser Kurzeinführung nicht behandelt. Der interessierte Leser sei wieder auf [White et al. 2000] verwiesen.

6.2.2   SQLJ

1997 gründete sich ein SQL-Konsortium[37] verschiedener Firmen und Einrichtungen der IT-Branche, mit dem Ziel, die Zusammenarbeit von Java und relationalen Datenbanken zu verbessern. Zu den beteiligten Firmen gehörten Compaq (Tandem), IBM, Informix, Micro Focus, Microsoft, Oracle, Sun und Sybase. Die Idee war, die Einbettung von SQL in eine Programmiersprache, die zum Beispiel mit Embedded C schon bestand, auch auf Java auszudehnen. Während bei JDBC dynamisches SQL eingesetzt wird, d.h., die SQL-Anweisungen werden als Zeichenkette zur Datenbank gesendet und zur Laufzeit übersetzt, handelt es sich bei SQLJ um statisches SQL. Der Nachteil bei dynamischem SQL ist, dass Fehler eben erst zur Laufzeit erkannt werden. Bei statischem SQL werden die SQL-Anweisungen vorab übersetzt (in der SQLJ-Sprechweise macht das der „Translator") und in Java-Code überführt, der dann vom normalen Java-Übersetzer weiterverarbeitet wird. SQLJ wurde in drei Teile gegliedert:

---

37 Der Webserver des SQLJ-Konsortiums ist unter der URL *http://www.sqlj.org/* zu finden.

■ Part 0: Embedded SQL: Einbindung von statischen SQL-Statements in ein Java-Programm

■ Part 1: Java Stored Routines: Nutzung von statischen Java-Methoden als SQL Stored Procedures

■ Part 2: Java Data Types: Verwendung von Java-Klassen als SQL Abstract Data Types

6.2.2.1 SQLJ-Klauseln und HOST-Variablen (Part 0)

SQLJ-Klauseln und HOST-Variablen sind als Bestandteil von Part 0 von SQLJ grundlegend für die anderen Bereiche. Es handelt sich bei den SQLJ-Klauseln um statische SQL-Anweisungen, die in Java eingebettet sind. Diese statischen SQLJ-Anweisungen werden folgendermaßen verarbeitet:

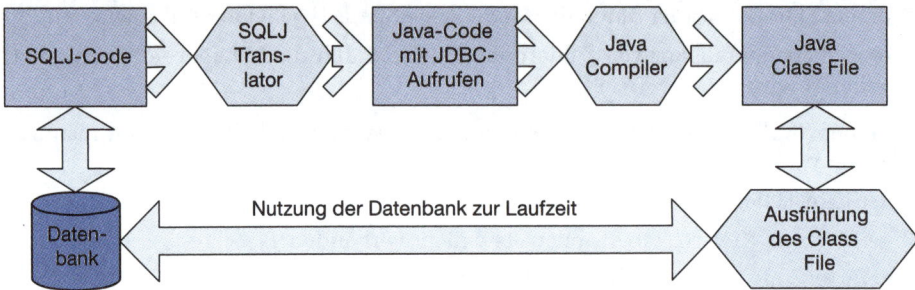

Abbildung 6.11: SQLJ-Lebenszyklus

Ablauf der Verarbeitung von SQLJ-Dateien

Der SQLJ-Translator überprüft schon zur Compilezeit, ob die SQL-Syntax korrekt ist, die Datentypen übereinstimmen und die Tabellendefinitionen der Schemadefinition entsprechen. Der Translator wird über die Kommandozeilenprozedur „sqlj" aufgerufen und auf eine Datei mit der Endung *.sqlj , z.B. test.sqlj, angewandt. Ergebnis ist eine *.java-Datei mit JDBC-Aufrufen. Diese Datei, z.B. test.java, wird wie jede andere Java-Datei mit dem Java-Compiler (z.B. javac test.java) in eine Class-Datei übersetzt, die mittels der Laufzeitumgebung „java" gestartet werden kann.

SQLJ-Klauseln

Mit SQLJ-Klauseln wird SQL-Code in Java eingebettet und in einer Datei mit der Endung *.sqlj abgespeichert. Man unterscheidet Deklarationen von Iteratoren und Kontexten (vgl. Abschnitt 6.2.2) und ausführbare SQL-Anweisungen, die in diesem Kapitel behandelt werden. SQLJ-Klauseln haben die Gestalt #sql{...}; und können mehrere Zeilen, allerdings nur eine SQL-Anweisung, umfassen. Sie werden mit einem Semikolon abgeschlossen. In den geschweiften Klammern sind SQL-Anweisungen ohne Semikolon enthalten.

Beispiel

```
#sql { DELETE FROM Beispieltabelle };
#sql { CREATE TABLE Test (Zahl NUMBER)};
```

SQLJ–Klauseln können SELECT-Anweisungen, andere DML-Anweisungen (wie INSERT, UPDATE und DELETE), DDL-Anweisungen (wie CREATE TABLE) und den Aufruf von gespeicherten Routinen (vgl. Kapitel 7) enthalten. Auch Transaktionsverarbeitungen mittels ROLLBACK und COMMIT sowie SET-Anweisungen sind vorgesehen.

```
#sql { COMMIT };
#sql { SET TRANSACTION READ ONLY };
#sql { SET TRANSACTION ISOLATION LEVEL 1 };
```

Um z.B. SELECT-Anweisungen zu verarbeiten, benötigt man ein Verfahren, um das Ergebnis der SELECT-Anweisungen weiterzuverarbeiten. Diese Möglichkeit eröffnen die HOST-Variablen.

HOST-Variablen

HOST-Variablen sind Java-Variablen, die den Austausch zwischen der HOST-Sprache (hier Java) und der SQL-Anweisung ermöglichen. Sie werden durch einen Doppelpunkt (:Variablenname) gekennzeichnet.

Beispiel

```
String meine_variable;
#sql {DROP TABLE Test};
#sql {CREATE TABLE Test (was_auch_immer VARCHAR2(100))};
#sql {INSERT INTO Test (was_auch_immer ) VALUES
            ('hallo_'||TO_CHAR(SYSDATE))};
#sql {SELECT was_auch_immer INTO :meine_variable FROM Test };
```

Dieses Beispiel enthält mehrere SQL-Anweisungen, deren Ergebnis als SELECT-Anweisung über die HOST-Variable „:meine_variable" ausgegeben wird.

Die Richtung der Übertragung von Daten kann mit „IN", „OUT" und „IN OUT" ähnlich wie in PL/SQL angegeben werden, wobei standardmäßig „OUT" bei „SELECT INTO :Variable" und „IN" bei allen anderen SQL-Anweisungen angenommen wird. Die Richtungsangabe steht durch Leerzeichen getrennt vor der Variablen.

```
:IN variable
```

Eine SQLJ-Klausel kann auch Werte zurückliefern, wenn z.B. eine SQL-Anweisung einen Wert ergibt:

```
#sql Ergebnis = {SQL-Anweisung mit Rückgabewert}
#sql Ergebnis = {SELECT COUNT(*) FROM Angestellte}
```

In diesem Fall wird die Zielvariable „Ergebnis" außerhalb der geschweiften Klammern ohne Doppelpunkt angegeben.

Ähnlich funktioniert auch der Aufruf einer in der Datenbank gespeicherten Funktion:

```
#sql Ergebnis = { VALUES (Funktion(Parameterliste)) }
```

Mit CALL werden in der Datenbank gespeicherte Prozeduren aufgerufen:

```
#sql { CALL Prozedur(Parameterliste)}
```

Für weitere Einzelheiten bezüglich SQLJ verweisen wir auf [Saake et al. 2000].

6.2.2.2   Iteratoren (Part 0)

Ein Iterator ist ein Mechanismus, der ähnlich wie ein CURSOR in PL/SQL (vgl. Abschnitt 7.1.4) oder ein ResultSet in JDBC (vgl. Abschnitt 6.2.1) arbeitet. Er regelt den Zugriff auf die Ergebnismenge einer SELECT-Anweisung, falls nicht nur ein Tupel, sondern mehrere erzeugt werden.

Es gibt zwei Typen von Iteratoren: benannte Iteratoren und Positionsiteratoren. Bei benannten Iteratoren ist eine durch Komma getrennte Liste von Attributen, bestehend aus Typ und Bezeichner, anzugeben, die den Spalten der Ergebnisrelation entsprechen. Die Reihenfolge der Iteratorattribute spielt keine Rolle, da jedem Attribut eindeutig eine Spalte der Ergebnisrelation zugeordnet ist. Diese Zuordnung ist nicht case-sensitiv.

Der Ablauf sieht bei benannten Iteratoren folgendermaßen aus:

1. Schritt: Deklaration des Iterators

```
#sql iterator PersonName(String Vorname, String Nachname);
```

2. Schritt: Vereinbarung eines Iterator-Objekts

```
PersonName iter;
```

3. Schritt: Ausführung der SELECT-Anweisung

```
#sql iter={SELECT Vorname, Nachname FROM Person};
```

4. Schritt: Navigation über die Ergebnismenge und Auslesen der Daten

```
while(iter.next()){
      System.out.println("Vorname  = " +iter.Vorname());
      System.out.println("Nachname = " +iter.Nachname()); }
```

5. Schritt: Freigabe der Ressourcen durch Schließen des Iterators

```
iter.close();
```

Positionsiteratoren werden nicht durch einen Namen, sondern durch ihre Position bestimmt, d.h., es wird nur eine Liste der verwendeten Typen deklariert. Der Ablauf ändert sich hier geringfügig, nämlich bei der Dekaration des Iterators und beim Auslesen der Daten.

1. Schritt: Deklaration des Iterators

```
 #sql iterator PersonName(String , String );
```

Der 2. Schritt, der 3. Schritt und der 5. Schritt sind analog zum benannten Iterator, nur bei Schritt 4 ergibt sich eine leicht veränderte Syntax:

4. Schritt: Navigation über die Ergebnismenge und Auslesen der Daten bei Positionsiteratoren

```
while
      #sql {FETCH :iter INTO :Vorname, :Nachname};
      if (iter.endFetch()) break;
      System.out.println("Vorname " + Vorname);
      System.out.println("Nachname " + Nachname);
```

6.2.2.3 Kontexte (Part 0)

Bisher wurde noch nicht behandelt, wie eine Datenbankverbindung innerhalb SQLJ gehandhabt wird. Eine Verbindung wird in SQLJ grundsätzlich durch einen Verbindungskontext, eine Instanz der Klasse sqlj.runtime als Connection-Context, repräsentiert. Der Verbindungskontext spezifiziert die Datenbank mit den assoziierten Schemata und den Verbindungsinformationen.

```
import sqlj.runtime.*;
import sqlj.runtime.ref.*;
import java.sql.*;

public class Sqlj3 {
  static String driverClass = "oracle.jdbc.driver.OracleDriver";
  static String url = "jdbc:oracle:thin:@localhost:1521:orcl1";
  public static void main (String [] args) {
  try {
    Class.forName(driverClass);
  }catch (ClassNotFoundException exc) {
   System.out.println(exc.getMessage());
   System.exit(1);
  }
  try {
    Connection con = DriverManager.getConnection
                        (url, "user", "password");
    DefaultContext ctx = new DefaultContext (con);
    DefaultContext.setDefaultContext(ctx);
    #sql iterator PersonName(String Vorname, String Nachname);
    PersonName iter;
    #sql iter={SELECT Vorname,Nachname FROM Angestellte};

    while(iter.next()){
    System.out.println("Vorname =" +iter.Vorname());
    System.out.println("Nachname=" +iter.Nachname());
    }

    iter.close();

    } catch (SQLException exc ) {
    System.out.println (exc.getMessage());
    }
  }
}
```

Dieses Beispiel ist der vollständige Sourcecode einer kleinen SQLJ-Implementierung. Zuerst werden die benötigen Bibliotheken sqlj.runtime und java.sql importiert. Der JDBC-Treiber wird wie in einer JDBC-Verbindung in ein Connection-Objekt „con" geladen. Die eigentliche Datenbankverbindung geschieht über

```
DefaultContext ctx = new DefaultContext (con);
```

Mit

```
DefaultContext.setDefaultContext(ctx);
```

wird der Kontext zum default erklärt. Über

```
#sql [ctx] { SQL Operation };
```

ist es möglich, einer anderen SQL-Anweisung diesen Kontext explizit zuzuordnen. Ein Kontext kann auch mehrfach genutzt werden, um die Performance zu verbessern, da der Aufbau von Datenbankverbindungen zeitaufwändig ist. Über verschiedene Kontexte können in einem SQLJ-Programm auch verschiedene Datenbankverbindungen, die einen anderen Kontext besitzen, aufgebaut werden.

Eigenschaften von Kontexten:

■ Mehrere Verbindungskontexte können gleichzeitig instanziiert und benutzt werden.

■ Verschiedene Verbindungskontext-Klassen können zur Partitionierung von Anweisungen, die in verschiedenen Schemata ausgeführt werden, genutzt werden.

Auf diese Einzelheiten wird im Rahmen dieser Einführung nicht weiter eingegangen. Der interessierte Leser findet eine ausführlichere Beschreibung von SQLJ z.B. in [Saake et al. 2000] oder [Melton 2000].

6.2.2.4 Gespeicherte Funktionen und Prozeduren (Part 1)

In SQLJ Part 1 wird gefordert, anstelle von PSM-Stored-Routinen Java Stored Procedures (vom Typ SQLJ oder auch andere wie JDBC) direkt in die Datenbank einzuspielen und wie andere gespeicherte Prozeduren aufzurufen.

Java Stored Procedures haben einige Restriktionen:

■ Es ist keine direkte Interaktion mit dem Benutzer möglich, da die Prozeduren ja in der Datenbank gespeichert sind und ausgeführt werden.

■ Es besteht immer eine DEFAULT-Verbindung zur Datenbank, die nicht veränderbar ist.

■ Prozeduren und Methoden werden als Klassenmethoden implementiert.

Die Benutzung von Java Stored Procedures unter Oracle erfordert mehrere Schritte (Implementierung, Übersetzung, Installation im Server mittels loadjava und Registrierung) und wird hier nicht weiter vertieft, der interessierte Leser findet Einzelheiten in der Oracle-Dokumentation[38] oder bei [Saake 2000].

6.2.2.5 Java-Klassen und SQL-Datentypen (Part 2)

Bei JDBC, SQLJ und beim Einsatz von Java Stored Procedures und Functions tritt das Problem auf, welche Datentypen von SQL und Java, auch Java-Klassen, aufeinander abgebildet werden. Die DEFAULT-Abbildungen sind in der folgenden Tabelle dargestellt.

---

38 z.B. *http://download-east.oracle.com/docs/cd/B14117_01/java.101/b12021/toc.htm*, 29.12.2006

Tabelle 6.4

Abbildung von SQL-Datentypen auf Java-Datentypen

SQL Datatypes	Standard Java Types	SQL Datatypes	Standard Java Types
CHAR	java.lang.String	NUMBER	int
VARCHAR2	java.lang.String	NUMBER	long
LONG	java.lang.String	NUMBER	float
NUMBER	java.math.BigDecimal	NUMBER	double
NUMBER	java.math.BigDecimal	RAW	byte[]
NUMBER	boolean	LONGRAW	byte[]
NUMBER	byte	DATE	java.sql.Date
NUMBER	short	DATE	java.sql.Time
BLOB	java.sql.Blob	DATE	javal.sql.Timestamp
CLOB	java.sql.Clob	user-defined object	java.sql.Struct
user-defined reference	java.sql.Ref	user-defined reference	java.sql.Ref
user-defined collection	java.sql.Array		

6.2.2.6 Vergleich von JDBC und SQLJ

In diesem Kapitel werden kurz die Eigenschaften von JDBC und SQLJ verglichen und der Sourcecode gegenübergestellt.

Tabelle 6.5

Vergleich Eigenschaften von JDBC und SQLJ

Eigenschaften von JDBC	Eigenschaften von SQLJ
Dynamisches SQL	Statisches SQL
Hohe Flexibilität	Geringe Flexibilität
Fehlererkennung zur Laufzeit	Fehlererkennung zur Compile-Zeit

Tabelle 6.6

Vergleich Quellcode von JDBC und SQLJ

JDBC-Quellcode	SQLJ-Quellcode

```
java.sql.CallableStatement stmt;

Connection conn;

ResultSet results;

conn = DriverManager.getConnection
  ("jdbc:default");
stmt = conn.prepareStatement
  ("SELECT ename FROM emp
    WHERE sal > ? AND deptno = ?");
stmt.setInteger(1, salparam);
stmt.setInteger(2, deptnoparam);
results = stmt.executeQuery();
```

```
ResultSet results;
#sql results =
    {SELECT ename FROM emp
      WHERE sal > :salparam
      AND deptno =:deptnoparam};
```

ZUSAMMENFASSUNG

Dieses Kapitel hat objektrelationale Erweiterungen, allerdings aus ganz unterschiedlichen Bereichen zum Inhalt, zum einen die objektrelationalen Erweiterungen der SQL-Syntax, zum anderen die Anbindung von SQL an die objektorientierte Programmiersprache Java mittels JDBC und SQLJ und außerdem die objektrelationale Abbildung. Der Abschnitt 6.1. beschäftigte sich mit den wichtigsten Aspekten von objektrelationalem SQL, nämlich den benutzerdefinierten Datentypen, typisierten Tabellen, Tupeltabellen, Vererbung, Anfragen und den Grenzen der relationalen Modellierung. In der Praxis ist es vielfach üblich, ein objektrelationales konzeptionelles Schema zu bilden, da sich mit diesem Verfahren die Realität besser abbilden lässt. Allerdings wird dann doch kein objektrelationales Datenbankschema abgeleitet, sondern statt dessen ein relationales Datenbankschema. In diesem Fall hilft dann eine objektrelationale Abbildung weiter, die in Abschnitt 6.1.11. vorgestellt wurde. In den gleichen Themenkreis gehört auch die objektrelationale Anwendungsprogrammierung, da in der Regel objektorientierte Sprachen wie Java benutzt werden. Wir haben den Grundaufbau einer JDBC-Verbindung, Metadaten, Transaktionshandling und Fehlerbehandlung sowie SQLJ als alternative Java-Variante in Abschnitt 6.2 dargestellt.

Weiterführende Literatur

Leider reicht der Raum für eine gründliche Vertiefung nicht aus. Wer daran interessiert ist, findet herstellerunabhängige Literatur über objektrelationale Datenbanken in [Türker 2003], [Türker et al. 2006] und [Stonebraker et al. 1999], worauf im Text schon mehrfach verwiesen wurde. Objektrelationale Anwendungsprogrammierung mittels JDBC-Anbindung und SQLJ gehören zum SQL2003 Standard und sind daher auch z.B. in [Türker 2003] oder sehr ausführlich in [Saake 2000] oder [White et al. 2000] beschrieben. Die Oracle-Implementierungen sind in den beiden Büchern von Hohenstein[39] oder in der Oracle-Dokumentation[40] selber ausführlich behandelt. Für MySQL finden Sie weitergehende Informationen in der MySQL-Dokumentation.

---

39 [Hohenstein 2000] und [Hohenstein et al. 2003]
40 vgl. *http://www.oracle.com*, 29.12.2006

Übungsaufgaben

Aufgaben zum Abschnitt 6.1 (Objektrelationale Datenbanken):

Die Aufgaben zu Abschnitt 6.1 sind nur mit einer Oracle-Datenbank lösbar, da MySQL noch keine objektrelationalen Erweiterungen besitzt.

1
  a. Erweitern Sie die Tabelle „Spieler" aus Ihrer Rollo-Datenbank aus Aufgabe 5.1 um eine Spalte „Bilder" vom Datentyp BLOB und eine Spalte „Lebenslauf" vom Typ XMLType.

  b. Fügen Sie ein Bild und einen Lebenslauf für einen Spieler ein!

  c. Was passiert, wenn das XML-Dokument nicht gültig ist?

  d. Suchen Sie mit einem xpath-Ausdruck und extractNode in der Tabelle „Spieler" nach einem bestimmten Ausdruck.

2 Erstellen Sie zum Datenbankschema Rollo aus Aufgabe.1 in Kapitel 5 drei Typen Personen_t, Spieler_t und Kunden_t, wobei Kunden_t und Spieler_t von Personen_t erben und den selbstdefinierten Typen Adresse_t verwenden.

3 Erstellen Sie zu Ihrem Rollo-Datenbankschema drei Typen für Tore, Spiele und Nationen. Für Spiele wird ein VARRAY der Länge zwei (Mannschaft1, Mannschaft2) benötigt und die Tore sollen mit Spieler und Spielen mit einer REF-Beziehung verbunden sein.

  a. Erstellen Sie einen Typ Spiele_t. Für Spiele wird ein VARRAY der Länge zwei (Mannschaft1, Mannschaft2) benötigt.

  b. Erstellen Sie zu den Typen aus Aufgabe 6.2 a) und 6.3. b) typisierte Tabellen und eine Tupel-Tabelle Tore. Die Tore sollen mit Spieler und Spiele mit einer REF-Beziehung verbunden sein.

4
  a. Erstellen Sie zu den Typen aus Aufgabe 2 und 3 typisierte Tabellen und fügen Sie in jede Tabelle mindestens einen Datensatz ein, unter anderem mindestens einen Datensatz für ein Spiel, an dem Deutschland teilnimmt. Die Tabelle „Spiele" soll die Spaltenbedingung erfüllen, dass die Anzahl_Zuschauer größer als Null ist. Alle Tabellen haben vom System generierte OIDS.

  b. Fügen Sie die Skripten aus den Aufgaben 2 bis 4 in ein SQL-Skript ein, das sich mehrfach aufrufen lässt. Dazu müssen DROP-Anweisungen in der korrekten Reihenfolge ergänzt werden.

5 Schreiben Sie eine SELECT-Anweisung, die aus der Tabelle „Spiele" alle Spiele selektiert, an denen Deutschland teilnimmt.

6 Erzeugen Sie Typen für Bestellungen und Karten, die Karten als geschachtelte Tabelle von Bestellungen vorsieht, sowie die zugehörigen Tabellen (STORE AS NESTED TABLE). Fügen Sie einige Datensätze in die Tabellen ein.

7 Betrachten Sie ▶ Abbildung 3.39 aus Kapitel 3, die ein Buch beschreibt.

    a. Mit welchen objektrelationalen Typkonstruktoren lässt sich dieses Beispiel darstellen?

    b. Wie kann man dieses Beispiel unter Oracle-SQL abbilden?

Aufgaben zum Abschnitt 6.2 (JDBC und SQLJ):

8 Erstellen Sie eine JDBC-Prozedur, die alle Daten aus der Tabelle „Spiele" ausliest und in einem Systemfenster ausgibt.

9 Erstellen Sie eine JDBC-Prozedur, die die Tabellen, die mit Ihrer Datenbankkennung angelegt sind, mit den zugehörigen Spaltennamen ausgibt!

10 Schreiben Sie ein Datenbank-Abfragetool als Java-Swing-Applikation, das eine URL der Form „jdbc:oracle:thin:benutzer/passwort@domain:port:sid" sowie eine SELECT-Abfrage (ohne abschließendes Semikolon) entgegennimmt.

Durch das Anwählen eines Buttons „Abschicken" wird die im SELECT-String enthaltene Abfrage an die durch die URL verbundene Datenbank geschickt und in einem JTable, der auf einem AbstractTableModel aufbaut, angezeigt.

Bei Fehlern wird mindestens eine Ausgabe des Fehlertextes im Systemfenster, besser in der Applikation selbst, erzeugt.

Bei Änderungen der Abfrage bzw. der URL soll nur dann eine neue Verbindung aufgebaut werden, falls sich die URL verändert hat. Bei einer veränderten Abfrage wird nur die JTable-Ausgabe aktualisiert.

Weitere Kontrollfragen zu diesem Kapitel finden Sie unter der Companion-Webseite des Pearson-Verlages *http://www.pearson-studium.de/* auf der Begleitseite unseres Buches. Wählen Sie dort bitte im Multiple-Choice-Test das Fach „DBS" und den Punkt „Kapitel6/Objektrelationale Erweiterungen von SQL2003" aus.

Anwendungsprogrammierung in (objekt-)relationalen Datenbanksystemen

7

ÜBERBLICK

》》 Dieses Kapitel befasst sich mit den Möglichkeiten, zu einem Datenmodell und einem Datenbankschema eine Benutzerschnittstelle zu gestalten, die im ANSI-3-Ebenen-Modell in der externen Ebene vorgesehen ist. Grundsätzlich geht es um die Koppelung von SQL mit einer prozeduralen Sprache. Wegen der mengenorientierten Verarbeitung in SQL und der Einzelverarbeitung von Datensätzen in einer prozeduralen Programmiersprache taucht das grundsätzliche Problem der Verbindung dieser beiden Ansätze auf. In der Literatur spricht man von „Impendence Mismatch". Diesem Problem versucht man z.B. mit dem Cursor-Ansatz oder mit ResultSets bei JDBC zu begegnen. Bei diesem Ansatz werden die mengenorientierten Ergebnisse mittels Schleifen durchlaufen.

Grundsätzlich bestehen bei der Kopplung von SQL mit einer prozeduralen Sprache drei Möglichkeiten:

1 Erweiterung der Datenbanksprache um Programmierkonstrukte:

Bei diesem Ansatz spricht man auch von einer sogenannten „4th Generation Language". Die Sprache SQL wird um prozedurale Bestandteile erweitert. Der SQL-Standard selbst hat erstmalig 1996 in einer SQL2-Erweiterung Vorgaben für seine sogenannten SQL/PSM-Prozeduren (persistent stored modules) gemacht, die dann 1999 durch die SQL-invoked routines ersetzt wurden. Herstellerspezifische Beispiele für eine solche prozedurale Erweiterung sind PL/SQL (procedural language) von Oracle oder die gespeicherten Routinen bei MySQL5. Alle Hersteller gängiger großer relationaler Datenbanksysteme haben ähnliche Sprachen, die mehr oder weniger vollständig dem Standard entsprechen. Ein Grund für Abweichungen ist oft ein historischer: Die SQL-invoked routines wurden sehr viel später in den Standard aufgenommen, nachdem z.B. die Sprache PL/SQL und andere schon jahrelang in der Praxis angewendet wurden. Anders sieht es bei MySQL aus, wo dieses Konzept erst ganz neu mit der Version 5 eingeführt wurde. Dort hat man die späte Implementierung als Chance genutzt, sich an den SQL2003-Standard zu halten. Wir werden im Abschnitt 7.1 den Oracle-Ansatz vorstellen und den MySQL-Ansatz im Abschnitt 7.2.

2 Einbettung der Datenbanksprache in eine Programmiersprache (Embedded SQL, ESQL):

Lange schon gibt es Embedded C, Embedded Cobol, Embedded Pascal etc. Wegen der raschen Verbreitung von Java ist auch Embedded Java dazugekommen. Man spricht hier von SQLJ, einem Standard, der in die Normierungsbestrebungen unter SQL 1999 aufgenommen wurde. Grundsätzlich gibt es hier zwei Vorgehensweisen:

■ **CLI oder Call Level Interface**: Hierzu gehören die Ansätze ODBC, JDBC, PHP und Perl. Es werden Funktionsbibliotheken aufgerufen, die über CLI standardisiert sind.

■ **Einbettung der SQL-Datenbanksprache in Java**: Bei diesem Ansatz werden die SQL-Anweisungen schon beim Übersetzen geparst und in Java-Anweisungen übersetzt. Problem ist hier die Abbildung von Tupelmengen auf die Datentypen der Programmiersprache. Die einzelnen Attribute eines Datensatzes werden auf die Datentypen der Programmiersprache abgebildet. Als typische Einbettung haben wir in Kapitel 6 SQLJ behandelt.

3 Erweiterung einer Programmiersprache um Datenbankkonstrukte:

In diesem Zusammenhang sind persistente Programmiersprachen, z.B. PASCAL/R, zu nennen. Diesen Typ der Koppelung von SQL und einer prozeduralen Sprache werden wir nicht behandeln.

Neben diesen passiven Programmen, die für ihre Ausführung explizit vom Anwender aufgerufen werden müssen, gibt es auch noch die Möglichkeit, aktive Programme in Form sogenannter aktiver Regeln (Trigger) in der Datenbank anzulegen. Kennzeichnend bei diesen „Programmen" ist, dass sie automatisch ausgeführt werden, wenn ein zuvor spezifiziertes Ereignis eingetreten ist. Datenbanksysteme, die über diese Funktionalität verfügen, werden auch aktive Datenbanksysteme genannt.

Bleibt die Frage, warum wir uns in diesem Kapitel – anders als zum Beispiel in den vorangegangenen Kapiteln zum relationalen und objektrelationalen SQL – dazu entschlossen haben, auf die eigentliche Präsentation des SQL-Standards zu verzichten und stattdessen zwei Implementierungen vorzustellen. Zum einen ist es gerade bei Programmiersprachen nicht besonders interessant, wenn man die Anweisungen nicht auch in Programmen ausprobieren kann. Zum anderen sind die sehr jungen (seit 2005) gespeicherten Routinen von MySQL eine Implementierung, die sich sehr eng an SQL2003 orientiert, so dass man doch einen guten Einblick in den SQL-Standard bekommt, ohne auf praktische Übungen verzichten zu müssen. Und PL/SQL stellen wir vor, um einen Eindruck davon zu vermitteln, was alles in einem Datenbanksystem gemacht werden kann, wenn seit mehr als 15 Jahren (seit 1991) Benutzeranforderungen in einer Programmiersprache umgesetzt werden. Und wenn man dann bedenkt, dass der SQL-Standard erst 1996 seine „persistent stored modules" herausgebracht hat, die mit dem 1999er-Standard nochmals überarbeitet und erweitert wurden (heute „SQL invoked routines"), dann findet man auch die Gründe, warum viele Hersteller mit ihren Programmiersprachen davon abweichen.

Die hier vorgestellten prozeduralen Sprachen und aktiven Regelkonzepte stellen nicht nur Erweiterungen des relationalen Modells dar. Sie können gleichermaßen im objektrelationalen Kontext eingesetzt werden. PL/SQL ist bei Oracle eine der Sprachen, mit denen Methoden für benutzerdefinierte Typen programmiert werden können (vgl. Abschnitt 6.1.9), ganz analog zum SQL-Standard, der dafür auch die gespeicherten Routinen vorsieht. Da es für die Trigger in SQL und bei Oracle unerheblich ist, ob das DML-Ereignis für eine relationale oder eine typisierte Tabelle ausgeführt wird, können aktive Regeln auch im objektrelationalen Kontext eingesetzt werden. Bei MySQL wird dies alles sicherlich noch realisiert, wenn erst einmal Methoden und Typtabellen implementiert sind.

Um Ihnen die bei MySQL „brandneuen" Features wie Trigger und „Stored Routines" vorstellen und erläutern zu können, haben wir mit der MySQL 5.1.11 Beta-Version gearbeitet. Alle Beispiele und Musterlösungen sind auf diesem System lauffähig. Für Oracle haben wir das Release 10g verwendet. **≪**

Ziele

Nach Durcharbeiten dieses Kapitels und dem Lösen der Übungsaufgaben werden Sie

- sowohl in PL/SQL als auch in MySQL „gespeicherte Routinen" programmieren und ausführen können,

- ein Verständnis entwickeln für das CURSOR-Konzept, das zur Lösung des „Impendence Mismatch" bei beiden Sprachen verwendet wird und grundlegend auch für andere Schnittstellen wie z.B. JDBC ist,

- das PL/SQL-Paket-Konzept anwenden können und einen Einblick in die umfangreiche Funktionsbibliothek von Oracle haben,

- aktive und passive Datenbanksysteme voneinander unterscheiden können und Verständnis für typische Anwendungsfälle für aktive Regeln haben,

- aktive Regelkonzepte in der Theorie, bei SQL, bei Oracle und MySQL kennen und in ihrer Leistungsfähigkeit beurteilen können,

- aktive Regeln programmieren können sowie

- die Unterschiede in den Ausführungsmodellen kennen sowie die Probleme für die Programmierung, die aus ihnen resultieren.

7.1 Die Datenbankprogrammiersprache Oracle-PL/SQL

PL/SQL ist eine Oracle-spezifische prozedurale Erweiterung von SQL, die auf ADA basiert. Sie stellt somit eine Möglichkeit dar, die mengenorientierten SQL-DML-Anweisungen Datensatz für Datensatz zu verarbeiten. PL/SQL wird im relationalen Kontext verwendet für im Datenbanksystem gespeicherte Routinen, im objektrelationalen für Methoden (vgl. Abschnitt 6.1.9) und im Kontext aktiver Regeln für die Triggeraktionen (vgl. Abschnitt 7.3). Wegen des Umfangs von PL/SQL ist es nicht möglich, die Sprache komplett zu beschreiben. Es soll lediglich ein Auszug dargestellt werden, der insbesondere für die Erstellung von Stored Procedures und Triggern notwendig ist.

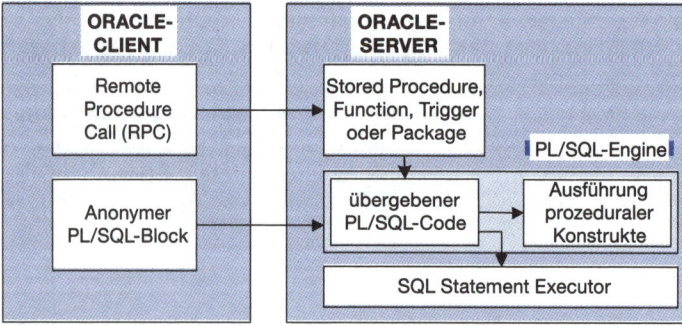

Abbildung 7.1: PL/SQL-Engine auf dem DB-Server

PL/SQL kann sowohl beim Server als auch beim Client ausgeführt werden. Findet die Ausführung auf dem Server statt, dann handelt es sich um in der Datenbank gespeicherte Prozeduren und Funktionen, die durch externe Aufrufe (RPC Remote Procedure Call) angestoßen werden oder über Datenbanktrigger.

PL/SQL-Aufrufe können alternativ auch beim Client verarbeitet werden. In diesem Fall wird der PL/SQL-Programmcode auf der Client-Seite bearbeitet und das Ergebnis dem Oracle-Datenbank-Server übergeben. Da wir uns auf die Anwendung von PL/SQL in Triggern und gespeicherten Routinen konzentrieren, betrachten wir nur das erste Ausführungsmodell.

7.1.1 Datentypen und andere Grundlagen

Die im Abschnitt 5.2.1 erläuterten SQL-Datentypen sind auch für PL/SQL implementiert. Eine Ausnahme ist der Datentyp BOOLEAN, der zwar unter SQL nicht realisiert ist, dafür aber unter PL/SQL. Analog zur dreiwertigen Logik in PL/SQL und SQL kann der Datentyp BOOLEAN drei logische Zustände annehmen: TRUE, FALSE, NULL/ UNKNOWN. Problematisch ist die Verwendung dieses Datentyps nur als Ein- oder Aus- bzw. Rückgabewert für Funktionen, die direkt in einer SQL-Umgebung aufgerufen werden. Denn dort kann keine SQL-Variable mit entsprechendem Typ definiert werden. Statt der booleschen Parameter müssen dann Parameter vom Typ VARCHAR oder NUMBER spezifiziert werden. Ausgehend von diesen Basisdatentypen können vom Benutzer mittels der SUBTYPE-Deklaration beliebige abgeleitete Datentypen definiert werden. Sind Typkonvertierungen notwendig, so bieten sich analog zu SQL zwei Wege an: die explizite oder die implizite Konvertierung. Wenn die implizite Konvertierung nicht weiterhilft, kann man die explizite verwenden. Die Funktionen sind die gleichen, die wir bereits im Abschnitt 5.2.3 im Kontext von SQL-Funktionen vorgestellt haben.

Tabelle 7.1

Ein Ausschnitt aus den zusammengesetzten Datentypen[1]

Datentyp	Beschreibung
TYPE ...	Benutzerdefinierter Typ
TYPE ... IS VARRAY(...)	Ein Vektor fester Länge
TYPE ... IS RECORD(...)	Verbundtyp: Struktur eines Datensatzes mit unterschiedlichen Attributen
TYPE ... IS TABLE(...)	Eindimensionales (!) Array variabler Länge, bei dem auch ein Record als Datentyp in der Klammer eingetragen werden kann.
Tabellenname%ROWTYPE	Die Attributstruktur der Tabelle wird komplett übertragen.
Tabellenname.Spaltenname%TYPE	Die Variable wird entsprechend eines zuvor definierten Attributs einer Tabelle definiert.

---

1 Eine vertiefende Erörterung des Themas finden Sie u.a. in [Oracle PL/SQL 2005], [Feuerstein et al. 2005] und [Urmann et al. 2005]

```
<Variablendeklaration> ::= Variablenname [CONSTANT] <Datentyp> [NOT NULL]
                                        [ { DEFAULT | := } <Ausdruck> ];
```

Die optionale Eigenschaft CONSTANT legt fest, dass der Wert der Variablen nicht verändert werden darf. „Datentyp" bezeichnet einen skalaren oder zusammengesetzten – auch benutzerdefinierten (vgl. Abschnitt 6.1.5) – Datentyp wie in der obigen Tabelle oder einen SQL-Datentyp. Variablen können in der Deklaration sofort mit „:=" oder über die DEFAULT-Option initialisiert werden. Ohne Initialisierung ist ihr Zustand „leer", was durch NULL symbolisiert wird. Eine Deklaration wird wie alle PL/SQL-Befehle mit einem Semikolon abgeschlossen. %TYPE- und %ROWTYPE-Deklarationen haben den Vorteil, dass bei Änderungen der Tabellendefinitionen automatisch bei der nächsten Ausführung des PL/SQL-Codes auch die Variablentypen aktualisiert werden.

Wie in anderen Programmiersprachen auch, können in PL/SQL an jeder beliebigen Stelle **Kommentare** untergebracht werden. Das doppelte Minuszeichen „--" wird verwendet, um einzeilige Kommentare einzufügen und die beiden Zeichen /* */ begrenzen einen mehrzeiligen Kommentar.

Beispiel

```
Pruefe      BOOLEAN;
-- Dies ist ein einzeiliger Kommentar
Faktor      CONSTANT NUMBER(2) := 10;
Kundenname  Kunden.Nachname%TYPE DEFAULT 'kein Name';
Heute       DATE DEFAULT SYSDATE;   -- bzw. ein Inline-Kommentar
Einzelteil  Teile%ROWTYPE;
/* und dies ist ein
   mehrzeiliger Kommentar */
ProdNr      Teile.TNr%TYPE;
TYPE Produkt_typ IS RECORD   (Einzelteil Teile%ROWTYPE,
                              LetzterVerkauf DATE);
TYPE Feld IS TABLE OF INTEGER;
Artikelnummern    Feld;
Statuszahlen      Feld := Feld(1,2,3);
TYPE Student_t IS RECORD (Vorname   VARCHAR2(20),
                          Nachname  VARCHAR2(20),
                          Gehalt    NUMBER(6,2));
```

PL/SQL-RECORD

Ein RECORD entspricht einem RECORD in einer 3GL-Sprache. Er hat ein oder mehrere Felder, die wieder einen skalaren, einen RECORD- oder einen anderen PL/SQL-Datentyp haben können. Wie obiges Beispiel zeigt, kann ein RECORD mittels %ROWTYPE und/oder einer Auflistung einzelner Spalten deklariert werden. Durch eine RECORD-Definition werden diese unterschiedlichen Datentypen als logische Einheit behandelt. Auf ein Record-Element wird über „recordname.elementname" zugegriffen.

Index-by-Table

Index-by-Table, auch PL/SQL-Tabellen genannt, ähneln den Java- oder C-Arrays. Es werden der Tabellentyp und eine Variable dieses Typs deklariert.

```
TYPE Tab_Typname IS TABLE OF <Datentyp> INDEX BY BINARY_INTEGER;
Index_by_Tabellenname  Tab_Typname;
```

Beispiel

```
TYPE  Zahlen_Typ IS TABLE OF NUMBER INDEX BY BINARY_INTEGER;
Zahlen Zahlen_Typ;
BEGIN
Zahlen(27) := 3;
END;
```

Elemente einer PL/SQL-Tabelle werden über einen Index referenziert. Außerdem gibt es noch eingebaute Funktionen (COUNT, DELETE, FIRST, LAST, NEXT, PRIOR, EXISTS), mit denen man in Arrays navigieren oder Werte verändern kann. Benötigt man eine mehrspaltige PL/SQL-Tabelle, dann kann man als Datentyp in der TYPE-Deklaration auch einen RECORD verwenden. Die Wertzuweisung hat, im Gegensatz zu Java, einen Doppelpunkt vor dem Gleichheitszeichen.

```
<Wertzuweisung> ::= Variablenname := <Ausdruck>;
```

Arithmetische, Vergleichs- und boolesche Operatoren sind hier die allseits bekannten, wie wir auch schon im Abschnitt 5.2.3 erläutert haben[2]. Die Typkonvertierungsfunktion CAST und die Konkatenation von Zeichenketten mittels des Operators „||" oder der CONCAT-Funktion sind auch dort bereits vorgestellt worden.

Die Funktion „DBMS_OUTPUT.PUT_LINE(String)" schreibt eine Zeile auf den SQL*PLUS-Bildschirm, wenn und nur wenn vorher die Anweisung „SET SERVEROUT-PUT ON" ausgeführt bzw. wenn die SQL*PLUS-Option „Environment/serveroutput" auf „on" umgeschaltet wurde. Ansonsten ist die Ausgabe trotz Funktionsausführung nicht zu sehen. Der „string" kann auch mittels „||" oder CONCAT aus verschiedenen Zeichenketten zusammengesetzt sein.

7.1.2 PL/SQL-Blöcke

Die kleinste Einheit von PL/SQL ist ein sogenannter PL/SQL-Block, der aus bis zu drei PL/SQL-Abschnitten bestehen kann.

Variablen- und Konstantendeklarationen haben wir bereits kennengelernt und die Cursor sowie die EXCEPTIONS werden wir in den Abschnitten 7.1.3 und 7.1.5 vorstellen. Die Definition von Unterprogrammen (subprocedure, subfunction) erfolgt in

---

2 Eine vollständige Liste aller Operatoren und ihrer Funktionalität finden Sie in [ORACLE SQL 2005, Kap. 5], [Feuerstein et al. 2005, S. 208 ff., 262 ff.].

der gleichen Weise wie die Programmdefinition im Paketrumpf (vgl. Abschnitt 7.1.2), als CREATE PROCEDURE / FUNCTION-Anweisung, nur ohne das Schlüsselwort CREATE, beginnend also mit dem Schlüsselwort PROCEDURE bzw. FUNCTION. Jede PL/SQL-Anweisung, mit Ausnahme von DECLARE, BEGIN und EXCEPTION, endet mit einem Semikolon. Zulässige Anweisungen im Ausführungsteil sind hier alle PL/SQL-Befehle (vgl. Abschnitt 7.1.4, 7.1.5), die DML- sowie die Transaktionssteuerungsbefehle. Die Syntax der SELECT-Anfrage ist um die INTO-Klausel erweitert, damit die Anfragen in PL/SQL ausführbar sind (vgl. Abschnitt 7.1.5). Für die Ausführung von SQL-DDL-Anweisungen in PL/SQL wird Native Dynamic SQL (NDS) benötigt (vgl. Abschnitt 7.1.5).

Tabelle 7.2

PL-SQL-Abschnitte

Abschnitt	Beschreibung	Vorhandensein
Deklarationsteil [DECLARE …]	Enthält Deklarationen von benutzerdefinierten Datentypen, Variablen, Konstanten, CURSOR und benutzerdefinierte EXCEPTIONS, Unterprozeduren und -funktionen …	optional
Ausführungsteil BEGIN … END;	Enthält PL/SQL-Anweisungen und bestimmte SQL-Anweisungen wie INSERT, UPDATE, DELETE, SELECT, COMMIT, ROLLBACK	erforderlich
Fehlerbehandlungsteil [EXCEPTION …]	Gibt an, welche Aktionen ausgeführt werden sollen, wenn im Ausführungsteil Fehler auftreten	optional

```
<PL/SQL-Block> ::=
    [ DECLARE
        <Deklaration>; [ <Deklaration>; ]... ]
    BEGIN
        <SQL- und PL/SQL-Anweisung>; [ <SQL- und PL/SQL-Anweisung>; ]...
    [ EXCEPTION
        <Fehlerbehandlung> ]
    END;
```

PL/SQL-Einheiten

Eine PL/SQL-Einheit enthält einen oder mehrere PL/SQL-Blöcke. PL/SQL-Blöcke können in PL/SQL-Einheiten geschachtelt werden. Werden Blöcke geschachtelt, so ist auf die Gültigkeit der Variablen und Konstanten zu achten. Auf Variablen kann im eigenen Block und in allen Unterblöcken zugegriffen werden. In übergeordneten oder Blöcken gleicher Ebene sind die Variablen nicht gültig. Für das nachfolgende Beispiel gilt u.a., dass die Variablen von Block 1 in allen anderen Blöcken gültig sind, die von Block 3 jedoch nur in Block 3 selbst.

Beispiel

```
SET SERVEROUTPUT ON;

BEGIN
  DBMS_OUTPUT.PUT_LINE('Start 1. Block');
  BEGIN
    DBMS_OUTPUT.PUT_LINE('..Jetzt bin ich im 2. Block');
    BEGIN
      DBMS_OUTPUT.PUT_LINE('...und jetzt im 3. Block');
    END;
    BEGIN
      DBMS_OUTPUT.PUT_LINE('....und jetzt im 4. Block');
    END;
    DBMS_OUTPUT.PUT_LINE('..und zurück im 2. Block');
  END;
  DBMS_OUTPUT.PUT_LINE('Ende 1. Block');
END;
/
SHOW ERRORS
```

Die beiden Anweisungen Schrägstrich „/" (Abkürzung für den SQL*PLUS-Befehl RUN) und SHOW ERRORS werden bei der Verwendung der SQL*PLUS-Oberfläche von Oracle benötigt. Bei anderen Entwicklungsoberflächen wie z.B. den TOAD[3] sind diese Programmabschlüsse nicht notwendig. Der Schrägstrich „/" beendet die Eingabe einer PL/SQL-Anweisung (hier anonymer BEGIN-END-Block) und veranlasst ihre Ausführung. Treten dabei Kompilierungsfehler auf, so werden sie mit SHOW ERRORS angezeigt. Auch die erste Anweisung SET SERVEROUTPUT ON wird nur bei SQL*PLUS benötigt. Sie sorgt dafür, dass die Ausführungen der DBMS_OUTPUT.PUT_LINE-Funktion sichtbare Bildschirmausgaben erzeugen (vgl. Abschnitt 7.1.1).

Hauptkategorien von PL/SQL-Blöcken

Auf dem Datenbankserver werden hinsichtlich der gespeicherten Routinen vier Hauptkategorien von PL/SQL-Blöcken unterschieden (vgl. Tabelle 7.3).

Die anonymen Blöcke sowie die gespeicherten Routinen unterscheiden sich im Aufbau, wie aus der Grafik ersichtlich wird:

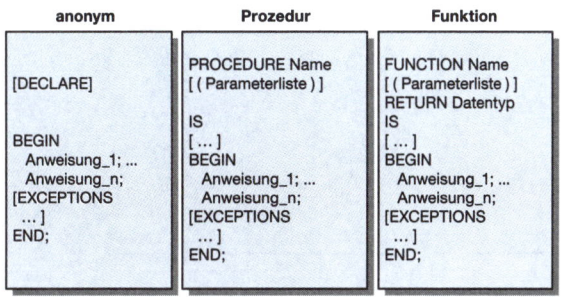

Abbildung 7.2: Struktur der PL/SQL-Blocktypen: anonym, Prozedur, Funktion

---

3 TOAD ist ein Datenbankentwicklungstool, welches in der Praxis recht weite Verbreitung gefunden hat. Es wird von Quest Software entwickelt, *http://www.quest.com/de, 05.03.06*

Tabelle 7.3

Unterscheidung der vier Hauptkategorien von PL/SQL-Blöcken

Blocktyp	Beschreibung
Anonymer Block	Unbenannter PL/SQL-Block, der in einer Anwendung (Prozedur, Funktion ...) eingebettet ist oder interaktiv eingegeben wird.
Stored Routine	Benannter PL/SQL-Block, der Parameter haben kann und als Prozedur oder Funktion definiert ist. Er wird im Datenbanksystem gespeichert und auf dem Server von der PL/SQL-Engine ausgeführt.
PACKAGE	Benannter PL/SQL-Block, der logisch verwandte Prozeduren und Funktionen, Deklarationen etc. zu einer Bibliothek zusammenfasst.
Datenbanktrigger	PL/SQL-Block, der zu einem definierten Ereignis automatisch vom Datenbankmanagementsystem aktiviert und ausgeführt wird. Da die Datenbanktrigger eigentlich ein SQL-Konzept sind, werden sie nicht hier erläutert, sondern im Abschnitt 7.3.

7.1.2.1 Gespeicherte Routinen

Zunächst beschäftigen wir uns mit den Prozeduren und anschließend mit den Funktionen, die sich nur geringfügig unterscheiden. Wenn sowohl Prozeduren als auch Funktionen gemeint sind, verwenden wir den Begriff Routine.

PL/SQL-Prozeduren sind benannte PL/SQL-Blöcke, die Parameter aufnehmen und wieder zurückgeben können. Es werden mehrere SQL- und PL/SQL-Anweisungen zu einer Einheit zusammengefasst.

```
<CREATE PRODECURE Anweisung> ::=
   CREATE [OR REPLACE] PROCEDURE Name
      [ ( <Parameterdefinition> [ , <Parameterdefinition> ]... ) ]
   IS
      [ <Deklaration>; [ <Deklaration>; ]...  ]
   BEGIN
      <SQL- und PL/SQL-Anweisung>; [ <SQL- und PL/SQL Anweisung>, ]...
   [ EXCEPTION
      <Fehlerbehandlung> ]
   END;

<Parameterdefinition>  :=  [ IN | OUT | IN OUT ] <Datentyp>
                         [ [ DEFAULT Wert ] | [ := Wert ] ]
```

Es gibt drei Typen der Parameterübergabe: IN, OUT und IN OUT. IN ist der DEFAULT-Wert, wenn der Parametertyp nicht angegeben wird. Die Paramter werden zwar mit ihrem Datentyp spezifiziert, aber ohne Längenangabe. Die ergibt sich bei der Programmausführung. Die Bedeutung der Typen wird in Tabelle 7.4 erläutert.

Beispiel

Schreiben Sie eine Prozedur „Mitteln", an die zwei Zahlen x und y übergeben werden und die als Ergebnis (x + y) / 2 liefert (vgl. MySQL, Abschnitt 7.2.2)!

```
CREATE OR REPLACE PROCEDURE Mitteln (x IN NUMBER, y IN NUMBER)
IS
    Ergebnis NUMBER(20);
BEGIN
    Ergebnis:= (x + y) / 2;
    DBMS_OUTPUT.PUT_LINE('Ergebnis = ' || Ergebnis);
END;
/
SHOW ERRORS;
SET SERVEROUTPUT ON;
EXECUTE Mitteln(7,11);
```

Tabelle 7.4

Die drei Typen der Parameterübergabe

	IN	OUT	IN OUT
Funktion	Wertübergabe beim Aufruf in das Programm hinein	Wertübergabe aus dem Programm heraus zurück an das aufrufende Objekt	Wertübergabe in initialisierter Form an die Prozedur und Rückgabe eines veränderten Werts an das aufrufende Objekt
Verhalten	verhält sich wie eine Konstante innerhalb des Programms	verhält sich wie eine nicht initialisierte Variable, die nur einen Wert aufnehmen und an das aufrufende Objekt zurückgeben kann	verhält sich wie eine initialisierte Variable, die einen Wert aufnehmen und an das aufrufende Objekt zurückgeben kann
DEFAULT-Wert	möglich; Wenn kein Wert übergeben wird beim Aufruf, wird dieser DEFAULT-Wert im Programm verarbeitet	nicht möglich	nicht möglich
Wertzuweisung im Programm	nicht möglich	erforderlich	möglich
Aufrufparameter	kann eine initialisierte Variable, Konstante, ein Ausdruck sein	muss eine Variable sein	muss eine Variable sein

Der SQL*PLUS-Befehl SHOW ERRORS zeigt die Fehler des letzten Kompiliervorgangs an. Das EXECUTE-Kommando führt in SQL*PLUS eine gespeicherte Prozedur aus und kann mit EXEC abgekürzt werden. Die Anweisung DROP PROCEDURE Prozedurname; löscht eine Prozedur wieder aus der Datenbank. Mit dem Befehl GRANT EXE-CUTE ON Prozedurname TO Benutzername; können Sie Ausführungsrechte an einzelne Benutzer vergeben, mit dem Befehl GRANT EXECUTE ON Prozedurname TO PUBLIC; räumen Sie diese Ausführungsrechte allen Benutzern ein.

Funktionen unterscheiden sich von Prozeduren im Wesentlichen darin, dass sie immer zumindest einen Rückgabewert haben und zwar in Form des RETURN-Parameters. Darüber hinaus können weitere Werte mittels der OUT- und IN OUT-Parameter zurückgegeben werden. Beim Aufruf einer Funktion werden Parameterwerte wie auch bei den Prozeduren mittels der IN- und IN OUT-Parameter übergeben. In der Regel werden Funktionen aufgrund ihres Rückgabeparameters für die Berechnung bzw. Ermittlung eines Werts programmiert.

```
<CREATE FUNCTION Anweisung> ::=
    CREATE [ OR REPLACE ] FUNCTION Name
        [ ( <Parameterdefinition> [ , <Parameterdefinition> ]... ) ]
    RETURN <Datentyp>
    IS
        [ <Deklaration>; [ <Deklaration>; ]... ]
    BEGIN
        <SQL- und PL/SQL-Anweisung>; [ <SQL- und PL/SQL-Anweisung>; ]...
    [ EXCEPTION
        <Fehlerbehandlung> ]
    END;

<RETURN Anweisung> ::= RETURN { <Variable> | <Konstante> | <Ausdruck> };
```

Die Syntax der CREATE FUNCTION-Anweisung unterscheidet sich von der CREATE PROCEDURE-Anweisung nur in der zusätzlichen RETURN-Klausel. Als Datentyp wird dort ein zulässiger PL/SQL-Datentyp angegeben. Daraus resultieren nun ein paar Abweichungen gegenüber der Prozedurausführung. Während eine Prozedurausführung bei der END-Anweisung endet, muss bei der Funktion zumindest eine RETURN-Anweisung im Aktionsteil programmiert sein, deren Aufgabe die Rückgabe des Parameters und das Beenden des Programms an genau dieser Stelle ist. Mit der Anweisung DROP FUNCTION Funktionname; wird eine Funktion wieder gelöscht.

Beispiel

Schreiben Sie eine Funktion „Gehaltssumme", die das Gesamtgehalt über alle Angestellten ermittelt (vgl. MySQL, Abschnitt 7.2.2)!

```
CREATE OR REPLACE FUNCTION Func_Gehaltssumme
RETURN NUMBER IS
  V_Summe NUMBER;
BEGIN
  SELECT SUM(Gehalt) INTO V_Summe FROM Angestellte;
  RETURN V_Summe;
END;
/
SHOW ERRORS
```

Aufruf von Funktionen in SQL*PLUS

Der Rückgabeparameter der Funktionen erfordert eine andere Aufrufart als die Prozeduren. Es gibt drei Möglichkeiten, Funktionen aufzurufen.

1. Möglichkeit: in SQL-Anweisungen Funktionen, wie hier Func_Gehaltssumme, können grundsätzlich in jedem SQL-Anfrage- und Manipulationsbefehl aufgerufen und ausgeführt werden. Sie können überall dort aufgerufen werden, wo SINGLE ROW-Funktionen aufrufbar sind (vgl. Abschnitt 5.1.2), z.B.:

```
SELECT Func_Gehaltssumme FROM Angestellte;
```

Da in der SELECT-Anweisung die Funktion für jeden Datensatz der Ergebnismenge aufgerufen wird, wird im obigen Beispiel die Funktion für jeden Datensatz der Angestelltentabelle ausgeführt. Will man eine solche Funktion garantiert nur einmal ausführen, so kann man die Pseudotabelle „DUAL" nutzen. DUAL enthält nur einen Datensatz und somit werden SELECT-Anfragen auch nur einmal ausgeführt.

```
SELECT Func_Gehaltssumme FROM DUAL;
```

2. Möglichkeit: in PL/SQL-Anweisungen Alternativ kann man die Funktion auch mittels eines geeigneten PL/SQL-Befehls ausführen. Geeignete Anweisungen sind z.B. Zuweisungen oder als Parameter eines Prozedur- oder Funktionsaufrufs. Eine andere Möglichkeit ist die Verwendung der Anzeigefunktion PUT_LINE aus dem Bibliothekspaket DBMS_OUTPUT (vgl. Abschnitt 7.1.2), womit dann die Funktion ausgeführt und gleichzeitig das Ergebnis angezeigt wird. Denken Sie aber bei SQL*PLUS daran, den SERVEROUTPUT-Parameter auf ON zu setzen (vgl. Abschnitt 7.1.1).

```
BEGIN
    DBMS_OUTPUT.PUT_LINE('Die Gehaltssumme ist: '||Func_Gehaltssumme);
END;
/

DECLARE
    V_Summe    NUMBER(10);
BEGIN
    V_Summe := Func_Gehaltssumme;
    DBMS_OUTPUT.PUT_LINE ('Die Summe der Gehälter beträgt: '||V_Summe);
END;
/
```

3. Möglichkeit: mit SQL*PLUS-Variabeln Dieser Aufruf funktioniert nur unter SQL*PLUS. Eine Sessionvariable wird definiert, mit dem Funktionswert über die EXECUTE-Anweisung gefüllt und über den PRINT-Befehl auf dem Bildschirm ausgegeben, z.B.:

```
VARIABLE Gehaltssumme NUMBER;
EXECUTE :Gehaltssumme:= Func_Gehaltssumme();
PRINT Gehaltssumme;
```

7.1.2.2 Pakete

Pakete (PACKAGES) sind Datenbankobjekte, mit denen logisch in Verbindung stehende Programmkonstrukte, wie

- Prozeduren,
- Funktionen,
- CURSOR,
- Variablen und Konstanten sowie
- EXCEPTIONS,

zu einer Einheit zusammengefasst werden. Sie haben damit eine gewisse Ordnungsfunktion. Ihre Abspeicherung erfolgt in kompilierter Form in der Datenbank.

Ein Paket besteht aus einem Spezifikationsteil und einem Rumpf, in dem die spezifizierten Objekte mit Programmcode definiert sind.

```
<CREATE PACKAGE Anweisung> ::=
    CREATE [ OR REPLACE ] PACKAGE Paketname { IS | AS }
      <Spezifikation Kopf>; [<Spezifikation Kopf>; ]...
    END [ Paketname ];
```

Die Spezifikation, auch Header genannt, enthält in der <Spezifikation Kopf> die Deklaration der Variablen, Konstanten, Prozeduren etc., die zu dem Paket gehören. Nicht alle Objekte, die im Paketrumpf definiert sind, müssen auch in der Spezifikation auftauchen, Grund dafür ist das Konzept der privaten und öffentlichen Paketobjekte (s.u.).

Beispiel

```
CREATE OR REPLACE PACKAGE Math_Pack AS
   PROCEDURE Mitteln (x IN NUMBER, y IN NUMBER);
   PROCEDURE Root (x IN NUMBER, y IN NUMBER);
   Ergebnis NUMBER;
END Math_Pack;
```

```
<CREATE PACKAGE BODY Anweisung> ::=
    CREATE [ OR REPLACE ] PACKAGE BODY Paketname { IS | AS }
      <Spezifikation Rumpf>; [<Spezifikation Rumpf>; ]...
    [ BEGIN
      <SQL- und PL/SQL-Anweisung>; [ <SQL- und PL/SQL-Anweisung>; ]... ]
    END [ Paketname ];
```

Der Paketrumpf, auch Body genannt, enthält in der <Spezifikation Rumpf> die Deklaration der lokalen Variablen, Konstanten etc. sowie die Programmdefinition aller Prozeduren und Funktionen, die zu dem Paket gehören. Er kann auch über einen eigenen Ausführungsteil (zwischen BEGIN und END) verfügen, der ausgeführt wird, wenn zum ersten Mal in einer Sitzung irgendeine Komponente des Pakets aufgerufen wird. Im Allgemeinen werden in diesem Ausführungsteil Initialisierungsaufgaben programmiert.

Beispiel

```
CREATE OR REPLACE PACKAGE BODY Math_Pack AS
   PROCEDURE Mitteln (x IN NUMBER, y IN NUMBER) IS
   BEGIN
      Ergebnis := (x + y) / 2;
      DBMS_OUTPUT.PUT_LINE('Ergebnis = ' || Ergebnis);
   END Mitteln;
   PROCEDURE Root (x IN NUMBER, y IN NUMBER) IS
   BEGIN
      Ergebnis := SQRT (x * y);
      DBMS_OUTPUT.PUT_LINE('Ergebnis = ' || Ergebnis);
   END Root;
BEGIN
  Ergebnis := 0;
END;
/
SHOW ERRORS
-- ausgeführt werden die Prozeduren mit der SQL-PLUS-Anweisung
-- EXECUTE Paketname.prozedurname
EXECUTE Math_Pack.Mitteln(7,9);
EXECUTE Math_Pack.Root(2,8);
```

Private und öffentliche Paketobjekte Je nach Platzierung eines Paketobjekts, wie Prozedur, Funktion, Variable, Konstante, Cursor etc., ist es entweder öffentlich (public) oder privat (private):

■ Alle Objekte, die in der Paketspezifikation deklariert sind, sind öffentlich (public) und können damit von außerhalb des Pakets mit Paketname.Objektname aufgerufen werden.

■ Alle Objekte, die **nur** im Paketrumpf definiert sind, sind privat (private) und können damit nur innerhalb des Pakets von den Paketroutinen aufgerufen werden.

Damit bieten Pakete die wichtige Funktion der Kapselung von Funktionalität. Alle Objekte, die nicht von außerhalb verwendet werden sollen, werden im Paket „versteckt", indem ihre Spezifikation nicht im Kopfteil vorkommt.

Beim obigen Paket Math_Pack sind die Prozeduren Mitteln und Root sowie die Variable Ergebnis öffentlich. Private Objekte gibt es nicht. Im Ausführungsteil des Paketrumpfs wird die Variable Ergebnis beim ersten Ansprechen des Pakets in der laufenden Sitzung mit 0 initialisiert.

Beispiel

```
CREATE PACKAGE XYZ
IS
  Const_4711    CONSTANT NUMBER(9) := 4711;
  PROCEDURE Proc_b   (p1   IN NUMBER);
END;
```

Die Konstante Const_4711 sowie die Prozedur Proc_b sind eine öffentliche Konstante bzw. Methode. Sie können von außerhalb des Pakets XYZ in beliebigen PL/SQL-Blöcken sowie in SQL-Anfrage- und Modifikationsanweisungen mit der Notation XYZ.const_4711 bzw. XYZ.proc_b aufgerufen werden. Wie der Paketrumpf zeigt, können Objekte auch im eigenen Rumpf ausgeführt werden.

```
CREATE PACKAGE BODY XYZ
IS
  V_d VARCHAR2(20);
  PROCEDURE Proc_a (p1 NUMBER) IS ... END;
  PROCEDURE Proc_b (p1 NUMBER) IS ... END;
  PROCEDURE Proc_c (par_1 IN OUT NUMBER) IS ...
  BEGIN
      Proc_b(v_d);
      Proc_a(const_4711);
  END;
END;
```

Die Variable V_d sowie die Prozeduren Proc_a und Proc_c sind private Methoden, die außerhalb des Pakets nicht aufgerufen werden können. Bei der Definition von Proc_c wird gezeigt, dass private wie öffentliche Objekte innerhalb des Pakets verwendet werden können.

Overloading

Beim Overloading können Paketroutinen gleich heißen: Gleichnamige Prozeduren oder Funktionen werden durch eine unterschiedliche Anzahl, eine unterschiedliche Reihenfolge von Parametern oder durch unterschiedliche Datentypen der Parameter unterschieden. Diese Funktionalität ist nicht auf Paketprogramme beschränkt, sondern für alle Subprogramme möglich, die im Deklarationsteil irgendeines PL/SQL-Blocks definiert sind. Wir zeigen diese Funktionalität beispielhaft für Paketroutinen.

Beispiel

```
CREATE OR REPLACE PACKAGE XYZ_overload
IS

    /* zulässig, da erste Deklaration*/
      PROCEDURE a (p1 NUMBER);

    /* zulässig, da eine unterschiedliche Anzahl an Parametern*/
      PROCEDURE a (p1 NUMBER, p2 VARCHAR2);

    /* zulässig, da eine unterschiedliche Reihenfolge der Parameter*/
      PROCEDURE a (p1 VARCHAR2, p2 NUMBER);

    /* zulässig, da unterschiedliche Datentypen*/
      PROCEDURE a (p1 DATE);

    /* NICHT zulässig, da weder unterschiedliche Anzahl noch
      unterschiedliche Datentypen zur 1. Definition*/

      PROCEDURE a (p3 NUMBER);

END;
/
SHOW ERRORS
```

```
CREATE OR REPLACE PACKAGE BODY XYZ_overload
IS
  -- zulässig, da erste Deklaration

  PROCEDURE a (p1 NUMBER) IS
    BEGIN DBMS_OUTPUT.PUT_LINE(p1); END;

  -- zulässig, da eine unterschiedliche Anzahl an Parametern

  PROCEDURE a (p1 NUMBER, p2 VARCHAR2) IS
    BEGIN DBMS_OUTPUT.PUT_LINE(p1||'   '||p2); END;

  -- zulässig, da eine unterschiedliche Reihenfolge der Parameter

  PROCEDURE a (p1 VARCHAR2, p2 NUMBER) IS
    BEGIN DBMS_OUTPUT.PUT_LINE(p1||'   '||p2); END;

  -- zulässig, da unterschiedliche Datentypen

  PROCEDURE a (p1 DATE) IS
    BEGIN DBMS_OUTPUT.PUT_LINE(p1); END;

  /* NICHT zulässig, da weder unterschiedliche Anzahl noch
     unterschiedliche Datentypen zur 1. Definition*/

  PROCEDURE a (p3 NUMBER) IS
    BEGIN DBMS_OUTPUT.PUT_LINE(p3); END;
END;
/
SHOW ERRORS
EXECUTE XYZ_overload.a(1);
EXECUTE XYZ_overload.a(1, 'X');
EXECUTE XYZ_overload.a('Y', 1);
EXECUTE XYZ_overload.a(SYSDATE);
```

Der Fehler „PLS-00307: too many declarations of 'A' match this call" tritt nicht beim Kompilieren auf, sondern erst beim Zugriff auf die Prozeduren, die sich vom DBMS nicht eindeutig identifizieren lassen. Die hier aufgeführten Ausführungsbefehle funktionieren nur, wenn die fehlerhafte Deklaration von Prozedur a aus Kopf und Rumpf entfernt wird.

Oracle-Bibliothek

Die sehr umfangreiche Oracle-Bibliothek besteht aus einer ganzen Reihe mitgelieferter Pakete, von denen hier einige aufgeführt werden sollen.[4]

DBMS_STANDARD   Dieses Paket enthält eigentlich die gesamte PL/SQL-Programmumgebung, wie Datentypen, EXCEPTIONS, Subprogramme (AVG, MOD, RAISE, RETURN, WHEN ...) etc. Es ist insofern ein untypisches Paket, als dass seine Objekte nicht nur über die übliche Namenskonvention Paketname.Objektname angesprochen werden können, sondern auch einfach nur mit dem Objektnamen aufgerufen werden können. Der Befehl

---

4   Für eine vollständige Übersicht verweisen wir auf die Oracle-Originalliteratur [Oracle PL/ SQL 2005], [Oracle Packages 2005] oder die Bücher [Feuerstein et al. 2005] und [Urman et al. 2005].

RAISE_APPLICATION_ERROR aus diesem Paket zur Ausgabe eigener Fehlermeldungen und zum Erzeugen eines Programmabbruchs wird beim Fehler-Handling im Abschnitt 7.1.5 erläutert.

Wir werden den Befehl auch noch bei der Triggerprogrammierung im Abschnitt 7.3 oft verwenden.

DBMS_OUTPUT bietet die Möglichkeit, Nachrichten auf dem Bildschirm z.B. beim Debuggen anzuzeigen. Wir nutzen hauptsächlich die Funktion DBMS_OUTPUT.PUT_ LINE(Text) zur Ausgabe in SQL*PLUS und DBMS_OUT-PUT.ENABLE(Buffergröße) zum Einstellen der Größe des Bildschirmbuffer.

DBMS_SQL Mit Hilfe des dynamischen SQL können SQL-Anweisungen ausgeführt werden, die erst zur Laufzeit erzeugt werden oder die sonst nicht in PL/SQL ausgeführt werden können. Dieses Paket war lange Zeit die Standardlösung für diese Problemstellung, wird jetzt aber in seiner Funktionalität immer mehr abgelöst durch das komfortablere Native Dynamic SQL (NDS, vgl. Abschnitt 7.1.5).

DBMS_JOB Die Routinen dieses Pakets unterstützen die Ausführungsplanung von Routinen mit periodischer Wiederholung. Ein häufiges Einsatzgebiet ist die automatisierte Durchführung von administrativen Tätigkeiten. Das Paket stellt auch die Schnittstelle zur Verwaltung der Job-Warteschlange bereit.

DBMS_PIPES und DBMS_AQ DBMS_PIPES stellen einen Pipe-Service zur Verfügung, der zwischen Sessions (Sitzungen) Kommunikation auf der Basis von Nachrichten ermöglicht. Der neuere Kommunikationsservice heißt Advanced Queuing (AQ) und bietet Kommunikationsdienstleistungen an, die weit über die Funktionalität des alten Pakets DBMS_PIPES hinausgehen.

DBMS_OBFUSCATION_TOOLKIT Mittels dieser Routinen können Daten auf der Basis des Data Encryption Standards (DES)[5] oder des Triple DES (3DES) ver- und entschlüsselt werden. Der DES-Algorithmus arbeitet mit 64-Bit-Schlüsseln. Eine stärkere Verschlüsselung ist bei 3DES mit 128-Bit- oder 192-Bit-Schlüsseln zu erreichen.

UTL_FILE bietet die Möglichkeit, in Dateien des Betriebssystems zu schreiben oder aus ihnen zu lesen.

HTP und HTF Diese beiden Pakete enthalten Routinen, um HTML-Seiten aus der Datenbank zu generieren.

DBMS_LOB spielt eine zentrale Rolle bei dem Umgang mit den Multimediadatentypen und enthält Funktionen und Prozeduren zum Bearbeiten von Bild-, Audio- und Videodaten sowie großen Texten, die als „large objects" in der Datenbank abgespeichert werden. Für BLOBs und CLOBs gibt es Lese- und Schreibroutinen, für BFILEs nur Leseoperationen. Die Funktionen aus dem DBMS_LOB-Paket können nicht interaktiv aufgerufen werden, sondern nur über Schnittstellen (JDBC, PL/SQL). Sie beinhalten unter anderem folgende Methoden:

---

5   Der Data Encryption Standard (DES) ist mehr als 20 Jahre praktisch im Einsatz und auch bekannt als Data Encryption Algorithmus (DEA) des American National Standards Institute (ANSI) bzw. als DEA-1 des International Standards Organization (ISO). Es ist geplant, dass DES durch den neuen Advanced Encryption Standard (AES) ersetzt wird.

Tabelle 7.5

Funktionen und Prozeduren des Pakets DBMS_LOB

Name	Beschreibung
APPEND	Hängt die Inhalte eines LOB-Werts an einen anderen LOB-Wert an
CLOSE	Schließt einen zuvor geöffneten internen oder externen LOB
COMPARE	Vergleicht zwei LOB-Werte
CONVERTOCLOB	Liest Character-Daten aus einer Quell-CLOB- oder NCLOB-Instanz, konvertiert die Character-Daten in die vorgegebenen Zeichen und hängt die konvertierten Daten im binären Format an eine Ziel-BLOB-Instanz an
COPY	Kopiert den gesamten LOB oder bestimmte Teile in ein Ziel-LOB
CREATETEMPORARY	Legt einen temporären BLOB- oder CLOB-Index Wert an
ERASE	Löscht den LOB ganz oder teilweise
FILECLOSE	Schließt die Datei
FILECLOSEALL	Schließt alle zuvor geöffneten Dateien
FILEEXISTS	Prüft, ob die Datei vorhanden ist
FILEGETNAME	Liest den Dateinamen und den Verzeichnisnamen
FILEISOPEN	Prüft, ob die Datei mithilfe des Eingabe-BFILE-Locator geöffnet wurde
FILEOPEN	Öffnet eine Datei
FREETEMPORARY	Gibt das temporäre BLOB oder CLOB im standardmäßigen temporären Tablespace des Benutzers frei
GET_STORAGE_LIMIT	Liefert das Speicherlimit für LOBS in Ihrer Datenbankkonfiguration
GETCHUNKSIZE	Liefert den Speicherplatz des LOB-Wertes
GETLENGTH	Holt die Länge des LOB-Wertes ab
INSTR	Liefert die Position eines Musters im LOB
ISOPEN	Prüft, ob das LOB bereits mithilfe des Eingabe-Locator geöffnet wurde
ISTEMPORARY	Prüft, ob der Locator auf einen temporären LOB zeigt
LOADBLOBFROMFILE	Lädt BFILE-Daten in einen internen BLOB
LOADCLOBFROMFILE	Lädt BFILE-Daten in einen internen CLOB
LOADFROMFILE	Lädt BFILE-Daten in einen internen LOB
OPEN	Öffnet ein LOB (intern, extern oder temporär) im angegebenen Modus
READ	Liest die Daten des LOB ab der vorgegebenen Position
SUBSTR	Liefert Teile des LOB-Werets ab der vorgegebenen Position
TRIM	Kürzt den LOB-Wert auf die vorgegebene Länge
WRITE	Schreibt die Daten ab der vorgegebenen Position in das LOB
WRITEAPPEND	Schreibt einen Puffer an das Ende des LOB

Beispiel

zur Verwendung der LOB-Funktionen

Mit dieser Anweisung wird eine Tabelle mit LOB-Spalten angelegt:

```
CREATE TABLE Mitarbeiter (
  Name VARCHAR(30),
  Bild BLOB,
  Bilddatei BFILE,
  Bewerbung CLOB,
  Bewerbungdatei BFILE);
```

Mit der nächsten Anweisung wird ein Verzeichnis angelegt, in dem die Daten für die BLOB-Dateien zu finden sind. Das Verzeichnis muss auf dem gleichen Server liegen, auf dem auch der Datenbankserver installiert ist.

```
CREATE DIRECTORY BLOB_DIRECTORY AS
    '/oracle/OraHome1/blob_verzeichnis/';
INSERT INTO Mitarbeiter VALUES ('Meier',
                      EMPTY_BLOB(),
                      BFILENAME('BLOB_DIRECTORY', 'Meier.gif'),
                      EMPTY_CLOB(),
                      BFILENAME('BLOB_DIRECTORY', 'Meier.txt')
);
```

Dieser INSERT-Befehl initialisiert die BLOB-Spalten BILD und Bewerbung mittels der Funktionen EMPTY_BLOB() bzw. EMPTY_CBLOB() und lädt mit der Funktion BFILE-NAME einen Zeiger auf ein BFILE in die entsprechenden Spalten.

```
CREATE OR REPLACE PROCEDURE setBewerbung (InputName IN VARCHAR2)
IS Textdaten CLOB;
   Datei     BFILE;
BEGIN
   SELECT Bewerbung, Bewerbungdatei
   INTO Textdaten, Datei
   FROM Mitarbeiter
   WHERE Name = InputName FOR UPDATE;
   DBMS_LOB.FILEOPEN(Datei, DBMS_LOB.FILE_READONLY);
   DBMS_LOB.LOADFROMFILE(Textdaten, Datei, DBMS_LOB.GETLENGTH(Datei));
   DBMS_LOB.FILECLOSE(Datei);
   UPDATE Mitarbeiter
   SET Bewerbung = Textdaten
   WHERE Name = InputName;
END;
/

EXECUTE setBewerbung('Meier');
```

Die Prozedur SetBewerbung lädt die BFILE-Daten der Bewerbungsdatei in eine lokale Varibale Datei vom Typ BFile, die zum Namen des Mitarbeiters passt, der der Prozedur setBewerbung als Übergabeparameter übergeben wird. SELECT FOR UPDATE ist notwendig, um die Daten für die weitere Bearbeitung vorübergehend zu sperren. Anschließend wird auf diesen Mitarbeiter (hier: Name = 'Meier') ein UPDATE durchgeführt, das die CLOB-Spalte mit einem Wert füllt. Die Prozedur wird über EXCEUTE ausgeführt.

Mit der nun folgenden Prozedur showBewerbung wird die CLOB-Spalte angezeigt:

```
SET SERVEROUTPUT ON;
CREATE OR REPLACE PROCEDURE showBewerbung (InputName IN VARCHAR2)
IS Puffer VARCHAR(60);
    Textdaten CLOB;
    Textlaenge DECIMAL;
    Position DECIMAL;
BEGIN
    Textlaenge := 60;
    Position := 1;
    SELECT Bewerbung INTO Textdaten
    FROM Mitarbeiter
    WHERE Name = InputName;
    DBMS_LOB.READ(Textdaten, Textlaenge, Position, Puffer);
    DBMS_OUTPUT.PUT_LINE(Puffer);
END;
/

EXECUTE ShowBewerbung('Meier');
```

7.1.3 Ablaufsteuerung und Kontrollstrukturen

Wie in jeder anderen Programmiersprache auch, gibt es in PL/SQL verschiedene Konstrukte, um Ablaufsteuerung und Kontrollstrukturen zu unterstützen. Auch hier können wir nur die gängigsten besprechen.

In PL/SQL gibt es:

- Sequenzen von PL/SQL-Anweisungen, die durch Semikolon getrennt werden
- Bedingte Verzweigungen mit IF und CASE
- Verschiedene Schleifen: Basisschleife ohne Bedingung LOOP, FOR-, WHILE- und CURSOR-Schleifen
- Eine EXIT-Anweisung zum Verlassen von Schleifen

7.1.3.1 Bedingte Verzweigungen

```
<IF Anweisung> ::=
  IF <Bedingung> THEN
     <SQL- und PL/SQL-Anweisung>; [ <SQL- und PL/SQL-Anweisung>; ]...
  [ ELSIF <Bedingung> THEN
     <SQL- und PL/SQL-Anweisung>; [ <SQL- und PL/SQL-Anweisung>; ]... ]...
  [ ELSE
     <SQL- und PL/SQL-Anweisung>; [ <SQL- und PL/SQL-Anweisung>; ]... ]
  END IF;
```

Die Bedingungen sind boolesche Bedingungen beliebiger Komplexität und unterscheiden sich nur geringfügig von den Suchbedingungen, die wir im Abschnitt 5.5 für die WHERE-Klausel eingeführt haben. Anders als in der WHERE-Klausel können die Spaltennamen der Tabellen nicht verwendet werden, da sich die IF-Anweisung nicht auf eine Tabelle bezieht. Stattdessen werden PL/SQL-Variablen benutzt. Aber auch hier liegt eine dreiwertige Logik zugrunde. Das Ergebnis der Auswertung kann TRUE,

FALSE oder NULL (unbekannt) sein. Es können auch Aufrufe von PL/SQL-Funktionen sein, die einen booleschen Rückgabewert haben. Wenn die Bedingung TRUE ist, werden die Anweisungen im THEN-Zweig ausgeführt und anschließend wird zum END IF gesprungen. Ist sie FALSE oder NULL, wird der nächste Zweig abgearbeitet. Dieser nächste Zweig kann ein END IF sein, so dass ohne Ausführen von irgendwelchen Anweisungen die IF-Anweisung beendet wird. Er kann ein ELSE sein, dessen Anweisungen in dem Fall ausgeführt werden, oder er kann ein ELSIF sein, bei dem wieder eine Bedingung zu prüfen ist. Es sind beliebig viele ELSIF-Klauseln erlaubt. Wenn es weitere ELSIF-Zweige gibt, so werden deren Bedingungen, sobald eine zu TRUE ausgewertet wurde, nicht mehr geprüft. Nur eine ELSE-Klausel ist zulässig. Auf die Erläuterung der CASE-Anweisung verzichten wir hier, da sie funktionell mit einer IF-ELSIF-Anweisung simuliert werden kann. Ihr Vorteil liegt in besseren Laufzeiten, wenn die gleiche Bedingung in mehreren ELSIF-Zweigen wiederholt ausgewertet werden muss.

Beispiel[6]

```
IF    V_Anzahl = 0 THEN V_Ausgabe := 'A';
ELSIF V_Anzahl = 1 THEN V_Ausgabe := 'B';
ELSIF V_Anzahl = 2 THEN V_Ausgabe := 'C';
ELSE  V_Ausgabe := 'Weder A noch B noch C';
END IF;
```

7.1.3.2 Schleifen

Die einfachste Schleife besteht aus Wiederholungen zwischen den Schlüsselwörtern LOOP und END LOOP. Eine der Anweisungen innerhalb der Schleife muss eine EXIT-Anweisung sein. Da die Basisschleife ohne irgendeine Bedingung formuliert wird, fehlt sonst ein Terminierungskriterium und die Schleife wird endlos durchlaufen. Mit der EXIT-Anweisung können auch die anderen Schleifentypen vorzeitig verlassen werden. Für die Bedingung hier gelten die gleichen Aussagen wie bei der IF-Anweisung.

```
<LOOP-Schleife> ::=
   LOOP
     <SQL- und PL/SQL-Anweisung>;  [ <SQL- und PL/SQL-Anweisung>; ]...
   END LOOP;

<EXIT Anweisung>  ::=  EXIT [ WHEN <Bedingung> ];
```

Beispiel[7]

```
V_zaehler:= 0;
LOOP
  V_zaehler:= V_zaehler + 1;
  INSERT INTO Zaehler_Tabelle VALUES (V_zaehler);
  EXIT WHEN V_zaehler = 10;
END LOOP;
```

---

6   vgl. MySQL, Abschnitt 7.2.3
7   vgl. MySQL, Abschnitt 7.2.3

Als Zählerschleife gibt es die FOR-Schleife.

```
<FOR-Schleife> ::=
  FOR  Indexvariable  IN [REVERSE]  Untergrenze .. Obergrenze  LOOP
    <SQL- und PL/SQL-Anweisung>;  [ <SQL- und PL/SQL-Anweisung>; ]...
  END LOOP;
```

Der Index durchläuft einen Bereich, der die Werte der unteren und oberen Grenze mit einschließt. Bei den gegebenenfalls negativen Grenzwerten muss es sich nicht um ein numerisches Literal, eine Variable oder Konstante handeln, es können auch Ausdrücke sein, die numerische Werte zurückliefern. Bei der Schleifenausführung werden solche Ausdrücke aber nur beim ersten Auswerten der Schleifenbedingung ausgewertet, dann sind die Grenzen fix für alle Wiederholungen. Die Indexvariable ist eine ganzzahlige Variable, die implizit deklariert wird. Sie wird immer um den Wert 1 inkrementiert oder dekrementiert. Außerhalb der Schleife ist sie nicht zugreifbar und innerhalb kann sie nur als Konstante verwendet werden. Die Option REVERSE gibt an, dass der Index bei jedem Schleifendurchlauf erniedrigt wird.

Beispiel

Schreiben Sie eine Prozedur, die zu einer natürlichen Zahl die Fakultät 1*2*3*4...*n berechnet!

```
CREATE OR REPLACE PROCEDURE Fakultaet (n NUMBER) IS
  Ergebnis NUMBER;
BEGIN
  Ergebnis:= 1;
  FOR i IN 1..n LOOP
    Ergebnis := Ergebnis * i;
  END LOOP;
  DBMS_OUTPUT.PUT_LINE
    ('Die Fakultät von '||n||' ist: '|| Ergebnis);
END;
/
SHOW ERRORS
EXECUTE Fakultaet(4);
```

Neben der Zählschleife gibt es noch eine kopfgesteuerte WHILE-Schleife, die so lange wiederholt wird, bis die kontrollierende Bedingung nicht mehr „TRUE" ist. Auch hier ist wieder eine beliebige Bedingung zulässig, wie wir sie für die IF-Anweisung vorgestellt haben.

```
<WHILE-Schleife> ::=
WHILE <Bedingung> LOOP
    <SQL- und PL/SQL-Anweisung>;  [ <SQL- und PL/SQL-Anweisung>; ]...
  END LOOP;
```

> **Beispiel**

In einer Prozedur soll für den übergebenen Wert die Fakultät berechnet werden (vgl. MySQL, Abschnitt 7.2.3).

```
CREATE OR REPLACE PROCEDURE Fakultaet (n NUMBER) IS
  Ergebnis NUMBER := 1;
  i        NUMBER := 1;
BEGIN
  WHILE i < n+1 LOOP
    Ergebnis := Ergebnis * i;
    i := i+1;
  END LOOP;
  DBMS_OUTPUT.PUT_LINE ('Die Fakultät von '||n||' ist: ' ||Ergebnis);
END;
/
SHOW ERRORS
EXECUTE Fakultaet (3);
```

7.1.4 Datenbankzugriffe innerhalb von PL/SQL

Ein großer Vorzug der Programmierung mit PL/SQL ist die unproblematische Verwendung von SQL-Anweisungen. Damit orientiert sich Oracle im Konzept und in der Syntax genau am SQL-Standard. Ohne irgendwelche Schnittstellenkonstrukte werden die SQL-Anweisungen genauso wie die PL/SQL-Anweisungen geschrieben.

7.1.4.1 SQL-Anweisungen

In PL/SQL-Blöcken können Sie:

- SELECT-, INSERT-, UPDATE- oder DELETE-Anweisungen einbauen,
- Transaktionen mit COMMIT oder ROLLBACK kontrollieren sowie
- das Ergebnis von SQL-Anweisungen mit CURSORn weiterverarbeiten.

In PL/SQL-Blöcken sind nicht erlaubt:

- DDL-Anweisungen wie CREATE, ALTER, DROP und
- die Vergabe von Benutzerrechten mit GRANT oder REVOKE.

Während die INSERT-, UPDATE- und DELETE-Anweisungen exakt den SQL-Anweisungen entsprechen, gibt es bei SELECT-Anweisungen einen Unterschied, da das Ergebnis eines SELECT in einer Variablen gespeichert werden muss.

```
<SELECT INTO Anweisung> ::=
    <SELECT Klausel>
    INTO ( Variablenname [ , Variablenname ]... ) | Recordname
    <FROM Klausel>
    [ <WHERE Klausel> ]
    [ <GROUP BY Klausel> ]
    [ <HAVING Klausel> ]
    [ <ORDER BY Klausel ];
```

Mit der INTO-Komponente wird das Ergebnis der SELECT-Anweisung in eine PL/SQL-Variable oder einen PL/SQL-RECORD geschrieben. Die Namen der Variablen sollten sich von den Spaltennamen der Tabellen unterscheiden, um Verwechslungen auszuschließen. Die Datentypen der Ausgabevariablen der INTO-Komponente müssen mit den Datentypen der Datenbankspalten der SELECT-Komponente übereinstimmen, ebenso die Reihenfolge mit korrespondierenden Typen, denn die Zuweisung zwischen SQL-Spalten und PL/SQL-Variable erfolgt nicht über die Namen, sondern über die Position. Bei der Deklaration der INTO-Variablen und -RECORDS ist die Verwendung der %TYPE-bzw. %ROWTYPE-Syntax sinnvoll, um Datentypkompatibilität zu gewährleisten.

Dieser SELECT INTO-Befehl hat eine wichtige Besonderheit bei der Ausführung: Er wird nur dann korrekt ausgeführt, wenn genau ein Datensatz aus der Datenbasis selektiert wird. Nur in diesem Fall wird die Programmausführung „ganz normal" bei der nachfolgenden Anweisung fortgesetzt. Besteht die Ergebnismenge aus mehreren Datensätzen oder ist sie leer, dann tritt ein TOO_MANY_ROWS- bzw. ein NO_DATA_FOUND-Ausführungsfehler auf. Bei einem solchen Fehler bricht der SELECT INTO-Befehl ab und die Programmausführung springt an das Ende des Ausführungsteils. Ist die entsprechende EXCEPTION definiert, dann wird die dort programmierte Fehleraktion ausgeführt. Sind die passenden EXCEPTIONS nicht spezifiziert, bricht das Programm fehlerhaft ab (vgl. Abschnitt 7.1.5). Aufgrund dieser Besonderheit bei der Ausführung sollte ein SELECT INTO grundsätzlich zusammen mit diesen beiden EXCEPTIONS programmiert werden. Der SELECT INTO-Befehl ist zum einen gut zu verwenden, wenn nur ein Ergebnisdatensatz zu erwarten ist. Das ist z.B. der Fall, wenn Aggregatfunktionen wie MIN, MAX, COUNT, SUM, AVG ... ohne Gruppierungen (ohne GROUP BY-Klausel) ausgewertet werden oder wenn mit einem Gleichheitsvergleich („=") auf den Primärschlüssel oder andere Eindeutigkeitsschlüssel (UNIQUE KEYs) zugegriffen wird. Zum anderen wird der SELECT INTO-Befehl aber auch angewendet, wenn es um Tests geht. Je nachdem, wie das Ergebnis ist, ob ein, kein oder mehrere Datensätze gefunden wurden, wird hinter der SELECT INTO-Anweisung oder bei den EXCEPTIONS mit NO_DATA_FOUND bzw. mit TOO_MANY_ROWS fortgefahren. Hier kann es dann sein, dass aufgrund der Anwendungslogik diese Ausführungsfehler gar keine Fehler im Sinne der Anwendung sind (keine semantischen Fehler) und dass das Programm in den oder einer der EXCEPTIONS ganz normal weiterläuft.

Beispiel

eine kleine Torstatistik mit SELECT INTO-Befehl
Es soll im WM-Schema Rollo eine Prozedur geschrieben werden, die eine kleine Torstatistik führt und die maximale, minimale und durchschnittliche Torminute für alle Tore anzeigt, bei denen die Zeit bekannt ist. Die Torminute 999 steht für Tore, die durch Elfmeter erzielt wurden. Diese Sätze sollen nicht berücksichtigt werden (vgl. MySQL, Abschnitt 7.2.4).

```
CREATE OR REPLACE PROCEDURE Kleine_Torstatistik
IS
  V_min     NUMBER(3);
  V_max     NUMBER(3);
  V_avg     NUMBER(5,2);
```

```
BEGIN
  SELECT MIN(Minute), MAX(Minute), AVG(Minute)
  INTO   V_min, V_max, V_avg
  FROM   Tore
  WHERE  Minute <999;
  DBMS_OUTPUT.PUT_LINE('Maximale Torminute: ' || V_max);
  DBMS_OUTPUT.PUT_LINE('Minimale Torminute: ' || V_min);
  DBMS_OUTPUT.PUT_LINE('Durchschnittliche Torminute: '|| V_avg);
END;
/
SHOW ERRORS
EXEC Kleine_Torstatistik;
```

In diesem Beispiel kann auf die beiden Standard-EXCEPTIONS verzichtet werden, da es sich hierbei um ungruppierte Aggregationen handelt, die auf jeden Fall nur ein Ergebnis liefern. Der einzige Ausnahmefall tritt ein, wenn keine Datensätze in der Toretabelle gespeichert sind. Ein Fall, der sicherlich nicht sehr häufig vorkommt. Aber selbst dann werden die Aggregationen eben über die leere Menge ausgeführt und liefern NULL als Ergebnis zurück – also wird keine EXCEPTION ausgelöst.

Beispiel

eine kleine Spieltagsstatistik mit SELECT INTO-Befehl

Schreiben Sie eine Prozedur, der die Nummer eines Spieltags übergeben wird. Für diese übergebene Nummer wird zuerst getestet, ob es ein vorhandener Spieltag ist. Anschließend werden aus den Informationen der Ergebnisspalte die Summe der Tore und die Anzahl der unentschiedenen Spiele für diesen Spieltag ermittelt (vgl. PL/SQL, Abschnitt 7.1.5).

```
CREATE OR REPLACE PROCEDURE Spieltagstatistik (P_Tag IN NUMBER) IS
  V_Torsumme        NUMBER;
  V_unentschieden   NUMBER;
  V_Tag             NUMBER;

BEGIN
  -- Test, ob p_tag ein Spieltag ist
  SELECT  DISTINCT Spieltag INTO  V_tag
    FROM  Spiele
    WHERE Spieltag = P_Tag;

  SELECT  SUM(SUBSTR(Ergebnis,1,INSTR(Ergebnis,':')-1)
          + SUBSTR(Ergebnis,INSTR(Ergebnis,':')+1,LENGTH(Ergebnis)))
    INTO  V_Torsumme
    FROM  Spiele
    WHERE Spieltag = P_Tag;
  DBMS_OUTPUT.PUT_LINE( CONCAT('Summe der Tore: ',V_Torsumme));

  SELECT  COUNT(*) INTO V_unentschieden
    FROM  Spiele
    WHERE spieltag = p_tag
    AND   SUBSTR(Ergebnis,1,INSTR(Ergebnis,':')-1) =
          SUBSTR(Ergebnis,INSTR(Ergebnis,':')+1,LENGTH(Ergebnis));
  DBMS_OUTPUT.PUT_LINE( CONCAT
    ('Anzahl unentschiedener Spiele an dem Tag: ',V_Unentschieden));
```

```
EXCEPTION
-- WHEN TOO_MANY_ROWS THEN DBMS_OUTPUT.PUT_LINE
--   ('Zuviele Sätze gefunden!!!');
WHEN NO_DATA_FOUND  THEN DBMS_OUTPUT.PUT_LINE('Kein Satz gefunden in
                                 der Spieltagstatistik!!!');
END;
/
SHOW ERRORS

CALL Spieltagstatistik (1);
CALL Spieltagstatistik (2);
-- Diesen Spieltag gibt es nicht
CALL Spieltagstatistik (23);
```

In Vorgriff auf die im Abschnitt 7.1.5 ausführlich erläuterte Fehlerbehandlung mittels EXCEPTION haben wir hier das Beispiel schon mal mit den beiden Fehlern NO_DATA_FOUND und TOO_MANY_ROWS komplettiert, damit Sie erst gar nicht den Eindruck bekommen, man könne – außer bei wohl begründeten Ausnahmen wie in diesem Fall – auf eine oder gar beide EXCEPTIONS verzichten. Beide Beispiele sollen Ihnen schon mal ein Gefühl dafür vermitteln, dass bei jedem SELECT INTO eigene Überlegungen angestellt werden müssen, ob und welche Fehlerfälle auftreten und damit behandelt werden müssen. Wenn Sie die Option DISTINCT bei der Testanfrage weglassen, können Sie den Fehler TOO_MANY_ROWS ausprobieren.

7.1.4.2   Das CURSOR-Konzept

Vor dem Hintergrund, dass man als Programmierer ja auch mal Mengen von Datensätzen verarbeiten möchte und nicht immer nur einen Satz, stellt die Eigenschaft der SELECT INTO-Anweisung, nicht mehrere Ergebnisdatensätze zurückgeben zu können, ein echtes Manko dar. Will man aber mit einer prozeduralen Programmiersprache eine Datensatzmenge verarbeiten, dann stößt man auf das „Impendence Mismatch"-Problem (siehe ▶ Abbildung 7.3). Der Grund ist, dass das DBMS eine Datensatzmenge unbekannter Größe zurückliefert und dass die Variablen im Programm nur einen Datensatz aufnehmen können. Um also eine Menge von Datensätzen aus der Datenbasis im Programm verarbeiten zu können, muss ein sogenannter CURSOR mit einer SELECT-Anfrage deklariert werden (siehe ▶ Abbildung 7.3). Für diesen Cursor wird dann ein Zwischenspeicherbereich reserviert. Das Programm schickt die Anfrage an das Datenbankmanagementsystem, das sie auswertet und dann die Ergebnismenge in den reservierten Zwischenspeicherbereich schreibt. Das PL/SQL-Programm greift auf diesen Zwischenspeicher zu, indem es die dortige Ergebnisdatenmenge in einer Schleife Datensatz für Datensatz abarbeitet. Dieses CURSOR-Konzept findet sich in seinen Grundzügen und unter anderem Namen bei eigentlich allen prozeduralen Sprachen wieder, die über eine SQL-Schnittstelle verfügen (vgl. RESULT SET (Abschnitt 6.2.1) bei JDBC und ITERATOR bei SQLJ (Abschnitt 6.2.2)).

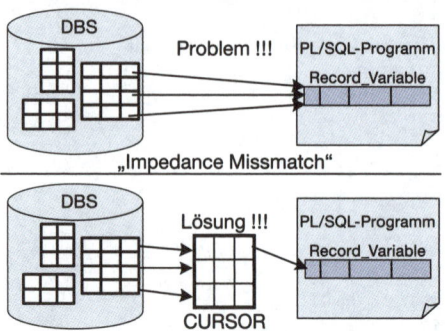

Abbildung 7.3: Grundidee eines CURSORs

In PL/SQL unterscheidet man je nach Art der Deklaration explizite und implizite CURSOR.

Tabelle 7.6

Implizite und explizite Cursor

Typ	Beschreibung
Implizite CURSOR	Werden implizit von PL/SQL für jede SELECT-Anweisung (SELECT INTO, CURSOR FOR-Schleifen,…) definiert und hier nicht weiter betrachtet. Sie sind eine komfortable Kurzschreibweise der expliziten CURSOR.
Explizite CURSOR	Werden vom Programmierer deklariert und dienen zur Weiterverarbeitung der Ergebnismengen von SELECT-Anweisungen. Da hier für jeden Verarbeitungsschritt explizit die Befehle angegeben werden, wollen wir diese Syntax verwenden, damit für Sie das dahinter liegende Konzept offensichtlicher wird. Auf das Konzept der REF-Cursor gehen wir hier auch nicht weiter ein.[8]

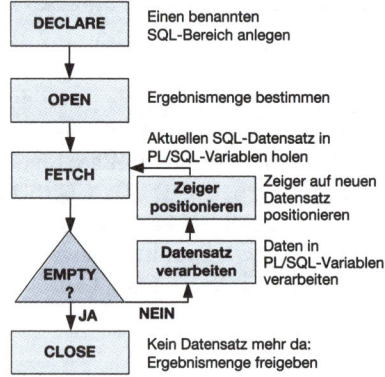

Abbildung 7.4: Ausführen eines CURSORs

---

8   REF-Cursor basieren auf Cursor-Variablen, die mehr Flexibilität ermöglichen, da sie nicht an eine bestimmte Anfrage fest gebunden sind. Nähere Informationen finden Sie in [Oracle PL/SQL 2005, Kap. 6].

Arbeitsweise von CURSORn ▶ Abbildung 7.4 gibt einen Überblick über die Schritte, die bei der Ausführung eines CURSOR gemacht werden.

- **DECLARE**: Als erstes wird der CURSOR im Deklarationsteil des PL/SQL-Blocks definiert, das heißt, er bekommt einen Namen und eine SELECT-Anweisung, die beliebig komplex sein kann. Eine INTO-Klausel ist weder erlaubt noch notwendig. Damit verbunden ist intern das Anlegen eines benannten Zwischenspeicherbereichs für die Aufnahme der Ergebnismenge. Alle weiteren Schritte werden im Ausführungsteil durchgeführt.

- **OPEN**: Beim Öffnen eines CURSOR wird die zugehörige SELECT-Anfrage an das Datenbankmanagementsystem geschickt und dort ausgewertet. Von dort wird die Ergebnismenge in den benannten Speicherbereich geladen, was heißt, dass während der gesamten Zeit der CURSOR-Verarbeitung die Ergebnisdatenmenge unverändert bleibt. Nach der OPEN-Anweisung parallel von anderen Transaktionen durchgeführte Manipulationen haben keinen Einfluss mehr auf die Ergebnisdaten, die ja bereits als Kopie im Zwischenspeicherbereich vorliegen.

- **FETCH**: In PL/SQL ist ein Zeiger (CURSOR) nach dem Öffnen sofort auf den ersten Datensatz dieser Ergebnismenge positioniert, so dass mit einer FETCH-Anweisung dieser Satz aus dem benannten Speicherbereich in die lokalen PL/SQL-Variablen hinein ausgelesen werden kann. Als zusätzliche Funktion positioniert die FETCH-Anweisung den Zeiger auch noch auf den nächsten Datensatz im Zwischenspeicher[9].

- **EMPTY**: Bevor der gerade eingelesene Datensatz verarbeitet wird, muss geprüft werden, ob überhaupt Daten ausgelesen werden konnten oder ob die Variablen leer sind, weil kein Datensatz mehr im Zwischenspeicherbereich war.

- **Verarbeiten und Positionieren**: War der letzte FETCH hingegen erfolgreich in dem Sinne, dass ein Datensatz in die lokalen Variablen geladen werden konnte, so können diese Daten nun verarbeitet werden. Anschließend wird der Zeiger auf den nächsten Datensatz im Zwischenspeicherbereich positioniert und die Schleife erneut durchlaufen.

- **CLOSE**: War der letzte FETCH nicht erfolgreich, d.h., sind die lokalen Variablen leer, dann heißt dass, dass alle Datensätze abgearbeitet sind und die Schleife verlassen werden kann. Beim Schließen des CURSOR wird der damit verbundene Zwischenspeicherbereich wieder freigegeben.

```
<CURSOR Deklaration> ::= CURSOR Cursorname  IS  <SELECT Anweisung>;
```

Beispiel

```
CURSOR Ang_Cursor IS SELECT   Ang_Nr, Abt_Nr, Nachname, Gehalt
                     FROM     Angestellte
                     ORDER BY Abt_Nr;
```

---

9 Andere, vergleichbare Programmierkonstrukte, wie das ResultSet von JDBC (Abschnitt 6.2.2) bieten flexiblere Navigationsmöglichkeiten an.

```
<OPEN Anweisung> ::= OPEN Cursorname;

<FETCH Anweisung> ::=
     FETCH Cursorname
        INTO ( Variablename [ , Variablename ]... | Recordname);
```

Mit der FETCH-Anweisung werden die Werte der aktuellen Zeile in die Ausgabevariablen oder einen Ausgabe-Record gelesen. Sie stehen somit einer weiteren internen Verarbeitung zur Verfügung. (Record-)Variablen und Spalten der Tabelle müssen die gleichen Datentypen haben.

Beispiel

```
FETCH Ang_Cursor INTO V_Ang_Nr, V_Abt_Nr, V_Nachname, V_Gehalt;
```

Wenn Sie mehrere Zeilen aus einem expliziten CURSOR auslesen wollen, definieren Sie eine Schleife, die bei jedem Durchlauf einen FETCH ausführt. Wenn alle Zeilen abgearbeitet wurden, wird die Eigenschaft %NOTFOUND des CURSORs vom Datenbankmanagementsystem auf TRUE gesetzt und die Schleife kann mit EXIT verlassen werden. Mit der CLOSE-Anweisung wird dann der CURSOR geschlossen.

```
<CLOSE Anweisung> ::= CLOSE Cursorname;
```

Attribute von expliziten CURSORn Der Status eines CURSORs kann abgefragt werden, indem Sie dem Attributnamen den CURSOR-Namen voranstellen:

Tabelle 7.7

CURSOR-Attribute

CURSOR-Attribut	Beschreibung
%ISOPEN	Boolesches Attribut, das TRUE ist, wenn der CURSOR geöffnet ist
%NOTFOUND	Boolesches Attribut, das TRUE ist, wenn die letzte FETCH-Anweisung keine Zeile mehr liefert
%FOUND	Gegenteil von %NOTFOUND
%ROWCOUNT	Gesamtanzahl der bisher gelesenen Zeilen; leider gibt es keine Möglichkeit, zu erfahren, wie groß die Ergebnismenge überhaupt ist.

Beispiel 1

eines CURSORs
Geben Sie die ersten fünf Angestellten (in alphabetischer Reihenfolge) auf dem Bildschirm aus (vgl. MySQL, Abschnitt 7.2.4)!

```
CREATE OR REPLACE PROCEDURE Ang_Fuenf IS
  V_Abt_Nr      NUMBER;
  V_Nachname    VARCHAR2(20);
  CURSOR Ang_Cur IS
       SELECT Abt_Nr, Nachname
        FROM Angestellte
       ORDER BY Nachname;
BEGIN
  OPEN Ang_Cur;
  LOOP
    FETCH Ang_Cur INTO V_Abt_Nr, V_Nachname;
    EXIT WHEN Ang_Cur%NOTFOUND OR Ang_Cur%ROWCOUNT > 5;
      DBMS_OUTPUT.PUT_LINE('Abt: '     || V_Abt_Nr   || '    ' ||
                              'Name: '   || V_Nachname);
  END LOOP;
  CLOSE Ang_Cur;
END;
/
SHOW ERRORS
EXEC Ang_Fuenf;
```

Beispiel 2

eines CURSORs

Alle Angestellten werden abteilungsweise auf dem Bildschirm ausgegeben. Die Ausgabe wird abgeschlossen mit der Angabe der Gehaltssumme aller Angestellten sowie dem durchschnittlichen Gehalt aller Angestellten (vgl. MySQL, Abschnitt 7.2.4).

```
CREATE OR REPLACE PROCEDURE Angestellte_ausgeben
IS
  V_Nachname    VARCHAR2(20);
  V_Gehalt      NUMBER;
  V_Abt_Nr      NUMBER;
  V_Summe       NUMBER := 0;
  V_Avg         NUMBER := 0;
  C_Trenn       CONSTANT VARCHAR2(4):= ',   ';

  CURSOR Ang_Cursor IS
  SELECT Abt_Nr, Nachname, Gehalt
  FROM   Angestellte
  ORDER BY Abt_Nr;
BEGIN
  DBMS_OUTPUT.ENABLE(20000);
  OPEN  Ang_Cursor;
  FETCH Ang_Cursor INTO V_Abt_Nr, V_Nachname, V_Gehalt;
  WHILE Ang_Cursor%FOUND LOOP
    DBMS_OUTPUT.PUT_LINE('Abteilung: '||V_Abt_Nr|| C_Trenn ||
                          'Name: ' || V_Nachname || C_Trenn ||
                          'Gehalt: '||TO_CHAR(V_Gehalt,'99999'));
    FETCH Ang_Cursor INTO V_Abt_Nr, V_Nachname, V_Gehalt;
  END LOOP;
  CLOSE Ang_Cursor;
```

```
SELECT   SUM(Gehalt), AVG(Gehalt)
   INTO  V_Summe, V_Avg
   FROM  Angestellte;
DBMS_OUTPUT.PUT_LINE('Die Gehaltssumme aller Angestellten beträgt: '
                    ||TO_CHAR(V_Summe,'999999')
                    ||' und das durchschnittliche Gehalt: '
                    ||TO_CHAR(V_Avg,'999999'));
END;
/
SHOW ERRORS
EXECUTE Angestellte_ausgeben;
```

7.1.4.3   Dynamisches SQL mit Native Dynamic SQL (NDS)

Wie zu Beginn des Abschnitts 7.1.5 dargestellt, kann man in PL/SQL nur SQL-Manipulationsanweisungen, aber

- keine DDL-Anweisungen wie CREATE, ALTER, DROP etc.,

- keine DCL wie GRANT, REVOKE etc. und

- keine SESSION CONTROL-Anweisungen wie ALTER SESSION

verarbeiten. Einen Ausweg aus dieser Situation bietet dynamisches SQL unter PL/SQL mit NDS, dem Native Dynamic SQL. Die auszuführende SQL-Anweisung wird ohne abschließendes Semikolon als Zeichenkette oder in einer Textvariablen dem Befehl EXECUTE IMMEDIATE übergeben, der diesen Text ungeprüft zur Ausführung an das Datenbankmanagementsystem sendet. Der Befehl EXECUTE IMMEDIATE selbst wird aber mit einem Semikolon abgeschlossen.

```
<EXECUTE IMMEDIATE Anweisung> ::=
   EXECUTE IMMEDIATE { <SQL-Zeichekette> | Textvariable }
     [INTO { Variablenname [ , Variablenname ]... | Recordname }]
     [USING [ IN | OUT | IN OUT ] Parametername
         [, [ IN | OUT | IN OUT ] Parametername]... ];
```

Die auszuführende SQL-Anweisung oder ein anonymer PL/SQL-Block werden als in einfache Hochkomma gesetzte Zeichenkette ohne abschließendes Semikolon entweder direkt angegeben oder zuvor einer Textvariablen zugewiesen. Für die Datenrückgabe bei auszuführenden Anfragen ist die INTO-Klausel zuständig. Funktionalität und Restriktionen entsprechen denen der SELECT INTO-Anweisung. In der USING-Klausel sind es PL/SQL-Variablen oder Konstanten, deren Werte an die Hostvariablen in der SQL-Anweisung übergeben werden. Die Zuordnung erfolgt gemäß der Reihenfolge in der USING-Klausel.

Dynamisches SQL hat die Eigenschaft, SQL-Anweisungen erst zur Laufzeit zusammenzubauen und zu kompilieren (parsen). Dies hat den Nachteil, dass Syntaxfehler bei der Anweisung im SQL-String auch erst zur Laufzeit erkannt werden. Von Vorteil ist diese Eigenschaft, wenn man mehr Generalisierung und Flexibilität bei der Programmierung braucht und die Syntax der Anweisungen erst zur Laufzeit festlegen möchte. Man hat somit die Chance, mit einer EXECUTE IMMEDIATE-Anweisung unterschiedliche SQL-Anweisungen auszuführen, deren genaue Syntax zur Entwicklungszeit noch gar nicht bekannt ist, sondern sich erst zur Laufzeit z.B. durch interaktive Benutzerein-

gaben ergibt. Eine sehr häufige Anwendung aus der Praxis sind wechselnde SELECT-
und WHERE-Klauseln bei Anfragen[10].

Beispiel

Hier wird NDS genutzt, um in einem anonymen Block einen Index im Datenbankschema Rollo für die Tabelle Spiele über die beiden Mannschaftsspalten zu definieren
(vgl. MySQL, Abschnitt 7.2.4).

```
DECLARE
  V_ddl_Anweisung   VARCHAR2(200);
BEGIN
  V_ddl_Anweisung := 'CREATE INDEX Spiele_Mannschaften_idx
                      ON Spiele(Mannschaft_1, Mannschaft_2)';
  EXECUTE IMMEDIATE V_ddl_Anweisung;
END;
/

SELECT * FROM User_Indexes;
-- Es geht auch ohne die PL/SQL-Textvariable:
DROP INDEX Spiele_Mannschaften_idx;

BEGIN
  EXECUTE IMMEDIATE 'CREATE INDEX Spiele_Mannschaften_idx
                     ON Spiele(Mannschaft_1, Mannschaft_2)';
END;
/
SHOW ERRORS
SELECT * FROM User_Indexes;
```

Beispiel

Es wird eine SELECT-Anweisung ausgeführt und die Spalten des Ergebnisdatensatzes
werden in zwei PL/SQL-Variablen geschrieben. Da über die Primärschlüsselspalte auf
Gleichheit selektiert wird, ist gewährleistet, dass es nur einen Ergebnisdatensatz gibt.

```
DECLARE
  V_Mannschaft_1   Spiele.Mannschaft_1%TYPE;
  V_Mannschaft_2   Spiele.Mannschaft_2%TYPE;
  V_Where_Text     VARCHAR2(200) := 'Spiel_Id = 1';
BEGIN
  EXECUTE IMMEDIATE 'SELECT Mannschaft_1, Mannschaft_2
                     FROM Spiele WHERE '||V_Where_Text
                     INTO V_Mannschaft_1, V_Mannschaft_2;
  DBMS_OUTPUT.PUT_LINE
    ('Im Spiel 1 spielten: '||V_Mannschaft_1||' gegen '
                          ||V_Mannschaft_2);
END;
/
SHOW ERRORS
```

---

10 JDBC setzt wie PL/SQL dynamisches SQL um: Mit den beiden Methoden executeQuery
und executeUpdate der Statement-Klasse (vgl. Abschnitt 6.2.2) werden auch zur Laufzeit
zusammengestellte SQL-Anweisungen an die Datenbank geschickt.

7.1.5 Fehlerbehandlung

Fehlerbehandlung zur Laufzeit heißt in PL/SQL „EXCEPTION Handling". Eine EXCEP-TION ist das Eintreten eines an dieser Stelle nicht vorgesehenen Ereignisses, nicht zu verwechseln mit einem syntaktischen Fehler, der vom Parser zurückgewiesen wird. Der Fehlerbehandlungsteil gehört zu den optionalen Bestandteilen eines PL/SQL-Blocks.

```
<Fehlerbehandlung> ::=
  EXCEPTION
    WHEN Exceptionname [ OR Exceptionname ]...
      THEN <SQL- und PL/SQL-Anweisung>;
        [ <SQL- und PL/SQL-Anweisung>; ]...
    [ WHEN Exceptionname [ OR Exceptionname ]...
      THEN <SQL- und PL/SQL-Anweisung>;
        [ <SQL- und PL/SQL-Anweisung>; ]... ]...
    [ WHEN OTHERS THEN <SQL- und PL/SQL-Anweisung>;
                  [ <SQL- und PL/SQL-Anweisung>; ]...];
```

Eine Fehlerbehandlung besteht also aus einer Reihe von Anweisungen, die ausgeführt werden, wenn ein bestimmter Fehler auftritt. Tritt ein Fehler auf, so wird das Programm an der Stelle abgebrochen und es wird an das Ende des Ausführungsteils gesprungen. Nun gibt es im Wesentlichen zwei Möglichkeiten:

- Ist für diesen Fehler eine EXCEPTION programmiert, dann wird die EXCEPTION abgearbeitet. Es werden die vorgegebenen Fehleraktionen ausgeführt. Da nun aus Sicht der PL/SQL-Engine der Fehler bearbeitet wurde, wird die Prozedur ohne Fehler beendet und die ursprüngliche Fehlermeldung wird nicht auf dem Bildschirm ange-zeigt. Hier ist es also wichtig, dass man eine sinnvolle und vor allem aussagekräftige Fehlerreaktion vorgibt, damit nicht wichtige Fehlerinformationen verloren gehen.

- Wird der Fehler nicht durch eine EXCEPTION abgefangen, so bricht das Programm insgesamt fehlerhaft ab und die zugehörige Oracle-Fehlermeldung wird auf dem Bildschirm angezeigt.

Tabelle 7.8

Die drei verschiedenen EXCEPTION-Typen

EXCEPTION-Typ	Beschreibung	Hinweise
Vordefinierter Oracle-Fehler	Einer von 21 häufig vorkommenden Fehlern	Nicht deklarieren; sie werden automatisch vom Oracle-Server auslöst
Nicht vordefinierter Oracle-Fehler	Ein anderer der ach so vielen Oracle-Standard-fehler	Deklarieren, d.h. der Fehlernummer einen Namen geben; sie werden automatisch vom Oracle-Ser-ver ausgelöst. Zum Behandeln des Fehlers den Namen dann in der WHEN-Klausel verwenden.
Benutzerdefinierter Fehler	Ein Programmzustand, den der Programmierer als falsch definiert	Im Deklarationsteil deklarieren und explizit im Programm auslösen. Mit diesem Thema werden wir uns hier nicht weiter beschäftigen.

	Tabelle 7.9

Einige vordefinierte EXEPTIONS[11]

EXCEPTION-Name	Oracle-Fehler-Nr.	Beschreibung
DUP_VAL_ON_INDEX	ORA_00001	Versuch, einen doppelten Wert in eine Spalte einzutragen, die einen eindeutigen Index hat; Einfügen von Duplikaten in eine Tabelle
INVALID_CURSOR	ORA_01001	Nicht erlaubte CURSOR-Operation
INVALID_NUMBER	ORA-01722	Konvertierung eines Strings in eine Zahl schlug fehl
NO_DATA_FOUND	ORA-01403	SELECT INTO-Anweisung hat keine Daten zurückgeliefert
PROGRAM_ERROR	ORA-06501	Interner PL/SQL-Fehler (Hier ist „Holland in Not", denn nun weiß noch nicht einmal die PL/SQL-Engine was falsch läuft.)
ROWTYPE_MISMATCH	ORA-06504	Spalte und Variable haben nicht den gleichen Datentyp
TOO_MANY_ROWS	ORA-01422	SELECT INTO-Anweisung liefert mehrere Zeilen
VALUE_ERROR	ORA-06502	Arithmetische Fehler, Konvertierungsfehler oder Zuweisungsfehler, z.B. Wert, der einer Variablen zugewiesen wird, ist zu lang
ZERO_DIVIDE	ORA-01476	Division durch Null
OTHERS		Steht für alle EXCEPTIONS, die nicht explizit im EXECPTION-Handler aufgeführt wurden

Es gibt zwei Methoden, um EXCEPTIONS auszulösen:

- Eine EXCEPTION wird automatisch ausgelöst, wenn ein Oracle-Fehler auftritt, z.B. führt ORA-01403 die EXCEPTION „NO_DATA_FOUND" aus.

- Sie können eine EXCEPTION auch explizit als Programmierer selbst mit der RAISE-Anweisung erzeugen. Auf diese Möglichkeit werden wir im Rahmen dieses Buchs nicht eingehen.

Es gibt zwei Methoden, um Fehlermeldungen im Programm anzuzeigen. Zwischen diesen beiden Methoden besteht ein kleiner, aber feiner Unterschied mit weit reichenden Folgen:

- DBMS_OUTPUT.PUT_LINE (Text)
  Dieser Befehl zeigt die Fehlermeldung formuliert als „Text" auf dem Bildschirm an, sofern die Sessionvariable SERVEROUTPUT auf ON gesetzt ist. Wird dieser Befehl in den EXCEPTIONS verwendet, so wird das Programm zwar mit der Fehlermeldung, aber mit dem Status „successfully completed" beendet.

- RAISE_APPLICATION_ERROR(negative_nr, Text, { TRUE | FALSE })
  Dieser Befehl zeigt auch eine Fehlermeldung an, die als Text vorgegeben wird. Zudem erzeugt er aber auch einen neuen Fehler und bricht das Programm fehler-

---

11 Die vollständige Liste finden Sie in [Oracle PL/SQL 2005 Abschnitt 10, S. 10-4 ff.]

haft ab. Mit diesem Befehl erreicht man also, dass in den EXCEPTIONS ein Fehler behandelt wird und das Programm trotzdem fehlerhaft abbricht.

Die negative Zahl muss im Bereich von -20000 bis -20999 liegen. Sie spielt eine Rolle, wenn mehrere solcher Nachrichten zu unterscheiden sind und wenn Fehler bei geschachtelten Programmen zur späteren Bearbeitung nach oben weitergereicht werden.

Mit TRUE wird spezifiziert, dass die Fehlermeldung auf einem System-Fehler-Stack oben aufgelegt werden soll, und mit dem Default-Wert FALSE, dass die Meldung alle bisherigen Meldungen des Stack überschreibt.

Beispiel

Division von Zahlen

Eine Funktion f_division dividiert zwei Zahlen ungeprüft, die als Parameter übergeben werden. Das Ergebnis wird als Rückgabewert der Funktion zurückgegeben. Wird dabei ein Fehler „Division durch 0" von der PL/SQL-Engine festgestellt, dann soll eine Fehlermeldung angezeigt werden, die Funktion soll aber nicht fehlerhaft terminieren (Rückgabe von NULL).

```
CREATE OR REPLACE FUNCTION F_Division  (P_Dividend IN NUMBER,
                                        P_Divisor  IN NUMBER)

RETURN NUMBER
IS
BEGIN
  RETURN P_Dividend/P_Divisor;
EXCEPTION
  WHEN ZERO_DIVIDE THEN
     DBMS_OUTPUT.PUT_LINE ('Fehler: Division durch 0!');
     RETURN NULL;
END;
/
SHOW ERRORS;

-- korrekte Aufrufe
SELECT F_Division(24,6) FROM DUAL;
SELECT F_Division(20,3) FROM DUAL;

-- fehlerhafter Aufruf mit Divisor 0
SELECT F_Division(22,0) FROM DUAL;
```

Beispiel

wieder eine Länder-Torstatistik mit SELECT INTO

Dieses Beispiel greift das Beispiel „Eine Länder-Torstatistik mit SELECT INTO-Befehl" aus Abschnitt 7.1.3 auf. Es wird die gleiche Aufgabe gelöst, nur diesmal wird der SELECT INTO, der den Übergabeparameter prüft, in einem anonymen Block mit eigener EXCEPTION geschachtelt.

```
CREATE OR REPLACE PROCEDURE Laender_Torstatistik_2 (P_Land IN VARCHAR2)
IS
  V_Min     NUMBER(3);
  V_Max     NUMBER(3);
  V_Avg     NUMBER(5,2);
```

```
BEGIN
  DECLARE
    V_Dummy     VARCHAR2(1);
  BEGIN
    SELECT 'x'    INTO   v_Dummy
    FROM   Nation WHERE LOWER(Nationname) = LOWER(P_Land);
  EXCEPTION
    WHEN NO_DATA_FOUND THEN
      RAISE_APPLICATION_ERROR(-20001,'Fehler!!!
        Das Land '||P_Land||' gibt es nicht oder hat nicht am Tunier
        teilgenommen!');
  END;
  SELECT MIN(Minute), MAX(Minute), AVG(Minute)
  INTO   V_Min, V_Max, V_Avg
  FROM   Tore
  WHERE  Minute <999
  AND    Spiel_Id IN (SELECT Spiel_Id
                      FROM   Spiele
                      WHERE  UPPER(Mannschaft_1) = UPPER(P_Land)
                      OR     UPPER(Mannschaft_1) = UPPER(P_Land));
  DBMS_OUTPUT.PUT_LINE('Für das Land '||P_Land||
                       ' gilt folgende Torstatistik');
  DBMS_OUTPUT.PUT_LINE('Maximale Torminute: '||V_Max);
  DBMS_OUTPUT.PUT_LINE('Minimale Torminute: '||V_Min);
  DBMS_OUTPUT.PUT_LINE('Durchschnittliche Torminute: '||V_Avg);
END;
/
SHOW ERRORS
EXEC Laender_Torstatistik('Paraguay');
-- Dieses Land hat nicht teilgenommen
EXEC Laender_Torstatistik('Luxemburg');
```

Um für verschiedene Anfragen in einem Programm individuelle Fehlermeldungen ausgeben zu können, ist die Kapselung in einen anonymen PL/SQL-Block mit eigener EXCEPTION Stand der Technik. Vergleicht man die EXCEPTION hier mit der ersten Lösung aus Abschnitt 7.1.3, so fällt auf, dass dort ein DBMS_OUTPUT-Befehl verwendet wurde, während es hier ein RAISE_APPLICATION_ERROR ist. Würde man hier auch einen DBMS_OUTPUT-Befehl nehmen, so hieße dies, dass bei einem Länderfehler der prüfende SELECT INTO abgebrochen und zur nächsten EXCEPTION gesprungen wird. Da dort der Fehler mit der NO_DATA_FOUND-EXCEPTION abgearbeitet wird, wird die Verarbeitung hinter dem END des anonymen Blocks ganz normal fortgesetzt, so dass nach der Fehlermeldung auch noch die vier anderen DBMS_OUTPUT-Texte angezeigt würden, was sicherlich nicht wünschenswert ist. Ein Unterschied bleibt: Wenn ein falsches Land übergeben wurde, terminiert die erste Prozedur mit einer Meldung „successfully" und die zweite bricht mit der Meldung fehlerhaft ab. Um diesen Unterschied aufzuheben, müsste in der ersten Prozedur statt des DBMS_OUTPUT auch ein RAISE_APPLICATION_ERROR ausgeführt werden.

Werden Programme geschachtelt aufgerufen, dann besteht die Möglichkeit, Fehler aus unteren Programmebenen nach oben weiterzureichen und erst dort darauf zu reagieren. Mit diesem Thema können wir uns leider nicht weiter beschäftigen.

Damit z.B. bei Oracle-definierten und -erzeugten Fehlern keine Fehlerinformationen verloren gehen, ist es für selbst geschriebene Fehlerbehandlungen zentral, zwei Build in-Funktionen zu kennen:

		Tabelle 7.10

SQL-Fehlerfunktionen

Fehlerfunktion	Beschreibung	Hinweise
SQLCODE	Nummer des Oracle-Fehlers	Negative Zahl mit Ausnahmen: 0 für kein Fehler +1 für benutzerdefinierten Fehler +100 für NO_DATA_FOUND
SQLERRM	Zugehöriger Fehlermeldungstext	512 Zeichen lang

Eine WHEN OTHERS-EXCEPTION ist unbedingt mit Vorsicht zu verwenden. Wird sie nicht richtig programmiert, können wichtige Fehlerinformationen verloren gehen. Will man dies vermeiden, so sollte man im Aktionsteil der EXCEPTION auf jeden Fall die beiden obigen Fehlerfunktionen verwenden, entweder als Anzeige auf dem Bildschirm oder als Teil der Fehlermeldung, die in einer Fehlerprotokolltabelle gespeichert wird.

Beispiele

Anzeige der beiden Fehlermeldungen und fehlerfreies Terminieren des Programms

```
EXCEPTION
  WHEN OTHERS THEN DBMS_OUTPUT.PUT_LINE
    ('Fehler im Programm xyz: '||SQLCODE||'  '||SQLERRM);
END;
```

Anzeige der beiden Fehlermeldungen und Abbruch des Programms:

```
EXCEPTION
  WHEN OTHERS THEN RAISE_APPLICATION_ERROR
    (-20001,'Fehler im Programm xyz: '||SQLCODE||'  '||SQLERRM);
END;
```

7.2   Die Datenbankprogrammiersprache bei MySQL

Das noch sehr junge Alter der prozeduralen Erweiterung von MySQL (erst seit Version 5.0) wird am Sprach- und Funktionsumfang gegenüber dem von PL/SQL offensichtlich. Während PL/SQL schon auf eine lange Geschichte zurückblicken kann und immer neue Anforderungen vor allem auch von Benutzerseite an die Sprache und die Funktionsbibliotheken herangetragen wurden, orientiert sich MySQL sehr eng an den Vorgaben des Standards SQL2003 hinsichtlich der SQL-Invoked Routines[12] und ihrer Implementierung bei IBMs DB2. Die Kompatibilität mit dem DB2-Datenbanksystem

---

12 Das Thema der „SQL-invoked routines" – oder auch „PSM / persistent stored modules" genannt – wird leider nur selten in Lehrbüchern behandelt. Zu finden ist es bei Melton und Simon in [Celko 2005], [Melton et al. 2002, S. 541-568] sowie Groff und Weinberg [Groff et al. 2002, S. 744-757].

wird ausdrücklich angestrebt, damit eine problemlose Portierung möglich ist[13]. Bei den gespeicherten Routinen („Stored Routines") der Version 5 handelt es sich um eine allererste Implementierung, die noch unter recht vielen Restriktionen leidet. Wir weisen daher ausdrücklich darauf hin, dass die Praxiserfahrungen mit einem MySQL-Datenbanksystem Release 5.1.11. beta-log gesammelt wurden. Dieses Konzept wird jedoch weiterentwickelt, so dass die „Kinderkrankheiten" sicherlich zukünftig verschwinden werden. Schaut man genauer hin, ist es doch überraschend, wie viel die gespeicherten Routinen von MySQL und Oracle bei der zentralen Funktionalität gemeinsam haben, weil sich beide an die Vorgaben von SQL2003 halten. Das MySQL-Kapitel ist nicht deshalb soviel dünner, weil wir – ausgenommen bei den Paketen – weniger Funktionalität erläutern, sondern weil wir an vielen Stellen auf die bereits bei PL/SQL gemachten Ausführungen verweisen können.

7.2.1 Datentypen und andere Grundlagen

MySQL unterstützt für seine gespeicherten Routinen die gleichen Datentypen wie in seiner Anfragesprache (vgl. Abschnitt 5.2.3). Außer den beiden Datentypen ENUM und SET gibt es keine komplexen Datentypen und benutzerdefinierte Datentypen sind auch in dieser prozeduralen Umgebung nicht implementiert. Dagegen sind Datumsdatentypen komfortabel und reichhaltig realisiert.

Da die Syntax bei den Blöcken keinen expliziten Deklarationsteil vorsieht, wird jede Deklarationsanweisung mit dem Schlüsselwort DECLARE eingeleitet. DECLARE-Anweisungen müssen zu Beginn eines Blocks stehen, vor allen anderen Anweisungen. Mit ihnen können lokale Variablen, „Conditions and Handler" (vgl. Abschnitt 7.2.5) sowie CURSOR (vgl. Abschnitt 7.2.4) definiert werden. Es ist eine Reihenfolge zu beachten, zuerst alle Variablen und Conditions, dann die CURSOR und schließlich die Handler.

```
<Variablendeklaration> ::=
  DECLARE Variablenname [ , Variablenname ]... <Datentyp> [ DEFAULT Wert ];
```

Der Datentyp kann ein beliebiger zulässiger MySQL-Datentyp sein, die wir bereits in Abschnitt 5.2.1 im SQL-Kontext erläutert haben. Der Defaultwert kann eine Konstante oder ein Ausdruck vom Typ sein. Der Gültigkeitsbereich einer solchen lokalen Variablen umfasst den Block, in dem sie deklariert ist, und alle geschachtelten Blöcke, außer denen, in denen eine Variable gleichen Namens deklariert wird.

Beispiel

```
DECLARE V_Nachname          CHAR(30)  DEFAULT 'Meier';
DECLARE V_Telefon, V_Handy  VARCHAR(20);
DECLARE V_Ergebnis          DOUBLE  DEFAULT 0;
DECLARE V_Datum             DATE;
DECLARE V_Uhrzeit           TIME;
DECLARE V_Bild              BLOB;
```

---

13 vgl. [MYSQL 2006, Kap. 19], [MYSQL Prozeduren 2005, S. 10]

```
<SET Anweisung> ::=
    SET Variablenname = <Ausdruck> [,Variablenname = <Ausdruck> ] ...;
```

Die Wertzuweisung erfolgt mittels der SET-Anweisung und Gleichheitszeichen „=",
wobei in einer Anweisung mehrere Zuweisungen durchgeführt werden können. Die
Variablen können lokal definierte oder globale Systemvariablen sein, die wir hier aber
nicht weiter vertiefen. Als Ausdruck sind Konstanten, Variablen oder Ausdrücke
eines kompatiblen Datentyps zulässig.

Arithmetische, Vergleichs- und boolesche Operatoren, die implizite Typkonvertierung
wie auch die Funktionen zur expliziten Konvertierung sind bereits in den Abschnitten
5.2.2 und 5.2.3 erläutert worden[14]. Für die Kurzschreibweise der Konkatenation von
Zeichenketten, dem „||", bleibt daran zu erinnern, dass sie nur im SQL-Modus „ANSI"
ausgeführt wird (vgl. SET SQL MODE-Anweisung im Abschnitt 5.3.3). Da die Routinen
immer in dem Modus ausgeführt werden, in dem sie erzeugt wurden, ist es ausreichend,
wenn solche Routinen im ANSI-Modus erzeugt werden.

Die Kurzform der SELECT-Anweisung ohne FROM-Klausel haben wir im Abschnitt
5.2.4 bereits vorgestellt, um SQL-Funktionen genau einmal auszuführen und den
Rückgabewert auf dem Bildschirm anzeigen zu lassen. Dies funktioniert ebenso für
selbst geschriebene Funktionen. Zudem kann dieses SELECT auch dazu verwendet
werden, um in Prozeduren Meldungen auf dem Bildschirm auszugeben. Leider funktioniert dies nicht für Funktionen und Trigger.

7.2.2 MySQL-Routinen

Das MySQL-Konzept der gespeicherten Routinen kennt BEGIN END-Blöcke ohne
Deklarationsteil, die als Ausführungsteil in Prozeduren, Funktionen und Triggern zu
verwenden sind. Eine interaktive Verwendung als eine Art anonymer Block wie bei
PL/SQL ist nicht möglich. Die Blöcke im Ausführungsteil lassen sich jedoch auch
schachteln. Die Anweisungsliste ist optional, kann also auch leer sein (PL/SQL:
Anweisung NULL;). Die einzelnen Anweisungen sind mit Semikolon voneinander zu
trennen. Die Blöcke können mit einem Namen benannt werden.

```
<BEGIN END Block> ::=
    [ Blockname: ] BEGIN [ Anweisung [ , Anweisung ]... ] END [ Blockname ];
```

Bei MySQL werden die Prozeduren und Funktionen zusammenfassend als „gespeicherte Routinen" bezeichnet. Im Weiteren werden wir daher auch nur zwischen Prozeduren und Funktionen differenzieren, wo dies notwendig ist, und ansonsten von Routinen sprechen.[15]

---

14 Eine vollständige Liste aller Operatoren und ihrer Funktionalität finden Sie in [MySQL 2006,
    Kap. 12.1.1].
15 Die Ausführungen dieses Abschnitts basieren im Wesentlichen auf der MySQL-Referenz
    [MYSQL 2006] und dem Technical White Paper [MYSQL Procedures 2005]

```
<CREATE PROCEDURE Anweisung>  ::=
    CREATE PROCEDURE Prozedurname ( [ <Prozedurparameterdefinition>
                                 [ , <Prozedurparameterdefinition>]... ] )
        [ <Chrakateristika> [ <Chrakateristika>]... ]
        <BEGIN END-Block>;

<Prozedurparameterdefinition> ::=
    [ IN | OUT | INOUT ] Parametername <Datentyp>

<Chrakateristika> ::=
    LANGUAGE SQL | [NOT] DETERMINSTIC | NO SQL | CONSTAINS SQL
                 | READS SQL DATA | MODIFIES SQL DATA

<CREATE FUNCTION Anweisung> ::=
    CREATE FUNCTION Funktionsname
        ( [ Parametername <Datentyp> [ , Parametername <Datentyp>]... ] )
        RETURNS type
        [ <Chrakateristika> [ <Chrakateristika> ]... ]
        <BEGIN END-Block>;
```

Prozeduren und Funktionen unterscheiden sich hier nicht nur in der RETURNS-Klausel (Oracle: RETURN), sondern auch bei der Parameterdeklaration. Den Parametertyp IN | OUT | INOUT (Oracle: IN OUT) gibt es nur für Prozeduren. Hier ist die Reihenfolge erwähnenswert, erst der Typ IN | OUT | INOUT und dann Parametername mit Datentyp (Oracle: Parametername, Typ, Datentyp). Funktionen haben nur IN-Paramter, daher wird der Parametertyp nicht angegeben. Der einzige Rückgabewert wird über die RETURNS-Klausel zurückgegeben.

Routinennamen müssen eindeutig sein und maximal 64 Zeichen lang. Overloading ist nicht zulässig. Die Parameterliste ist immer obligatorisch. Ist sie leer, so werden sowohl bei der Erstellung als auch beim Aufruf nur die beiden Klammern hinter dem Routinennamen angegeben. Eine Besonderheit beim Aufruf von gespeicherten Routinen mit leerer Parameterliste ist, dass die beiden leeren Klammern ohne Leerzeichen auf den Prozedurnamen folgen müssen. Die Funktionalität der Parameter ist die gleiche wie bei PL/SQL, mit der Ausnahme, dass die übergebenen Werte der IN-Parameter innerhalb der Routine geändert werden dürfen. Diese Wertänderungen werden jedoch nicht außerhalb der Routine transparent.

Obwohl derzeit bei MySQL außer SQL keine andere Programmiersprache für die Routinen zulässig ist, muss die Option LANGUAGE SQL angegeben werden. Die übrigen Charakteristika müssen bei MySQL immer angegeben werden, wenn die Datenbank „binary logging" durchführt, was für Recovery-Maßnahmen und Replikation der Fall ist[16]. Deterministisch ist eine Routine, wenn für die gleichen Eingabeparameter immer die gleichen Ergebnisse erzeugt werden. Alle anderen sind selbsterklärend: keine SQL-Anweisungen (NO SQL), enthält SQL-Anweisungen (CONTAINS SQL), liest bzw. schreibt Daten (READS SQL DATA bzw. MODIFIES SQL DATA). Auf die anderen Charakteristika verzichten wir hier, da sie nur zur Dokumentation und aus Kompatibilitätsgründen zu SQL aufgeführt und noch nicht vom Server genutzt werden.

Der Ausführungsteil (routine_body) kann aus einer Anweisung bestehen oder aus einer Folge von Anweisungen, die dann aber zwischen BEGIN- und END-Anweisun-

---

16 vgl. [MySQL 2006, Kap. 5.10.2.2, 6.2.2, 18.5] Bei Oracle findet man analoge Klauseln unter dem Stichwort „pragma restriction ini" [Oracle PL/SQL 2005, S. 6-42, 8-23 ff.]

gen eingeschlossen werden müssen. Deklarationen werden mittels der DECLARE-Anweisung zu Beginn des Blocks durchgeführt (vgl. Abschnitt 7.2.1). Zulässig sind grundsätzlich alle Anweisungen der SQL-Anfrage-, Manipulations- und Datendefinitionssprache (vgl. Abschnitt 7.2.4) sowie die prozeduralen Anweisungen von MySQL.

Eine Funktionsausführung endet nicht einfach an der END-Anweisung, sondern benötigt zum Terminieren eine RETURN-Anweisung.

```
<RETURN  Anweisung> ::=
   RETURN ( Variablename | Wert );
```

Um MySQL-Routinen programmieren zu können, muss zuvor ein Begrenzungszeichen (delimiter) definiert werden. Ein Problem ist, dass sowohl die interaktiv eingegebenen SQL-Anweisungen mit einem Semikolon abgeschlossen werden wie auch die Anweisungen im Ausführungsteil einer Routine. Um diese Problematik zu lösen, wird vor der ersten CREATE PROCEDURE/FUNCTION-Anweisung für SQL-Anweisungen ein neuer Delimiter definiert (Dieses Begrenzungszeichen gilt dann für den Rest der Sitzung für alle SQL-Anweisungen), als Ersatz für das sonst verwendete Semikolon. Mit dem gleichen Befehl kann anschließend das Semikolon wieder als Begrenzer eingesetzt werden. Der Backslash „\" ist zu vermeiden, da er in MySQL das Escape-Zeichen ist.

Beispiel

Als Begrenzungszeichen wird hier der Doppelslash „//" definiert. Am Ende eines jeden interaktiv eingegebenen SQL-Befehls ist er nun anstelle des Semikolons zu verwenden.

```
DELIMITER //
```

Dieser Befehl setzt das Semikolon wieder in seine Funktion als SQL-Begrenzer ein.

```
DELIMITER ;
```

Aufgerufen wird eine Prozedur mit der CALL-Anweisung entweder in anderen Routinen oder interaktiv. Gespeicherte Funktionen werden aus anderen Anweisungen aufgerufen, wie die bereits bekannten PL/SQL-Funktionen auch (vgl. Abschnitt 6.1.2).

```
<CALL Anweisung> ::= CALL Procedurname;
```

Beispiel

Schreiben Sie eine Prozedur „Mitteln", an die zwei Zahlen x und y übergeben werden und die als Ergebnis (x + y) / 2 liefert (vgl. auch PL/SQL, Abschnitt 7.1.2)!

```
DROP PROCEDURE Mitteln;
DELIMITER //
CREATE PROCEDURE Mitteln (IN x INT, IN y INT)
BEGIN
   DECLARE Ergebnis   FLOAT;
   SET Ergebnis = (x + y) / 2;
   SELECT CONCAT('Ergebnis =', Ergebnis);
```

```
END; //
CALL Mitteln (7,11) //
DROP PROCEDURE Mitteln_Aufruf2//
CREATE PROCEDURE Mitteln_Aufruf2 ()
BEGIN
  CALL Mitteln(22,26);
END //
CALL Mitteln_Aufruf2()//
DROP PROCEDURE Mitteln_Aufruf//
CREATE PROCEDURE Mitteln_Aufruf (IN x_auf INT, IN y_auf INT)
BEGIN
  CALL Mitteln(x_auf,y_auf);
END; //
CALL Mitteln_Aufruf(5,7) //
```

Beispiel

Schreiben Sie eine Funktion „doppeln", die den übergebenen Wert verdoppelt zurückgibt! Da es sich um eine Funktion handelt, werden keine Parametertypen angegeben.

```
DELIMITER //
DROP FUNCTION Func_Doppeln//
CREATE FUNCTION Func_Doppeln (P_Zahl INT)
RETURNS INT
DETERMINISTIC
BEGIN
  RETURN P_Zahl*2;
END //
SHOW ERRORS//
/* interaktiver Aufruf einer Funktion */
SELECT Func_Doppeln (6)//

/* Aufruf aus einer Prozedur */
DROP PROCEDURE Func_Doppeln_Aufruf//
CREATE PROCEDURE Func_Doppeln_Aufruf (IN Zahl INT)
BEGIN
  DECLARE V_Doppel INT;
  SET V_Doppel = Func_Doppeln(Zahl);
  SELECT V_Doppel;
END//
CALL Func_Doppeln_Aufruf(3) //
DELIMITER ;
```

Beispiel

Schreiben Sie eine Funktion „Gehaltssumme", die das Gesamtgehalt über alle Angestellten ermittelt (vgl. PL/SQL, Abschnitt 7.1.2).

```
DELIMITER //
CREATE FUNCTION Func_Gehaltssumme ()
RETURNS INT
READS SQL DATA
BEGIN
```

```
  DECLARE V_Summe INT;
  SELECT SUM(Gehalt) INTO V_Summe FROM Angestellte;
  RETURN V_Summe;
END //
SHOW ERRORS

/* interaktiver Aufruf einer Funktion */
SELECT Func_Gehaltssumme () //

/* Aufruf aus  Aufruf einer Funktion */
CREATE PROCEDURE Func_Gehaltssumme_Aufruf ()
BEGIN
  DECLARE V_Summe INT;
  SET     V_Summe = Func_Gehaltssumme();
  SELECT  V_Summe;
END//
CALL Func_Gehaltssumme_Aufruf() //
```

Dynamisches SQL: Zur Laufzeit vorbereitete Anweisungen

Bei Oracle wird dynamisches SQL (NDS: EXECUTE IMMEDIATE) für die Ausführung von Datendefinitionsbefehlen und von zur Laufzeit zusammengesetzten Befehlen benötigt (vgl. Abschnitt 7.1.5). Bei MySQL wird dieser Begriff mit einer eingeschränkten Bedeutung verwendet. Dort können DDL-Anweisungen ohne spezielle Schnittstelle in den gespeicherten Routinen verwendet werden. Dynamisches SQL bezieht sich nur auf zur Laufzeit zusammengesetzte Anweisungen und heißt bei MySQL „Prepared Statements". Bislang ist dieses Konzept jedoch nur in Prozeduren (Version 5.0.13) und nicht in Funktionen und Triggern verfügbar[17]. Die Erstellung und Ausführung von zur Laufzeit zusammengesetzten Anweisungen erfolgt in drei Schritten:

```
<PREPARE Anweisung> ::=
  PREPARE Anweisungsname FROM <vorbereitete Anweisung>;

<EXECUTE Anweisung> ::=
  EXECUTE Anweisungsname [USING @Variablenname [, @Variablenname ]... ];

<DEALLOCATE Anweisung> ::=
  {DEALLOCATE | DROP} PREPARE Anweisungsname;
```

Mit der Anweisung PREPARE wird einer vorbereiteten Anweisung ein Name zugewiesen, unter dem die Anweisung später zugreifbar ist. Die <vorbereitete Anweisung> kann eine Zeichenkette sein oder eine Variable, die den Befehl enthält. Fragezeichen „?" im Befehl stellen Übergabeparameter dar, die bei der Ausführung mit der EXECUTE-Anweisung mittels der USING-Klausel gefüllt werden können. Mit der Anweisung DEALLOCATE wird abschließend die Zuordnung zwischen Befehl und Namen wieder freigegeben. Bislang ist diese ganz neue Funktionalität erst für einige der SQL-Anweisungen verfügbar: CREATE TABLE, DELETE, DO, INSERT, REPLACE, SELECT, SET, UPDATE. An einer Ausdehnung auf weitere Befehle wird gearbeitet.

---

17 vgl. [MySQL 2006, Kap. J.1]

Pakete

Das Oracle-Konzept der Pakete ist bei MySQL nicht bekannt, weder als benutzerprogrammierte Bibliotheken noch als Systembibliotheken, die vordefinierte Funktionalität bereitstellen. Trotzdem stellt MySQL eine große Vielzahl an Funktionalität in Form von Operatoren und Funktionen zur Verfügung. Eine vollständige Liste der sich ständig erweiternden Funktionalität enthält Kapitel 12 der SQL-Referenz [MySQL 2006]. Dort finden sich in erster Linie die SQL-Funktionen, aber auch Funktionalität, die Oracle als Paket zur Verfügung stellt.

Ein Beispiel sind die Verschlüsselungsfunktionen[18]. Mit DES_ENCRYPT, DES_DECRYPT, AES_ENCRYPT, AES_DECRYPT werden Verschlüsselungen mit dem 128-Bit Triple DES- (3DES) sowie dem 128-Bit (256-Bit) AES-Algorithmus durchgeführt (vgl. Abschnitt 7.1.2). ENCODE (string, pass_string) und DECODE (string, pass_string) verschlüsseln Zeichenketten auf der Basis von ebenfalls übergebenen Passwörtern.

7.2.3 Ablaufsteuerung und Kontrollstrukturen

In MySQL gibt es verschiedene Steuerungs- und Kontrollanweisungen:

- Sequenzen von Anweisungen, die durch Semikolon getrennt werden
- Bedingte Verzweigungen mit IF und CASE
- Verschiedene Schleifen: LOOP als Basisschleife ohne Bedingung, WHILE als kopfgesteuerte und REPEAT als rumpfgesteuerte Schleife
- Eine ITERATE-Anweisung, um einen erneuten Schleifendurchlauf anzustoßen
- Eine LEAVE-Anweisung zum Beenden von Schleifen

Auch hier beschränken wir uns auf einige grundlegende Anweisungen, die es uns aber ermöglichen, beliebige Programme zu entwickeln.

Die Syntax und Funktionsweise der IF-Anweisung ist, bis auf ein „E" bei ELSEIF, identisch zu der bereits bei PL/SQL vorgestellten (PL/SQL: ELSIF). Auch wenn der boolesche Datentyp BOOLEAN nur TRUE (<>„0") und FALSE (=„0") als Zustände zulässt (zweiwertige Logik; vgl. Abschnitt 7.2.1), so basieren doch sämtliche Vergleiche und booleschen Ausdrücke auf einer dreiwertigen Logik mit den Werten TRUE, FALSE, NULL.

Neben dieser SQL-konformen Variante des IF-Befehls gibt es noch die MySQL-IF-Funktion, die zu den „Control Flow Functions" gehört.

```
<IF Anweisung> ::= IF ( <Ausdruck_1>, <Ausdruck_2>, <Ausdruck_3> )
```

Aufgerufen wird die IF-Funktion wie eine ganz normale Funktion, z.B. in einer SELECT- oder IF-Anweisung. Beim Aufruf wird für den ersten Ausdruck sein boolescher Wert ermittelt. Ist er TRUE (<>0 und <> NULL), dann wird der zweite Ausdruck zurückgegeben, sonst der dritte.

---

18 Eine vollständige Liste aller Verschlüsselungsfunktionen sowie ausführliche Erläuterungen dazu finden Sie in [MySQL 2006, Kap. 12.10.2].

Beispiel

```
SELECT IF(4711=4713,'ja','nein');
```

liefert das Ergebnis "nein".

Das Pendant zu der NVL-Funktion bei SQL (vgl. Abschnitt 5.2.3) ist bei MySQL die IFNULL-Funktion, die den ersten Ausdruck auf NULL prüft. Wenn er NULL ist, wird der zweite Ausdruck zurückgegeben, sonst der erste Ausdruck selbst.

```
<IFNULL-Funktion> ::= IFNULL ( <Ausdruck_1>, <Ausdruck_2> )
```

Eine solche „Control Flow Function" gibt es dann auch noch für die SQL-konforme CASE-Anweisung sowie eine NULLIF-Funktion. Dieses Thema können wir hier aber leider nicht weiter vertiefen.

Beispiel[19]

```
CREATE PROCEDURE If_Test()
BEGIN
  DECLARE V_Anzahl  INT;
  DECLARE V_Ausgabe CHAR(30);
  IF     V_Anzahl = 0 THEN SET V_Ausgabe = 'A';
  ELSEIF V_Anzahl = 1 THEN SET V_Ausgabe = 'B';
  ELSEIF V_Anzahl = 2 THEN SET V_Ausgabe = 'C';
  ELSE   SET V_Ausgabe = 'Weder A noch B noch C';
  END IF;
  SELECT V_Ausgabe;
END//
CALL If_Test()//
```

Die Syntax der Basisschleife LOOP wie auch der WHILE-Schleife ist identisch zu der von PL/SQL (vgl. Abschnitt 7.1.4). Eine FOR-Schleife ist nicht realisiert und die REPEAT-Schleife, die ebenfalls identisch ist zu der in PL/SQL, wird hier auch nicht weiter behandelt.

Die Anweisung zum Verlassen einer Schleife heißt hier LEAVE und nicht EXIT WHEN wie unter Oracle. Anders als bei PL/SQL, wo die Bedingung zum Verlassen der Schleife in der EXIT-Anweisung formuliert wird, muss die LEAVE-Anweisung in einer bedingten Anweisung (IF, CASE) aufgerufen werden. Mit LEAVE können auch BEGIN END-Blöcke verlassen werden. Nur müssen die verlassenen Schleifen und Blöcke benannt sein.

```
<LEAVE Anweisung> ::= LEAVE Schleifenname;
```

---

19 vgl. PL/SQL, Abschnitt 7.1.4

Die ITERATE-Anweisung kann auch nur in einer benannten Schleife angewendet werden. Dort stößt sie explizit einen neuen Schleifendurchlauf an. Diese Anweisung ist gedacht für Fälle, in denen nicht bis zum Ende der Schleife weitergearbeitet werden soll, sondern bereits vorher entschieden wird, dass jetzt ein neuer Schleifendurchlauf ansteht.

```
<ITERATE Anweisung> ::= ITERATE Schleifenname;
```

Beispiel[20]

```
BEGIN
  DECLARE V_Zaehler  INT DEFAULT 0;
  Zaehlerschleife: LOOP
    SET V_Zaehler = V_Zaehler + 1;
    INSERT INTO V_Zaehler_Tabelle VALUES (V_Zaehler);
    IF V_Zaehler = 10 THEN LEAVE Zaehlerschleife;
    END IF;
  END LOOP Zaehlerschleife;
END;
```

Beispiel

In einer Prozedur soll für den übergebenen Wert die Fakultät berechnet werden (vgl. PL/SQL 7.1.4).

```
DROP PROCEDURE Fakultaet;
SET SQL_MODE='ANSI'//
CREATE PROCEDURE Fakultaet (IN n INT)
BEGIN
  DECLARE Ergebnis BIGINT DEFAULT 1;
  DECLARE i        INT DEFAULT 1;
  Fakult_while: WHILE i < n+1 DO
    SET Ergebnis = Ergebnis * i;
    SET i = i+1;
  END WHILE fakult_while;
  SELECT ('Die Fakultät von '||n||' ist: ' ||Ergebnis);
END; //

SET SQL_MODE=''//
CALL Fakultaet (3)//
```

Um die Kurzschreibweise für die Konkatenation „||" benutzen zu können, muss die Prozedur im ANSI-Modus erstellt werden. Das ist ausreichend, da gespeicherte Routinen immer in dem Modus ausgeführt werden, in dem sie erzeugt wurden.

---

20 vgl. PL/SQL, Abschnitt 7.1.4

7.2.4 Datenbankzugriffe innerhalb von MySQL

In BEGIN END-Blöcken sind außer den SQL-Befehlen der Anfrage als SELECT INTO und den Manipulationsanweisungen INSERT, UPDATE und DELETE auch die Datendefinitionssprache mit den CREATE-, ALTER-, DROP-Anweisungen zulässig. In SQL2003 stellt dies ein optionales Feature dar und bei PL/SQL sind diese Befehle nur über „native dynamic SQL/NDS" ausführbar (vgl. Abschnitt 7.1.5). Die einzigen unter MySQL unzulässigen DDL-Anweisungen sind:

CREATE PROCEDURE, ALTER PROCEDURE, DROP PROCEDURE, CREATE FUNCTION, DROP FUNCTION, CREATE TRIGGER, DROP TRIGGER, LOCK und UNLOCK TABLES[21]

Nur diese seit Version 5 eingeführten DDL-Anweisungen sind (noch) nicht zulässig, alle anderen sind es sehr wohl. Dynamisches SQL, bei dem SQL-Anweisungen erst zur Laufzeit (vgl. Abschnitt 7.1.5) aus einzelnen Textbausteinen zusammengefügt werden, ist ganz neu seit Version 5.0.13 für Prozeduren zugelassen, aber weiterhin für Funktionen verboten.

Ferner sind nur für Funktionen ausgeschlossen: COMMIT, ROLLBACK sowie Anweisungen, die eine Datensatzmenge zurückliefern (außer SELECT INTO). Funktionen können nicht rekursiv aufgerufen werden und es gilt das gleiche Verbot, das aus dem Mutating Table-Problem bei Triggern resultiert (vgl. Abschnitt 7.3.5). In Funktionen darf die Tabelle, auf die bereits beim Aufruf der Funktion zugegriffen wurde, weder gelesen noch geändert werden. Um diese Einschränkung zu verstehen, muss man bedenken, dass Funktionen zum Beispiel sehr häufig innerhalb von SELECT-Anfragen oder in der SET-Klausel von UPDATE-Anweisung aufgerufen werden. Da ist es aus Gründen der Reihenfolgeunabhängigkeit (vgl. Abschnitt 7.3.6) nicht gestattet, während der Funktionsausführung auf diese gerade gelesene bzw. geänderte Tabelle zuzugreifen.

Beispiel

In einer Prozedur wird ein Index im Datenbankschema Rollo für die Tabelle „Spiele" über die beiden Mannschaftsspalten definiert (vgl. MySQL, Abschnitt 7.2.4).

```
CREATE PROCEDURE WM_Index ()
BEGIN
   CREATE INDEX Spiele_Mannschaften_Idx
      ON Spiele(Mannschaft_1, Mannschaft_2);
END //

SHOW INDEX FROM Spiele//
```

Die DML-Anweisungen INSERT, UPDATE, DELETE werden unverändert in ihrer Syntax (vgl. Abschnitt 5.4) auch in den Routinen verwendet. Die bereits bei PL/SQL beschriebene SELECT INTO-Anweisung ist bis auf eine kleine Abweichung genauso bei MySQL realisiert. Da MySQL keine Record-Variablen kennt, können die selektierten Spaltenwerte nur lokalen Variablen zugewiesen werden. Die Funktionalität ist auch die gleiche, es kann nur genau ein Datensatz selektiert werden. Das CURSOR-Konzept, um eine ganze Datensatzmenge zu verarbeiten, ist ebenfalls völlig analog umgesetzt.

---

21 Weitere hier nicht behandelte, aber ebenfalls unzulässige Anweisungen sind: LOAD DATA, LOAD TABLES, USE database, PREPARE, EXECUTE, DEALLOCATE PREPARE …

Beispiel

eine kleine Torstatistik mit SELECT INTO-Befehl

Es soll im Datenbankschema Rollo eine Prozedur geschrieben werden, die eine kleine Torstatistik betreibt und die maximale, minimale und durchschnittliche Torminute anzeigt, für alle Tore, bei denen die Zeit bekannt ist. Dabei steht die Torminute 999 wiederum für Tore, die durch Elfmeter erzielt wurden.

```
CREATE PROCEDURE Kleine_Torstatistik ()
BEGIN
  DECLARE V_Min      INT;
  DECLARE V_Max      INT;
  DECLARE V_Avg      FLOAT;
  SELECT MIN(Minute), MAX(Minute), AVG(Minute)
  INTO   V_Min, V_Max, V_Avg
  FROM   Tore
  WHERE  Minute <999;
  SELECT(CONCAT('Maximale Torminute: ', V_Max));
  SELECT(CONCAT('Minimale Torminute: ', V_Min));
  SELECT(CONCAT('Durchschnittliche Torminute: ', V_Avg));
END; //
CALL Kleine_Torstatistik()//
```

Hier kann aus den gleichen Gründen, wie bei PL/SQL erläutert, auf die Behandlung von Fehlern verzichtet werden.

Beispiel

eine Spieltagstatistik mit SELECT INTO-Befehl

Schreiben Sie eine Prozedur, der die Nummer eines Spieltags übergeben wird. Für diese übergebene Nummer wird zuerst getestet, ob es ein vorhandener Spieltag ist. Anschließend werden aus den Informationen der Ergebnisspalte die Summe der Tore und die Anzahl der unentschiedenen Spiele für diesen Spieltag ermittelt (vgl. PL/SQL, Abschnitt 7.1.5).

```
DELIMITER //
DROP PROCEDURE Spieltagstatistik//

CREATE PROCEDURE Spieltagstatistik (IN P_Tag  INT)
BEGIN
  DECLARE V_Torsumme       INT;
  DECLARE V_unentschieden  INT;
  DECLARE V_Tag            INT;
-- DECLARE EXIT HANDLER FOR 1172 BEGIN
--    SELECT 'Zuviele Sätze gefunden!!!' AS Fehler;
-- END;
  DECLARE EXIT HANDLER FOR NOT FOUND BEGIN
    SELECT 'Kein Satz gefunden in der Spieltagstatistik!!!' AS Fehler;
  END;

  -- Test, ob p_tag ein Spieltag ist
  SELECT  DISTINCT Spieltag
    INTO  V_Tag
    FROM  Spiele
    WHERE Spieltag = P_Tag;
```

```
SELECT  SUM(SUBSTR(Ergebnis,1,INSTR(Ergebnis,':')-1)
          + SUBSTR(Ergebnis,INSTR(Ergebnis,':')+1,LENGTH(Ergebnis)))
  INTO  V_Torsumme
  FROM  Spiele
  WHERE Spieltag = P_Tag;
SELECT CONCAT('Summe der Tore: ',V_Torsumme) AS Torsumme;

SELECT  COUNT(*) INTO  V_unentschieden
  FROM  Spiele
  WHERE Spieltag = P_Tag
  AND   SUBSTR(Ergebnis,1,INSTR(Ergebnis,':')-1) =
        SUBSTR(Ergebnis,INSTR(Ergebnis,':')+1,LENGTH(Ergebnis));
SELECT CONCAT
  ('Anzahl unentschiedener Spiele an dem Tag: ', V_unentschieden)
  AS Unentschiedene_Spiele;
END //

-- Test der Prozedur:
DELIMITER ;
CALL Spieltagstatistik (1);
CALL Spieltagstatistik (2);

-- Diesen Spieltag gibt es nicht
CALL Spieltagstatistik (23);
```

In Vorgriff auf die im Abschnitt 7.2.5 ausführlich erläuterte Fehlerbehandlung wurden hier bereits zwei EXIT HANDLER verwendet. Der eine Fall wird ausgelöst, wenn ein Spieltag übergeben wird, der in der Tabelle nicht gespeichert ist, und somit kein Datensatz gefunden werden kann. Den anderen Fall, dass zu viele Sätze gefunden werden, brauchen wir hier nicht abzufangen, da die Anfragen nur ein Aggregatergebnis liefern und damit der Fehler nicht auftreten kann. Wir haben die Fehlerbehandlung für den zugehörigen Fehler 1172 auskommentiert. Wenn Sie die Option DISTINCT weglassen bei der Testanfrage, dann können Sie den Fehler 1172 erzeugen.

Das Konzept der CURSOR zur Lösung des „Impendence Mismatch"-Problems ist hier das gleiche wie bei PL/SQL (vgl. Abschnitt 7.1.5). Auch die MySQL-CURSOR sind „nur lesend", die zwischengespeicherten Datensätze können also nicht verändert werden, und sie sind „nicht navigierend", der Zeiger kann nur immer einen Satz vorrücken, nicht zurück und auch nicht mehrere Sätze überspringen (anders die RESULT SETS bei JDBC im Abschnitt 6.2.1).

Da sich sowohl Oracle als auch MySQL bei der CURSOR-Syntax an den SQL-Standard halten, gibt es bei den CURSOR-Befehlen keine Unterschiede. Die Anweisungen DECLARE, OPEN, FETCH, CLOSE sind identisch zu denen von PL/SQL. Um noch Platz und Zeit für andere interessante Features zu haben, verzichten wir hier auf eine wiederholte Darstellung der Syntax und verweisen wieder auf Abschnitt 7.1.5.

Lediglich die Art und Weise, wie festgestellt wird, ob alle Datensätze aus dem CURSOR ausgelesen wurden, differiert. Bei PL/SQL werden dafür die CURSOR-Variablen verwendet (vgl. Abschnitt 7.1.5). Bei MySQL erfolgt dies über den MySQL-Fehler mit der Kennung 1329 (MySQL Fehlererkennung) oder den SQLSTATE 02000 (Sqlstate-Wert)[22]. In Vorgriff auf die Fehlerbehandlung im nachfolgenden Abschnitt zeigen wir hier eines der PL/SQL-CURSOR-Beispiele in MySQL-Syntax.

---

22 Die Fehlermeldung zum Error: 1329 SQLSTATE: 02000 (ER_SP_FETCH_NO_DATA) lautet: "Message: No data - zero rows fetched, selected, or processed"

Beispiel 1

eines CURSOR

Geben Sie die ersten fünf Angestellten (in alphabetischer Reihenfolge) auf dem Bildschirm aus (vgl. PL/SQL, Abschnitt 7.1.5)!

```
DELIMITER //
SET SQL_MODE='ANSI'//
DROP PROCEDURE Ang_Fuenf//
CREATE PROCEDURE Ang_Fuenf ()
BEGIN
  DECLARE V_Abt_Nr     INT;
  DECLARE V_Nachname   VARCHAR(20);
  DECLARE V_Zaehler    INT;

  DECLARE Ang_Cur CURSOR FOR SELECT Abt_Nr, Nachname
                               FROM Angestellte
                               ORDER BY Nachname;
  DECLARE CONTINUE HANDLER FOR SQLSTATE '02000' SET V_Zaehler = 5;

  SET V_Zaehler = 0;
  OPEN Ang_Cur;
  Ang_Schleife: LOOP
    FETCH Ang_Cur INTO V_Abt_Nr, V_Nachname;
    SET V_Zaehler = V_Zaehler + 1;
    IF V_Zaehler > 5 THEN LEAVE Ang_Schleife; END IF;
    SELECT CONCAT(V_Abt_Nr, '   ',V_Nachname) AS Abteilung_Mitarbeiter;
  END LOOP Ang_Schleife;
  CLOSE Ang_Cur;
END//
SHOW ERRORS//
CALL Ang_Fuenf()//
```

Alternativ kann auch eine SELECT-Anweisung mit der LIMIT-Option[23] verwendet werden, um das gleiche Ergebnis zu erzeugen.

```
SELECT Abt_nr, Nachname FROM Angestellte LIMIT 5;
```

Beispiel 2

eines CURSOR

Alle Angestellten werden abteilungsweise auf dem Bildschirm ausgegeben. Die Ausgabe wird abgeschlossen mit der Angabe der Gehaltssumme aller Angestellten sowie dem durchschnittlichen Gehalt aller Angestellten (vgl. PL/SQL, Abschnitt 7.1.5).

```
DROP PROCEDURE Angestellte_Ausgeben//
CREATE PROCEDURE Angestellte_Ausgeben ()
BEGIN
  DECLARE V_Nachname  CHAR(20);
  DECLARE V_Gehalt    INT;
  DECLARE V_Abt_Nr    INT;
  DECLARE V_Summe     BIGINT;
  DECLARE V_Avg       BIGINT;
```

---

23 vgl. Abschnitt 5.5.13

```
DECLARE V_Fertig    CHAR(1) DEFAULT 'n';
DECLARE Ang_Cursor CURSOR FOR SELECT Abt_Nr, Nachname, Gehalt
                              FROM   Angestellte
                           ORDER BY Abt_Nr;
DECLARE CONTINUE HANDLER FOR SQLSTATE '02000' SET V_Fertig = 'j';

OPEN Ang_Cursor;
WHILE V_Fertig = 'n' DO
  FETCH Ang_Cursor INTO V_Abt_Nr, V_Nachname, V_Gehalt;

SELECT CONCAT
   (V_Abt_Nr, '    ', V_Nachname, '    ', V_Gehalt) AS
     Abteilung_Nachname_Gehalt;
END WHILE;
CLOSE Ang_Cursor;

SELECT SUM(Gehalt), AVG(Gehalt) INTO  V_Summe, V_Avg
FROM   Angestellte;
SELECT CONCAT
   (V_Summe, '    ', V_Avg) AS Gehaltssumme_Durchschnitt;
END//
CALL Angestellte_Ausgeben()//
```

7.2.5 Fehlerbehandlung

MySQL verfolgt traditionell den Ansatz der Fehlervermeidung und der automatischen Korrektur, damit von einer Anweisung möglichst viel ausgeführt wird. Um ein Systemverhalten zu erreichen, das dem von SQL ähnelt – nämlich auf einen Fehler mit einem Abbruch zu reagieren –, muss der SQL-Modus entsprechend gesetzt werden. Ausführlicher werden die Modi im Abschnitt 5.1.3 zusammen mit den Integritätskonzepten vorgestellt. Hier werden wir meist den Modus TRADITIONAL verwenden, um die Routinen in einem Umfeld auszuführen, das ein zu SQL möglichst analoges Fehlerverhalten aufweist.

Die Fehlerbehandlung wird bei MySQL mittels „Conditions and Handlers" realisiert. Tritt ein Fehler auf, der nicht behandelt wird, dann wird die Fehlerreaktion EXIT ausgeführt, was heißt, dass der ausgeführte BEGIN-END-Block beendet wird. Ein (Fehler-) Zustand wird benannt, der durch eine Fehlerbehandlung explizit bearbeitet werden soll.

```
<DECLARE CONDITION Anweisung> ..
  DECLARE Fehlername CONDITION FOR
        [ SQLSTATE [VALUE] <Sqlstate-Wert>  |  <Mysql Fehlerkennung> ];

<DECLARE HANDLER Anweisung> ::=
  DECLARE  [ CONTINUE | EXIT | UNDO ] HANDLER
    FOR <Fehlerwert> [ , <Fehlerwert> ]...  <BEGIN END-Block>;

<Fehlerwert> ::= SQLSTATE [VALUE] <Sqlstate-Wert>
                 | Fehlername
                 | SQLWARNING
                 | NOT FOUND
                 | SQLEXCEPTION
                 | <Mysql Fehlerkennung>
```

Eine Fehlerbehandlung kann für mehrere Fehlerzustände programmiert werden, indem ihr *<Fehlerwert>* angegeben wird. Sobald einer der Fehler eintritt, wird sie ausgeführt, wobei es sich dabei um eine oder mehrere in einem BEGIN-END-Block (vgl. Abschnitt 7.2.2) zusammengefasste Anweisungen handeln kann. Wie nach der Fehlerreaktion fortgefahren wird, hängt vom HANDLER-Typ ab. Ist CONTINUE spezifiziert, wird nach der Fehlerreaktion mit dem Programm fortgefahren. Ist EXIT spezifiziert, wird die Ausführung für den BEGIN-END-Block beendet, in dem der HANDLER deklariert ist. Die UNDO-Option ist noch nicht implementiert.

Die Fehlerzustände können auf verschiedene Arten angesprochen werden, auch über vordefinierte HANDLER, wie wir dies schon bei PL/SQL gesehen haben:

- Eine SQLSTATE-Kennung *<Sqlstate-Wert>* für Server-Fehlermeldungen
- Ein mittels DECLARE CONDITION selbst vergebener Name *<Fehlername>* für eine SQLSTATE- oder MySQL-Fehlerkennung
- SQLWARNING als Abkürzung für SQLSTATE-Kennungen, die mit 01 beginnen
- NOT FOUND als Abkürzung für SQLSTATE-Kennungen, die mit 02 beginnen
- SQLEXCEPTION für alle übrigen SQL-Fehlermeldungen außer SQLWARNING und NOT FOUND
- Eine MySQL-Fehlerkennung *<Mysql Fehlerkennung>* für Server- und Client-Fehlermeldungen

Für die Server-Fehlermeldungen sind sowohl SQLSTATE- als auch MySQL-Fehlerkennungen vergeben, so dass sie über beide angesprochen werden können, wobei für viele MySQL-Fehler gilt, dass sie zu einer SQLSTATE-Kennung gruppiert sind. Arbeitet man also mit den MySQL-Fehlerkennungen, so hat man vielfach eine höhere Aussagekraft der Fehlermeldung.[24] Als problematisch hat sich in der Praxis insbesondere bei der Triggerprogrammierung erwiesen, dass noch keine Möglichkeit zur Erzeugung benutzerdefinierter Fehler besteht. Hier sind sicherlich neuere Versionen abzuwarten.

Beispiel

Division von Zahlen

Eine Funktion F_Division dividiert ungeprüft zwei Zahlen, die als Parameter übergeben werden. Das Ergebnis wird als Rückgabewert der Funktion zurückgegeben. Die Division durch den numerischen Wert 0 stellt in MySQL insofern kein Problem dar, als in den meisten SQL-Modi dafür kein Fehler erzeugt wird und als Ergebnis NULL angenommen und zurückgegeben wird. Lediglich im Modus TRADITIONAL führt dieser Fall zu einem Fehler. Da in Funktionen die Verwendung der SELECT-Anweisung zum Zwecke der Anzeige auf dem Bildschirm nicht zulässig ist, geben wir die Fehlermeldung einfach in einer Datei „Fehlermeldungen" aus (vgl. PL/SQL, Abschnitt 7.1.5).

```
SET SQL_MODE = 'TRADITIONAL'//
DROP FUNCTION F_Division//

CREATE FUNCTION F_Division (Divident    INT,
                            Divisor     INT)
RETURNS FLOAT
```

---

24 Eine vollständige Liste aller MySQL- und SQL-Fehlerkennungen finden Sie in [MySQL 2006, Kap. 12].

```
NO SQL
BEGIN
  DECLARE EXIT HANDLER FOR 1365 INSERT INTO Fehlermeldungen
    VALUES ('Fehler: Division durch 0!');
  RETURN Divident/Divisor;
END//
SET SQL_MODE = ''//
DELIMITER ;
SHOW ERRORS;

SELECT F_Division(8,2);
-- fehlerhafter Aufruf mit Division durch 0
SELECT F_Division(8,0);

-- Fehlermeldung anzeigen
SELECT * FROM Fehlermeldungen;
```

7.3 Aktive Datenbanksysteme

Datenbanktrigger (trigger), auch aktive Regeln (active rules) oder ECMA-Regeln genannt, werden programmiert, um reaktives Verhalten in einem Datenbanksystem auslösen zu können. Tritt eine bestimmte Situation ein, so werden vom Trigger-Monitor des Datenbankmanagementsystems die zu dieser Situation „passenden" Regeln aktiviert (gefeuert) und zu dem jeweils definierten Zeitpunkt ausgeführt. Mithilfe der Regeln lassen sich Aktionen beschreiben, die auszuführen sind, wenn eine bestimmte Situation eintritt. Im Vergleich zu „klassischen" Datenbanksystemen, den so genannten passiven, können damit nicht nur Informationsstrukturen der interessierenden Welt abgebildet werden, sondern auch das zugehörige Verhalten (aktives Datenbanksystem). Die Erweiterung eines Datenbanksystems um eine aktive Komponente ist nicht an das relationale Modell gebunden, sondern grundsätzlich für jedes Modell möglich, so auch für objektorientierte und objektrelationale Datenmodelle. So sind sowohl beim SQL-Standard wie auch bei Oracle die Trigger für relationale wie auch objektrelationale DML-Ereignisse spezifiziert.

7.3.1 Klassische Anwendungsfälle für aktive Regeln

Folgeverarbeitung

Hierunter fallen die Pflege von Redundanzen zur Vermeidung von Änderungs-/Einfüge-/Löschanomalien und die Pflege berechneter und abhängiger Daten sowie die Historisierung und Archivierung von Daten bei Manipulationen. Die Mehrfachspeicherung und die Speicherung von ableitbaren Daten werden aus Performance-Gründen in der Praxis recht häufig in Kauf genommen, um akzeptable Antwortzeiten bei Anfragen zu erreichen. Erst seit der Einführung von aktiven Regeln, mit deren Hilfe die redundanten bzw. abhängigen Informationen wirklich vollautomatisch gepflegt werden können, haben sie ihren Schrecken für Entwickler verloren und sind zu einem beherrschbaren Problem geworden.

Konsistenzüberwachung

In vielen Fällen ist die Ausdruckskraft der Integritätsbedingungen kommerzieller Datenbanksysteme nicht ausreichend, insbesondere aufgrund der einschränkenden Bedingungen der CHECK-Constraints (keine SELECT-Anfragen) und der fehlenden ASSERTIONs. Mittels aktiver Regeln können wesentlich komplexere Bedingungen geprüft und individuelle Fehlerkorrekturen (integrity repair) programmiert werden. Das Zurückrollen ist dann bei der Integritätsprüfung nur noch eine mögliche Reaktion. Es können speziell auf jede einzelne Integritätsbedingung bezogene Fehlerkorrekturen programmiert werden, wie z.B. das Anpassen/Löschen anderer Daten, die inkonsistent mit den neuen Daten sind. Wie wir aber noch sehen werden, sind die aktiven Regeln nur für IMMEDIATE-Prüfungen geeignet, nicht jedoch für DEFERRED-Prüfungen am Transaktionsende.

Benachrichtigungssysteme

Werden im Fehlerfall Fehlermeldungen in Fehlermeldungsdateien mitprotokolliert, so können sie mittels aktiver Regeln auf dem Bildschirm angezeigt oder sonst zusätzlich verarbeitet werden. Eine weitere Anweisungsmöglichkeit ergibt sich bei der Prüfung von Grenzwerten für bestimmte Spalten. Bei Über-/Unterschreitung dieser Grenzen sind beliebige Reaktionen, wie das Anzeigen oder Speichern von Meldungen oder auch das Verhindern der grenzüber- bzw. -unterschreitenden Aktion, programmierbar.

Zugriffsschutz

Aufgrund der Tatsache, dass niemand an den aktiven Regeln „vorbeikommt", eignen sie sich hervorragend, um Zugriffsrechte für einzelne Aktionen individuell zu handhaben. Einzige Ausnahme ist, dass ein Benutzer das Recht hat, aktive Regeln zu löschen oder zu deaktivieren. Aber bei diesem Recht sollte man dann bei der Vergabe entsprechend sparsam umgehen. Mittels der aktiven Regeln wird geprüft, ob ein Benutzer berechtigt ist, das Regel feuernde Ereignis (z.B. Einfügen/Ändern/Löschen von bestimmten Daten) auszulösen (Zugriffskontrollen, Rechteverwaltung).

In passiven Datenbanksystemen – ohne aktive Regelkomponente – können solche Aufgaben nur auf eine der folgenden Weisen gelöst werden.

Regelmäßige Abfragen („Polling")

Ein Anwender oder spezielle Programme fragen regelmäßig die Daten ab und kontrollieren, ob die definierte Situation eingetreten ist. Wenn ja, werden die gewünschten Aktionen ausgeführt. Problematisch ist dabei, dass von außen jemand oder etwas aktiv werden muss, entweder ein Anwender oder ein Programm, das periodisch ausgeführt wird. Zum einen birgt diese Lösung die Gefahr, dass die Kontrolle vergessen wird, zum anderen sind die Prüfungsintervalle kritisch. Die Kontrollabfragen werden entweder zu oft oder zu selten durchgeführt, was die entsprechenden Konsequenzen einer zu großen Systembelastung bzw. einer zu späten Reaktion mit sich bringt. Wird die Kontrolle hingegen aktiven Regeln übertragen, dann kontrollieren diese nur bei relevanten Ereignissen.

Anwendungsprogramm

Die Reaktionen auf bestimmte Situationen sind in den Anwendungsprogrammen definiert, die die Ereignisse ausführen, die eine kritische Situation auslösen können. Problematisch hierbei ist, dass gegebenenfalls die Überprüfung derselben Situation in mehreren Programmen formuliert werden muss, was Code-Redundanzen zur Folge hat und die Gefahr birgt, die Kontrolle zu vergessen. Aktive Regeln hingegen werden zentral im Datenbanksystem erzeugt und alle Anwendungsprogramme aktivieren sie automatisch durch die Aktion, die sie ausführen.

Bevor wir das Thema weiter vertiefen, lassen Sie uns zwei Regelbegriffe voneinander abgrenzen: aktive und deduktive Regeln. Während es bei den aktiven Regeln um die Ausführung von (Re-)Aktionen auf bestimmte Situationen geht ((re-)aktiv), leiten deduktive Regeln neue Fakten aus der gespeicherten Datenbasis ab (passiv). Deduktive Regeln sind somit eine intensionale Darstellung von Informationen[25]. Im SQL-Kontext sind Sichten eine Form von deduktiven Regeln. Es sind orthogonale Konzepte, die in einem Datenbanksystem realisiert sein können.

7.3.2 Theorie der ECMA-Regeln

Da auch der SQL-Standard einige „unnötige" Restriktionen bei seinen aktiven Regeln aufweist, möchten wir die Grundidee der aktiven Regeln erst einmal von ihrer theoretischen Seite her vorstellen[26] und Ihnen damit eine Grundlage geben, sich durchaus kritisch mit dem „Angebot" des Standards wie auch der kommerziellen Datenbanksysteme auseinanderzusetzen. Die Begriffe Trigger und aktive Regel oder auch ECMA-Regel sind hier synonym zu verwenden. Um jedoch die theoretischen Betrachtungen von den SQL-Spezifikationen und den kommerziellen Implementierungen abzugrenzen, werden wir bei der Theorie von aktiven bzw. ECMA-Regeln sprechen und bei SQL, Oracle, MySQL schwerpunktmäßig den Begriff Trigger verwenden.

> ## Aktive Datenbanksysteme
>
> Ein aktives Datenbanksystem ist ein (passives) Datenbanksystem mit allen charakteristischen Eigenschaften und Konzepten, erweitert um eine aktive Regelkomponente und um die Möglichkeit zur Definition aktiver Regeln. Die Eigenschaft „aktiv" ist orthogonal zu den verschiedenen Datenmodellen, so dass es „aktive relationale" wie auch „aktive objektorientierte" Systeme geben kann.

Zu den Aufgaben der aktiven Regelkomponente, dem Trigger-Monitor, zählt das Erkennen von relevanten Ereignissen/Situationen, das Ermitteln der dafür definierten aktiven Regeln (feuern, aktivieren) sowie das Ausführen der gefeuerten Regeln zum definierten Zeitpunkt.[27]

---

25 Einen Einstieg in das Thema der deduktiven Datenbanken finden Sie u. a. in [Elmasri et al. 2006], [Ramakrishnan et al. 2006] und eine Vertiefung in [Cremers et al. 1994], [Ceri et al. 1989].

26 Die hier vorgestellte Theorie der ECMA-Regeln basiert hauptsächlich auf den Ausführungen von [Dittrich et al. 2000]. Zudem sind Erläuterungen bei [Elmasri et al. 2006], [Ramakrishnan et al. 2006] , [Heuer et al. 2001, S. 113-116] , [Heuer et al. 2000, S. 406-413] zu finden.

27 vgl. [Dittrich et al. 2000, S. 7]

Aktive Regeln

Aktive Regeln formulieren einen Zusammenhang zwischen interessierender Situation (E Ereignis) und gewünschter Reaktion (A Aktion). Somit bilden sie relevante Abläufe der realen Welt in der Datenbank ab. Es werden hier die vier zentralen Bestandteile einer aktiven Regel behandelt, die sich hinter dem Akronym ECMA verbergen.

Tabelle 7.11

Die vier zentralen Bestandteile einer aktiven Regel

K	Komponente	Beschreibung
E	Event[28]	Für jede aktive Regel muss das Ereignis spezifiziert werden, zu dem sie von der aktiven Regelkomponente (Trigger-Monitor) gefeuert (aktiviert) wird. Ereignisse können z.B. sein: **Einfache**

Einfache

- Datenbanksystemereignisse:
  RDBMS: Hoch-/Runterfahren der Datenbank; Lesen/Einfügen/Ändern/Löschen von Daten (DML, DQL); An-/Abmelden von Benutzern; Anlegen/Löschen von Datenbankobjekten (DDL), Transaktionssteuerung (COMMIT, ROLLBACK), Aufrufen/Ausführen von gespeicherten Routinen, Auftreten von Integritätsfehlern ...
  OODBMS: Aufrufen/Ausführen von Methoden; Anlegen/Löschen von Objekten ...

- Zeitereignisse:
  absolut (20.01.2007 14:30h ...)
  periodisch (ab 01.01.2007 monatlich; ab jetzt alle 5 Minuten ...)

- Abstrakte Ereignisse:
  Sie werden durch ihren Namen im System spezifiziert und mit einem Befehl explizit ausgeführt, z.B. RAISE abstraktes Ereignis.

Zusammengesetzte

- Zeitereignisse:
  relativ (irgendein_Ereignis + 10 Minuten ...)

- Ereignisalgebra:
  Sequenz von Ereignissen, Disjunktion, Konjunktion, Negation ...

Parametrisierte Ereignisse
Über die Parameter der Ereignisse ist es möglich, Informationen von der Ereignisinstanz an den Bedingungs- bzw. Aktionsteil der aktiven Regel weiterzugeben.

---

28 vgl. [Dittrich et al. 2000, S. 18-30]

Die vier zentralen Bestandteile einer aktiven Regel *(Fortsetzung)*

K	Komponente	Beschreibung
[C]	Condition[29]	Die Formulierung einer Bedingung, die vor der Aktivierung (Feuerung) oder Ausführung der aktiven Regel geprüft wird, ist optional. Ist eine Bedingung definiert, so wird der Aktionsteil der gefeuerten Regel nur ausgeführt, wenn die Bedingung erfüllt ist. Mit einer solchen Bedingung kann die aktuell vorliegende Datenbasis kontrolliert werden, z.B.: **Statische Bedingung** Formuliert eine Anforderung an einen Datenbankzustand („Summe der Gehälter je Abteilung ist kleiner oder gleich dem Gehaltsbudget der Abteilung" …) **Transitionale (dynamische) Bedingung** Formuliert eine Anforderung an einen Zustandsübergang („eine Preiserhöhung darf nicht mehr als 10% betragen" …)
[M]	Mode	Die Definition eines Ausführungszeitpunkts für eine aktive Regel ist optional. Ein solcher Zeitpunkt kann definiert werden: ■ absolut (31.12.2002 13:00h oder täglich 17:30 h …) ■ relativ zum Zeitpunkt der Aktivierung (Feuern) der aktiven Regel (vor oder nach INSERT/UPDATE/DELETE …)
A	Action[30]	Für jede aktive Regel müssen die Aktionen programmiert werden, die (zum Zeitpunkt M) ausgeführt werden sollen. Zulässige Aktionen können sein: ■ **Bestimmte Befehle der DB-Sprache** (SQL-Anfragen und Manipulationsanweisungen …) ■ **Programme** einer zulässigen Programmiersprache (C, Java oder PL/SQL …)

Wenn das feuernde Ereignis Datenmanipulationen zur Konsequenz hat, dann gehört zu der gerade beschriebenen Funktionalität auch der Zugriff auf den alten bzw. neuen Zustand der vom feuernden Ereignis geänderten Datensätze und Tabellen. Diese liegen in sogenannten Transitionsvariablen und -tabellen (referencing variables, referencing tables) vor.

Exemplarisch für die verschiedensten aktiven Datenbanksprachen und -konzepte, die bislang für kommerzielle DBS sowie im Rahmen der Forschung[31] entwickelt wurden, wird im Weiteren die Triggersprache von SQL2003 bzw. Oracle und MySQL vorgestellt. Syntaktisch sind diese drei Triggersprachen weitgehend identisch. Sie unterscheiden sich hautsächlich im Ausführungsmodell (Semantik). Die Ausführungsmodelle von Oracle und MySQL weichen von den SQL2003-Vorgaben ab (s.u.).

---

29 vgl. [Dittrich et al. 2000, S. 30f.]

30 vgl. [Dittrich et al. 2000, S. 31f.]

31 vgl. [Widom et al. 1996], [Paton et al. 1989], [Griefahn et al. 1994], [Cochrane et al. 1996], [Ceri et al. 2000]

7.3.3 Trigger in SQL

Datenbanktrigger wurden erst mit der 1999er Version in den SQL-Standard aufgenommen. Leider beschränkt sich die Zahl der aktivierenden (feuernden) Ereignisse auch im 2003er Standard immer noch auf drei. Hier wäre sicherlich eine Ausweitung in Richtung einer leistungsfähigeren aktiven Datenbanksprache wünschenswert.

Die Struktur der ECMA-Regeln findet sich beim SQL2003-Standard in folgender Trigger-Syntax wieder.[32]

```
<CREATE TRIGGER Anweisung> ::=
  CREATE TRIGGER Triggername
    { BEFORE | AFTER }
    { INSERT | DELETE | UPDATE [OF [Spaltenname [ , Spaltenname]... ]] }
      ON Tabellenname
    [ <Referenz Klausel> ]
    [ FOR EACH { ROW | STATEMENT } ]
    [WHEN ( <Trigger Bedingung> ) ]
    [BEGIN ATOMIC]
      <SQL prozedurale Anweisung>; [ <SQL prozedurale Anweisung>;  ]...
    [END];

<Referenz Klausel> ::=
    OLD [ ROW ] [ AS ] Zeilenalias_alter_Wert
  | NEW [ ROW ] [ AS ] Zeilenalias_neuer_Wert
  | OLD TABLE [ AS ] Tabellenalias_alter_Wert
  | NEW TABLE [ AS ] Tabellenalias_neuer_Wert
```

Bestandteile eines Datenbanktriggers in SQL

Name: Triggername Der Name kann frei gewählt werden, sollte jedoch einen Bezug zu den beteiligten Tabellen und der Funktionsweise erkennen lassen, denn der Triggername wird bei Fehlermeldungen mit angezeigt.

Ausführungszeitpunkt (Modus M): BEFORE | AFTER Der Ausführungszeitpunkt legt fest, ob ein Trigger vor oder nach dem feuernden (aktivierenden) Ereignis ausgeführt werden soll. Je nach Aufgabenstellung kann der BEFORE- oder der AFTER-Zeitpunkt sinnvoll oder gar notwendig sein. Sind Folgeverarbeitungen durchzuführen, so bieten sich AFTER TRIGGER an, da bei deren Ausführung die Integritätsbedingungen bereits geprüft wurden. Sollen die Werte des neuen Datensatzes geändert oder ergänzt werden, so bietet es sich hingegen an, in den BEFORE TRIGGER die NEW-Variablen mit entsprechenden Werten zu belegen. Die durch das Ereignis gefeuerten Trigger (auch die kaskadierenden (vgl. Abschnitt 7.3.5)) und das feuernde Ereignis selbst stellen eine atomare Ausführungseinheit dar. Schlägt einer der gefeuerten Trigger fehl oder das Ereignis, dann wird alles – Ereignis samt gefeuertem Trigger – rückgängig gemacht.

Ereignis (Event E): INSERT | DELETE | UPDATE OF ... Von den vielen bei den ECMA-Regeln diskutierten Ereignissen sind bei SQL nur drei zugelassen, und zwar die Manipulationsanweisungen INSERT, UPDATE, DELETE. Ein Trigger kann nur zu einem

---

32 Die Informationen zu diesem Kapitel stammen aus den ANSI-Originaldokumenten [ANSI SQL 2003a], [ANSI SQL 2003b] und von [Melton et al. 2002, S. 395-410] sowie aus [Groff et al. 2002, S. 736-744].

einzigen Ereignis programmiert werden. Die Ereignisse gelten nur für die in der ON-Klausel mit „Tabellenname" spezifizierten Tabelle. Das UPDATE-Ereignis lässt sich für die Änderung ganz bestimmter Spalten weiter eingrenzen, wobei die Spalten natürlich Spalten der Tabelle aus der ON-Klausel sein müssen.

Tabelle: ON Tabellenname   Der Tabellenname ist der Name einer Basistabelle (feuernde Tabelle). Trigger auf Sichten oder temporäre Tabellen sind nicht erlaubt. Genauso wie ein Trigger nur für ein Ereignis definiert werden kann, ist er auch nur für genau eine Tabelle spezifizierbar. Obwohl ein Trigger ein eigenständiges Datenbankobjekt ist, ist er mit der feuernden Tabelle „verbunden", so dass er ohne die Tabelle nicht existieren kann. Ein Trigger wird vom Trigger-Monitor gefeuert, wenn für die Tabelle das zuvor spezifizierte Ereignis eintritt.

Transitionsvariablen und -tabelle in der REFERENZ-Klausel: OLD + NEW   Transitionstabellen (Referencing Tables: OLD TABLE, NEW TABLE) sind sowohl in Befehls- (s.u. Trigger-Typ) wie auch in Zeilentriggern verfügbar. Transitionsvariablen (Referencing Variables: OLD [ROW], NEW [ROW]) hingegen sind nur in Zeilentriggern zugreifbar. Die Transitionstabellen beinhalten während der Triggerausführung den alten und den neuen Zustand der Triggertabelle. Um auf den neuen oder alten Wert eines Attributs zugreifen zu können, wird dem Attributnamen das Schlüsselwort NEW bzw. OLD in Punktnotation vorangestellt (z.B. OLD.Spalte). Liegt ein UPDATE-Ereignis vor, so sind die OLD-wie auch die NEW-Variablen und -Tabellen mit den zugehörigen alten/neuen Werten gefüllt. Beim DELETE-Ereignis sind nur die OLD-Variablen und -Tabellen belegt. Beim INSERT sind es nur die NEW-Variablen und -Tabellen. Für BEFORE TRIGGER gilt die zusätzliche Restriktion, dass keine Transitionstabellen verfügbar sind. Die Begründung für diese letzte Einschränkung ergibt sich aus dem Ausführungsmodell (s.u.). Der Geltungsbereich der Transitionsvariablen und -tabellen sind die Trigger, die für das zugehörige Ereignis gefeuert wurden. In der Referenzklausel besteht nun die Möglichkeit die Schlüsselwörter OLD bzw. NEW [ROW] sowie OLD und NEW TABLE umzubenennen in selbst gewählte Bezeichnungen, die Zeilenalias_alter/neuer_Wert und Tabellenalias_alter/neuer_Wert.

Typ: ROW oder STATEMENT   Ein Befehlstrigger   (STATEMENT TRIGGER, default) wird genau einmal vor oder nach der Ausführung des feuernden Ereignisses ausgeführt, auch dann, wenn kein Datensatz von der feuernden Anweisung manipuliert wird. Ein Zeilentrigger (ROW TRIGGER) wird dagegen für jeden von der feuernden Datenmanipulation betroffenen Datensatz je einmal ausgeführt. Wird kein Datensatz von der Anweisung geändert, dann wird auch kein Zeilentrigger ausgeführt. Nur bei den Zeilentriggern sind die Transitionsvariablen zugreifbar, die Transitionstabellen hingegen sind es bei beiden Triggertypen.

Bedingung (Condition C): WHEN   Die WHEN-Bedingung formuliert eine beliebige SQL-Suchbedingung (vgl. Abschnitt 5.5.4) mit ein paar Modifikationen. Statt wie in der WHERE-Klausel einfach die Spalten zu verwenden, deren Tabellen in der FROM-Klausel spezifiziert wurden, kann in der WHEN-Bedingung auf die Daten der zugehörigen Tabelle mittels Transitionstabellen und -variablen zugegriffen werden. Nur wenn diese Bedingung zu TRUE ausgewertet wird, wird der Aktionsteil auch ausgeführt (bei FALSE und NULL nicht). Sie muss immer in Klammern stehen. Zu beachten ist, dass die WHEN-Bedingung kein Teil des Ereignisses ist. Erst wenn das feuernde Ereignis eingetreten und der Trigger aktiviert ist, wird mit der Bedingung geprüft, ob der Aktionsteil ausgeführt wird.

Aktion (Action A): BEGIN ATOMIC … END Die Schlüsselwörter BEGIN, ATOMIC und END werden nur verwendet, wenn mehrere Anweisungen im Aktionsteil programmiert sind. Zulässige Befehle sind SQL-Anweisungen wie SELECT, INSERT, UPDATE, DELETE sowie die prozeduralen Anweisungen der gespeicherten Routinen (vgl. Abschnitt 7.1 für Oracle und 7.2 für MySQL). Der SQL-Standard überlässt den Herstellern die Entscheidung bezüglich der Zulässigkeit von Transaktionssteuerung, Verbindungsaufbau (An-/Abmelden), DDL-Anweisungen sowie Session-Anweisungen. Für BEFORE TRIGGER gilt zusätzlich die Beschränkung, dass grundsätzlich keine SQL-Manipulationsanweisungen aufgerufen werden dürfen, auch kein Aufruf einer Routine, die eine solche Manipulationsanweisung beinhalten könnte. Die letzte Restriktion ist motiviert durch das Ausführungsmodell der SQL-Trigger (vgl. Abschnitt 7.3.5). Zu beachten ist insbesondere, dass die Manipulationsanweisungen, die durch Trigger ausgeführt werden, natürlich auch wieder feuernde Ereignisse für andere Trigger darstellen können (kaskadierende Regeln).

```
<DROP TRIGGER Anweisung> ::= DROP TRIGGER Triggername;
```

Mit der DROP-Anweisung wird ein Trigger gelöscht.

Trigger-Fehlschlag

Bricht die Ausführung eines Triggers fehlerhaft ab, dann wird das feuernde Ereignis vollständig mit allen bereits ausgeführten Triggern rückgängig gemacht. Im Standard heißt es, die auslösende Anweisung bleibt ohne Folgen auf die Datenbasis.

Vergleich der ECMA-Regeln mit Triggern

Für einen Trigger kann ein einfaches Ereignis (E, Event) definiert werden. Als Ereignisse sind nur die drei Befehle INSERT, DELETE, UPDATE zulässig. Jeder Trigger ist genau einer Tabelle zugeordnet. Die Ereignisse, für die ein Trigger feuert, beziehen sich somit ausschließlich auf diese Tabelle und nicht auf verschiedene Tabellen. Dies sind sicherlich drei sehr zentrale Ereignisse, vor allem auch in Hinsicht auf den Einsatz von Triggern bei der IMMEDITATE Integritätsprüfung, Folgeverarbeitung … Jedoch stößt man in der Praxis schnell auf Aufgabenstellungen, für deren Lösung man sich Trigger z.B. zum Transaktionsstart oder Transaktionsende (COMMIT für DEFERRED Integritätsprüfung), Trigger für Anfragen (SELECT), Trigger zu Datenbankverwaltungsereignissen (Hoch-/Runterfahren der DB, An-/Abmelden von Benutzern) etc. wünscht. Von der Ereignisvielfalt der ECMA-Regeln ist nicht viel geblieben.

Die Möglichkeiten der Bedingung (Condition, C) sind bei der WHEN-Bedingung sehr gut dadurch umgesetzt, dass eine beliebige SQL-Bedingung zugelassen ist. Neben statischen Bedingungen können aufgrund des Zugriffs auf die Transitionstabellen in den Befehlstriggern und den Transitionsvariablen und -tabellen in den Zeilentriggern auch transitionale Bedingungen formuliert werden.

Beim Ausführungszeitpunkt (Modus, M) ist nur eine unmittelbare Kopplung zum feuernden Ereignis (BEFORE, AFTER) möglich. Ein Ausführungszeitpunkt losgelöst vom feuernden Ereignis ist nicht vorgesehen.

> ### Beispiele

- Es seien für ein Manipulationsereignis ein BEFORE ROW, ein BEFORE STATE-MENT, ein AFTER ROW und ein AFTER STATEMENT TRIGGER definiert. Tritt nun ein Manipulationsereignis ein, das drei Datensätze betrifft, so feuern der BEFORE STATEMENT TRIGGER einmal, BEFORE ROW dreimal, ebenso AFTER ROW und AFTER STATEMENT TRIGGER wieder nur einmal.

- Es seien für ein Manipulationsereignis ein ROW und ein STATEMENT TRIGGER definiert. Wird nun ein Befehl ausgeführt, der keine Datensätze manipuliert, so feuert der STATEMENT TRIGGER trotzdem einmal, der ROW TRIGGER hingegen keinmal.

Anwendungsbeispiele für SQL-Trigger

Pflege abhängiger Daten in anderen Tabellen   Wenn sich die Gehälter bei den Angestellten ändern, soll die Spalte Gehaltssumme bei den Abteilungen aktualisiert werden. Zu diesem Zweck muss das Schema Byce & Co. entsprechend angepasst werden, indem die Tabelle „Abteilungen" die neue Spalte Gehaltssumme bekommt, die mit den Summenwerten gefüllt wird.

Am einfachsten wird die Lösung, wenn man Zeilentrigger verwendet, denn da diese für jeden geänderten Datensatz feuern, hat man in ihnen mittels der Transitionsvariablen Zugriff auf die neuen und alten Werte des geänderten Datensatzes. Ob der Trigger als BEFORE oder AFTER definiert wird, wäre von der Anwendungslogik her unerheblich, da jedoch für SQL-BEFORE TRIGGER die Einschränkung gilt, dass keine Manipulationsanweisungen verwendet werden dürfen, ist ein AFTER TRIGGER hier obligatorisch. Zudem bietet sich die Definition als AFTER TRIGGER auch aus Performance-Gründen für den Fall eines Integritätsfehlers an. Zum Zeitpunkt der Triggerausführung sind die IMMEDIATE-Integritätsbedingungen, die von dem feuernden Manipulationsereignis betroffen sind, bereits geprüft. Wenn dabei ein Fehler auftritt, wird die Manipulationsanweisung ohne Ausführung der AFTER TRIGGER zurückgerollt. Bei BEFORE TRIGGER wäre zuerst die Folgeverarbeitung (UPDATE Rechnungen) ausgeführt und dann die Integrität für den feuernden Befehl geprüft worden. Bei einem Fehler müsste dann zusätzlich auch der Folge-UPDATE zurückgerollt werden.

```
ALTER TABLE Abteilungen ADD  Gehaltssumme INT;
UPDATE Abteilungen
  SET Gehaltssumme = (SELECT SUM(Gehalt) FROM Angestellte
                         WHERE Abt_Nr = Abteilungen.Abt_Nr);
SELECT * FROM Abteilungen;

-- SQL-TRIGGER für INSERT, UPDATE, DELETE:
CREATE TRIGGER Gehaltssumme_ai_trg
AFTER INSERT ON Angestellte
FOR EACH ROW
    UPDATE Abteilungen
    SET  Gehaltssumme = Gehaltssumme + NEW.Gehalt
    WHERE Abt_Nr = NEW.Abt_Nr;

CREATE TRIGGER Gehaltssumme_au_trg
AFTER UPDATE OF Gehalt ON Angestellte
FOR EACH ROW
    UPDATE Abteilungen
    SET  Gehaltssumme = Gehaltssumme + NEW.Gehalt - OLD.Gehalt
    WHERE Abt_Nr = NEW.Abt_Nr;
```

```
CREATE TRIGGER Gehaltssumme_ad_trg
AFTER DELETE ON Angestellte
FOR EACH ROW
    UPDATE Abteilungen
    SET  Gehaltssumme = Gehaltssumme - OLD.Gehalt
    WHERE Abt_Nr = OLD.Abt_Nr;

-- Für die Tests:
SELECT * FROM Angestellte;
SELECT * FROM Abteilungen;
INSERT INTO Angestellte VALUES ( 1111, 2, 'Fehlt noch', 'Elektriker',
    'Brunn', 'Ilse', 'w',  CURRENT_DATE, 3600, 1500, 'Bergisch Gladbach',
    'Fichtenweg',  CURRENT_DATE);
UPDATE Angestellte SET Gehalt = Gehalt*1.1 WHERE Abt_Nr=1;
DELETE FROM Angestellte WHERE Abt_Nr= 5;
SELECT * FROM Angestellte;
SELECT * FROM Abteilungen;
COMMIT;
```

Pflege redundanter Daten in anderen Tabellen Aus Performance- und Sicherheits-/ Datenschutzgründen wird neben der eigentlichen Angestelltentabelle noch eine Adresstabelle aller Mitarbeiter gepflegt. In dieser zweiten Tabelle werden Name, Adresse, Telefon und Geburtsdatum eines Angestellten redundant gespeichert. Diese Informationen werden allen Mitarbeitern der Firma zur Verfügung gestellt, während auf die Angestelltentabelle nur autorisierte Personen Zugriff haben. Auch hier der Hinweis auf die Klausel „OF Vorname, Nachname, Strasse, Ort", die für den UPDATE TRIGGER unter SQL eingefügt werden kann, unter MySQL aber nicht zulässig ist.

```
CREATE TABLE Angestellte_Adressen (Vorname  VARCHAR(20),
                                   Nachname VARCHAR(20),
                                   Strasse  VARCHAR(20),
                                   Ort      VARCHAR(20));

-- SQL-TRIGGER für INSERT, UPDATE, DELETE:
CREATE TRIGGER Angestellte_Redundanz_upd
AFTER UPDATE ON Angestellte
FOR EACH ROW
  UPDATE  Angestellte_Adressen
    SET  Vorname = NEW.Vorname,
         Nachname = NEW.Nachname,
         Strasse = NEW.Strasse,
         Ort = NEW.Ort
    WHERE Vorname = OLD.Vorname
    AND   Nachname = OLD.Nachname;

CREATE TRIGGER Angestellte_Redundanz_ins
AFTER INSERT ON Angestellte
FOR EACH ROW
    INSERT INTO Angestellte_Adressen
    VALUES (NEW.Vorname, NEW.Nachname, NEW.Strasse, NEW.Ort);

CREATE TRIGGER Angestellte_Redundanz_del
AFTER DELETE ON Angestellte
FOR EACH ROW
    DELETE FROM Angestellte_Adressen
    WHERE Vorname = OLD.Vorname
    AND   Nachname = OLD.Nachname;
```

```
Für den Test:
INSERT INTO Angestellte VALUES
        ( 1112, 3, 'Fehlt noch', 'Ingenieur', 'Brater', 'Willy', 'm',
        CURRENT_DATE, 4600, 1500, 'Dortmund', 'Bedastr.', CURRENT_DATE);
INSERT INTO Angestellte VALUES
        ( 1114, 3, 'Fehlt noch', 'Schreibkraft', 'Bille', 'Maxi', 'w',
        CURRENT_DATE, 610, 30, 'Dortmund', 'Plutostr.',
        CURRENT_DATE);
UPDATE Angestellte SET Ort='Hamburg' WHERE Ang_Nr=1112;
DELETE FROM Angestellte WHERE Ang_Nr=1114;
```

Integritätsprüfung mit Zurückrollen Gemäß Tarifvertrag muss das neue Gehalt eines Angestellten mindestens 1,5% höher als das alte Gehalt sein. Im Falle eines Integritätsfehlers soll das fehlererzeugende Ereignis zurückgerollt werden. Da wir in SQL und MySQL keine Hinweise gefunden haben, welcher Befehl eine Triggerausführung benutzerdefiniert fehlerhaft abbricht, haben wir uns als Lösung den Abbruch über einen Integritätsfehler überlegt. Wir erzeugen künstlich einen Primärschlüsselfehler in der Tabelle „Triggerabbruch", der nur dazu dient, die Triggerausführung fehlerhaft zu beenden.

Der Zeilentrigger feuert für jeden Datensatz, bei dem das Attribut „Gehalt" der Tabelle „Mitarbeiter" geändert wird. Anhand der alten und neuen Werte des manipulierten Datensatzes in den Transitionsvariablen wird in der WHEN-Bedingung geprüft, ob das neue Gehalt zu niedrig ist und somit ein Integritätsfehler vorliegt. Nur wenn dieser Fehler vorliegt, wird der Aktionsteil des Triggers noch vor der eigentlichen Ausführung des feuernden Ereignisses ausgeführt (BEFORE TRIGGER). Als Aktion wird eine Primärschlüsselverletzung herbeigeführt, die den Trigger und die feuernde Anweisung abbricht und zurückrollt.

```
-- SQL-TRIGGER für UPDATE:
CREATE TABLE Triggerabbruch (Abbruch  INT PRIMARY KEY);
INSERT INTO Triggerabbruch VALUES (1);

CREATE TRIGGER Gehalts_trg
BEFORE UPDATE OF Gehalt ON Angestellte
WHEN ((OLD.Gehalt*1.015) < NEW.Gehalt )
FOR EACH ROW INSERT INTO Triggerabbruch VALUES (1);
```

Integritätsprüfung mit Fehlerkorrektur Die obige Aufgabe wird so modifiziert, dass im Falle eines Integritätsfehlers das neue Gehalt automatisch um die Mindestgehaltserhöhung erhöht wird.

Wird einer NEW-Transitionsvariablen in einem BEFORE TRIGGER ein neuer Wert zugewiesen, so wird dieser neue NEW-Wert bei der Ausführung der feuernden Anweisung in der Datenbank gespeichert.

```
-- SQL-TRIGGER für UPDATE:
CREATE TRIGGER Gehalts_trg_1
BEFORE UPDATE OF Gehalt ON Angestellte
FOR EACH ROW
WHEN ((OLD.Gehalt*1.015) < NEW.Gehalt )
BEGIN
    SET NEW.Gehalt = OLD.Gehalt*1.015;
END;
```

Datensicherheit Um die Sicherheit im Datenbanksystem zu erhöhen, soll ein Trigger sicherstellen, dass Daten der Teiletabelle nur während der offiziellen Arbeitszeiten zwischen 7 und 18 Uhr verändert werden dürfen. Nur der Benutzer „Meier" darf die Daten von 6–23 Uhr ändern.

Befehlstrigger reichen in diesem Zusammenhang völlig aus, denn es genügt, die Ausführungszeit einmal zu Beginn einer Manipulationsanweisung zu prüfen und nicht bei jedem betroffenen Datensatz. Da die Funktion CURRENT_USER auch die Information des Host (z.B. localhost) enthält, wird der Vergleich mit LIKE formuliert. Wie bereits beim Beispiel mit dem Abbruch für einen Integritätsfehler bedienen wir uns auch hier des Tricks mit dem Primärschlüsselfehler bei der Tabelle „Triggerabbruch".

```
-- SQL-TRIGGER für INSERT, UPDATE, DELETE:
CREATE TRIGGER Teil_Sicherheit_bdr
BEFORE DELETE ON Teile
BEGIN
  IF (    CURRENT_USER LIKE 'meier%'
      AND CURRENT_TIME() NOT BETWEEN '06:00:00' AND '23:00:00')
    OR    CURRENT_TIME() NOT BETWEEN '07:00:00' AND '18:00:00'
  THEN  INSERT INTO Triggerabbruch VALUES (1);
  END IF;
END;

CREATE TRIGGER Teil_Sicherheit_bir
BEFORE INSERT ON Teile
BEGIN
  IF (    CURRENT_USER LIKE 'meier%'
      AND CURRENT_TIME() NOT BETWEEN '06:00:00' AND '23:00:00')
    OR    CURRENT_TIME() NOT BETWEEN '07:00:00' AND '18:00:00'
  THEN  INSERT INTO Triggerabbruch VALUES (1);
  END IF;
END;

CREATE TRIGGER Teil_Sicherheit_bur
BEFORE UPDATE ON Teile
BEGIN
  IF (    CURRENT_USER LIKE 'meier%'
      AND CURRENT_TIME() NOT BETWEEN '06:00:00' AND '23:00:00')
    OR    CURRENT_TIME() NOT BETWEEN '07:00:00' AND '18:00:00'
  THEN  INSERT INTO Triggerabbruch VALUES (1);
  END IF;
END;

-- Änderung einmal während der Geschäftszeiten
-- und einmal außerhalb ausführen -
-- oder die Zeiten in der Bedingung dem Ausführungszeitpunkt anpassen
SELECT * FROM Teile;
DELETE FROM Teile WHERE Tnr = 2;
INSERT INTO Teile
  VALUES (987,'Stück','Lenker Comfort XL', 'Artikel', 2600,0, 20, 10, 20,
          20, 2, 0, 0, CURRENT_TIMESTAMP());

UPDATE Teile SET Mindestbestand = 4555 WHERE Tnr = 3;
SELECT * FROM Teile;
SELECT * FROM Triggerabbruch;
```

7.3.4 Trigger bei Oracle

Die Triggerauswahl bei Oracle[33] ist etwas umfangreicher als bei SQL.

BEFORE und AFTER DML-TRIGGER

Diese BEFORE und AFTER DML-TRIGGER sind die Entsprechungen zu den SQL2003-Triggern. Die Syntax stimmt fast vollständig überein. Ein Unterschied ist die CREATE-Klausel, dort heißt es CREATE [OR] REPLACE Triggername[34]. Eine FOR EACH STATE-MENT-Option gibt es nicht. Für Zeilentrigger wird FOR EACH ROW spezifiziert und fehlt diese Angabe, ist es automatisch ein Befehlstrigger. Ein anderer Unterschied ist, dass ein Trigger für mehrere oder verknüpfte Ereignisse ([INSERT] [[OR] UPDATE OF …] [[OR] DELETE]) definiert werden kann. Dies hat bei der Programmierung den Vorteil, dass, wenn für verschiedene Ereignisse gleiche oder ähnliche Aktionen auszuführen sind, bei Oracle nur ein Trigger erstellt werden muss, während es bei SQL mehrere sind. Muss im Aktionsteil dann doch nach dem feuernden Ereignis unterschieden werden, stehen folgende Funktionen zur Verfügung:

- IF INSERTING THEN …
- ELSIF DELETING THEN …
- ELSIF UPDATING THEN …

Auch diese Trigger sind nur auf Basistabellen und nicht auf Sichten oder temporären[35] Tabellen definierbar. Als Transitionsobjekte stehen jedoch nur die Transitionsvariablen zur Verfügung. Sie werden in der WHEN-Bedingung ohne Doppelpunkt verwendet (OLD, NEW) und im Aktionsteil mit (:OLD, :NEW)[36]. Transitionstabellen gibt es nicht. Die NEW-Variablen sind im BEFORE TRIGGER beschreibbar, sonst sind alle Transitionsvariablen in allen Triggern nur lesend zugreifbar. Die WHEN-Bedingung ist nur für Zeilentrigger möglich und der Aufruf von PL/SQL-Funktionen ist hier nicht zulässig.

BEFORE und AFTER Database-TRIGGER

Neben den Manipulationsereignissen sind bei BEFORE und AFTER TRIGGER auch „database_events" als feuernde Ereignisse zugelassen. Sie haben im Wesentlichen die gleiche Syntax wie die DML-Trigger. Statt der Schlüsselwörter INSERT | UPDATE | DELETE wird ein sogenanntes Database-Ereignis ausgewählt. Ein Database-Ereignis kann sein: SHUTDOWN, STARTUP (Herunter- und Hochfahren des Datenbanksystems), LOGON, LOGOFF (An-/Abmelden von Benutzern), GRANT, REVOKE (Benut-

---

33 Die Informationen aus diesem Kapitel basieren im wesentlichen auf [ORACLE Concepts 2005, Kap. 20, 22], [ORACLE SQL 2005, Kap. 16] und [Feuerstein et al. 2005, S. 697-757].
34 Die Ergänzung OR REPLACE zeigt an, dass das Triggerkonzept bei Oracle als PL/SQL-Konzept und nicht als SQL-Konzept implementiert ist.
35 Temporäre Tabellen sind Tabellen, die während einer Sitzung (Session) existieren. Spätestens mit dem Beenden der Sitzung werden auch die Tabellen samt Daten wieder gelöscht. Beim CREATE TABLE-Befehl gibt es eine TEMPORARY-Option [ORACLE SQL 2005 Kap. 16].
36 Grund für diese uneinheitliche Schreibweise ist: Die Transitionsvariablen sind SQL-Variablen und die WHEN-Bedingung eine SQL-Bedingung. Im Aktionsteil wird jedoch PL/SQL- oder Java-Code verwendet, so dass dort die Transitionsvariablen HOST-Variable sind.

zerrechte vergeben/entziehen), CREATE, ALTER, DROP (Anlegen/Ändern/Löschen von Datenbankobjekten)[37].

INSTEAD OF-TRIGGER

Oracle stellt zudem noch die INSTEAD OF-TRIGGER zur Verfügung. Gedacht sind sie unter anderem als Lösung für das View Updating-Problem (vgl. Abschnitt 5.3.5), bei dem es darum geht, dass Datenmanipulationen auf virtuellen wie auch materialisierten Sichten ausgeführt werden können und diese Manipulationen von abgeleiteten Daten dann auch in den zugrunde liegenden Basistabellen ausgeführt werden müssen. Anderenfalls entstehen Inkonsistenzen. Da es auch in der wissenschaftlichen Diskussion[38] bislang nur für sehr einfache Fälle gelungen ist, einen vollautomatischen Umkehrschluss von der Deduktionsregel (SELECT der View) zur Änderung auf den Basisdaten zu ziehen, bietet Oracle als Workaround die INSTEAD OF-TRIGGER an. Sie werden für Manipulationsereignisse auf Sichten, materialisierte wie auch virtuelle, definiert und statt dieses Ereignisses ausgeführt. Im Aktionsteil sind die Manipulationsanweisungen für die relevanten Basistabellen programmiert, die anstelle der Änderungen der View-Daten durchzuführen sind. Für die INSTEAD OF-TRIGGER gelten folgende Restriktionen: Die Transistionsvariablen sind nur lesbar. Das UPDATE-Ereignis ist nicht für bestimmte Spalten eingrenzbar, sondern gilt grundsätzlich für alle Spalten (UPDATE ohne OF-Klausel). Eine WHEN-Bedingung ist nicht zulässig.

Bei den Befehlen im Aktionsteil, die der SQL-Standard als herstellerspezifisch definiert hat, hat sich Oracle dagegen entschieden, diese in PL/SQL zuzulassen. So sind u.a. die Transaktionssteuerung COMMIT, ROLLBACK und alle DDL-Befehle nicht vorgesehen, da diese implizit ein COMMIT beinhalten und damit die Ausführung einer Manipulationsanweisung als atomare Einheit zusammen mit allen Triggern verletzen würden. Es sind jedoch beliebige PL/SQL- und Java-Befehle zulässig.

Gelöscht wird ein Trigger wie in SQL auch mit der Anweisung: DROP TRIGGER Triggername.

Anwendungsbeispiele für Oracle-Trigger

Hier werden die Oracle-Varianten für die Anwendungsbeispiele aus Abschnitt 7.3.3 vorgestellt, die dort mit SQL- bzw. MySQL-Triggern gelöst werden.

Pflege abhängiger Daten in anderen Tabellen

```
-- Oracle-TRIGGER für alle drei relevanten Ereignisse
CREATE OR REPLACE TRIGGER Gehaltssumme_trg
AFTER INSERT OR DELETE OR UPDATE OF Gehalt ON Angestellte
FOR EACH ROW
BEGIN
    UPDATE   Abteilungen
    SET      Gehaltssumme = Gehaltssumme - NVL(:OLD.Gehalt,0)
                                          + NVL(:NEW.Gehalt,0);
END;
/
SHOW ERRORS
/* Die NVL-Funktion ist eine PL/SQL-Funktion und setzt, wenn der Wert der
```

---

37 Eine vollständige Liste aller zulässigen Datenbankereignisse finden Sie in [ORACLE SQL 2005, Kap. 16].

38 vgl. [Elmasri et al. 2006, Kap. 8.5.3], [Mayol et al. 2000]

Variablen NULL ist, diese auf 0. Hat die Variable einen anderen Wert als NULL, so bleibt dieser Wert erhalten.*/

Zur Lösung kann man auch drei Trigger programmieren, wie wir dies für SQL und MySQL gemacht haben. Bis auf den fehlenden Doppelpunkt vor den Transitionsvariablen sind die SQL/MySQL-Trigger aus Abschnitt 7.3.3 auch bei Oracle lauffähig.

Pflege redundanter Daten in anderen Tabellen

```
CREATE OR REPLACE TRIGGER Mitarbeiter_Redundanz_upd
AFTER INSERT OR DELETE OR UPDATE OF Nachname, Vorname, Ort, Strasse ON
Angestellte
FOR EACH ROW
BEGIN
    IF UPDATING THEN
        UPDATE Angestellte_Adressen
        SET Vorname      = :NEW.Vorname,
              Nachname   = :NEW.Nachname,
              Ort        = :NEW.Ort,
              Strasse    = :NEW.Strasse
        WHERE Vorname    = :OLD.Vorname
        AND      Nachname = :OLD.Nachname;
    ELSIF INSERTING THEN
        INSERT INTO Angestellte_Adressen
        VALUES (:NEW.Vorname, :NEW.Nachname, :NEW.Strasse, :NEW.Ort);
    ELSIF DELETING THEN
        DELETE Angestellte_Adressen
        WHERE   Vorname    = :OLD.Vorname
        AND       Nachname = :OLD.Nachname;
    END IF;
END;
/
```

Integritätsprüfung mit Zurückrollen

```
CREATE TRIGGER Gehalts_trg
BEFORE UPDATE OF Gehalt ON Angestellte
FOR EACH ROW
WHEN (OLD.Gehalt*1.015 < NEW.Gehalt )
BEGIN
  RAISE_APPLICATION_ERROR
  (-20001, 'Lt. Tarifvertrag muss die Gehaltserhöhung mindestens
    1,5% betragen,');
END;
```

Integritätsprüfung mit Fehlerkorrektur

```
CREATE TRIGGER Gehalts_trg_1
BEFORE UPDATE OF Gehalt ON Angestellte
FOR EACH ROW
WHEN (OLD.Gehalt*1.015 < NEW.Gehalt )
BEGIN
  :NEW.Gehalt := :OLD.Gehalt*1.015;
END;
```

Datensicherheit

```
CREATE OR REPLACE TRIGGER Teil_Sicherheit
BEFORE DELETE OR UPDATE OR INSERT ON Teile
FOR EACH ROW
WHEN ((USER = 'Meier'
       AND TO_CHAR(SYSDATE, 'HH24:MI') NOT BETWEEN '06:00' AND '23:00')
       OR TO_CHAR(SYSDATE, 'HH24:MI') NOT BETWEEN '07:00' AND '18:00')
BEGIN
  RAISE_APPLICATION_ERROR (-20001,
    'Sie dürfen nicht außerhalb der Geschäftszeiten Daten
    eingeben!');
END;
/

-- Änderung einmal während der Geschäftszeiten
-- und einmal außerhalb ausführen
UPDATE Teile SET Bezeichnung = 'Damenrad' WHERE TNr = 1;
```

7.3.5 Trigger bei MySQL

Trigger sind bei MySQL auch ein recht neues Konzept, welches erst mit der Version 5.0 eingeführt wurde[39]. Die CREATE TRIGGER-Syntax entspricht der SQL-Syntax mit einigen Ausnahmen. Es gibt nur Zeilentrigger (ROW TRIGGER) und keine FOR EACH STATEMENT-Option. Genauso wie bei SQL und Oracle stellen die Trigger zwar eigenständige Datenbankobjekte dar, sie sind jedoch mit der feuernden Tabelle assoziiert, das heißt, sie können nicht ohne ihre zugehörige Tabelle existieren. Analog zu SQL und anders als bei Oracle sind die Trigger nur für ein Ereignis definierbar. Es sind auch die Ereignisse INSERT, DELETE und UPDATE zugelassen, es gibt aber keine Möglichkeit, das UPDATE-Ereignis auf bestimmte Spalten einzuschränken (keine OF-Option). Und anders als bei beiden anderen Konzepten, können keine zwei Trigger für das gleiche Ereignis mit der gleichen Ausführungszeit und derselben Tabelle erzeugt werden. Damit erübrigt sich die Problemstellung, entscheiden zu müssen, in welcher Reihenfolge Trigger mit dem gleichen Ausführungszeitpunkt tatsächlich abgearbeitet werden. Trigger können (noch) nicht für kaskadierende Fremdschlüsselaktionen gefeuert werden. Gelöscht wird ein Trigger wie in SQL mit der DROP TRIGGER-Anweisung.

```
<CREATE TRIGGER Anweisung> ::=
  CREATE TRIGGER Triggername
  [ BEFORE | AFTER ]
  [ INSERT | DELETE | UPDATE ] ON Tabellenname
  FOR EACH ROW
  [ BEGIN ]
    <Triggeranweisung>; [ <Triggeranweisung>; ]...
  [ END ];

<DROP TRIGGER Anweisung> ::= DROP TRIGGER Triggername;
```

---

39 Für die praktische Umsetzung der Vorgaben des Handbuchs haben wir das Datenbanksystem MySQL 5.1.11 beta-log verwendet.

Die fehlende WHEN-Klausel lässt sich durch bedingte Anweisungen (IF, CASE) im Aktionsteil kompensieren. Wird nur eine Anweisung ausgeführt, so kann auf den BEGIN-END-Block verzichtet und die Anweisung an dessen Stelle geschrieben werden. Sind als Triggeraktion mehrere Anweisungen auszuführen, so werden sie in einem BEGIN-END-Block geschachtelt. Grundsätzlich sind alle Anweisungen erlaubt, die auch in Funktionen (vgl. Abschnitt 7.2) zulässig sind, insbesondere auch Funktions- und Prozeduraufrufe. Nicht zulässig sind u.a. COMMIT-, ROLLBACK-, LOCK-Anweisungen und dynamisches SQL[40]. Ebenfalls nicht zugelassen in den Triggern (wie auch in Funktionen) ist es, Manipulationen an den Daten der Tabelle durchzuführen, für die der Trigger gefeuert wurde. Hingegen sind SELECT-Anfragen, die auf die feuernde Tabelle im Trigger ausgeführt werden, zugelassen. Ebenfalls nicht erlaubt ist die SELECT-Kurzschreibweise, die in Prozeduren gut dazu verwendet wird, Text anzuzeigen, sei es zur Kontrolle, Fehlersuche oder als Fehlermeldung. Dies ist leider in Triggern und Funktionen nicht möglich. Alle Restriktionen gelten natürlich auch für gespeicherte Routinen, wenn sie in Triggern aufgerufen werden. Als Transitionsobjekte sind nur die Variablen bekannt, ebenfalls in Form von Aliasen OLD und NEW. Auch hier gelten die gleichen Abhängigkeiten zwischen dem feuernden Ereignis (INSERT, UPDATE, DELETE) und der Verfügbarkeit der Transitionsvariablen wie bei SQL und Oracle. Eine REFERENZ-Klausel zur Umbenennung der Transitionsvariablen gibt es nicht.

Tritt ein Fehler während einer Triggerausführung auf, so schlägt das feuernde Ereignis insgesamt fehl. Was heißt dies nun bei den beiden unterschiedlichen Transaktionskonzepten von MySQL (vgl. Abschnitt 8.6)? Im Transaktionsmodus (Speichermaschine InnoDB und NDB Cluster) führt der Anweisungs-/Triggerfehlschlag zu einem ROLLBACK der feuernden Anweisung, während im Nicht-Transaktionsmodus ein Zurückrollen aufgrund der unmittelbaren persistenten Speicherung nach jeder Datensatzänderung nicht möglich ist. In diesem Fall schlägt die feuernde Anweisung an einer Stelle fehl und alle vorherigen Manipulationen bleiben gespeichert. Alle nachfolgenden Manipulationen dieser Anweisung werden aber nicht mehr ausgeführt.

Anwendungsbeispiele für MySQL-Trigger

Die SQL-Trigger aus Abschnitt 7.3.3 sind weitgehend ausführbare MySQL-Trigger mit einigen wenigen Anpassungen. Das Semikolon zum Abschluss der CREATE TRIGGER-Anweisungen muss durch einen anderen DELIMITER ersetzt werden, z.B. DELIMITER //.

Für das erste Beispiel „Pflege abhängiger Daten in anderen Tabellen" sind keine weiteren Anpassungen notwendig.

Beim zweiten Beispiel „Pflege redundanter Daten in anderen Tabellen" ist beim UPDATE-TRIGGER die OF-Klausel angegeben, die bei MySQL unbekannt ist. Damit in MySQL diese Trigger erzeugt werden können, müssen die Trigger des vorangegangenen Beispiels (Pflege abhängiger Daten) gelöscht werden. Die Trigger dort haben zwar andere Namen, sind aber für die gleichen Ereignisse definiert, und das ist in MySQL anders als bei SQL nicht möglich.

```
DROP TRIGGER Gehaltssumme_ai_trg;
DROP TRIGGER Gehaltssumme_au_trg;
DROP TRIGGER Gehaltssumme_ad_trg;
```

---

40 Eine vollständige Auflistung aller Restriktionen finden Sie in [MYSQL 2006, Kap.1].

Für das dritte Beispiel „Integritätsprüfung mit Zurückrollen im Fehlerfall" kann die Bedingung nicht in der WHEN-Klausel formuliert werden. Die Abfrage muss vielmehr in einer IF-Anweisung im Aktionsteil erfolgen:

```
IF OLD.Gehalt*1.015 > NEW.Gehalt THEN
  INSERT INTO Triggerabbruch VALUES (1);
END IF;
```

Analoges gilt für das vierte Beispiel mit der Fehlerkorrektur:

```
IF OLD.Gehalt*1.015 > NEW.Gehalt THEN
  SET NEW.Gehalt = OLD.Gehalt*1.015;
END IF;
```

Und in beiden Fällen muss für MySQL wieder auf die OF-Klausel bei den UPDATE-TRIGGERN verzichtet werden.

Da in MySQL Befehlstrigger unbekannt sind, müssen für das fünfte Beispiel „Datensicherheit" Zeilentrigger programmiert werden, was einen Mehraufwand an Prüfungen erfordert.

7.3.6 Ausführungsmodelle: ein Vergleich für SQL, Oracle, MySQL

Das hier beschriebene Ausführungsmodell bezieht sich zwar auf alle SQL- und MySQL-Triggertypen, aber nur auf BEFORE und AFTER INSERT, UPDATE, DELETE-TRIGGER von Oracle. Alle anderen Oracle-Trigger wie INSTEAD OF und DDL-TRIGGER bleiben bei diesem Vergleich außen vor, da es für sie weder SQL- noch MySQL-Entsprechungen gibt.[41]

Bevor wir in die Analyse einsteigen können, müssen wir noch einen für SQL wie auch für das relationale Modell zentralen Begriff kennen lernen. Und zwar den der Reihenfolgeunabhängigkeit bei der Ausführung von Anfragen oder Manipulationsanweisungen (Einfügungen, Änderungen, Löschungen). Denn das ist der Punkt, bei dem es bei dem einen oder anderen Ausführungsmodell schon mal „hakt".

Reihenfolgeunabhängigkeit

Die Reihenfolgeunabhängigkeit im Relationalen Modell und SQL bedeutet, dass das Ergebnis der deklarativ formulierten Anweisungen (SQL: SELECT, INSERT, UPDATE, DELETE), immer gleich sein muss, unabhängig davon, in welcher Reihenfolge die Datensätze gelesen oder verarbeitet wurden.

Gemeinsamkeiten

Zeilentrigger feuern für jeden durch die Manipulationsanweisung veränderten Datensatz einmal. Wird kein Datensatz manipuliert, so feuert auch kein Zeilentrigger. Bei MySQL gilt noch die zusätzliche Einschränkung, dass bei UPDATE-Anweisungen die OLD und NEW-Werte unterschiedlich sein müssen, damit die AFTER ROW TRIGGER ausgeführt

---

41 Ausführliche Informationen zu den Triggerausführungsmodellen finden Sie für SQL in [ANSI SQL 2003b], [Melton et al. 2002, S. 404-406] für Oracle in [ORACLE Concepts 2005, Kap. 22] und für MySQL in [MySQL 2006, Kap. 19] und [MySQL Trigger 2005]

werden. Außer bei MySQL (dort gibt es sie nicht), feuern Befehlstrigger für jede Anweisung genau einmal, auch wenn gar kein Datensatz manipuliert wird. BEFORE TRIGGER werden vor der Ausführung der Anweisung ausgeführt, AFTER TRIGGER erst danach.

Die Ausführung der Anweisung und ihrer zugehörigen Trigger stellt eine atomare Ausführungseinheit dar. Schlägt die Ausführung der feuernden Manipulationsanweisung z.B. aufgrund eines Integritätsfehlers fehl, so wird die feuernde Anweisung zusammen mit allen bis dahin ausgeführten Triggern rückgängig gemacht. Schlägt einer der gefeuerten Trigger fehl, so wird ebenfalls die feuernde Anweisung zusammen mit allen bis dahin ausgeführten Triggern zurückgerollt. Dies gilt für MySQL nur insofern, als diese Aussage für transaktionssichere und nicht transaktionssichere Tabellen anwendbar ist.

Manipulationsanweisungen im Aktionsteil können selbst feuernde Ereignisse für andere Trigger sein. Wird ein Trigger nicht durch eine benutzerdefinierte, sondern durch eine triggerausgeführte Manipulationsanweisung gefeuert, so wird er als **kaskadierender Trigger** (kaskadierende Regeln) bezeichnet. Wie genau kaskadierende Trigger ausgeführt werden, wird im Weiteren bei den verschiedenen Ausführungsmodellen erörtert. Dieser Punkt ist einer der Unterschiede. Feuert ein Trigger sich selbst mittelbar oder unmittelbar, so liegt eine **Rekursion** vor, die im Allgemeinen zu einem Terminierungsproblem führt.

Unterschiede

Die Unterschiede sind teilweise nicht sehr offensichtlich, aber trotzdem mitunter folgenschwer.

Ausführungsmodell von SQL2003[42]   Setzt ein Anwender eine Manipulationsanweisung ab, so ermittelt das Datenbankmanagementsystem zuerst die von dieser Manipulation betroffenen Datensätze und die durch dieses Ereignis zu feuernden Trigger. Die Ausführung der Anweisung startet mit der Ausführung der gefeuerten BEFORE TRIGGER. Die Ausführungsreihenfolge der BEFORE ROW und STATEMENT TRIGGER wird durch den Zeitpunkt der Triggererzeugung (timpestamp of creation) bestimmt. Je älter ein Trigger ist, umso früher wird er ausgeführt. Erfreulicherweise spielt bei den meisten Triggern die Reihenfolge der Ausführung keine Rolle. Für die Praxis stellt sich diese Methode der Prioritätenvergabe über die Erstellungszeit sicherlich als sehr umständlich dar, insbesondere, wenn nach Änderungen an Triggern auch andere wieder „neu" erstellt werden müssen, nur damit die Ausführungsreihenfolge wieder stimmt. Nachdem alle durch das Ereignis gefeuerten BEFORE TRIGGER ausgeführt sind, wird die oigontlicho Manipulation auegoführt, d.h., allo betroffenen Datensätze werden manipuliert und abschließend wird ihre Integrität geprüft. Anschließend werden alle durch das Ereignis gefeuerten AFTER TRIGGER ausgeführt, Zeilen- wie Befehlstrigger, auch hier in der Reihenfolge der Triggererzeugung.

Um das Ausführungsmodell zu veranschaulichen, stellen wir das folgende Beispiel grafisch dar. Es wird ein UPDATE-Befehl ausgeführt, der drei Datensätze manipuliert, womit das feuernde Ereignis also ein UPDATE ist. Gefeuert werden ein BEFORE STATEMENT TRIGGER und zwei AFTER STATEMENT TRIGGER. Für jeden geänderten Datensatz werden jeweils ein BEFORE ROW und ein AFTER ROW TRIGGER gefeuert.

---

42 Als eine Implementierung des SQL-Triggerausführungsmodells kann das Triggerkonzept von IBM's DB2 angesehen werden (vgl. [IBM 2004, Vol.1 S. 23-24, Vol.2 S. 390-400])

Ausgeführt werden sie bei SQL2003 in der in ▶ Abbildung 7.5 dargestellten Reihenfolge. Die geschweifte Klammer im Bild zeigt die Zeit an, die das Datenbankmanagementsystem für die Bearbeitung des UPDATE-Befehls mit allen damit verbundenen Aktionen benötigt. Wie man sieht, wird bei SQL2003 immer alles „en block" ausgeführt, zuerst alle BEFORE, dann die Datensatzänderungen, dann die IMMEDIATE Integritätsprüfung und abschließend die AFTER-Trigger.

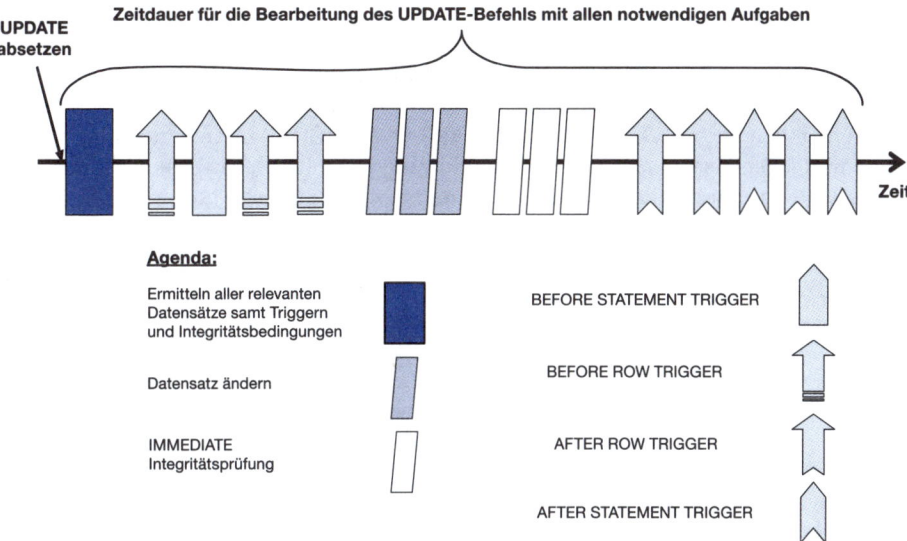

Abbildung 7.5: Trigger-Ausführungsmodell in SQL2003

Ausführungsmodell von Oracle Setzt ein Anwender eine Manipulationsanweisung ab, so ermittelt das Datenbankmanagementsystem zuerst die von dieser Manipulation betroffenen Datensätze und die durch dieses Ereignis zu feuernden Trigger. Die eigentliche Datenänderung beginnt nun mit der Ausführung aller BEFORE STATEMENT TRIGGER. Anschließend werden für den ersten zu manipulierenden Datensatz die für ihn gefeuerten BEFORE ROW TRIGGER ausgeführt, dann wird der Datensatz samt Integritätsprüfung manipuliert und schließlich werden die für ihn gefeuerten AFTER ROW TRIGGER ausgeführt. Diese Folge von BEFORE ROW TRIGGER, Datensatz ändern und prüfen und AFTER ROW TRIGGER setzt sich für jeden durch das Ereignis betroffenen Datensatz fort. Die Ausführung der Anweisung schließt mit der Ausführung der AFTER STATEMENT TRIGGER ab. Sind zu einem Zeitpunkt mehrere Trigger auszuführen, so wird ihre Reihenfolge vom Datenbanksystem nicht deterministisch bestimmt. Anders als beim Standard, wo die Reihenfolgesteuerung umständlich ist, hat man bei Oracle gar keine Möglichkeit, die Ausführung zu priorisieren. ▶ Abbildung 7.6 setzt das gleiche Beispiel wie ▶ Abbildung 7.5 voraus. Hier wird deutlich, wie BEFORE ROW TRIGGER, Datensatzänderung, Integritätsprüfung und AFTER ROW TRIGGER immer eine Ausführungseinheit bilden. Die Befehlstrigger werden davon unabhängig davor oder danach ausgeführt.

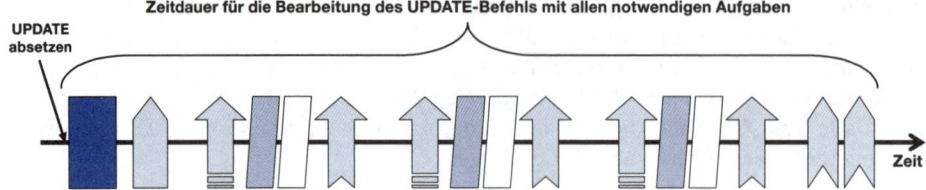

Abbildung 7.6: Trigger-Ausführungsmodell bei Oracle

Ausführungsmodell von MySQL Da die Befehlstrigger fehlen, beschränkt sich das Ausführungsmodell auf Zeilentrigger und das entspricht in seinen wesentlichen Zügen dem von Oracle. BEFORE und AFTER ROW TRIGGER bilden auch hier zusammen mit der Datensatzänderung eine Ausführungseinheit, wie sie in ▶ Abbildung 7.6 für Zeilentrigger zu sehen ist. Man muss da nur die Befehlstrigger unberücksichtigt lassen. Solche Detailinformationen über das Ausführungsmodell lassen sich leider in der Literatur nicht finden, aber praktische Beispiele haben entsprechendes Verhalten gezeigt. Dieses Ausführungsmodell lässt sich aber auch argumentativ begründen. Da Trigger ja auch für nicht transaktionssichere Tabellen (alle Speichermaschinen außer InnoDB und NDB Cluster) definiert werden können, muss das Ausführungsmodell so aussehen und nicht wie beim Standard. Grund ist, dass bei nicht transaktionssicheren Tabellen jede Datensatzänderung unmittelbar persistent in der Datenbasis gespeichert wird. Da muss ein Trigger unmittelbar zusammen mit der Datensatzänderung ausgeführt werden und nicht gesammelt vorher oder nachher. Einen Unterschied gibt es noch. Bei SQL und Oracle ist es so, dass ROW-Trigger für jeden betroffenen Datensatz ausgeführt werden, auch wenn bei Änderungen der alte und der neue Wert identisch sind. Betroffen heißt hier also: nur für alle Datensätze, die die WHERE-Bedingung erfüllen. Dies gilt bei MySQL nur für die BEFORE ROW-, nicht aber für die AFTER ROW-TRIGGER. Bei MySQL ist die Ausführung von Manipulationsanweisungen derart ausgelegt, dass Manipulationen trotz erfüllter WHERE-Bedingung nur dann durchgeführt werden, wenn der alte und der neue Wert unterschiedlich sind. Somit heißt für AFTER ROW TRIGGER „betroffen", dass die WHERE-Bedingung erfüllt sein muss und die geänderten OLD- und NEW-Werte sich unterscheiden. Als Beispiel, bei der Anweisung „UPDATE abteilungen SET ort = 'Köln'" werden bei Oracle alle sechs Datensätze der Tabelle und bei MySQL nur vier geändert, weil zwei Angestellte bereits in Köln leben. Entsprechend werden bei Oracle für jeden der sechs geänderten Sätze die BEFORE und AFTER ROW TRIGGER ausgeführt, während bei MySQL sechs BEFORE und vier AFTER ROW TRIGGER ausgeführt werden.

Beispiel

Mit diesem Beispiel können Sie das Ausführungsmodell von MySQL ausprobieren und ein Gefühl dafür bekommen, wann ein Trigger nun feuert. Für Oracle können Sie das Beispiel auch ausführen und schauen, was dort passiert. Einzige Änderung, die gemacht werden muss, sind die Doppelpunkte vor den Transitionsvariablen. Für MySQL haben wir die Ausgabe von Anzeigetexten in eine Tabelle als Notlösung gewählt, da es keinen Befehl gibt, der die Anzeige von Meldungen auf dem Bildschirm ermöglicht. Die Kurzschreibweise des SELECTs ist in Triggern wie auch Funktionen nicht erlaubt. Damit diese Fehlermeldungen nicht einem eventuellen Transaktionskonzept unterliegen, wird die Fehlermeldungstabelle explizit als nicht transaktionssichere MyISAM-Tabelle erstellt.

```
DROP TABLE Fehlermeldungen;
CREATE TABLE Fehlermeldungen (Meldungen VARCHAR(50)) ENGINE='MyISAM';

DELIMITER //
CREATE TRIGGER Abt_trg_bur
BEFORE UPDATE ON Abteilungen
FOR EACH ROW
BEGIN
  INSERT INTO Fehlermeldungen VALUES
    (CONCAT('Abt_trg_BEFOREur',OLD.Abt_Nr));
END//

CREATE TRIGGER Abt_trg_aur
AFTER UPDATE ON Abteilungen
FOR EACH ROW
BEGIN
  INSERT INTO Fehlermeldungen VALUES
    (CONCAT('Abt_trg_AFTERur',OLD.Abt_Nr));
END//
DELIMITER ;

-- 4 von 6 Datensätzen tatsächlich geändert
UPDATE Abteilungen SET Ort = 'Köln';
SELECT * FROM Fehlermeldungen;

-- 6 Datensätze tatsächlich geändert
UPDATE Abteilungen SET Ort = 'GM';
SELECT * FROM Fehlermeldungen;

-- kein Datensatz tatsächlich geändert
UPDATE Abteilungen SET Ort = 'GM';
SELECT * FROM Fehlermeldungen;
```

Die Unterschiede zwischen den Ausführungsmodellen werden im Fall der kaskadieren-den Trigger besonders deutlich. In Aktionsteilen sind DML-Befehle zugelassen und diese können wiederum selbst Trigger feuern. Solche Triggerkaskaden sind über beliebig viele Stufen möglich.

Kaskadierende Trigger in SQL2003 Triggerkaskaden können aber in SQL nur in AFTER TRIGGERN auftreten, da für BEFORE TRIGGER Manipulationsanweisungen oder Prozeduren und Funktionen mit Manipulationsanweisungen grundsätzlich unter-sagt sind. Werden für einen triggererzeugten DML-Befehl kaskadierende BEFORE- und AFTER TRIGGER gefeuert, dann werden die kaskadierenden BEFORE TRIGGER unmit-telbar vor der feuernden DML-Anweisung ausgeführt. Die kaskadierenden AFTER TRIGGER jedoch werden, unabhängig vom feuernden Ereignis, erst zusammen mit den AFTER TRIGGERN des ursprünglichen DML-Ereignisses nach allen ursprünglichen und kaskadierenden Manipulationen ausgeführt (vgl. ▶ Abbildung 7.7).

In BEFORE TRIGGERN sind DML-Befehle grundsätzlich nicht zugelassen, um die in SQL geforderte Reihenfolgeunabhängigkeit nicht zu gefährden. Das Ganze wird sicher-lich deutlicher, wenn man sich im Gegenzug das Modell von Oracle anschaut.

Wir setzen das bekannte Beispiel aus ▶ Abbildung 7.5 und ▶ Abbildung 7.6 in ange-passter Form voraus. Der Übersichtlichkeit halber sind nur zwei Datensätze von der ursprünglichen Manipulation betroffen. Einer der AFTER ROW TRIGGER führt einen Manipulationsbefehl aus, der wiederum jeweils einen BEFORE ROW-, BEFORE STATEMENT-, AFTER ROW-, AFTER STATEMENT TRIGGER feuert. Man sieht an dem in zwei Hälften geteilten Pfeil sehr gut, wie die Triggerausführung des ursprünglichen

Triggers (Ebene 1) unterbrochen wird, dann alle BEFORE TRIGGER und alle Datensätze (hier einer) ausgeführt und geprüft werden. Danach wird die Verarbeitung des ursprünglichen AFTER ROW TRIGGER wieder fortgesetzt. Alle AFTER TRIGGER werden erst zusammen mit allen anderen AFTER TRIGGERN unabhängig von der Ebene ihrer Feuerung in einem Pool zusammengefasst und dann nacheinander ausgeführt.

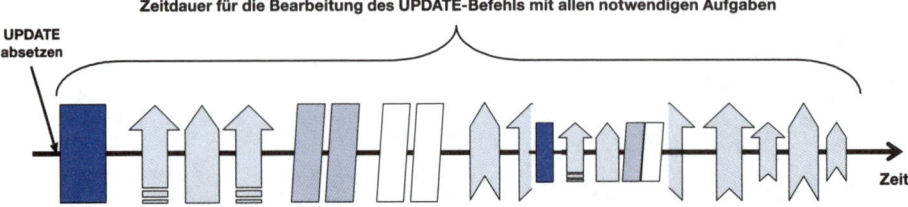

Abbildung 7.7: Kaskadierende Trigger in SQL2003

Kaskadierende Trigger bei Oracle Da DML-Befehle beim Oracle-Datenbanksystem auch in BEFORE TRIGGERN zugelassen sind, können Triggerkaskaden sowohl in BEFORE wie auch AFTER TRIGGERN auftreten. Das Ausführungsmodell von Oracle basiert auf dem Grundgedanken, dass eine Datenmanipulation und ihre Trigger eine Ausführungseinheit bilden. Somit werden immer – auch bei den kaskadierenden Triggern – zuerst die unmittelbar gefeuerten BEFORE TRIGGER, dann das unmittelbar feuernde DML-Ereignis und abschließend die unmittelbar gefeuerten AFTER TRIGGER ausgeführt. Es handelt sich hierbei also um eine echte verschachtelte Ausführung von kaskadierenden Triggern (vgl. ▶ Abbildung 7.8).

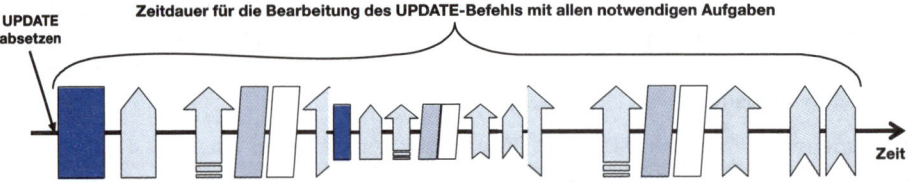

Abbildung 7.8: Kaskadierende Trigger bei Oracle

Kaskadierende Trigger bei MySQL Auch das Ausführungsmodell der kaskadierenden Trigger ist analog zu dem von Oracle. Einen Grund dafür stellen auch wieder die nicht transaktionssicheren Tabellen dar. Zur Kontrolle kann folgendes Beispiel dienen, das das vorangegangene erweitert.

Beispiel

```
CREATE TABLE Fehlermeldungen2 (meldungen VARCHAR(50)) ENGINE='MyISAM';

DELIMITER //
CREATE TRIGGER Fehler_trg_bur
BEFORE INSERT ON Fehlermeldungen
FOR EACH ROW
```

```
BEGIN
  INSERT INTO Fehlermeldungen2 VALUES
    (CONCAT('Fehler_trg_BEFOREur',NEW.Meldungen));
END//

CREATE TRIGGER Fehler_trg_aur
AFTER INSERT ON Fehlermeldungen
FOR EACH ROW
BEGIN
  INSERT INTO Fehlermeldungen2 VALUES
    (CONCAT('Fehler_trg_AFTERur',NEW.Meldungen));
END//

CREATE TRIGGER Abt_trg_bur
BEFORE UPDATE ON Abteilungen
FOR EACH ROW
BEGIN
  INSERT INTO Fehlermeldungen2 VALUES
    (CONCAT('Abt_trg_BEFOREur',OLD.Abt_nr));
  INSERT INTO Fehlermeldungen VALUES
    (CONCAT('Abt_trg_BEFOREur',OLD.Abt_nr));
END//

CREATE TRIGGER Abt_trg_aur
AFTER UPDATE ON Abteilungen
FOR EACH ROW
BEGIN
  INSERT INTO Fehlermeldungen2 VALUES
    (CONCAT('Abt_trg_AFTERur',OLD.abt_nr));
  INSERT INTO Fehlermeldungen VALUES
    (CONCAT('Abt_trg_AFTERur',OLD.abt_nr));
END//

DELIMITER ;
```

Triggerfalle: Mutating Table-Problem Das Oracle-Ausführungsmodell sowie der Umstand, dass Anfrage- und Manipulationsanweisungen in BEFORE- wie auch in AFTER ROW TRIGGERN zugelassen sind, führt bei Oracle zum so genannten Mutating Table-Problem.

Im SQL-Kontext mit der Grundidee der Datensatzmengen und seinem deklarativen Sprachansatz gilt der Grundsatz der Reihenfolgenunabhängigkeit. Dies bedeutet, dass das Ergebnis der Ausführung einer SQL-Anweisung (DQL, DML) immer das gleiche ist, unabhängig von der Reihenfolge, in der auf die einzelnen betroffenen Datensätze zugegriffen wird. Grundsätzlich stellen Zeilentrigger, die für jeden Datensatz gefeuert werden, und die kaskadierenden Trigger Möglichkeiten dar, diese Reihenfolgenabhängigkeit zu verletzen, indem in ihrem Aktionsteil lesend, schreibend oder löschend auf die Tabelle, für die die Tirgger gefeuert sind, zugegriffen wird.

Beispiel

Mutating Table-Problem in ROW TRIGGERN

Hier ein Beispiel für einen Trigger, der die Reihenfolgeunabhängigkeit verletzt, denn je nach dem, in welcher Reihenfolge die Datensätze geändert werden, wird die Gehaltsgrenze (IF-Bedingung) mal früher erreicht und mal viel später, so dass die UPDATE-

Anweisung mit ihren Folgeaktionen in den Triggern völlig unterschiedliche Ergebnisse liefern. Syntaktische Kennzeichen problematischer Trigger sind: Sie sind Zeilentrigger und greifen mittels SELECT, INSERT, UPDATE, DELETE im Aktionsteil auf die Tabelle zu, für die sie definiert sind (fett geschriebene Wörter).

```
CREATE OR REPLACE TRIGGER Gehalts_trg_mutating
AFTER UPDATE OF Gehalt ON Angestellte
FOR EACH ROW
DECLARE
  V_Sum NUMBER;
BEGIN
  SELECT SUM(Gehalt) INTO V_Sum FROM Angestellte;
  IF V_Sum > 100.000 THEN
  ...
END;

Oracle-Fehlermeldung:
ORA-04091: table BUCH.ANGESTELLTE is mutating, trigger/function may not see
it
```

Oracle-DBMS In allen Zeilentriggern von Oracle sind Anfragen, INSERT-, UPDATE- und DELETE-Anweisungen zugelassen. Aufgrund der verschachtelten Ausführung immer vor und nach einem geänderten Datensatz würde es bei obigem Trigger zu einer Verletzung der Reihenfolgeunabhängigkeit kommen, wenn mit der SELECT-Anweisung auf die Tabelle des feuernden Ereignisses zugegriffen wird. Um dies zu verhindern, wird beim Oracle-DBMS die gesamte „feuernde" Tabelle in dem Zeitraum nach der Ausführung aller BEFORE STATEMENT TRIGGER und vor der Ausführung aller AFTER STATEMENT TRIGGER systemintern als „mutating/wird geändert" gekennzeichnet. Bei Zugriffsversuchen während der gleichen Transaktion auf diese Tabelle innerhalb der Zeitspanne der eigentlichen Datensatzänderungen wird dann die Fehlermeldung „table is mutating" angezeigt. Die Freiheit, in allen Triggern alle Anfragen und Manipulationsbefehle programmieren zu können, wird damit erkauft, dass unter Umständen zur Laufzeit der „mutating table"-Fehler auftritt. Dies führt dazu, dass unter ORACLE DML-Anweisungen und SELECT in ROW-Triggern letztendlich nicht benutzt werden können. In dem Fall muss dann eine andere Lösung gesucht werden, der wir uns hier leider nicht widmen können.[43]

SQL-Standard Bei dem Ausführungsmodell ohne kaskadierende Trigger (siehe ▶ Abbildung 7.5) machen weder die BEFORE noch die AFTER ROW TRIGGER Probleme, da es drei Ausführungsblöcke gibt. Zuerst kommen alle BEFORE ROW wie auch Befehlstrigger, dann im zweiten Block alle Datenänderungen und zum Schluss ebenfalls „en bloc" sämtliche AFTER ROW wie auch STATEMENT TRIGGER. Somit ist gewährleistet, dass die Datenänderungen selbst reihenfolgeunabhängig ausgeführt werden. Und im Hinblick auf das Problem der kaskadierenden Trigger sind Datenänderungen in den BEFORE TRIGGER sowieso ausgeschlossen und in den AFTER TRIGGERN, die ja abschließend ausgeführt werden, stellen sie kein Problem dar.

---

43 Einen Workaround für die Umgehung des Mutating-Table-Problems finden man z.B. in [Feuerstein et al. 2005, S. 715-723]

MySQL-DBMS Bei MySQL sind Manipulationsanweisungen auf die Tabelle, für die die Zeilentrigger definiert sind, nicht zulässig, was das Mutating Table-Problem ausschließt. Anfragen an die geänderte Tabelle sind aber sehr wohl möglich, was eine Verletzung der Forderung nach Reihenfolgeunabhängigkeit darstellt.

Beispiel

Mutating Table-Problem bei kaskadierenden Oracle-Triggern

Dies ist ein kleines Szenario, das das Mutating Table-Problem für kaskadierende Befehlstrigger bei Oracle zeigt. Das Problem ist das gleiche wie bei kaskadierenden Zeilentriggern. Der Trigger Trg_Ebene1 (Zeilentrigger) ist für die Tabelle MT_Test1 definiert und führt eine Einfügung auf die Tabelle MT_Test2 aus. Dieser INSERT feuert den Trigger Trg_Ebene2_stmt (Befehlstrigger), der selbst aus Tabelle MT_Test1 löscht. Damit schließt sich der Kreis und die Reihenfolgeunabhängigkeit der Datenzugriffe ist nicht mehr gewährleistet.

Lösung:

```
CREATE TABLE MT_Test1 (Sp NUMBER);
CREATE TABLE MT_Test2 (Sp NUMBER);
SET SERVEROUTPUT ON;

CREATE OR REPLACE TRIGGER Trg_Ebene1
AFTER INSERT ON MT_Test1
FOR EACH ROW
BEGIN
   DBMS_OUTPUT.PUT_LINE('MT_Test1');
   INSERT INTO MT_Test2 VALUES (1);
END;
/
SHOW ERRORS

-- kaskadierender TRIGGER
CREATE OR REPLACE TRIGGER Trg_Ebene2_stmt
BEFORE INSERT ON MT_Test2
BEGIN
   DBMS_OUTPUT.PUT_LINE('MT_Test2');
   DELETE FROM MT_Test1;
END;
/
SHOW ERRORS
INSERT INTO MT_Test1 VALUES (4711);
Oracle-Fehlermeldung:
ORA-04091: table BUCH.MT_TEST1 is mutating, trigger/function may not see it
```

7.3.7 Integritätsprüfung: ein Vergleich für SQL, Oracle, MySQL

Die Programmierung von Triggern zur Integritätsprüfung stellt eine gute Möglichkeit dar, die beschränkte Funktionalität der Integritätsprüfungskonzepte sowohl beim Standard als auch bei Oracle und MySQL zu erweitern. Eine ausführliche Vorstellung der SQL-Integritätskonzepte finden Sie in den Abschnitten 5.3.2 und 5.3.3. Abschnitt 8.2 enthält eine Diskussion der Integritätsprüfungskonzepte unter dem besonderen Gesichtspunkt der Transaktionen. Hier werden nur noch einmal die Probleme der einzelnen Konzepte aufgezeigt und Lösungen mittels Triggern dargestellt sowie die Grenzen dieser Lösungen diskutiert.

Probleme bei der Integritätsprüfung in SQL2003

■ Außer bei den FOREIGN KEY-CONSTRAINTS mit der Option des kaskadierenden Löschens und Änderns gibt es keine Möglichkeiten zur Fehlerkorrektur. Einzige Fehlerreaktionen sind das Zurückrollen der fehlerhaften Manipulation (IMMEDIATE) und das Zurückrollen einer ganzen Transaktion (DEFERRED) (vgl. Abschnitt 5.3.2).

■ Es sind keine dynamischen Integritätsbedingungen definierbar, weder temporale, bei denen es um die Kontrolle einer ganzen Folge von Zustandsübergängen geht, noch transitionale, bei denen nur ein Zustandsübergang kontrolliert wird. Trotz der Verfügbarkeit von Transitionvariablen und -tabellen bei der Triggerausführung, die ja irgendwie zur fast gleichen Zeit wie die Integritätsprüfung ausgeführt werden (vgl. ▶ Abbildung 7.5), sind nicht einmal IMMEDIATE zu prüfende transitionale CHECK-Bedingungen oder ASSERTIONS formulierbar (z.B. CHECK (OLD.gehalt < NEW.gehalt)).

Triggerlösungen mit deren Restriktionen:

■ Im Triggeraktionsteil können individuelle Fehlerreaktionen programmiert werden, soweit dies die dort zugelassenen Sprachen ermöglichen. Einfache wie auch komplexe Fehlerkorrekturen (Integrity Repair) und Fehlerprotokolle sind formulierbar. So kann z.B. der zu ändernde Datensatz in einem BEFORE ROW TRIGGER durch Zuweisungen in NEW-Transitionsvariablen korrigiert werden oder Manipulationsanweisungen modifizieren Daten anderer Tabellen in der Datenbasis.

■ Aufgrund der Transitionsvariablen und -tabellen (NEW, OLD) sind bezüglich des feuernden Ereignisses zumindest beliebig komplexe transitive IMMEDIATE zu prüfende Bedingungen prüfbar, wenn auch keine temporalen. In den Zeilentriggern können Zustandsübergänge für einzelne Datensätze kontrolliert werden und in den Befehlstriggern Zustandsübergänge der gesamten Tabelle.

Aufgrund ihres Ausführungsmodus BEFORE oder AFTER des feuernden Ereignisses können nur IMMEDIATE zu prüfende Integritätsbedingungen simuliert werden. Es gibt leider keine Trigger mit dem feuernden Ereignis der COMMIT-Anweisung, so dass keine Bedingungen zum DEFERRED-Zeitpunkt geprüft werden können. Nur in dem äußerst seltenen Fall, dass die Transaktion nur eine Manipulationsanweisung enthält, kann man den Zeitpunkt für die AFTER TRIGGER mit dem COMMIT-Zeitpunkt gleichsetzen.

Der Workaround mit Triggern weist jedoch eine grundsätzliche Sicherheitslücke auf, die bei SQL-Integritätsbedingungen ausgeschlossen ist. Wird ein CONSTRAINT oder ASSERTION erzeugt, so wird die Bedingung unmittelbar für alle bereits in der Datenbasis vorliegenden Daten geprüft[44]. Sie werden nur angelegt, wenn die Bedingung nicht zu FALSE ausgewertet wird. Wenn ein CONSTRAINT oder eine ASSERTION existiert, kann der Entwickler sicher sein, dass alle in der Datenbank gespeicherten Daten die dort formulierte Bedingung erfüllen. Wird hingegen ein Trigger erzeugt, so kann er nicht „rückwirkend" für alle bereits gespeicherten Daten ausgeführt werden. Er wird lediglich für alle zukünftig eintretenden Ereignisse feuern. Existiert also ein Integritätsprüfungstrigger, so kann ein Entwickler nur dann sicher sein, dass auch alle alten Daten korrekt sind, wenn er eine spezielle Prozedur zur Prüfung dieser Daten geschrieben und ausgeführt hat. Der Entwickler ist somit selbst verantwortlich dafür, dass zum Zeitpunkt der

---

44 vgl. [ANSI SQL 2003a], [Behrend et al. 2001, S. 415 ff.]

Triggererzeugung ein konsistenter Datenbankzustand vorliegt. Es kommt das Problem der Code-Redundanzen hinzu, wenn Prüfungslogik einmal im Trigger vorliegt und einmal in einer Prozedur. Eine andere Lösung, um Prüfungstrigger für bereits bestehende Daten zu feuern, sieht vor, für alle Daten einen UPDATE-Befehl (UPDATE tabelle SET spalte = spalte;) auszuführen, der keine Werte ändert, wohl aber das UPDATE-Ereignis und damit einen UPDATE-Integritätsprüfungstrigger auslöst. Dies funktioniert aber auch nur, wenn für INSERT und UPDATE keine unterschiedlichen Prüfungen durchzuführen sind.

Probleme bei der Integritätsprüfung in Oracle

Neben den Problemen des SQL-Standards, die sich auch bei Oracle wiederfinden, weist das Oracle-Integritätsprüfungskonzept noch zwei weitere Beschränkungen auf:

- In den CHECK-Bedingungen können Spalten nur mit festen Wertebereichen oder mit Spalten der gleichen Tabelle verglichen werden. Anfragen mit Zugriffen auf andere Tabellen sind, anders als bei SQL, nicht zulässig.
- Das Konzept der ASSERTIONS fehlt vollständig.

Triggerlösungen mit deren Restriktionen:
Diese beiden Beschränkungen bedeuten, dass nicht nur für transitionale Bedingungen und individuelle Fehlerkorrekturen wie bei SQL2003 auf den Workaround zurückgegriffen werden muss, sondern auch bereits bei etwas komplexeren statischen Integritätsbedingungen. Bei jeder Bedingung, die eine Anfrage an die Datenbasis erfordert, muss bereits die Sicherheitslücke der Triggerlösung in Kauf genommen werden. In der Praxis kann das sehr häufig der Fall sein.

Probleme bei der Integritätsprüfung in MySQL

Der Funktionsumfang des Integritätskonzepts beschränkt sich auf die Schlüssel PRIMARY KEY, UNIQUE sowie FOREIGN KEY. CHECK-CONSTRAINTS und ASSERTIONS sind nicht umgesetzt. Damit sind die Probleme die gleichen wie zuvor bei Oracle beschrieben, und zusätzlich besteht das Problem, dass noch nicht einmal diese einfachen CHECK-Bedingungen von Oracle (konstanter Wertebereich, Vergleich mehrerer Spalten eines Datensatzes miteinander) prüfbar sind.

Triggerlösungen:
Auch die Lösungsprobleme bleiben die gleichen, wie zuvor bei Oracle beschrieben, ergänzt um im Wesentlichen zwei Restriktionen. Zum einen gibt es in MySQL keine Befehlstrigger. Die meisten Prüfungen lassen sich sicherlich mittels Zeilentriggern programmieren. Falls diese bei der Prüfung das „Mutating Table-Problem" auslösen, gibt es keinen Trigger-basierten Workaround, denn der beruht auf dem Einsatz von Befehlstriggern. Als einzige Lösung bieten sich Prüfungsprozeduren und -funktionen an („event schedules"), die automatisch zu definierten Zeitpunkten wiederkehrend ausgeführt werden. Problematisch ist hier, dass im Allgemeinen der gesamte Datenbestand geprüft wird, da nicht so ohne weiteres Kenntnisse der zwischenzeitlichen Datenänderungen vorliegen. Im Zeitintervall zwischen zwei Prüfungen können natürlich fehlerhafte Daten gespeichert sein. Und manchmal ist es einfach performanter, bestimmte Prüfungen nur einmal im Befehlstrigger durchzuführen als für jeden Datensatz in Zeilentriggern. Das andere Problem resultiert aus dem Fehlen von Befehlstrigger und Transitionstabellen, so dass derzeit keine transitionalen Bedingungen für die gesamte Tabelle prüfbar sind.

ZUSAMMENFASSUNG

PL/SQL

Sie haben bei PL/SQL die drei Blocktypen anonymer Block, Prozedur und Funktion sowie ihre Programmstrukturen, bestehend aus Deklarations-, Ausführungsteil und Fehlerbehandlung, kennengelernt. Ferner kennen Sie die Funktionalität und Vorteile des Paketkonzepts und Sie haben einen kurzen Blick auf die sehr umfangreichen Funktionsbibliotheken geworfen, die Oracle bereitstellt. Von den PL/SQL-Befehlen haben wir die Sequenz, die bedingte Anweisung IF sowie die Schleifen LOOP, FOR, WHILE erarbeitet. Sie konnten sehen, wie komfortabel die SQL-Anweisungen der DQL, DML sowie die Transaktionssteuerung COMMIT und ROLLBACK in PL/SQL verwendet werden können. Lediglich die SELECT-Anweisung wird um eine INTO-Klausel ergänzt, um den Ergebnisdatensatz in lokalen Variablen speichern zu können. Alle anderen Befehle sind unveränderte SQL-Anweisungen. Will man andere SQL-Anweisungen, wie z.B. Befehle der DDL, ausführen oder die Anweisungen dynamisch erst zur Laufzeit erstellen, so steht einem das NATIVE DYNAMIC SQL (NDS) zur Verfügung. Da der SELECT INTO maximal einen Datensatz als Ergebnis einer Anfrage zurückliefern kann, fehlt noch ein Konzept, das es ermöglicht, eine ganze Menge von Ergebnisdatensätzen zu verarbeiten. Zur Lösung des sogenannten „Impendence Mismatch"-Problems haben Sie das CURSOR-Konzept erarbeitet, das sich in seinen funktionellen Grundzügen unter anderem Namen auch in anderen Programmiersprachen wiederfindet, z.B. bei JDBC. Zum Abschluss führten wir in die EXCEPTIONS ein und stellten die Grundzüge der Fehlerbehandlung dar.

Gespeicherte Routinen bei MySQL

Außer den Paketen, die es in MySQL so nicht gibt, haben wir die äquivalenten Themen für die gespeicherten Routinen bei MySQL erläutert und dabei gesehen, wie viele Gemeinsamkeiten trotz der auffälligen Unterschiede doch bestehen, da sich beide in diesen Punkten an den SQL-Standard halten. Die folgenden Anweisungen haben eine (fast) gleiche Syntax: CREATE/DROP PROCEDURE, CREATE/DROP FUNCTION, Sequenzen, IF, CASE, WHILE, LOOP, die CURSOR-Anweisungen DECLARE, OPEN, FETCH, CLOSE und der SELECT INTO-Befehl sowie die INSERT-, UPDATE-, DELETE-Anweisungen.

Unterschiede gibt es bei den Datentypen und der Art, Variablen zu deklarieren und ihnen Werte zuzuweisen (MySQL: SET; PL/SQL: :=). Auch für die Ausgabe auf dem Bildschirm werden unterschiedliche Anweisungen verwendet (MySQL: SELECT ohne FROM-Klausel, PL/SQL: DBMS_OUTPUT.PUT_LINE). Schleifen werden mit LEAVE (MySQL) bzw. mit EXIT (PL/SQL) verlassen und es gibt eine REPEAT UNTIL-Schleife. Deutliche Unterschiede weisen auch die Fehlerbehandlungskonzepte auf, bei MySQL die „Conditions and Handlers" und bei PL/SQL die „EXCEPTIONS".

Trigger

Da sowohl die Trigger in SQL2003 wie auch bei Oracle und MySQL sehr beschränkte aktive Regelkonzepte darstellen, haben wir zuerst die Theorie der aktiven Regeln (ECMA) erarbeitet. Davon ausgehend haben wir Syntax und Konzepte der drei Triggersprachen vorgestellt, die sich bis auf die fehlenden STATEMENT- und REFERENCING-Optionen bei MySQL grundsätzlich gleichen. Bei der anschließenden Betrachtung der Ausführungsmodelle wurden dann feine, aber gravierende Unterschiede deutlich, die bei Oracle zum Mutating Table-Problem führen. Da Integritätsprüfung (notgedrungen aufgrund fehlender CONSTRAINT-Funktionalität) eines der Hauptanwendungsgebiete für Trigger ist, wurden abschließend für SQL2003, Oracle und MySQL die dort auftretenden Probleme und Lösungen diskutiert, mit dem Ergebnis, dass die jeweiligen Trigger zwar gut geeignete, aber weder absolut sichere Mittel sind noch alle Integritätsprobleme lösen können. Letzteres gilt vor allem für das noch sehr junge und ausbaufähige MySQL-Konzept. Außer diesen so genannten DML-Triggern haben wir bei Oracle noch die INSTEAD OF- und die Database-Trigger kurz vorgestellt.

Weiterführende Literatur

Als erste Literaturquelle für die „Haussprache" von Oracle PL/SQL bietet sich – insbesondere wenn man kein Geld ausgeben will – natürlich die Oracle-Bibliothek im Internet an. Dort kann man sich das zentrale Nachschlagewerk „PL/SQL User's Guide and Reference" [Oracle PL/SQL 2005] herunterladen. Die Oracle-Online-Hilfen sind im Allgemeinen gut verständlich geschrieben, leiden nur mitunter an einer Fülle von Informationen, die es Neueinsteigern sehr schwer macht, sich zurechtzufinden und Relevantes von Unwichtigem zu trennen. Dort finden Sie auch zu jedem verwandten Spezialthema die richtige Literatur. Eine ausführliche Erläuterung der Oracle-Funktionsbibliotheken findet sich in [Oracle Packages 2005]. Wer sich wirklich intensiv – vielleicht aus beruflichem Interesse – mit PL/SQL beschäftigen will, ist sehr gut bei Feuersteins und Pribyls „Oracle PL/SQL Programming" [Feuerstein et al. 2005] aufgehoben, einem echten Insiderbuch über PL/SQL mit vielen Tipps und Tricks. Die beiden Autoren haben auch noch zwei echte Einführungen in die PL/SQL-Grundlagen geschrieben, eine in Deutsch [Feuerstein et al. 2005b] und eine in Englisch [Feuerstein et al. 2004]. Ebenfalls ein Buch für Praktiker mit Erfahrungen ist das von Harman und McLaughlin [Hardman et al. 2005]. Hingegen ist das Buch von Garmany [Garmany 2006] etwas für echte fachliche und preisliche Einsteiger.

Das Literaturangebot für das absolut neue Feature (Version 5) der gespeicherten Routinen bei MySQL ist natürlich noch ungleich dürftiger. Als Internetquelle dient die MySQL-Homepage insbesondere mit den Publikationen der Release 5.1-Referenz [MySQL 2006] sowie dem Technical White Paper von Peter Gultuzan [MySQL Procedures 2005]. Zwei Gründe sprechen dafür: Die Texte sind gut verständlich und kostenlos. Insbesondere das White Paper ist sehr anschaulich mit vielen Beispielen.

Um Vergleiche beider Sprachen zu den Vorgaben des SQL-Standards ziehen zu können, bieten sich die Kurzeinführungen in das Thema „stored procedures" bzw. „SQL invoked routines" bei [Groff et al. 2002] und [Melton et al. 2002] an. Groff stellt die prozeduralen Befehle vor, während sich Melton darauf konzentriert, die Charakteristika, die wir bei MySQL kurz angesprochen haben, ausführlich zu erläutern, sowie die Möglichkeiten und Restriktionen, die sich beim Aufruf daraus ergeben. Publikationen zu diesem SQL-Spezialthema sind außerhalb der offiziellen – und sehr kostspieligen – ANSI/ISO-Veröffentlichung leider sehr selten.

Eine fundierte, gut verständliche – und von SQL losgelöste – Darstellung aktiver Datenbanksysteme findet man bei Dittrich und Gatziu in [Dittrich et al. 2000]. Auch Heuer und Saake bieten einen entsprechend theoretischen Ansatz in [Heuer et al. 2000]. Elmasri und Navathe wie auch Ramakrishnan und Gehrke orientieren sich in [Elmasri et al. 2006] bzw. [Ramakrishnan et al. 2006] bei ihren Erörterungen aktiver Regeln sehr stark an den Oracle-Triggern. Nicht jede SQL-Einführung führt auch in das Thema Datenbanktrigger ein. Ausführliche Erläuterungen zum Thema finden Sie u.a. bei Celko in [Celko 2005], Melton und Simon in [Melton et al. 2002] und bei Groff und Weinberg in [Groff et al. 2002]. Buchmann behandelt in seinem neuen Buch über MySQL 5 [Buchmann et al. 2005] Trigger leider gar nicht, so dass für die MySQL-Trigger wieder die offizielle Online-Referenz [MySQL 2006] und ein Technical White Paper von Peter Gulutzan [MySQL Trigger 2005] bleiben.

Übungsaufgaben

Aufgaben für gespeicherte Routinen bei Oracle und MySQL:

1 Um die Unterschiede zwischen Prozeduren und Funktionen pratisch zu erfahren, lösen Sie folgende Aufgaben für Oracle und MySQL:

a. Schreiben Sie eine Prozedur, der zwei Textvariablen für Nachname und Vorname übergeben werden und die als Ergebnis beide Variablen hintereinander geschrieben (Nachname, Vorname), getrennt durch ein Komma und in Großbuchstaben umgewandelt, wieder ausgibt!

b. Schreiben Sie diese Prozedur als Funktion um, so dass der zusammengesetzte Name der Rückgabewert ist.
Geben Sie bei Oracle zu Testzwecken das Ergebnis der Funktion in einer SELECT-Anweisung auf der Pseudotabelle „DUAL" aus und schreiben Sie zudem einen anonymen Block für den Funktionsaufruf!
Rufen Sie bei MySQL die Funktion mit der Kurzform der SELECT-Anweisung auf.

Hinweise: Sie können die aus dem SQL-Kontext bereits bekannten Built-in-Funktionen UPPER und || oder CONCAT verwenden. Denken Sie daran, dass für die Ausgabe die SQL*PLUS-Variable SERVEROUTPUT gesetzt sein muss und für || denken Sie bei MySQL an den richtigen SQL-Modus.

2 Für ein besseres Verständnis der Ablaufsteuerung lösen Sie folgende Aufgabe in Oracle und MySQL:

Schreiben Sie eine Funktion, deren zwei Übergabeparameter Geschlecht und Titel in entsprechenden Anreden umgewandelt werden und dem ebenfalls übergebenen Nachnamen vorangestellt werden. Das Ergebnis soll wie folgt aussehen: „Sehr geehrte Frau Professor Meier", „Sehr geehrter Herr Müller".

Beim Geschlecht sind die zulässigen Werte „leer/NULL", „w" und „m" und beim Titel „leer/NULL", „d" bzw. „p". Wird kein Geschlecht übergeben (NULL), dann wird nur die Anrede „Sehr geehrte Damen und Herren" zurückgegeben, unabhängig von den Werten der übrigen Parameter. Die Geschlechtskennungen „w" und „m" sollen in „Sehr geehrte Frau", „Sehr geehrter Herr" überführt werden. Ist ein Titel „d" oder „p" angegeben, so soll zusätzlich der Titel eingefügt werden, in Form von „Dr." bzw. „Prof.".

Unter Oracle ist für den Fall, dass für irgendeinen Parameter keine gültige Kennung übergeben wurde, eine Fehlermeldung anzuzeigen und das Programm abzubrechen.

Unter MySQL ist für diesen Fall die Fehlermeldung in einer eigenen Tabelle zu protokollieren. Diese Meldungstabelle für Fehlermeldungen aus Funktionen soll über die Spalten Funktionsname, Zeitpunkt des Fehlereintritts und Fehlermeldungstext verfügen. Der angegebene Zeitpunkt soll Datum und Uhrzeit umfassen.

Hinweis: Die MySQL-Funktion CURRENT_TIMESTAMP gibt Datum und Uhrzeit an.

3 Für Oracle und MySQL ist folgende Aufgabe zu lösen:

Die Prozedur soll bei Angestellten im Schema Byce & Co. Gehaltsänderungen in der Datenbasis speichern. Zu diesem Zweck wird vorher eine Kopie der Angestelltentabelle erstellt, aber ohne irgendwelche Schlüssel-Constraints und mit der zusätzlichen Spalte „gesichert_am".

Beim Aufruf der Prozedur werden die Ang_Nr und das neue Gehalt übergeben. Bevor nun der zugehörige Datensatz in der Tabelle „Angestellte" geändert wird, wird der alte Zustand dieses Datensatzes zusammen mit der Information des Änderungsdatums in die Tabelle „Angestellten_Kopie" gesichert. Tritt irgendein Fehler auf, so ist dieser in der Tabelle „Fehlerprotokoll" persistent zu speichern.

Die Fehlerprotokolltabelle besteht aus zwei VARCHAR-Spalten, eine 20 Zeichen lange für die Oracle-Fehlerkennung SQLCODE und eine 256 Zeichen lange für eine selbst geschriebene aussagekräftige Meldung mit der Information SQLERRM. Bei MySQL können Sie die vorgegebenen Fehlerarten NOT FOUND, SQLWARNING, SQLEXCEPTION verwenden. Als Fehlerkennung wird ein selbst vorgegebener Wert genommen und als Meldung ein selbst geschriebener aussagekräftiger Text.

4 Schreiben Sie eine PL/SQL-Prozedur, die einen bestehenden Index löscht. Beim Aufruf wird der Name des Index übergeben. Ist die Löschung erfolgreich ausgeführt, so wird der boolesche Wert TRUE zurückgegeben. Ist irgendein Fehler aufgetreten, so soll FALSE zurückgegeben werden. Erzeugen und testen Sie Ihre Funktion im Schema Rollo. Ermitteln Sie einen gültigen Indexnamen aus dem Data Dictionary oder erzeugen Sie einen Index extra für diesen Test.

Hinweis: Nehmen Sie keinen Index, der automatisch für einen UNIQUE oder PRIMARY KEY erzeugt wurde. Diese können nicht separat gelöscht werden, sondern nur automatisch mit dem Löschen des Schlüssels selbst.

5 Erzeugen Sie bei MySQL im Schema Rollo einen Index auf die Spalte „Ergebnis" in der Tabelle „Spiele". Schreiben Sie eine Prozedur, die diesen Index wieder löscht.

6 Um vertrauter mit der Fehlerbehandlung zu werden, lösen Sie diese Aufgabe für Oracle und MYSQL.

Erstellen Sie im Rollo-Schema eine Fehlerprotokolltabelle „Fehlerprotokolle" mit den Spalten für folgende Informationen: Fehlernummer (10 Zeichen), Fehlertext (100 Zeichen), aufgetretenes Programm (30 Zeichen), Benutzer (60 Zeichen), aktuelles Datum und Uhrzeit (DATETIME).

Bei Fehlern sollen die Fehlerinformationen zuerst in der Tabelle „Fehlerprotokoll" protokolliert werden. Anschließend soll auch noch auf dem Bildschirm die Nummer, der Text und der Programmname angezeigt werden und fehlerhaft terminieren. Die Prozedur soll in die Tabelle „Spieler" einen Datensatz einfügen, den es bereits gibt, was automatisch einen Duplikatfehler auslöst.

Hinweise: In der INSERT-Anweisung sind die Oracle-Variablen SQLERRM und SQLCODE nicht zugelassen (ihr Zustand würde während der Ausführung des INSERT bei einem Fehlschlag ja umgesetzt und wäre damit nicht während der gesamten Ausführung konstant). Hier ist der Umweg über eine lokale Variable zu nehmen.

Ferner beinhaltet die Oracle-Funktion RAISE_APPLICATION_ERROR ein implizites ROLLBACK laufender Transaktionen, so dass vorher die Einfügung in die Tabelle persistent gespeichert werden muss (vgl. Kapitel 8).[45]

7 Um in Oracle den Umgang mit booleschen Rückgabewerten zu üben, programmieren Sie im Fussballschema eine Prüffunktion mit booleschem Rückgabewert, die einen Spielernamen (Vorname + Nachname) übergeben bekommt und testet, ob dieser Spieler für die WM aufgestellt war. Die Prüfung soll unabhängig von Groß- und Kleinschreibung sein. Wenn der Spieler gefunden wird, wird TRUE zurückgegeben, ansonsten FALSE. Wenn es mehrere Spieler mit gleichem Namen gibt, soll ein entsprechender Hinweis erscheinen und ebenfalls TRUE zurückgegeben werden. Tritt ein sonstiger Fehler auf, ist eine aussagekräftige Meldung anzuzeigen und NULL zurückzugeben.

8 Programmieren Sie unter MySQL eine Prüfprozedur für das Schema Rollo, die einen Spielernamen (Vorname + Nachname) übergeben bekommt und testet, ob dieser Spieler für die WM aufgestellt war. Die Prüfung soll unabhängig von Groß- und Kleinschreibung sein. Wenn der Spieler gefunden wird, wird eine Erfolgsmeldung auf dem Bildschirm angezeigt, ansonsten eine Fehlermeldung. Wenn es mehrere Spieler mit gleichem Namen gibt, soll ein entsprechender Hinweis erscheinen.

9 Erstellen Sie für das Schema Rollo unter Oracle und MySQL eine Tabelle mit Namen „torepreise" und den Spalten „spieler_id" und „euro_pro_tor".

Primärschlüssel ist die Spalte „spieler_id".

Schreiben Sie eine Prozedur, die anhand des Spielergehalts und der Anzahl der geschossenen Tore den Preis je Tor ausrechnet, anzeigt (Nachname, Vorname, Preis_pro_Tor) und die entsprechenden Daten in die Tabelle „torepreise" einfügt. Nachdem alle Datensätze eingefügt wurden, sind die neuen Daten persistent zu speichern. Wenn in die Tabelle Duplikate eingefügt werden, dann ist das Programm mit einer aussagekräftigen Fehlermeldung abzubrechen. Diese Statistik wird nur für die Torschützen geführt.

Hinweis: Es kann bei Oracle je nach Systemeinstellungen notwendig sein, mit der PL/SQL-Funktion DBMS_OUTPUT.ENABLE(20000); die Buffergröße hochzusetzen. Ist sie zu klein, bricht die Ausgabe auf dem Bildschirm mit einem Überlauf ab.

---

45 Diese Problematik einer Haupttransaktion (Aktionsteil) und einer anderen unabhängig ausgeführten Transaktion (Fehlerprotokoll in den EXCEPTIONS) würde man in der Praxis lösen, indem man eine eigene Prozedur mit der Option PRAGMA AUTONOMOUS_ TRANSACTION für das Fehlerprotokollieren schreibt. Dort würde dann in einer separaten, unabhängigen Transaktion die Protokolltabelle füllen. Dies würde hier aber leider zu weit führen.

10 Im Datenbankschema der Firma Byce & Co. wird die Tabelle „Auftraege" um eine Spalte „Liefer_Flag" ergänzt.

Beim Aufruf der Oracle- bzw. MySQL-Prüfprozedur wird eine Auftragsnummer übergeben, für die die Zeitspanne zwischen Bestell- und Lieferdatum kontrolliert wird. Liegen Bestelldatum und Lieferdatum weniger als 5 Tage auseinander, so wird in das Flag „zeitnah" eingetragen, bei 10 Tagen und mehr erscheint „zu spät" und bei einer Differenz von 5 bis 9 Tagen „akzeptabel". Wurde eine falsche Auftragsnummer übergeben, so soll eine Fehlermeldung ausgegeben werden.

11 Schreiben Sie in Anlehnung an die vorangegangene Aufgabe nun unter Oracle und MySQL eine Prozedur, die für alle Aufträge die Lieferfrist prüft und die Spalte „Liefer_Flag" ergänzt und dabei die obige Prozedur aufruft.

12 Schreiben Sie für das Datenbankschema der Firma Byce & Co. eine Oracle-bzw. MySQL-Prozedur, in der alle Angestellten nach Abteilungen auf dem Bildschirm ausgegeben werden. Je Abteilung werden eine Gehaltssumme sowie ein durchschnittliches Gehalt angezeigt. Die abschließende Information ist die Gehaltssumme sowie das durchschnittliche Gehalt aller Angestellten.

13 Schreiben Sie eine Oracle-Prozedur, die dynamisch benutzerdefinierte Änderungen an den Daten einer beliebigen Tabelle ermöglicht. Sie können die Prozedur im Rollo-Schema anlegen und testen.

Für die Eingrenzung, welche Datensätze geändert werden sollen, übergibt der Anwender beim Aufruf der Prozedur den Text einer WHERE-Klausel (ohne Schlüsselwort WHERE). Zudem übergibt der Anwender den Namen der zu ändernden Spalte sowie ihren neuen Wert. Wurde keine WHERE-Klausel übergeben, muss die Anweisung ohne WHERE-Bedingung ausgeführt werden. Lassen Sie sich zur Kontrolle vor dem Ausführen der Anweisung den Anweisungstext anzeigen.

Hinweise: Eine Schwierigkeit bei dieser Aufgabe kann das Setzen von Hochkommas in einem String sein. Benötigt man in einem String ein Hochkomma, so muss man es doppelt angeben. Zum Beispiel wird aus einer solchen WHERE-Bedingung, die beim Aufruf übergeben werden kann,
    'mannschaft_1 = ''Brasilien'' AND mannschaft_2 = ''Kroatien'''
als Text-String innerhalb der Prozedur dann:
    mannschaft_1 = 'Brasilien' AND mannschaft_2 = 'Kroatien'
Zudem ist darauf zu achten, dass der übergebene Wert, der der neue Wert der Spalte ist, in der UPDATE-Anweisung in Hochkommas stehen muss. Auch hier muss das Hochkomma doppelt in der Zeichenkette angegeben werden. Sie können die Lösung hier einfach halten. Es reicht, wenn sie für NUMBER- und VARCHAR-Parameter funktioniert. In Hochkommas gesetzte Zahlen werden aufgrund impliziter Typkonvertierung auch richtig aktualisiert.

14 Schreiben Sie für das Oracle-Rollo-Schema ein Package „wm_statistik", in dem folgende Statistikfunktionen realisiert sind:

a. Die Funktion gibt die Gesamtzahl aller in diesem Turnier geschossenen Tore zurück.

b. Die Funktion gibt die maximale Anzahl Tore zurück, die während des Turniers in einem Spiel geschossen wurden.

c. Die Funktion bekommt den Namen einer Nation übergeben und gibt die Anzahl der in diesem Turnier absolvierten Spiele zurück.

Machen Sie nur die Funktionen a) und c) „public". Testen Sie alle Funktionen mittels Verwendung in einem SELECT. Welches Problem ergibt sich und wie kann man es lösen?

15 Erweitern Sie das Package „wm_statistik" aus der vorangegangenen Aufgabe nun um einige interessante Statistiken:

Schreiben Sie eine „public"-Prozedur, die die Spielpaarungen (Mannschaft_1 und Mannschaft_2, Termin, Ergebnis) anzeigt, für all die Spiele, in denen insgesamt die meisten Tore geschossen wurden. Schreiben Sie Ihre Lösung unter Zuhilfenahme der Lösung von Teilaufgabe b) der vorangegangenen Aufgabe.

Schreiben Sie eine „public" Prozedur, die die erfolgreichsten Trainer (also die, deren Mannschaft im Turnier die meisten Tore geschossen hat) anzeigt, mit Trainernamen, Nation und Anzahl Tore.

16 Schreiben Sie für Oracle und MySQL eine Prozedur „Selbstmord", die alle Tabellen, Views, Sequenzen, Prozeduren und Funktionen des angemeldeten Benutzers löscht!

Hinweis: Für Oracle muss Natives Dynamisches SQL (NDS) verwendet werden.

Übungen für Trigger bei Oracle und MySQL:

17 Im Datenbankschema der Firma Byce & Co. soll die Spalte „Bestand" der Tabelle „Teile" immer dann aktualisiert werden, wenn sich beim Bestand der Lagerbestandstabelle etwas ändert. Programmieren Sie für Oracle und MySQL die erforderlichen Trigger.

18 Eine „Big Brother is watching you"-Aufgabe im Byce & Co.-Schema: Aufgrund der Sensibilität der Auftragsdaten sollen sämtliche Manipulationen in einer separaten Tabelle protokolliert werden. Für Einfügungen und Änderungen sind die neuen Werte zu sichern und für Löschungen die alten. Zusätzlich zu sämtlichen Auftragspositionendaten werden der Änderungszeitpunkt, die Änderungsart (INSERT, UPDATE, DELETE) und der ändernde Benutzer gespeichert. Nur die Benutzer „SYSTEM" bei Oracle und „ROOT" bei MySQL unterliegen nicht diesem Protokollverfahren. Erstellen Sie für Oracle und MySQL die Protokolltabelle sowie die notwendigen Trigger.

19 Entwickeln Sie für Oracle und MySQL jeweils eine Lösung für folgende Integritätsbedingung im Schema Byce & Co.: „Es darf kein Gehalt eines Angestellten größer sein als die größte maximale Gehaltsgrenze in der Tabelle „Geh_klassen"." Im Fehlerfall ist die Datenänderung zurückzuweisen.

20 Programmieren Sie für das Byce & Co.-Schema folgende Fehlerkorrektur: „Wenn bei der Tabelle „Geh_Klassen" das maximale Gehalt kleiner ist als das minimale, dann vertauschen Sie die Grenzen."

21 a. Für die Gehaltsklassen in der Tabelle „geh_klasse" im Schema Byce & Co. muss gelten, dass die Gehaltsintervalle überschneidungsfrei und lückenlos sind. Programmieren Sie bei Oracle und MySQL Trigger, die dies prüfen. Im Fehlerfall ist eine Meldung anzuzeigen.

Hinweis: Es kann bei Oracle gegebenenfalls Mutating Table-Probleme geben.

b. Überlegen Sie sich, welche Probleme Ihre Triggerlösung bei späteren Grenzänderungen hervorruft. Welche Lösungen sind denkbar?

22 Erstellen Sie zwei Tabellen, eine für den Rechnungskopf mit den Informationen Rechnungnummer, Kundennummer, Datum und Rechnungssumme und eine für die Rechnungspositionen mit den Spalten Rechnungsnummer, Position, Teilenummer, Anzahl, Preis pro Stück. Primärschlüssel sind Rechnungsnummer bzw. Rechnungsnummer und Position zusammen. Die Rechnungsnummer bei der Positionentabelle ist ein Fremdschlüssel.

Wenn eine Rechnungsposition eingefügt oder gelöscht wird oder wenn sich die Spalten „Anzahl" oder „Preis pro Stück" ändern, so soll die Spalte „Rechnungssumme" entsprechend angepasst werden. Entwickeln und testen Sie Ihre Lösung für Oracle und MySQL.

23 Im Schema Byce & Co. soll ein Lagerbestand nur dann gelöscht werden, wenn er 0 ist. Bei dem Versuch, einen Lagerbestandssatz mit einem Bestand ungleich 0 zu löschen, soll bei Oracle eine Meldung angezeigt bzw. bei MySQL eine Meldung in die Tabelle „Fehlermeldung" ausgegeben werden. Die Löschung ist zu verhindern.

24 Wird ein Bestand im Lagerbestand des Byce & Co.-Schemas 0 oder NULL, dann soll der Datensatz gelöscht werden. Programmieren Sie diese Aufgabe in Oracle mit Befehlstriggern. Warum sollten in diesem Fall keine Zeilentrigger verwendet werden?

Lösen Sie, da Befehlstrigger fehlen, die Aufgabe in MySQL mit Zeilentriggern. Was für eine Meldung bekommen Sie beim Test und warum?

25 Implementieren Sie die Anforderung, dass die Spalte „Bestand" der Tabelle „Lagerbestand" im Schema Byce & Co. bei Lieferungen oder Mengenänderungen automatisch aktualisiert werden soll. Waren vom Typ Material sind im Hauptlager, Artikel im Verladelager und Baugruppen im Nebenlager zu verbuchen. Beachten Sie, dass die entsprechenden Datensätze aus der Lagerbestandstabelle gelöscht werden, wenn Teile nicht mehr auf Lager sind (vgl. Aufgabe 24).

26 a. Für Angestellte mit Leitungsposition gilt bei Byce & Co. ein Mindestgehalt von 6666 Euro. Wird bzw. ist ein Angestellter Abteilungsleiter, so bekommt er/sie automatisch dieses Mindestgehalt. Implementieren Sie diese Anforderung für Oracle und MySQL.

b. Sehen Sie sich die Gehälter der Angestellten an, die vor Triggererstellung zu Abteilungsleitern wurden. Wie kann dieses Problem ohne Programmierung einer Routine und ohne das Gehalt unmittelbar auf 6666 zu setzen gelöst werden?

27 Betrachten Sie die drei Tabellen Person, Kunden und Lieferanten aus Abschnitt 6.1.9, wobei die Tabelle Person vom Supertyp person_t abgeleitet ist, Kunden vom Subtyp kunden_t ist und Lieferanten vom Subtyp lieferanten_t. Schreiben Sie einen oder mehrere Oracle-Datenbanktrigger, die sicherstellen, dass in der Personentabelle immer alle Tupel aus der Kundentabelle und aus der Lieferantentabelle enthalten sind.

28 Schreiben Sie einen Oracle-Datenbanktrigger, der verhindert, dass eine durch eine SEQUENCE gefüllte Spalte nachträglich durch UPDATE verändert wird.

29 Betrachten Sie das System von Supertypen aus Abschnitt 3.4.2, welches Kunden und Lieferanten beschreibt. Schreiben Sie Oracle-Datenbanktrigger, so dass beim Einfügen und Löschen von Daten die Tabellen Kunden und Lieferanten

a. vollständig und disjunkt,

b. vollständig und nicht disjunkt,

c. nicht vollständig und disjunkt sowie

d. nicht vollständig und nicht disjunkt

bleiben. Schreiben Sie die Prüfungstrigger, die Fehleingaben verhindern.

30 Betrachten Sie die Integritätsbedingung „Die Partnerschaftszeiträume eines Menschen dürfen sich zeitlich nicht überschneiden" aus Abschnitt 3.2.8. Schreiben Sie einen oder mehrere Oracle-Datenbanktrigger, die sicherstellen, dass diese Bedingung in den Tabellen Menschen und Partnerschaften (vgl. ▶ Abbildung 3.28) erhalten bleiben.

Hinweis: Um das Mutating Table-Problem hier auszuschließen, reicht es aus, wenn Sie eine Lösung basierend auf Befehlstriggern entwickeln.

31 Betrachten Sie das Beispiel der virtuellen Fragmentierung Personen, Kunden, Lieferanten und Angestellte aus Abschnitt 4.4.2. Erstellen Sie die Personentabelle und schreiben Sie Oracle-Datenbanktrigger, so dass beim Einfügen und Ändern von Daten die virtuelle Fragmentierung erhalten bleibt. Das heißt, dass je nach Personenart nur bestimmte Spalten gefüllt sein dürfen.

32 Betrachten Sie das Beispiel der vertikalen Fragmentierung Personen, Kunden, Lieferanten und Angestellte aus Abschnitt 4.4.2. Erstellen Sie die Tabellen und schreiben Sie die Sichten Kunden_V, Lieferanden_V, Angestellten_V, die alle Attribute aus der Tabelle „Personen" sowie die jeweils zugehörigen Attribute aus den Subtypentabellen enthalten. Schreiben Sie Oracle-INSTEAD-OF-Datenbanktrigger, so dass beim Einfügen, Ändern und Löschen von Daten die vertikale Fragmentierung erhalten bleibt.

Weitere Kontrollfragen zu diesem Kapitel finden Sie unter der Companion-Webseite des Pearson-Verlages *http://www.pearson-studium.de/* auf der Begleitseite unseres Buches. Wählen Sie dort bitte im Multiple-Choice-Test das Fach „DBS" und den Punkt „Kapitel7/Anwendungsprogrammierung in relationalen Datenbanksystemen" aus.

Transaktionen und verwandte Konzepte

8

ÜBERBLICK

>>   Transaktionen sind eine der zentralen Errungenschaften von Datenbanksystemen. Sie stellen einen wesentlichen Fortschritt gegenüber der Datenspeicherung in Dateien dar. Vielfach gibt es in der Anwendungswelt logische Zusammenhänge zwischen mehreren Änderungen, die es erfordern, dass alle Änderungen „ganz oder gar nicht" ausgeführt werden. Ein klassisches Beispiel stammt aus der Buchhaltung und ist der Grundsatz: „Keine Haben-Buchung (Gutschrift) ohne Soll-Buchung (Lastschrift)". Wird nur eine der Buchungen ausgeführt, dann stimmen die Salden beim Abschluss nicht überein. In diesem Kapitel sollen nicht nur der Begriff und das – für sich allein betrachtet recht einfache – Konzept einer Transaktion eingeführt werden, vielmehr soll die zentrale Rolle verstanden werden, die das Transaktionskonzept in Datenbankmanagementsystemen spielt.

Der Einsatz von Transaktionen betrifft sehr unterschiedliche Konzepte der Datenbanksysteme, die in diesem Kapitel behandelt werden. Die Integritätsprüfung stellt sicher, dass nur semantisch korrekte Daten gespeichert werden. Im Fehlerfall muss die gesamte Transaktion zurückgerollt werden. Der Mehrbenutzerbetrieb gewährleistet, dass mehrere Anwender gleichzeitig mit den Daten arbeiten können, wobei dann im Transaktionsbetrieb Probleme des konkurrierenden Zugriffs auftreten, die die Änderungs- wie auch die Lesekonsistenz gefährden können. Bei der Fehlererholung will man trotz eines Systemabsturzes einen Zustand möglichst nah an der Absturzstelle rekonstruieren, was für die laufenden Transaktionen heißt, dass auch sie rekonstruiert werden müssen.   <<

Ziele

Nach Durcharbeiten dieses Kapitels und dem Lösen der Übungsaufgaben werden Sie:

■ das Transaktionskonzept mit seinen ACID-Eigenschaften verstanden haben,

■ die Zusammenhänge zwischen Integritätsprüfung und Transaktionen kennen,

■ die Probleme kennen, die beim Mehrbenutzerbetrieb zusammen mit den Transaktionen auftreten, und die Lösungen dafür verstehen,

■ wissen, wie Fehlererholungsstrategien in Theorie und Praxis behandelt werden sowie

■ wissen, wie die Transaktionsverwaltung speziell unter Oracle und MYSQL aussieht.

8.1 Motivation und Definition

Transaktionen als nicht teilbare Datenbankzugriffe haben ein breites Anwendungsfeld – etwa in der Logistik, wenn Warenbestände von einem Lager zum nächsten umgebucht werden oder wenn in einem Kartenreservierungssystem ein Platz gebucht wird. Bei einer anderen Beispielgruppe spielt die Komplexität der Änderung die entscheidende Rolle: Die Änderung betrifft nicht nur eine Tabelle, sondern mehrere. Wenn die Änderung bei einer Tabelle fehlschlägt, sollen in diesem Fall auch die Änderungen der anderen Tabellen nicht ausgeführt werden. Betrachtet man das Byce & Co.-Datenmodell, so betrifft die Einfügung eines neuen Artikels trotz der vereinfachten Abbildung bis zu fünf Tabellen: Artikel, Struktur, Teile, Teile_Werke, Lagerbestand. Diese Liste mit Beispielen lässt sich beliebig fortsetzen, Ihnen fallen sicherlich spontan einige ein.

Die Definitionen des Begriffs Transaktion sind vielfältig und orientieren sich meist an dem Kontext, in dem das Transaktionskonzept betrachtet wird. Wir benutzen eine sehr allgemeine Definition, die offen ist für alle Einsatzgebiete.[1]

SQL-Transaktion

Eine SQL-Transaktion ist eine Folge von Änderungsanweisungen, die aus einer oder mehreren SQL-DML- und DQL-Anweisungen (INSERT, UPDATE, DELETE, SELECT) besteht und über die ACID-Eigenschaften verfügt.

---

[1] Weitere Definitionen finden Sie u.a. in [Heuer et al. 2001, S. 15], [Kemper et al. 2004], [Elmasri et al. 2006, S. 675-708], [Ramakrishnan et al. 2006, S. 523-539], [Ullman 1988, S. 467-542], [Beaulieu 2006, S. 223-227], [Melton et al. 2002, S. 19-22], [Groff et al. 2002, S. 327-361].

Tabelle 8.1

Eigenschaften von Transaktionen

Eigenschaft	Beschreibung
A – Atomicity	Transaktionen sind atomar, also als unteilbare Einheiten zu betrachten. Transaktionen werden ganz oder gar nicht ausgeführt.
C – Consistency	Eine Transaktion überführt eine Datenbank von einem konsistenten Zustand in einen anderen konsistenten Zustand. Ein Datenzustand heißt konsistent, wenn alle Daten semantisch richtig, also im Anwendungskontext korrekt sind.
I – Isolation	Transaktionen laufen isoliert ab. Obwohl im Mehrbenutzerbetrieb gleichzeitig mehrere Transaktionen abgearbeitet werden, läuft jede einzelne Transaktion wie in einem simulierten Einbenutzerbetrieb ab.
D – Durability	Die Ergebnisse einer Transaktion werden dauerhaft (persistent) in der Datenbank gespeichert.

Die ACID-Eigenschaften sind grundsätzliche Anforderungen, die an Transaktionen auch außerhalb des SQL-Kontext gestellt werden. Zu den zulässigen Befehlen in einer SQL-Transaktion gehören eigentlich alle SQL-Anweisungen[2], also auch die Datendefinitionsanweisungen wie CREATE, ALTER, DROP ... Da diese Anweisungen jedoch alle über die Eigenschaft verfügen, dass die Änderungen unmittelbar und automatisch persistent im Data Dictionary gespeichert werden (implizites COMMIT), bestehen Transaktionen, die mit einem Datendefinitionsbefehl starten, auch nur aus diesem einen Befehl. Wie wir aber bereits bei den Beispielen erläutert haben, sind Transaktionen erst ein wirklich leistungsfähiges Konzept im Sinne der gewünschten Funktionalität, wenn sie aus mehreren Anweisungen bestehen.

Eine Transaktion startet mit einem sogenannten Begin-Of-Transaction-Ereignis. Seit SQL1999 gibt es ein explizites „start transaction statement"[3]. Zuvor wurde, wie auch heute noch bei vielen kommerziellen Datenbanksystemen üblich, auf einen expliziten Befehl verzichtet. Stattdessen startet dort eine Transaktion mit der ersten DML- oder DQL-Anweisung nach Beendigung der letzten Transaktion.[4]

```
<START TRANSACTION Anweisung> ::=
  START TRANSACTION [ <Transaktionsmodus> [ , <Transaktionsmodus> ]... ];

<Transaktionsmodus> ::=
  | <Isolationsgrad> | <Transaktionszugriffsmodus> |
```

---

2   vgl. [ANSI SQL 2003a]
3   vgl. für SQL1999: [Date et al. 1997, S. 56-62]; für SQL2003: [ANSI SQL 2003b], [Beaulieu 2006, S. 225]
4   Die Informationen zu den SQL-Transaktionen stammen im Wesentlichen aus [Beaulieu 2006, S. 223-227], [ANSI SQL 2003a], [ANSI SQL 2003b], [Melton et al. 2002, S. 19-22], [Groff et al. 2002, S. 327-361].

Für die neue Transaktion können eine Reihe von Parametern gesetzt werden. Der Transaktionszugriffsmodus gibt an, ob in einer Transaktion nur lesende Zugriffe erlaubt sind (READ ONLY) oder auch schreibende (READ WRITE). Der „Isolationsgrad" spezifiziert, inwieweit eine Transaktion durch andere parallel ausgeführte Transaktionen beeinflusst werden kann. Ausführlich werden diese Begriffe im Abschnitt 8.3.2 erläutert. Weitere Parameter werden hier nicht vertieft. Zudem können die Transaktionsparameter vor dem Start einer Transaktion mit der SET TRANSACTION-Anweisung explizit gesetzt werden.

Beendet wird eine Transaktion in SQL2003 mit zwei verschiedenen Anweisungen. Mittels der ROLLBACK-Anweisung werden alle Änderungen der aktuellen Transaktion rückgängig gemacht, so dass der ursprüngliche konsistente Zustand, der vor Beginn der Transaktion bestand, wieder vorliegt. Die COMMIT-Anweisung sorgt dafür, dass die Änderungen hinsichtlich ihrer Integrität geprüft werden. Liegt ein Fehler vor, so wird die Transaktion wie beim ROLLBACK zurückgerollt. Ist der neue Datenbankzustand korrekt, so werden die geänderten Daten in der Datenbasis persistent gespeichert. Zu beachten ist, dass alle SQL-Datendefinitionsbefehle (CREATE, ALTER, DROP) implizit einen COMMIT ausführen. Die COMMIT- und ROLLBACK-Anweisung zusammen realisieren die Eigenschaft der Atomarität, das „A" der ACID-Eigenschaften. Die COMMITAnweisung setzt aufgrund der dauerhaften Speicherung zudem die „D"-Eigenschaft um.

```
<COMMIT Anweisung> ::= COMMIT [WORK] [ AND [NO] CHAIN ];

<ROLLBACK Anweisung> ::= ROLLBACK [WORK] [ AND [NO] CHAIN ]
                                   [TO SAVEPOINT Sicherungspunktname];
```

Das Schlüsselwort WORK hat keine Funktion. Die Option NO CHAIN bestimmt, dass die nächste Transaktion mit den gleichen Einstellungen hinsichtlich Zugriffsmodus, Isolationsgrad etc. ausgeführt wird, wie die gerade beendete Transaktion. Default ist die CHAIN-Einstellung.

Ein Zurückrollen einer Transaktion ist eine recht aufwändige Aktion. Änderungsanweisungen von noch nicht abgeschlossenen Transaktionen werden in temporären Zwischenspeichern, den sogenannten System-LOG-Dateien (Oracle und MySQL: ROLLBACK-Segmente, vgl. Abschnitt 8.5 und 8.6), protokolliert, bis am Ende einer Transaktion entschieden wird, ob die Daten persistent gespeichert oder rückgängig gemacht werden sollen. Im Fall eines Zurückrollens werden die zu der Transaktion gehörenden Änderungen aus dem Zwischenspeicherbereich gelöscht, ohne sie dauerhaft auf der Platte zu speichern.

Transaktionen können auch nur partiell zurückgerollt werden. Zu diesem Zweck kann innerhalb einer Transaktion ein Sicherungspunkt (Savepoint) gesetzt werden, der im einfachsten Fall durch seinen Namen identifiziert wird. Der ROLLBACKBefehl (s.o.) kann dann durch Angabe eines Namens bis zu jedem beliebigen innerhalb der aktuellen Transaktion gesetzten Sicherungspunkt zurückrollen.

```
<SAVEPOINT Anweisung> ::= SAVEPOINT Sicherungspunktname;
```

Auf den ersten Blick scheint diese Funktionalität des partiellen Zurückrollens der ACID-Eigenschaft der Atomarität („ganz oder gar nicht") zu widersprechen. Dies ist aber nicht der Fall, da durch das partielle Zurückrollen anders als durch das vollständige Zurückrollen die Transaktion nicht beendet wird. Das heißt, aus der laufenden Transaktion werden nur einige Änderungen entfernt und irgendwann später wird dann die gesamte Transaktion entweder durch COMMIT oder ein vollständiges Zurückrollen als Ganzes beendet.

Ein COMMIT ist ein noch komplexeres Ereignis:

- Im ersten Schritt werden alle zur Transaktion gehörenden Änderungsanweisungen mit den betroffenen Datensätzen ermittelt.

- Anschließend werden alle von diesen Änderungen betroffenen DEFERRED-Integritätsbedingungen ermittelt und geprüft.

- Je nachdem, wie das Ergebnis der Integritätsprüfung ausgefallen ist, werden die Änderungen der Transaktion entweder persistent in der Datenbasis gespeichert oder aber zurückgerollt. Ausnahme können Fremdschlüsselbedingungen sein, für die eine Fehlerkorrektur definiert werden kann (vgl. Abschnitt 5.3.3).

Beispiel

für Transaktionen (SQL)

Es werden einige Datensätze der Tabelle trans_demo manipuliert. Die erste Transaktion schließt mit COMMIT ab und speichert die Änderungen persistent, so dass die beiden Datensätze 'abc' und 'ghi' in der Tabelle vorliegen. Das ROLLBACK der zweiten Transaktion rollt die Änderungen Löschen des Satzes 'abc' und Ändern in 'xyz' wieder zurück, so dass der Ausgangszustand nach Ende der ersten Transaktion wieder vorliegt.

```
CREATE TABLE trans_demo (name VARCHAR(20));

-- 1. Transaktion
START TRANSACTION;
SELECT * FROM trans_demo;
INSERT INTO trans_demo VALUES ('abc');
INSERT INTO trans_demo VALUES ('def');
UPDATE trans_demo SET name = 'ghi' WHERE name = 'def';
COMMIT;
SELECT * FROM trans_demo;

-- 2. Transaktion
START TRANSACTION;
SELECT * FROM trans_demo;
UPDATE trans_demo SET name = 'xyz' WHERE name = 'ghi';
DELETE FROM trans_demo WHERE name = 'abc';
SELECT * FROM trans_demo;
ROLLBACK;
SELECT * FROM trans_demo;
```

8.2 Integritätsprüfung in SQL

Das „C" der ACID-Eigenschaften bedeutet die Überführung eines konsistenten in einen wiederum konsistenten Datenbankzustand, der den semantischen Anforderungen entspricht. Diese Anforderungen werden in Form von Integritätsbedingungen formuliert (Integrity Constraints). Als zentrale Werkzeuge stehen in SQL2003 für die Integritätsprüfung die CONTRAINTS und ASSERTIONS zur Verfügung, die ausführlich im Abschnitt 5.3.2 und 5.3.3 vorgestellt wurden.

In Zusammenhang mit Transaktionen sind die Prüfungszeitpunkte und die damit verbundenen Fehlerreaktionen von besonderer Bedeutung (vgl. Abschnitt 5.3.3). IMMEDIATE zu prüfende Integritätsbedingungen werden unmittelbar nach dem Ausführen einer Änderungsanweisung geprüft und im Fehlerfall wird nur die fehlerhafte Änderung rückgängig gemacht und die laufende Transaktion bleibt weiterhin offen. Als DEFERRED definierte Integritätsbedingungen werden erst zum Transaktionsende, also nach dem Ausführen der COMMIT-Anweisung, geprüft. Wird zum Transaktionsende ein Integritätsfehler festgestellt, dann wird die gesamte Transaktion zurückgerollt, auch die korrekten Änderungen, und beendet. Die Funktionalität des Zurückrollens im Fehlerfall ist die gleiche wie beim ROLLBACK-Befehl (vgl. Abschnitt 8.1). Die Fehlerreaktion bei der IMMEDIATE Integritätsprüfung scheint auf den ersten Blick eine Verletzung der Eigenschaft Atomarität (A von ACID) zu sein, ist es aber nicht. Zwar wird eine fehlerhafte Änderung aus der Transaktionsfolge genommen, aber da die Transaktion nicht abgeschlossen wird, stellt das eine ganz normale Korrektur der Anweisungsfolge dar.

Die Rolle von Triggern als Workaround bei der Integritätsprüfung wird sowohl für SQL2003, Oracle als auch MySQL ausführlich im Abschnitt 7.3 erläutert. In Zusammenhang mit Transaktionen ist von Relevanz, dass es keine Trigger gibt, die zum COMMIT-Ereignis feuern, eine DEFERRED Prüfung mittels Triggern ist also nicht möglich. Anders sieht es bei der unmittelbaren Prüfung aus. Dort passen der Prüfungszeitpunkt der Bedingungen und der Anfangszeitpunkt von Triggern sehr wohl zusammen.

8.3 Mehrbenutzerbetrieb

Anwender möchten in Datenbanksystemen Daten nicht immer nur hintereinander lesen und ändern können, sondern auch die Vorteile verschachtelt ausgeführter Prozesse nutzen. Daher bieten die meisten kommerziellen Datenbanksysteme die Möglichkeit zum Mehrbenutzerbetrieb (Multi User). Eine zentrale Problemstellung beim Mehrbenutzerbetrieb ist der Umgang mit konkurrierenden Zugriffen verschiedener Benutzer auf das gleiche Objekt, z.B. auf eine Tabelle oder einen Datensatz. Wichtig bei der verschachtelten Ausführung von Transaktionen ist die Forderung, dass das Ergebnis paralleler Transaktionen im Multi-User-Betrieb das gleiche ist wie im Single-User-Betrieb. Das Ergebnis einer Transaktion darf also nicht davon abhängen, welche Transaktionen gerade zufällig auch zu diesem Zeitpunkt ausgeführt werden. Das ist das „I" für „Isolation" bei den ACID-Eigenschaften. Wenn mehrere Anwender ohne jegliche Regeln und Einschränkungen gleichzeitig auf die gleichen Daten zugreifen, dann können sehr unterschiedliche Probleme auftreten. Im Folgenden sind einige beschrieben.

Probleme im Mehrbenutzerbetrieb

Die hier beschriebenen Probleme sind grundsätzlicher Natur, so dass sie nicht an den SQL-Kontext gebunden sind. Für die Beispiele gehen wir davon aus, dass zwei Transaktionen Trans_A und Trans_B auf den gleichen Datensatz sowohl lesend als auch schreibend zugreifen[5].

Lost Update (verlorene Änderungen) In ▶ Abbildung 8.1 liest zuerst Trans_A das Objekt X, dann Trans_B das gleiche Objekt. Anschließend schreibt erst Trans_A seinen neuen Wert für X zurück und später dann Trans_B. In der Datenbasis wird mit dem neuen Wert von Trans_B der neue Wert von Trans_A überschrieben, ohne dass Trans_B diesen Wert gesehen hat. Das Problem der verlorenen Änderungen (Lost Update) liegt daran, dass Trans_B den neuen Wert des Objekts X+2 einfach mit X-5 überschreibt, ohne zu erkennen, dass zwischen der eigenen Leseaktion und der anschließenden Änderung die gelesenen Daten von einer anderen Transaktion geändert wurden.

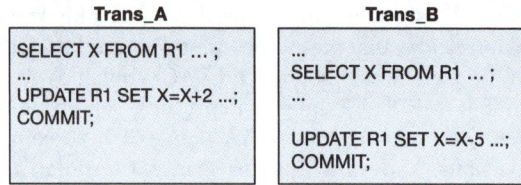

Abbildung 8.1: Lost Update-Problem

Dirty Read (unsauberes Lesen) In ▶ Abbildung 8.2 liest Trans_A und ändert Objekt X und führt dann noch weitere Aktionen aus. Trans_B liest nach der Änderung durch Trans_A den neuen Wert von Objekt X und ändert diesen wiederum. Anschließend wird die Transaktion Trans_A zurückgerollt, womit auch die Änderungen an Objekt X rückgängig gemacht werden. Aber Trans_B hat bereits den geänderten Wert gelesen und weiterverarbeitet, obwohl er noch nicht dauerhaft gespeichert war, was man als unsauberes Lesen (Dirty Read) bezeichnet. In diesem Beispiel führt das unsaubere Lesen von Trans_B dazu, dass Objekt X den Wert (X+2)-5 hat, obwohl Trans_A rückgängig gemacht wurde. Da die Änderung X+2 nicht persistent gespeichert wurde, ist X-5 das richtige Ergebnis.

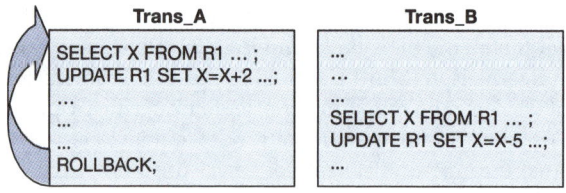

Abbildung 8.2: Dirty Read-Problem

Non Repeatable Read (nicht wiederholbares Lesen) In ▶ Abbildung 8.3 wird in einer Transaktion Trans_A das Objekt X gelesen. Anschließend löscht oder ändert Trans_B das Objekt X und schließt die Transaktion mit COMMIT ab (persistente Datenmanipulation). Liest Trans_A im Weiteren nochmals das Objekt X, bekommt

---

5   Wir verwenden der Übersichtlichkeit halber eine modifizierte und vereinfachte Syntax der Anweisungen SELECT, INSERT, UPDATE, DELETE.

Trans_A das Objekt gar nicht bzw. nicht mit den ursprünglichen Werten zu sehen. Das Ausführen der gleichen Leseanweisung zu verschiedenen Zeitpunkten führt zu nicht wiederholbaren Ergebnissen und wird daher nicht wiederholbares Lesen genannt (Non Repeatable Read).

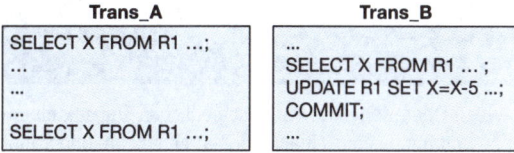

Abbildung 8.3: Non Repeatable Read-Problem

Phantome Beim wiederholten Ausführen einer Anfrage in der Transaktion Trans_A werden beim erneuten Ausführen neue Datensätze angezeigt, die beim vorangegangenen Lesen nicht da waren. Diese neuen Datensätze werden Phantome (Phantome) genannt. Grund dafür ist, dass Trans_B zwischenzeitlich neue Objekte persistent eingefügt hat, die die Bedingung der Anfrage von Trans_A erfüllen. Phantome und nicht wiederholbares Lesen beschreiben im Wesentlichen das gleiche Problem mit dem Unterschied, dass bei den Phantomen Trans_B neue Datensätze einfügt (INSERT), während beim nicht wiederholbaren Lesen Trans_B zwischenzeitlich bestehende Daten geändert oder gelöscht hat.

Nachdem nun einige der Probleme von Transaktionen im Mehrbenutzerbetrieb dargestellt wurden, lernen Sie im Weiteren die zugehörigen Lösungen kennen. Zu dem Thema Nebenläufigkeitskontrolle sind beim SQL-Standard keine expliziten Vorgaben zu finden, so dass wir im nachfolgenden Abschnitt 8.3.1 mit dem Zwei-Phasen-Sperrprotokoll und den SLOCKS und XLOCKS eine grundlegende Lösung vorstellen, wie sie in herstellerspezifischen Variationen bei den kommerziellen Datenbanksystemen vielfach eingesetzt wird. Zur Problematik der Lesekonsistenz im Abschnitt 8.3.2 macht der SQL-Standard hingegen genaue Vorgaben in Form der vier Isolationsebenen, die wir auch ausführlich behandeln.

8.3.1 Nebenläufigkeitskontrolle in Theorie und Praxis

Die verschachtelte Ausführung von Transaktionen bietet den Vorteil der schnelleren Laufzeiten um den Preis der Gefahr, dass sich Transaktionen gegenseitig beeinflussen. Damit Ergebnisse von Transaktionen aber vorhersagbar sind, muss die zentrale Forderung erfüllt sein, dass das Ergebnis im Multi-User-Betrieb das gleiche ist wie im Single-User-Betrieb. Lösungen für die unbeeinflusste Ausführung von Transaktionen finden sich in der Theorie und Praxis der Nebenläufigkeitskontrolle (concurrency control). Da an dieser Stelle der SQL-Standard nur beschreibt, wie sich das Datenbankmanagementsystem zu verhalten hat, z.B. in Form der isolierten Ausführung im Rahmen der ACID-Eigenschaften, stellen wir hier die in der Theorie und Praxis gängigen Methoden vor, mit denen dieses Verhalten implementiert werden kann. In die sehr umfangreiche Theorie der Nebenläufigkeit kann nur ein erster Einblick gegeben werden, der der Komplexität des Themas leider nicht gerecht wird[6]. In Hinblick auf unsere Intention,

---

6 Ausführliche Darstellungen finden Sie in [Elmasri et al. 2006, S. 709-738], [Ramakrishnan et al. 2006, S. 540-570], [Ullman 1988, S. 467-542].

das Thema Datenbanksysteme praxisnah zu erläutern, werden wir den Fokus auf den Teil der Diskussion um Nebenläufigkeitskontrolle richten, der bei kommerziellen Datenbankherstellern Anwendung gefunden hat. Trotzdem ist die Definition einiger Begriffe unerlässlich:

Konflikt

Ein Konflikt liegt vor, wenn Operationen, die unterschiedlichen Transaktionen angehören, auf das gleiche Objekt zugreifen und mindestens eine von ihnen eine Schreiboperation ist oder eine Leseoperation mit der Absicht, die gelesenen Daten später zu ändern.

Solange verschiedene Benutzer nur lesend (ohne Änderungsabsicht) auf die gleichen Objekte zureifen, ist die parallele Ausführung problemlos und kann ohne weitere Kontrollmechanismen beliebig ausgeführt werden. Probleme können nur auftreten, wenn wenigstens eine Transaktion manipulierend (INSERT, UPDATE oder DELETE) zugreift oder aber eine lesend zugreift mit der Intention, später zu ändern.

Ausführungspläne

Ein Ausführungsplan definiert eine (partielle) Reihenfolge der Operationen von verschiedenen Transaktionen.

Zwei Ausführungspläne heißen äquivalent, wenn die Ergebnisse ihrer Operationen in der Datenbasis gleich sind.

Bei einem seriellen Ausführungsplan wird jede Transaktion vollständig hintereinander ausgeführt.

Ein serialisierbarer Ausführungsplan ist ein geschachtelter Ausführungsplan, der zu einem seriellen Ausführungsplan äquivalent ist.

Von den vielen speziellen Ausführungsplänen und Äquivalenzbegriffen sind hier nur serielle und serialisierbare Ausführungspläne und ein einfacher Äquivalenzbegriff exemplarisch aufgeführt, damit ein gewisses Grundverständnis für diese Thematik erlangt werden kann.[7]

Bei dem Beispiel in ► Abbildung 8.4 ist die Serialisierbarkeit offensichtlich kein Problem, weil drei unterschiedliche Relationen betroffen sind und somit kein Konflikt gemäß obiger Definition vorliegt. Dieses Beispiel ist bewusst so einfach gewählt, weil wir uns sonst sehr schnell in Begriffen wie Konfliktserialisierbarkeit, Ergebnisserialisierbarkeit etc. wiederfinden und dies den Rahmen des Buchs sprengen würde.

---

[7] Zur Vertiefung sei hier auf die einschlägige Literatur wie [Heuer et al. 2000, S. 421-440], [Kemper et al. 2004], [Elmasri et al. 2006, S. 709-738], [Ramakrishnan et al. 2006, S. 540-570], [Ullman 1988, S. 467-542] verwiesen.

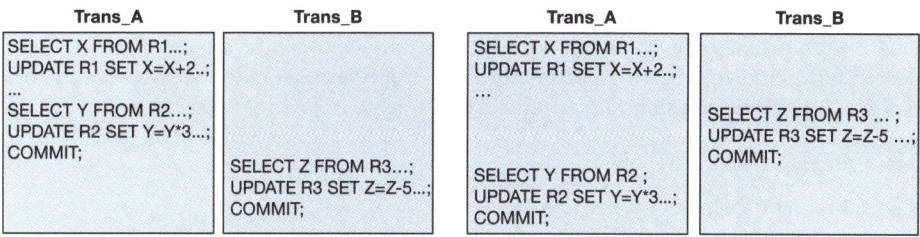

Abbildung 8.4: Serieller und serialisierbarer Ausführungsplan

Um nun für eine Menge von Transaktionen einen serialisierbaren Ausführungsplan zu finden, ist eine rege wissenschaftliche Diskussion[8] geführt worden. Als Ergebnis wurden eine Vielzahl von Methoden entwickelt, die einen Test auf Serialisierbarkeit ermöglichen. Diese Verfahren haben im Wesentlichen zwei Nachteile. Zum einen sind sie sehr aufwändig, da sie meist auf graphentheoretischen Beweisen basieren. Zum anderen können sie erst im Nachhinein feststellen, ob der bereits ausgeführte Plan überhaupt serialisierbar ist, weil ihre Grundidee die Entdeckung von Fehlern ist. Aus diesen beiden Gründen werden in kommerziellen Datenbanksystemen Protokolle wie z.B. das Zwei-Phasen-Sperr-Protokoll, das Zeitstempelordnungsprotokoll und das Multiversionsprotokoll verwendet, deren Einhaltung Serialisierbarkeit garantieren. Es werden also nicht im Nachhinein Fehler gesucht, sondern im Vorfeld Regeln definiert, deren Einhaltung die Serialisierbarkeit gewährleistet.

Zwei-Phasen-Sperr-Protokoll

Das Zwei-Phasen-Sperr-Protokoll (two phase lock, 2PL) wird in kommerziellen Systemen sehr häufig für die Gewährleistung von serialisierbaren Ausführungsplänen im Mehrbenutzerbetrieb verwendet, gehört aber, wie die anderen Verfahren zur Nebenläufigkeitskontrolle auch, nicht zum SQL-Standard. Jeder Hersteller versucht bei einer so zentralen Funktionalität natürlich seine eigenen Optimierungen, um Vorteile gegenüber anderen Produkten zu erzielen. Wir beschränken uns hier aber auf die Darstellung der grundlegenden Funktionsweise dieses Protokolls.

Nebenläufigkeitsprotokolle

Nebenläufigkeitsprotokolle sind Regeln, deren Einhaltung durch alle beteiligten Transaktionen die Serialisierbarkeit garantiert. Damit ist eine hinreichende Voraussetzung für eine „korrekte" nebenläufige Ausführung garantiert.

Grundidee des Zwei-Phasen-Sperr-Protokolls ist das Sperren von Daten, auf die von verschiedenen Transaktionen gleichzeitig zugegriffen wird. Das einfache „binäre" Sperren mit den beiden Zuständen „gesperrt" (lock) und „entsperrt" (unlock) ist dabei zu grob. Es lässt zu wenig paralleles Arbeiten zu. Da dabei nicht zwischen der Art des

---

8   Ausführliche Hinweise auf weiterführende wissenschaftliche Publikationen finden Sie u.a. bei [Elmasri et al. 2006] sowie [Ramakrishnan et al. 2006].

Zugriffs unterschieden wird, kann sogar nicht mehr als ein Anwender lesend zugreifen, obwohl gemäß obiger Konfliktdefinition paralleles Lesen ja ungefährlich ist. Stattdessen wird eine verfeinerte Sperrtechnik mit drei Sperrzuständen verwendet, die die Art des Zugriffs berücksichtigt:

1 lesend gesperrt (read_lock)

2 schreibend gesperrt (write_lock)

3 entsperrt (unlock)

Beliebig viele Transaktionen können lesend auf ein Objekt zugreifen (read_lock). Zu einem Zeitpunkt kann jedoch immer nur eine Transaktion das Objekt für Schreibzwecke sperren (write_lock). Ist ein Objekt schreibend gesperrt, dann kann so lange auch keine andere Transaktion lesend zugreifen. Mit dem unlock-Befehl werden sowohl die lesenden wie auch die schreibenden Sperren aufgehoben.

Die zentrale Anforderung, damit das Zwei-Phasen-Sperr-Protokoll die Serialisierbarkeit gewährleisten kann, lautet, dass bei Transaktionen alle Sperroperationen vor der ersten Entsperroperation ausgeführt werden. Somit entstehen bei der Ausführung der Transaktion zwei Phasen: eine Anforderungsphase oder Wachstumsphase, in der alle Schreiblesesperren (read_lock, write_lock) gesetzt werden, und eine Schrumpfungsphase, in der alle Objekte wieder freigegeben werden (unlock). Aus diesen zwei Phasen ergibt sich der Name des Protokolls.

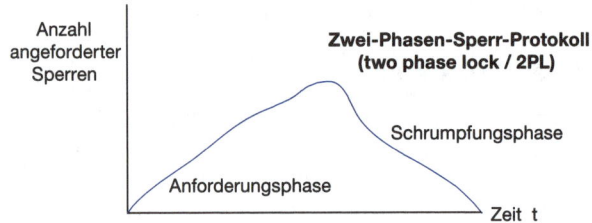

Abbildung 8.5: Zwei-Phasen-Sperr-Protokoll

Ohne Beweis führen wir hier die Aussage ein, dass das Zwei-Phasen-Sperr-Protokoll die Serialisierbarkeit von parallel ausgeführten Transaktionen gewährleistet.[9] Es wird dabei auf aufwändige Tests zur Laufzeit verzichtet, um den Preis, dass das Zwei-Phasen-Sperr-Protokoll nur eingeschränkte Nebenläufigkeit zulässt. Dies ist z.B. dann der Fall, wenn Objekte aufgrund der verspäteten Freigabe in der Schrumpfungsphase ein Objekt länger sperren, als es von der Verarbeitungslogik her notwendig wäre, oder wenn Objekte bereits vorzeitig während der Anforderungsphase angefordert werden, obwohl es erst zu einem späteren Zeitpunkt notwendig wäre.

Da bei Transaktionen die beteiligten Relationen im Vorfeld nicht bekannt sind, tritt das Problem der Verklemmung (Deadlock) durchaus schon mal auf. Eine Verklemmung entsteht, wenn eine Transaktion Trans_A ein Objekt X gesperrt hält und im weiteren Verlauf ein Objekt Y sperren möchte. Zudem hält eine Transaktion Trans_B das Objekt Y bereits gesperrt und will später noch Objekt X sperren. Somit warten beide Transaktionen jeweils auf das Objekt, das die andere Transaktion gesperrt hält.

---

9   Für Interessierte werden weitere Hintergrundinformationen und Beweise bei [Elmasri et al. 2006], [Ramakrishnan et al. 2006] geführt.

Eine Freigabe durch eine der beiden Transaktionen ist ohne Eingriff von außen (Abbruch) nicht möglich. Hier greifen die klassischen Deadlock-Vermeidungsstrategien, z.B. Wait/Die (Warten/Sterben) oder Wound/Wait (Verwunden/Warten), wie sie u.a. aus der Betriebssystemlehre bekannt sind.

LOCKING-System

Das Sperrsystem (LOCKING-System) regelt die Art und Weise, wie in Datenbanksystemen Daten gesperrt werden, wenn mehrere Benutzer konkurrierend zugreifen. Es setzt damit das Zwei-Phasen-Sperr-Protokoll in die Praxis um. Auch das hier beschriebene Sperrsystem wird in seiner Implementierung nicht vom SQL-Standard vorgeschrieben. Es ist ein sehr grundlegendes Konzept, wie es in seinen wesentlichen Bestandteilen sehr häufig bei den Datenbanksystemen wiederzufinden ist. Es werden die beiden Kriterien deutlich, die die Qualität, sprich die Performance, eines solchen Sperrsystems bestimmen: die Granularität der Sperren und die verwendeten Sperrtypen. Letztere haben wir bereits in Form der drei Sperrzustände kennengelernt.

Zum Sperrsystem gehören:

- Die LOCK-Tabellen selbst, in denen die LOCK-Informationen gespeichert werden
- Die Identifikationsnummer der Transaktion (Transaktions-Id)
- Eine eindeutige Kennung der gesperrten Objekte (z.B. Tabellenname, Adresse des Datensatzes)
- Die Art des LOCK: XLOCK oder SLOCK (siehe unten)
- Die Lock-Ebene, auf der die Daten gesperrt werden

Man unterscheidet verschiedene Lock-Ebenen (Granularität der Sperren):

- Sperren der ganzen Datenbank
- Sperren einer Tabelle
- Sperren einer Seite einer Tabelle
- Sperren einer Zeile einer Tabelle
- Sperren einer einzelnen Spalte

Das Sperren der ganzen Datenbank ist für aufwändige Datenbankoperationen wie z.B. physische Reorganisation oder Zurücksichern von mehreren Tabellen vorgesehen. Da währenddessen niemand arbeiten kann, ist dies nach Möglichkeit zu vermeiden. Eine ganze Tabelle zu sperren, kann notwendig werden, wenn eine Tabellenreorganisation oder die Verarbeitung (fast) aller Datensätze durchzuführen ist. Wünschenswert ist natürlich eine möglichst feine Sperrung der benötigten Daten, oft ist aber das Sperren einer kompletten Seite die feinste vorgesehene Sperrung, mit der Konsequenz, dass auch Datensätze gesperrt sind, auf die gar nicht zugegriffen wird. Eine Sperrung mit minimal notwendigem Aufwand stellt die Sperrung eines ganzen Datensatzes bei Einfügungen (INSERT) oder Löschungen (DELETE) dar sowie die Sperrung nur der geänderten Spalten bei Änderungsanweisungen (UPDATE). Die Sperrgranularität „Spalte" ist aber weder bei MySQL noch bei Oracle implementiert.

Vorgehensweise des LOCK-Managers:

- Zuerst wird überprüft, ob auf den angeforderten Tabellen schon ein LOCK existiert.
- Falls kein LOCK existiert, wird eine neue Sperrung eingetragen.

■ Falls die Tabelle durch eine andere Transaktion gesperrt ist, wird der Prozess in Warteposition gebracht und in regelmäßigen Abständen untersucht, ob die Sperrung noch besteht.

■ Nach abgeschlossener Transaktion wird der Eintrag in der LOCK-Tabelle wieder gelöscht.

Man unterscheidet bestimmte LOCK-Typen. Das Konzept unterschiedlich starker Sperren, das ein möglichst hohes Maß an parallelen Zugriffen auf die Daten ermöglichen soll, ist weit verbreitete Praxis. Die Grundidee ist, die Sperren nach Art der Zugriffsoperation zu differenzieren, wobei die konfliktfreien Operationen (lesender Zugriff) beliebig parallel ausgeführt werden können, während die konflikträchtigen Operationen (INSERT, UPDATE, DELETE) immer nur isoliert ausgeführt werden.

1. Typ: XLOCKS oder EXKLUSIVE LOCKS

Ein XLOCK bewirkt, dass keine andere Transaktion eine Sperrung auf ein Objekt, das schon einen XLOCK hat, absetzen kann. Der XLOCK wird bis zum Ende der Transaktion gehalten.

2. Typ: SHARED LOCKS oder SLOCKS (geteilte LOCKS)

Falls eine Transaktion T1 einen SLOCK auf eine Tabelle hält, heißt das, dass sie nur lesend zugreifen wird. Eine andere Transaktion T2 kann parallel auch einen SLOCK absetzen, wenn nur Lesezugriffe beabsichtigt sind. Allerdings kann eine Transaktion T3 keinen XLOCK auf die betroffene Tabelle absetzen, bis alle SLOCKS wieder gelöscht sind.

LOCKING unter SQL

In SQL2003 wird das LOCKING im Allgemeinen automatisch für die Anweisungen INSERT, UPDATE, DELETE und SELECT FOR UPDATE (vgl. Abschnitt 8.5) ausgelöst. Die Anweisungen COMMIT und ROLLBACK heben die Sperren auf den beteiligten Tabellen auf. Leider sind die LOCK-Einstellungen wieder nicht standardisiert, sie hängen vom jeweiligen Datenbanksystem ab. Wir verweisen dafür auf die beiden Abschnitt 8.5 (Oracle) und 8.6 (MySQL).

Verschiedene Sperrstrategien

Bei gleichzeitigen lesenden und schreibenden Zugriffen einer großen Benutzeranzahl auf den gleichen Datenbestand kommt es mitunter zu langen Wartezeiten. Um diese zu reduzieren, kann sich der Datenbankadministrator verschiedene Sperrstrategien überlegen. Man unterscheidet insbesondere das optimistische Sperrverfahren von der pessimistischen Strategie, abhängig davon, ob die Zugriffe überwiegend lesender oder schreibender Art sind.

Optimistisches Sperrverfahren

- Man nimmt an, dass wenige schreibende Zugriffe auf der Datenbank stattfinden.
- Lesende Zugriffe (SELECT) lösen keine Sperren aus.
- Jeder Datensatz hat ein Feld „Zeitstempel", das bei jedem lesenden oder schreibenden Zugriff aktualisiert wird.
- Bei Änderungen wird zunächst geprüft, ob der Zeitstempel unverändert ist. Ist dies nicht der Fall, wird der Benutzer aufgefordert, den Datensatz noch einmal zu lesen. Wenn der Zeitstempel unverändert ist, wird der Datensatz mit einem auf das Systemdatum aktualisierten Zeitstempel abgespeichert.

Pessimistisches Sperrverfahren

- Man nimmt an, dass viele schreibende Zugriffe auf der Datenbank stattfinden.
- Auch lesende Zugriffe (SELECT FOR UPDATE statt SELECT) lösen Sperren für andere Benutzer aus.
- Die Daten werden erst wieder freigegeben, wenn alle Änderungen abgespeichert sind.

Das optimistische Verfahren findet insbesondere Anwendung bei der interaktiven Datenpflege, wenn ein Anwender sich Daten auf dem Bildschirm anzeigen lässt und sie dann gegebenenfalls später ändert. Hier würde ein Sperren bereits bei der Selektion zum einen zu viele Datensätze sperren (Anzeige aller Müllers, um dann Hugo Müller zu ändern) und zum anderen die Datensätze vielfach unnötig lange sperren (die Daten wurden selektiert, der Anwender wird unterbrochen durch Telefon oder Pausen und lange Zeit später werden die Daten erst geändert und freigegeben). Um das Arbeiten vieler Anwender nicht zu sehr einzuschränken, nimmt man lieber in Kauf, dass ein Anwender (selten) die Meldung bekommt, dass sein gerade geänderter Datensatz zwischenzeitlich bereits von einem anderen Benutzer geändert wurde. Er muss sich die geänderten Daten neu auf dem Bildschirm anzeigen lassen, wobei seine bereits erfassten Änderungen verloren gehen. Das pessimistische Verfahren wird meist dann angewendet, wenn ein Programm selbständig (ohne Benutzerinteraktion) die Daten selektiert, verarbeitet und ändert. Dann liegt zwischen der Selektion und der späteren Freigabe ein kalkulierbarer Zeitraum. Beide Verfahren gewährleisten, dass das Lost-Update-Problem nicht auftreten kann. Entweder findet eine Kontrolle zwischen zwei Zugriffen statt, ob zwischenzeitlich der Datensatz geändert wurde, oder die Daten werden für andere Zugriffe für die vollständige Verarbeitungszeit gesperrt.

8.3.2 Lesekonsistenz in SQL

Lesekonsistenz ist ein weiteres Problem, welches beim Mehrbenutzerbetrieb auftritt. Bei länger andauernden Transaktionen stellt sich die Frage, auf welchem Datenbankzustand die Anfragen eigentlich ausgewertet werden, wenn parallel andere Benutzer die zu lesenden Daten ändern.

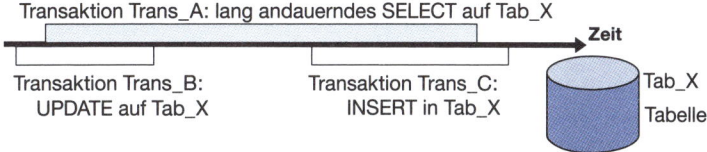

Abbildung 8.6: Ein erstes Lesekonsistenzproblem

Bei diesem ersten Lesekonsistenzproblem wird in Transaktion Trans_A eine lang andauernde SELECT-Anfrage ausgeführt. Parallel führen andere Benutzer die Transaktionen Trans_B und Trans_C mit Änderungsanweisungen auf der gleichen Tabelle Tab_X aus. Es stellt sich natürlich die Frage, ob die Änderungen durch Trans_B und Trans_C von Trans_A gelesen werden können bzw. welche Inkonsistenzen auftreten können. Bezüglich Transaktion Trans_C kann z.B. das Problem des unsauberen Lesens auftreten. Solange Trans_B nicht abgeschlossen ist, entsteht hier das gleiche Problem auch für Trans_B. Aber auch wenn Trans_B abgeschlossen ist, tritt ein Problem für Trans_A auf, das Problem der Reihenfolgeunabhängigkeit (vgl. Abschnitt 7.3.6). Wenn Trans_A auf die Änderungen von Trans_B zugreifen könnte, dann würde es von der zufälligen Ausführungsreihenfolge der Datensätze von Trans_A und B abhängen, wie die Ergebnismenge von Trans_A aussehen würde. Dieses Problem tritt auf, weil Trans_B nicht vor Beginn von Trans_A abgeschlossen ist.

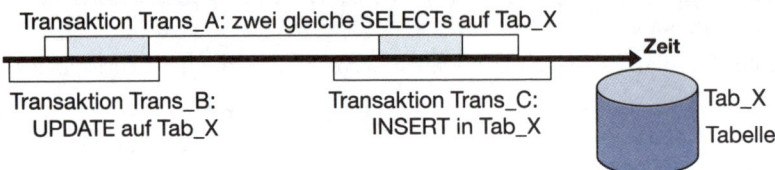

Abbildung 8.7: Ein zweites Lesekonsistenzproblem

Bei diesem zweiten Beispiel wird in Trans_A die gleiche Anfrage zweimal ausgeführt. Ungeachtet der Problematik des unsauberen Lesens mit Trans_C, stellt sich hier die Frage, ob die Änderungen von Trans_B bei der zweiten Anfrage gelesen werden können oder nicht. Dieses Problem, dass bei wiederholter Anfrageauswertung in einer Transaktion die Ergebnismengen nicht übereinstimmen, wird als nicht wiederholbares Lesen bzw. Phantome bezeichnet (vgl. Abschnitt 8.3).

Zur Lösung der Lesekonsistenzprobleme unsauberes bzw. nicht wiederholbares Lesen und Phantomen macht der SQL-Standard detaillierte Vorgaben auf der Basis von sogenannten Isolationsgraden (Isolation Level). Die nachfolgende Tabelle zeigt, welcher Zusammenhang zwischen den SQL-Isolationsgraden und den Leseproblemen besteht, wobei das Lost Update-Problem grundsätzlich ausgeschlossen ist. Dieses Problem wird von Sperrverfahren (vgl. Abschnitt 8.3.1) gelöst.[10]

Mit der Anweisung SET TRANSACTION können in SQL2003 vor dem Start einer Transaktion bestimmte Modi gesetzt werden, mit denen die nachfolgenden Transaktionen ausgeführt werden. Während einer nicht abgeschlossenen Transaktion ist dieser Befehl nicht zulässig. Diese Anweisung ist leider unter SQL, MySQL (vgl. Abschnitt 8.6) und Oracle (vgl. Abschnitt 8.5) nicht einheitlich.

---

10 Ausführliche Informationen finden Sie in [ANSI SQL 2003], [Melton et al. 2002, S. 516-523], [Groff et al. 2002, S. 352-356].

Tabelle 8.2

Zusammenhang zwischen den Isolationsgraden und den Leseproblemen in SQL

Isolationsgrad	Unsauberes Lesen	Nicht wiederholbares Lesen	Phantome
READ UNCOMMITTED	Ja	Ja	Ja
READ COMMITTED	Nein	Ja	Ja
REPEATABLE READ	Nein	Nein	Ja
SERIALIZABLE	Nein	Nein	Nein

```
<SET TRANSACTION Anweisung> ::=
   SET TRANSACTION  [ READ [ ONLY | WRITE ]
                    | <Isolationsgrad> ] ;

<Isolationsgrad> ::= ISOLATION LEVEL [ READ UNCOMMITTED
                                     | READ COMMITTED
                                     | REPEATABLE READ
                                     | SERIALIZABLE ]
```

Die Zugriffsmodi READ ONLY und READ WRITE wurden bereits im Abschnitt 8.1 zusammen mit der START TRANSACTION-Anweisung erläutert. Die Funktionalität der verschiedenen Isolationsgrade ergibt sich aus der obigen Tabelle. Der Default-Isolationsgrad ist SERIALIZABLE.

8.4 Fehlererholung in Theorie und Praxis

Transaktionen können fehlschlagen bzw. Systeme können abstürzen und die Gründe hierfür sind sehr vielfältig:

■ Systemabstürze basierend auf Hardware-, Software-, Netzwerkfehlern …

■ Transaktions- und Systemfehler wie Integritätsfehler, ROLLBACK, Division durch 0 …

■ Fehler bei der Nebenläufigkeitskontrolle wie Verklemmung, verletzte Serialisierbarkeit …

■ Plattenfehler wie defekte Platten oder Schreibleseköpfe …

■ Physische Probleme und Katastrophen wie Brand, Erdbeben, Diebstahl …

Diese völlig verschiedenen Gründe für einen Transaktionsabbruch motivieren auch völlig unterschiedliche und auch verschieden starke Fehlererholungsstrategien (Recovery). Bei dem einen geht es primär um den Schutz vor physikalischer Zerstörung durch Hitze, Wasser, Feuer, Erdbeben etc., um Zugangsschutz (kontrollierter Raumzugang und kontrollierter Systemzugang ...) und um die Verfügbarkeit von Kopien des Datenbestands (Sicherungskopien/Backup, Archivierung ...), während es bei der Transaktionsausführung vorrangig um das temporäre Zwischenspeichern der aktuellen Änderungen geht, bis diese entweder durch ein COMMIT dauerhaft gespeichert werden oder durch ein ROLLBACK endgültig zurückgerollt werden. Im Weiteren konzentrieren wir uns auf Strategien zur Fehlererholung aufgrund von Transaktionsfehlern. Das Thema kann aufgrund seines Umfangs auch nur skizziert werden.[11] Und da bei diesem Thema ebenfalls keine Vorgaben beim SQL-Standard zu finden sind, stellen wir die gängige Praxis vor.

In schwerwiegenden Fällen kann eine Rekonstruktion des aktuellen Datenzustands in zwei Hauptschritten erfolgen. Im ersten Schritt wird die letzte externe Sicherung (BACKUP) wieder eingespielt und im zweiten Schritt wird versucht, anhand von im Datenbanksystem zwischengespeicherten Informationen von diesem letzten externen Datenzustand einen Zustand möglichst nah dem Zustand unmittelbar vor Abbruch zu rekonstruieren. Dabei werden wiederum zwei Rekonstruktionsschritte unterschieden: das Wiederherstellen von bereits mit COMMIT abgeschlossenen Transaktionen, die aber noch nicht extern gesichert waren, und die Rekonstruktion von laufenden, noch nicht abgeschlossenen Transaktionen. Jeder Hersteller von Datenbanksystemen bietet diesbezüglich eine Vielzahl von BACKUP- und RECOVERY-Funktionen und -Maßnahmen an, die den Administratoren dabei helfen, die gespeicherten Daten sicher zu verwalten.

Bei der Fehlererholung aufgrund von Transaktionsfehlern geht es primär um die Wiederherstellung des letzten konsistenten Zustands der Datenbasis vor Beginn der fehlgeschlagenen Transaktion, also die Rekonstruktion einer nicht abgeschlossenen Transaktion. Die für das Rückgängigmachen der Änderungen notwendigen Informationen speichert das Datenbanksystem in sogenannten LOG-Dateien, die damit ein Protokoll über alle aktuellen bzw. gerade durchgeführten Transaktionen darstellen. Die LOG-Einträge werden auf den Festplatten abgelegt, damit sie resistent gegenüber den meisten Fehlern sind, außer Plattenfehlern, physikalischen Einwirkungen und Katastrophen. Bei Oracle werden diese Dateien als REDO-LOG-Files bezeichnet, die in den sogenannten ROLLBACK-Segmenten gespeichert werden[12]. Bei MySQL werden die erforderlichen Informationen in die „Binary Log-Datei" (früher Update Log-Datei) protokolliert[13]. Ein LOG-Eintrag umfasst beispielsweise folgende Informationen:

- Transaktionsidentifikator
- Startzeitpunkt der Transaktion und/oder Zeitpunkt der eigentlichen Datenänderung
- alter und neuer Wert des Datensatzes bzw. physikalische Adressen des neuen/alten Datensatzes auf der Platte oder in den Buffern
- Art des Zugriffs
- Kennung des zugreifenden Benutzers oder Programms
- Kennung, ob die Transaktion mit COMMIT oder ROLLBACK abgeschlossen wurde

---

11 Interessierte finden ausführliche Darstellungen in [Heuer et al. 2001, S. 436-439], [Kemper et al. 2004], [Elmasri et al. 2006, S. 739-766], [Ramakrishnan et al. 2006, S. 571-593], [Ullman 1988, S. 516-524].

12 vgl. [ORACLE Concepts 2005, S. 4-1...4-10, 13-1...13-28, 15-1...15-19], [Oracle SQL 2005, S. 13-59 ff., 18-68 ff., 18-92 ff., 19-52 ff.]

13 vgl. [MYSQL 2006, S. 343-346]

Ablauf der Rekonstruktion einer laufenden Transaktion

Die Rekonstruktion einer noch nicht abgeschlossenen Transaktion hängt wesentlich von dem Verfahren ab, mit dem die in den LOG-Dateien protokollierten Änderungen auf der eigentlichen Datenbasis ausgeführt werden. In diesem Zusammenhang werden grundsätzlich zwei methodische Ansätze unterschieden: Deferred- und Immediate-Update-Techniken. Bei beiden Verfahren werden die LOG-Einträge aus Sicherheitsgründen nicht nur im lokalen Transaktionspuffer des Hauptspeichers gespeichert, sondern auch in speziellen LOG-Dateien auf der Festplatte.

Wird eine Deferred-Update-Technik zugrunde gelegt, dann aktualisiert das Datenbankmanagementsystem den eigentlichen Datenbestand in den Tabellen auf der Festplatte erst nach einem erfolgreichen COMMIT. Dadurch ist bei einem Zurückrollen bezüglich der Datenbasis nichts weiter zu tun. Die COMMIT-Aktion ist jedoch aufwändiger, da zu dem Zeitpunkt alle Änderungen der Transaktion anhand der LOG-Einträge auf den eigentlichen Tabellendaten ausgeführt und abschließend die Sperren aufgehoben werden müssen.

Bei einer Immediate-Update-Technik werden die Änderungen einer Transaktion unmittelbar sowohl in die LOG-Dateien wie auch in die Tabellendaten physisch übertragen. Hier ist bei erfolgreichem COMMIT bezüglich der Datenbasis nichts weiter zu tun, als die Sperren auf den Datensätzen aufzuheben. Beim Zurückrollen hingegen müssen die neuen Daten auf der Platte anhand der LOG-Einträge wieder durch die alten Werte ersetzt werden.

8.5 Transaktionen unter Oracle

Das Oracle-Transaktionskonzept gewährleistet die ACID-Eigenschaften und ist weitgehend SQL-konform. In SQL2003 startet eine Transaktion mit der START TRANSACTION-Anweisung. Bei Oracle[14] wird auf einen expliziten Befehl verzichtet, stattdessen startet eine Transaktion mit der ersten DML-/DQL-Anweisung nach Beendigung der letzten Transaktion. Die Transaktionsendanweisungen COMMIT und ROLLBACK verzichten beide auf die SQL2003-Option AND [NO] CHAIN. Das SAVEPOINT-Konzept ist SQL-konform realisiert. Die Transaktionsparameter werden explizit mit der SET TRANSACTION-Anweisung umgesetzt. Bei der COMMIT-Anweisung gibt es eine optionale WRITE-Klausel mit zwei interessanten Funktionen:

```
<WRITE Klausel> ::= [( IMMEDIATE | BATCH )]   [( WAIT | NOWAIT )]
```

Bei der IMMEDIATE-Option (Default) wird eine in den REDO-LOG-Buffer zwischengespeicherte Datenänderung aus Sicherheitsgründen sofort auf die Platte in den sogenannten REDO-LOG-FILE gespeichert. Bei der BATCH-Option wird die Änderung nur im temporären REDO-LOG-Buffer zwischengespeichert, mit dem Vorteil der wesentlich schnelleren Ausführung und dem Risiko, dass bei einem Absturz nicht die gesamte Transaktion rekonstruiert werden kann. Damit ist es eine sinnvolle Option für wiederholbare Batch-Jobs. Bei den anderen beiden Optionen geht es um die Möglichkeit eines

---

14 Weitere Hintergrundinformationen finden Sie in [ORACLE Concepts 2005, S. 15-1...15-19], [Oracle SQL 2005].

asynchronen COMMIT. Wird die Default-Option WAIT spezifiziert, dann wird der COMMIT erst beendet, wenn alle zugehörigen Datenänderungen persistent gespeichert sind. Im Falle des NOWAIT wird der COMMIT bereits beendet, ohne darauf zu warten, dass im Hintergrund die Datenänderungen persistent gespeichert wurden. Auch hier ist die Funktionalität der beschleunigten Ausführungszeit einer Transaktion gegeben, bei Akzeptanz einer gewissen Gefahr des Datenverlusts.

Sämtliche Datendefinitionsbefehle führen implizite COMMIT-Aktionen aus. Zudem ist es möglich, einen AUTOCOMMIT-Modus[15] zu starten, in dem das Datenbankmanagementsystem nach jeder SQL-Anweisung automatisch einen COMMIT durchführt, so dass eine Transaktion immer nur aus einer Anweisung besteht. Standardmäßig ist bei Oracle dieser Modus ausgeschaltet, was für die Transaktionen heißt, dass sie explizit mit den Transaktionsendbefehlen abgeschlossen werden müssen.

```
<SET AUTOCOMMIT Anweisung (Oracle)> ::=
    SET AUTOCOMMIT [ OFF | ON ];
```

Beispiel

für Transaktionen (Oracle)

Es werden einige Datensätze der Tabelle trans_demo manipuliert. Die erste Transaktion schließt mit COMMIT ab und speichert die Änderungen persistent, so dass die beiden Datensätze 'abc' und 'ghi' in der Tabelle vorliegen. Das ROLLBACK der zweiten Transaktion rollt die Änderungen „Löschen des Satzes 'xyz'" und „Ändern in 'def'" wieder zurück, so dass der Ausgangszustand nach Ende der ersten Transaktion wieder vorliegt.

```
CREATE TABLE trans_demo (name     VARCHAR(20));

-- 1. Transaktion
SELECT * FROM trans_demo;
INSERT INTO trans_demo VALUES ('abc');
INSERT INTO trans_demo VALUES ('def');
UPDATE trans_demo SET name = 'ghi' WHERE name = 'def';
COMMIT;
SELECT * FROM trans_demo;

-- 2. Transaktion
SELECT * FROM trans_demo;
UPDATE trans_demo SET name = 'xyz' WHERE name = 'ghi';
DELETE FROM trans_demo WHERE name = 'abc';
SELECT * FROM trans_demo;
ROLLBACK;
SELECT * FROM trans_demo;
```

LOCKING-System von Oracle

Nachdem Sie im Abschnitt 8.3 grundsätzliche Vorgehensweisen zum Thema „Setzen von Sperren" kennengelernt haben, stellen wir nun die konkreten Sperren bei Oracle vor. Es gibt eine LOCK-Anweisung, mit der manuell Sperren auf Tabellen gesetzt werden. Neben den LOCK-Typen XLOCK und SLOCKS finden wir noch eine feinere Abstufung.

---

15 Dieser Befehl ist nicht als SQL-, sondern als SQL*PLUS-Befehl realisiert.

```
<LOCK Anweisung (Oracle)> ::=
  LOCK TABLE Tabellenname IN <Lockmodus> [NOWAIT];

<Lockmodus> ::= ( ROW SHARE | ROW EXCLUSIVE | SHARE | EXCLUSIV )
```

Es können neben Tabellen auch Sichten (VIEWS, vgl. Abschnitt 5.3.5) gesperrt werden, was zur Konsequenz hat, dass automatisch alle Tabellen der Sichtdefinition vom System gesperrt werden. Die vier zentralen LOCK-Modi von Oracle finden Sie in der folgenden Tabelle:

Tabelle 8.3

Die vier LOCK-Modi von Oracle

LOCKMODUS	Auswirkung
SHARE	Sperrt die Tabelle und erlaubt anderen lesenden, aber keinen schreibenden Zugriff auf diese Tabelle; entspricht dem SLOCK auf Tabellenebene
EXCLUSIV	Sperrt die Tabelle für alle Zugriffe und entspricht dem XLOCK auf Tabellenebene
ROW SHARE	Sperrt einen Datensatz und erlaubt auf diesen Datensatz anderen lesenden, aber keinen schreibenden Zugriff und entspricht dem SLOCK auf Datensatzebene. Auf der betroffenen Tabelle kann kein EXCLUSIV-LOCK ausgeführt werden.
ROW EXCLUSIV	Sperrt den Datensatz für alle Zugriffe und entspricht dem XLOCK auf Datensatzebene. Auf der betroffenen Tabelle können weder EXCLUSIV-LOCKs noch SHARED-LOCKs ausgeführt werden.

Automatisches Sperren bei Oracle

Abgesehen von diesen manuellen Einstellmöglichkeiten der LOCK-Anweisung genügt es meistens, sich des automatischen Sperrens zu bedienen. Je nach SQL-Befehl werden ohne weitere Voreinstellung die in Tabelle 8.4 angegebenen Sperren gesetzt.

Eine in diesem Zusammenhang interessante Anweisung ist das SELECT FOR UPDATE. Angewendet wird sie, wenn im Anwendungsprogramm die Datensätze erst selektiert, verarbeitet und geändert werden, um anschließend wieder gespeichert zu werden. Würde in diesem Fall nur ein SELECT mit anschließendem UPDATE oder DELETE ausgeführt, dann könnten zwischenzeitlich andere Transaktionen die bereits selektierten Datensätze ändern und es käme u.a. zum Lost Update-Problem. Die Spalten der OF-Klausel spezifizieren, für welche Tabellen aus der FROM-Klausel die Datensätze zu sperren sind. Auch wenn in der Klausel nur Spaltennamen angegeben werden, so heißt das nicht, dass nur diese Spalten gesperrt werden. Die kleinste zu sperrende Einheit ist weiterhin ein Datensatz. Ist ein angeforderter Datensatz bereits von einer anderen Transaktion gesperrt und ist die WAIT-Option spezifiziert, dann wartet die SELECT-Anweisung auf die Freigabe der angeforderten Datensätze. Ist NOWAIT angegeben, dann wird sofort die Programmausführung an dieser Stelle unterbrochen. WAIT ist die Default-Option.

Tabelle 8.4

Automatisches Sperren bei Oracle

SQL-Anweisung	Sperre
SELECT... FROM Tabellenname ...;	Keine
SELECT... FROM Tabellenname ... FOR UPDATE OF [Tabellenname.] Spaltenname [,[Tabellenname.]Spaltenname]... [WAIT | NOWAIT];	ROW EXCLUSIV-Sperre für die selektierten Datensätze
INSERT INTO Tabellenname...;	ROW EXCLUSIV
UPDATE Tabellenname...;	ROW EXCLUSIV
DELETE FROM Tabellenname...;	ROW EXCLUSIV
ALTER TABLE...;	EXCLUSIV

Isolationgrade bei Oracle

Die Unterschiede bei den Isolationsgraden zwischen SQL2003 (vgl. Abschnitt 8.3) und Oracle basieren im Wesentlichen darauf, dass Oracle unsauberes Lesen grundsätzlich ausschließt, womit der Isolationsgrad READ UNCOMMITTED entfällt. Zudem wird von Oracle der Unterschied zwischen den beiden Problemen Phantome und nicht wiederholbares Lesen als eher akademischer Natur betrachtet, womit der Isolationsgrad REPEATABLE READ ebenfalls entfällt. Bei Oracle werden in diesem Zusammenhang die folgenden beiden Begriffe definiert.

Statement Level   Die Daten, die eine Anfrage ermittelt, sind alle vom gleichen Zeitpunkt und zwar vom Start der Anfrageauswertung. Es werden keine „unsauberen" Daten gelesen und keine Änderungen, die während der Anfrageauswertung von anderen Transaktionen mit COMMIT persistent gespeichert wurden. Dieser Lesekonsistenzgrad wird durch die Option READ COMMITTED spezifiziert und ist die Voreinstellung.

Transaction Level   Die Daten aller Anfragen einer Transaktion stammen vom gleichen Zeitpunkt und zwar vom Start der Transaktion. Es können weder das nicht wiederholbare Lesen noch Phantome auftreten. Dieser Zustand wird durch die Option SERIALIZABLE eingestellt.

Anschaulich werden diese beiden Definitionen mithilfe der ▶ Abbildungen 8.6 und 8.7. Da aufgrund des Ausschlusses des unsauberen Lesens noch nicht persistent gespeicherte Daten bei Oracle von anderen Transaktionen grundsätzlich nicht gelesen werden können, sind die Änderungen von Trans_C weder in der ersten noch in der zweiten Abbildung für Trans_A zugreifbar. Im Abschnitt 8.3.2 (▶ Abbildung 8.6) sind die Änderungen von Trans_B weder bei der „statement" noch bei der „transaction level"-Einstellung lesbar, da Trans_B weder zum Zeitpunkt des Anweisungs- noch des Transaktionsstarts beendet ist. Bei der Lesekonsistenz „statement level" (Isolationsgrad READ COMMITTED) können in Abschnitt 8.3.2 unteren Beispiel (▶ Abbildung 8.7) bei der wiederholten Anfrage in Trans_A die Änderungen von Trans_B aber sehr wohl gelesen werden. Gegenüber der ersten Anfrage in Trans_A können nun die Probleme Phantome und nicht wiederholbares Lesen auftreten. Bei der Lesekonsistenz „transaction level" (Isolationsgrad SERIALIZABLE) fragen beide Anfragen in Trans_A den gleichen Zustand der Datenbasis ab: den Zustand zu Beginn der Transaktion und damit noch vor der Beendigung von Trans_B.

```
<SET TRANSACTION Anweisung (Oracle)> ::=
    SET TRANSACTION { READ { ONLY | WRITE } <Isolationsgrad> } ;

<Isolationsgrad> ::= ISOLATION LEVEL { READ COMMITTED | SERIALIZABLE }
```

Multiversionsprotokolle bei Oracle

Diese beiden Konsistenzgrade werden durch das Verfahren der Multiversionsprotokolle realisiert. Alte Werte der geänderten Daten, die noch nicht oder erst kürzlich persistent gespeichert wurden, sind in den Rollback-Segmenten gespeichert, weil diese Informationen u.a. für die Durchführung von Zurückrollaktionen notwendig sind. Jede Transaktion erhält gemäß ihrer Startzeit eine Art Zeitstempel, mit dessen Hilfe eine Transaktion bzw. eine Anfrage eindeutig identifiziert und die zeitliche Reihenfolge verschiedener Transaktionen bestimmt werden kann. Die geänderten Datensätze im Rollback-Segment werden mit diesem Zeitstempel gespeichert.

Werden Datensätze aus einer Tabelle gelesen, dann wird jeweils im Rollback-Segment nachgeschaut, ob es dort einen Änderungseintrag einer bereits persistent gespeicherten Transaktion gibt, deren Zeitstempel kleiner ist als der Zeitstempel der Anfrage/Transaktion. Wenn ja, wird die neueste Version des Datensatzes aus dem Rollback-Segment gelesen. Bei Datensätzen, deren Zeitstempel größer ist als der der lesenden Anfrage/ Transaktion, wird die in der Tabelle gespeicherte Version des Datensatzes verwendet, ebenso bei Datensätzen, für die es keinen Eintrag im Rollback-Segment gibt bzw. bei denen der Eintrag von einer noch nicht gespeicherten Transaktion stammt. Ist als Konsistenzgrad „transaction level" gewählt worden, dann verwendet jede Anfrage der Transaktion den Zeitstempel der Transaktion. Ist hingegen „statement level" gewählt worden, dann bekommt jede Anfrage der Transaktion ihren eigenen Zeitstempel.

8.6 Transaktionen unter MySQL

Transaktionen, die aus mehr als nur einer Änderungsanweisung bestehen, werden nur bei der Speichermaschine InnoDB unterstützt (vgl. Abschnitt 5.3.3). Die InnoDB-Tabellen werden daher auch als transaktionssicher bezeichnet, die Tabellen der anderen Speichermaschinen als nicht transaktionssicher. Bei InnoDB unterstützt das Transaktionskonzept die ACID-Eigenschaften uneingeschränkt (vgl. Abschnitt 8.1). Der Modus der anderen Speichermaschinen wird als AUTOCOMMIT-Modus bezeichnet, der voreingestellt immer eingeschaltet ist (Oracle: ausgeschaltet). Dort wird nach jeder Datenänderung vom Datenbanksystem automatisch ein COMMIT ausgeführt. Für ein Arbeiten unter InnoDB mit Transaktionen muss dieser Modus erst einmal ausgeschaltet werden. Erst im ausgeschalteten Modus (0) können die Transaktionsendbefehle COMMIT und ROLLBACK ihre Funktion auch ausführen.

```
<SET AUTOCOMMIT Anweisung (MySQL)> ::= SET AUTOCOMMIT = { 0 | 1 };
```

Den Start einer Transaktion können zwei Anweisungen einleiten, BEGIN [WORK] sowie die SQL-konforme START TRANSACTION-Anweisung. Die SQL-konformen Anweisungen COMMIT und ROLLBACK verfügen über die zusätzliche Option RELEASE, die bei Transaktionsende auch gleich die Verbindung zwischen Client und Server beendet. Das SAVEPOINT-Konzept ist SQL-konform realisiert. Die meisten Datendefinitionsbefehle wie z.B. ALTER, CREATE, DROP TABLE, PROCEDURE, FUNCTION, INDEX und auch Transaktionssteuerungsanweisungen wie LOCK TABLE führen implizite COMMITS aus.

Beispiel

für Transaktionen (MySQL)

Es werden einige Datensätze der Tabelle trans_demo manipuliert. Die erste Transaktion schließt mit COMMIT ab und speichert die Änderungen persistent, so dass die beiden Datensätze 'abc' und 'ghi' in der Tabelle vorliegen. Das ROLLBACK der zweiten Transaktion rollt die Änderungen „Löschen des Satzes 'xyz'" und „Ändern in 'def'" wieder zurück, so dass der Ausgangszustand nach Ende der ersten Transaktion wieder vorliegt.

Es müssen zwei Voraussetzungen für eine Transaktionsverwaltung erfüllt sein: Die Tabelle, deren Daten geändert werden, muss von der Speichermaschine InnoDB verwaltet werden und der AUTOCOMMIT-Modus muss ausgeschaltet sein. Die Anweisung START TRANSACTION ist optional.

```
DROP TABLE trans_demo;
CREATE TABLE trans_demo (name VARCHAR(20)) ENGINE=InnoDB;
SET AUTOCOMMIT=0;
-- 1. Transaktion
--START TRANSACTION;
SELECT * FROM trans_demo;
INSERT INTO trans_demo VALUES ('abc');
INSERT INTO trans_demo VALUES ('def');
UPDATE trans_demo SET name = 'ghi' WHERE name = 'def';
COMMIT;
SELECT * FROM trans_demo;

-- 2. Transaktion
--START TRANSACTION;
SELECT * FROM trans_demo;
UPDATE trans_demo SET name = 'xyz' WHERE name = 'ghi';
DELETE FROM trans_demo WHERE name = 'abc';
SELECT * FROM trans_demo;
ROLLBACK;
SELECT * FROM trans_demo;
```

LOCKING-System von MySQL

Die Granularität der Sperren hängt von der verwendeten Speichermaschine ab. MyISAM und MEMORY verwenden Sperren auf Tabellen- und InnoDB auf Datensatzebene. Für die Tabellensperren wird Deadlock-Freiheit versprochen, was unter anderem damit zusammenhängt, dass die Transaktionen dieser Speichermaschinen nur einen Datensatz umfassen. Da bei der Speichermaschine InnoDB wie auch bei Oracle und SQL zu Beginn einer Transaktion die angeforderten Ressourcen nicht bekannt sind, können dort Deadlocks sehr wohl auftreten.

```
<LOCK Anweisung (MySQL)> ::= LOCK TABLES Tabellenname <Lockmodus>
                              [ , Tabellenname <Lockmodus> ]... ;

<Lockmodus> ::= | READ   | [LOW_PRIORITY] WRITE |

<UNLOCK Anweisung> ::= UNLOCK TABLES;
```

Sperren können nur auf Tabellen gesetzt werden, nicht auf Sichten (VIEW, vgl. Abschnitt 5.3.5). Greift man auf Sichten zu, muss man deren Definition kennen und die relevanten Tabellen explizit sperren. Der Sperrmodus READ entspricht dem SLOCK bei SQL und dem SHARE bei Oracle, WRITE entspricht dem XLOCK bzw. EXCLUSIVE. Damit Schreibsperren auch berücksichtigt werden, haben sie eine höhere Priorität als Lesesperren, da man davon ausgeht, dass mehr lesende Zugriffe als schreibende anstehen. Ist man sich aber sicher, dass es ausreichend Zeiten ohne anstehende Lesesperren gibt, dann kann man den Lesesperren den Vortritt geben und LOW PRIORITY spezifizieren.

Da im Modus AUTOCOMMIT keine Transaktionsendbefehle eingegeben werden, müssen außer bei InnoDB die gesperrten Tabellen mit einem UNLOCK-Befehl freigegeben werden. Beim UNLOCK können keine Tabellennamen angegeben werden, das heißt, dass alle gesperrten Tabellen freigegeben werden. Damit wird automatisch das Zwei-Phasen-Sperr-Protokoll erzwungen. Die Wachstumsphase stellt eine LOCK-Anweisung dar, mit der alle erforderlichen Tabellen auf einmal gesperrt werden. Die Schrumpfungsphase wird durch einen UNLOCK-Befehl realisiert oder durch eine andere LOCK-Anweisung, die implizit zuerst die Freigabe der bereits gesperrten Tabellen durchführt. Mit diesem Konzept ist eine sukzessive Sperrung von Tabellen erst bei tatsächlichem Bedarf nicht möglich.

In Zusammenhang mit transaktionssicheren InnoDB-Tabellen wird das Sperrverhalten noch etwas komplexer. Die LOCK-Anweisung führt vor dem Setzen der neuen Sperren implizit zuerst nicht nur eine Freigabe von noch bestehenden alten Sperren durch, sondern auch ein implizites COMMIT. Andererseits werden beim Start einer Transaktion z.B. durch START TRANSACTION sämtliche bestehenden Sperren aufgehoben. Das Grundproblem ist, dass MySQL und InnoDB beide über eigene LOCK-Verwaltungen verfügen. Damit es zu einem abgestimmten Sperrverhalten kommt, sind folgende Befehle im Umgang mit transaktionssicheren Tabellen und Sperren auf nicht transaktionssicheren Tabellen zu verwenden. Mit SET AUTOCOMMIT = 0 wird der AUTOCOMMIT-Modus ausgeschaltet. Mit der LOCK-Anweisung können die notwendigen Tabellensperren gesetzt werden. Es erfolgt die Ausführung der Transaktion mit ihren Datenänderungen und dann wird zuerst mit COMMIT oder ROLLBACK die InnoDB-Transaktion abgeschlossen und unmittelbar danach werden mit UNLOCK die MySQL-Sperren auch aufgehoben.

Während im AUTOCOMMIT-Modus die Tabellen insgesamt für einzelne Änderungsanweisungen gesperrt werden, ist das Sperrverhalten der InnoDB analog zu den Datensatzsperren von Oracle implementiert. Es gibt auf Datensatzebene zum einen die „shared locks", die den ROW-EXCLUSIVE-Sperren entsprechen, und zum anderen die „exclusive locks" analog zu den ROW EXCLUSIVE-Sperren (vgl. Abschnitt 8.5)[16].

Bei Anfragen wird ebenfalls wie bei Oracle ein optimistisches Sperrverfahren durchgeführt (vgl. Abschnitt 8.3, 8.5). Dies ist der Grund dafür, warum bei SELECT-Anweisungen grundsätzlich keine Sperren gesetzt werden. Analog zu Oracle und SQL muss beim SELECT die FOR UPDATE-Klausel verwendet werden, damit alle durch die Anfrage selektierten Datensätze auch gesperrt werden. Die gelesenen Datensätze werden beim FOR UPDATE exklusiv gesperrt, wie beim Zugriff durch eine Änderungsoperation. Wird stattdessen die LOCK IN SHARE MODE-Klausel verwendet, dann werden die gelesenen Sätze nur mit einer „shared" Sperre belegt. Diese Option ist sowohl bei SQL als auch bei Oracle unbekannt.

Die vier Isolationgrade (Isolation Level) heißen zwar genauso wie in SQL, sind jedoch nicht konform realisiert (vgl. Abschnitt 8.3). MySQL verwendet die Isolationsgrade, um zudem über verschiedene Sperrintervalle das Systemverhalten für verschiedene Ansprüche zu optimieren[17]. Der einfachste Grad READ UNCOMMITTED lässt analog zu SQL unsauberes Lesen zu. Der Grad READ COMMITTED entspricht bei Oracle dem Basiszustand „statement-level" und der Grad REPEATABLE READ dem Konsistenzgrad „transaction-level" (vgl. Abschnitt 8.5), was eigentlich der Grad SERIALIZABLE in SQL ist. MySQL verzichtet somit auch auf die Unterscheidung zwischen Phantomen und nicht wiederholbarem Lesen. Der MySQL-Grad SERIALIZABLE unterscheidet sich vom REPEATABLE READ nur noch durch unterschiedliches Sperrverhalten. Die Isolationsgrade sind analog zu Oracle auch mit einem Multiversionsprotokoll implementiert (vgl. Abschnitt 8.5).

```
<SET TRANSACTION Anweisung (MySQL)> ::=
    SET [SESSION | GLOBAL] TRANSACTION ISOLATION LEVEL
    [ READ UNCOMMITTED | READ COMMITTED | REPEATABLE READ | SERIALIZABLE ];
```

---

16 In Erweiterung dieses Sperrverhaltens ist noch das sogenannte „multiple granularity locking" implementiert, ein Thema, das wir hier leider nicht weiter vertiefen können [MySQL 2006, Kap. 14.5.10.].

17 Dieses unterschiedliche Sperrverhalten können wir hier nicht weiter ausführen. Weitere Informationen finden Sie in [MySQL 2006, Kap. 14.5.10.3 + .4].

ZUSAMMENFASSUNG

Wir haben das Grundkonzept der Transaktionen mit den ACID-Eigenschaften sowie Syntax und Funktionalität der START TRANSACTION-, COMMIT- und ROLLBACK-Anweisungen vorgestellt. In Zusammenhang mit der Integritätsprüfung richteten wir den Fokus auf die beiden Prüfungszeitpunkte und das damit verbundene unterschiedliche ROLLBACK-Verhalten. Hinsichtlich des Mehrbenutzerbetriebs wurden die beiden Hauptprobleme Änderungs- und Lesekonsistenz identifiziert, die wir anhand von vier allgemein bekannten Problembeispielen veranschaulichten: die verlorene Änderung, das unsaubere Lesen, das Phantom und das nicht wiederholbare Lesen. Als Lösung für die Änderungskonsistenz wurde das Zwei-Phasen-Protokoll vorgestellt und für die Lesekonsistenzprobleme die Isolationsgrade. Beide Lösungen basieren auf der Notwendigkeit, Datensätze zu sperren, wofür auch optimierte Verfahren vorgestellt wurden. Für eine Fehlererholung einer laufenden Transaktion werden im Wesentlichen die gleichen Informationen wie beim Zurückrollen benötigt, nur erfolgt ihre Anwendung quasi „in der umgekehrten Richtung" für eine Rekonstruktion.

Dieses Kapitel stellte weder den SQL-Standard durchgängig vor noch die Oracle- bzw. MySQL-Implementierungen. Gründe waren entweder fehlende Vorgaben durch den Standard oder mangelnde Implementierungen von Seiten der Datenbanksystemhersteller. So sind im Standard keine Vorgaben für die Lösung des Problems der Änderungskonsistenz formuliert, so dass wir das weit verbreitete „Zwei-Phasen-Protokoll" vorgestellt haben, das sowohl bei Oracle als auch bei MySQL zu finden ist. Dagegen sind z.B. die vier Isolationsgrade von SQL2003 nur bei MySQL, nicht aber bei Oracle vollständig umgesetzt.

Weiterführende Literatur

Grundlegendes zum Thema Transaktionen findet sich u.a. bei Heuer und Saake [Heuer et al. 2000] bzw. Kemper und Eickler [Kemper et al. 2004]. Heuer führt den Begriff mathematisch als Zustandsübergang ein und erläutert die Zusammenhänge zwischen Transaktionen und Integritätsprüfung sowie der Nebenläufigkeitskontrolle, wobei er neben dem Zwei-Phasen-Sperrprotokoll noch einige weitere Protokolle erläutert. Die vollständige Syntax und Funktionsbeschreibung für den Standard steht in [ANSI SQL 2003a] und [ANSI SQL 2003b] zur Verfügung. Sehr anschaulich und ausführlich erläutern Groff und Weinberg in [Groff et al. 2002] die hier beschriebene Transaktionsproblematik und ordnen sie in den SQL-Kontext ein. Auch Beaulieu in [Beaulieu 2006] sowie Melton und Simon in [Melton et al. 2002] erläutern das SQL-Transaktionskonzept. Das Oracle-Transaktionskonzept ist detailliert und gut verständlich in der Online-Dokumentation [ORACLE Concepts 2005] erläutert, siehe insbesondere Kapitel 4, 13, 21. Die Syntax für die zugehörigen SQL-Befehle findet sich in [ORACLE SQL 2005]. Für Interessierte, die dieses Thema SQL- und herstellerunabhängig noch vertiefen möchten, bieten sich insbesondere die Bücher von Emasri/Navathe [Elmasri et al. 2006] und Ramakrishnan/Gehrke [Ramakrishnan et al. 2006] an, die die Themen von ihrer theoretischen Seite her angehen. Für MySQL ist [MySQL 2006] mit den Kapiteln 1.9.5.3, 5.10, 5.12, 7.3, 13.4, 14.5 eine hilfreiche Quelle.

Übungsaufgaben

1 Erzeugen Sie für Oracle und MySQL eine Tabelle trans_tab mit den beiden Spalten s1 (NUMBER/NUMERIC(3)) und s2 (VARCHAR2/VARCHAR(10)).

Schalten Sie für Oracle und MySQL den AUTOCOMMIT-Modus an und aus und zeigen Sie die Folgen der jeweiligen Einstellung auf die Länge sowie das COMMIT- und ROLLBACK-Verhalten der Transaktion.

2 Schreiben Sie ausgehend von obiger Tabelle trans_tab ein Skript mit SQL-DML-Anweisungen, das die dauerhafte Speicherung von Datensätzen durchführt. Damit zeigen Sie das D der ACID-Eigenschaften.

3 Schreiben Sie ausgehend von der vorangegangenen Testumgebung ein Skript, um das A der ACID-Eigenschaften für Oracle und MySQL zu demonstrieren.

Programmieren Sie ein Skript mit mehreren SQL-DML-Anweisungen für die Tabelle. Führen Sie die Transaktion aus und schließen Sie sie einmal mit ROLLBACK und einmal mit COMMIT ab. Schauen Sie sich jeweils vor und nach jedem der Transaktionsabschlüsse an, was die Daten der Tabelle sind.

4 Entwickeln Sie nun ein Szenarium, mit dem Sie für Oracle und MySQL das C der ACID-Eigenschaften demonstrieren können.

Ergänzen Sie obige Testtabelle trans_tab um CONSTRAINTS Ihrer Wahl. Achten Sie bei Oracle auf die unterschiedlichen Prüfungszeitpunkte und das damit verbundene Verhalten beim Zurückrollen. Schließen Sie für MySQL trotz der fehlenden DEFERRED-Prüfung die verbleibende Transaktion mit COMMIT ab.

5 Um das I der ACID-Eigenschaften für Oracle zu veranschaulichen, zeigen Sie zum einen, dass keine DIRTY READS auftreten können, und zum anderen, dass geänderte Datensätze während der gesamten Dauer der Transaktion gesperrt bleiben. Erzeugen Sie dazu jeweils zwei Sitzungen mit SQL*PLUS oder TOAD, die auf das gleiche Datenbankschema (User) zugreifen.

6 Um das I der ACID-Eigenschaften für MySQL zu veranschaulichen, zeigen Sie zum einen, dass abhängig vom Isolationsgrad DIRTY READS auftreten bzw. nicht auftreten können, und zum anderen, dass geänderte Datensätze während der gesamten Dauer der Transaktion gesperrt bleiben. Erzeugen Sie dazu jeweils zwei Sitzungen mit der MySQL-Benutzeroberfläche oder dem Query Browser, die auf das gleiche Datenbankschema (User) zugreifen.

7 In Aufgabe 6 haben Sie für MySQL gezeigt, wie man explizit unsauberes Lesen zulassen bzw. unterbinden kann. Zeigen Sie dies nun auch für die Probleme Phantome und nicht wiederholbares Lesen. Beachten Sie dabei, dass MySQL die Isolationsgrade zwar gleich benennt, aber anders implementiert hat, als es SQL vorschreibt.

8 Entwickeln Sie für Oracle ein Szenarium, das die Funktionalität der Lese-konsistenzgrade „transaction" und „statement" zeigt.

9 Erzeugen Sie für Oracle und MySQL vor dem Hintergrund des Zwei-Phasen-Sperrprotokolls eine Deadlock-Situation. Führen Sie Ihr Beispiel einmal mit der WAIT-Option (default) aus.

Weitere Kontrollfragen zu diesem Kapitel finden Sie unter der Companion-Web-seite des Pearson-Verlages *http://www.pearson-studium.de/* auf der Begleitseite unseres Buches. Wählen Sie dort bitte im Multiple-Choice-Test das Fach „DBS" und den Punkt „Kapitel8/Transaktionen und verwandte Konzepte" aus.

Physische Speicherstrukturen

9

ÜBERBLICK

>> Dieses Kapitel ist der internen Ebene des ANSI-3-Ebenen-Modells, den physikalischen Speicherstrukturen, gewidmet. Oft werden bei Anfragen an die Datenbank nur wenige Tupel einer Tabelle benötigt. Wenn die Datensätze ohne Zusatzinformationen in den Dateien gespeichert werden, muss die ganze Datei durchsucht werden, um die Tupel herauszufiltern, die den Suchbedingungen genügen. Speicherstrukturen dienen dazu, diesen Zugriff zu beschleunigen und zu einem gegebenen Suchkriterium die passenden Datensätze aus der Datenbank herauszufiltern. Bei Datenbanksystemen gibt es verschiedene Formen, um einen Datensatz physisch zu speichern. Die wichtigsten sind HEAP, ISAM, B-Baum, HASH.

Zu den Aufgaben des Datenbankadmistrators gehört es, für die einzelnen Tabellen die optimalen Speicherstrukturen festzulegen und die Möglichkeiten des konkreten Datenbankmanagementsystems zu nutzen, die ihm in dieser Hinsicht zur Verfügung stehen. Wir werden die einzelnen Strukturen vorstellen und in Bezug auf Lesezugriff, Schreibzugriff und Verhalten beim Löschen von Datensätzen miteinander vergleichen. Allerdings erfolgt die Verbesserung beim lesenden Zugriff nicht ohne Gegenleistung. Wie alle Informationen müssen auch Indizes gewartet werden und sie benötigen einen gewissen Platz.

Die Grenzen zwischen den Berufsbildern verlaufen fließend, so dass vielfach, gerade auch in kleineren Unternehmen, Datenbankentwickler administrative Aufgaben übernehmen. Daher erscheint uns der Blick über den Tellerrand als sinnvoll. Zudem sollte jeder Entwickler wenigstens die eine Möglichkeit kennen, die schon so viele Laufzeitprobleme bei Anfragen gelöst hat – das Setzen von Indizes. <<

Ziele

Nach Durcharbeiten dieses Kapitels und dem Lösen der Übungsaufgaben werden Sie in der Lage sein,

- die unterschiedlichen Speicherstrukuren HEAP, ISAM, B-Baum, HASH zu verstehen und mit ihren Vor- und Nachteilen gegeneinander abzugrenzen,
- für konkrete Anwendungsfälle zu entscheiden, welche der Speicherstrukturen passend sind.

9.1 Grundlagen

Da für eine nicht archivierende Speicherung mit wahlfreiem Zugriff (Random Access) auf Daten das bevorzugte Medium eine Platte ist, betrachten wir hier ein paar grundlegende Eigenschaften der Speicherung auf Magentplatten.

Eine Platte kann aus einer oder mehreren Oberflächen zusammengesetzt sein. Eine Plattenoberfläche besteht aus vielen Spuren (Track, konzentrischer Kreis auf der Platte) und bei der Formatierung wird eine Spur in gleich große Blöcke (Seiten) unterteilt. Gängige Blockgrößen reichen von 512 Byte bis 64 Kbyte. Einheiten konstanter Größe, bestehend aus einem oder mehreren Blöcken, werden bei Schreib/Lese-Operationen (I/O-Operationen) zwischen der Platte und dem Hauptspeicher hin- und hertransportiert. So ein Block kann je nach Datensatzgröße einen, mehrere oder auch nur Teile eines Datensatzes aufnehmen.

Bei der Adressierung auf der Platte werden zwei Arten unterschieden. Bei der pysischen Adresse wird die direkte Speicheradresse (Byte-Nummer auf der Platte) angegeben. Eine logische Adresse hingegen setzt sich aus der Oberflächennummer/Spurnummer/Blocknummer in der Spur zusammen. Logische Adressen werden unter anderem beim Speicherverfahren ISAM verwendet.

9.2 Die Speicherstruktur HEAP

Die HEAP-Struktur (Haufen, sequentielle Datei) ist die sequentielle Speicherung der Daten in der Reihenfolge ihrer Eingabe. Die Daten werden in Blöcken nacheinander auf der Platte abgelegt, die als lineare Liste miteinander verkettet sind.

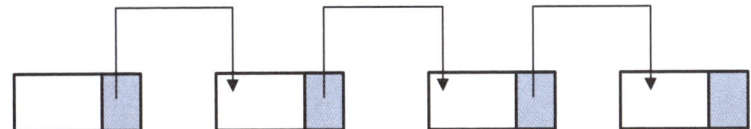

Abbildung 9.1: HEAP-Speicherstruktur

Lesen

Beim Lesen werden die gespeicherten Daten Block für Block nach Treffern abgesucht. Wenn kein oder mehrere Treffer existieren, muss die Datei bis zum Ende gelesen werden, also alle n Blöcke. Im Durchschnitt müssen n/2 Blöcke gelesen werden, um den gesuchten Satz zu finden. Der Lesevorgang ist also äußerst zeitaufwändig.

Schreiben

Neue Sätze werden in den letzten Block eingefügt. Falls dieser Block voll ist, wird ein neuer Block beansprucht. Dieser Vorgang ist sehr schnell, da kaum zusätzliche Verwaltungsinformationen gepflegt werden müssen. Nur die Position des zuletzt gespeicherten Satzes wird zusätzlich vermerkt. Beim erstmaligen Füllen der Tabelle haben die Blöcke zunächst den optimalen Füllgrad und eine hohe Speichereffizienz.

Löschen

Es ist entweder logisches Löschen mit Löschmarkierung oder physisches Löschen durch Überschreibung mit Blanks möglich. Allerdings wird der Platz der Blöcke nach dem Löschen von Datensätzen nicht wieder zur Verfügung gestellt. Daher nimmt mit der Zeit die Speichereffizienz ab. Der Anteil der belegten Speicherstellen an der Gesamtkapazität wird als Füllgrad bezeichnet.

Fazit

HEAP ist für kleine Tabellen mit wenigen Datensätzen geeignet, am besten für Tabellen, die nicht gößer sind als ein Block. Diese Speicherstruktur hat den geringsten Verwaltungsaufwand und ist meist Default-Einstellung beim Erzeugen von Tabellen. Große Datenbestände führen natürlich beim Lesen durch das Scannen (vollständiges Lesen) der Datei bis zum gesuchten Datensatz zu viel zu langen Antwortzeiten für Anfragen.

9.3 Die Speicherstruktur ISAM

Die ISAM-Speicherstruktur (Index Sequential Access Method) war historisch gesehen die erste Speicherstruktur, die einen effizienten Lesezugriff erlaubte. Sie stand schon bei den Vorgängern der relationalen Datenbanken, den Netzwerkdatenbanken und hierarchischen Datenbanken, zur Verfügung. Grundlegend ist, wie der Name schon sagt, der Index.

> ### Index
>
> Ein Index ist ein separates Verzeichnis der Gestalt „Wert, Adresse", wobei der Wert aus einem oder mehreren Spaltenwerten (ein oder mehrdimensionaler Index) bestehen kann. Die Adresse verweist auf den Platz, an dem die Daten auf der Platte gespeichert sind. In einem dichten Index sind alle Datensätze eingetragen, in einem dünnen Index dagegen nur einige ausgewählte Datensätze.

In den meisten Fällen wird der Primärschlüssel einer Relation als Primärindex verwendet. Primärindizes legen in der Regel die physische Anordnung der indizierten Datei fest, Sekundärindizes halten zusätzliche Zugriffsmöglichkeiten fest (vgl. PRIMARY KEY, UNIQUE und INDEX, Abschnitt 5.3). Bei einer Relation mit n Spalten gibt es sehr viele Möglichkeiten, einen Index festzulegen, da dies auf jeder Teilmenge von Attributen denkbar ist. In der Mathematik bezeichnet man die Menge aller Teilmengen einer gegebenen Menge als Potenzmenge[1]. Die Anzahl der Elemente in einer Potenzmenge ist gleich der Zweierpotenz 2^n. Es wird versucht, dieses Problem zu lösen, in dem man dem Daten-

---

1   vgl. *http://de.wikipedia.org/wiki/Potenzmenge*, 10.01.2007

banksystem die Aufgabe überträgt, automatisch Indizes festzulegen, je nach Verteilung der Daten und Statistiken der Datenbankzugriffe[2]. Ein Index bietet im Wesentlichen drei Vorteile. Die Datensätze in einer Tabelle können lediglich nach einem Kriterium sortiert werden. In dieser separaten Speicherstruktur können die Spaltenwerte nach zusätzlichen Kriterien sortiert sein, was die Suche aufgrund optimierter Strategien ungeheuer beschleunigen kann. Der andere Vorteil ergibt sich aus der geringen Größe eines Indexeintrags, er besteht ja nur aus einer oder wenigen Indexspalten und dem Adressverweis, im Gegensatz zum kompletten Datensatz. Bei einer zeitaufwändigen Leseoperation können bei einem Indexblock viel mehr Suchinformationen in den Hauptspeicher geladen werden als bei einem Block, der aus Datensätzen besteht. Und dann ergibt sich noch einmal ein Zeitvorteil, wenn die Anfrage nur auf den Indexspalten ausgewertet werden kann, da man auf das Lesen des zugehörigen Datensatzes ganz verzichten kann.

Die Speicherstruktur ISAM

Die Daten werden über die Indexspalte(n) aufsteigend sortiert. Aus jedem Block wird der größte Schlüsselwert als Repräsentant vermerkt und in einer gesonderten Struktur, dem Index abgelegt. Der Index ordnet also jedem Block ein Intervall der möglichen Schlüsselwerte zu. Der ISAM-Index ist ein dünner Index mit logischen Adresse.

Wie die ▶ Abbildung 9.2 darstellt, entstehen beim ISAM-Index zusätzliche Verwaltungsdaten, da die Indexwerte in einer gesonderten Tabelle gespeichert sind. Nutzdaten sind über die Indexspalte (oder mehrere Indexspalten) sortiert und schnell erreichbar. Statt mit physikalischen Adressen, die den Speicherplatz direkt adressieren, wird bei ISAM mit logischen Adressen gearbeitet, die auf Sätze mittels der Blocknummer und der Satznummer innerhalb des Blocks zugreifen.

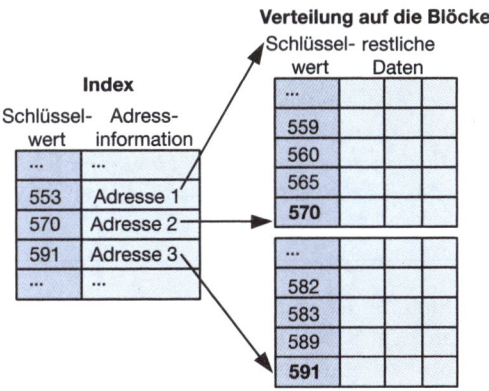

Abbildung 9.2: Struktur eines ISAM-Index

2   [Sattler et al. 2007]

Was passiert bei Neuzugängen?

Der Index ordnet jedem Block ein Intervall der möglichen Schlüsselwerte zu. Wenn auf der Seite noch Platz ist, wird der Datensatz einfach einsortiert und gespeichert. Wenn die Seite schon gefüllt ist, wird ein noch freier Block aus einem Überlaufbereich als Überlaufseite (Überlaufblock) angekettet. Weitere neue Datensätze, die zu diesem Schlüsselbereich gehören, werden dann unsortiert in die Überlaufseite geschrieben. In folgendem Beispiel (▶ Abbildung 9.3) ist der Block mit dem Indexintervall 559-570 bereits voll, so dass die neuen Datensätze 568, 567, 563 in die Überlaufseite geschrieben werden. So können lange Ketten von Überlaufseiten entstehen, die nicht mehr aufsteigend sortiert sind und den lesenden Zugriff deutlich verlangsamen.

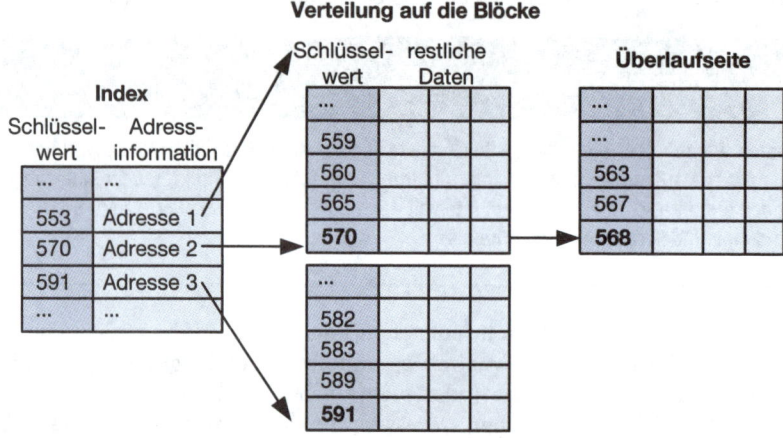

Abbildung 9.3: Überlaufseiten bei ISAM

Lesen

Zu einem Suchwert S werden Schlüsselwerte im Index mit $S1 < S \leq S2$ gesucht. Der gesuchte Satz befindet sich in dem Block, auf den der Zeiger $S2$ verweist. Dies ermöglicht einen schnellen Zugriff bei wenigen Überlaufseiten. Bei einem eindeutigen Index und ohne Überlaufseiten werden genau zwei Lese-Operationen benötigt, um einen Wert zu finden oder festzustellen, dass es diesen Wert nicht gibt. Mit Überlaufseiten sind es entsprechend mehr Zugriffe, die die Anfragezeit schnell spürbar verlangsamen können.

Schreiben

Der Zielblock wird ermittelt, in dem sich der neue Satz befinden soll. Falls noch Platz frei ist, ergibt sich ein einziger Schreibzugriff. Ist der Block besetzt und gibt es noch keine Überlaufseiten, so muss eine Überlaufseite angelegt werden, in die der Block dann geschrieben wird. Gibt es Überlaufseiten, so muss die letzte Seite gesucht und geschaut werden, ob dort noch Platz frei ist. Wenn ja, kann der Satz geschrieben werden, wenn nein, muss erst eine neue Überlaufseite angelegt werden. ISAM benötigt zusätzlichen Speicherplatz für den Index. Um Überlaufseiten vorzubeugen, wird ein Füllgrad (z.B. 50%) festgelegt. Die Schreiboperation ist aufwändiger, da gegebenenfalls Indexinformationen zu erstellen sind bzw. Überlaufseiten gesucht und verkettet werden müssen.

Löschen

Der Satz wird physisch gelöscht und steht für neue Sätze zur Verfügung. Leere Überlaufseiten werden wieder zur Verfügung gestellt.

Fazit

Mit genau zwei Schreib/Lese-Operationen für einen (nicht) vorhandenen Datensatz bei fehlenden Überlaufseiten ist ISAM für große, statische Datenbestände gut geeignet. Bei Datenänderungen entstehen allerdings schnell auf einer oder auch mehreren Ebenen Überlaufseiten, die den Suchzugriff deutlich verlangsamen. In einem solchen Fall ist eine regelmäßige Datenreorganisation notwendig, bei der Lücken, die durch Löschungen entstanden sind, wieder belegt werden. Außerdem werden Datensätze aus den Überlaufseiten in die eigentliche Blockstruktur einsortiert, womit eine grundlegende Reorganisation des Index verbunden ist. Datenreorganisationen vermeiden Platzverschwendung und optimieren lesende Zugriffe wieder. Gegenüber der HEAP-Speicherung ist bei Anfragen ein dramatischer Zeitgewinn zu verzeichnen. Und beim Schreiben fällt der Mehraufwand meist nicht ins Gewicht.

9.4 Die B-Bäume

9.4.1 B-Baum

Das Konzept der B-Bäume wurde von Rudolf Bayer[3] Anfang der 70er Jahre zeitgleich mit dem relationalen Datenmodell entwickelt und bietet sehr gute Möglichkeiten, große bis extrem große Datenbestände effizient zu durchsuchen. Die Charakteristika sind folgende Punkte: In einem Knoten, der einer Seite auf der Platte entspricht, sind mehrere Schlüsselinformationen gespeichert, so dass man mit einer zeitaufwändigen Leseoperation von der Festplatte gleich mehrere Schlüsselinformationen im Hauptspeicher schnell durchsuchen kann. Der Baum ist ausbalanciert, so dass alle Datensätze in den Blattknoten in der gleichen Zeit gelesen werden. Diese Balance wird mit relativ geringen Mitteln erreicht, indem der Baum, entgegen der Natur, nicht über die Blätter, sondern über die Wurzel wächst. B-Bäume sind nicht zu verwechseln mit Binärbäumen. Ein Binärbaum hat eine Schlüsselinformation je Knoten, ein B-Baum hat dagegen viele. Binärbäume wurden entwickelt, um eine effektive Suchstruktur für den Hauptspeicher zu konzipieren. B-Bäume entstanden, um auf Festplatten gespeicherte Datenbestände effizient zu durchsuchen.

Ein B-Baum der Höhe h vom Typ k ist ein gerichteter Baum mit folgenden Eigenschaften:

- Der Baum ist vollständig balanciert, d.h., jeder Weg von der Wurzel zum Blatt hat die gleiche Länge, die Höhe h.
- Jeder Knoten außer der Wurzel des Baums stellt eine Seite mit einer festen Länge dar und enthält mindestens k und höchstens 2k Datensätze. Die Wurzel hat mindestens einen und höchstens 2k Einträge. k = { 1, 2, 3 ... } gibt den Typ an.

---

3   vgl. [Bayer 1972]

- Jeder Eintrag hat einen Schlüssel und einen Nichtschlüsselanteil und ist nach den Schlüsselwerten aufsteigend sortiert.
- Alle inneren Knoten (außer den Blättern) mit n Einträgen haben n+1 Kinder.
- Ein linker Pfad zeigt auf eine Seite, in der es nur kleinere Schlüsselwerte gibt, ein rechter Pfad dementsprechend auf eine Seite, in der es nur größere Schlüsselwerte gibt.

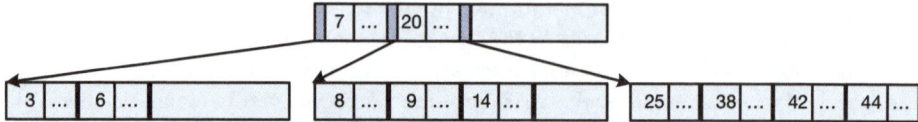

Abbildung 9.4: Beispiel eines B-Baums vom Typ 2 mit der Höhe 1

In diesem und den weiteren B-Bäumen stellt die dunkle Fläche den Zeiger dar, der mittels des Pfeils auf den nächsten Kindknoten verweist. Ein Datensatz wird hell dargestellt und ist unterteilt in den Schlüssel (hier mit einer Zahl als Schlüsselwert) und einen Nichtschlüsselanteil, den weiteren Daten des Datensatzes (hier durch die drei Punkte symbolisiert). Ist kein Datensatz eingetragen, wie z.B. beim dritten und vierten Satz der Wurzel, werden keine Schlüsselinformationen und keine Pünktchen abgebildet. Es ist ein Baum der Höhe h=1 (Anzahl Kanten) und vom Typ k=2, das heißt, dass maximal vier (k*2) Datensätze je Knoten gespeichert werden können und dass es wenigstens zwei (k) Datensätze sein müssen, bis auf die Wurzel. In der Praxis hängt die Größe von k natürlich von der physikalischen Blockgröße und der Länge des Datensatzes ab und wird mittels TRUNCATE (Blockgröße/Länge) berechnet. Damit die Bäume übersichtlich dargestellt werden können, verwenden wir hier k ∈ { 1, 2 }.

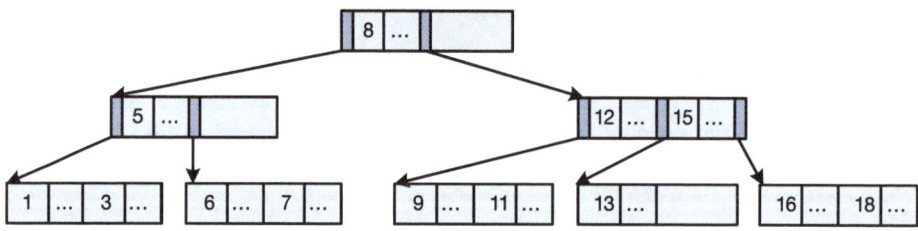

Abbildung 9.5: Beispiel eines B-Baums vom Typ 1 mit der Höhe 2

Dies hier ist nun ein Baum der Höhe h=2 und vom Typ k=1, das heißt, dass maximal zwei (k*2) Datensätze gespeichert werden können und dass es wenigstens k Datensätze sein müssen, bis auf die Wurzel, für die weniger Datensätze zugelassen sind.

Lesen

Von der Wurzel ausgehend wird der Schlüsselwert mit dem Suchwert verglichen und auf den entsprechenden Nachfolger verzweigt, je nachdem ob der Suchwert größer (rechter Ast) oder kleiner (linker Ast) als der Schlüsselwert des Elternknotens ist. Dabei ist die maximale Anzahl der Zugriffe gleich h, der Höhe des Baums.

Schreiben

Es wird wie beim Lesen der Knoten bestimmt, auf dem der Satz abgelegt werden muss.

1. Fall: Es ist noch genügend Platz vorhanden, dann wird der Satz einfach eingefügt.

2. Fall: Der Knoten ist mit 2k Sätzen gefüllt – also ist kein Platz mehr frei. In diesem Fall muss der Knoten gesplittet werden (s.u.).

Als Verwaltungsdaten benutzen B-Bäume nur die Zeiger auf die nachfolgenden Blöcke. Anders als bei der ISAM-Speicherstruktur werden die Schlüssel gemeinsam mit den Nutzdaten gespeichert. Durch den Füllgrad (wenigstens k und höchstens 2k Datensätze) ist eine Ausnutzung von mindestens 50% erreicht.

Löschen

Wie beim Schreiben wird der Knoten bestimmt, aus dem der Satz gelöscht werden muss.

1. Fall: Es sind nach dem Löschen noch mehr als k Sätze in diesem Knoten. Dann erfolgt das Löschen ohne Zusammenlegen von Knoten.

2. Fall: Der Knoten enthält nach dem Löschen weniger als k Sätze. In diesem Fall muss der Knoten entweder ausgeglichen oder mit einem anderen zusammengelegt werden, in der umgekehrten Vorgehensweise wie beim Schreiben (s.u.).

Vorgehensweise beim Schreiben und Splitten

Der Knoten, auf dem der neue Satz liegen müsste, hat nach dem sortierten Einfügen des neuen Satzes (2k + 1) Elemente und wird daher in drei Teile geteilt.

1 Der erste Teil enthält die ersten k Elemente, dieser Anteil wird im alten Knoten gespeichert.

2 Der zweite Teil enthält die Elemente mit den k größten Schlüsselwerten. Für diesen Teil wird ein neues Blatt auf der gleichen Stufe angelegt.

3 Der mittlere Teil, also das (k+1)-te Element, wird im Elternknoten gespeichert.

4 Falls der Elternknoten schon 2k Elemente hat, muss er nach dem gleichen Verfahren gesplittet werden. Im ungünstigsten Fall setzt sich das Verfahren bis zur Wurzel fort und es muss eine neue Wurzel eingerichtet werden; die Höhe des Baums erhöht sich dann um eins.

Wird diese Regel des „Schreibens und Splittens" konsequent angewendet, so entsteht immer ein ausbalancierter Baum, bei dem die Wege zu allen Blättern die gleiche Länge h haben. Die Höhe h eines Baums verändert sich niemals, indem ein Baum einen neuen Blattknoten bekommt. Ein Baum wächst ausschließlich über seine Wurzel, das heißt, wenn seine Wurzel in zwei Geschwisterknoten gesplittet und der mittlere Satz in eine neue Wurzel abgelegt wird. Die neue Höhe ist dann die alte Höhe plus eins.

Beispiel

Einfügen des Datensatzes mit dem Schlüssel 2 in den Baum aus ▶ Abbildung 9.4.

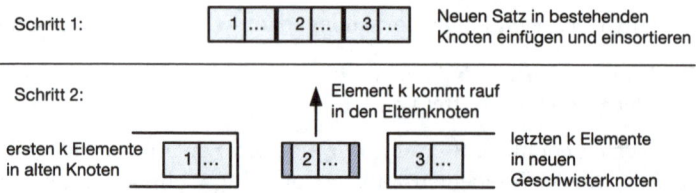

Abbildung 9.6: Regel des Schreibens und Splittens für B-Bäume

Die ▶ Abbildung 9.6 stellt die Regel des „Schreibens und Splittens" anhand des Beispiels dar. Im ersten Schritt wird in den linken Blattknoten mit den Sätzen 1 und 3 noch der Satz mit der 2 sortiert (!) hinzugefügt. Im zweiten Schritt wird, da der Knoten zu viele Einträge hat (3 statt 2*1), der Knoten in zwei Geschwisterknoten aufgeteilt. Die ersten k Elemente, hier ist k=1 also das erste, bleiben im alten Knoten. Die letzten k Elemente, hier das letzte, da k=1 ist, kommen in einen neuen Knoten auf der gleichen Ebene, also einen Geschwisterknoten. Der mittlere Eintrag (Element k+1) wird eine Ebene nach oben verschoben in den Elternknoten und dort werden die Zeiger neu gesetzt. ▶ Abbildung 9.7 zeigt das Ergebnis der Einfügung des Satzes mit dem Schlüssel 2.

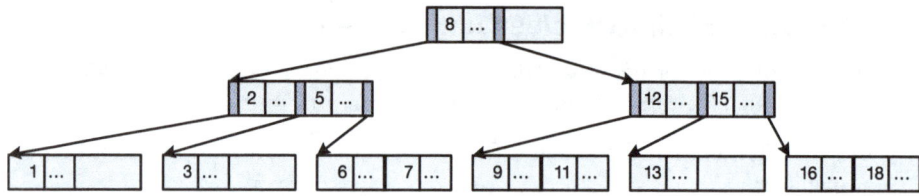

Abbildung 9.7: B-Baum nach Einfügen von Satz 2

In dem Elternknoten, der jetzt die 2 und die 5 enthält, war Platz für den neuen Datensatz, so dass der Einfügevorgang damit abgeschlossen ist. Anders sieht es beim Einfügen des Datensatzes mit dem Schlüssel 10 aus: Der Kindknoten (9,11) ist bereits voll und der vom Splitten betroffene Elternknoten (12,15) ist es ebenfalls. In diesem Fall muss der Splittvorgang auch für den Elternknoten durchgeführt werden, so dass sich dessen (k+1)-tes Element, der Satz 12, in den Wurzelknoten verschiebt, in dem noch genug Platz ist. Nun sind alle Anforderungen an einen B-Baum erfüllt: Er ist ausgeglichen und hat wenigstens k Datensätze und höchstens 2*k Datensätze.

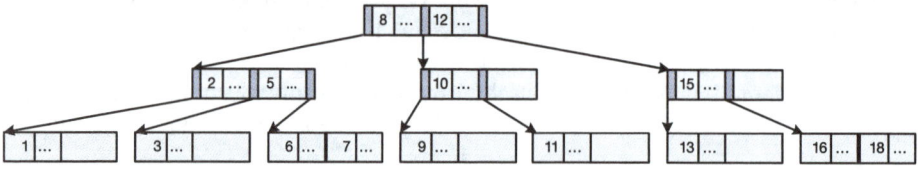

Abbildung 9.8: B-Baum nach dem Einfügen von Satz 10

Vorgehensweise beim Löschen

1 Falls es sich um ein Blatt handelt, also einen Knoten ohne Nachfolger, wird der Eintrag einfach entfernt.

2 Falls es sich um einen inneren Knoten handelt, wird der nächstgrößere oder nächstkleinere Schlüssel gesucht und an Stelle des zu löschenden Werts platziert (je nachdem, in welchem Kindknoten die meisten Datensätze vorhanden sind). In einem inneren Knoten kann man nicht einfach nur Löschen, weil sonst Vergleichswerte und die Pointer zu den Kindknoten verloren gehen.

3 Falls ein Knoten weniger als k-Elemente hat, wird der Knoten mit seinem Nachbarn ausgeglichen oder verschmolzen.

4 Der Ausgleich ist eine gleichmäßige Verteilung des Inhalts mehrerer Knoten. Fehlt einem Blattknoten ein Element, so wird bei seinen direkten und auch notfalls bei seinen indirekten Nachbarn geschaut, ob sie mehr als k Elemente haben. Wenn ja, dann wird das nächstgelegene „überflüssige" Nachbarelement in den Elternknoten geschoben und das Element dort verschiebt sich in das Blatt mit dem fehlenden Eintrag. Fehlt ein Eintrag im Elternknoten, so wird bei seinen Kindern nachgeschaut, ob es dort „überflüssige" Elemente, also mehr als k gibt. Wenn ja, wird eines dieser Elemente nach oben in den Elternknoten geschoben, wobei darauf zu achten ist, dass die Verpointerung weiterhin erhalten bleibt. Wenn in beiden Fällen keine „überflüssigen" Elemente zum Verschieben vorhanden sind, muss verschmolzen werden.

5 Das Verschmelzen bedeutet das Zusammenfügen beider Knoten. Dies ist nur möglich, wenn beide Knoten minimal besetzt sind. Ein Schlüssel aus dem Elternknoten wird dabei nach unten verpflanzt, so dass im ungünstigsten Fall dieser Elternknoten unterbesetzt ist und sich das Verfahren nach oben fortsetzt.

Da das Löschverfahren beim B-Baum sehr aufwändig ist, wird in der Praxis oft auf das Verschmelzen und Ausgleichen verzichtet und damit eine Unterbesetzung in Kauf genommen. In einem solchen Fall sollten regelmäßige Reorganisationen des B-Baums durchgeführt werden, um die Speichereffizienz und die Höhe des Baums zu optimieren.

Beispiel

Löschen des Datensatzes mit dem Schlüssel 3 aus dem Baum der ▶ Abbildung 9.8.

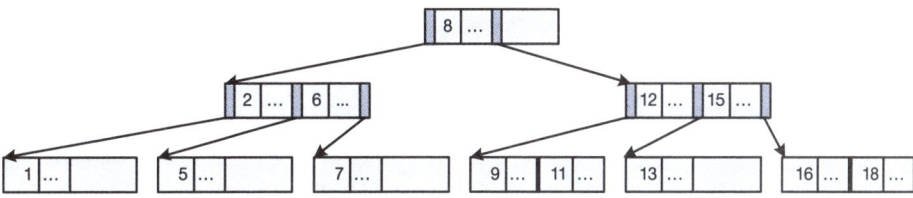

Abbildung 9.9: B-Baum nach dem Löschen von Satz 3

477

Wird aus dem B-Baum der ▶ Abbildung 9.8 der Satz mit dem Schlüssel 3 gelöscht, so ist der zweite Blattknoten von links unterbesetzt, da er weniger als k, also weniger als einen Datensatz hat. In diesem Fall bietet sich das Ausgleichen an. Im rechten Nachbarknoten sind mehr als k, also mehr als ein Datensatz vorhanden. Der zur „Verpointerung" gehörende Datensatz aus dem Elternknoten (Schlüssel 5) wandert in den unterbesetzten Blattknoten und der kleinste Datensatz aus dem rechten Nachbarknoten (Schlüssel 6) wandert in den Elternknoten an die Stelle des Satzes 5. Wäre mit dem linken Nachbarknoten ausgeglichen worden, so wäre der mit dem größten Schlüssel nach oben in den Elternknoten aufgerückt. Nun sind alle Anforderungen an einen B-Baum erfüllt: Er ist ausgeglichen und hat wenigstens k Datensätze und höchstens 2*k Datensätze.

Fazit

B-Bäume sind beim Einfügen und Löschen langsamer als andere Strukturen, da unter Umständen Blöcke neu aufgeteilt werden. Beim Lesen sind höchstens h (Höhe des Baums) Lesezugriffe erforderlich, da der B-Baum ausbalanciert ist. B-Bäume haben keine Überlaufseiten und sind daher für Datenmengen, die sich verändern, besser geeignet als ISAM-Strukturen.

9.4.2 B⁺-Bäume

B⁺-Bäume trennen wie ISAM-Strukturen strikt zwischen Nutzdaten und Schlüsseldaten. Im Schlüsselbereich sind sie wie B-Bäume aufgebaut, die eigentlichen Daten liegen getrennt davon in einem eigenen Speicherbereich. Sie vereinen daher die Vorteile von B-Bäumen mit denen der ISAM-Speicherstruktur.

Knotenstruktur des B⁺-Baums

- Die Blattknoten enthalten ausschließlich Nutzdaten und sind in einer linearen Liste geordnet (siehe Pfeile zwischen den Blattknoten in ▶ Abbildung 9.10).
- Die inneren Knoten enthalten nur die Schlüsselwerte mit Verweisen auf nachfolgende innere Kindknoten bzw. Blattknoten. Sie sind wie B-Bäume aufgebaut.
- Ein linker Zeiger eines inneren Knoten verweist auf ein Blatt, in dem nur Nutzdaten mit kleineren Schlüsselwerten enthalten sind.
- Ein rechter Zeiger verweist auf ein Blatt mit gleichen und größeren Schlüsselwerten.

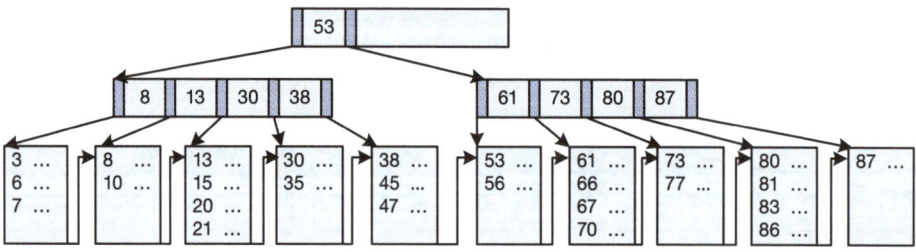

Abbildung 9.10: Beispiel eines B⁺-Baums

Balancekriterien

- Die Blätter befinden sich alle auf der gleichen Ebene.
- Alle inneren Knoten sind mindestens zur Hälfte belegt, die Wurzel enthält mindestens einen Schlüsselwert.

Lesen

Der Suchprozess startet in der Wurzel und sucht im Baumbereich nach dem Zeiger, der auf den entsprechenden Satz verweist. Die maximale Anzahl der Zugriffe ist die Höhe des Baums h.

Schreiben

Wie beim Lesen wird der Zielblock ermittelt. Im Falle des Überlaufs wird der Block gesplittet und der Indexknoten um einen Repräsentanten ergänzt. Die Anzahl der Zugriffe ist minimal 1 und maximal 2h+1. Die Schlüsselwerte werden doppelt gespeichert, daher gibt es einen etwas höheren Platzbedarf. Der Füllgrad der Blätter ist zu 50% durch die Strukturvorschriften gewährleistet.

Löschen

Wie bei den B-Bäumen können Blätter mit zu wenig Sätzen entstehen, was das Zusammenlegen von Knoten erforderlich macht. Die Anzahl der Zugriffe beim Zusammenlegen ist minimal 1 und maximal h+1 bei Unterlauf, wenn sich die Umverteilung bis zur Wurzel fortpflanzt.

Fazit

Beim Anlegen und Löschen von Daten ergibt sich bei beiden Baumarten ein relativ hoher Verwaltungsaufwand. Aufgrund der Forderung nach Ausgeglichenheit der Bäume bei Datenänderungen sind Splitten, Ausgleichen und Verschmelzen notwendige Anpassungen bei der Baumstruktur. Dies hat den Vorteil, dass anders als bei ISAM-Speicherstrukturen Reorganisationen im Allgemeinen nicht notwendig sind. B+-Bäume und B-Bäume eignen sich also gut für veränderliche Datenbestände, da sich die Struktur dynamisch anpasst. Während dieser Aufwand bei der Einfügung/Löschung eines Datensatzes meist akzeptabel ist, kann bei Masseneinfügungen bzw. Löschungen der Aufwand für das ständige Ausbalancieren schon ins Gewicht fallen. Hier ist es sinnvoll, während der Massenverarbeitung die dafür schnellste Speicherform HEAP zu wählen, um anschließend in die eigentlich gewünschte Form B-, B+-Bäume, ISAM oder HASH zu wechseln.

Die inneren Knoten des B+-Baums, die den Index enthalten, können zum schnellen Zugriff im Hauptspeicher vorgehalten werden, so dass das eigentliche Suchen (weitgehend) ohne langsame Plattenzugriffe erfolgen kann. Darin liegt auch der eigentliche Vorteil von B+-Bäumen gegenüber den B-Bäumen. Da der Anteil an Schlüsselinformationen je Datensatz gegenüber den Nichtschlüsseldaten meist sehr klein ist, passen in einen inneren Block eines B+-Baums weit mehr Schlüsselinformationen als ganze Datensätze wie beim B-Baum. Der Typ k ist für den gleichen Datenbestand bei B+-Bäumen wesentlich höher und entsprechend ist die Höhe h deutlich niedriger, was die Suche noch effizienter macht. Mit einer langsamen Schreib/Lese-Operation können so bei einem inneren B$^+$-Baum-Block sehr viel mehr Suchinformationen gelesen werden als bei den B-Baum-Blöcken. Die geringere Höhe macht sich bei größeren Datenbeständen umso deutlicher bemerkbar. Ein solcher B$^+$-Baum lässt sich auch dazu nutzen, um einen Index, der für eine Tabelle erzeugt wurde, bei Anfragen noch effizienter zu durchsuchen.

Während man beim Primärschlüsselindex noch überlegen kann, ob der B- oder der B$^+$-Baum in diesem Fall von Vorteil ist, können alle weiteren Indizes (UNIQUE, INDEX) nur als B$^+$-Bäume realisiert werden. Würde man sie als B-Bäume anlegen, müssten für jeden Index auch die Daten gespeichert werden. Bei den B$^+$-Bäumen beschränkt sich die Redundanz auf die Schlüsseldaten und alle Indizes verweisen auf einen Datenbestand.

Wie bei ISAM auch, besteht bei den Bäumen die Möglichkeit, nicht nur Gleichheits-vergleiche effizient zu bearbeiten, sondern auch Intervallvergleiche (z.B. <, <=, >, >=, BETWEEN, IN ...) und Ähnlichkeitsvergleiche (z.B. LIKE ...). LIKE-Vergleiche können jedoch nur dann einen Index nutzen, wenn der Wildcard (Joker: _, %) nicht am Anfang des Suchbegriffs steht (z.B. WHERE bezeichnung LIKE 'Damen%'). Die Mög-lichkeiten für solche etwas spezielleren Vergleiche sehen beim nachfolgenden HASH-Verfahren ganz anders aus.

9.5   Das Hash-Verfahren

Die Idee des HASH-Verfahrens besteht darin, die Schlüsselwerte eines Datensatzes mithilfe eines Algorithmus direkt in die physische Adresse umzurechnen und so eine sehr gute Performance beim Lesen zu erreichen.

Vorgehensweise

Einer Relation wird ein fester Speicherbereich B von n Blöcken mit den logischen Adressen 0,..., n-1 zugeordnet. Der Schlüsselbereich S wird durch die sogenannte HASH-Funktion h

$$h : S \rightarrow B$$

direkt auf einen Block abgebildet. Die gebräuchlichste HASH-Funktion ist die mathe-matische Funktion MODULO n, das Teilen mit Rest. Einem Schlüssel wird ein ganz-zahliger, benachbarter Wert zugeordnet und dieser Wert wird durch n dividiert. Je nach Restklasse wird er einem unterschiedlichen Block zugeschlagen. Als n nimmt man eine große (Prim-)Zahl. Die Funktion h(a) := a MOD n ist eine HASH-Funktion. Ein anderes Beispiel einer HASH-Funktion ist neben der MODULO-Funktion die Quersummenfunktion.

> ## HASH-Funktion
>
> Eine Vorschrift, die aus einem Schlüsselwert eine Adresse berechnet, heißt HASH-Funktion.

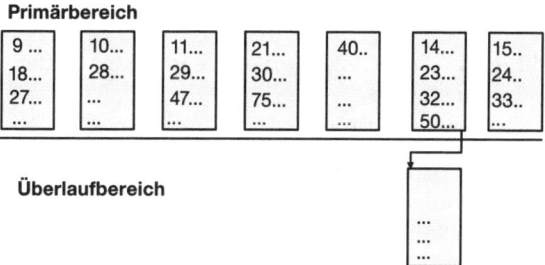

Abbildung 9.11: HASH-Speicherstruktur

Lesen

Aus dem Schlüsselwert wird die Adresse des Satzes direkt ermittelt. Bei Überläufen muss die Kette linear abgearbeitet werden. Die Bestimmung der Adresse erfolgt sehr schnell im Hauptspeicher, ohne zusätzliche langsame Plattenzugriffe. Langsam wird das Lesen nur, wenn es (zu viele) Überlaufseiten gibt.

Schreiben

Der HASH-Algorithmus liefert die Adresse des zugeordneten Blocks. Falls nicht genügend Platz vorhanden ist, muss eine Überlaufseite angelegt werden. HASH-Speicherstrukturen benötigen keine zusätzlichen Verwaltungsdaten. Der Primärbereich muss ausreichend groß angelegt werden, damit neue Daten Platz finden und die Überlaufseiten nicht ausarten. Bei veränderlichen Datenbeständen ist die Speichereffizienz niedrig.

Löschen

Der betreffende Satz wird aus dem Block physisch eliminiert. Falls eine Überlaufseite leer wird, kann sie wieder freigegeben werden.

Fazit

Das HASH-Verfahren bietet den schnellsten Lesezugriff, da das Durchsuchen des B-Baums oder des Index entfällt, im Hauptspeicher wird nur eine (meist) unkomplizierte Berechnung durchgeführt. Dieser Zugriff ist optimal, wenn tatsächlich über vollständige Schlüsselwerte zugegriffen wird und nur wenige Überlaufseiten vorhanden sind. Es ist jedoch kein Zugriff über Schlüsselbereiche möglich, wenn in der WHERE-Bedingung mit <, >, <=, LIKE, BETWEEN, IN usw. gearbeitet wird. Mit dem Füllungsgrad einer Seite nimmt die Zugriffsgeschwindigkeit ab. Die Verteilung der Daten auf der Platte hängt von der Verteilung der Schlüsselwerte ab.

Dynamisches Hashing

Das HASH-Verfahren passt sich der Verteilung der Daten an. Im Fall des Überlaufs wird für die neu hinzugekommenen Daten eine andere HASH-Funktion gewählt.

9.6 Vergleich der verschiedenen Speicherstrukturen

Um die Entscheidung für eine geeignete Speicherstruktur treffen zu können, sollte man sich folgende Fragen stellen:

- Welche Speicherstrukturen stellt das vorhandene Datenbanksystem zur Verfügung?
- Kann eine regelmäßige Datenreorganisation gewährleistet werden?
  ISAM und HASH erfordern bei häufigen DELETE- und INSERT-Zugriffen eine regelmäßige Datenreorganisation.
- Wie oft werden Daten gelöscht oder neu eingetragen?
- Wie ist die Tabellengröße?
  Bis zu einer gewissen Tabellengröße reicht HEAP vollkommen aus.
- Ist es wünschenswert, die durchschnittliche Zugriffszeit zu minimieren, wenn man in Kauf nimmt, dass einzelne Datenzugriffe länger dauern? Überlaufseiten führen zu schlechten Zugriffszeiten für einzelne Datensätze.
- Welcher Typ von Abfragen ist wahrscheinlich und kommt häufig vor?
  HASH-Zugriffe sind sehr schnell bei Gleichheitsvergleichen mit direkten und vollständigen Schlüsselwerten, wie z.B. ... WHERE Schlüssel = 1; , während Intervall- und Ähnlichkeitsvergleiche ohne Durchsuchen des vollständigen Datenbestands nicht möglich sind. Intervall- und Ähnlichkeitsvergleiche (LIKE ...) sind hingegen bei B- und B+-Bäumen sehr effizient durchführbar, wie z.B. ... WHERE Schlüssel BETWEEN 1 AND 100;.

Grundsätzlich setzt die richtige Wahl von Speicherstrukturen viel Erfahrung voraus. Da ist es von Vorteil, dass die durch Datenbankmanagementsysteme gewährleistete physische Datenunabhängigkeit (vgl. Kapitel 1) den Wechsel von Speicherstrukturen erlaubt, ohne dass die Anwendungen davon betroffen sind.

Die Speicherung der Daten ist eines der Themen, bei denen sich die Hersteller von Datenbanksystemen voneinander abgrenzen können. Hier können sie sich hervorheben durch besonders platzsparende oder besonders sichere Speicherung oder besonders schnelle suchende Zugriffe und vieles mehr. Die zuvor erläuterten Speicherstrukturen sind sicherlich nur Basisverfahren, von denen jeder Hersteller seine für sich optimierte Version implementiert hat. Wir werfen im Weiteren einen kurzen Blick auf die Speicherkonzepte von Oracle und MySQL.

9.7 Speicherstrukturen bei Oracle

Vor der physischen Speicherung von Daten in Dateien hat Oracle noch das logische Speicherkonzept der Tablespaces geschaltet. Der gesamte Speicherbereich eines Datenbanksystems wird logisch untergliedert in ein oder mehrere Tablespaces, die ihrerseits aus einer oder mehreren physischen Dateien auf der Festplatte bestehen können. Andererseits ist eine Datei genau einem Tablespace zugeordnet. Eine Tabelle oder ein Index gehören immer genau einem Tablespace an, innerhalb eines Tablespace können sie aber in einer oder auch mehreren physischen Dateien gespeichert sein.

Es gibt verschiedene Tablespace-Typen, hier sollen nur einige davon vorgestellt werden. Beim Erstellen einer Datenbank wird automatisch der „system tablespace" erstellt. Dieser gehört zu jedem Datenbanksystem. Er wird im „datafile 1" gespeichert und beherbergt so wichtige Dinge wie das Data Dictionary und den Sourcecode aller

PL/SQL-Prozeduren, -Funktionen, -Packages und Trigger. In den System-Tablespace können auch Anwendungstabellen der DB-Schemata gespeichert werden. Dies wird aber nur für sehr kleine Datenbanken empfohlen, ansonsten sollte man für seine Anwendungstabellen einen oder mehrere eigene Daten-Tablespaces erstellen. Ein solcher Daten-Tablespace kann ein normaler sein, der aus bis zu 1024 Dateien bestehen kann, oder ein „bigfile tablespace" für ultragroße Dateien. Er kann nur eine Datei aufnehmen, die kann aber 1024-mal so groß wie ein normaler Tablespace sein. „Undo tablespaces" werden ausschließlich vom Datenbankmanagementsystem verwendet und zwar, um für die laufenden Transaktionen (noch kein COMMIT) alle Informationen zwischenzuspeichern, die für ein ROLLBACK notwendig sind. Tablespaces selbst untergliedern sich wieder in einen oder mehrere Segmente unterschiedlichen Typs. Für jede Tabelle wird ein Datensegment angelegt, ebenso wie für jeden Index ein Indexsegment. Temporäre Segmente werden vom System vorübergehend auf der Festplatte angelegt, wenn Operationen wie z.B. das Sortieren oder eine Anfrageauswertung ausgeführt werden, die mehr Speicherplatz benötigen, als im Arbeitsspeicher zur Verfügung steht.[4]

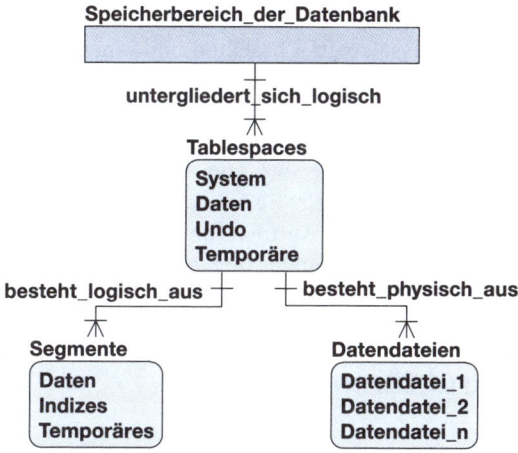

Abbildung 9.12: Speicherstruktur bei Oracle

Wird ein Index erzeugt (automatisch für einen PRIMARY oder UNIQUE KEY oder mit CREATE INDEX), so wird automatisch ein Indexsegment belegt. Dieses Indexsegment kann im Standard-Tablespace des Anwenders liegen oder in einem Tablespace, der beim CREATE INDEX explizit angegeben wurde. Um parallele Zugriffe zu ermöglichen, bietet es sich an, für Daten und Indizes verschiedene Tablespaces zu verwenden, die auf unterschiedlichen Festplatten angelegt sind. Der Index selbst wird intern als Baum gespeichert. Was Oracle als B-Baum bezeichnet, entspricht weitgehend unserem B+-Baum-Konzept. In den Nicht-Blattkonten werden nur Indexeinträge und Verweise auf die Kindknoten gespeichert. In den Blättern liegen jedoch nicht die Datensätze selbst, sondern die Schlüssel mit den ROWIDS der Datensätze vor, wobei ROWIDS die Speicheradressen der Sätze sind. Für eine schnelle Nachbarschaftssuche sind die Blattknoten als doppelverkettete Liste miteinander verknüpft. Oracle gibt als Füllgrad an, dass seine Indexblöcke durchschnittlich zu drei Vierteln gefüllt sind.

---

4   Weitere Informationen finden Sie in [ORACLE Concepts 2005, Kapitel 2 und 3].

483

Für Tabellen, die keinerlei Primärschlüssel aufweisen, wird die Speicherstruktur HEAP verwendet. Das Konzept, welches wir hier als B-Baumstruktur eingeführt haben, ist bei Oracle als Index-Organized Tables implementiert. Dabei enthält ein Indexeintrag im Baum nicht nur die Schlüsselspalten, sondern auch alle Nichtschlüsselspalten des Datensatzes. Nachdem der Eintrag im B-Baum gefunden wurde, liegt auch schon der gesamte Datensatz vor, ohne nochmals über die ROWID (physikalischen Adressen) explizit die Daten lesen zu müssen. Die Index-Organized Tables werden empfohlen, wenn außerordentlich oft über den Primärschlüssel zugegriffen wird, denn dieser Zugriff ist im B-Baum ja um eine Leseoperation schneller als im B^+-Baum. Neben dieser Sortierung über den Primärschlüssel, der ja die Basis für den Baum darstellt, können für solche Tabellen auch sekundäre Schlüssel oder Indizes definiert werden. Für solche sekundären Indizes stellt sich hier ein ganz neues Problem. Da der B-Baum der Index-Organized Table ja „ständig" ausbalanciert wird, ergibt sich das Problem der fehlenden dauerhaften Adresse. Wenn mit physikalischen ROWIDS gearbeitet würde, müssten bei der kleinsten Änderung im ursprünglichen B-Baum auch die Adressen in allen sekundären Indizes angepasst werden, was schnell sehr viele Datensätze betreffen kann. Dadurch würde die Aktion des Ausbalancierens noch langsamer. Um dies zu vermeiden, wird mit logischen ROWIDS gearbeitet, die aus den Schlüsselspalten bestehen und einem Verweis auf den Knoten im Block, in dem der zugehörige Satz zu finden ist. Logische ROWIDS müssen nur noch geändert werden, wenn Datensätze in andere Knoten verschoben werden.[5]

Ebenfalls ein Schlagwort bezüglich der Speicherung ist der Begriff des Clusters. Ein Cluster ist eine gemeinsame Speicherung von Tabellen, die logisch zusammengehören, in einer physikalischen Einheit. Beispiele sind Tabellen, die in Abfragen oft gemeinsam verwendet werden, wie Aufträge und Auftragspositionen. Bei Clustern ermöglicht die CREATE-CLUSTER-Anweisung alternativ zu B^+-Bäumen auch eine Speicherstruktur, die eine HASH-Funktion benutzt[6].

9.8 Speicherstrukturen bei MySQL

Separate Indizes sowie Indizes für Primär- und Eindeutigkeitsschlüssel (PRIMARY KEY, UNIQUE) realisiert MySQL unabhängig von der Speichermaschine (Storage Engine) mittels Baumstrukturen. Ausnahmen sind die Speichermaschine MEMORY, die auch HASH-Indizes unterstützt, und R-Tree-Indizes für raumbezogene Daten (spatial data). Das, was bei MySQL als B-Baum (B-Tree) bezeichnet wird, entspricht aber eher unserem B^+-Baum-Konzept, denn die Daten und die Indizes werden bei vielen Speichermaschinen mit der Ausnahme der InnoDB in getrennten Dateien gespeichert. Beim CREATE TABLE-Befehl gibt es folgende Indextypoption separat wählbar für die Primär- und Eindeutigkeitsschlüssel und Indizes der Tabelle.

```
<index_type> ::= USING (BTREE | HASH)
```

---

5 Für die Index-Organized Tables werden noch BITMAP INDEXES unterstützt, die wir hier aber nicht vertiefen können, vgl. [ORACLE Concepts 2005, Kapitel 5].
6 vgl. [Christiansen et al. 1998]

MyISAM

Eine Tabelle wird von MyISAM im Dateisystem in drei Dateien abgelegt: die Spezifikation der Tabelle und ihrer Spalten in „tabellenname.frm", die Daten selbst in „tabellenname.MYD" und Indizes in „tabellenname.MYI". Durch die räumliche Trennung in MYD- und MYI-Dateien ist zwangsläufig eine Trennung der eigentlichen Daten von den Indexdaten wie beim B^+-Baum verbunden. Von dieser Trennung verspricht sich MySQL im Wesentlichen die folgenden Vorteile: Die Datenscans (vollständiges Lesen aller Sätze) sind schneller, weil keine Indexdaten gelesen werden müssen. Bei der Suche werden in einem Indexblock ohne Daten viel mehr Suchbegriffe in den Hauptspeicher geladen. Wenn z.B. bei Verknüpfungsoperationen nur Informationen aus den Indexdaten benötigt werden, reicht ein lesender Zugriff auf den Index. Bei Löschungen kommt es in B-Bäumen schneller zu Unterbesetzungen als bei B^+-Bäumen, so dass dort viel öfter reorganisiert werden muss. Als Faustformel zur Einschätzung einer maximalen Indexgröße (unvorteilhafte Baumbelegung und unkomprimierte Daten) wird für die MyISAM-Speichermaschine folgende Formel angegeben: (Schlüssellänge+4)/0.67. Die 4 Byte werden für die Adressinformationen benötigt. Eines der Hauptziele bei MyISAM ist ja ein möglichst schneller Lesezugriff und eine Voraussetzung dafür sind kleine Datenmengen, so dass die Komprimierung von Daten bei MyISAM zentrales Thema ist. Es werden in Abhängigkeit von den Datentypen der Spalten drei Tabellentypen unterstützt: die statischen Tabellen mit fester Satzlänge (nur Datentypen fester Länge), die dynamischen Tabellen mit variabler Satzlänge (auch Datentypen wie VARCHAR, BLOB, TEXT) und die komprimierten Tabellen, die jedoch nur gelesen werden können.

InnoDB

Die Datenspeicherung basiert bei InnoDB wie bei Oracle auch auf dem Konzept der Tablespaces für persistente Daten und Log-Dateien für die Transaktionsverwaltung. Tabellen und Indizes werden zusammen in einem Tablespace gespeichert. Dieser kann aus mehreren Dateien oder Festplattenpartitionen bestehen. Standardmäßig heißt dieser Tablespace „ibdata1", er liegt im MySQL Data Directory und ist 10 Mbyte groß. MySQL empfiehlt, nach der „Multi-Tablespace"-Methode zu arbeiten. Dabei hat jede Tabelle zusammen mit ihren Indizes einen eigenen Tablespace. Das ist von Vorteil, wenn bestimmte Tabellen auf separaten Festplatten gespeichert werden sollen, damit im Fall einer Wiederherstellung die übrigen fehlerfreien Tabellen nicht betroffen sind. Im Multi-Tablespace-Modus werden für jede Tabelle zwei Dateien angelegt, „tabellenname.frm" für die Spezifikation und „tabellenname.ibd" für die Daten und Indizes. In diesem Punkt unterscheidet sich InnoDB von MyISAM, die Daten und Indizes ja noch mal trennt. Für die Indexverwaltung gibt InnoDB folgende Parameter vor. Ein Indexblock ist standardmäßig 16 Kbyte groß. Eine Indexseite hat einen Füllgrad von ½ bis 15/16 (50% bis 93,75%). Ungefähr 1/16 bleibt frei für zukünftige Einfügungen neuer und Änderungen bestehender Indexeinträge. Ist ein Block weniger als zur Hälfte gefüllt, dann wird verschmolzen und der Block freigegeben. Der maximale Füllstand wird nur erreicht, wenn die Einträge in auf- oder absteigender Reihenfolge des Primärschlüssels eingefügt werden.

ZUSAMMENFASSUNG

Ein Qualitätskriterium für eine Anwendung ist ihre Laufzeit, und eine wichtige Weiche wird diesbezüglich bei der Auswahl der passenden Speicherstruktur für die Speicherung der Daten gestellt. Zu diesem Zweck haben Sie in diesem Kapitel vier grundlegende Speicherstrukturen mit ihren Eigenschaften und bevorzugten Anwendungsgebieten kennengelernt.

- HEAP, bei dem die gezielte Suche extrem lange dauern kann

- ISAM, bei dem aufgrund der Überlaufseiten immer wieder Reorganisationen notwendig sind;

- B- und B+-Bäume, bei denen das Ausbalancieren schon mal etwas Zeit kosten kann

- HASH, bei dem nur gezielt nach einem Schlüsselwert gefragt werden kann. Da dies ein Bereich ist, in dem die Hersteller bei den Kunden punkten können, legen sie entsprechend Wert auf ihre eigenen Implementierungen und Optimierungen der Verfahren, die wir hier für Oracle und MySQL skizziert haben.

Weiterführende Literatur

Einen sehr umfassenden und herstellerunabhängigen Einblick in dieses Thema geben Härder und Rahm in [Härder et al. 1999]. Sie behandeln auch weiterführende Themen wie mehrdimensionale Zugriffspfade, die z.B. für räumliche Daten erforderlich sind. Elmasri und Navathe [Elmasri et al. 2006] geben in Kapitel 5 und 6 eine Einführung in die Datei- und Indexorganisation.

Einen anschaulichen Einstieg in das Thema der Oracle-Speicherstrukturen finden Sie bei [ORACLE Concepts 2005] in Kapitel 3, weitergehende Informationen in [ORACLE Admin 2006]. Für MySQL findet man die Informationen über die Speicherung im SQL-Handbuch [MySQL 2006] in den Kapiteln 7.4 (Optimierung der Datenbankstruktur) sowie 14 und 15 mit Informationen über die Speichermaschinen. Kofler nähert sich in [Kolfer 2005] dem Thema der Indizes mehr von der Anwendungsseite, denn von der Realisierung heran.

Übungsaufgaben

1   a. Fügen Sie in den B-Baum aus ▶ Abbildung 9.8 zuerst einen Satz mit dem Schlüsselwert 14 ein und dann einen mit dem Schlüssel 19.

     b. Fügen Sie in den Ergebnisbaum aus Teilaufgabe a) der Reihe nach die Datensätze mit den Schlüsseln 25 und 24 ein.

     c. Löschen Sie aus dem Baum aus ▶ Abbildung 9.8 den Satz mit dem Schlüsselwert 3.

2   Fügen Sie in einen B-Baum, der am Anfang noch leer ist, nacheinander die Werte 10, 9, 8, 7, 6, 5, 4, 3 ein!

     a. Der Baum ist vom Typ k=1.

     b. Der Baum ist vom Typ k=2.

3   Um einschätzen zu können, welche Höhe eines Baums sich bestenfalls für einen gegebenen Datenbestand ergeben kann, sollte man berechnen können, bei welcher Höhe man wie viele Datensätze maximal speichern kann. Was ist die maximale Anzahl an Datensätzen in einem B-Baum der Höhe 4, wenn

     a. der Baum vom Typ 1 ist.

     b. der Baum vom Typ 2 ist.

Weitere Kontrollfragen zu diesem Kapitel finden Sie unter der Companion-Webseite des Pearson-Verlages *http://www.pearson-studium.de/* auf der Begleitseite unseres Buches. Wählen Sie dort bitte im Multiple-Choice-Test das Fach „DBS" und den Punkt „Kapitel9/ Physische Speicherstrukturen" aus!

Außerdem ist auf der Begleitseite zu diesem Kapitel noch der Verweis auf ein Java-Applet zu finden, mit dem Sie Einträge in B-Bäume vom Typ 1, 2 und 3 nach eigenen Vorgaben durchführen können.

Literaturverzeichnis

[Ahrends 2006]   Ahrends, J.: „Oracle 10g für den DBA", Addison-Wesley, 2006

[Anahory et al. 1997] Anahory, S., Murray, D.: "Data Warehouse, Planung, Implementierung und Administration". Addison-Wesley, 1997

[ANSI SQL 2003a]   ANSI/ISO/IEC 9075-1:2003: "Database Languages - SQL - Part 1: Framework". Working Draft, ANSI American National Standards Institute, New York, *http://www.ansi.org/*, ISO International Organization for Standardization, Genf, *http://www.iso.org/*, 2003

[ANSI SQL 2003b]   ANSI/ISO/IEC 9075-2:2003: "Database Languages - SQL - Part 2: Foundation". Working Draft, ANSI American National Standards Institute, New York, *http://www.ansi.org/*, ISO International Organization for Standardization, Genf, *http://www.iso.org/*, 2003

[Balzert 2000]   Balzert, Helmut: „Lehrbuch der Software-Technik", Band1 und Band 2. Spektrum Akademischer Verlag, 2000

[Balzert 1999]   Balzert, Heide: „Lehrbuch der Objektmodellierung". Spektrum Akademischer Verlag, 1999

[Balzert 2004]   Balzert, Heide: „UML 2 kompakt". Spektrum Akademischer Verlag, 2004

[Barry et al. 2000]   Barry, D.K., Berler M., Eastman J., Jordan D., Russell C.: "ODMG 3.0". Morgan Kaufmann Publishers, 2000

[Bayer 1972]   Bayer, R.; McCreight, E.M. Organization and Maintenance of Large Ordered Indices. Acta Informatica 1(3): 173-189 (1972). Grundlegende Arbeit zu der nach dem Autor benannten Speicherstruktur B-Baum.

[Beaulieu 2006]   Beaulieu, A. „Einführung in SQL". O'Reilly, Köln, 2005
                      Hinweis: Eine sehr anschauliche Einführung in das Thema SQL. Die Grundidee des relationalen Modells und SQLs, das Speichern und Verarbeiten von Mengen von Datensätzen wird sehr gut herausgestellt und erläutert. Leider beschränkt sich Beaulieu auf eine Einführung in die Anfrage- und Manipulationsbefehle von SQL.

[Bello et al. 1998]   Bello, R.G., Dias, K., Downing, A., Feenan, J., Finnetry, J., Norcott, W.D. Sun, H., Witkowski, A., Ziauddin, M.: "Materialized Views in Oracle". Proc. VLDB 1998, New York, USA, S. 659-664, 1998

[Behrend et al. 2001] Behrend, A., Manthey, R., Pieper, B.: "An Amateur's Introduction to Integrity Constraints and Integrity Checking in SQL". Proc. BTW 2001, Oldenburg, Informatik Aktuell, Springer, Berlin, S. 405-423, 2001
Hinweis: Ein detaillierter Versuch, aufzuzeigen, was mit dem SQL-Constraints wirklich machbar ist und wo die Grenzen sind.

[Bisseck 2000] Bisseck Bassom, P.H.: „Modellierung und Verwaltung zeitbezogener Informationen in relationalen Datenbanken: Konzepte und Sprachen". Dissertation, Rhein. Friedrich Wilhelms-Universität Bonn, Institut für Informatik, 2000

[Booch 1994] Booch, G.: "Object-Oriented Analysis and Design with Applications". The Benjamin/Cunnings Publ. Comp., 1994

[Booch et al. 1999] Booch, G., Rumbaugh, J., Jacobsen, J.: "The Unified Modeling Language User Guide", Addison–Wesley 1999

[Buchmann et al. 2005] Buchmann, A., Smolarek, R.: "SQL / MySQL 5 - interaktiv". Omnigena/dpunkt-Verlag, Düsseldorf, 2005
Hinweis: Ein gut verständliches Buch über MySQL 5. Nur leider fehlt die ganz neue Funktionalität wie TRIGGER und gespeicherte Routinen.

[Cattel et al. 2000] Cattel, R.G.G., Barry, D.: "The Object Database Standard ODMG 3.0. Morgan Kaufmann, 2000.

[Celko 2005] Celko, J.: "SQL for Smarties: Advanced SQL Programming". Morgan Kaufmann, San Francisco (USA/CA), 2005

[Ceri et al. 1989] Ceri, S., Gottlob G., Tanca, L.: "Surveys in Computer Sience" Springer Verlag, Berlin, 1989

[Ceri et al. 2000] Ceri, S., Cochrane, R.J., Widom, J.: "Practical Applications of Triggers and Constraints: Successes and Lingering Issues" Proc. VLDB 2000, Kairo (Ägypten), S. 254-262, 2000

[Chen 1976] Chen, P.P.: "The Entity Relationship model: Toward a unified view of data". ACM Trans. on Database Systems, 1(1):9-36, 1976

[Christiansen et al. 1998] Christiansen, A., Höding, Rautenstrauch, Saake (1998): „ORACLE 8 effizient einsetzen". Addison-Wesley, 1998

[Cochrane et al. 1996] Cochrane R.J., Pirahesh, H., Mattos, N.: "Integrating Triggers and Declarative Constraints in SQL Database Systems". Proc. 22. VLDB, Mumbai, Indien, S. 567-578, 1996
Hinweise: Ein Vorschlag für Integritätsbedingungen und aktive Regeln in SQL.

[CODASYL 1969] CODASYL: 10th Anniversary Meeting 1969 May 27-28, Session Outline. FDT - Bulletin of ACM SIGFIDET 1(1): 29-30, 1969

[CODASYL 1971] CODASYL: "Introduction to Feature Analysis of Generalized Data Base Management Systems". Commu. ACM 14(5): 308-318, 1971

[Codd 1970]   Codd, E.F.: "A relational model of data for large shared data banks". Comm. ACM 13(6), 377-381, 1970

[Codd 1972]   Codd. E.F.: "Relational Completeness of Data Base Sublanguages". In: R. Rustin (ed.): Database Systems: 65-98, Prentice Hall and IBM Research Report RJ 987, San Jose, California, 1972

[Codd 1982]   Codd, E.F.: "Relational Database: A Practical Foundation for Productivity". Commun. ACM 25(2): 109-117, 1982

[Coronel 1997]   Coronel, P.R.: "Database Systems, Design, Implementation and Management". Thomson Publishing, 1997

[Cremers et al. 1994] Cremers, A.B., Griefahn, U., Hinze, R.: "Deduktive Datenbanken – Eine Einführung aus der Sicht der logischen Programmierung". Vieweg Verlag, Braunschweig, 1994

[Dassow 2005]   Dassow, J.: „Logik für Informatiker". Teubner-Verlag, 2005

[Date et al. 1997] Date, C.J., Darwen, H.: "A guide to THE SQL STANDARD" Addison-Wesley, Reading Massachusetts, 1997

[Date et al. 1998] Date, C., Darwen, H.: "SQL - Der Standard. SQL/92 mit den Erweiterungen CLI und PSM", Addison-Wesley, 1998

[DeMarco 1979]   DeMarco: "Structured Analysis and System Specification". Prentice Hall, 1979

[Dittrich et al. 2000 Dittrich, K. R., Gatziu, S.: "Aktive Datenbanksysteme - Konzepte und Mechanismen". dpunkt Verlag, Heidelberg, 2000
                   Hinweise: Dieses kleine Buch, das einen sehr unfassenden Einblick in die Welt der aktiven Datenbankregeln vermittelt, ist leider vergriffen und kann nur noch antiquarisch gesucht werden.

[Donald et al. 1974] Donald, D. Chamberlin, R.F., Boyce: "SEQUEL: A Structured English Query Language". SIGMOD Workshop, Vol. 1, S. 249-264, 1974

[Donald et al. 1976] Donald, D., Chamberlin, Morton, M., Astrahan, Kapali P., Eswaran, Patricia P., Griffiths, Raymond A., Lorie, J. W., Mehl, Phyllis Reisner, Bradford W. W.: "SEQUEL 2: A Unified Approach to Data Definition, Manipulation, and Control". IBM Journal of Research and Development 20(6): 560-575, 1976

[Ebner 1999]   Ebner, M.: „SQL lernen". Addison-Wesley, 1999

[Elmasri et al. 2006] Elmasri, R., Navathe, S.B.: "Fundamentals of Database Systems". Addison Wesley, 2006
                   Hinweis: Es ist das umfangreichste Standardwerk, das wir kennen. Anspruchsvoll mit vielen Details aber gut verständlich. Es lässt kaum eine Frage offen. Das Buch gibt es auch in einer stark gekürzten deutschen Ausgabe „Grundlagen von Datenbanksystemen - Ausgabe Grundstudium" erschienen 2005 beim Pearson Studium-Verlag.

[Feuerstein et al. 2004]
Feuerstein, St., Pribyl, B.: "Oracle PL/SQL Language Pocket Reference". O'Reilly Verlag, Cambridge, 2004
Hinweise: Eine englischsprachige Kurzeinführung in die Grundlagen von PL/SQL. Es wird zwar die Version Oracle9i behandelt, was aber bei den „Fundamentals" der Sprache keine Rolle spielen dürfte.

[Feuerstein et al. 2005]
Feuerstein, St., Pribyl, B.: "Oracle PL/SQL Programming". O'Reilly Verlag, Cambridge, 2005
Hinweis: Wer alles über PL/SQL wissen will, sollte hier nachschlagen – in sicherlich dem Standardwerk. Steven Feuerstein kann wirklich als der „PL/SQL-Papst" bezeichnet werden.

[Feuerstein et al. 2005b]
Feuerstein, St., Pribyl, B., Dawes C.: "Oracle PL/SQL - kurz & gut". O'Reilly Verlag, Cambridge, 2005
Hinweis: Eine deutschsprachige Kurzeinführung in die Grundlagen von PL/SQL.

[Freeze 1998]
Freeze, W.S.: „Die SQL-Referenz". Thomson-Publishing, 1998

[Fritze et al 2002]
Fritze, J., Marsch, J.: „Erfolgreiche Datenbankanwendung mit SQL3". Vieweg, 2002

[Garmany 2006]
Garmany, J.: "Easy Oracle PL/SQL-Programming". Rampant Techpress, 2006
Hinweis: Fachlich und preislich ein Buch für Einsteiger.

[Geisler 2006]
Geisler, F.: „Datenbanken, Grundlagen und Design". mitp-Verlag, 2006

[Gietl 2004]
Gietl, G.: „Leitfaden für Qualitätsauditoren - Planung und Durchführung von Audits nach ISO 9001". Hanser Wirtschaft, 2004

[Gray 1981]
Gray.J.: "The Transaction Concept: Virtues and Limitations". Invited Paper, VLDB 1981, S. 144-154, 1981

[Griefahn et al. 1994]
Griefahn, U., Manthey, R.: "Update Propagation in Chimera, an Active DOOD Language". Proc. DAISD 1994, Aiguablara, Spanien, Report de recerca LSI/94-28-R, Universität Barcelona, Spanien, S. 277-298, 1994
Hinweis: Ein Beispiel für aktive Regeln in deduktiven objektorientierten Datenbanksystemen.

[Groff et al. 2002]
Groff, J. R., Weinberg, P.N.: "SQL – The Complete Reference". McGraw-Hill/Osborne; Berkeley (CA/USA), 2002
Hinweis: Es ist leider nur zum 99er-Standard verfügbar. Aber mit 1050 Seiten ist es eines der umfangreichsten Werke zu diesem Thema. Gut verständlich in überschaubaren Kapiteln wird Syntax und Semantik von SQL hier präsentiert.

[Gulutzan et al. 1999]
Gulutzan, P., Pelzer, T.: "SQL-99 Complete", Really, Mcgraw-Hill Professional, 1999

[Gulutzan et al. 2002] Gulutzan, P., Pelzer, T.: "SQL Performance Tuning", Addison-Wesley, 1999

[Gurry 2002] Gurry, M.: "Oracle SQL Tuning", O'Reilly, 2002

[Jarosch 2002] Jarosch, H.: „Datenbankentwurf", Vieweg Verlag, 2002

[Härder et al. 1999] Härder, Th., Rahm, E.: "Datenbanksysteme – Konzepte und Techniken der Implementierung". Springer, Berlin; 1999
Hinweis: Ein interessantes Buch, wenn man aus der Administrationssicht hinter die Kulissen von Datenbanksystemen schauen möchte. Herstellerunabhängig werden die Konzepte, die wir in Kapitel 9 nur skizzieren konnten, ausführlich behandelt.

[Hardman et al. 2005] Hardman, R., McLaughlin, M.: "Expert Oracle PL/SQL – Design and Develop Advanced PL/SQL Solutions". McGraw-Hill Education, Europe; 2005
Hinweis: Ein Buch für die, die PL/SQL-Insider werden wollen. Anhand von vielen praxisorientierten Beispielen werden Tipps und Tricks erläutert.

[Harvey et al. 1998] Harvey, D., Beitler, S.: "The Developer's Guide to Oracle Web Application-Server 3". Addison-Wesley Longman, 1998

[Heuer et al. 2000] Heuer, A. Saake, G.: "Datenbanken: Konzepte und Sprachen". MITP-Verlag; 2000
Hinweis: Ein sehr umfassendes Datenbankbuch, das vielfach mit unseren Themen deckungsgleich ist. Die Themen werden wo es angebracht ist mathematisch definiert, aber trotzdem ist das Buch gut verständlich. Allerdings behandelt es noch den SQL99-Standard.

[Heuer et al. 2001] Heuer, A., Saake, G., Sattler, K.-U.: "Datenbanken kompakt". MITP-Verlag; 2001
Hinweis: Der Stoff wird sehr praxisnah vermittelt. „Theoretischer Balast" ist dort kaum zu finden. Schwerpunktthema ist die Anwendungsentwicklung mit Datenbanken sowie Internet-Anbindungen. Zielgruppe sind Praktiker, die Datenbanken als Werkzeug benutzen, aber keine Datenbankspezialisten werden müssen.

[Hitz 2005] Hitz, M., Gerti Kappel, Kapsammer, E., Retschitzegger W.: „UML@Work". dpunkt Verlag, 2005

[Hohenstein et al. 2002] Hohenstein, U., Pleßer, V.: „Oracle 9i , Effiziente Anwendungsentwicklung mit objektrelationalen Konzepten". dpunkt, 2002

[Hohenstein et el. 2003] Hohenstein, U., Schmatz, K.D.: „Webanwendungen entwickeln mit Oracle9i. Java, XML, JDBC und SQLJ, Oracle9i Application Server". DPunkt, 2003

[IBM 2004]

IBM Corporation: "IBM DB2 Universal Database - SQL Reference Volume 1 + 2 Version 8.2". White Plains (NY/USA), *http://www.ibm.com*, 2004, letzter Zugriff: Oktober 2006

IBM-Online Dokumentation:
http://www-306.ibm.com/software/data/db2/udb/support/manualsv8.html

Teil 1: ftp://ftp.software.ibm.com/ps/products/db2/info/vr82/pdf/en_US/db2s1e81.pdf

Teil 2: ftp://ftp.software.ibm.com/ps/products/db2/info/vr82/pdf/en_US/db2s2e81.pdf

Hinweis: IBM bietet zwar auch einige Dokumentationen in deutscher oder auch anderssprachiger Übersetzung, aber die SQL-Referenzen gibt es nur in englisch, japanisch und spanisch. Die Erläuterungen sind sehr umfassend und gut verständlich. Zu jedem Thema rund um DB/2 finden sich dort hilfreiche Dokumente.

[Jacobsen et al. 1992]

Jacobsen J., Christerson M., Jonsson P., Övergaard G.: "Object-Oriented Software Engineering – A Use Case Driven Approach". Addison-Wesley, 1992

[Kähler 1998]

Kähler, W.M.: „Relationales und objektrelationales SQL". Vieweg, 1998

[Kemper et al. 2004]

Kemper, A., Eickler, A.: "Datenbanksysteme, Eine Einführung". Oldenbourg-Verlag, 2004
Hinweis : Umfassende und systematische Einführung in die Datenbanktechnologie mit vielen praktischen Beispielen führender Datenbankhersteller und neuen Technologien (XML und Datenbanken, Datenbankanwendungen im Internet und anderen)

[Kemper et al. 2006]

Kemper, A., Wimmer, M.: "Übungsbuch Datenbanksysteme". Oldenbourg-Verlag, 2006

Hinweis: Ein sehr umfangreiches Buch mit vielen Übungen zu den einzelnen Themen des Buchs von Kemper/Eickler.

[Kießling et al. 1998]

Kießling, W., Köstler, G.: „Multimediakurs Datenbanksysteme". Springer, 1998

[Kofler et al. 2006]

Kofler, M., Öggl, B.: "PHP 5 & MySQL 5". Addison Wesley, München, 2006

Hinweis: Gegenüber seinem Standardwerk hat Kolfer hier den Schwerpunkt auf PHP und MySQL gelegt. Auch hier die ganz neuen Feature sowohl von PHP als auch von MySQL. Eine gut verständliche praxisorientierte Einführung.

[Kofler 2005]   Kofler, M.: "MySQL 5". Addison Wesley, München, 2005

Hinweis: Das Buch wird vielfach als Standardwerk bezeichnet und trägt diesen Titel durchaus zu recht. Es deckt wirklich alle relevanten Themen von der Installation über die Anwendung und Programmierung bis hin zur Administration von MySQL fundiert und gut verständlich auf über 1000 Seiten ab. Es wurde ins Englische übersetzt.

[Loney 2005]   Loney, K.: „ORACLE 10g, die umfassende Referenz". Hanser, 2005

[Martin 1990]   Martin, J.: "Information Engineering, Book II – Planning & Analysis". Prentice Hall, Englewood Cliffs/NJ. 1990

[Mayol et al. 2000] Mayol, E., Teniente, E.: "Dealing with Modification Requests During View Updating and Integrity Constraint Maintenance". Proceedings FoIKS 2000, Burg, Deutschland, Springer Verlag, Berlin, 1762 Lecture Notes of Computer Science LNCS, S. 192-212, 2000

[Meier et al. 2003] Meier, A., Wüst, Th.: „Objektorientierte und objektrelationale Datenbanken – Ein Kompass für die Praxis". dpunkt-Verlag, Heidelberg, 2003

[Melton et al. 2002] Melton, J., Simon, A. R.: "SQL:1999 – Understanding Relational Language Components". Morgan Kaufmann Publishers, San Francisco (CA/USA), 2002

Hinweis: Auf fast 900 Seiten wird der SQL-Standard sehr umfassend und gut verständlich dargestellt und erläutert. Hier findet man SQL-Themen, die man in vielen „Einführungen" vergeblich sucht.

[Mintert 2002]   Mintert, S.: „XML & Co". Addisson -Wesley, 2002

[Morrison et al. 1998] Morrison, J., Morrison, M.: "A Guide to ORACLE". Courses Technology, 1998

[Morton et al. 1976] Morton, M. Astrahan, Mike W. Blasgen, Donald D. Chamberlin, Kapali P. Eswaran, Jim Gray, Patricia P. Griffiths, W. Frank King III, Raymond A. Lorie, Paul R. McJones, James W. Mehl, Gianfranco R. Putzolu, Irving L. Traiger, Bradford W. Wade, Vera Watson: "System R: Relational Approach to Database Management". ACM Trans. Database Systems 1(2): 97-137, 1976

MySQL-Dokumentationen   *http://dev.mysql.com/doc/*
Die Dokumentationen gibt es auch in deutscher Sprache.

[MYSQL 2006]   MySQL Inc.: "MySQL 5.1 Reference Manual (Version 5.1 – 5.1.12-beta)". Cupertino (CA/USA), *http://www.mysql.com/*, 2006, letzter Zugriff: Dezember 2006

Hinweis: Die Online-Hilfe gibt es auch auf Deutsch, nur nicht ganz so aktuell. Die Online-Hilfe ist gut verständlich und informiert umfassend über Syntax und Funktionalität. Wenn man schon DBS-Kenntnisse hat, kann man sich gut anhand dieser Originalliteratur in MySQL einarbeiten.

[MYSQL Internals 2006]   MySQL Inc.: "MySQL Internals Manual". Cupertino (CA/USA), *http://www.mysql.com/*, 2006, letzter Zugriff: Dezember 2006

[MYSQL Trigger 2005]   Peter Gulutzan von MySQL Inc.: "MySQL 5.0 Triggers – MySQL 5.0 New Feature Series - Part 2". Technical White Paper; *http://dev.mysql.com/tech-resources/articles/mysql-triggers.pdf*

Cupertino (CA/USA), *http://www.mysql.com/*, 2005, letzter Zugriff: Dezember 2006

[MYSQL Procedures 2005]   Peter Gulutzan von MySQL Inc.: "MySQL 5.0 Triggers – MySQL 5.0 New Feature Series - Part 2". Technical White Paper;

http://dev.mysql.com/tech-resources/articles/mysql-storedprocedures.pdf. Cupertino (CA/USA), *http://www.mysql.com/*, 2005, letzter Zugriff: Dezember 2006

[Nordin 1998]   Nordin, B.A.: "ORACLE Web Application-Server Handbook". McGraw-Hill, 1998

ORACLE-Dokumentationen: *http://www.oracle.com/technology/documentation*

Hinweis: Die Oracle-Online-Dokumentationen gibt es nicht auf deutsch. Die Oracle Bibliothek ist sehr umfangreich. Zu jedem (Spezial-)Thema findet sich entsprechende Literatur, die gut verständlich aufbereitet ist. Es ist nur manchmal schwierig, aus der Masse an Information das Wichtige herauszusuchen.

[ORACLE Admin 2006]   ORACLE Corp. "Oracle Database Administrator's Guide 10g Release 2 (10.2)": Redwood Shores (CA/USA), *http://www.oracle.com*, 2006, letzter Zugriff: Dezember 2006

[ORACLE Concepts 2005]   ORACLE Corp.: "Oracle Database Concepts 10g Release 2 (10.2)". Redwood Shores (CA/USA), *http://www.oracle.com*, 2005, letzter Zugriff: Dezember 2006

Hinweis: Die „Concepts" sind für ORACLE-Interessierte zu empfehlen als Einführung und Überblick bevor man sich in den Details der Befehle mit ihren vielen Optionen und Restriktionen vertieft.

[Oracle Packages 2005]   ORACLE Corp.: "Oracle Database PL/SQL Packages and Type Reference 10g Release 2 (10.2)". Redwood Shores (CA/USA), *http://www.oracle.com*, 2005, letzter Zugriff: Dezember 2006

[Oracle PL/SQL 2005]   ORACLE Corp. : "Oracle Database PL/SQL User's Guide and Reference 10g Release 2 (10.2)". Redwood Shores (CA/USA), *http://www.oracle.com*, 2005, letzter Zugriff: Dezember 2006 ORACLE-Online-Dokumentationen

[Oracle SQL 2005]   ORACLE Corp.: "Oracle Database SQL Reference 10g Release 2 (10.2)". Redwood Shores (CA/USA), *http://www.oracle.com*, 2005, letzter Zugriff: Oktober 2006

[Panny et al. 2000]   Panny, W., Taudes, A.: „Einführung in den Sprachkern von SQL-99". Springer, Berlin, 2000

[Paton et al. 1989]   Paton, N. W. (Hrsg.): "Active Rules in Database Systems". Springer, Berlin, 1989

Hinweis: Dieses Buch bereitet das Thema wissenschaftlich auf. Es ist eine Aufsatzsammlung über verschiedene in der Wissenschaft diskutierte und entwickelte aktive Regelsysteme in Datenbanksystemen.

[Ramakrishnan et al. 2006]   Ramakrishnan, R., Gehrke, J.: "Database Management Systems". McGraw-Hill Education, Europe, 2006

Hinweis: Ebenfalls ein Klassiker unter den umfassenden Datenbank-Lehrbüchern. Für Interessierte, die viel mehr wissen wollen. Das Buch wird fast jährlich aktualisiert.

[Rischert 2004]   Rischert, A.: "Oracle SQL By Example", Prentice Hall, 2004

[Rosenzweig et al. 2004]   Rosenzweig B., Silvestrova, E.: "Oracle PL/SQL by Example. Pearson Education". Prentice Hall, 2004

[Saake et al. 1999]   Saake, G., Heuer, A.: "Datenbanken und Implementierungstechniken". mitp-Verlag, 1999

[Sattler et al. 2007]   Lühring, M., Sattler, Schallehn, Schmidt: E.K.Autonomes Index Tuning - DBMS-integrierte Verwaltung von Soft Indexen. BTW 2007: 152-171

[Scheer 1995]   Scheer, A.W.: „Wirtschaftsinformatik". Springer, 1995

[Schubert 2004]   Schubert, M.: „Theorie, Entwurf und Programmierung relationaler Datenbanken". Teubner-Verlag, Wiesbaden, 2004

[Steiner 2003]   Steiner, R.: „Grundkurs Relationale Datenbanken". Vieweg-Verlag, Braunschweig/Wiesbaden, 2003

[Stonebraker et al. 1999]   Stonebraker, M., Moore, D.: „Objektrelationale Datenbanken, die nächste große Welle". Carl-Hanser-Verlag, München, Wien, 1999

[Thalheim 2000]   Thalheim, B.: "Entity-Relationship Modelling". Foundations of Database Technology, Springer Verlag, 2000

[Theorey 1990]   Theorey, T.J.: "Database Modeling &Design, The fundamental Principles". Morgan Kaufmann, 1990

[Türker 2006]   Türker, C.: „SQL:2003 - Was dürfen wir erwarten". Datenbank-Spektrum, dpunkt-Verlag, Heidelberg, 4, S. 37-38, 2002
www.datenbank-spektrum.de

Hinweis: Ein kurzer Überblick für SQL-Kenner, was es Neues gibt im neuen SQL:2003 Standard.

[Türker et al. 2006]   Türker, C., Saake, G.: „Objektrelationale Datenbanken - Ein Lehrbuch". dpunkt-Verlag, Heidelberg, 2006

Hinweis: Ein sehr empfehlenswertes Buch für alle, die das Thema objektrelationale Datenbanksysteme vertiefen wollen. Es wird eine sehr gut verständliche Einführung in die relevanten Themen gegeben wie z.B. in OR-Konzepte, OR-SQL, OR-Datenbankentwurf und OR-Anwendungsprogrammierung.

[Ullman 1988]   Ullman, J.D.: "Database and Knowledge-Base Systems" Volume I + II". Computer Science Press, Rockville (Maryland/USA), 1988

Hinweis: Eines der Standardwerke zu Datenbanksystemen. Es wird aber leider nicht mehr aufgelegt. Für die Grundlagenthemen hat es aber immer noch Bestand.

[Urmann et al. 2005]   Urmann, S., Hardman, R., McLaughlin, M.: "Oracle Database 10g PL/SQL Programmierung". Hanser-Verlag, 2005

Hinweis: Eine sehr umfassende und detaillierte Darstellung von PL/SQL. Gut geeignet für alle, dieses Thema wesentlich vertiefen wollen. Das Buch gibt es auch in englischsprachiger Ausgabe.

[Vossen 2000]   Vossen, G.: „Datenmodelle, Datenbanksprachen und Datenbank-Managementsysteme". Oldenbourg, 1999

[Weinberg et al. 2002] Weinberg, P.N., Groff, J.R.: "SQL-The Complete Reference". Mc-Graw-Hill, Osborne, 2002

[Wichert et al. 1998]   Wichert, C.-A., Freitag, B., Fent, A.: "Logical Transactions and Serializability". Proc. Int. Workshop on Logic Databases and the Meaning of Change, Schloß Dagstuhl, Deutschland, Transactions and Change in Logic Databases, Springer, Heidelberg, LNCS 1472, S. 134-165, 1998

Hinweis: Für Interessierte, die sich wissenschaftlich mit dem Thema auseinandersetzen möchten. Viele Spezialthemen.

[Widom et al. 1996]   Widom, J., Ceri, S. (Hrsg.): "Active Database Systems - Triggers and Rules for Advanced Database Processing". Morgan Kaufmann, San Francisco (CA/USA), 1996

Hinweis: Für Interessierte, die sich wissenschaftlich mit dem Thema auseinandersetzen möchten. Ein guter Überblick über den Stand der Diskussion bezüglich aktive wie auch deduktiver Regeln.

[Zehnder 1998]   Zehnder, C.A., „Informationssysteme und Datenbanken", Teubner, Stuttgart, 1998

Abkürzungsverzeichnis

1NF	Erste Normalform
2NF	Zweite Normalform
3NF	Dritte Normalform
3Gl	Sprache der dritten Generation
4GL	Sprache der vierten Generation
ANSI	American National Standards Institut
BLOB	Binary Large Object
CAD	Computer Aided Design
CAM	Computer Aided Manufacturing
CAP	Computer Aided Planning
CAQ	Computer Aided Qualification
CASE	Computer Aided Software Engineering
CIM	Computer Integrated Manufactoring
DAL	Data Administration Language
DBMS	Datenbankmanagementsystem
DBA	Datenbankadministrator
DDL	Data Definition Language
DML	Data Manipulation Language
DSDL	Data Storage Definition Language
DSS	Decision Support System
EERM	Erweitertes Entity-Relationship-Modell
ERD	Entity Relationship Diagramm
ERM	Entity Relationship Model
ISO	International Organisation for Standardisation
ISAM	Indexed Sequential Access Method
JDBC	Java Database Connectivity
LOB	Large Object
MV	Materialized View
NDS	Native Dynamic SQL
ODBC	Open Database Connectivity

ODMG	Object Database Management Group
OID	Object Identifier
OODBS	Objektorientiertes Datenbanksystem
OOP	Objektorientierte Programmierung
ORDBS	Objektrelationales Datenbanksystem
PL/SQL	Procedure Language / Structured Query Language
PPS	Produktionsplanung und Steuerung
PSM	Persistent Stored Modul
QBE	Query By Example
RDBMS	Relationales Datenbankmanagementsystem
RDBS	Relationales Datenbanksystem
RPC	Remote Procedure Call
SEQUEL	Structured English Query Language
SPARC	Standards Planning And Requirements
SQL	Structured Query Language
UML	Unified Modeling Language
VSAM	Virtual Storage Access Method

Register

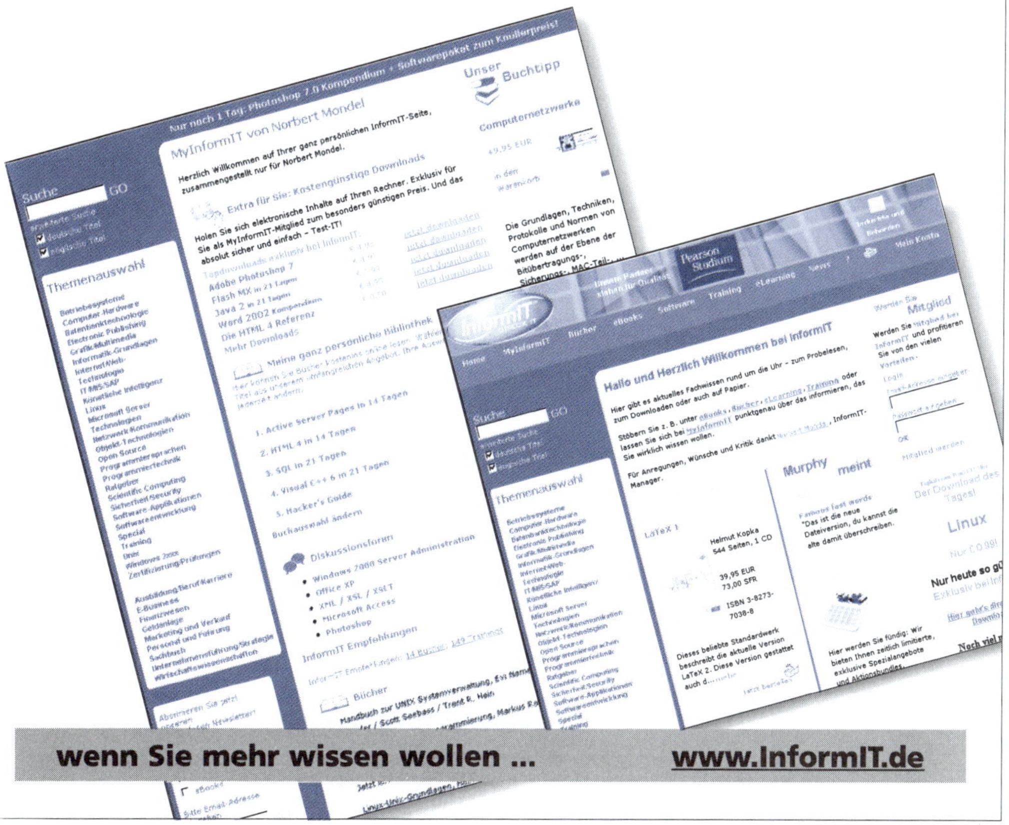

Ideales Lehrbuch für den Einstieg in die Java-Programmierung

Dies ist das erste deutschsprachige Lehrbuch, das die Lernumgebung BlueJ vollständig in seinen didaktischen Aufbau integriert. Es behandelt umfassend die wichtigsten Prinzipien und Grundlagen der objektorientierten Programmierung, indem es nach dem Ansatz »Objects First« vorgeht.

Die dritte Auflage enthält neue Kapitel zum GUI-Entwurf und zum Testen mit JUnit sowie viele neue Übungsaufgaben zu allen Kapiteln. Diese Auflage wurde außerdem für die aktuelle Java-Version 5.0 überarbeitet und berücksichtigt die neuen Eigenschaften der Sprache wie generische Klassen und Aufzählungstypen. Auf der buchbegleitenden Website stehen ergänzende Lehr- und Lernmaterialien zur Verfügung.

Java lernen mit BlueJ

David J. Barnes; Michael Kölling
ISBN 978-3-8273-7152-2
39.95 EUR [D]

PEARSON
Studium

Pearson-Studium-Produkte erhalten Sie im Buchhandel und Fachhandel
Pearson Education Deutschland GmbH
Martin-Kollar-Str. 10-12 • D-81829 München
Tel. (089) 46 00 3 - 222 • Fax (089) 46 00 3 -100 • www.pearson-studium.de

Der Klassiker zum Thema Datenbanksysteme

Das Buch von Elmasri/Navathe zählt zu den renommiertesten, aber auch umfangreichsten Lehrbüchern zum Thema Datenbanken. Der im Originalbuch behandelte Stoff geht weit über den Rahmen einer einführenden Vorlesung hinaus und behandelt auch fortgeschrittene Themen und Fragestellungen. Die „Ausgabe Grundstudium" wurde für den Einsatz in einer Einführungsvorlesung gekürzt und ermöglicht dem Studenten damit die Konzentration auf die bereits im Bachelor relevanten Themen und Fragestellungen. Alle wichtigen Grundlagen werden vertieft beschrieben und so umfassend dargestellt, dass das Buch zur Unterrichtsbegleitung ebenso geeignet ist wie zum späteren Nachschlagen und zum Selbststudium.

Grundlagen von Datenbanksystemen

Ramez Elmasri; Shamkant Navathe
ISBN 978-3-8273-7153-9
29.95 EUR [D]

Pearson-Studium-Produkte erhalten Sie im Buchhandel und Fachhandel
Pearson Education Deutschland GmbH
Martin-Kollar-Str. 10-12 • D-81829 München
Tel. (089) 46 00 3 - 222 • Fax (089) 46 00 3 -100 • www.pearson-studium.de